Exkursionsflora
für die Kanarischen Inseln

Adalbert Hohenester
Walter Welß

Exkursionsflora für die Kanarischen Inseln

mit Ausblicken auf ganz Makaronesien

Mit 438 Zeichnungen
und 96 Farbfotos

VERLAG
EUGEN
ULMER

Layout, Register und Druckvorlagen: Roland Lindacher
Sämtliche Farbfotos von Walter Weiß

Die Deutsche Bibliothek – CIP-Einheitsaufnahme

Exkursionsflora für die Kanarischen Inseln : mit Ausblicken
auf ganz Makaronesien / Adalbert Hohenester ; Walter Weiß. –
Stuttgart: Ulmer, 1993
   ISBN 3-8001-3466-7
NE: Hohenester, Adalbert; Weiß, Walter

© 1993 Eugen Ulmer GmbH & Co.
Wollgrasweg 41, 7000 Stuttgart 70 (Hohenheim)
Printed in Germany
Einbandgestaltung: A. Krugmann, Freiberg am Neckar
Druck und Bindung: Friedrich Pustet, Regensburg

Vorwort

Die Kanarischen Inseln sind als botanisches und ökologisches Demonstrationsobjekt einzigartig und auch weltweit kaum zu übertreffen. Wir finden hier in der heutigen Vegetation noch Elemente, die vielfach an die Pflanzenwelt des Alttertiär in Mittel- und Südeuropa erinnern. Die scharfen Gegensätze zwischen feuchtwarmen, nördlich exponierten Nebelwäldern, den heißtrockenen Strandplatten des Südens und den starker Strahlung ausgesetzten Hochlagen auf verhältnismäßig engem Raum finden ihren deutlichen Ausdruck im Pflanzenkleid. Neben scharf abgegrenzten Höhenstufen bedingen diese Standortsunterschiede charakteristische "Anpassungen" der Pflanzen (zahlreiche Endemiten!) und ihrer Gesellschaften. Besonders bemerkenswert ist hier die starke Aufspaltung einzelner Sippen, etwa innerhalb der Gattungen *Euphorbia, Aeonium, Echium, Sonchus* etc.

Von hohem Interesse sind auch Einzelprobleme wie z.B. die entwicklungsgeschichtlichen Beziehungen zwischen Holzpflanzen und Kräutern (sehr viele endemische Arten der Kanaren sind verholzt), oder die chorologischen Beziehungen der Pflanzengesellschaften und der sie aufbauenden Arten mit den umliegenden Inseln und dem benachbarten Afrika, der Mediterraneis und sogar mit Amerika.

So erklärt sich, daß die Arbeitsgruppe Geobotanik der Universität Erlangen – Nürnberg nunmehr seit dreißig Jahren Exkursionen zu den Kanarischen Inseln – speziell nach Teneriffa – durchführt. Leider hat sich unter dem Einfluß wachsender Besuchermassen seither viel verändert, es gibt aber immer noch viel zu beobachten.

Die genannten Exkursionen von je vier bis sechs Wochen Dauer bestätigten immer wieder, daß nicht museale Demonstrationen, sondern nur eigene Bestimmungtätigkeit die für alle weiteren Untersuchungen unerläßliche fundierte Artenkenntnis vermittelt und damit eine engere Beziehung zu den lebenden Objekten schaffen kann.

Da noch keine entsprechende Flora für die Kanarischen Inseln zur Verfügung stand, mußte ein Bestimmungsbuch geschaffen werden. So entstanden zunächst auf der Grundlage der keine Schlüssel enthaltenden Flora des Kanarischen Archipels von PITARD & PROUST (1908) erste Manuskripte, die immer wieder ergänzt und verbessert wurden. Dies geschah jeweils unter Mitarbeit der Exkursionsteilnehmer, denen dafür besonders gedankt werden soll.

Ein weiteres Ziel unserer Arbeitsgruppe ist, Bestimmungen am lebenden Objekt an seinem Standort durchzuführen. Zwei Gründe sind hier vor allem maßgebend. Zum einen wird so nicht nur die Gestalt und die systematische Zugehörigkeit der bestimmten Art erkannt, sondern gleichzeitig werden ihre Standortbindung und soziologische Einordnung durch eigenes Erleben erfaßbar gemacht. Zum anderen läßt die zunehmende Gefährdung der kanarischen Pflanzenwelt – unter den Bedingungen des Massentourismus noch verstärkt – ein kritikloses Sammeln und Herbarisieren zu Bestimmungszwecken nicht mehr zu, besonders wenn dies in größeren Exkursionsgruppen geschieht.

Diese Verpflichtung zum Schutz der einzigartigen Flora der Kanaren gibt uns nun auch eine gewisse Rechtfertigung dafür, daß wir es wagen, mit dieser "Exkursionsflora" dem vielfachen Wunsch nach einer Publikation zu folgen.

Flora und Vegetation der Kanarischen Inseln wurden in den letzten Jahren intensiver durchforscht, vor allem auch seitens der Botaniker der Universität von La Laguna. Mit der monographischen Bearbeitung systematisch schwieriger Gruppen wird eine Basis geschaffen für eine umfassende, moderne und kritische *Flora Macaronesica*.

Bis dahin hoffen wir, daß mit dem vorliegenden Bestimmungsbuch den Freunden der kanarischen Pflanzenwelt, die immer noch mit Überraschungen und Neufunden aufwartet, ein hilfreicher Begleiter im Gelände zur Verfügung steht. Für konstruktive Kritik, Hinweise auf übersehene Arten, Fehler und Bestimmungsschwierigkeiten sowie für Verbesserungsvorschläge und Ergänzungen werden wir sehr dankbar sein. Entsprechende Mitteilungen sowie die willkommene Zusendung von einschlägigen Sonderdrucken werden an den Zweitautor erbeten.

Herrn Prof. Dr. Michaelis ist zu danken für Beiträge aus Aufzeichnungen seines verstorbenen Vaters. Gerne danken wir ferner allen, die bei der Entstehung dieses Buches geholfen haben. Hier sind vor allem Frau Dipl.-Biol. Gertrude Heider zu nennen, die mit viel Verständnis und Umsicht das Manuskript abschrieb und Herr Dipl.-Biol. Roland Lindacher, der das Layout und die fertigen Druckvorlagen gewissenhaft und mit großer Sorgfalt erstellte. Herr Prof. Dr. Peter Schönfelder (Regensburg) sah das Manuskript durch und gab uns eine Reihe wertvoller Hinweise. Der jetzige Leiter der Arbeitsgruppe Geobotanik des Botanischen Instituts der Universität Erlangen, Herr Priv.-Doz. Dr. Werner Nezadal, ermöglichte dank seiner reichen Erfahrung ebenfalls mancherlei Verbesserungen. Ihnen und allen, die sonst in irgendeiner Weise zu dieser Exkursionsflora beitrugen, sei an dieser Stelle herzlichst gedankt.

Erlangen, im Oktober 1992   Adalbert Hohenester
                                                   Walter Weiß

Anschrift der Autoren:

Prof. Dr. A. Hohenester
Dipl.-Biol. Dr. W. Weiß
Universität Erlangen – Nürnberg
Institut für Botanik und Pharmazeutische Biologie
– Geobotanik –
Staudtstraße 5
D-8520 Erlangen/Germany

Inhaltsverzeichnis

Das Gebiet der Exkursionsflora

Die Makaronesische Region

Die Kanarischen Inseln verdanken ihren Ursprung im wesentlichen vulkanischer Tätigkeit im Miozän und Pliozän im östlichen Atlantik. Die Kette von sieben größeren Inseln erstreckt sich über eine Entfernung von etwa 500 km und erreicht mit dem Gipfel des Teide eine Höhe von 3718 m.

Seit Beginn des letzten Jahrhunderts faßt man den Kanarischen Archipel mit weiteren atlantischen Inselgruppen (Azoren, Madeira, Salvajes und Kapverden) zur pflanzengeographischen Region "Makaronesien" zusammen. Daneben gibt es mit der atlantischen Sahara noch eine makaronesische Enklave, die stärkere Beziehungen zu den vorgelagerten Inseln als zum benachbarten Festland aufweist. Schließlich reichen einige Elemente der makaronesischen Vegetation noch bis ins südwestliche Iberien.

Mit KUNKEL (1987) ließe sich dieses Gebiet als Groß-Makaronesien umschreiben, während der Raum zwischen Azoren, Südwest-Iberien und den Kanaren wegen des Auftretens zahlreicher Elemente des Lorbeerwaldes als Lauri-Makaronesien bezeichnet werden kann. Innerhalb dieses Bereiches finden wir zwischen den Kanaren und Madeira die engsten Beziehungen (Zentral-Makaronesien). Auf den Kanarischen Inseln wächst über die Hälfte aller makaronesischen Endemiten, und auch im Hinblick auf ihre Diversität nehmen sie innerhalb Makaronesiens eine herausragende Stellung ein.

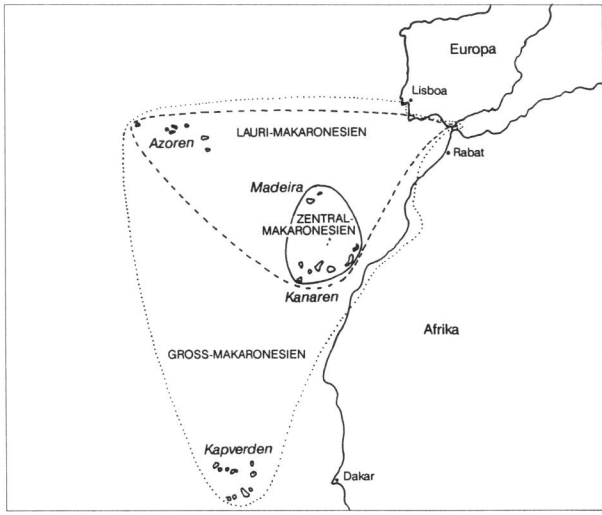

Karte 1: Übersicht über die Makaronesische Region (nach KUNKEL 1987, verändert)

Kurzcharakteristik der Kanarischen Inseln

Die einzelnen Inseln

El Hierro, die westlichste und kleinste Kanareninsel (ca. 280 km^2), erreicht im Pico de Tenerife 1520 m Höhe. Der Kraterabbruch von El Golfo im Norden ist von besonderem landschaftlichem Reiz.

La Palma ist etwa 730 km^2 groß und mit dem 2426 m hohen Roque de los Muchachos die zweithöchste Insel der Kanaren. Geprägt wird diese niederschlagsreiche, grüne Insel vor allem durch ihre Kanarenkiefernwälder.

La Gomera, etwa 380 km^2 groß, erreicht im Nationalpark Garajonay eine Höhe von 1484 m. Neben xerophytischer Vegetation der unteren Stufe hat der Lorbeerwald hier seine beste Ausbildung erhalten können.

Tenerife (Teneriffa), nur 35 km von La Gomera entfernt, ist die größte (2057 km^2) und mit dem Pico de Teide (3718 m) höchste der Kanarischen Inseln. Dadurch besitzt sie eine außergewöhnliche landschaftliche Vielfalt und den größten Endemitenreichtum des Archipels. Nur hier finden wir alle Vegetationsstufen voll ausgeprägt.

Gran Canaria ist mit 1532 km^2 die drittgrößte der sieben Inseln. Die höchste Erhebung stellt mit 1950 m Höhe der Pozo de las Nieves dar. Die im Norden durch reichliche Niederschläge einstmals vorhanden gewesenen Lorbeerwälder sind heute zum allergrößten Teil vernichtet. Die Insel weist gut 100 Endemiten auf.

Lanzarote als nordöstlichste Kanareninsel ist am stärksten vulkanisch geprägt. Ihr nördlich vorgelagert sind einige kleinere Inseln, von denen La Graciosa bei den Verbreitungsangaben eigens Berücksichtigung findet. Die etwa 800 km^2 große Insel erreicht mit den Peñas del Chache eine Höhe von 671 m und beherbergt etwa ein Dutzend Lokalendemiten.

Fuerteventura ist mit einer Entfernung von nur 115 km die Afrika am nächsten gelegene Insel (ca. 1700 km^2 groß). Als zweitgrößte Insel des Archipels ist sie gleichzeitig die am dünnsten besiedelte. Die höchste Erhebung stellt mit 807 m der Pico de la Zarza auf der Halbinsel Jandía dar. Hier finden wir auch das reichste Pflanzenleben dieser sonst sehr afrikanisch-saharisch geprägten Insel. Die auf der zwischen Fuerteventura und Lanzarote gelegenen Insel Lobos vorkommenden Arten sind bei den Verbreitungsangaben meist gesondert aufgeführt.

Die in der Flora bei den auf den Kanaren nachgewiesenen Arten eingefügte Kästchenzeile gibt die einzelnen Inseln in der vom Kartenbild her gewohnten Lage von West nach Ost wieder, wobei die Insel mit den stärksten Beziehungen zu Afrika, Fuerteventura, ganz rechts erscheint.

H	P	G	T	C	L	F
El Hierro	La Palma	La Gomera	Tenerife	Gran Canaria	Lanzarote	Fuerteventura

Zum Klima der Kanaren

Das Klima der Kanarischen Inseln ist als mediterran-subtropisch zu bezeichnen, wobei durch den Atlantik ein ausgleichender Einfluß zustandekommt. Entscheidend ist aber auch die Höhenlage und die Orientierung zu den Wolken des Nordost-Passates. Letztere spielen auf den beiden östlichen Inseln nur eine untergeordnete Rolle. Die mittleren

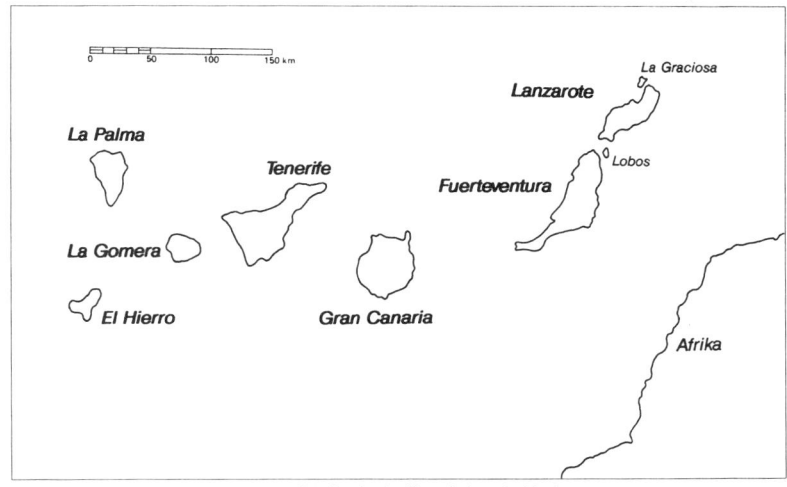

Karte 2: Die Inseln des Kanarischen Archipels

Niederschlagsmengen für die einzelnen Inseln nehmen tendenziell von Ost nach West zu. Mehr als die Hälfte des jährlichen Regens fällt von November bis Januar.

H	P	G	T	C	L	F
426	586	410	420	325	135	147

Mittlere jährliche Niederschlagsmengen in mm für die einzelnen Inseln
(Werte nach FERNANDOPULLÉ 1976)

Kleinräumig kann daneben der in diesen Zahlen nicht erfaßte Nebelniederschlag im Bereich der Passatwolke zu einem beachtlichen Gewinn an Wasser für bestimmte Inselteile führen.

Die mittleren Jahrestemperaturen auf den Kanarischen Inseln reichen von 25°C in der unteren Zone bis 10°C in den höchsten Lagen. Im Winter ist oberhalb 1500 m mit Frost zu rechnen. Verglichen mit der Größe der Inseln besitzen die Kanaren eine außerordentliche klimatische Vielfalt.

Übersicht über die Vegetationsgliederung der Kanaren

Von entscheidender Bedeutung für die Vegetation sind auch auf den Kanarischen Inseln die klimatischen Bedingungen. Nur selten aber sind die Beziehungen zwischen Klima und Vegetation so evident wie hier. Eine besondere Bedeutung kommt in diesem Zusammenhang dem Nordostpassat zu. Er bedingt eine schon frühzeitig von Botanikern erkannte Dreigliederung der Vegetation in eine **Stufe unter den Wolken** (trocken, warm), eine **Stufe in den Wolken** (relativ kühl und niederschlagsreich) und eine **Stufe über den Wolken** (trocken und kühl).

Die **Stufe unter den Wolken** reicht im Nordosten vom Meer bis etwa 400 m, im Süden auch höher. Die "Purpurarien" Fuerteventura und Lanzarote liegen wegen ihrer geringen Höhe fast ganz in dieser Stufe. Neben den Strandpflanzen, die hohem Salzgehalt angepaßt

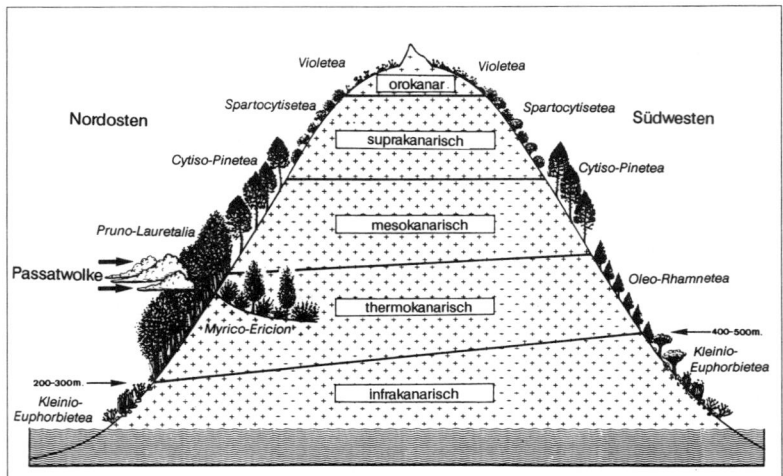

Abb. 1: Klimatische Höhenstufen und potentielle natürliche Vegetation von Tenerife
(nach WILDPRET & DEL ARCO 1987, verändert)

sind, aber auch etwas feuchtere Verhältnisse vorfinden, dominieren hier Xerophyten, die oft durch ausgesprochene Sukkulenz auffallen. Kandelaberförmige, stammsukkulente Wolfsmilcharten prägen das Bild. Im Süden der Inseln und auf den Purpurarien finden wir Halbwüsten, die Beziehungen zur saharo-sindischen Region aufweisen.

Die **Stufe in den Wolken** reicht bis 1500 m, teilweise auch bis 2000 m über dem Meer. Es steht ganzjährig genügend Feuchtigkeit zur Verfügung, so daß hier Wald existieren kann. Der heute leider bis auf Reste zurückgedrängte Lorbeerwald hat hier bei 750 bis über 1000 mm Jahresniederschlag sein optimales Vorkommen. Die ihn aufbauenden Arten (oder ihnen nahestehende Sippen) waren, wie wir aus Fossilfunden wissen, in Europa und im Bereich des Mittelmeeres zur Zeit des Tertiär vorhanden. Heute fehlen auf den beiden Ostinseln Lorbeerwälder, auf Tenerife, La Gomera und La Palma sind sie im Nordosten noch am besten erhalten. Weit häufiger treffen wir ihre Degenerationsstadien an, den *Myrica-Erica*-Buschwald. Die höheren Bereiche der Wolkenstufe und die Südseite der westlichen Inseln (außer La Gomera) nimmt der "Pinar", der Kanarenkiefernwald ein.

Die **Stufe über den Wolken** weist mit zunehmender Höhe wieder geringere Niederschläge auf. Erschwerend für die Vegetation sind ferner die starken Tages- und Jahresschwankungen der Temperatur und die hohe Einstrahlung. Oberhalb etwa 2000 m tritt der Wald zurück und macht Sträuchern und Kugelbüschen Platz. In Höhen über 2800 m, die nur noch auf Tenerife erreicht werden, sind nur noch wenige Blütenpflanzen existenzfähig, so etwa das berühmte Teideveilchen (*Viola cheiranthifolia*). Der Kraterbereich des Teide ist schließlich frei von höherer Vegetation.

Diese einleuchtende Gliederung hat im Laufe der Zeit eine weitere Differenzierung erfahren. Die vereinfachte Übersicht über die Höhenstufengliederung der potentiellen natürlichen Vegetation anhand eines Nordost-Südwest-Profils durch Tenerife soll die Verhältnisse noch einmal zusammenfassen. Zu einer genaueren Erklärung sei auf die eingehende Darstellung bei WILDPRET & DEL ARCO (1987) verwiesen.

Pflanzengesellschaften der Kanarischen Inseln

Unter Federführung des Botanischen Instituts der Universität La Laguna werden zur Zeit die auf den Kanarischen Inseln vorkommenden Pflanzengesellschaften ökologisch und floristisch abgesichert, vereinheitlicht, synsystematisch geordnet und nach den Regeln des "Code der pflanzensoziologischen Nomenklatur" korrekt benannt. Diese Synthese wird eine wichtige Grundlage für alle weiteren Untersuchungen darstellen.

Die folgende Zusammenstellung einer Vielzahl von Pflanzengesellschaften, die von den Kanaren beschrieben wurden, beruht weder auf Tabellenvergleichen noch wurden Fragen der Priorität, der codegerechten Publikation etc. überprüft. Sie ist daher, dies sei ausdrücklich betont, nicht als Basis für die oben skizzierten Bemühungen zu verwenden. Dennoch scheint uns diese Übersicht hilfreich, anhand der geordneten Auflistung beschriebener Pflanzengesellschaften den Gesellschaftsanschluß bei vielen Sippen anzudeuten und auf Kenntnislücken hinzuweisen.

Die Artenliste enthält neben Charakterarten auch häufige Begleiter. Arten, die im Namen der Gesellschaft auftreten, werden meist nur dort genannt. Die Reihenfolge der mit Kleinbuchstaben gekennzeichneten Gesellschaften soll keine näheren Verwandtschaftsbeziehungen ausdrücken.

LEM – LEMNETEA MINORIS Tx. 55 "Wasserlinsen-Ges."
>   I – **LEMNETALIA MINORIS** W. Koch et Tx. 54
>>   1 – **Lemnion minoris** W. Koch et Tx. 54: *Lemna minor, L. gibba*
>>   a – Lemna minor-Ges. Sund. 72

ZOS – ZOSTERETEA MARINAE Pign. 53 "Seegras-Rasen und Meersalde-Ges."
>   I – **ZOSTERETALIA** Br.-Bl. 31
>>   1 – **Posidonion oceanicae** Br.-Bl. 31
>>   a – Cymodocea nodosa-Ges. Sund. 72 (Salzwasser, 0,5–40 m tief): *Cymodocea preauxiana*
>   II – **RUPPIETALIA MARITIMAE** J.Tx. 60 [Ruppietea J.Tx. 60]
>>   1 – **Ruppion maritimae** Br.-Bl. 31
>>   a – Ruppia maritima ssp. rostellata-Ges. (Brackwasser-Lagunen)

AMM – AMMOPHILETEA Br.-Bl. et Tx. 43 "Stranddünen-Ges." (Sand, beweglich)
>   I – **AMMOPHILETALIA** Br.-Bl. 33 (Tiefer Sand, küstennah): *Ononis natrix, O. serrata, Heliotropium erosum*
>>   1 – **Traganion moquini** Sund. 72
>>   a – Euphorbio-Cyperetum kalli Sund. 72 (Flugsand, Dünen-Initialen): *Euphorbia paralias, Cyperus capitatus, Polygonum maritimum, Salsola kali, Neurada procumbens*
>>   b – Traganetum moquini Sund. 72 (Höhere Dünen, etwas nitrophil)
>>   c – Ononido-Cyperetum capitati Wildpr., Del Arco et Ac. 83 (Badestrand)

CRI – CRITHMO-LIMONIETEA Br.-Bl. 47 "Salzgebundene Fels- u. Strand-Ges." (Felsen unter Brandung, auf Can hpts. in N-Exposition): *Crithmum maritimum*
>   I – **FRANKENIO-ASTYDAMIETALIA LATIFOLIAE** Santos 76
>>   1 – **Frankenio-Astydamion latifoliae** Santos 76
>>   a – Crithmo maritimum-Ges. Sund. 72 (Am stärksten brandungsexponiert): *Limonium pectinatum* var. *incomptum, Crithmum maritimum* (Optimum)
>>   b – Frankenio-Astydamietum Lohm. et Tr. 70: *Frankenia ericifolia, Astydamia latifolia, Schizogyne sericea, Limonium pectinatum* var. *solandri*
>>   c – Limonium imbricatum-Ges. Sund. 72 prov.: *Limonium imbricatum*

SAM – SAGINETEA MARITIMAE Westhoff, van Leeuwen et Adriani 62
>   "Salzbeeinflußte Vegetation nährstoffreicher Standorte"

I – **Saginetalia maritimae** Westhoff, van Leeuwen et Adriani 62
  1 – **Frankenion pulverulentae** Riv.-Mart. in Riv.-Mart. et Costa 76
    a – Mesembryanthemetum crystallino-nodiflori O.Bolòs 57
    b – Senecionetum incrassati Pér., Del Arco et Wildpr. 85

CAK – **CAKILETEA MARITIMAE** Tx. et Prsg. 50 "Meersenf-Spülsaum-Ges.": *Cakile mariti-*
ma, Salsola kali

SAL – **SALICORNIETEA FRUTICOSAE** Tx. et Oberd. 58 "Salzqueller-Ges." (Auf festem
Grund, ± salzhaltig): *Arthrocnemum fruticosum, Atriplex glauca ssp. ifniensis, Frankenia laevis ssp.*
capitata, Suaeda fruticosa, S. vermiculata
  I – **Chenoleetalia tomentosae** Sund. 72
    1 – **Chenoleion tomentosae** Sund. 72: *Chenolea tomentosa, Limonium pectinatum, L. tubercula-*
tum, Polycarpaea nivea, Schizogyne glaberrima, Zygophyllum fontanesii
      a – Cyperetum laevigati Sund. 72 (Dünentäler mit Versalzung)
      b – Chenoleo-Suaedetum vermiculatae Sund. 72 (Sand über Fels)
        α – Subass. atractyletosum Sund. 72 (Extrem trocken): *Atractylis preauxiana, Convolvulus caput-*
medusae, Herniaria fontanesii

JUN – **JUNCETEA MARITIMI** Br.-Bl. 31 "Salzwiesen": *Juncus maritimus, Limonium tuberculatum,*
Schizogyne glaberrima, Puccinellia maritima
  I – **Juncetalia maritimi** Br.-Bl. 31
    1 – **Juncion maritimi** Br.-Bl. 31
      a – Schizogyno-Juncetum acuti Esteve 68

ASP – **ASPLENIETEA TRICHOMANIS** Br.-Bl. 34 corr. Oberd. 77 (incl. **AEONIO-GREE-**
NOVIETEA Santos 76) "Mauer- u. Felsspalten-Ges.": *Asplenium trichomanes, A. septen-*
trionale, Anogramma leptophylla, Cystopteris diaphana, Ceterach aureum, Cheilanthes marantae, Polypodium
macaronesicum, Parietaria judaica, Umbilicus horizontalis
  I – **Soncho-Aeonietalia** Sund. 72 "Makaronesische Lava- u. Felsspalten-Ges."
    1 – **Soncho-Aeonion** (Sund. 72)Santos 76
      a – Prenantho (pendulae)-Taeckholmietum Sund. 72 (Felsges. im Bereich der
         Kleinio-Euphorbietea von C): *Descurainia preauxiana, D. artemisioides, Allagopappus*
dichotomus, Polypodium interjectum
      b – Phylliviscosae-Aeonietum sedifolii Santos et Fernández 83 (Sonnenexponier-
         te Felsen im Teno-Gebiet von T)
      c – Aeonietum palmensis Santos 83 (Tiefland bis 1100 m, Schwerpunkt auf P):
Aeonium palmense, A. goochiae, A. nobile, A. sedifolium, A. ciliatum, Polycarpaea smithii,
Lobularia palmensis, Carlina falcata, Reichardia ligulata, Tolpis laciniata
        α – Subass. aeonietosum goochiae (Frischer, schattig) D: *Selaginella denticulata, Cystopteris*
diaphana
        β – Subass. aeonietosum nobilis (Warme Tieflagen bis 600 m)
      d – Cheilanthes marantae-Ges. Santos 83: *Ceropegia hians, Aeonium spathulatum var.*
cruentum, Sonchus hierrensis var. benehoavensis
      e – Aeonium spathulatum-Ges. Vogg. 74 (Felsen (hpts.) im Kiefern-Kontakt,
         800–2100 m): *Aeonium spathulatum*
      f – Aeonium smithii-Ges. Vogg. 74 (200–2400 m, Schwerpunkt im Kiefern-Kon-
         takt auf T, hpts. im S u. W): *Aeonium smithii*
      g – Aeonietum virginei Suárez et Pér. 81 (Felsen der Lorbeerwaldstufe der
         Nordseite von C, 700–800 m)
      h – Aeonietum longithyrsi Santos 76 (Tiefere Lagen von H): *Aeonium palmense var.*
longithyrsum
      i – Soncho hierrensis-Greenovietum diplocyclae Santos 76 (H, nördl. Hochlagen)
      j – Aeonio decori-Sonchetum leptocephali Fernández 83 (Im S von G)
      k – Soncho radicati-Aeonietum tabuliforme Santos et Fernández 83 (Küstenna-
         he Felsen von T)

2 – **Festuco-Greenovion** Santos 83 [Greenovietalia Santos 83]: *Greenovia aurea, G. diplocycla, Monanthes brachycaulon, Festuca agustini, Cerastium sventenii, Arabis caucasia, Tolpis lagopoda*

    a – Greenovietum aureae Santos 83 prov. (Felsen der Kiefernstufe von T u. P): *Tolpis lagopoda*

    b – Greenovietum diplocyclae Santos 83: *Aeonium spathulatum* var. *cruentum, Aichryson parlatorei, Festuca agustini, Silene italica* var. *pogonocalyx, Arabis caucasica, Teline stenopetala* s.str., *Pimpinella dendrotragium, Stereocaulon vesuvianum*

    c – Monanthes brachycaulon-Ges. W., Gr. et Z. 87

    d – Tolpidetum calderae Santos 83 (Hochlagen von P, 1650–2400 m): *Viola palmensis, Echium gentianoides, E. wildpretii* ssp. *trichosiphon, Argyranthemum haouarytheum, Pterocephalus porphyranthus*

    e – Greenovia aizoon-Ges. Vogg. 74 (Mittlere Lagen der Südseite von T, 600–1600 m): *Aeonium holochrysum, Tolpis lagopoda, Sonchus gummifer*

    f – Greenovia aurea-Ges. Vogg. 74 (Höhere Lagen von T, 1250–1800 m): *Aeonium spathulatum, Tolpis webbii, Senecio cruentus*

    g – Greenovia dodrentalis-Ges. Vogg. 74 (Tiefere Lagen der alten Gebirge (Anaga, Teno) von T)

    h – Greenovio aureae-Aeonietum caespitosi Sund. 72 (In größeren Höhen, über 800 m, bei höherer Luftfeuchte auf C): *Aeonium simsii* [*A. caespitosum*]

3 – Bei VOGGENREITER (1974) außerdem ohne Assoziationsrang für T:

    a – Aeonium holochrysum-Ges. (zu 2e?)

    b – Aeonium sedifolium-Ges. (Heiße Orte bis ca. 600 m; zu 1c?)

    c – Aeonium haworthii-Ges. (Tieflagen bis 500 m, hpts. N von T)

    d – Aeonium urbicum-Ges. (Hpts. auf Dächern)

    e – Aeonium lindleyi-Ges. (Luftfeucht, im unt. Lorbeerwaldkontakt, bis 1000 m)

    f – Aeonium tabuliforme-Ges. (Luftfeucht, bes. an der Nordküste, bis 500 m)

    g – Aeonium canariense-Ges. (Bis 1300 m, hpts. im N von T)

    h – Aeonium ciliatum-Ges. (zu 1c?)

    i – Aeonium cuneatum-Ges. (Myrica-Erica-Stufe)

ADI – **ADIANTETEA CAPILLI-VENERIS** Br.-Bl. 31 "Ges. nasser Felsstandorte"

I – ADIANTETALIA CAPILLI-VENERIS Br.-Bl. 31 (Feuchte, schattige, basische Felsen)

    1 – **Adiantion capilli-veneris** Br.-Bl. 31: *Adiantum capillus-veneris, A. reniforme, Samolus valerandi, Hypericum coadunatum, Selaginella denticulata*; Moose: *Gymnostomum aeruginosum, Rhynchostegiella curviseta*

    a – Eucladio-Adiantetum Br.-Bl. 31 (300–1000 m, meist N-exponiert): *Adiantum capillus-veneris*; Moose: *Eucladium verticillatum*

    b – Lyperietum canariensis Sund. 72 (Trockner, auf vulkanischem Tuff): *Sutera [Lyperia] canariensis*

    c – Dumortiera-Adiantum capillus-veneris-Ges. Lohm. et Tr. 70: Moose: *Dumortiera hirsuta, Plagiochila spinulosa*

PAR – **PARIETARIETEA JUDAICAE** Riv.Mart. in Riv.God. 64 em. Oberd. 69 "Thermo-nitrophile Mauerfugen-Ges."

I – PARIETARIETALIA JUDAICAE Riv.Mart. 60

    1 – **Centrantho-Parietarion** Riv.Mart. 60 nom. inv. Oberd. 77: *Centranthus ruber*

    a – Parietarietum judaicae Arèn. 28 corr. Oberd. 77: *Cymbalaria muralis*

    b – Cymbalarietum muralis Görs 66: *Cymbalaria muralis*

    c – Centranthetum rubri Oberd. 69

    d – Umbilicus horizontalis-Ges.

VIO – **VIOLETEA CHEIRANTHIFOLIAE** Vogg. 74 prov. "Alpinoide Steinschuttfluren" (Als eigene Klasse wohl nicht berechtigt)

I – VIOLETALIA CHEIRANTHIFOLIAE

1 – Violion cheiranthifoliae

a – Violetum cheiranthifoliae Ceb. et Ort. 51: *Viola cheiranthifolia, Silene nocteolens*

STELLARIETEA MEDIAE (Br.-Bl.31)Tx., Lohm. et Prsg. in Tx.50 "Annuelle Unkrautges."

SEC – **SECALIENEA CEREALIS** Br.-Bl. ex Riv.-Mart. 87 ined. "Halmfruchtges.": *Viola arvensis, Polygonum convolvulus, Vicia hirsuta, Lithospermum arvense*

I – **SECALIETALIA CEREALIS** Br.-Bl. 31: *Anagallis arvensis, Sherardia arvensis, Euphorbia exigua, Vicia tetrasperma, Papaver* spec. div., *Vicia villosa, Anthemis arvensis, Scleranthus annuus*

   1 – Secalion Br.-Bl. 31
   a – Gladiolus segetum-Ges. Oberd. 65 (Getreide)
   b – Fumaria muralis-Ges. Oberd. 65 (Hackfrucht; zu folg. Unterklasse!)

CHE – **CHENOPODIENEA MURALIS** Br.-Bl. in Br.-Bl. et al. 52 "Annuelle Ruderal- u. Hackfrucht-Ges." (Evtl. Unterscheidung einer eigenen Klasse Onopordetea acanthii Br.-Bl. 64 für die Distelfluren notwendig. Hierzu 1e,i,l,n,u,v,2c): *Chenopodium album, Sonchus oleraceus, Capsella bursa-pastoris, Solanum nigrum, Senecio vulgaris* u.a.

I – **CHENOPODIETALIA MURALIS** Br.-Bl. 31 (incl. **PEGANO HARMALAE-SALSOLETEA VERMICULATAE** Br.-Bl. et O.Bolòs 58)

   1 – Chenopodion muralis Br.-Bl. 31 em. 36 s.l.: *Chenopodium ambrosioides, Amaranthus deflexus, Hyoscyamus albus, Setaria verticillata, Lycopersicum esculentum*
   a – Mesembryanthemetum crystallini Sund. 72 (Gestörte Euphorbia balsamifera-Bestände): *Beta patellaris, Chenopodium multifidum*
   b – Polycarpo tetraphylli-Nicotianetum glaucae Sund. 72 (Barranco-Flußbetten): *Marrubium vulgare*; D: *Plocama pendula*
   c – Oxalidi-Urticetum membranaceae Sund. 72 (Schattig, feucht, tiefgründig): *Oxalis pes-caprae*
   d – Verbenetum supinae Sund. 72 (In ausgetrockeneten Bewässerungsbecken): *Chenopodium ambrosioides* var. *dent., Petunia parviflora, Aster squamatus*
   e – Cynara cardunculus var. ferocissima-Ges. Sund. 72 (Mittlere Höhen)
   f – Hirschfeldia-Hordeum murinum-Ges. Oberd. 65 (s. CHE I-2)
   g – Bromus sterilis-Hordeum murinum-Ges. Oberd. 65 (s. CHE I-2)
   h – Chenopodio muralis-Malvetum parviflorae Lohm. et Tr. 70 (Tief, sonnig, trocken, siedlungsnah): *Sisymbrium irio, Amaranthus gracilis*
   i – Silybum marianum-Galactites-Ges. Oberd. 65
   k – Glaucium flavum-Forskohlea angustifolia-Ges. Lohm et Tr. 70
   l – Conium maculatum-Silybum marianum-Ges. Lohm et Tr. 70
   m – Achyranthes sicula-Ges. Oberd. 65 (Wegränder, bes. vor dem Cinerarien-Saum): *Achyranthes aspera* var. *sicula*
   n – Echium plantagineum-Galactites tomentosa-Ges. Oberd. 65
   o – Fumaria muralis-Polygonum convolvulus-Ges. K.Meisel 69 (Sauer, frisch; potentiell Lorbeerwald): *Coronopus didymus, Stellaria media, Sonchus oleraceus*
   p – Galinsoga ciliata-Setaria verticillata-Ges. K.Meisel 69 (Bewässert u. gedüngt)
   q – Avena barbata-Picris echioides-Ges. K.Meisel 69 (Trockner u. feinerdeärmer): *Silene vulgaris, Phalaris canariensis, Foeniculum vulgare, Carthamus tinctorius*
   r – Datura stramonium-Setaria verticillata-Ges. K.Meisel 69: *Heliotropium europaeum*
   s – Forskohlea angustifolia-Setaria verticillata-Ges. K.Meisel 69
   t – Atriplex semibaccata-Atriplex ifniensis-Ges. K.Meisel 69 (Extrem trockenwarme Grusböden, flachgründig): *Atriplex glauca* var. *ifniensis*
   u – Silybo mariani-Carduetum tenuiflorae Lohm. 75 (Frisch, schattig, humos): *Silybum marianum*
   v – Scolymo maculati-Cynaretum ferocissimae Wildpr., Del Arco et García 88 (Schuttreiche Ruderalia-Urbanisationen): *Cynara cardunculus* var. *ferocissima, Scolymus hispanicus, S. maculatus*

w – Atriplici ifniensis-Amaranthetum gracilis Esteve 83
2 – **Hordeion leporini** Br.-Bl. (31)47 [Bromo-Hirschfeldion incanae Lohm. 75] (Vgl.
auch CHE I-1f,g): *Bromus rubens, Hordeum murinum, Hirschfeldia incana, Erodium chium*
  a – Bromo-Hischfeldietum incanae (Oberd. 65)Lohm. 75 (Trockene Wegsäume,
    Brachen): *Hedypnois cretica, Scorpiurus sulcata, Medicago polymorpha*
  b – Bidenti-Erodietum malacoidis Lohm. 75 (Frische Wegränder): *Bidens pilosa,*
    Erodium moschatum, Piptatherum miliaceum
  c – Notobasis syriaca-Galactites tomentosa-Ges. Lohm. 75 (Distelflur, Rohbö-
    den): *Picris echioides*
II – SOLANO NIGRI-POLYGONETALIA CONVOLVULI O.Bolòs 62 [Eragrostietalia J.Tx. in
  Lohm. et al. 62]
  1 – **Polygono convolvuli-Chenopodion polyspermi** Koch ex Siss. 46 em. Müll. et
    Oberd. in Oberd. 83
    a – Verbenetum supinae Sund. 72
    b – Setaria adhaerens-Ges.
  2 – **Diplotaxion erucoides** Br.-Bl. 31
    a – Bromo-Calenduletum arvensis Rodríg.Delg. 90 prov.
III – GERANIO PURPUREI-CARDAMINETALIA HIRSUTAE Brullo in Brullo et Marceno 85
  1 – **Geranio pusilli-Anthriscion caucalidis** Riv.-Mart. 78
    a – Anogrammo leptophyllae-Parietarietum lusitanicae Riv.-Mart. et Ladero in
      Riv.-Mart. 78
  2 – **Allion triquetri** O.Bolòs 57
    a – Oxalido pes-caprae-Urticetum membranaceae Sund. 72
    b – Rumex bucephalophorus-Drusa glandulosa-Ges.
IV – SISYMBRIETALIA OFFICINALIS J.Tx. in Lohm. et al. 62
  1 – **Carrichtero annuae-Amberboion lippii** Riv.God. et Riv.-Mart. ex Esteve 73

PLA – **POLYGONO ARENASTRI-POETEA ANNUAE** Riv.Mart. 75 [Plantaginetea
maioris Tx. 50, Coronopo-Polygonetea avicularis Lohm. 70] "Trittges.": *Polycarpon*
tetraphyllum, Coronopus didymus
I – POLYGONO ARENASTRI-POETALIA ANNUAE Tx. 72
  1 – **Polycarpion tetraphylli** Riv.-Mart. 75: *Sagina apetala*
    a – Polygonum aviculare-Poa annua-Ges. Oberd. 65: *Spergularia rubra*
    b – Solivetum stoloniferae Riv.-Mart. 75: *Gymnostyles stolonifera*
  2 – **Eleusinion indicae** Leon. 50: *Eleusine indica*
    a – Eragrostis barrelieri-Polycarpaea divaricata-Ges. Lohm. et Tr. 70
    b – Plantago aschersonii-Ges. Lohm. et Tr. 70
    c – Polycarpo tetraphylli-Alternantheretum Lohm. et Tr. 70 [Polycarpo tetra-
      phylli-Cotuletum australis Wildpr. et al. 88]: *Alternanthera repens, Polycarpon*
      tetraphyllum, Euphorbia prostrata
    d – Ranunculus muricatus-Ges. Lohm. et Tr. 70
    e – Euphorbio chamaesyci-Alternantheretum caracasanae Costa et Fig. 83: *Eu-*
      phorbia prostrata, E. chamaesyce
  3 – **Saginion procumbentis** Tx. et Ohba 72
    a – Bryo-Saginetum procumbentis Diem., S. et W. 40: *Sagina procumbens*; Moose:
      Bryum argenteum

ART – **ARTEMISIETEA** Lohm., Prsg. et Tx. 50 "Nitrophytische Saumges.": *Chelidonium*
maius, Galium aparine
I – GLECHOMETALIA HEDERACEAE Tx. in Tx. et Brun.-H. 75: *Viola odorata*
  1 – **Senecion tussilaginis** Oberd. 65 [Geranio-Torilion Lohm. et Tr. 70] "Kanari-
    scher Cinerarien-Saum" (Schattig-frische Säume (hpts.) der Lorbeerwaldstufe):
    Geranium purpureum, Rumex bucephalophorus var. *canariensis, Drusa oppositifolia, Fumaria*
    capreolata, Oxalis pes-caprae, Pericallis [*Senecio*] spec. div.

a – Galium aparine-Senecio tussilaginis-Ges. Oberd. 65 (Halbschattig, tief)
b – Galium aparine-Senecio cruentus-Ges. Oberd.65 (Halbschattig, 700 – 1500 m)
c – Galio-Toriletum Lohm. et Tr. 70 [Galio-Geranietum purpurei Lohm. 75] (Schattig, ab 250 m): *Torilis leptophylla*

II – **ARTEMISIETALIA VULGARIS** Lohm. in Tx. 47 em. Th.Müll. 83: *Artemisia vulgaris*
   1 – Arction lappae Tx. 37 em. 50
      a – Conium maculatum-Bestände Oberd. 65

ISN – ISOETO-NANOJUNCETEA Br.-Bl. et Tx. 43 "Zwergbinsen-Ges." (Einjährige Pionierges. offener, feuchter bis nasser Böden): *Juncus bufonius, Centaurium pulchellum, Gnaphalium luteo-album, Hypericum humifusum, Lythrum hyssopifolia, Mentha pulegium*
  I – **CYPERETALIA FUSCI** Pietsch 63: *Cyperus fuscus*
   1 – Nanocyperion W.Koch 26
      a – Gnaphalium teydeum-Ges. W., Gr. et Z. 87
      b – Radiola linoides-Ges. prov.: *Radiola linoides, Juncus capitatus, Illecebrum verticillatum*

POT – POTAMOGETONETEA PECTINATI Tx. et Prsg. 42 "Süßwasser-Ges."
  I – **POTAMOGETONETALIA** W.Koch 26
   1 – Ranunculion fluitantis Neuhsl. 59: *Ranunculus trichophyllus*
      a – Ranunculus baudotii-Ges. Sund. 72 (Bewässerungsrinnen, Wasser rasch fließend): *Ranunculus baudotii*
   2 – Potamogetonion pectinati W.Koch 26 em. Oberd. 57 corr. Oberd. 83
      a – Potamogeton pusillus-Ges. Sund. 72 (In Bewässerungsgräben bei langsamer Strömung)

PHR – PHRAGMITETEA Tx. et Prsg. 42 "Röhrichte u. Großseggen-Ges.": *Carex paniculata*
  I – **PHRAGMITETALIA** W.Koch 26: *Phragmites australis, Alisma lanceolatum, Eleocharis palustris*
   1 – Glycerio-Sparganion Br.-Bl. et Siss. 42: *Nasturtium officinale, Veronica beccabunga*
      a – Helosciadietum nodiflori Br.-Bl. 31: *Apium nodiflorum*
      b – Colocasia esculenta-Ges. Sund. 72

MJU – MOLINIO-JUNCETEA Br.-Bl. 47 [Molinietalia W.Koch 26] "Naß- u. Riedwiesen": *Holcus lanatus, Poa trivialis*
  I – **HOLOSCHOENETALIA** Br.-Bl. 47
   1 – Molinio-Holoschoenion Br.-Bl. 47
      a – Holoschoenetum Br.-Bl. 31: *Scirpus holoschoenus*
      b – Salix canariensis-Gebüsch W., Gr. et Z. 87

ARR – MOLINIO-ARRHENATHERETEA Tx. 37 "Fettwiesen, Fettweiden, Parkrasen": *Poa pratensis, Festuca rubra, Prunella vulgaris, Plantago lanceolata, Trifolium pratense, T. dubium*
  I – **ARRHENATHERETALIA** Pawl. 28
   1 – Cynosurion Tx. 47: *Lolium multiflorum, Bromus hordeaceus, Trifolium campestre, Medicago ciliaris, Scorpiurus subvillosa* u.a.
      a – "Kanarische Dauerweide" Oberd. 65

LYS – LYGEO SPARTI-STIPETEA TENACISSIMAE Riv.-Mart. 78 "Weiden trockener, nährstoffreicher Standorte"
  I – **HYPARRHENIETALIA HIRTAE** Riv.-Mart. 78
   1 – Dauco criniti-Hyparrhenion hirtae Br.-Bl., Silva et Rozeira 56 em. O.Bolòs 62
      a – Cenchro-Hyparrhenietum hirtae Wildpr. et al. ined.

TBR – THERO-BRACHYPODIETEA Br.-Bl. 47
  I – **TUBERARIETALIA GUTTATAE** Br.-Bl. 40 "Therophytenfluren im mediterranen Klima": *Brachypodium distachyum, Aira caryophyllea, Vulpia bromoides, V. myuros, V. ciliata, Briza minor, Br. maxima, Rumex acetosella, Trifolium subterraneum, T. campestre, T. tomentosum, T. arvense, T. glomeratum, Scorpiurus subvillosa, Tuberaria guttata, Plantago lagopus, Filago gallica, Asteriscus aquaticus*

1 – **Tuberarion guttatae** Br.-Bl. 40
  a – "Saisonweide der kanarischen Waldstufe" Oberd. 65
II – BRACHYPODIETALIA DISTACHYI Riv.-Mart. 78
  1 – **Stipion capensis** Br.-Bl. in Br.-Bl. et Bolòs 54 em. Izco 74
    a – Stipetum capensis Esteve et Socorro 77

KLE – **KLEINIO NERIIFOLII-EUPHORBIETEA CANARIENSIS** (Riv.God. et Esteve 65)Santos 76 "Sukkulentengebüsche trockener, flachgründiger Orte" ("Tabaibal", "Cardonal"): *Euphorbia obtusifolia, Plocama pendula, Lavandula canariensis*; D: *Hyparrhenia hirta*
I – KLEINIO-EUPHORBIETALIA CANARIENSIS (Riv.God. et Esteve 65)Santos 76
  1 – **Helianthemo-Euphorbion balsamiferae** Sund. 72 (Küstennahe Tieflagen): *Euphorbia balsamifera, Launaea arborescens, Neochamaelea pulverulenta, Ceropegia fusca, Helianthemum canariense, Artemisia reptans, Fagonia cretica, Salvia aegyptiaca, Convolulus scoparius*; D: *Aizoon canariense, Schizogyne sericea, Oligomeris linifolia, Reseda scoparia, R. lancerotae*
    a – Astydamio-Euphorbietum aphyllae Riv.God. et Esteve 65 (Evtl. eigener UV Euphorbienion aphyllae Santos 83) (Halophil, Übergang zu CRI)
    b – Launaeetum arborescentis Sund. 72 (Sandige Halbwüsten in Küstennähe)
    c – Euphorbietum balsamiferae Sund. 72: *Salvia aegyptiaca*
    d – Helianthemo-Euphorbietum balsamiferae (Riv.God. et Esteve 65)Santos 83 (Tieflagen bis 200 m, flachgründig)
    e – Echio brevirame-Euphorbietum balsamiferae Santos 83: *Echium brevirame* (T: *E. aculeatum*), *Micromeria herpyllomorpha*
    f – Ceropegio fuscae-Euphorbietum balsamiferae Riv.-Mart. et Wildpr.
    g – Schizogyne sericea-Ges. W., Gr. et Z. 87
    h – Odontospermo intermedii-Euphorbietum balsamiferae Esteve et Socorro 77
    i – Euphorbio regis-jubae-Schizogynetum sericei Pér. et al. 90
    j – Schizogyne sericea-Ges. Rodríg. 90
    k – Herniaria canariensis-Ges. Rodríg. 90
    l – Launaea arborescens-Ges. Rodríg. 90
    m – Euphorbio-Rhamnetum crenulatae Barquín 84
  2 – **Aeonio-Euphorbion canariensis** Sund. 72 [Kleinio-Euphorbion canariensis Riv.God. et Esteve 65]: *Euphorbia canariensis, Periploca laevigata, Kleinia neriifolia, Convolvulus floridus, Rubia fruticosa, Echium decaisnei, E. strictum, Parolinia ornata* u.a.
    a – Aeonio percarnei-Euphorbietum canariensis Riv.God. et Esteve 65 em. Sund. 72 (50–500 m, C)
      α – Subass. typicum
      ß – Subass. pistacietosum lentisci Sund. 72
    b – Odontospermo-Ononidetum ulicinae Sund. 72. (Mittlere Höhen, 400–900 m, stark beweidet): *Odontospermum stenophyllum, Ononis angustissima* var. *ulicina*
    c – Tricholaeno-Rumicetum lunariae Sund. 72 (Aschenkegel, grundfrisch): *Tricholaena teneriffae, Forskohlea angustifolia, Eschscholtzia californica, Wahlenbergia lobelioides*
    d – Euphorbietum atropurpureae Lems 68 (Hpts. um 1000 m)
      α – Subass. juniperetosum phoeniceae Rodríg., Wildpr., Del Arco et Pér. 90
    e – Kleinio-Asparagetum pastoriani Lems 68 corr. Santos 83 (Blocklava, 200–400 m)
    f – Rubio fruticosae-Euphorbietum canariensis Riv.God. et Esteve 65 (Küstennah): *Rubia fruticosa, Ceropegia dichotoma*
    g – Echio brevirame-Euphorbietum canariensis Santos 83 (Tieflagen von P)
    h – Echio brevirame-Retametum rhodorrhizoidis Santos 83 (Höher, bis 600 m)
    i – Euphorbio regis-jubae-Retametum rhodorrhizoidis Santos 83 (Blocklava): *Ceropegia hians, Cheilanthes catanensis*
    k – Euphorbia bourgaeana-Ges.

1 – Euphorbia canariensis-Pinetum canariensis Vogg. 76 (Übergang zum Kanarenkieferwald, vgl. PIN I-1d!)
m – Plocametum pendulae (Riv.God. et Esteve 65)Rodríg. et al. 91
  α – Subass. launaeetosum arborescentis (Riv.God. et Esteve 65)Rodríg. et al. 91
  ß – Subass. schizogynetosum glaberrimae (Riv.God. et Esteve 65)Rodríg. et al. 91
n – Euphorbietum berthelotii Fernández Galván 83 (Auf G)

SPA – SPARTOCYTISETEA SUPRANUBII Vogg. 74 prov.
"Gebirgshalbwüsten u. alpinoide Steinschutt-Fluren" (Ab ca. 2000 m)
I – **SPARTOCYTISETALIA SUPRANUBII**: *Sparticytisus supranubius, Dichroanthus scoparius, Nepeta teydea, Pterocephalus lasiospermus*
  1 – **Spartocytision supranubii** Esteve 73
  a – Spartocytisetum supranubii Oberd. ex Esteve 73: *Descurainia bourgaeana*
  b – Telino-Adenocarpetum spartioidis Santos 83: *Genista [Teline] benehoavensis*
  c – Echium wildpretii-Ges. Wildpr., Gr. et Z. 87
  (d – Viola cheiranthifolia-Ges. Wildpr., Gr. et Z. 87, s. VIO I-1a)
  e – Juniperus cedrus-Ges. Wildpr., Gr. et Z. 87

PIN – CYTISO PROLIFERI-PINETEA CANARIENSIS Riv.God. et Esteve 65 in Esteve 69 "Kanarenkieferwälder u. sie ersetzende Strauchges." (Hpts. 1200–2000 m, auf junger Lava auch tiefer)
I – **CYTISO PROLIFERI-PINETALIA CANARIENSIS** Riv.God. et Esteve 65 in Esteve 69 em. Sund. 72: *Romulea columnae* var. *grandiscapa, Arabis recta, Arabidopsis thaliana, Vicia disperma, Tuberaria guttata* var. *plantaginea, Asterolinon linum-stellatum, Bystropogon plumosus, Micromeria lanata, M. benthami, Lavandula minutifolii, Centranthus calcitrapae, Tolpis barbata*
  1 – **Cisto symphytifolii-Pinion canariensis** Esteve 69 "Kanarenkieferwälder": *Pinus canariensis, Neotinea maculata, Orchis patens* var. *canariensis, Lotus campylocladus, Cistus symphytifolius, C. ladanifer, Phillyrea angustifolia, Carlina canariensis*
  a – Pinetum canariensis Ceb. et Ort. 51 (Zentralass. des Verbandes)
  b – Cistus monspeliensis-Euphorbia regis-jubae-Ges. Sund. 72 (600–800 m auf C, Übergang zu KLE)
  c – Junipero cedri-Pinetum canariensis Vogg. 75 (Reliktges. der Hochlagen, T 2000–2400 m, P 1500–2400 m): *Chamaecytisus proliferus*
  d – Euphorbio canariensis-Pinetum canariensis Vogg. 76 (Übergang zu KLE, vgl. KLE I-2l)
  e – Loto hillebrandtii-Pinetum canariensis Santos 83 (Hochlagen von P): *Cistus symphytifolius* s.str.
    α – Subass. cistetosum symphytifolii Santos 83
    ß – Subass. ericetosum arboreae Santos 83
    γ – Subass. adenocarpetosum foliolosi Santos 83
    δ – Subass. adenocarpetosum spartioidis Santos 83
  f – Chamaecytisus prolifer-Pinus canariensis-Ges. Oberd. 65 (Hochlagen von T): *Andryala pinnatifida, Adenocarpus viscosus*
  g – Pinetum ericetosum Ceb. et Ort. 51 (Übergang zu LAU, hpts. um 1200–1500 m): *Erica arborea, Myrica faya*
  h – Telinetum spachianae Del Arco et Wildpr. 83 (Felsige Standorte auf T): *Teline stenopetala* var. *spachiana, Sideritis cretica, Echium virescens*
  i – Micromerio pineolentis-Pinetum canariensis Esteve 69 (800–1400 m auf C)
  j – Cytiso proliferi-Pinetum canariensis Vogg. 75 em. Del Arco et al. 87
    α – Subass. cistetosum symphytifolii Del Arco et al. 87
    ß – Subass. juniperetosum phoeniceae Del Arco et al. 90 (Auf H)
    γ – Subass. pistacietosum atlanticae Rodríg. et al. 90 (T im S, 800–1200 m)
    δ – Subass. ericetosum arboreae Del Arco et al. 87 (T, meist im N, 900–1500 m)
    ε – Subass. adenocarpetosum viscosi Vogg. 75 em. Del Arco et al. 87 (Auf T, 1800–2000 m)

2 – **Cytision canariensis** Sund. 72 [**Adenocarpo foliolosi-Cytision proliferi** Esteve 69 und **Micromerio benthami-Cytision congesti** Esteve 69](Sekundäre Strauchges.)
anstelle von Kanarenkieferwald): *Spergula pentandra, Sherardia arvensis, Galium parisiense, Salvia canariensis, Argyranthemum adauctum* ssp. *canariense*; Moose: *Bryum validicostatum*

a – Adenocarpo foliolosi-Cytisetum proliferi Sund. 72: *Chamaecytisus proliferus*

b – Micromerio lanatae-Cytisetum congesti Sund. 72 (Mittlere bis hohe Lagen auf C): *Teline microphylla* [*Cytisus congestus*]

c – Teline benehoavensis-Adenocarpetum spartioidis Santos 83 (Vgl. SPA I-1b. Cumbres der Caldera von P)

d – Descurainio gilvae-Plantaginetum webbii Santos 83 (Vulkanische Rohböden auf P): *Micromeria herpyllomorpha, Pterocephalus porphyranthus*

e – Lotetum campyllocladi Del Arco et al. 87

LAU – **PRUNO HIXAE-LAURETEA AZORICAE** Oberd. 60 em. 65 "Makaronesische Lorbeerwald- u. Gebüsch-Ges.": *Erica arborea, Myrica faya, Ilex canariensis, Viburnum rigidum, Phyllis nobla, Cedronella canariensis, Tamus edulis, Smilax mauritanica, Carex canariensis, C. divulsa, Asplenium onopteris*

I – **PRUNO HIXAE-LAURETALIA AZORICAE** Oberd. 65 "Laubwaldges. der Wolkenstufe Makaronesiens"

1 – **Ixantho viscosi-Laurion azoricae** (Rübel 30)Santos in Riv.-Mart.,Arnáiz,Barreno et Crespo 77 (Lorbeerwälder hpts. der Insel-Nordseiten, 400 – 1200 m): *Laurus azorica, Ilex platyphyllos, Ocotea foetens, Picconia excelsa, Euphorbia mellifera, Rubus bollei, Hedera canariensis, Bystropogon canariensis, Ixanthus viscosus, Geranium canariense, Cryptotaenia elegans, Senecio appendiculatus, Sideritis canariensis, Dryopteris oligodonta, Polystichum setiferum*

a – Lauro azoricae-Perseetum mocand Oberd. 65 ex Santos in Riv.-Mart., Arnáiz, Barreno et Crespo 77 (Feuchte Stellen, bes. in Barrancos): *Persea indica*

b – "Farnreiche Laurus-Ges. mit Woodwardia" Oberd. 65 (Luftfeuchte Nordlagen): *Woodwardia radicans, Diplazium caudatum*

c – Visnea-Apollonias-Ges. Oberd. 65 (Schwerpunkt in tieferen Lagen, ca. 400 – 600 m): *Apollonias barbujana, Visnea mocanera*

d – "Reine Laurus canariensis-Ges." Oberd. 65

e – Laurus-Prunus lusitanica-Ges. Oberd. 65 (In höheren Lagen, Übergang zu LAU II)

f – Arbutus-Visnea-Ges. Del Arco, Ardevol et Pér. 90

g – Laurus-Ilex-Ges. Del Arco, Ardevol et Pér. 90

II – **ANDRYALO PINNATIFIDAE-ERICETALIA ARBOREAE** Oberd. 65 [Fayo-Ericetalia arboreae Sund. 72]

1 – **Myrico fayae-Ericion arboreae** Oberd. 65 ("Fayal-Brezal"; Baumheiden-Gebüsche, meist Degradationsstadien des Lorbeerwalds. Primär auch an exponierten Stellen): *Erica scoparia, Adenocarpus foliolosus, Daphne gnidium, Teline canariensis, Rubus ulmifolius, Rumex maderensis, Rubia angustifolia, Scrophularia langeana, Andryala pinnatifida*

a – Rhamno glandulosae-Ericetum arboreae Oberd. 65 (Artenreich, anspruchsvoll, Übergang zu LAU I)

b – Arbutus canariensis-Ges. Oberd. 65 (Felsige Hänge): *Bencomia caudata*

c – Gesnouinia arborea-Ges. Oberd. 65 (Aufgelichtete Waldstellen, relativ nährstoffreich

d – Rubo ulmifolii-Cedronelletum canariensis Oberd. 65 (Waldränder)

e – Myrico fayae-Ericetum arboreae Oberd. 65 (Relativ artenarme Zentralass. des Verbandes): *Myrica faya* (Schwerpunkt)
  α – Subass. telinetosum canariensis Del Arco et Wildpr. 83

f – Senecioni murrayi-Myricetum fayae Santos 76 (Auf H)

2 – Micromerio-Genistion Oberd. 65 (Kanarische Zwergstraucheiden, Degrada-
tionsstadien des Fayo-Ericion, wohl primär an Felsköpfen): *Micromeria varia,
Phagnalon saxatile, Sanguisorba minor* ssp. *magnolii, Daucus carota, Iris pallida*

a – Teline canariensis-Ges. Oberd. 65 (Mittlere Höhen, 500 – 1500 m): *Teline
[Genista] canariensis*

b – Ulex europaeus-Ges. Oberd. 65: *Ulex europaeus* (auf T eingebürgert u. in Ausbreitung
begriffen)

c – Adenocarpus foliolosus-Ges. Oberd. 65 (In höheren, bes. Kamm-Lagen, ca.
800 – 1500 m): *Sideritis [Leucophae] macrostachys*

d – Cistus-Cytisus prolifer-Ges. Oberd. 65 (Übergang zum Kanarenkieferwald):
Cistus symphytifolius, C. monspeliensis, Chamaecytisus proliferus, Adenocarpus foliolosus

e – Erica-Cistus-Ges. Oberd. 65 (Ähnl. vor. Ges., mit Erica arborea)

3 – Rubion canariensis Oberd. 65 (Kanarische Brombeerhecken, meist sekundär
um Wirtschaftsland innerhalb der Wolkenstufe): *Rubus ulmifolius, Vinca maior,
Lathyrus tingitanus*

a – Urtico morifoliae-Rubetum ulmifolii Oberd. 65 (Mittlere u. höhere Lagen):
Urtica morifolia

b – Rubio fruticosae-Rubetum ulmifolii Oberd. 65 (Tieflagen bis ca. 500 m):
Rubia fruticosa, Bosea yervamora

c – Eupatorio adenophori-Rubetum ulmifolii Oberd. 65 (Feuchte Orte, bes. in
siedlungsnahen Barrancos): *Ageratina [Eupatorium] adenophora, A. riparia*

d – Rubo ulmifolii-Salicetum canariensis Rodríg., Del Arco et Wildpr. 86 (zu
Querco-Fagetea?)

CMI – CISTO MONSPELIENSIS-MICROMERIETEA HYSSOPIFOLIAE Pér. et al. 90
"Zwergstrauchheiden nährstoffarmer Standorte"

I – CISTO MONSPELIENSIS-MICROMERIETALIA HYSSOPIFOLIAE Pér. et al. 90

1 – Cisto monspeliensis-Micromerion hyssopifoliae Pér. et al. 90: Cistus monspeliensis,
Micromeria hyssopifolia, M. herpyllomorpha, M. lanata, M. benthamii, M. lepida, M. varia

a – Micromerio hyssopifoliae-Cistetum monspeliensis Santos 80

b – Echio aculeati-Micromerietum hyssopifoliae Pér. et al. 90

c – Echio brevirame-Micromerietum herpyllomorphae Pér. et al. 90

OLR – OLEO CERASIFORMIS-RHAMNETEA CRENULATAE Santos in Riv.-Mart. 87
"Thermophile Wacholder-, Ölbaum- und Pistaziengebüsche"

I – OLEO-RHAMNETALIA CRENULATAE Santos 76 (50 – 500 m; fast nur noch an schwer
zugänglichen Orten)

1 – Mayteno canariensis-Juniperion phoeniceae Santos et Fern. 80: *Juniperus phoeni-
cea, Maytenus canariensis, Olea europaea* ssp. *cerasiformis, Visnea mocanera, Spartocytisus filipes,
Bosea yervamora, Hypericum glandulosum, Sideroxylon marmulano, Dorycnium heterophyllum,
Asparagus umbellatus*

a – Junipero-Rhamnetum crenulatae Santos 83: *Rhamnus crenulata, Jasminum odoratissi-
mum, Lytanthus [Globularia] salicinus, Hypericum canariense, Sideritis bolleana, Sonchus
pinnatus* ssp. *palmensis, Teline stenopetala* ssp. *stenopetala, Micromeria herpyllomorpha, Senecio
papyraceus, Chamaecytisus proliferus* ssp. *palmensis*

b – Rhamno crenulatae-Apollonietum barbujanae Barquín 84

c – Euphorbio-Rhamnetum crenulatae Barquín 84

d – Oleo cerasiformis-Juniperetum phoeniceae Rodríg., Wildpr., Del Arco et
Pér. 90

e – Rubio fruticosae-Juniperetum phoeniceae Santos 80

f – Olea europaea var. cerasiformis-Pistacia lentiscus-Ges. Lems 58

g – Brachypodio arbusculae-Juniperetum phoeniceae Fernández 83

h – Boseo yervamorae-Hypericetum canariensis Santos et Fernández 83

Literaturverzeichnis

Bei der Erstellung der Schlüssel wurde eine Vielzahl von Einzelarbeiten verwendet, die hier nicht alle aufgeführt werden können. Eine Übersicht darüber gibt z.t. die Bibliographie von SUNDING (1973), deren Neuauflage dringend erwünscht wäre. Das Literaturverzeichnis berücksichtigt die Arbeiten, die im Text zitiert sind oder die bei der Erarbeitung der Exkursionsflora sehr häufig verwendet wurden.
Zeitschriften mit besonderer Bedeutung für das Thema sind "Vieraea" (seit 1970), "Botanica Macaronesica" (seit 1976) und "Cuadernos de Botánica Canaria" (1967–1977).

ACEBES GINOVÉS, J.R., M. DEL ARCO AGUILAR & W. WILDPRET DE LA TORRE (1991): Revisión taxonómica de *Chamaecytisus proliferus* (L.fil.)Link en Canarias – Vieraea **20**: 191–202, Santa Cruz de Tenerife.

BAÑARES BAUDET, A. (1986): Híbridos interespecíficos del género *Aeonium* Webb & Berth. (*Crassulaceae*) en las Islas Canarias. Novedades y datos corológicos – Vieraea **16**: 57–71, Santa Cruz de Tenerife.

BAÑARES BAUDET, A. (1990): Híbridos de la familia *Crassulaceae* en las Islas Canarias. Novedades y datos corológicos II – Vieraea **18**: 65–85, Santa Cruz de Tenerife.

BENL, G. (1967): Farne der Insel Tenerife – Nova Hedwigia **14**(1): 69–105, Lehre.

BORGEN, L. (1987): *Lobularia* (*Cruciferae*). A biosystematic study with special reference to the Macaronesian region – Opera Botanica **91**. 96 S., Copenhagen.

BRAMWELL, D. (1977): The subspecies of *Aichryson pachycaulon* Bolle (*Crassulaceae*) and their probable origin – Botanica Macaronesica **4**: 105–111, Las Palmas.

BRAMWELL, D. & Z.I. BRAMWELL (1990): Flores silvestres de las Islas Canarias – 376 S., Madrid.

CHAUDHRI, M.N. (1968): A revision of the *Paronychiinae* – Medded.van Bot.Mus.& Herbar.Utrecht **285**. 440 S., Utrecht.

CHRIST, H. (1887): Specilegium canariense – Engler's Bot.Jahrb. **9**: 86–172, Leipzig.

DALGAARD, V. (1979): Biosystematics of the Macaronesian species of *Scrophularia* – Opera Botanica **51**: 1–64, Stockholm.

FERNANDOPULLÉ, D. (1967): Climatic characteristics of the Canary Islands – In KUNKEL, G. (ed.): Biogeography and ecology in the Canary Islands – Monographiae Biologicae **30**: 185–206, The Hague.

GIBBS, P.E. & I. DINGWALL (1971): A revision of the genus *Teline* – Bol.Soc.Brot. **45** (2.Sér.): 269–316, Coimbra.

GREUTER, W., H.M. BURDET & G. LONG (1984 ff.): Med-Checklist, Vol. 1, 3 und 4 – Genève.

HANSEN, A. (1970): Contributions to the Flora of the Canary Islands (especially Tenerife) – Cuad.Bot.Canar. **9**: 37–59, Las Palmas.

HANSEN, A. & P. SUNDING (1985): Flora of Macaronesia. Checklist of vascular plants (3rd revised edition) – Sommerfeltia **1**: 1–167, Oslo.

HUMPHRIES, CH.J. (1976): A revision of the Macaronesian genus *Argyranthemum* Webb ex Schultz Bip. (*Compositae-Anthemideae*) – Bull.Brit.Mus.nat.Hist.(Bot.) Vol. **5**(4): 145–240, London.

KUNKEL, G. (1987): Die Kanarischen Inseln und ihre Pflanzenwelt (2. Aufl.) – 202 S., Stuttgart.

KUNKEL, G. (1990): Flora y vegetación del Archipiélago Canario. Tratado floristico 2. parte – Gran Biblioteca Canaria 16. 312 S., Las Palmas de Gran Canaria.

KUNKEL, G. et al.(1992): Flora y vegetación del Archipiélago Canario. Tratado floristico de Canarias. 1. parte – Gran Biblioteca Canaria 15. 295 S., Las Palmas de Gran Canaria.

LA SERNA, I.E. (1984): Revisión del género Bystropogon L'Hér. nom.cons. (Lamiaceae-Stachyoideae): Endemismo de la Región Macaronésica – Phanerogamarum Monographiae 18. 380 S., Vaduz.

LIU, H.-Y. (1989): Systematics of Aeonium (Crassulaceae) – National Museum of Natural Science, Special Publications Nr. 3: 1–102, Taichung (Taiwan).

MAIRE, R. (1952 ff.): Flore de l'Afrique du Nord. Vol. I–XVI – Paris.

MENDOZA-HEUER, I. (1972): Acerca del Género Erysimum (Cruciferae) en la Zona Macaronesica – Cuad.Bot.Canar. 14/15: 17–26, Las Palmas.

MENDOZA-HEUER, I. (1974): Die makaronesischen Arten der Gattung Sideritis L. – Ber.Schweiz.Bot.Ges. 84(4): 261–303, Zürich.

OBERDORFER, E. (1990): Pflanzensoziologische Exkursionsflora (6. Aufl.) – 1050 S., Stuttgart.

PÉREZ DE PAZ, P. (1978): Revisión del género Micromeria Bentham (Lamiaceae-Stachyoideae) en la región Macaronesica – Instituto de Estudios Canarios, Monografías, Vol. 16. 306 S., La Laguna.

PÉREZ DE PAZ, P. & L. NEGRÍN SOSA (1992): Revisión Taxonómica de Sideritis L. Subgénero Marrubiastrum (Moench)Mend.-Heuer (Endemismo Macaronésico) – Phanerogamarum Monographiae 20. 327 S., Berlin, Stuttgart.

PITARD, J. & L. PROUST (1908): Les Iles Canaries. Flore de l'Archipel – 503 S., Paris (Reprint 1973).

POLATSCHEK, A. (1976): Die Gattung Erysimum auf den Kapverden, Kanaren und Madeira – Ann.Naturhistor.Mus.Wien 80: 93–103, Wien.

PRAEGER, L.R. (1932): An account of the Sempervivum group – 265 S., London (Reprint 1967).

SANTOS GUERRA, A. (1983): Vegetación y flora de La Palma – 348 S., Santa Cruz de Tenerife.

SCHMIDT, H. (1992): Pflanzen auf Teneriffa – 230 S., Marburg an der Lahn.

SUNDING, P. (1972): The vegetation of Gran Canaria – Vid.Akad.Skr.I.M.-N.Kl. Ny Serie, No. 29: 1–186, Oslo.

SUNDING, P. (1973): A botanical bibliography of the Canary Islands (2. ed.) – 46 S., Oslo.

TUTIN, T.G. et al. (1964–1980): Flora Europaea. Vol. I–V – Cambridge.

VOGGENREITER, V. (1974): Geobotanische Untersuchungen an der natürlichen Vegetation der Kanareninsel Tenerife (Anhang: Vergleiche mit La Palma und Gran Canaria) als Grundlage für den Naturschutz – Dissertationes Botanicae 26. 718 S., Lehre.

WEBB, P.B. & S. BERTHELOT (1836–1850): Histoire naturelle des Iles Canaries. Tome 3,2: Phytographia canariensis. 4 Teile, zus. 1403 S., Paris.

WILDPRET DE LA TORRE, W. & M.J. DEL ARCO AGUILAR (1987): España insular: Las Canarias – In PEINADO LORCA, M. & S. RIVAS-MARTÍNEZ (eds.): La vegetación de España, S. 515–544. Alcalá de Henares.

WILLKOMM, M. & J. LANGE (1870–1893): Prodromus Florae Hispanicae – 3 Bde. + Suppl., zus. 2510 S., Stuttgart.

Bemerkungen zum Gebrauch der Exkursionsflora

In die vorliegende Exkursionsflora wurden alle Sippen aufgenommen, die nach der uns vorliegenden Literatur von den Kanarischen Inseln als einheimisch oder verwildert bekannt sind. Hybriden wurden im allgemeinen nicht berücksichtigt.

Im Kleindruck ist zusätzlich eine Auswahl von Arten berücksichtigt, die von den Kanaren (noch) nicht bekannt sind, aber auf anderen makaronesischen Inseln vorkommen und damit interessante chorologische und taxonomische Beziehungen zum Gesamtraum erkennen lassen. Einige mediterrane Arten, deren Diasporen leicht verschleppt werden können und mit deren Auftreten auf den Kanaren zu rechnen ist, finden ebenfalls Erwähnung.

Die Nomenklatur folgt in der Regel den Angaben bei HANSEN & SUNDING (1985). Neuere Bearbeitungen wurden aber meist beachtet. Über die Angabe von Synonymen sollte aber stets eine eindeutige Zuordnung der Sippen möglich sein. Die bisher erschienenen Bände der "Med-Checklist" (GREUTER et al. 1984 ff.) wurden nur in Ausnahmefällen berücksichtigt, da hier zur Wahrung einer formalen Einheitlichkeit eine größere Zahl von Neukombinationen nötig geworden wäre. Hierfür erscheint uns eine Exkursionsflora nicht der richtige Ort. Von der gerade für Vegetationskundler so wünschenswerten nomenklatorischen Stabilisierung sind wir leider wohl weiter entfernt denn je.

Die Anwendung der Schlüssel

Die Bestimmungsschlüssel sind dichotom aufgebaut. Der Benutzer wird also jeweils vor zwei Entscheidungen gestellt, die in ihrer Gesamtheit an der zu bestimmenden Pflanze überprüft werden müssen. Die Entscheidung fällt dann entweder zugunsten der nur mit einer Zahl versehenen Alternative oder zugunsten der zusätzlich mit einem Asteriskus (Sternchen: *) versehenen gleichen Zahl. Von hier aus geht man dann zum jeweils folgenden Schlüsselpaar. Dieses Verfahren wird so oft wiederholt, bis man bei einem bestimmten Taxon angelangt ist. Auch hier sollten noch einmal alle angegebenen Merkmale überprüft werden, um das Ergebnis abzusichern.

Gelegentlich werden bei ähnlichen Arten unter einer Schlüsselzahl mehrere Möglichkeiten angeboten, die jeweils durch einen Spiegelstrich am linken Textrand hervorgehoben sind. In diesen Fällen müssen vor einer Entscheidung auch diese Kriterien überprüft werden. Dieser Bruch formaler Einheitlichkeit dient einer Entlastung der Schlüssel und erleichtert in der Regel die Bestimmung.

Normalerweise führt dieser Weg von den systematischen Hauptgruppen über die Familien zu den Gattungen, Arten, Unterarten, Varietäten und Formen. Manche Gattungen, die nur eine oder wenige Arten im Gebiet aufweisen, sind zuweilen nicht extra ausgeschlüsselt, sondern erscheinen nur im Schlüssel zu den Gattungen. Dadurch sollen unnötige Wiederholungen vermieden werden.

Kategorien unterhalb der Art wurden berücksichtigt, soweit sie in der Literatur einigermaßen belegt erscheinen, ohne daß hierdurch irgend eine Wertung über den entsprechenden Status getroffen werden soll.

Zur Gestaltung der Schlüsseltexte

Der Schlüsseltext ist möglichst knapp gefaßt. Die Abkürzungen sind in einem entsprechenden Verzeichnis erläutert, sie orientieren sich am Stil der "Pflanzensoziologischen Exkursionsflora" von OBERDORFER (1990). Neben den Bestimmungsalternativen sind meist auch einfache Beschreibungen diagnostisch wichtiger Kennzeichen der jeweiligen Sippe beigegeben. Trotz der angestrebten Kürze der Schlüsselmerkmale und Artdiagnosen werden gelegentlich auch zusätzliche systematische Charakteristika angeführt, die beim Auffinden neuer, in der Flora noch nicht erwähnter Arten, eine systematisch möglichst enge Eingrenzung ermöglichen sollen.

Die **Verbreitungsangaben** (V:) liefern Informationen darüber, ob eine Art als Endemit der Kanaren gilt (E Can) und geben zuweilen Aufschluß über genauere Fundorte auf einzelnen Inseln und über die Höhenverbreitung. Hier erscheinen dann auch die Vorkommen auf den kleineren Inseln La Graciosa (Grac) und Lobos (Lob). Es folgt die Nennung weiterer makaronesischer Inselgruppen (Az – Azoren, Md – Madeira, Salv – Salvajes, Cv – Capverden), für die die jeweilige Sippe belegt ist. Abschließend werden die Zugehörigkeit zu einem bestimmten Florenelement, sonstige Verbreitungshinweise und die Heimat von kultivierten und verwilderten Arten genannt.

Die **Standortsansprüche** (S:) der einzelnen Sippen sind in den Fällen angegeben, wo es konkrete Hinweise auf eine spezifische engere Bindung gibt. Unter Umständen mögen die Angaben die Bestimmungsarbeit erleichtern. Leider sind wir noch nicht in der Lage, den kanarischen Sippen ökologische Zeigerwerte zuzuordnen, wie dies mit Erfolg in Mitteleuropa bereits der Fall ist.

Die Angaben zur **Gesellschaftsbindung** (G:) sind naturgemäß nur sporadisch gemacht. Zu vage sind leider noch in vielen Fällen unsere Vorstellungen von der charakteristischen Vergesellschaftung der kanarischen Sippen. Auch wenn die pflanzensoziologische Bearbeitung der Kanaren in den letzten Jahren erfreuliche Fortschritte gemacht hat, tut sich hier noch ein weites Feld für Ergänzungen auf. Dennoch erscheint uns die Angabe wertvoll, da durch Hinweise auf das soziologische Verhalten einer Art im Gelände oft erfolgreich nach weiteren Sippen der jeweiligen Vegetationseinheit gesucht wird. Umgekehrt kann, ebenso wie bei den Bemerkungen zum Standort, der soziologische Vergleich das Bestimmungsergebnis bestätigen helfen.
Die Gesellschaftsbindung wird in der Regel durch die mit Großbuchstaben abgekürzte Klassenzugehörigkeit mit der nachfolgenden weiteren Untergliederung angegeben. Die Bedeutung der hier verwendeten Kürzel ist der Übersicht "Pflanzengesellschaften der Kanarischen Inseln" zu entnehmen.

In eckigen Klammern sind schließlich gegebenenfalls Synonyme angeführt, womit der Zugang zur "klassischen" Kanarenliteratur erleichtert werden soll oder (in seltenen Fällen) bei Abweichung die Verbindung zur "Checklist" von HANSEN & SUNDING (1985) gewährleistet wird. Die Liste der Synonyme erhebt keinesfalls den Anspruch der Vollständigkeit.

Die sieben Kästchen stehen für die sieben großen Inseln, wobei das jeweilige Inselkürzel (HPGTCLF) ein belegtes Vorkommen angibt. Ein Fragezeichen hinter der Inselangabe kann zweierlei Bedeutung haben: entweder wird das Vorkommen auf der Insel als fraglich oder unwahrscheinlich eingestuft, oder das tatsächliche Vorkommen scheint noch nicht genügend abgesichert zu sein. In beiden Fällen ist ein verstärktes Beachten der entsprechenden Sippe auf diesen Inseln und eine entsprechende Dokumentation wünschenswert.

Bei einigen Sippen sind zusätzlich zu den wissenschaftlichen Namen in Anführungszeichen die "Vulgärnamen" aufgeführt. Deren Kenntnis kann die Kommunikation mit der kanarischen Bevölkerung erleichtern. Die Nennung oder gar Neuschaffung deutscher Namen schien nicht sinnvoll, da diese Bildungen wohl kaum Allgemeingut werden können und so nur unnötigen Ballast darstellen. Wer Lust hat, kann für den Eigengebrauch hier selbst schöpferisch tätig werden.

Die Strichzeichnungen, die fast durchwegs nach lebendem Material gezeichnet wurden, sollen verbal nur mühsam vermittelbare Charakteristika wiedergeben. Der farbige Bildteil, dessen Schwerpunkt auf den endemischen Kanarenarten liegt, will anhand einer kleinen Auswahl die Schönheit der makaronesischen Flora zeigen und dem Anfänger einen ersten Einstieg beim Bestimmen erleichtern. Das Symbol □ im Schlüsseltext verweist mit der zugehörigen Nummer auf eine Abbildung in diesem Teil.
Hervorragende Farbfotos sind in dem Buch "Pflanzen auf Teneriffa" von SCHMIDT (1992) enthalten; weitere Abbildungen finden sich z.B. in BRAMWELL & BRAMWELL (1990).

Hinweise zum Naturschutz

Weitgehende Schonung der natürlichen Pflanzenwelt sollte für Botaniker, Pflanzenliebhaber und Naturfreunde eine Selbstverständlichkeit sein. Eine Reihe von Kanaren-Endemiten besitzt ein nur sehr kleines Areal. Sehr groß ist daher die Gefahr, durch geringe Eingriffe das gesamte Vorkommen einer Sippe zu vernichten. Zwar fällt die Gefährdung durch überzogenen Straßenbau, durch die Errichtung von Urbanisationen oder durch die Intensivierung der agrarischen Nutzung weitaus am stärksten ins Gewicht. Dennoch darf die Rolle von "Botanikern" beim Wegsammeln seltener Arten nicht verkannt werden.

Bewußt wurde daher bei sehr seltenen Arten auf zu genaue Fundortshinweise verzichtet, um nicht einem "Raritätentourismus" Vorschub zu leisten. Andererseits soll der Hinweis auf die Seltenheit das Bewußtsein dafür schärfen, daß wir eine große Verantwortung für die Bewahrung der einzigartigen Flora der Kanaren tragen.

Der aufmerksame Besucher möge gegebenenfalls versuchen, Einfluß auf die verantwortlichen Stellen zu nehmen, auf den Kanarischen Inseln eine ökologisch intakte Umwelt zu erhalten, die die beste Voraussetzung für jeglichen Artenschutz bietet. Daneben muß aber jeder einzelne bewußt mit den Naturschätzen umgehen. Vielleicht trägt auch diese Exkursionsflora hierzu ihren Teil bei, denn man kann das am besten schützen, was man kennt.

Glossar

Beim Gebrauch der Schlüssel wird ein gewisses botanisches Grundwissen über die Morphologie der Pflanzen vorausgesetzt. Entsprechende Kenntnisse lassen sich auch aus vielen gängigen Bestimmungswerken (z.B. OBERDORFER 1990) gewinnen. Das anschließende Glossar soll kurz einige Fachbegriffe erläutern.

Grundsätzlicher Bau einer Blütenpflanze
Die Blütenpflanzen sind in Wurzel, Sproß und Blatt gegliedert. Der **Sproß** ist unterteilt in Nodien (Knoten, an denen Blätter und Seitensprosse gebildet werden) und dazwischenliegende Internodien. Er kann gestaucht oder gestreckt, krautig oder verholzt sein.

Blätter prägen sehr stark das Erscheinungsbild der Gewächse, von entsprechender Bedeutung sind sie daher auch bei der Ansprache einer Pflanze. Ein Blatt gliedert sich in den (eventuell mit Nebenblättern versehenen) Blattgrund, den Blattstiel und die Blattspreite. Diese kann einfach oder zusammengesetzt, ihr Rand glatt, gezähnt, gekerbt, gesägt oder gebuchtet sein.

Die **Blüte** ist als ein Gebilde aus umgewandelten Blättern deutbar. Sie besteht aus der Blütenhülle (Perianth), die meist in Kelch und Krone gegliedert ist (bei einem "Perigon" fehlt diese Differenzierung), den Staubblättern (Androeceum) und den Fruchtblättern (Gynoeceum). Die Verhältnisse lassen sich am kürzesten mit einer sogenannten "Blütenformel" beschreiben. Dabei wird die Anzahl der jeweiligen Blütenglieder den entsprechenden Abkürzungen beigefügt. Es bedeuten K Kelchblatt, C (Corolla) Kronblatt, P Perigon, A (Androeceum) Staubblatt, G (Gynoeceum) Fruchtblatt. Verwachsene Blütenglieder sind von Klammern umgeben. Die Ober-, Mittel- oder Unterständigkeit des Fruchtknotens wird durch einen Strich entsprechend der Position des Ansatzes der Blütenhülle symbolisiert. Ein vorausgesetzter Stern (*) weist auf radiärsymmetrischen, ein nach unten gerichteter Pfeil (↓) auf zygomorphen Blütenbau hin. Die Blütenformel der *Geraniaceae* lautet z.B. *K5 C5 A(5+5) G(5)

Achäne: Frucht, aus einem unterständigen Fruchtknoten hervorgegangen, bei der die Samenschale fest mit der Fruchtwand verwachsen ist

achselständig: direkt über einem Blatt(-ansatz) entspringend

aktinomorph: radiärsymmetrisch gebaut, Blüten mit mehreren Symmetrieebenen

amplexicaul: stengelumfassend

Anastomosen: Verwachsungsstellen von Blattadern

Androeceum: die ♂ Geschlechtsorgane der Blüten, die Staubblätter

Androgynophor: verlängerte Blütenachse oberhalb der Krone, die Griffel und Staubblätter trägt

Andromonoezie: gleichzeitiges Vorkommen von ♂ und Zwitterblüten auf der selben Pflanze

angustisept: Bezeichnung für Früchte, deren Scheidewand in der Ebene der geringsten Breite liegt

Anthere: Staubbeutel

Anthese: Zustand der Blüte vom Öffnen der Knospe bis zum Beginn des Verblühens

Anthocarp: Frucht, die von fleischig oder holzig gewordenen Teilen der Blütenhülle umgeben ist

Anulus: Ring um die Sporangien der Farne, der deren Öffnung bewirkt

apikal: an der Spitze gelegen oder dorthin wachsend

Arillus: Samenmantel

atrop: aufrecht; bei atropen Samenanlagen befindet sich der Zugang zum inneren Teil (die Mikropyle) gegenüber ihrem Stiel (dem Funiculus)

autotroph: Bezeichnung für Pflanzen, die sich ausschließlich von anorganischen Stoffen ernähren können (die normalen grünen Pflanzen)

Ährchen: Teilblütenstand der *Poaceae* u. *Cyperaceae*

Ähre: Blütenstand, an dessen Hauptachse ungestielte Blüten oder Ährchen sitzen

Balgfrüchte: Früchte, die aus einem Fruchtblatt gebildet werden und die sich an dessen Verwachsungsnaht öffnen

Beerenzapfen: Zapfen, bei dem die Deckschuppen fleischig wurden (z.B. Wacholder)

bereift: mit abwischbarem, bläulichem Wachsüberzug versehen

Braktee: Tragblatt einer Blüte

Brutzwiebeln: zwiebelartige Knospen, die der vegetativen Vermehrung dienen

Caruncula: nährstoffreicher Samenwulst, der der Verbreitung dient

choripetal: Bezeichnung für Blüten mit freien Kronblättern

corollinisch: kronblattartig

Cotyledonen: Keimblätter

Cupula: becherartige Achsenwucherung, die teilweise die Frucht einschließt

Cyathium: Blütenstand der *Euphorbiaceae*, bei dem in den Achseln von 5 Hochblättern je eine Reihe ♂ Blüten (nur aus 1 Staubblatt bestehend) steht und in dessen Mitte 1 langgestielte, aus einem dreifächrigen Fruchtknoten bestehende ♀ Blüte sich befindet

Deckblatt: Tragblatt einer Blüte

Deckelkapsel: eine aus mehreren Fruchtblättern gebildete Kapsel, die sich mit einem scharf ablösenden Deckel öffnet

dekussiert: kreuzgegenständig; an aufeinanderfolgenden Knoten sind die gegenständigen Blätter jeweils um 90° gedreht

deltoid: deltaförmig, dreieckig

dichotom: zweigabelig verzweigt

dimer: zweizählig

Diözie: Zweihäusigkeit; ♂ und ♀ Blüten kommen auf verschiedenen Pflanzen vor

Diskus: scheibenförmige Anschwellung der Blütenachse, die oft Nektar absondert

distich: zweizeilig

dithekisch: zweifächrige Pollensäcke

Döldchen: Dolden an den Doldenstrahlen 1. Ordnung einer zusammengesetzten Dolde

Dolde: Blütenstand, bei dem die etwa gleich lang gestielten Einzelblüten von 1 Punkt ausgehen

Domatien: Vertiefungen an Pflanzen, die Tieren als Aufenthaltsort dienen

dorsiventral: Bezeichnung für Pflanzen (oder Organe), die 1 Symmetrieebene besitzen und eine deutliche Bauch- und Rückenseite besitzen

Ebenstrauß: Blütenstand, bei dem eine Rispe oder Traube ihre Blüten in einer (gewölbten) Ebene angeordnet hat

Elaiosom: nahrhaftes Gewebeanhängsel an Samen oder Früchten, die deshalb von Ameisen verschleppt werden

Endemiten: Pflanzen (oder Tiere), die nur in einem bestimmten, eng umgrenzten Gebiet vorkommen

Endocarp: innere Schicht der Fruchtwand

Epidermis: äußerste Zellschicht des Pflanzenkörpers

Epiphyten: Aufsitzerpflanzen; Pflanzen, die auf anderen Pflanzen wachsen

ericoid: Bezeichnung für nadelförmige, eingerollte Blätter (wie bei *Erica*)

Exocarp: äußere Schicht der Fruchtwand

extrors: nach außen gewandt (z.b. Staubbeutel)

Filament: Staubfaden

Gabelhaare: an der Spitze zweispaltige Haare

gegenständig: Bezeichnung für Blätter oder Zweige, die sich an einem Knoten gegenüberstehen

Geokarpie: Reifen der Früchte unter der Erde

Geophyten: krautige Pflanzen mit unterirdischen, reservestoffspeichernden Überdauerungsorganen

glauk: graublau bis blaugrün

Gliederhülse: Hülse, die sich nicht an der Bauch- und Rückennaht öffnet, sondern in Querrichtung in Teilfrüchte mit je 1 Samen zerfällt

Gliederschote: Schote, die quer zu den Verwachsungsnähten in einsamige Teilfrüchte zerfällt

Griffel: fadenförmiger, gelegentlich verzweigter, die Narbe tragender Teil der Fruchtblätter

Gynoeceum: der ♀ Teil der Blüte, die Fruchtblätter

Gynophor: stengelartige Verlängerung der Blütenachse zwischen Staub- und Fruchtblättern

habituell: das Aussehen, Gesamtbild einer Pflanze betreffend

halophil: salzhaltige Standorte bevorzugend

Halophyten: Pflanzen, die bevorzugt an salzhaltigen Standorten wachsen

hapaxanth: Bezeichnung für Pflanzen, die nur einmal blühen

heterostyl: Bezeichnung für Pflanzen, die unterschiedliche Griffellängen aufweisen

homogam: Bezeichnung für völlig gleichgestaltete Blüten bei *Asteraceae* oder für Zwitterblüten, deren ♂ und ♀ Teile gleichzeitig reifen

Honigdrüse: Drüse, die zuckerhaltigen Saft (Nektar) absondert

Hülle, -chen: Tragblätter der Dolden bzw. Döldchen bei den *Apiaceae*

hyalin: glasig

Hypanthium: röhrenförmige Achsenverlängerung zwischen Fruchtknoten und übrigen Blütenteilen

Indusium: schleierförmiges Häutchen über manchen Farnsori

Infloreszenz: Blütenstand

Insertionsstelle: Stelle, an der bestimmte Pflanzenteile angeheftet sind

Internodium: Bereich der Sproßachse, der zwischen zwei Knoten liegt

Interpetiolarstipeln: zwei verwachsene Nebenblätter, die zwischen zwei gegenständigen Blättern stehen

intrors: nach innen gewandt (z.B. Staubbeutel)

Involucrum: Hüllkelch (z.B. bei *Asteraceae*)

Kapselfrucht: trockenschalige Frucht, die aus mehreren verwachsenen Fruchtblättern entstanden ist

Karpelle: Fruchtblätter

Karpellschüppchen: schuppenartige Auswüchse der Fruchtblätter

Karyopse: Frucht, bei der Samenschale und Fruchtwand fest verwachsen sind und die aus einem oberständigen Fruchtknoten hervorgegangen ist (z.B. bei Gräsern)

Kauliflorie: Hervorbringen von Blüten am Stamm

Klausen: Bezeichnung für die gewöhnlich vier einsamigen Teilfrüchte, die bei *Boraginaceae* und *Lamiaceae* durch falsche Scheidewände aus dem zweiblättrigen Fruchtknoten hervorgegangen sind

Kleistogamie: Befruchtung in der geschlossenen Blüte

Knollengeophyten: Pflanzen mit knollenförmigen unterirdischen Speicher- und Überdauerungsorganen

Kompaßpflanzen: Pflanzen, die ihre Blätter zur Vermeidung zu starker mittäglicher Einstrahlung senkrecht in Nord-Süd-Richtung stellen

Konnektivanhängsel: Anhängsel am Verbindungsstück zwischen den Staubbeutelhälften

krenuliert: fein gekerbt

latisept: Bezeichnung für Früchte, deren Scheidewand in der Ebene der größten Breite liegt

Leitbündel: zu Strängen zusammengefaßte Assimilat- und Wasserleitungselemente in pflanzlichen Geweben

Lentizellen: meist linsenförmige Korkwarzen auf der Rinde von Pflanzen als Ersatz für Spaltöffnungen

Ligula: Blatthäutchen; eine häutige Verlängerung der inneren Epidermis mit charakteristischer Form an der Übergangsstelle der Blattscheide zur Blattspreite

Lodiculae: Schwellkörper, bei Gräsern oberhalb der Vorspelze eingefügt

Merikarpien: Teilfrüchte einer Spaltfrucht

Monözie: Einhäusigkeit; ♂ und ♀ Blüten befinden sich auf ein und derselben Pflanze

monothekisch: Bezeichnung für einfächrigen Pollensack

mukronat: stachelspitzig

Nektarien: meist im Blütenbereich auftretende Gewebe, die zuckerhaltigen Saft (Nektar) abgeben

Neoendemit: Endemit, der im betreffenden Gebiet entstanden ist und sich (noch) nicht weiter ausgebreitet hat

Nüßchen: Einzelfrucht einer Sammelnußfrucht

obdiplostemon: Bezeichnung für Blüten mit zwei Staubblattkreisen, von denen der äußere vor den Kronblättern steht, der innere vor dem Kelch

oberständig: Bezeichnung für einen Fruchtknoten, der oberhalb der Ansatzstelle der Blütenhülle steht

Ochrea: scheidenartig verwachsene Nebenblätter (z.B. bei *Polygonum*)

Öhrchen: seitliche Anhängsel am Blattgrund

Paleae: Schuppenblätter am Rhizom der Farne
panaschiert: Bezeichnung für Blätter, die durch Chlorophyllmangel helle Streifen oder Flecken besitzen
Papillen: kleine Ausstülpungen der Epidermis
Pappus: zu Haaren umgewandelter Kelch, z.B. bei *Asteraceae*
Parakladium: Seitenzweig
Paraphysen: Haare, die im Sorus zwischen den Sporangien der Farne stehen
parietal: wandständig
peltat: schildförmig
pentamer: fünfteilig
perennierend: ausdauernd
perfoliat: durchwachsenblättrig
Perianth: Blütenhülle
Perigon: Blütenhülle aus gleichartigen Blütenhüllblättern (z.B. Tulpe)
Perikarp: Fruchtwand
persistierend: bestehenbleibend
Petalen: Kronblätter
Phyllodien: blattartig verbreiterte Blattstiele
Phyllokladien: blattartig verbreiterte Kurztriebe
Placenta: Stelle, an der die Samenanlagen entspringen
planconvex: auf der einen Seite flach, auf der anderen gewölbt
plurienn: mehrjährig
prostrat: niederliegend
Receptaculum: Blütenstandsboden bei Samenpflanzen
Rekauleszenz: Verwachsung eines Seitentriebes mit dem dazugehörigen Tragblatt, welches dadurch scheinbar dem Seitensproß entspringt
Rhachis: Hauptachse eines Fiederblattes
Rhizom: verdickte, unterirdische Sproßachse
Rispe: Blütenstand, dessen Seitenachsen wieder verzweigt sind
rudimentär: stark zurückgebildet und daher funktionslos
Rutenstrauch: Strauch mit reduzierten Blättern, bei dem die Sprosse weitgehend die Assimilation übernehmen
Sammelfrüchte: Früchte, die mit ihren Wänden verwachsen sind und zur Reifezeit eine Verbreitungseinheit bilden
Scheibenblüten: die inneren Blüten des Körbchens bei den *Asteraceae*
Scheindolde: Blütenstand, der einer Dolde ähnelt, dessen Doldenstrahlen aber nicht von einer Stelle ausgehen
schizogen: durch Spaltung entstanden
Schote: Frucht aus zwei Fruchtblättern, die sich an den Verwachsungsnähten öffnet und mehr als dreimal so lang wie breit ist
Schötchen: Schote, die weniger als 3mal so lang wie breit ist
septicid: Bezeichnung für Früchte, die sich entlang ihrer Verwachsungsnaht aufspalten
Septum: Scheidewand

Sklerenchymbelag: aufgelagertes Festigungsgewebe
Spaltfrucht: Frucht, die entlang der Verwachsungsnaht der Fruchtblätter in Teilfrüchte zerfällt
Spatha: scheidenartiges, auffälliges Hochblatt, das z.B. bei den *Araceae* den kolbigen Blütenstand umhüllt
Sporangien: Behälter, in denen die Sporen gebildet werden (z.B. bei Farnen)
Staminodium: funktionsloses Staubblatt
Sternhaar: sternförmig verzweigtes Haar
Stipeln: Nebenblätter
Stolonen: ausläuferartige Sprosse
Strophiola: nährstoffreiche Anhängsel an Samen, die der Samenverbreitung dienen (Δ Caruncula)
submers: untergetaucht
sukkulent: mit verdicktem, wasserspeicherndem Gewebe versehen
superponiert: Bezeichnung für benachbarte Blütenkreise, die nicht alternieren, sondern übereinander stehen
sympetal: Bezeichnung für verwachsene Kronblätter
synkarp: Bezeichnung für verwachsene Fruchtblätter
Synkarpium: Frucht, die aus verwachsenen Fruchtblättern hervorging
Tepalen: gleichartige Glieder eines Perigons
tetramer: viergliedrig
Theka: Staubbeutelhälfte
Tragblatt: Blatt, aus dessen Achsel ein Seitenzweig entspringt
trimer: dreigliedrig
unterständig: Bezeichnung für einen Fruchtknoten, der unterhalb der Ansatzstelle der Blütenhülle steht
Utriculus: bei der Gattung *Carex* das schlauchförmige Tragblatt, das die Frucht umhüllt
vikariierende Arten: nahe verwandte, aber ökologisch oder in ihrem Areal unterschiedliche Arten, die sich gegenseitig vertreten
Wickel: Blütenstand, bei dem die mit einer Blüte endende Hauptachse nur von einem Seitenzweig weitergeführt wird, dessen Verzweigungen in verschiedene Richtungen gehen
Winterannuelle: einjährige Pflanzen, die im Herbst keimen, oft als Rosette überwintern und im Frühjahr ihre Entwicklung abschließen
Wirtel: Blattstellung, bei der an einem Knoten mehrere Blätter entspringen
xeromorph: Bezeichnung für an trockene Standorte angepaßte Strukturen
zentralwinkelständig: Bezeichnung für die Stellung der Samenanlagen an den Fruchtblättern, die in der Mitte des Fruchtknotens zusammenstoßen
Zwitterblüte: Blüte, in der Staub- und Fruchtblätter vorhanden sind
zygomorph: Bezeichnung für Blüten, die nur 1 Symmetrieebene besitzen
Zymen: Blütenstände, bei denen die Hauptachse mit einer Blüte endet, unter der Seitensprosse entspringen, die die Hauptachse übergipfeln und sich gleichermaßen verzweigen

Verzeichnis der Abkürzungen

Allgemeine Abkürzungen:

A	Androeceum, Staubblätter	St.	Stengel
adv.	adventiv	Sta.	Staminodium, -en
Ausn.	Ausnahme(n)	-std	-stand, -stände
B., -b.	Blatt, Blätter, -blatt, -blätter	Staubb.	Staubblatt
B.chen, -b.chen	Blättchen, -blättchen	-stdg	-ständig
bes.	besonders	Subass.	Subassoziation
-bltg	-blütig	Subgen.	Subgenus
Blü., -blü.	Blüte(n), -blüte(n)	Subsect.	*subsectio*, Untersektion
bzw.	beziehungsweise	-tlg	-teilig
C	Corolla, Kronblätter	Trib.	Tribus
-ch.	-chen	typ.	typisch
D	Differentialart	u.	und
Dsp.	Deckspelze	u.a.	und andere
Durchm.	Durchmesser	Ufam.	Unterfamilie
eingebürg.	eingebürgert	v.a.	vor allem
em.	*emendavit*, verbessert	var.	*varietas*, Varietät
endem.	endemisch	verbr.	verbreitet
expon.	exponiert	verschl.	verschleppt
-f.	-förmig	verwild.	verwildernd
Fl.Eur.	Flora Europaea	viell.	vielleicht
-flücht.	-flüchtig	vgl.	vergleiche
fo.	*forma*, Form	vollst.	vollständig
folg.	folgende(-n, -r, -s)	vorh.	vorhanden
Fr.	Frucht, Früchte	vor.	vorige (Art)
Fr.kn.	Fruchtknoten	vorw.	vorwiegend
G	Gynoeceum, Fruchtblätter	Vsp.	Vorspelze
gepfl.	gepflanzt	-wdg	-wendig
Ges.	Gesellschaft(en)	-wts	-wärts
gleichm.	gleichmäßig	wenigst.	wenigstens
Gra.	Granne(n)	z.T.	zum Teil
H	Honigblatt	zerstr.	zerstreut
haupts.	hauptsächlich	zahlr.	zahlreich
hfg	häufig	zus.	zusammen
höchst.	höchstens		
Hsp.	Hüllspelze		
i.d.R.	in der Regel		
incl.	inclusive, einschließlich		
Infl.	Infloreszenz		
K	Kalyx, Kelchblätter		
kult.	kultiviert		
-l.	-lich		
mindest.	mindestens		
od.	oder		
P	Perigon		
Pf.	Pflanze		
p.p.	*pro parte*, zum Teil		
regelm.	regelmäßig		
rel.	relativ		
S.	Seite		
Sect.	*sectio*, Sektion		
Ser.	*series*, Serie		
s.l.	*sensu lato*, im weiteren Sinne		
Sp.	Spelze(n)		
spec.	*species*, Art		
ssp.	*subspecies*, Unterart		
s.str.	*sensu stricto*, im engeren Sinne		
-sts	-seits		

Geographische Angaben:		**Florenelemente, Geoelemente:**	
Afr	Afrika	aethiop	aethiopisch
Am	Amerika	afr	afrikanisch
Arab	Arabien	alp	alpin
As	Asien	amerikan.	amerikanisch
Austr	Australien	arab	arabisch
Az	Azoren	arkt	arktisch
Bc.	Barranco (Schlucht)	as	asiatisch
C	Gran Canaria	atl	atlantisch
Can	Canarische Inseln, Kanaren	bor	boreal
Can sine loco	Laut Literatur auf den Kanaren,	can	canarisch
	aber ohne nähere Ortsbezeichnung	circ	circum-
Cv	Capverdische Inseln, Kapverden	euras	eurasiatisch
E	Endemit	europ	europäisch
Eur	Europa	gemäß	gemäßigt
F	Fuerteventura	holarkt	holarktisch
G	La Gomera	iber	iberisch
Grac	La Graciosa	kauk	kaukasisch
H	El Hierro	kont	kontinental
Hemisph.	Hemisphäre	kosmop	kosmopolitisch
Iber	Iberische Halbinsel	litt	littoral
Ind	Indien	mak	makaronesisch
L	Lanzarote	maur	mauretanisch
Lob	Lobos	med	mediterran
M	Mittel-	neotrop	neotropisch
Mak	Makaronesien	nordhemisph	nordhemisphärisch
Maroc	Marokko	orient	orientalisch
Md	Madeira	ozean	ozeanisch
Med	Mediterraneis	palaeotrop	palaeotropisch
N	Nord-, Norden	pantrop	pantropisch
NO	Nordost-, Nordosten	sah	saharisch
nördl.	nördlich	subatl	subatlantisch
O	Ost-, Osten	submed	submediterran
P	La Palma	subozean	subozeanisch
Port	Portugal	subtrop	subtropisch
S	Süd-, Süden	sind	sindisch
Salv	Salvages	sudan	sudanesisch
SO	Südost-, Südosten	taur	taurisch
Span	Spanien	temp	temperat
südl.	südlich	trop	tropisch
T	Tenerife	zmed	zentralmediterran
W	West-, Westen		
Z	Zentral-		

Symbole und Zeichen in den Schlüsseltexten:

[ ]   Synonym

" "   Vulgärname

☐   Bildverweis

V: Verbreitung

S: Standort

G: Gesellschaftsanschluß

1. Ophioglossum polyphyllum
2. Adiantum reniforme
3. Woodwardia radicans
4. Davallia canariensis

5. Culcita macrocarpa

6. Pinus canariensis

7. Juniperus phoenicea

8. Myrica faya
10. Suaeda vermiculata
9. Rumex lunaria
11. Traganum moquinii

12. Achyranthes aspera

13. Cryophytum crystallinum   14. Hypericum inodorum

15. Polycarpaea nivea   16. Polycarpaea divaricata

17. Persea indica

18. Laurus azorica

19. Ranunculus cortusifolius

20. Descurainia bourgaeana
21. Dichroanthus scoparius

22. Lobularia canariensis
24. Monanthes muralis
23. Parolinia intermedia
25. Monanthes laxiflora
26. Aeonium manriqueorum

27. Aeonium nobile   28. Aeonium canariense
29. Greenovia aurea   30. Aichryson dichotomum

31. Spartocytisus supranubius
35. Retama monosperma

32. Psoralea bituminosa
33. Adenocarpus viscosus
34. Chamaecytisus proliferus

36. Lotus maculatus
37. Lotus berthelotii
38. Zygophyllum fontanesii
39. Euphorbia handiensis

40. Euphorbia atropurpurea   41. Euphorbia mellifera

42. Euphorbia canariensis

43. Euphorbia obtusifolia
44. Neochamaelea puverulenta
45. Ilex canariensis
46. Lavatera acerifolia

47. Viola cheiranthifolia
48. Frankenia laevis
49. Astydamia latifolia

50. *Drusa glandulosa*
52. *Bupleurum salicifolium*

51. *Todaroa aurea*
53. *Cistus symphytifolius*

54. Arbutus canariensis

55. Erica scoparia ssp. platycodon

56. Limonium spectabile

57. Jasminum odoratissimum

58. Plocama pendula
60. Convolvulus floridus

59. Ixanthus viscosus
61. Ceballosia fruticosa

62. Ceropegia fusca

63. Ceropegia dichotoma

64. Periploca laevigata

65. Echium wildpretii
67. Echium aculeatum
66. Echium simplex
68. Echium auberianum

69. Cedronella canariensis
71. Bystropogon plumosus

70. Sideritis cretica
72. Bystropogon canariensis

73. Nepeta teydea
75. Campylanthus salsoloides

74. Withania aristata
76. Isoplexis canariensis

77. Sambucus palmensis

78. Globularia salicina

79. Justicia hyssopifolia

80. Plantago arborescens

81. Canarina canariensis
82. Pterocephalus lasiospermus
83. Kleinia neriifolia
84. Carlina salicifolia

85. Launaea arborescens
87. Vieraea laevigata
90. Pericallis webbii

88. Cheirolophus canariensis
    var. subexpinnatus
91. Gonospermum fruticosum

86. Argyranthemum tenerifae
89. Allagopappus dichotomus
92. Sonchus abbreviatus

93. Dracaena draco

94. Orchis canariensis

95. Semele androgyna

96. Arrhenatherum calderae

Schlüssel zu den Hauptgruppen

PTERIDOPHYTA

Lycopodiales

Lycopodiaceae

- Kriechender Sproß mit aufrechten Ästen u. terminalen Sporangienständen – **V: Az**
  .... *Lycopodiella cernua* (L.)Pich.-Ser.
- Aufrechte, verzweigte Stämmch., B.rand fein gezähnt – **V: Az**
  .... *Huperzia selago* (L.)Bernh. **ssp. dentata** (Herter)Valentine
- Zweige deutl. abgeflacht – **V: Az, Md** .... *Diphasium madeirense* (Wilce)Rothm.

Isoetales

Isoetaceae

- Pf. meist untergetaucht, Megaspore mit Netzstruktur – **V: Az** .... *Isoetes azorica* Dur. ex Wilde

Selaginellales

Selaginellaceae

Selaginella
1   St. radiär beblättert, alle B. gleich – **V: arkt-alp**

H						

  .... *S. selaginoides* (L.)Link
1*   St. dorsiventral, B. ungleich
2   St. 4–10 cm, ungegliedert, B. bis 2,5 mm lang – **V: med** – **G: ASP I-1b,2c, ADI I-1c**

H	P	G	T	C		

  .... *S. denticulata* (L.)Link
2*   St. 25–100 cm, gegliedert, B. bis 4 mm lang – **V: Az, Md** – trop. u. südl. Afr

H			T	C		

  .... *S. kraussiana* A.Br.

Equisetales

Equisetaceae

Equisetum
1   Alle Sproßachsen trübgrün, den Winter überdauernd. Scheidenzähne 6–20, schwarz-
     spitzig. Sporophyllstand zugespitzt – **V: Az, Md** – kosmop

H?	P	G	T	C		

  .... *E. ramosissimum* Desf.
- An den Knoten 3–4 kurze Äste – **V: Cv** .... **var. subverticillatum** A.Br. et Milde
1*   Kräftige Pf. mit 20–40 Scheidenzähnen – **V: Md** .... *E. telmateia* Ehrh.

Psilotales

Psilotaceae

- Ausdauernde, dichotom verzweigte Pf., epiphytisch, selten auf Felsen – **V: Cv** – pantrop, in Eur nur SSpan
  (Algeciras) .... *Psilotum nudum* (L.)Griseb. et Pritz.

Osmundales

Osmundaceae

- Große, doppelt gefiederte Wedel mit abgerundeten Fiederb., kahl – **V: Az, Cv** – fast kosmop (Md fossil
  aus dem Quartär) .... *Osmunda regalis* L.

Ophioglossales

Ophioglossaceae

Ophioglossum
1   Wedel einzeln stehend – **V:** Md, Cv – atl bis St. Helena, Angola

| H | P | G | T | C | | |

.... *O. lusitanicum* L.

1*   Wedel zu mehreren
2   Wedel eilanzettl., alte Wedelreste hinfällig – **V:** Lob – Az, Md, Cv – atl, W- u. MEur

| | | | | C | | F |

.... *O. azoricum* C.Presl

2*   Basis mit zahlr. B.resten, B. schwach sukkulent, plötzl. in scharfe Spitze verschmälert
     – **V:** Lob, T Médano – Cv – S- u. OAfr, Indien □1

| H | P | | T | C | | F |

.... *O. polyphyllum* A.Br. in Seub.

"Hydropterides"

Marsileaceae, Azollaceae
1   Sumpfpf. mit 4tlg B., B.chen 1 – 2 cm – **V:** Az (ssp.) – holarkt (Nach MAIRE auf Can:
     M. diffusa Lepr. – **V:** Trop. Afr)

| | | | | C | | |

.... *Marsilea quadrifolia* L.

1*   Blaugrüne (durch *Anabaena*) bis rötl. Schwimmpf. von 1 – 5(– 10) cm Durchm. Oberer
     B.lappen stumpf – **V:** Am, in WEur eingebürg. – subtrop

| | | | T | C | | |

.... *Azolla filiculoides* Lam.

Polypodiales

Polypodiaceae u.a.
1   Wedel bzw. dessen steriler Teil ungeteilt (vgl. auch 38)
2   Sporangien auf der Fläche der kleineren fertilen Wedel
3   Wedel beidersts braunschuppig. Epiphyt – **V:** Az, Md – pantrop

.... *Elaphoglosssum semicylindricum* (Bowd.)Benl

3*   Wedel lang zungenf., am Grund herzf., Sori in Streifen – **V:** Az, Md – subatl

| | | | T | C | | |

.... *Phyllitis scolopendrium* (L.)Newm.

2*   Sori randstdg. Wedel nieren- bis herzf., Durchm. bis 5 cm – **V:** Md, Cv, nahe Ver-
     wandte auf Madagaskar u. Maskarenen – **G:** ADI I-1c □2

| H | P | G | T | C | L? | F? |

.... *Adiantum reniforme* L.

 –   Wedelstiel unter 7 cm lang, Spreite mit weniger als 3 cm Durchm., Nerven weniger
     als 3mal gegabelt – **V:** Md

| H | P | G | T | C | | |

.... **var.** *pusillum* Bolle

1*   Wedelspreite 1 – bis mehrfach geteilt od. gelappt
4   Spreite einfach fiedrig
5   Fiedern mit breiter Basis der Rhachis ansitzend bis zus.fließend
6   Wedelunterseite dicht spreuschuppig, Sori lineal, anfangs von den Spreuschuppen
     verdeckt. Fiedern längl., die unteren meist frei. Spreuschuppen gefranst, mit gestreif-
     ter Cuticula – **V:** Md, Cv – **G:** ASP I-1

| H | P | G | T | C | L | F? |

.... *Ceterach aureum* (Cav.)Buch

 –   Wedel bis 50 × 8 cm, Fiedern oben hellgrün .... **var.** *aureum*
 –   Wedel bis 12 × 2,5 cm, oben dunkler grün. Durch gestreifte Cuticula aber von *C.*

officinarum Willd. (für T u. C fragl.) verschieden – **V:** T Cañadas

☐ P ☐ T C ☐ ☐ .... **var. parviflorum** Benl et Kunkel

6* Wedelunterseite nicht dicht mit Spreuschuppen bedeckt
7   Sori einzeln, oval, groß
8   Sori oval mit je 2-3 unverzweigten Paraphysen. Wedel bis 20 cm breit, alle gleich gestaltet. Fiedern gekerbt gezähnt. Paleae am Rhizom 5–11 mm lang, in der Mitte dunkelbraun – **V:** Az, Md – SIber (Algeciras) – **G:** ASP I-1a [*P. cambricum* ssp. *macaronesicum* (Bobrov)Fraser-Jenkins)]

H P G T C L F .... *Polypodium macaronesicum* Bobrov

8* Sori ohne Paraphysen. Anulus aus 6–10 Zellen

☐ P? ☐ ☐ C? ☐ ☐ .... *Polypodium interjectum* Shivas

7* Sori zu Streifen zus.fließend. Nur die inneren Wedel fertil, mit schmäleren, umgeschlagenen Fiedern – **V:** T Anaga – Az, Md – holarkt – **S:** Kalkmeidende Schattenpf.

☐ ☐ G T ☐ ☐ .... *Blechnum spicant* (L.)Roth

5* Mindestens die unteren Fiedern gestielt od. mit verschmälertem Grund sitzend od. Sori randstg. Fiedern am Grund nach vorn spitz geöhrt – **V:** trop – **S:** verwild.

☐ P ☐ T C ☐ ☐ .... *Nephrolepis exaltata* (L.)Schott

9   Sori randstdg, Fiedern lineal-lanzettl., an der Basis schwach herzf., untere stark verkleinert – **V:** T Anaga – Az, Md, Cv – med – **S:** Nasse, aber lichte Orte im Lorbeerwald [*P. ensifolia* Sw., *P. longifolia* auct. can. non L.]

☐ P G T C ☐ ☐ .... *Pteris vittata* L.

–   Wedelumriß eif. u. Fiederpaare nur bis 7, unterstes Fiederpaar 2geteilt – **V:** pantrop, med

☐ ☐ ☐ C ☐ ☐ .... *Pteris cretica* L.

9* Sori nicht randstdg, längl.
10 Wedel 10- bis 20jochig, im Umriß ähnl. *Polypodium vulgare* L. Fiedern kurzgestielt, 15–40 × 6–15 mm, gekerbt, einseitig geöhrlt. Rhachis deutl. geflügelt, nur im oberen Teil grün. Wedelstiel etwa $^1/_2$ Spreite – **V:** Az, Md, Cv – Bermudas, Jamaica – atl-westmed bis St. Helena – **S:** Felsspalten der Küstenregion

H P G T C ☐ F .... *Asplenium marinum* L.

10* Wedel 20- bis 40jochig, Stiel etwa $^1/_4$ Spreite. Fiedern kaum gestielt
11 Fiedern weniger als 2mal so lang wie breit, feingekerbt. Rhachis schmal gesäumt, glänzend schwarzbraun – **V:** Az, Md – **G:** ASP

H? P G ☐ ☐ ☐ .... *Asplenium anceps* Page

–   Rhizomschuppen 5 mm lang, Fiedern 5–12 mm lang – **G:** ASP

H P G T C ☐ ☐ .... *Asplenium trichomanes* L. ssp. *quadrivalens* D.E.Meyer

11* Habituell ähnl., aber Fiedern mehr als doppelt so lang wie breit, grobgekerbt, mit nur je 1(–2) Sori – **V:** Az, Md – pantrop-subtrop

☐ P ☐ ☐ ☐ ☐ .... *Asplenium monanthes* L.

4* Spreite gelappt, gegabelt od. 2- bis mehrfach gefiedert od. Spreite zwischen den Nerven nur aus 1 Zellschicht bestehend
12 Spreite ungleich gabeltlg, mit nur 2–5 schmallinealen bis schmallanzettl. Abschnitten, mattgrün, dick – **V:** T Hochgebirge – holarkt – **S:** Gebirgsfarn – **G:** ASP (für Cv ist *A. germanicum* Weiss. angegeben)

☐ P ☐ T ☐ ☐ .... *Asplenium septentrionale* (L.)Hoffm.

Weitere *Asplenium*-Arten vgl. Nr. 38–42
- Pf. kräftig, Sori u. Indusium rund, Fiedern sichelf., mit lang ausgezogener Spitze – **V:** Az, Md – Ostasien – **S:** Zierpflanze, verwild.

  | | P | | T | C | | | .... ***Cyrtomium falcatum*** (L.f.)Presl
12* Spreite nicht gabeltlg
13 Wedel zwischen den Nerven aus nur einer Zellschicht bestehend, sehr zart, Rhizom kriechend, stark verzweigt. Sporangien randl., Indusium klappig od. röhrig
14 Wedel bis 8 cm lang, etwas bläul.-grün, tief fiederschnittig. Fiedern oft gabelig geteilt. Sori kugelig, Indusium gezähnt – **V:** Az, Md – pantrop-ozean, bes. Südhemisphäre – **S:** Lorbeerwald

  | | | G | T | C? | | | .... ***Hymenophyllum tunbrigense*** (L.)Sm.
- Indusium ganzrandig, olivgrün – **V:** Az – atl

  | | | | | C | | | .... ***Hymenophyllum wilsonii*** Hook.
14* Wedel bis über 30 cm lang, dunkelgrün, 3- bis 4fach fiedertlg, mit schmal geflügeltem Stiel u. durch Achsenflügel verbundenen Endfiedern. Sori zylindrisch. Rhizom schwärzl. behaart – **V:** Az, Md – NPort, NSpan, Algeciras – pantrop-subtrop-atl

  | H | P | G | T | C | | | .... ***Trichomanes speciosum*** Willd.
13* Wedel aus mehreren Zellschichten, mit Spaltöffnungen
15 Einjähriger, gelbgrüner Farn, 2–15 cm. Untere Wedel nierenf. bis gabelig geteilt, obere mit Übergipfelung u. schmäleren Fiedern. Sori rundl., ohne Indusium – **V:** Az, Md, Cv – pansubtrop – **G:** ASP (frisch)

  | H | P | G | T | C | L | F | .... ***Anogramma leptophylla*** (L.)Link
15* Ausdauernde Pf. mit kräftigem Rhizom
16 Abschnitte letzter Ordnung über 2 cm lang, lineal-lanzettl. bis schwach sichelf., am Rand ganz od. teilweise gesägt
17 Sori längs der Mittelrippe gereiht. Ältere Wedel oft mit Brutknospen in der Nähe der Spitze. Wedel sehr groß, meist 1–2(–3) cm lang, dunkelgrün, meist stark überhängend – **V:** Az, Md – palaeotrop-subtrop-westmed – **G:** LAU I-1b ☐3

  | | P | G | T | C | | | .... ***Woodwardia radicans*** (L.)Sm.
17* Sori randstdg. Wedel hellgrün mit großem Endfieder, bis 2 m lang. Rhachis braun, oben gelbgrün. Unterste Fiedern oft gegabelt – **V:** Az, Md – Tanger, Algeciras – **G:** LAU I-1 [*P. arguta* Ait.]

  | | P | G | T | C | | | .... ***Pteris serrulata*** Forsk.
- Wedel 3fach fiedertlg, Fiedern nicht lang geschwänzt – **V:** Az, Md

  | | | | T | C | | | .... ***Pteris tremula*** R.Br.
16* Segmente letzter Ordnung meist unter 2 cm lang
18 Rhizom z.T. über dem Substrat, fingerdick u. dicker, dicht von Spreuschuppen od. -haaren bedeckt. Wedel (2–)3–5fach gefiedert
19 Rhizom lang an Bäumen od. Felsen kriechend, von grauen bis rotbraunen Spreuschuppen bedeckt. Wedel breit 3eckig, 2–3fach gefiedert. Sori randnah in becherf. Hüllen – **V:** Az?, Md, Cv – südwestiber, Tanger – **G:** ASP I-1 ☐4

  | H | P | G | T | C | L | F | .... ***Davallia canariensis*** (L.)Sm.
19* Rhizom mehrfach gebogen, wie die Basis des Wedelstiels mit goldbraunen bis fuchsroten Haaren bedeckt. Sori randstdg, durch 2klappige Hüllen muschelf. Wedel 4–5fach gefiedert, 30 bis 150 cm lang – **V:** T Anaga – Az, Md – südwestiber – **G:** LAU I1-b ☐5

  | | | | T | | | | .... ***Culcita macrocarpa*** C.Presl
18* Rhizom im Substrat kriechend

20 Sori randstdg, vom umgeschlagenen B.rand ± überdeckt
21 Segmente fächerf. an haarfeinen Stielen. Wedel dunkel glänzend. Spreuschuppen
    spärl., nur an der Stielbasis – **V:** Az, Md, Cv – pantrop-subtrop – **G:** ADI

    | H | P | G | T | C | L | F | .... | ***Adiantum capillus-veneris*** L. |

–   Hfg mit über 0,5 m langen Wedeln (oft 3tlg)

    | | | | | | | | .... | **var. *trifidum*** (Willd.)Béguin |

–   **V:** Can gartenflüchtig

    | | | | T | C | | | .... | ***Adiantum raddianum*** Presl |

–   Wedel 3–4fach gefiedert, Fiederch. schmal keilf. u. etwas bläul. bereift – **V:** Az, Md
    – SAm

    | | | | T | C | | | .... | ***Adiantum cuneipinnatum*** Nair et Gosh |

–   Wedel einfach gefiedert, 10–30 cm, Fiedern sitzend, Rhachis behaart, an der Spitze oft ohne Fiederb.chen
    u. wurzelnd – **V:** Cv – Tropen der Alten Welt .... ***A. caudatum*** L.

–   Wedel einfach gefiedert, Fiederb.chen bis 1 cm lang gestielt, Rhachis kahl – **V:** Cv – Tropen der Alten
    Welt .... ***A. philippense*** L.

21* Wedel anders, ihr Stiel ganz od. teilweise mit Spreuschuppen od. Haaren bedeckt
22 Rhizom stark verzweigt, weit kriechend. Wedel bis über 4 m lang, untersts rauhhaarig.
    Spreite im Umriß 3eckig, 2–4fach gefiedert. Sori zus.fließend, anfangs unter dem
    umgeschlagenen Rand. Wedel einzeln stehend. Meist (od. immer?) in **ssp. *capense***
    (Thunb.)Bonap.: rauh behaart – **V:** Az, Md, Cv – spec. kosmop – **S:** Saure Böden
    – **G:** LAU II-3

    | H | P | G | T | C | L | | .... | ***Pteridium aquilinum*** (L.)Kuhn |

22* Wedel viel kürzer (höchst. 60 cm). (Vorw. Arten trockener Fels-
    standorte)
23 Fiedern ohne Schuppen
24 Endsegmente verlängert, linealisch. Ganzer Segmentrand umge-
    schlagen. Spreite deltoid im Umriß. Stiel rot- bis violettbraun,
    glänzend
25 Unterstes Fiederpaar durch geteilte Fiederch. einseitig nach unten
    verbreitert, seine Endsegmente bis 15 mm lang, 5–8mal länger als
    breit. Wedelstiel violettbraun. Spreuschuppen grundstdg, purpur-
    violett. Stiel meist deutl. länger als Spreite – **V:** E Can – Md? –
    S: Trockene Felsen – **G:** ASP I-1

    | H | P | G | T | C | | | .... | ***Cheilanthes pulchella*** Bory ex Willd. |

25* Fiederch. des untersten, deltoiden Fiederpaares nur wenig nach unten verlängert,
    seine Endsegmente ca. 5 mm lang, 2–3mal länger als breit. Wedelstiel meist kürzer
    als die Spreite, glänzend rotbraun. Basale Spreuschuppen licht- bis kastanienbraun. Pf.
    sehr klein (Zwergform von *Ch. fragrans*?) – **V:** T Cañadas – Md – westmed

    | H | P | G | T | C | | F | .... | ***Cheilanthes guanchica*** Bolle |

24* Primärfiedern ± fiederspaltig. Endfiedern nicht verlängert, basale am längsten.
    Segmentrand meist nur stellenweise umgeschlagen. Stiel i.d.R. schwarzbraun
26 Spreite längl.-oval bis längl.-lanzettl., Fiederch. meist breitlappig gebuchtet, End-
    segmente breit. Wedelstiel mit zerstr. Schuppen, diese braun. Cumarinduft! (Sonst vgl.
    den iber. endem. *Ch. hispanica* Mett.) – **V:** T bes. Masca – Az, Md, Cv – westmed,
    Hoggar – **G:** ASP I-1 [*Ch. fragrans* Webb et Berth., *Ch. pteridioides* (Reich.)Christ.]

    | H | P | G | T | C | L | F | .. | ***Cheilanthes fragrans*** (L.f.)Sw. **ssp. *maderensis*** (Lowe)Benl |

26* Spreite oval-längl. bis deltoid. Fiedern bzw. Fiederch. von b.artig breit bis lineal
    variierend. Spreuschuppen am Stielgrund zwischen purpur-violett u. braun [*Ch.
    fragrans* ssp. *maderensis* × *pulchella*, von SANTOS (1983) zu *Ch. guanchica* als Synonym

gestellt]

| | P? | | T | C? | | | | .... ***Cheilanthes* × *sventenii*** Benl
23* Fiedern mindestens untersts dicht mit Schuppen bedeckt od. dicht behaart
27 Ganze Pf. ± dicht mit wolligen Spreuhaaren bedeckt, diese weiß od. rötl., später braun. Letzte Abschnitte rundl. Wedelstiel kurz. Sori freiliegend. Extrem xerophil – **V:** Md, Cv – palaeosubtrop-med – **G:** KLE I-2i [*Notholaena vellea* (Ait.)Desv.]

| H | P | G | T | C | L | F | | .... ***Cheilanthes catanensis*** (Cos.)H.P.Fuchs
27* B. obersts kaum behaart, untersts dicht mit silbrigen od. kupferroten Spreuschuppen bedeckt. Letzte Abschnitte längl.
28 Wedelstiel meist kürzer als die Spreite. Fiedern untersts erst sand-, dann zimtfarben, zuletzt rotbraun. Spreite um 18 cm. Sori in den Schuppen verborgen – **V:** T bes. südl. Anaga – Az?, Md, Cv – spec.: med (auch Himalaya, Yunnan) – **G:** ASP I-1d, KLE I-2i [*Notholaena m.* (L.)R.Br.]

| H | P | G | T | C | | | | .... ***Cheilanthes marantae*** (L.)Domin
                                       ssp. *subcordata* (Cav.)Benl et Poelt **var.** *subcordata*
28* Dichter beschuppt, zuerst goldgelb, dann bald kupferrot. Spreite meist viel kleiner – **V:** E WCan, T Teno, Masca

| H | P? | G | T | | | | | .... **ssp.** *subcordata* **var.** *cupripaleacea* Benl
20* Sori nicht randstdg
29 Sori rundl., Wedel gefiedert
30 Indusium kapuzenf., unterstdg, später zurückgeschlagen. Spreite oval-lanzettl., doppelt gefiedert. Unterstes Fiederpaar kürzer als die mittleren. Fiederch. in spitze od. stumpfe Lappen zerschnitten. Wedelstiel brüchig
31 Fiederch. (im Gegensatz zu *C. fragilis* ssp. *fragilis*) stumpflappig, ausgerandet. Nerven münden in die Ausrandung. Indusium drüsig – **V:** can-maur, Atlas bis Algerien – **G:** ASP I-1c [*C. canariensis* Presl]

| H? | P | G | T | C | | | | .... ***Cystopteris diaphana*** (Bony)Blasd.
31* Fiederch. in der Mehrzahl spitzlappig – **V:** kosmop – **G:** ASP

| | P? | G? | T? | C | | | | .... ***Cystopteris fragilis*** (L.)Bernh.
30* Indusium nicht kapuzenf.
32 Indusium schildf., zentral angeheftet, daher später trichterf. Wedel (1–)2fach gefiedert, starr, zum Grund hin etwas verschmälert. Fiederch. gestielt, ihr Rand grannig gezähnt, am Grund mit stachelspitzigem Seitenlappen. Stiel u. Rhachis dicht spreuschuppig. Lorbeerwald
33 Fiederch. deutl. gestielt – **V:** T haupts. Anaga – Az, Md – gemäß-kosmop – **G:** LAU I-1b

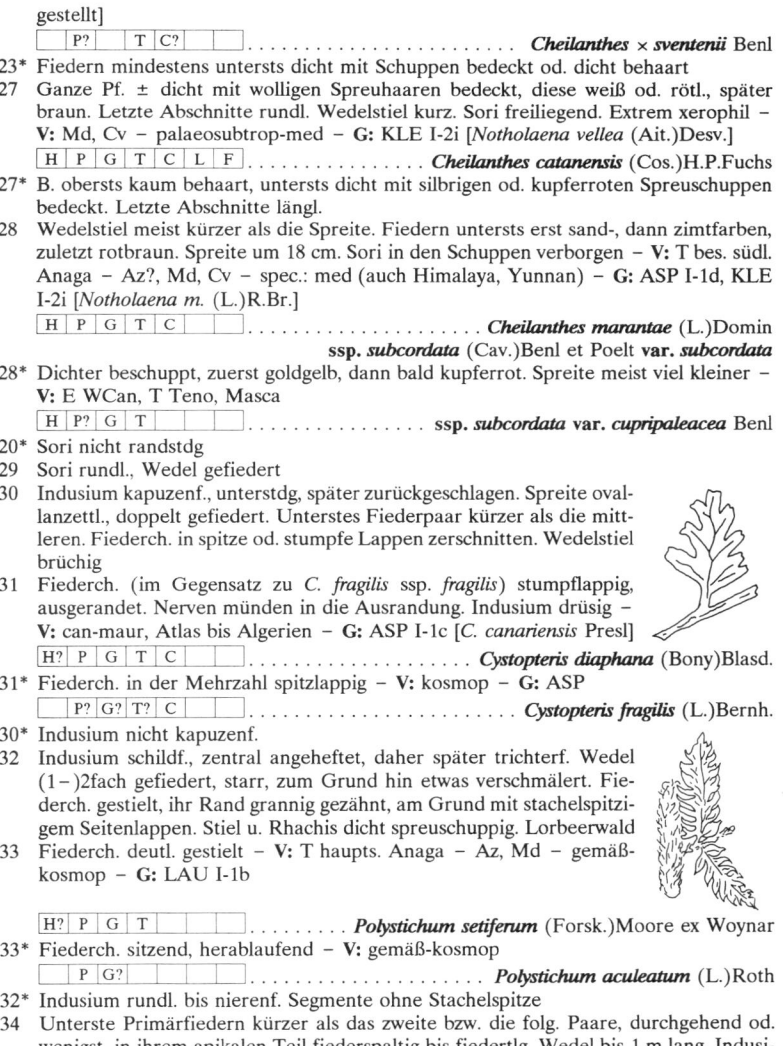

| H? | P | G | T | | | | | .... ***Polystichum setiferum*** (Forsk.)Moore ex Woynar
33* Fiederch. sitzend, herablaufend – **V:** gemäß-kosmop

| | P | G? | | | | | | .... ***Polystichum aculeatum*** (L.)Roth
32* Indusium rundl. bis nierenf. Segmente ohne Stachelspitze
34 Unterste Primärfiedern kürzer als das zweite bzw. die folg. Paare, durchgehend od. wenigst. in ihrem apikalen Teil fiederspaltig bis fiedertlg. Wedel bis 1 m lang. Indusium dicht behaart (35) od. drüsig (35*)
35 Spreite u. Fiedern (diese immer kammf. fiederspaltig) mit abrupt verjüngten Enden. Fiederch. ganzrandig, am Rand gewellt, beiderseits feinborstig behaart, an jungen Teilen auf den Nerven wollig, ohne Spreuschuppen. Längste Fiedern 10–15 × 1–2 cm. Rhachis filzig. Sori sehr klein (1 mm), zu 3–7 je Fiederch. – **V:** Az, Md, Cv –

pantropsubtrop – **S:** Nasse Felsen [*Aspidium molle*
Sw., *Dryopteris d.* (Forsk.)C.Chr., *Cyclosorus denta-
tus* (Forsk.)Ching]

| | P | G | T | C | | |

    ⟶

    Christella dentata (Forsk.)Brownsey et Jermy
35* Spreite u. Fiedern längl. zugespitzt. Segmente
meist scharf gesägt, unbehaart, jedoch untersts
gegen die Fieder-Rhachis mit blasig aufgetriebe-
nen Schuppen besetzt. Indusium drüsig (wie meh-
lig bestäubt), stark gewölbt, blaugrau – **V:** Az, Md,
Cv, Maskarenen [*Aspidium elongatum* All. non Willd.]

| | | G? | T? | C? | | | .... *Dryopteris aitoniana* Pich.-Ser.

– Wedel kleiner, einfach fiedertlg, Segmente gezähnt – **V:** Cv .... **var. *simplex***
34* Unterste Primärfiedern wesentl. länger als die folg. od. annähernd gleich groß, stets
deutl. gefiedert. Wedel bis 2 m lang
36   Wedel 30 bis 80 cm lang, (2–)3fach gefiedert. Fiederch. deutl. gestielt, unbeschuppt,
die zur Basis schauenden proximalen Fiederch. des untersten Fiederpaars stets
größer. Segmente meist deutl. gesägt. Indusium mit zahlreichen gestielten Drüsen –
V: holarkt (incl. *D. maderensis* (Milde)Alst. auf G? u. C?)

| | | G? | T? | C? | | | .... *Dryopteris dilatata* (Hoffm.)A.Gray

– Kleiner, trocken nach Cumarin duftend. Drüsen sitzend – **V:** Az, Md – atl

| | | G | | | | | .... *Dryopteris aemula* (Ait.)O.Ktze.

36* Wedel 1–2 m lang, gegenüberstehende Fiederch. an allen Fiederpaaren fast gleich
groß, ungestielt od. nur undeutl. gestielt, untersts leicht beschuppt. Fiederch. gerundet
bis schwach gezähnelt. Indusium flach, mit wenigen Drüsen. Wedel hellgrün, Adern
bläul. – **V:** E Can – **S:** Lorbeerwald – **G:** LAU 1-1b [*Aspidium elongatum* Willd. non
All., *A. canariense* A.Br.]

| H | P | G | T | C | | | .... *Dryopteris oligodonta* (Dsv.)Pich.-Ser.

– B. u. Indusium ohne Drüsen

| | P? | G? | | | | | .... *Dryopteris filix-mas* (L.)Schott

– Fiederch. stark gezähnt, Indusium mit Drüsen, Wedelstiel $^2/_3$
bis $^1/_2$ der Spreite, 3fach gefiedert – **V:** T Anaga – Port, Span

| | | G | T | | | | . **Dryopteris guanchica** Gibby et Jermy
29* Sori linealisch bis elliptisch od. sichelf.
37   Sori langgestreckt, gewöhnl. streifenf., meist schräg zum Wedel-
bzw. Segmentrand u. zur Fiederrippe, dem Nerv nur auf einer
Seite aufsitzend. Indusium nicht gewimpert. Wedel derb
38   Spreite herz- od. spießf. bis handf. gelappt, 8–15 cm lang – **V:**
Az, Md, Cv – sw-iber-maur bis Algerien – **G:** ASP I-1, LAU
I-1a [*A. palmatum* Lam.]

| H | P | G | T | C | L | F | .... *Asplenium hemionitis* L.

38* Wedel gefiedert
39   Wedel u. Fiedern lang zugespitzt (geschwänzt). Stiel bis über 30 cm lang, oft länger
als die schmal 3eckige Spreite. Wedel stark glänzend – **V:** med-atl – Puerto Rico?
– **G:** LAU II

| H | P | G | T | C | L? | F | .... *Asplenium onopteris* L.

– Fiedern zur Spitze gekrümmt .... **var. *onopteris***
– Fiedern nicht zur Spitze gekrümmt (leitet zu *A. adiantum-nigrum* über)
.... **var. *triangularis*** Kunkel

39   Wedel u. Fiedern nicht geschwänzt
40   Sori dem Rand genähert. Wedel im Umriß eilanzettl. Wedelstiel am Grund nicht
     angeschwollen, rotbraun
41   Zähne der Fiederch. stumpf mit aufgesetztem Spitzch. Etwas an *A. ruta-muraria*
     erinnernd – **V:** med

     ┌─H?─┬────┬──C─┬────┐ . . . . *Asplenium obovatum* Viv.

41* Zähne der Fiederch. spitz – **V:** Az, Md – atl bis St. Helena – **G:** ASP I-1 [*A. billotii*
     F.W.Schulz]

     ┌─H?─┬────┬─C─┬─L─┬─F─┐ . . . . **ssp.** *lanceolatum* Pinto da Silva

40* Sori der Mittelrippe genähert. Wedel im Umriß meist ± breit 3eckig. Wedelstiel am
     Grund angeschwollen
42   Wedel sattgrün, ihr Stiel so lang od. länger als die Spreite. Rhachis gegen die Spitze
     grün. Fiedern längl.-oval, in ei- bis keilf. Segmente mit ± feingesägtem Außenrand
     gegliedert. Rhachis schmalgeflügelt. Spreuschuppen nur gegen die Basis des Wedel-
     stiels vorh. Wedel 5–50 cm lang – **V:** T über 1900 m, r – Az, Md?, Cv – spec. s.l.:
     palaeo-subtrop

     ┌───┬─P?─┬─T─┬─C?─┬─F─┐ . . . . *Asplenium adiantum-nigrum* L.

42* Wedel braungrün. Fiedern spitz, in viel schmälere Segmente mit gezacktem Außen-
     rand gespalten. Stiel (kürzer als Spreite) u. Rhachis der Wedel dicht schuppig,
     Schuppen braun, wollig. Wedel 10–30 cm lang, im Umriß längl.-lineal, 1–2fach
     gefiedert – **V:** T um Güimar – Md, Cv – pantrop-subtrop – **S:** Felsfarn der Küsten-
     region [*A. praemorsum* Willd., *A. furcatum* Thunb., *A. canariense* Willd.]

     ┌─H─┬─P─┬─T─┬────┬────┐ . . . . *Asplenium aethiopicum* (Burm.)Becherer

37* Sori längl. od. sichel. bis hufeisenf., dem Nerv ganz aufsitzend. Indusium gewimpert,
     seitl. inseriert. Wedel rel. zart
43   Wedel hellgrün, ca. 50–100 cm lang, am Ende des aufrechten Rhizoms eine Krone
     bildend. Rhachis meist gelbl.-grün. Indusium kaum gewölbt – **V:** Az, Md – holarkt
     – Peru, NAfr

     ┌─H─┬─P─┬─G─┬─T?─┬─C─┐ . . . . *Athyrium filix-femina* (L.)Roth

43* Wedel dunkelgrün, 1–2 m lang, einzeln, aber an dem kriechendem Rhizom einander
     genähert. Fiedern u. Fiederch. lang zugespitzt (geschwänzt, Name!). Zähne der
     Fiederch. oft 2spitzig. Wedelstiel u. z.T. auch die Rhachis grünl.-schwarz. Sori zahl-
     reich, oft zus.fließend. Indusium gewölbt. Adern beim Typus meist gegabelt – **V:** Az,
     Md, Cv – in Eur nur Sierra de Ojén bei Algeciras – **G:** LAU I-1b [*Athyrium um-
     brosum* (Ait.)Presl]

     ┌───┬─P─┬─G─┬─T─┬─C─┐ . . . . *Diplazium caudatum* (Cav.)Jermy

–   Sori einzeln, Fiederch. 3. Ordnung sichelf., spitz. Adern meist einfach – **V:** Az, Md
     – **S:** Lorbeerwald

     ┌───┬─P─┬────┬─T─┬────┐ . . . . **fo.** *axillaris* Willd.

GYMNOSPERMOPHYTA

1　B. nadelf.
2　B. an Kurztrieben zu (1 –)3(– 5), > 10 cm lang . . . . *Pinaceae* S. 42
2*　B. an Langtrieben wirtelig od. gegenstdg . . . . *Cupressaceae* S. 42
1*　B. schuppenf. od. stark reduziert bis fast fehlend
3　B. schuppenf. aber deutl. . . . . *Cupressaceae* S. 42
3*　B. sehr stark reduziert, gegenstdg, am Grund verwachsen . . . . . *Ephedraceae* S. 42

Pinales
Pinaceae
– Auf den Canaren spontan nur die 3nadlige (Nadeln bis 30 cm lang) Canarenkiefer, 15 – 25(– 50) m hoch. Primärnadeln einzeln, blaugrün. Zapfen glänzend, braun – **V:** E Can, auf G nicht in größeren Beständen, auf Lob gepfl. – **G:** PIN I-1 ☐6

| H | P | G | T | C | | |
. . . . *Pinus canariensis* Sweet ex Spreng.
Nächstverwandt: *P. roxburghii* Sarg. (Himalaya). Gepfl. u. sich teilweise einbürgernd einige med. Kiefern (*P. pinaster* Ait., *P. pinea* L., *P. halepensis* Mill., *P. nigra* Arnold) sowie die 3nadlige *Pinus radiata* D. Don (H, P, G, T, C) aus NAm.

Cupressaceae

Juniperus
1　B. nadelf., bis 2 mm breit, nach vorn gerichtet, ± blaugrün. Beerenzapfen aus 3 Schuppen, jung blaugrau, reif orangebraun. Baum mit hängenden jungen Zweigen – **V:** E Can – **S:** Gebirge (1400 –)1800 – 2300 m – **G:** PIN I-1c, SPA I-1e [*J. oxycedrus* L. ssp. *cedrus*]

| | P | G | T | C | | "Cedro" . . . . *J. cedrus* Webb et Berth.
1*　B. meist schuppenf., den Zweigen angedrückt. Beerenzapfen zuerst schwarz, dann (rötl.-)braun, glänzend, aus 4 – 9 Schuppen – **V:** Md – med – **G:** OLR I ☐7

| H | P | G | T | C | | "Sabina" . . . . *J. phoenicea* L.

Gnetales
Ephedraceae

Ephedra
1　Blü. in weit verzweigten Rispen. Junge Äste frischgrün, oft hängend, trocken abgliedernd. Bis 12 m kletternde Lianen, "Beeren" rot od. weiß – **V:** südiber – nordafr

| | | | T | C? | | . . . . *E. altissima* Desf.
1*　Blü. nicht in lockeren Rispen. Äste dunkelgrün
2　Niedriger Strauch (30 – 100 cm), sehr dicht, oft kugelbuschig. Zweige starr aufrecht, kaum gestreift, dünn, nicht rankend, nicht zerbrechl. Antheren zu 6 – 8. "Beere" 1samig, rot, manchmal gelb, 5 – 7 mm – **V:** med (bis Himalaya) [*E. major* Host]

| | P | | T | | L? | . . . . *E. campylopoda* C.A.Meyer
2*　Bis über 2 m hoher Strauch, meist mit rankenden Zweigen, diese bis 4 mm dick, gestreift, trocken zerbrechl. Antheren zu 2 – 6. "Beere" 2samig, rot, 8 – 9 mm – **V:** Md – med (bis Kurdistan)

| H | P | G | T | C | L | . . . . *E. fragilis* Desf.

ANGIOSPERMOPHYTA

MAGNOLIATAE (Familienschlüssel nach MAIRE, stark verändert)

1	Blü. in Cyathien (1 zentrale 3zählige ♀ Blü. wird umgeben von zahlreichen, auf 1 Staubb. reduzierten ♂ Blü.). Holzpf. (z.T. kakteenähnl.) od. Kräuter mit weißem, meist ätzendem Milchsaft . . . . *Euphorbiaceae* S. 151
1*	Blü. nicht in solchen Cyathien
2	Perianth nicht in Kelch u. Krone gegliedert od. fehlend (2* siehe S. 45)
3	Chlorophyllfreie Wurzel-Vollparasiten mit stark reduzierten B.
4	St. dick, mit fleischigem, schwärzl.-rotem Blü.std (Kolben) endend. A1. Oft auf Salzpf. (*Myrtus, Pistacia*) . . . . *Cynomoriaceae* S. 171
4*	St. sehr kurz. Blü. weiß, rötl. od. gelb. A8-20. Auf Cistaceen-Wurzeln . . . . *Rafflesiaceae* S. 85
3*	Pf. mit Chlorophyll, meist grün
5	Blü. eingeschlechtig
6	Wasserpf. mit quirlstdg, feinzerteilten B., Blü. tetramer, untere ♀, obere ♂. Staubb. meist 8. Fr.kn. unterstdg, in 4 Teilfr. zerfallend . . . . *Haloragaceae* S. 170
6*	Vorige Merkmale nicht zus.treffend
7	Kräuter
8	Blü. in Köpfch. (Körbch.) mit einer Hochb.hülle ("Involucrum") *Asteraceae* S. 245
8*	Blü. nicht in solchen Körbch.
9	B. ungeteilt bis höchst. gelappt. Meist 1 Samenanlage (je Fach)
10	Narbe pinself. Perianth der ♂ Blü. 4zählig. Staubb. elastisch zurückschnellend, anfangs eingekrümmt. A4 od. 1 . . . . *Urticaceae* S. 54
10*	Narbe nicht pinself.
11	♀ Blü. in 3bltg Trugdolden in den B.achseln. B. fleischig, untere gegenstdg. Griffel fadenf. Nebenb. paarweise verwachsen . . . . *Theligonaceae* S. 170
11*	Vorige Merkmale nicht zus.treffend
12	Fr.kn. 2–3fächrig, mit je 1 Samenanlage. Griffel 2–3 . . . . . *Euphorbiaceae* S. 151
12*	Fr.kn. 1fächrig, Griffel meist 2
13	Tepalen trockenhäutig, meist corollinisch gefärbt, mit grünem od. rotem Mittelstreifen. Trag- u. Vorb. gut entwickelt, meist gefärbt. B.spitzen oft etwas ausgerandet . . . . *Amaranthaceae* S. 64
13*	Tepalen kelchartig grün od. fehlend . . . . *Chenopodiaceae* S. 59
9*	B. tief handf. geteilt od. zus.gesetzt
14	B. handf. gelappt. Staubfäden verzweigt. Monoezie . . . . *Euphorbiaceae* S. 151
14*	B. unpaarig gefiedert. Staubfäden unverzweigt . . . . *Rosaceae* S. 120
7*	Holzpf.
15	Äste wirtelstdg, schachtelhalmähnl. *Casuarinaceae* S. 52
15*	B. u. Äste wechselstdg
16	B. durchscheinend punktiert. Zweige mit kleinen rostroten Schildhaaren. A3–5 . . . . *Myricaceae* S. 53
16*	Vorige Merkmale nicht vereint
17	Blü. in "Receptaculum" (Feigenfr.). Pf. mit Milchsaft . . . . *Moraceae* S. 54
17*	Blü. freistehend (siehe auch *Juglandaceae, Fagaceae* S. 54)
18	B. ungeteilt, ganzrandig
19	Blü. in Kätzch. P0. B. mit Nebenb. *Salicaceae* S. 53
19*	Blü. nicht in Kätzch. P3–4. Fr.kn. unterstdg. B. ohne Nebenb. . *Santalaceae* S. 56
18*	B. gezähnt od. zus.gesetzt
20	B. 3tlg od. gefiedert

44* Vorige Merkmale nicht zus.treffend
45 1 Samenanlage je Fach
46 B. ohne Nebenb.
47 Fr.kn.-Fächer u. Narben 7 – 12 . . . . *Phytolaccaceae* S. 67
47* Fr.kn.-Fächer u. Narben 2 – 6
48 Griffel 2, Fr.kn.-Fächer 4. Wasserpf. mit gegenstdg B. . . . . *Callitrichaceae* S. 205
48* Griffel u. Fr.kn.-Fächer 3 (Griffel oft gespalten) . . . . *Euphorbiaceae* S. 151
46* B. mit Nebenb.
49 Kräuter . . . . *Euphorbiaceae* S. 151
49* Holzpf.
50 Staubb. mit den Kronb. alternierend. B. asymmetrisch . . . . *Ulmaceae* S. 54
50* Staubb. vor den (oft sehr kleinen) Kronb. stehend . . . . *Rhamnaceae* S. 159
45* Mehrere Samenanlagen je Fach
51 B. ungeteilt, dick . . . . *Aizoaceae* S. 68
51* B. zerteilt, flach . . . . *Ranunculaceae* S. 83
22* Fr.kn. unterstdg od. wenigst. halb unterstdg
52 Fr.kn. 1fächrig, meist 1 Samenanlage
53 Halbparasiten, blaßgrün. B. ganzrandig, z.t. stark reduziert . . . *Santalaceae* S. 56
53* Autotrophe, grüne Pf.
54 Staubb. verwachsen. Blü. in "Körbch." mit Involucrum . . . . *Asteraceae* S. 245
54* Staubb. frei
55 B.lose Stammsukkulenten. Samenanlagen mehrere . . . . *Cactaceae* S. 81
55* Pf. nicht stammsukkulent
56 Perigon kelchartig. Staubb. vor den Perigonb. stehend *Chenopodiaceae* (**Beta**) S. 60
56* Perigon kronenartig. Staubb. mit den Perigonb. alternierend
57 A1 – 3, B. gegenstdg. Blü. asymmetrisch . . . . *Valerianaceae* S. 241
57* A4 – 5. B. meist (scheinbar) wirtelstdg . . . . *Rubiaceae* S. 190
52* Fr.kn. mehrfächrig
58 Fr.kn.-fächer 1samig
59 Griffel 1. Fr.kn. mit 2 sterilen u. 1 fertilen Fach. Blü. asymmetrisch. B. gegenstdg
    . . . . *Valerianaceae* S. 241
59* Griffel 2 – 9
60 Griffel 2
61 B. gegenstdg od. wirtelstdg, ungeteilt . . . . *Rubiaceae* S. 190
61* B. wechselstdg, meist stark zerteilt . . . . *Apiaceae* S. 171
60* Griffel mehr als 2, B. wechselstdg, ungeteilt . . . . *Aizoaceae* S. 68
58* Fr.kn.-fächer mehrsamig
62 A6 – 12. Blü. stark zygomorph . . . . *Aristolochiaceae* S. 85
62* Staubb. zahlreich
63 Pf. mit sukkulenten B., Kräuter bis Halbsträucher . . . . *Aizoaceae* S. 68
63* Holzpf., B. nicht sukkulent . . . . *Myrtaceae* S. 168
2* Perianth doppelt, aus meist grünem Kelch u. andersfarbiger Krone bestehend
64* Kronb. frei
65 Fr.kn. oberstdg
66 Nur 1 Fr.kn. vorh. (oft aus mehreren verwachsenen Fr.b.) (66* siehe S. 49)
67 Fr.kn. 1fächrig od. unvollstdg gefächert
68 Fr.kn. mit nur 1 Samenanlage
69 1 Griffel od. Griffel fehlend
70 Blü. aktinomorph
71 A6 (meist 2 kurz, 4 lang) . . . . *Brassicaceae* S. 91
71* A1 – 5 od. zahlr.

72   B. gegenstdg, ungeteilt . . . . *Caryophyllaceae* S. 70
72*   B. wechselstdg . . . . *Rosaceae* S. 120
70*   Blü. deutl. zygomorph
73   A6 . . . . *Papaveraceae* (*Fumaria*) S. 90
73*   A10 . . . . *Fabaceae* S. 123
69*   Griffel 3 – 5, frei od. am Grund verwachsen
74   5 Griffel . . . . *Plumbaginaceae* S. 182
74*   3 Griffel
75   A(5 –)6 – 9. Nebenb.scheide (Ochrea) . . . . *Polygonaceae* S. 57
75*   A3 – 5 od. 10
76   Bäume, Sträucher . . . . *Anacardiaceae* S. 156
76*   Kräuter
77   St. windend. Kelchartige Außenhülle aus 2 B., B. wechselstdg . . *Basellaceae* S. 69
77*   St. nicht windend. B. gegenstdg . . . . *Caryophyllaceae* S. 70
68*   Fr.kn. mit mehreren Samenanlagen
78   Staubb. höchst. 10
79   Bäume od. Sträucher mit schuppenf. B., Blü. rosa od. weiß, klein, in vielbltg Ähren
      od. Trauben . . . . *Tamaricaceae* S. 166
79*   Vorige Merkmale nicht zus.treffend
80   A6, Kelch u. Krone tetramer . . . . *Brassicaceae* S. 91
80*   Staubb. nur ausnahmsweise in Sechszahl, dann aber 6 Kronb. vorh.
81   Blü. aktinomorph
82   1 Griffel
83   Kelch röhrig, mit 8 – 12 Zähnen, A5 – 6 . . . . *Lythraceae* S. 168
83*   Kelch nicht röhrig, wenn röhrig, dann höchst. 5zähnig
84   Verholzte Lianen mit wie die Infl. b.gegenstdg Sproßranken . . . . . *Vitaceae* S. 160
84*   Kräuter od. rankenlose Holzpf.
85   Sträucher mit B.dornen u. dornig gezähnten B. Blü.kreise 3zählig
      . . . . *Berberidaceae* S. 85
85*   B. nicht dornig gezähnt
86   K2
87   B. ungeteilt. Fr.kn. anfangs gefächert . . . . *Portulacaceae* S. 69
87*   B. geteilt . . . . *Papaveraceae* S. 88
86*   K4 – 5, Holzpf.
88   A(4 –)5, immergrüne Holzpf. ohne Nebenb. . . . . *Pittosporaceae* S. 119
88*   A10. Holzpf. mit gefiederten B. . . . . *Mimosaceae* S. 123
82*   Griffel mind. 2 bzw. in mehrere Äste gespalten
89   B. wechselstdg . . . . *Saxifragaceae* S. 119
89*   B. gegenstdg
90   Plazentation zentral od. basal . . . . *Caryophyllaceae* S. 70
90*   Plazentation parietal. Griffel 1, in 3 Äste gespalten . . . . *Frankeniaceae* S. 167
81*   Blü. zygomorph od. bilateralsymmetrisch (siehe auch *Resedaceae* p.p. S. 106)
91   A6, C4
92   2 kurze u. 4 lange Staubb., Kronb. ohne Sporn . . . . *Brassicaceae* S. 91
92*   Staubb. in 2 Gruppen zu je 3 (ungleich!). Oberes Kronb. i.d.R. mit Sporn
      . . . . *Papaveraceae* S. 88
91*   A5, 8 od. 10
93   A10, Kelchb. zur Röhre verwachsen. G1, Hülsenfr.
94   Krone nicht schmetterlingsf. . . . . *Caesalpiniaceae* S. 123
94*   Krone schmetterlingsf. . . . . *Fabaceae* S. 123

93* A5, G(3). Kelchb. nicht zur Röhre verwachsen, unteres Kronb. mit Sporn
.... *Violaceae* S. 163
78* Staubb. mehr als 10
95 Blü. zygomorph
96 Blü. mit Sporn .... *Ranunculaceae* S. 83
96* Blü. ohne Sporn, klein .... *Resedaceae* S. 106
95* Blü. aktinomorph (radiär)
97 Fr.kn. auf langem Gynophor .... *Capparidaceae* S. 91
97* Fr.kn. sitzend od. nur kurz gestielt
98 Blü. hexamer. Scheidewände unvollstdg .... *Lythraceae* S. 168
98* C4 od. 5
99 K2, C4 .... *Papaveraceae* S. 88
99* K3 od. 5, C5
100 Hülsenfr. (aus 1 Fr.b.). Blü. klein, zu vielen .... *Mimosaceae* S. 123
100* Kapselfr., Blü. größer, B. ungeteilt
101 1 Griffel .... *Cistaceae* S. 164
101* 3 – 5 Griffel
102 B. wechselstdg, klein .... *Tamaricaceae* S. 166
102* B. gegenstdg .... *Hypericaceae* S. 86
67 Fr.kn. deutl. mehrfächrig (wenn später 1fächrig: siehe *Portulacaceae* S. 69)
103 Fr.kn.-fächer mit je 1 Samenanlage (vgl. auch Wasserpf. mit fein zerteilten B. u.
    eingeschlechtigen, tetrameren Blü.: *Haloragaceae* S. 170)
104 Griffel ungeteilt od. Narben sitzend
105 Staubb. höchst. 6
106 A6 .... *Brassicaceae* S. 91
106* A4 – 5
107 Staubb. vor den (sehr kleinen) Kronb. stehend .... *Rhamnaceae* S. 159
107* Staubb. mit den Kronb. alternierend .... *Aquifoliaceae* S. 158
105* Staubb. mindest. 8
108 Blü. zygomorph, Staubb. meist 8
109 Blü. mit Sporn, über 3 cm Durchm., G(3) .... *Tropaeolaceae* S. 149
109* Blü. ohne Sporn, kleiner. Die 2 inneren Kelchb. flügelartig vergrößert, G(2)
.... *Polygalaceae* S. 156
108* Blü. aktinomorph. B. mit Nebenb.
110 Staubb. zahlr., zu einer Säule verwachsen .... *Malvaceae* S. 160
110* Staubb. frei
111 Pf. windend. B. 3zählig .... *Sapindaceae* S. 157
111* Pf. nicht windend. B. 2- od. 3zählig od. gefiedert .... *Zygophyllaceae* S. 150
104* Mehrere Griffel od. z.T. verwachsen
112 Staubb. zahlr., zur Säule verwachsen .... *Malvaceae* S. 160
112* Staubb. höchst. 10
113 A10. B. gelappt bis gefiedert .... *Geraniaceae* S. 148
113* Fruchtbare Staubb. 2 – 5
114 Staubb. mit den Kronb. alternierend. Kräuter .... *Linaceae* S. 150
114* Staubb. vor den (unscheinbaren!) Kronb. stehend. Meist sproßdornige Holzpf. mit
    Beerenfr. .... *Rhamnaceae* S. 159
103* Fr.kn.-fächer mit mehreren bis vielen Samenanlagen
115 Blü. deutl. zygomorph od. bilateralsymmetrisch
116 Fr.kn. 5fächrig. B. handf. gelappt od. geteilt (wenn gefiedert, dann dünn), Fr. lang
    geschnäbelt .... *Geraniaceae* S. 148
116* Fr.kn. 2 – 4fächrig

117   1 Kelchb. gespornt, G(4), B. unpaarig gefiedert . . . . *Melianthaceae* S. 158
117* G(2), B. einfach
118   A8, die 2 inneren Kelchb. flügelartig . . . . *Polygalaceae* S. 156
118* A2+4, Kelchb. ± gleich . . . . *Brassicaceae* S. 91
115* Blü. aktinomorph
119   Staubb. ± lang zu einer Säule od. Röhre verwachsen
120   B. doppelt bis mehrfach gefiedert, gesägt. Blü.traube groß (bis 20 cm)
      . . . . *Meliaceae* S. 156
120* B. ungeteilt od. handf. geteilt. Blü. meist mit Außenkelch
121   Antheren dithekisch (= mit 4 Pollensäcken). Pollen glatt . . . *Sterculiaceae* S. 162
121* Antheren monothekisch (= mit 2 Pollensäcken). Pollen stachelig *Malvaceae* S. 160
119* Staubb. nicht zu Säule od. Röhre verwachsen
122   Staubb. mehr als 12
123   Fr.kn. auf langem Gynophor. Kelch u. Krone 4zählig. B. ungeteilt. Nebenb.dornen
      . . . . *Capparidaceae* S. 91
123* Fr.knoten sitzend od. sehr kurz gestielt
124   Kelch 2blättrig (oft hinfällig), C4. Pf. mit Milchsaft . . . . *Papaveraceae* S. 88
124* Kelch mindest. 3blättrig
125   Pf. mit gelbem Milchsaft. C6 . . . . *Papaveraceae* S. 88
125* Pf. ohne gelben Milchsaft
126   B. in lineale Zipfel geteilt . . . . *Ranunculaceae* S. 83
126* B. ungeteilt, höchst. kurz gezähnt
127   B. sukkulent. Kronb. mehr als 12 . . . . *Crassulaceae* S. 107
127* B. nicht sukkulent
128   B. gegenstdg, Kräuter u. Sträucher . . . . *Hypericaceae* S. 86
128* B. wechselstdg. Immergrüne Bäume (–15 m) mit lederigen B., junge Zweige mit
      Korkleisten . . . . *Theaceae* S. 86
122* A2–12
129   A8–12
130   Holzpf.
131   B. rosettig gehäuft, sukkulent. C6–12 . . . . *Crassulaceae* S. 107
131* B. nicht rosettig gehäuft
132   B. gegenstdg . . . . *Aceraceae* S. 157
132* B. wechselstdg od. gebüschelt
133   B. ohne Nebenb. C4 . . . . *Rutaceae* S. 155
133* B. mit Nebenb., 1paarig gefiedert, sukkulent. C5 . . . . *Zygophyllaceae* S. 150
130* Kräuter, höchst. am Grund verholzt
134   Kelch röhrig . . . . *Lythraceae* S. 168
134* Kelchb. höchst. am Grund kurz verwachsen
135   B. 3zählig
136   B. mit (schwach dornigen) Nebenb. . . . . *Zygophyllaceae* S. 150
136* B. ohne Nebenb., B.chen verkehrt herzf. . . . . *Oxalidaceae* S. 147
135* B. nicht 3zählig
137   1 ungeteilter Griffel. Kronb. i.d.R. 4 . . . . *Rutaceae* S. 155
137* Griffel 2–5 od. wenn 1, dann dieser 5spaltig. C5
138   1 5spaltiger Griffel. Teilfr. lang geschnäbelt . . . . *Geraniaceae* S. 148
138* 2–5 freie Griffel
139   2 Griffel . . . . *Saxifragaceae* S. 119
139* 5 Griffel. Fr.b. meist mit Drüsenschuppe ("Karpellschüppch.") *Crassulaceae* S. 107
129* A3–7
140   Holzpf.

141 A4 – 5, vor den (oft unscheinbaren) Kronb. stehend .... *Rhamnaceae* S. 159
141* Staubb. mit den Kronb. alternierend
142 A2+4 (2 kurz, 4 lang). C4 .... *Brassicaceae* S. 91
142* A3 – 5
143 C3(– 4). Strauch mit linealen, silbrigen B. Haare 2spaltig .... *Cneoraceae* S. 156
143* C4 – 5, B. breiter
144 C4, Bäume .... *Aquifoliaceae* S. 158
144* C5, Sträucher .... *Celastraceae* S. 159
140* Kräuter
145 2 kurze, 4 lange Staubb. .... *Brassicaceae* S. 91
145* A3 – 5, wenn 6, dann gleich lang
146 B. zus.gesetzt .... *Papaveraceae* S. 88
146* B. einfach .... *Linaceae* S. 150
66* 2 od. mehr freie od. nur ganz am Grund verwachsene Fr.kn.
147 Griffel mindest. teilweise verwachsen
148 Staubb. höchst. 10
149 Bäume mit gefiederten B. Narben frei. Teilfr. geflügelt .... *Simarubaceae* S. 156
149* Kräuter od. Halbsträucher. Narben ± verwachsen. B. mit Nebenb.
    .... *Geraniaceae* S. 148
148* Staubb. mehr als 10. B mit Nebenb.
150 Staubfäden zu einer Säule verwachsen .... *Malvaceae* S. 160
150* Staubfäden höchst. am Grund verwachsen .... *Rosaceae* S. 120
147* Griffel völlig frei
151 A3 – 10
152 A3 – 4, B. gegenstdg .... *Crassulaceae* S. 107
152* A5 – 10, B. wechselstdg
153 B. gefiedert od. gefingert, nicht sukkulent, mit Nebenb. .... *Rosaceae* S. 120
153* B. ungeteilt, sukkulent, ohne Nebenb. .... *Crassulaceae* S. 107
151* Mehr als 10 Staubb.
154 B. mit Nebenb. .... *Rosaceae* S. 120
154* B. ohne Nebenb. .... *Ranunculaceae* S. 83
65* Fr.kn. unterstdg od. halbunterstdg
155 Mehrere Fr.kn. am Grund eines Bechers, C4 – 5 .... *Rosaceae* S. 120
155* Nur 1 Fr.kn.
156 Fr.kn. 1fächrig
157 Stammsukkulente, b.lose Pf. .... *Cactaceae* S. 81
157* Pf. normal beblättert
158 Pf. mit Sproßranken .... *Cucurbitaceae* S. 168
158* Pf. ohne Ranken
159 2 kelchartige B. (Involucrum) .... *Portulacaceae* S. 69
159* Mehr als 2 Kelchb.
160 A8, Blü. in allen Kreisen tetramer, langröhrig .... *Onagraceae* S. 169
160* Mehr als 8 Staubb.
161 B. meist gegenstdg, lederig, immergrün, ganzrandig .... *Myrtaceae* S. 168
161* B. wechselstdg .... *Rosaceae* S. 120
156* Fr.kn. mehrfächrig
162 Kronb. (bzw. kronb.ähnl. Organe) meist mehr als 8. B. sukkulent *Aizoaceae* S. 68
162* C4 – 8. B. kaum sukkulent
163 Mehr als 10 Staubb.
164 B. wechselstdg, mit Nebenb. .... *Rosaceae* S. 120
164* B. (z.T.) gegenstdg, ganzrandig. Nebenb. reduziert bis fehlend. 5 – 8 Kelch- u. Kronb.

165   Blü. lebhaft rot. Fr.kn.-fächer übereinander stehend. B. an jungen Sprossen wechsel-
      stdg . . . . *Punicaceae* S. 169
165* Blü. weiß bis rosa. B. lederig, immergrün, mit Ölbehältern . . . . *Myrtaceae* S. 168
163* A4 – 10
166   A8 – 10, d.h. doppelt so viele wie Kronb.
167   Blü. tetramer, mit langer Röhre . . . . *Onagraceae* S. 169
167* Blü. pentamer (außer G) . . . . *Saxifragaceae* S. 119
166* A4 – 5, ebensoviele Kronb.
168   Wurzelkletterer, Blü. in Dolden . . . . *Araliaceae* S. 171
168* Aufrechte Holzpf. od. Kräuter
169   Holzpf. Staubb. vor den (oft unscheinbaren) Kronb. stehend   *Rhamnaceae* S. 159
169* Kräuter
170* Pf. niederliegend od. mit Sproßranken kletternd. Staubb. paarweise verwachsen. Blü.
      getrenntgeschlechtig . . . . *Cucurbitaceae* S. 168
170* Blü. i.d.R. zwittrig
171   Blü. in Dolden . . . . *Apiaceae* S. 171
171* Blü. nicht in Dolden . . . . *Campanulaceae* S. 243
64*   Kronb. verwachsen (Sympetalie)
172   Fr.kn. oberstdg
173   Fr.b. weitgehend getrennt, aber Griffel in einem Griffelkopf vereint. Ungegliederte
      Milchröhren
174   2 Griffel . . . . *Asclepiadaceae* S. 188
174* 1 Griffel, nur am Grund gespalten . . . . *Apocynaceae* S. 188
173* Fr.b. vollstg verwachsen
175   Fr.kn. 1fächrig
176   Nur 1 Samenanlage vorh.
177   Perianth röhrig, nur kurz gelappt . . . . *Nyctaginaceae* S. 67
177* Perianth ± tief gelappt
178   Blü. zygomorph, in dichten Köpfch. . . . . *Globulariaceae* S. 234
178* Blü. aktinomorph . . . . *Plumbaginaceae* S. 182
176* Mehrere Samenanlagen
179   Blü. in Wickeln, aktinomorph . . . . *Hydrophyllaceae* S. 198
179* Blü. nicht in Wickeln
180   Blü. zygomorph, A2 – 4
181   Chlorphyllfreie Parasiten . . . . *Orobanchaceae* S. 236
181* Pf. grün, beblättert (nur kult.) . . . . *Gesneriaceae*
180* Blü. aktinomorph
182   Bäume. A5 – 7, vor den Kronb. stehend. B. immergrün, mit durchscheinenden Drü-
      senpunkten, wechselstdg . . . . *Myrsinaceae* S. 180
182* Sträucher u. Kräuter. B. meist gegenstdg
183   Staubb. vor den Kronb. stehend. Plazentation zentral . . . . *Primulaceae* S. 181
183* Staubb. mit den Kronb. alternierend. Plazentation parietal. B. gegenstdg
      . . . . *Gentianaceae* S. 187
175* Fr.kn. mehrfächrig
184   Fr.kn.fächer 1samig
185   A2, B. gegenstdg
186   Blü. aktinomorph . . . . *Oleaceae* S. 186
186* Blü. zygomorph . . . . *Lamiaceae* S. 206
185* A4 od. mehr
187   4 fertile Staubb., B. gegenstdg od. grundstdg
188   Blü. aktinomorph, klein, in dichten Ähren od. Köpfch. . . . . *Plantaginaceae* S. 238

188* Blü. zygomorph
189 Fr.kn. höchst. schwach gelappt od. Blü. nur schwach zygomorph
189* Fr.kn. tief 4lappig
187* Mehr als 4 fertile Staubb.
190 5 fertile Staubb., Staubb. auf den Kronb. inseriert
191 Griffel 1, immergrüne Bäume mit Milchsaft
191* Griffel 2 – 3
192 Bäume od. Sträucher mit lederigen, immergrünen B.
192* Kräuter od. Holzpf. mit weicheren B. Blü. in Wickeln. B. meist rauh behaart
190* Fertile Staubb. 8 od. mehr
193 A8 – 10
194 Blü. aktinomorph
194* Blü. zygomorph. 2 Kelchb. zu "Flügeln" vergrößert
193* Staubb. mehr als 10, zu einer Säule verwachsen. Kronb. nur sehr kurz verwachsen
184* Fr.kn.-fächer mehrsamig
195 A2
196 Blü. aktinomorph. B. meist gegenstdg
196* Blü. zygomorph
197 B. meist wechselstdg. Krone z.T. durch Verwachsung 4lappig
197* B. kreuzgegenstdg od. wirtelstdg. Krone oft reduziert (Oberlippe fehlt)
195* A4 – 10 od. mehr
198 A4
199 Blü. ± aktinomorph
200 Chlorophyllfreie, b.lose, windende Parasiten
200* Pf. grün, beblättert
201 Krone häutig, Blü. klein, 4zählig, in dichten Ähren
201* Krone nicht häutig, 5(– scheinbar 4)zählig. Blü. in endstdg Trauben
199* Blü. deutl. zygomorph
202 Kronen-Oberlippe fehlend. 1 Kelchb. stark vergrößert
202* Krone vollstdg
198* A5 – 10 od. mehr
203 Fr.kn. 2fächrig
204 Krone aktinomorph
205 Kapselfr., je Fach 2 Samenanlagen
205* Meist Beerenfr., Samenanlagen zahlr.
204* Krone zygomorph
203* Fr.kn. mit mehr als 2 Fächern
206 Staubb. mehr als 5
207 Staubb. sehr zahlr., zur "Säule" verwachsen
207* A8 – 10
208 B. 3tlg
208* B. ungeteilt
206* A5. Fr.kn. 4 – 5fächrig
209 Staubb. auf dem Blü.boden inseriert. Meist schmalblättrige Kräuter

210 Fr.kn. 1fächrig
211 Fr.kn. mit nur 1 Samenanlage
212 B. wechselstdg
213 Pf. mit Sproßranken. Blü. einzeln . . . . *Cucurbitaceae* S. 168
213* Blü. in Köpfch. mit Involucrum . . . . *Asteraceae* S. 245
212* B. gegenstdg od. wirtelig
214 A1 – 3. Fr.kn. pseudomonomer. Blü. asymmetrisch . . . . *Valerianaceae* S. 241
214* A4 – 5
215 Blü. in Trugdolden ohne Involucrum . . . . *Caprifoliaceae* S. 241
215* Blü. in dichten Köpfch. mit Involucrum
216 Antheren frei, 4. Einzelblü. mit Außenkelch . . . . *Dipsacaceae* S. 242
216* Antheren zu einer Röhre vereint, 5 . . . . *Asteraceae* S. 245
211* Fr.kn. mit mehreren Samenanlagen
217 Blü. eingeschlechtig. Pf. meist mit Sproßranken. Staubb. verwachsen
. . . . *Cucurbitaceae* S. 168
217* Blü. zwittrig
218 K2. Fr.kn. anfangs mehrfächrig. Mehrere Narben . . . . *Portulacaceae* S. 69
218* K5. Nur 1 Narbe . . . . *Primulaceae* S. 181
210* Fr.kn. mehrfächrig (vgl. auch 216!)
219 Fr.kn.-fächer mit je 1 Samenanlage
220 Wenigst. die unteren B. (scheinbar!) in Wirteln . . . . *Rubiaceae* S. 190
220* B. gegenstdg
221 A1 – 3, Blü. asymmetrisch . . . . *Valerianaceae* S. 241
221* A4 – 5,
222 B. mit Nebenb. . . . . *Rubiaceae* S. 190
222* B. ohne Nebenb. . . . . *Caprifoliaceae* S. 241
219* Fr.kn.-fächer mehrsamig
223 A2 – 10
224 Staubb. auf der Krone inseriert. B. gegenstdg
225 B. ohne Nebenb. . . . . *Caprifoliaceae* S. 241
225* B. mit Nebenb. . . . . *Rubiaceae* S. 190
224* Staubb. auf dem Blü.boden inseriert. B. meist wechselstdg
226 Blü. eingeschlechtig. Pf. niederliegend od. mit Sproßranken kletternd
. . . . *Cucurbitaceae* S. 168
226* Blü. zwittrig. Pf. meist ohne Ranken . . . . *Campanulaceae* S. 243
223* Staubb. zahlr. (> 10). B. meist gegenstdg
227 Immergrüne Bäume u. Sträucher, ± hartlaubig. B. durch Ölbehälter duftend
. . . . *Myrtaceae* S. 168
227* Kräuter, selten Halbsträucher. B. mit meist großen Wasserpapillen
. . . . *Aizoaceae* S. 68

Casuarinales

Casuarinaceae

– Baum mit Zweigen von *Equisetum*-Habitus – V: Lob – Queensland – S: hfg gepfl., selten verwild.

| | | | C | | | | . . . . *Casuarina equisetifolia* Forsk.

Salicales

Salicaceae

Populus
Die Gattung ist gelegentl. durch kult. Arten vertreten.
1   B. untersts weißfilzig, buchtig gelappt – **V:** Az, Md verwild.

| P | G | T | C | F | .... ***P. alba*** L.

1* B. beidersts grün, herzf. – **V:** Md

| | | | C | | .... ***P. nigra*** L.

Salix
1   B. beidersts kahl. Zweige zerbrechl. Kätzch. ca. 3 cm lang gestielt. mit Stützb. Tragb.
    der ♂ Blü. einfarbig – **V:** Can kult. u. verwild. – Md, Cv kult. – euras

| H | | G | T | C | .... ***S. fragilis*** L.

1* B. ganzrandig od. krenuliert, untersts (jung beidersts) behaart. Tragb. der ♂ Blü.
    zweifarbig. Kätzch. ± gestielt, ohne od. mit sehr bald abfallenden Stützb. Zweige rötl.,
    jung behaart, später weißl. bereift. Baum bis
    10 m – **V:** Can – Md – **S:** Auwälder in
    Barrancos – **G:** MJU I-1b, LAU [*S. pedi-*
    cellata ssp. *canariensis* (Chr.Sm.) Maire et
    Weill., *S. pedicellata* Desf. – **V:** westmed,
    Syrien]

| H? | P | G | T | C | "Sao, Sauce canario" ..... ***S. canariensis*** Chr.Sm. ex Link

Juglandales

Myricaceae
1   Baum od. Baumstrauch von Steineichen-ähnl. Gestalt. B. dunkelgrün, dicht durch-
    scheinend feindrüsig (Duft!) punktiert (bes. an jungen B. deutl.), unregelm. gezähnt
    (kleinere auch ganzrandig. Staubb. 3–5, rot. Blü. in kurzen knäueligen Kätzch. – **V:**
    Az, Md – sw-iber – **G:** LAU II-1, PIN I-1g ☐8

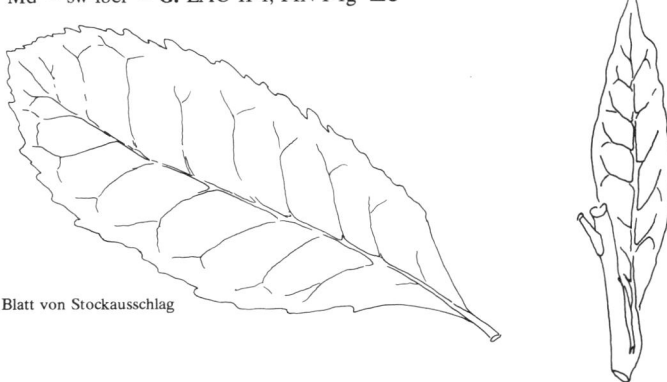

Blatt von Stockausschlag

| H | P | G | T | C | L | F? | "Faya" .... ***Myrica faya*** Ait.

1* B. mehr spatelf., am Rand kaum gesägt – V: E Can, H um 1200 m

| H | P | G | | | | | |

.... *Myrica rivas-martinezii* Santos

Juglandaceae
- Baum mit unpaarig gefiederten B. ("Walnuß") – V: Can kult., C auch verwild. – Heimat ostmed(-euras)

| | | | | C | | |

.... *Juglans regia* L.

Fagales
Fagaceae
- Auf den Can kult. u. gelegentl. verwild.: *Quercus suber* L., *Qu. ilex* L., *Qu. faginea* Lam. u. *Qu. robur* L.
- Viel gepfl. u. verwild., in nördl. expon. Forsten manchmal bestandsbildend – V: Md

| H | P | G | T | C | | |

.... *Castanea sativa* Mill.

Urticales
Ulmaceae
- Fr. geflügelt – V: Can nur kult. – Md

| | | | T | C | | |

.... *Ulmus minor* Mill.
- Fr. fast kugelig

| | | | C | | |

.... *Celtis australis* L.

Moraceae
Auf den Can kult.:
- B. oben behaart .... *Morus nigra* L.
- B. oben kahl .... *Morus alba* L.
- Dornstrauch mit großen, orangen Synkarpien .... *Maclura pomifera* (Raf.)Schneid.
- Schattenbaum der Plazas .... *Ficus microcarpus* L.f.
Eingebürg. auf allen Inseln:
- Sommergrün, B. 3–5lappig .... *Ficus carica* L.
- Auf Cv 7 z.T. spontane Arten (u.a. *F. gnaphalocarpa* A.Rich. u. *F. capensis* Thunb., beide aus dem trop. u. südl. Afr.)

Urticaceae
Hierzu stellen manche Autoren auch *Theligonum*: Pf. niederliegend, B. ± kahl, Blü. zu 1–3 in B.achseln (Siehe Fam. *Theligonaceae* S. 170)
1   Pf. mit Brennhaaren
2   B. gegenstdg, gezähnt. Stipeln deutl. .... *Urtica* S. 55
2*   B. wechselstdg, 3nervig, gesägt (Cv) .... *Fleurya* S. 55
1* Pf. ohne Brennhaare, B. wechselstdg
3   B. dornig gezähnt, sehr rauh behaart. Stipeln klein, lanzettl., am Rand behaart. ♂ Blü.
      mit 1 Staubb. Pf. am Grund etwas verholzt .... *Forskohlea* S. 55
3*   B. ± ganzrandig, mit punktf. Cystolithen. Stipeln fehlend od. hinfällig. Staubb. 4

4   Blü. einzeln. Kriechende Stauden, an den Knoten wurzelnd. Perianth der ♀ Blü.
     3zählig. B. klein .... *Soleirolia* S. 56
4*   Blü. in axillären Cymen
5   Pf. ein- od. mehrjährig, krautig .... *Parietaria* S. 56
5*   Sträucher od. Halbsträucher .... *Gesnouinia* S. 56

Urtica

1   Strauch. Stipeln interpetiolar verwachsen,
     4–6 mm lang, an der Spitze 2spaltig, hin-
     fällig. Strauch, bis 1 m hoch, mit grauer Rin-
     de, verkahlend, spärl. mit kurzen Brennhaa-
     ren besetzt. B. breit, 5–10 cm lang, am
     Grund i.d.R. herzf. Blü.std kürzer als ihr
     Tragb. – **V:** Md – **G:** LAU II-3a

     | H | P | G | T | C | | | .... *U. morifolia* Poir.
1*   Ein- od. mehrjährige Pf.
2   Stipeln frei. Achsen der Teilblü.std nicht stark verbreitert
3   Sproßachse zwischen den Brennhaaren lang behaart. Obere B. schmallanzettl.,
     Teilblü.std den Tragb.stiel, oft auch das Tragb. überragend – **V:** Md – Mexico
     | | | | | C | | | .... *U. subincisa* Benth. **var.** *floribunda* Wedd.
3*   Sproßachse zwischen den Brennhaaren höchst. kurz anliegend behaart
4   Teilblü.std ("Ähren") zwittrig, dabei ♀ Blü. viel zahlreicher als ♂, fast sitzend, kürzer
     als der Stiel des Tragb., ringsum mit Blü. besetzt. B. scharf u. tief gezähnt – **V:** Az,
     Md – holarkt – **G:** CHE I-1h,p
     | H | P | G | T | C | L | F | .... *U. urens* L.
4*   Teilblü.std zwittrig od. eingeschl. (dann die oberen ♂), länger als ihr Tragb. B. klein
     gezähnt. Stipeln lang gewimpert. Achse der Teilblü.std manchmal etwas geflügelt. B.
     oberts glänzend, in der Sonne rötl., B. am
     Grund keilf., Stiel kurz, etwa doppelt so lang
     wie die Nebenb. – **V:** E Can

     | H | P | | T | C | | | *U. stachyoides* Webb
2*   Stipeln interpetiolar verwachsen. Achse der ♂
     Teilblü.std verbreitert, nur auf der Oberseite
     Blü. tragend. Teilblü.std gestielt, länger als
     der Stiel des Tragb., obere ♂ – **V:** Az, Md,
     Salv – med – **G:** CHE I-1c
     | H | P | G | T | C | | F? | .... *U. membranacea* Poir.

Fleurya
     – Pf. einjährig, Blü. in b.achselstg Rispen – **V:** Cv – trop Afr *F. aestuans* Gaud.

Forskohlea (Schreibweise nach Linné)
1   B. nach beiden Seiten verschmälert
2   B. 8–30 × 1,5–10 mm. Köpfch. gehäuft – **V:** E Can? (2n=22),
     Grac, Lob – **G:** KLE I-1b,2c, CHE I-1b,k,s, PLA I-2a
     | H | P | G | T | C | L | F | "Ratonera" .... *F. angustifolia* Rtz.
2*   B. 10–50 × 6–25 mm, eilanzettl. – **V:** Cv .... *F. viridis* Ehrenb.
1*   B. eilanzettl., 30–60 mm lang, mit steifen u. weichen Haaren – **V:** Cv (2n=14) .. *F. procridifolia* Webb

Soleirolia
- Pf. weichbehaart. B. 2–6 mm, fast kreisf. bis etwas breiter als lang, 3nervig – **V:** Az, Md – zentralmed (Balearen–Sardinien) [*Helxine s.* Req.]

`[ | | | T | C | | ]` .... *S. soleirolii* (Req.)Dandy

Parietaria
1 Einjährige Arten
2 Pf. wenig verzweigt, höchst. unten verkahlend. Tragb. mindest. so lang wie das Fr.perianth. Pf. i.d.R. aufrecht. B. lang gestielt, weich behaart od. rauh punktiert – **V:** Lob – Az, Cv (var. *micrantha*) – warm-kosmop – **G:** ART I-1

`[ H | P | G | T | C | L | F ]` .... *P. debilis* Forster f.
2* Pf. höchst. ganz oben behaart. Tragb. kürzer als das Fr.perianth – **V:** iber-maur

`[ H | | T | | | ]` .... *P. mauritanica* Dur.
1* Mehrjährige Arten
3 B. wechselstdg, ± lang keilf. in den Stiel verschmälert. Pf. i.d.R. niederliegend-ausgebreitet od. hängend (wenn aufrecht, B. durchscheinend u. bis über 5 cm lang, Nerven der B. stärker verzweigt.) Tragb. am Grund kurz verwachsen – **V:** Az, Cv – med – **G:** ASP, PAR I-1a [*P. diffusa* Mert. et Koch]

`[ H | P | G | T | C | L? ]` "Hierba ratonera" .... *P. judaica* L.
3* B. gegenstdg, klein (8–20 × 3–15 mm), meist hängender Halbstrauch. Blü. in fast sitzenden Knäueln – **V:** E Can, T im N u. SE [*Gesnouinia f.* (Webb et Berth.)Wedd.]

`[ | P | G? | T | | | ]` .... *P. filamentosa* Webb et Berth.

Gesnouinia
- Bis 6 m hoher Baumstrauch. B. 4–15 × 2–5 cm, B.stiel rötl. Blü.std ± terminal, in langen roten Ähren – **V:** E Can – **G:** LAU I,II-1c

♂ Blüte

`[ H | P | G | T | C | ]` "Estrelladera, Ortegón de monte" ..... *G. arborea* L'Hér.

Proteales

Proteaceae
- Baum mit gefiederten, graugrünen B., große, traubige Blü.std – **V:** Austr – **S:** hfg gepfl., selten verwild.

`[ | | | C | | ]` .... *Grevillea robusta* A.Cunn.

Santalales

Santalaceae
1 Dioezischer Strauch, bis 3 m hoch. B. lederig, lineal-lanzettl., spitz, deutl. fiedernervig. Reife Fr. rot – **V:** T im N – iber-maur [*O. lanceolata* H. et St.]

`[ | | T | | | ]` .... *Osyris quadripartita* Salzm. ex Dec.
1* Blü. zwittrig
2 Rutensträucher (*Ephedra*-Habitus) mit kleinen (1–2 mm) Schuppenb., 5 Perianthb. Reife Fr. weiß .... *Kunkeliella* S. 57

2*   Pf. einjährig, kahl. Obere B. gezähnelt. Perianth an der Fr. ganz eingerollt. Nuß – **V:** Lob – med

⬚ P G T C L F .... ***Thesium humile*** Vahl

Kunkeliella

Die Gattung vermittelt zwischen *Osyris* u. südafr. *Thesium*-Arten. Nach Fr. u. Pollen steht sie *Osyris* näher.

1   Äste kahl. Perianthb. spitz – **V:** E Can

⬚⬚⬚ C ⬚⬚ .... ***K. canariensis*** Stearn

1*   Äste rauhhaarig

2   Äste nicht sukkulent. Perianthb. stumpf – **V:** E Can, T bei Masca

⬚⬚ T ⬚⬚ .... ***K. psilotoclada*** (Svent.)Stearn

2*   Äste ± sukkulent u. dicht sparrig verzweigt, Perianthb. 3eckig, Blü. 2,5 mm – **V:** T N-Küste, sehr selten

⬚⬚ T ⬚⬚ .... ***K. subsucculenta*** Kämmer

Polygonales

Polygonaceae

– Unten verholzte Sproßranker, bei denen die Blü.traube in eine Ranke endet – **V:** Cv – SAm .... ***Antigonon leptopus*** Hook. et Arn.

1   Perianth an der Fr. verhärtet, stechend. St. rötl. Blü. in Knäueln achselstdg. B. fleischig. Einjährige, i.d.R. kriechende Pf., stark verzweigt – **V:** Grac, Lob – Az, Md, Cv – med

H P G T C L F .... ***Emex spinosa*** (L.)Campderá

1*   Fr.perianth wehrlos

2   Perianth wirtelig. Von den 6 Perianthb. vergrößern sich die 3 inneren u. umhüllen die Fr. Staubb. 6 .... ***Rumex*** S. 57

2*   Perianth schraubig, aus (4 –)5(– 9) B., die sich an der Fr. kaum vergrößern. Staubb. 5 – 8 .... ***Polygonum*** S. 59

Rumex

1   Sträucher u. am Grund stärker verholzte Stauden

2   Strauch (manchmal etwas rankend) von 1 – 3 m Höhe. B. am Grund gestutzt bis schwach herzf., oft fast breiter als lang, stumpf, lederig, ± sukkulent, grün. Blü. grün, in reich verzweigten Infl. – **V:** E Can, Lob – in med z.T. eingebürg. – **G:** KLE I-2c ⬚9

H P G T C L F .... ***R. lunaria*** L.

2*   Stauden, am Grund verholzt. B. eif.-3eckig bis pfeilf., bläul.-grün. Infl. lebhaft purpurrot. Gelegentl. mit *R. vesicarius* verwechselt! – **V:** Md – **S:** Mit *Rubus ulmifolius* an Straßenrändern; in Barrancos u. im Kiefernwald – **G:** LAU II-1

H P G T C .... ***R. maderensis*** Lowe

1*   Einjährige Kräuter u. nicht verholzte Stauden

3   Mindest. die oberen B. spieß- od. pfeilf., mit säuerl. Geschmack. Höchst. ein Teil der Blü. zwittrig

4   Sprosse i.d.R. am Grund verzweigt, mit langen Ausläufern. Äußere Perianthb. an der Fr. zurückgeschlagen, innere (ca. 10 mm) fast kreisrund, am Grund herzf.; B. am

Rand oft ausgebissen bis eingeschnitten, dickl., rauh – **V:** westmed

| P? | | T? | C? | | |................................ *R. tingitanus* L.

4* Sprosse am Grund unverzweigt. Äußere Perianthb. angedrückt, innere (bis 2 mm) oval, etwas zugespitzt. Bei der **ssp.** *angiocarpus* Murb. liegen die inneren Perianthb. der Fr. eng an – **V:** Az, Md, Can – spec. kosmop, ssp. *angiocarpus* ozean-kosmop – **G:** SEC I-1, CHE I-10, TBR I

| P | G | T | C | L | F |................................ *R. acetosella* L.

3* B. verschmälert, abgerundet od. schwach herzf., nicht pfeilf. od. spießf. bzw. dann fiederspaltig od. mit an der Fr. aufgeblasenem Perianth

5 B. säuerl. schmeckend. Pf. einjährig

6 Untere B. 2fach fiederspaltig, Fr.perianth-Klappen fast kreisf. – **V:** Maroc [*R. pictus* Forsk. ssp. *bipinnatus* Maire]

| | | | | L | |................................ *R. bipinnatus* L.f.

6* B. ganzrandig, ungeteilt

7 Blü.stiel oben verdickt, zurückgekrümmt. Fr.perianth-Klappen klein, mit langen, oft hakigen Zähnen – **V:** Az, Md – med – **G:** ART I-1

| H | P | G | T | C | L | F |............................ *R. bucephalophorus* L.

– Auf Can wohl nur: B. lanzettl., in den Stiel verschmälert. Scheiden 2zipflig, weiß-glänzend – **V:** E Can .... **ssp.** *canariensis* (Steinh.)K.H.Rech.

7* Blü.stiel weder verdickt noch zurückgekrümmt. Klappen groß, häutig, aufgeblasen, ganzrandig od. sehr kurz gezähnt, ohne starken Randnerv. Jeweils 1. Blü. stark vergrößert (bei **var.** *rhodophysa* Ball 15–23 mm, sehr schön rot gefärbt). B. 3eckig, obere längl.-lineal, manchmal schwach spießeckig. – **V:** Lob – Cv – spec: sah-sind, var. *rhodophysa*: westsah-can

| H | P | G | T | C | L | F |................................ *R. vesicarius* L.

– Blü.stiele bis zum Grund getrennt, Klappen ungleich groß, ± flach – **V:** Grac .... **ssp.** *simpliciflorus* (Murb.)Maire

5* B. nicht od. sehr schwach säuerl. Pf. mehrjährig

8 Alle Fr.klappen ohne Schwiele, kleingezähnt, sehr spitz – **V:** E Az .... *R. azoricus* Rech. f.

8* Wenigst. 1 Fr.perianth-Klappe mit Schwiele (meist alle)

9 Fr.perianth-Klappen gezähnt od. gefranst

10 Infl. sparrig. Untere B. i.d.R. ca. 10 cm, dick, geigenf., an der Spitze gerundet, rotrandig, rosettig gehäuft – **V:** med-euras – SAfr – **G:** CHE, PLA I-2d

| H | P | G | T | C | | |................................ *R. pulcher* L.

– Klappen fast kreisrund bis 3eckig-eif., bis zu 8 Zähne jedersts – **V:** Md, Salv – SEur

| H | P | G | T | C | | |............................ **ssp.** *divaricatus* (L.)Murb.

10* Infl. aufrecht verzweigt. B. dünn, nicht geigenf., untere sehr breit u. stumpf, oval-herzf., ca. 15 × 8 cm. Pf. 50–100 cm hoch. B. nicht rosettig gehäuft – **V:** Az, Md, Cv – euras

| H | P | | T | C | | |................................ *R. obtusifolius* L.

9* Fr.perianth-Klappen ganzrandig od. etwas ausgebissen

11 Klappen deutl. länger als breit, klein (2–3 mm). Blü.-Scheinwirtel entfernt stehend. B. in den Stiel verschmälert – **V:** Az, Md – holarkt

| H | P | G | T | C | | |............................ *R. conglomeratus* Murr.

11* Fr.perianth-Klappen über 3 mm, fast so breit wie lang. Scheinwirtel ± zus.fließend. B. am Rand ± kraus, am Grund gestutzt bis schwach herzf. – **V:** Az, Md, Cv – kosmop

| | | | T | C | | |................................ *R. crispus* L.

Polygonum

1   Windende Pf. mit herz- bis pfeilf. B., einjährig. Blü. grünl., zu 3–6 in den B.achseln
    – V: Az, Md – holarkt [*Bilderdykia c.* (L.)Dumort.]

    | H | P | G | T | | | .... *P. convolvulus* L.

1* Nicht windende Pf., B. am Grund verschmälert, abgerundet, gestutzt od. etwas herzf.
2   Blü. in ährenf. Trauben od. endstdg. Rispen. B. bis 15 cm lang
3   Pf. mehrjährig. Ährentrauben unter 5 mm breit, locker. B. schmallanzettl., bis 15 × 2
    cm, spitz. Ochrea lang gewimpert, bis 2 cm lang, rötl.; Pf. kriechend wurzelnd – V:
    Az, Md, Cv – palaeotrop-subtrop

    | | | G | T | C | | "Sanguinaria, Jabonera" . . . *P. salicifolium* Brouss. ex Willd.

3* Pf. einjährig. Ährentrauben dicht, 6–10 mm breit. B. nicht scharf schmeckend (sonst
    vgl. *P. hydropiper* L., V: Md – euras), oft mit großem schwarzen Fleck. Ochrea höchst.
    kurz gewimpert – V: Az, Md – holarkt, SAm

    | | P | | T? | C | | .... *P. persicaria* L.

2* Blü. einzeln od. gebüschelt in den B.achseln. B. graugrün od. bläul.-grün, bis 5 cm lang
4   Pf. mehrjährig, am Grund ± verholzt.
5   Ochrea so lang wie das Internodium, Rhizom bis 50 cm lang, 0,5 cm dick, kastanien-
    braun, Infl. 4bltg, Staubb. 6 – V: var. E Can – spec. NAfr

    | | | T | C | | ...... *P. balansae* Boiss. var. *tectifolium* Svent. ex Kahne

–   Staubb. 8. Pf. bis oben beblättert. Ochrea mit 8–12 starken Nerven, im Blü.std oft
    länger als die Internodien. B.rand umgerollt. B. bis 3 × 1,5 cm – V: Az, Md – ozean-
    holarkt – G: AMM I-1a

    | | P | | T | C | L | F | "Correguela del mar" .... *P. maritimum* L.

5* Ochreae kürzer als die Internodien. B. hinfällig, bis 2 × 0,5 cm – V: Az – med

    | | | | C | | .... *P. equisetiforme* Sibth. et Sm.

4* Pf. einjährig. B. flach – V: Az, Md – gemäß-kosmop – G: PLA I-1a

    | H? | P | G | T | C | L | F | .... *P. aviculare* agg.

Caryophyllales

Chenopodiaceae

1   B. flächig. Vorw. krautige Pf.
2   Fr. öffnet mit Deckel. Die 5 Perianthb. am Grund mit dem Fr.kn. verwachsen, an der
    Fr. holzig. B. kahl, ± fleischig .... *Beta* (incl. *Patellifolia*) S. 60
2* Fr. geschlossen bleibend. Pf. oft mit Blasenhaaren
3   Vorb. der ♀ Blü. groß, ei- bis herzf., an der Fr. oft häutig od. verhärtet
4   Vorb. mindest. oben frei. Narben 2. B. oft mehlstaubig, wechselstdg
    .... *Atriplex* (incl. *Obione* u. *Halimione*) S. 62
4* Vorb. bis zur Spitze verwachsen, an der Spitze oft dornig. Narben 4–5. Pf. nicht
    mehlstaubig .... *Spinacia* S. 62
3* Große Vorb. fehlend
5   Fr. beerenartig, rot (vgl. auch *Atriplex semibaccata* mit wechselstdg B., S. 62). B. ±
    gegenstdg .... *Einadia* S. 60
5* Perikarp trockenhäutig od. krautig, aber Fr. nicht beerenartig
6   Fr.perianthb. ohne Querflügel .... *Chenopodium* S. 61
6* Fr.perianth mit kurzem, bei *K. scoparia* manchmal auf einen Wulst reduzierten
    Querflügel. (Wenn Fr.perianth mit Dorn, vgl. *Bassia* S. 62) .... *Kochia* S. 62
1* B. schmal, im Querschnitt drehrund, halbkreisf. od. 3eckig, sukkulent od. (fast)
    fehlend. Pf. meist verholzt

7   Kriechende, durch lange Haare seidig-weißwollige Strandpf.; B. im Querschnitt fast
      drehrund, wechselstdg. obere fast kugelig-dachziegelig . . . . *Chenolea* S. 63
7*   Pf. meist aufrecht, nicht seidenhaarig
8   B. deutl. erkennbar
9   Fr.perianth vergrößert, mit Dorn, einjährig . . . . *Bassia* S. 62
9*   Fr.perianth ohne Dorn
10   Vorb. klein, schüppch.artig. B. höchst. jung etwas behaart. (halb-)zylindrisch bis fast
      kugelig, ± stumpf. Fr.perianth ohne flügelartige Anhängsel. Fr. etwas fleischig. Pf. nie
      filzig behaart . . . . *Suaeda* S. 63
10*   Vorb. so groß od. größer als das meist häutige Perianth (sehr selten kleiner). B. meist
      behaart
11   Fr. durch das verhärtende Perianth nußähnl.; B. im Querschnitt etwa halbkreisf., in
      der Achsel mit einem Büschel von Wollhaaren . . . . *Traganum* S. 64
11*   Perianth häutig od. krautig bleibend (höchst. am Grund etwas verhärtend), an der Fr.
      horizontal geflügelt. B. walzl. od. dick nadelf., nicht st.umfassend. Sträucher od.
      Einjährige . . . . *Salsola* S. 64
8*   Zweige scheinbar b.los, gegliedert. Vorb. fehlend. Staubb. 1–2. B. kahl, hfg gegenstdg
      u. paarweise st.umfassend verwachsen . . . *Arthrocnemum* (incl. *Sarcocornia*) S. 63

Beta (incl. Patellifolia)

1   Blü. in reichbltg aufrechten Ähren od. Rispen, die freien Teile der Blü.hüllb. meist
      länger als die Fr., auf dem Rücken gekielt, an der Spitze ± kapuzenf., nicht corolli-
      nisch. Narben 2–3, spitz od. stumpfl. Pf. ein- od. mehrjährig (Sect. *Vulgares* Ulbr.)
2   Infl. nicht od. nur am Grund belaubt
3   Blü.knäuel 5–8bltg – V: Can kult. . . . . *B. vulgaris* L.
3*   Blü.knäuel arm(1–2)bltg – V: Az, Md – med-atl [*B. vulgaris* ssp. *maritima* (L.)Arc.]
      | H | P? | G | T | C | L | F | . . . . *B. maritima* L.
2*   Infl. bis zur Spitze durchblättert, diese B. aber viel kleiner als die unteren Laubb.; Fr.
      größer als bei *B. vulgaris*. Blü. im Knäuel untereinander verwachsen – V: südmed
      | | P | | T | C | L | F | . . . . *B. macrocarpa* Guss.
1*   Blü. zu 1–3 geknäuelt in den Achseln der oberen B., nur bisweilen etwas ährig. Freie
      Teile der Blü.hüllb. kurz, die Fr. meist nicht überragend. Narben 2. ± Niederliegende
      Strandpf. in westl. Med u. Mak (*Patellifolia*)
4   Krautige, ein- bis mehrjährige Pf.
5   B. rhombisch-eif., höchst. schwach herzf. Samen braun, 2,5–3 mm. Ein- od. zweijährig
      – V: Grac, Lob – Md, Salv, Cv – südiber-maur – G: CHE I-1a [*Beta p.* Moq.]
      | H | P | G | T | C | L | F | "Tebete" . . . . . . *Patellifolia patellaris* (Moq.)S., F.-L. et W.
–   In Maroc u. Can auch: Perianthzipfel gekielt, abstehend
      . . . . var. *campanulata* (Coss.)Maire
5*   B. herz-pfeilf. bis 3eckig, lang gestielt, sukkulent, oft etwas buchtig gelappt. Samen
      mattschwarz, 2,5–3 mm. Ausdauernd – V: Lob – Md, Salv, Cv – G: KLE [*Beta p.*
      Chr.Sm.]
      | H | P | G | T | C | L | F | . . . . *Patellifolia procumbens* (Chr.Sm.)S., F.-L. et W.
4*   Pf. am Grund verholzt. B. lineal-pfeilf., oft gelappt, auch lineal-ganzrandig, bis 5 cm
      lang, kaum sukkulent. Fr. auffallend orangerot – V: Lob? [*Beta webbiana* Moq.]
      | | | G? | T | C | L? | F | "Pinocha, Tebete" . *Patellifolia webbii* (Moq.)S., F.-L. et W.

Einadia [Rhagodia]

–   Pf. prostrat, zweijährig. B. gegenstdg. Habitus von *Atriplex*. Blü. in kurzen, nickenden

Trauben. Runde, fleischige, rote Fr. – **V:** Austr [*Rhagodia n.* R.Br.]

	P		T			

.... *Einadia nutans* (R.Br.)A.J.Scott

Chenopodium "Cenizo"

1   Pf. mehrjährig, oft niederliegend. St. u. B. gelbdrüsig, B. fiederspaltig. Perianth an der Fr. vergrößert zu einer behaarten, etwa 5flächigen "Kapsel" – **V:** SAm, adv. auch in Marokko – **G:** CHE I-1a

			T	C	L	

.... *Ch. multifidum* L.

1* Pf. meist einjährig. Perianth an der Fr. nicht vergrößert. B. nur bei *Ch. coronopus* fiederspaltig

2   Pf. drüsig-weichhaarig, aromatisch duftend

3   B. fiederspaltig. Samen mit scharfem, nicht glänzendem Rand. Aromatischer Duft schwach – **V:** E Can

H			T	C		

.... *Ch. coronopus* Moq.

3* Untere B. etwas buchtig gezähnt (selten gelappt), obere meist ganzrandig. Blü.knäuel in Rispen. Duft stark. Pf. manchmal mehrjährig, bis 120 cm hoch – **V:** Grac – Az, Md, Cv – pansubtrop, Heimat Am? – **S:** Als Wurmmittel kult. u. eingebürg. – **G:** CHE I-1, var. *dentatum:* CHE I-1d

H		G	T	C	L	F

.... *Ch. ambrosioides* L.

2* Pf. nicht drüsig, nicht aromatisch, meist unangenehm duftend, kahl od. mehlstaubig

4   B. ganzrandig, Pf. mehlstaubig, mit üblem Geruch nach Trimethylamin. Samen glatt, glänzend – **V:** Md – med – **G:** CHE I-1s

H			T			

.... *Ch. vulvaria* L.

4* B. ± gezähnt od. eingeschnitten, eckig od. spießf., sehr selten ganzrandig, aber dann Pf. nicht stinkend, jedenfalls nicht nach Trimethylamin

5   Pf grün, meist wenig mehlstaubig

6   Samen matt, rauh. Infl.-Achse mindest. jung mehlstaubig. Infl. locker. B. am Grund verschmälert u. ± keilf., dünn, aber kräftig – **V:** Grac, Lob – Az, Md, Salv, Cv – kosmop – **G:** CHE I-1h

Frucht von oben, mit Perianth

H	P	G	T	C	L	F

.... *Ch. murale* L.

–   Pf. prostrat ausgebreitet. B. fleischig. Pf. zur Fr.zeit rot – **V:** Cv .... var. *rubescens* Corb.

6* Samen glänzend, ± glatt. Ähren dicht, Infl.-Achse kahl bis schwach staubig. Seitl. Ähren mit Ausnahme der unteren b.los; B. etwas fleischig – **V:** euras

			T	C		

.... *Ch. urbicum* L.

5* Pf. blaugrün

7   Perianth u. Rhachis der Infl. mehlstaubig. B. nicht od. nur schwach zweifarbig, blaugrün, mehlstaubig (weiß od. jung rosa)

8   Pf. stinkend, glauk u. stark mehlstaubig. B. meist klein: Formen von *Ch. vulvaria* (s.o.)

8* Pf. nicht stinkend. Untere u. mittlere B. nicht spießf., sondern abgerundet bis eilan-zettl. od. rhombisch-3eckig.

9   B. selten über 6 cm lang, junge Teile nicht rotpurpurn überlaufen – **V:** Lob (Can nicht hfg) – Az, Md, Cv – kosmop – **G:** CHE

	P	G	T	C	L	F

.... *Ch. album* L.

9* B. bis 14 cm lang, breit rhombisch-3eckig. Pf. an jungen Teilen rotpurpurn, bis 3 m hoch – **V:** Md – Nepal – **S:** Als Zier- u. Gemüsepf. kult. u. verwild.

			T	C		F

.... *Ch. giganteum* Don

7* Perianth u. Rhachis nicht mehlstaubig. B. deutl. zweifarbig: oben grün, unten stark blaugrün, mehlstaubig – **V:** Can sine loco – euras . . . . *Ch. glaucum* L.

Spinacia
- Vorb. bei var. *spinosa* mit Dornen – **V:** spec. aus WAs – **S:** viel kult., verwild. (**var.**
  spinosa (Moench)Peterm.?)

			T	C		

  . . . . *S. oleracea* L.

Atriplex (incl. Obione, Halimione)
1   Pf. einjährig
2   Fr.perianth-Klappen fleischig, rot, zuletzt braun, B. klein (bis 4 × 1 cm), buchtig
    gezähnt bis ganzrandig, untersts graugrün – **V:** Austr, in Tunesien als Futterpf. in
    Salzgebieten verwendet – **S:** Can verwild. u. eingebürgert – **G:** CHE I-1t

	P	G	T	C	L	F

  . . . . *A. semibaccata* R.Br.
    – Ebenfalls australischer Herkunft

				C		F

  . . . . *A. suberecta* Verdoorn
2* Klappen der Fr.hülle bis mindest. zur Mitte verwachsen, bei der Reife knorpelig
    verhärtend, gleichgroß. Untere B. oft gegenstdg, wenigst. untersts silberglänzend – **V:**
    Can sine loco (WEBB) – SO-Eur-WAs . . . . *A. tatarica* L.
1* Holzpf., B. meist silberglänzend, Klappen der Fr.hülle weder fleischig noch rot, am
    Grund verwachsen
3   Untere B. gegenstdg, ganzrandig, eilängl., am Grund verschmälert. Klappen der
    Fr.hülle bis zur Spitze verwachsen – **V:** Eur, WAs, NAfr, SAfr, NAm [*Atriplex p.* L.,
    Obione p. (L.)Moq.]

				C	L	

  . . . . *Halimione portulacoides* (L.)Aell.
3* B. wechselstdg
4   Fr.hülle pergamentartig, kreisrund. 30–70 cm hoher Strauch mit gespaltener Rinde
    – **V:** Can sine loco – Endemit von Cyrenaica-Tripol.-Tunesien-Zentralsahara (Wohl
    fälschl. für Malta u. Can angegeben?) . . . . *A. mollis* Desf.
4* Fr.hülle etwas fleischig od. verhärtet, dick
5   Stark verzweigter Strauch von 1–2 m Höhe. Klappen der Fr.hülle
    meist glatt, ei- bis nierenf.; B. kurz aber deutl. gestielt, bis 5 cm ♀ Blüte mit
    lang – **V:** Grac, Lob – Md – med – SAfr   Vorblättern

				C	L	F

  "Matogota" . . . . *A. halimus* L.
5* Halbstrauch, am Grund liegend. Äste einfach od. wenig verzweigt. Klappen der
    Fr.hülle knotig od. kleinstachelig, ± spitz. B. sitzend od. fast sitzend – **V:** Grac, Lob
    – Md – mak-sah – **G:** SAL, CHE I-1t (Sehr formenreich!) [*A. parvifolia* Lowe non
    Kunth]

H?	P	G?	T	C	L	F

  "Saladillo" . . . . *A. glauca* L. var. *ifniensis* (Cab.)Maire

Kochia
- Einjährig, aber am Grund holzig, bis 1,5 m hoch. B. bis 5 cm lang, lineal-lanzettl.,
  3nervig – **V:** Verwild. – ZAs

			T	C		F

  . . . . *K. scoparia* (L.)Schr.

Bassia
1   Pf. aufrecht, bis 1 m hoch, weißbehaart. B. bis 35 × 4 mm, lineal-lanzettl. Perianth-
    Dornen kahl – **V:** Kont. Eur, OSpan

				C		

  . . . . *B. hyssopifolia* (Pall.)Volk
1* Pf. liegend-aufsteigend, oft verkahlend. B. bis 15 mm lang, mindest. die oberen

halbzylindrisch. Perianth-Dornen flaumig behaart – **V:** Kont. Euras, auch Küsten –
G: SAL

| | | | | C | | | .... ***B. hirsuta*** (L.)Asch.

Chenoleoides [Chenolea]

– Kriechende, weißwollig-filzige Strandpf., B. bis 5 mm lang. Äste meist rot. Perianthb.
grünl. behaart, an der Fr. mit Rückendorn – **V:** Grac, Lob – Md, Salv – maur – **G:**
SAL I-1b [*Chenolea canariensis* Moq., *Chenolea lanata* (Mass.)Moq. in DC., *Chenolea
t.* (Lowe)Maire, *Bassia t.* (Lowe)Maire et Weill.]

| H | P | | T | C | L | F | "Algahuera" .... ***Ch. tomentosa*** Botsch

Arthrocnemum (incl. Sarcocornia)

1 Samen grünl.-braun bis grau, behaart. Narben der abgefallenen
   Infl. 3tlg
2 Pf. aufrecht, bis 1 m, meist ohne kriechendes Rhizom, nicht
   dichte Matten bildend. Pf. blaugrün. Samenhaare kurz kegelf.   Glieder mit
   – **V:** Grac, Lob – pansubtrop – **S:** Halophyt – **G:** SAL [*Sali-*   einzelnen
   cornia arabica L., *Salicornia fruticosa* (L.)L., *Salicornia euro-* Insertionsstellen
   paea var. *fruticosa* L., *Sarcocornia fruticosa* (L.)A. J. Scott] der 3 Früchte

| | | | | C | L | F | .... ***A. fruticosum*** (L.)Moq.

2* Pf. bis 30(50) cm hoch, mit kriechendem Rhizom dichte Matten (bis 1 m Durchm.) bildend. Pf. grün, oft
    rötl. od. braun. Samenhaare länger, gekrümmt od. hakig – **V:** westmed-atl – **G:** SAL
    .... ***A. perenne*** (Mill.)Moss.

1* Samen schwarz, knotig. Narben der abgefallenen Infl. ungeteilt.
    Pf. in großen strauchigen Beständen von 20–40 cm Höhe.
    Sterile Zweige am Ende fädig verschmälert, blaugrün, selten
    frischgrün. Blü. in endstdg. Rispe mit zentraler, 5–6 cm langer   Glieder mit
    Ähre, diese mit bis zu 15–18 Gliedern. Seitl. Ähren kürzer –   ungeteilter,
    V: Cv – NAfr. bis Arabien, SEur – **G:** SAL [*A. indicum* (Will- gemeinsamer
    d.)Moq.]   Insertionsnarbe
            der 3 Früchte

| | | | | | L | | .... ***A. glaucum*** (Del.)Ung.

Suaeda

1 B. kahl, aufgeblasen fleischig, eizylindrisch bis fast kugelig, 6–8
   × 3–4 mm, blaugrün bereift, ältere rötl. dicht gedrängt, wech-
   selstdg, kurz gestielt (mit gegliedertem Stiel). Blü. in kleinen
   Knäueln zu 1–3(–5) in B.achseln, 4 mm Durchm. Pf. in gro-
   ßen breiten Herden, 30–40 cm hoch – **V:** Cv – sah-sind – **G:**
   SAL I-1b, AMM [*S. mollis* (Desf.)Del., *S. volkensii* Clarke] ☐10

| | | | T | C | L | F | .... ***S. vermiculata*** Forsk.

1* B. sitzend, auf der Oberseite flach
2   Strauch. Narben 3. B. schmal, rötl.-blaugrün – **V:** Grac, Lob –
    Md, Salv, Cv – med – **G:** SAL [*S. vera* Forsk. et Gmel.]

| | | G | T | C | L | F | .... ***S. fruticosa*** (L.)Forsk.

2* Kraut, meist einjährig. Narben 2. Pf. kahl, blaugrün, oft purpurn überlaufen. Untere
    B. oft gegenstdg – **V:** Cv – kosmop – **S:** Halophyt
    .... ***S. maritima*** (L.)Dum.

Traganum

- Bis über 1 m hoher dichter Strauch mit meist dicht kurzhaarigen, weißberindeten, dicken (3 – 6 mm), dicht beblätterten Ästen. B. wechselstg, oberts flach, untersts stark konvex, manchmal gekielt, gelbl.-grün, kahl u. glatt, in ihrer Achsel ein Büschel weißer Wollhaare – **V:** Grac, Lob – Cv – maur (SW-Maroc) – **G:** AMM I-1b ☐11

Blatt

| | | G | T | C | L | F | "Balancón" .... ***T. moquini*** Webb

Salsola

1   Pf. einjährig. Flügel des Fr.perianths gut entwickelt. B. u. Fr.perianthb. an der Spitze stachlig. Untere B. meist gegenstdg, obere wechselstdg, kahl od. ± rauhbehaart, schmal 3eckig. – **V:** Az, Md – atl-med-ZAs – **G:** AMM I-1a, CAK

| | | | T | C | | | .... ***S. kali*** L.

1* Sträucher
2   Wenigst. ein Teil der B. gegenstdg
3   B. lang (1 – 3 cm), kahl, ca. 2 mm dick, unten breiter, lineal, mit nicht stechendem, kurzem Spitzch., grün, auf der Oberseite ± rinnig (erst trocken deutl.!). 80 – 400 cm hoher Strauch mit weißen Zweigen ähnl. *Lycium*, verworren verzweigt, gelegentl. weit kriechend – **V:** Grac, Lob – südmed – **G:** KLE I-1, CHE I-1a [*S. longifolia* Forsk.]

| | P | G | T | C | L | F | .... ***S. oppositifolia*** Desf.

3* B. kurz eif.-3eckig, 2 × 1,5 mm, außen behaart, Haare gebogen – **V:** sah-arab

| | | | | | L | | .... ***S. tetrandra*** Forsk.

2* B. 5 – 10 mm lang, wechselstdg, behaart (Haare kraus). B. teilw. in eine 3kantige Spitze auslaufend. Pf. ohne Geruch nach Trimethylamin (sonst vgl. die sah-sind *S. foetida* Del.). Flügel des Fr.perianths ungleich groß u. meist ± gefärbt. Pf. locker verzweigt – **V:** Grac, Lob – südiber-südmed-sah-arab

Perianth mit ungleich großen Flügeln

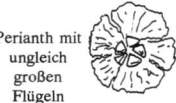

| | | | T | C | L | F | .... ***S. vermiculata*** L.

- B. wechselstdg, kahl (mit einigen kurzen Haaren in der Achsel), zieml. lang (8 – 25 × 0,5 – 0,75 mm) – **V:** iber-maur (könnte v.a. auf den Ostinseln gefunden werden) .... ***S. webbii*** Moq.

Amaranthaceae

1   Sträucher. Antheren dithekisch
2   Hochwüchsige od. kletternde Sträucher, ± kahl. B. ± kahl, lederig bis sukkulent, z.T. distich. Beeren trübrot. Blü. dioezisch, aber ♂ mit rudimentärem Fr.kn., ♀ mit 5 Staminodien. Blü. grünl., G(3), Narben dick .... ***Bosea*** S. 65
2* Von Sternhaaren dicht gelbl.-filzige Halbsträucher. Blü.knäuel in langen, dichtbltg Ährenrispen. Blü. klein, wollig behaart .... ***Aerva*** S. 66
1* Ein- od. mehrjährige Kräuter (am Grund z.T. verholzend. Antheren di- od. monothekisch (nur 1 Hälfte des Staubbeutels entwickelt)
3   B. gegenstdg, ± behaart. Äste behaart
4   Pf. meist aufrecht. Blü. in schlanken Ähren, relativ groß, (kupfer-)glänzend. Zweige 4kantig, behaart. Antheren dithekisch .... ***Achyranthes*** S. 66
4* Pf. ± niederliegend (Aufrecht mit endstg Blü.köpfch. u. 2 pfrieml. Narben: *Gomphrena* – **V:** Trop. Am). Blü. in dichten Knäueln in den B.achseln. Äste wurzelnd, grauhaarig. Antheren monothekisch .... ***Alternanthera*** S. 66

3* B. wechselstdg. Antheren dithekisch. Pf. einjährig . . . . *Amaranthus* S. 65

– Cv außerdem: **Celosia trigyna** L., **Philoxerus vermiculatus** (L.)R.Br., **Gomphrena globosa** L.

Bosea

– Bis 3 m hoher Baumstrauch, auch im Sommer saftig grün
belaubt. B. längl.-eif., oft zugespitzt, 8 cm lang. Infl. bis 25
cm, ± zickzackf. – **V:** E Can – **G:** LAU II-3b, OLR I

H	P	G	T	C	

"Hediondo, Hierbamora" . . . . **B. yervamora** L.

Amaranthus

1 Obere Blü.knäuel (an normal ausgebildeten Pf.) stets zu
einer b.losen, endstdg, oft rispig verzweigten Scheinähre
angeordnet. Blü.hülle u. Staubb. stets pentamer. Vorb.
von den Blü.hüllb. deutl. verschieden, in eine dornige
Stachelspitze auslaufend u. damit meist länger als die
Blü. Fr.öffnung durch Kreisschnitt quer

2 St. fein-haarig bis fast kahl. Blü.std rot überlaufen od.
gelb bis grünl. Pf. dunkelgrün od. purpurn überlaufen. Tepalen schmal eif. – **V:** Az,
Md, Cv – trop Am, kosmop verschl. – **G:** CHE

	P	G	T	C	L		. . . . **A. hybridus** L. s.l.

– Durch dichte, aufrechte, am Grund kurz verzweigte Infl. von *A. hybridus* verschieden
– **V:** trop Am – Cv

			C				. . . . **A. cruentus** L.

– Lang überhängende, schlanke Rispen – **V:** Md, Cv – palaeotrop

			C				. . . . **A. caudatus** L.

2* St. bis oben dicht kurz rauhflaumig-zottig, von allen (auch den grüngefärbten) Formen
des *A. hybridus* durch die starke St.behaarung, die weißl.grüne Farbe des Blü.std u.
die charakteristische spatelige Form der Hüllb. der ♀ Blü. leicht zu unterscheiden.
Vorb. kräftig, mit langer, stechender Spitze. Blü.knäuel in relativ kurzer, dicker,
verzweigte Scheinähre. Pf. bleichgrün – **V:** Az, Md – NAm, verschl. (Verwechslung
mit *A. hybridus* var. *pseudoreflexus* Thell.?)

	P	G?		C	L?		. . . . **A. retroflexus** L.

– Pf. kahl od. kurz weichhaarig, Infl. mit zahlreichen Seitenästen. Tepalen mit grün
austretender Mittelrippe – **V:** Az – SAm

		P		T			. . . . **A. quitensis** Kunth

1* Blü. meist trimer (manchmal auch dimer), selten pentamer, aber dann die Fr. nicht
quer aufspringend u. Vorb. kürzer als Blü. od. (wenn Fr. quer aufspringend) alle
Blü.knäuel achselstdg

3 Blü.knäuel achselstdg. Vorb. mehr als halb so lang wie das Perianth. Fr. quer auf-
springend

4 Vorb. halb so lang bis gleichlang wie das Perianth der ♀ Blü. (Tepalen 3). St. kahl od.
an der Spitze mit gebogenen Haaren. B. meist spitz rhombisch. Pf. bis 70 cm hoch,
aufrecht – **V:** Az, Md – mak-med, trop. Afr

			T	C	L		. . . . **A. graecizans** L. **var.** *sylvestris* (Vill.)Asch.

– ♀ Blü. mit 4–5 ungleich großen Tepalen, B. spatelf. bis lanzettl. mit weißer Nervatur
am Rand – **V:** Az, Cv – Eur, NAfr, As, Heimat NAm

			T				. . . . **A. blitoides** S.Watson

♂ Blü. mit
rudim. Frkn.

Beere

4* Vorb. doppelt so lang wie das Perianth der ♀ Blü., stechend. B. spatelig, etwas ausgerandet mit Stachelspitzch., am Rand wellig. St. bleich, stark verzweigt – **V:** NAm, in med eingebürg. – **G:** CHE

| | | | | C | | | |..................................... ***A. albus*** L.

3* Blü.knäuel größtenteils in terminalen, z.T. verzweigten Scheinähren. Vorb. höchstens halb so lang wie das ♀ Perianth. Fr. nicht quer aufspringend

5 Blü. mit 2–3 Perianthb.; B. ± rhombisch

6 St. oben dicht behaart, unten verkahlend, niederliegend bis aufsteigend, nur ausnahmsweise aufrecht, oberwts dicht flaumig. B. an beiden Enden spitz zulaufend, kaum ausgerandet. Fr. grün gestreift, glatt, die Hülle überragend – **V:** Az, Md – südl. SAm, weltweit verschl. – **G:** CHE I-1, PLA

| | | | T | C | L | F? | |..................................... ***A. deflexus*** L.

6* Pf. ± kahl (oben manchmal kurz behaart)

7 Fr. sehr kurz, die Blü.hülle nicht überragend, stark längs- u. querrunzelig. Pf. meist aufrecht, mit meist mehreren endstdg Teilinfl. – **V:** Az, Md – Als Gemüsepf. pantrop verbr. – **G:** CHE I-1h [*A. gracilis* Desf.] (z.T. Verwechslung mit *A. lividus*)

| | P | G | T | C | | | |..................................... ***A. viridis*** L.

7* Pf. ± liegend. Höchst. 1 endstdg Teilinfl. vorh. Fr. 2–2,5 mm lang, bis fast doppelt so lang wie das Perianth. – **V:** Az, Md, Cv – warm-kosmop, auf Can die häufigste Art der Gattung – **G:** CHE

| | P | G | T | C | L | F | |..................................... ***A. lividus*** L.

5* Blü. mit 4–5 Perianthb. in langer, am Grund verzweigter Rispe. Fr. sehr rauh bis knotig. St. niederliegend, kahl. B. schmal (bis 50 × 6 mm), lineal – **V:** Md – Argentinien verschl., in Iber. eingebürg. – **S:** Dünensande – **G:** CHE

| | | G | T | C | L | F | |..................................... ***A. muricatus*** (Moq.)Gillies

– Auf den Cv noch mindest. 7 weitere Arten

Aerva

– Holzpf., aber im ersten Jahr blühend u. in Wüstengebieten auch einjährig. Alle 4–5 Perianthb. od. doch die 3 inneren wollig behaart. Staubb. 4–5, dazwischen Pseudostaminodien – **V:** Can sine loco – NAfr bis Indien .... ***A. tomentosa*** Lam.

Achyranthes

– Mehrjähriges, i.d.R. am Grund verholztes Kraut, bis 70 cm hoch. B. zugespitzt, weich. Blü. um 4 mm lang, glänzend, anfangs aufrecht-abstehend, nach der Blü.zeit zurückgeschlagen – **V:** Az, Md, Cv – palaeotrop □12

| H | P | G | T | C | | F | |..................................... ***A. aspera*** L.

– St. fast kahl, B. auf der Unterseite von angedrückten Haaren silbrig glänzend – **V:** südwestmed-mak – SAfr – **G:** CHE I-1m [*A. argentea* Lam.]

| | | | | | | | |..................................... **var. *sicula*** L.

– Blü. grünl.-weißl.: **fo. *albida***, Blü. purpurn: **fo. *purpurea***

Alternanthera

1 St. behaart

2 Köpfch. ± deutl. dornig, B. mit symmetrischen Längshälften – **V:** Az, Md, Cv – Am – **G:** PLA I-1c,f [*A. peploides* (H. et B.)Urb.]

| H | P | G | T | C | | | |..................................... ***A. caracasana*** H.B.K.

– Äste rundum behaart, B. mit asymmetrischen Längshälften – **V:** Can? (Die Angaben für diese Art beziehen sich wohl auf vor.) .... ***A. repens*** (L.)Link

2* St. 2reihig behaart, kriechend. Blü. glänzend weiß. B. eilanzettl. bis längl. – **V:** Cv – palaeotrop
.... ***A. sessilis*** R.Br.
1* St. kahl, fast 4kantig. B. lineal-lanzettl. Blü. glänzend weiß – **V:** Cv – palaeotrop .. ***A. nodiflora*** R.Br.

Nyctaginaceae

– Blü. in langgestielten Dolden

					F

.... ***Commicarpus helenae*** (J.A.Schult.)Meikle

1 Sträucher
2 Dioezischer Strauch mit wohlriechenden Blü. In den B.achseln hakige Dornen. Staubb. 8, lang exsert – **V:** Cv – trop. Am .... ***Pisonia aculeata*** L.
2* Dornige Ziersträucher mit großen, schön gefärbten Deckb., denen die Blü. angewachsen sind. Blü. u. Deckb. meist zu 3 .... *Bougainvillea* S. 67
1* Kräuter od. Halbsträucher
3 Halbsträucher .... *Boerhavia* S. 67
3* Krautige Arten
4 1 bis mehrere Blü. sitzend od. fast sitzend in einem aus 4–5 Brakteen gebildeten kelchf. Involucrum. B.rand ganzrandig. B. bis 10 × 4 cm, am Grund gerundet od. herzf. – **V:** Az, Md, Cv – Peru

H	P	G	T	C		F

.... ***Mirabilis jalapa*** L.
4* Krautige Arten, die nur von den Cv bekannt sind .... *Boerhavia* p.p. S. 67

Bougainvillea

1 B. behaart, dunkelgrün – **V:** Can kult. u. verwild. – Md, Cv – OBrasilien
.... ***B. spectabilis*** Willd.
1* B. fast kahl, glänzend hellgrün, spitz – **V:** Can kult. u. verwild. – trop SAm
.... ***B. glabra*** Choisy

Boerhavia

1 Blaugrüne, am Grund verholzte Pf., B. bis 5 × 3,5 cm, am Grund gestutzt od. etwas herzf., am Rand buchtig, beidersts jung behaart, obersts verkahlend. B. fast handnervig. Blü. durch tiefe Einschnürung in einen basalen, das Anthokarp ausbildenden u. einen corollinischen, abfallenden Teil gegliedert – **V:** palaeotrop

			F

.... ***B. verticillata*** Poir.
1* Krautige Pflanzen (nur auf den Cv)
2 Pf. aufrecht wachsend
3 Pf. klebrig, mit gewellten stumpfl. (z.T. mit aufgesetztem Spitzch.) B., diese beidersts weißl. – **V:** Cv – saharab – trop. Afr., Am. [*B. viscosa* Lag. et Rodrig]........................ ***B. caribaea*** Jacq.
3* Pf. nicht klebrig. B. beidersts grün – **V:** Cv – pantrop .... ***B. diffusa*** L.
2* Pf. kriechend, nicht klebrig. B. obersts grün, untersts weißl. – **V:** Cv – sah-sind .... ***B. repens*** L.

Phytolaccaceae

1 A10, G10. B. längl. eif. Bis über 3 m hohe krautige Pf. mit Trauben von weißen bis rosa Blü. Beere schwarzrot, 10rippig – **V:** Az, Md, Cv – NAm [*Ph. decandra* L.]

H		T		

.... ***Phytolacca americana*** L.
1* A4, G1. Halbstrauch. Perianth weiß od. rosa. Beere mit schön rotem Perikarp – **V:** Cv, Md – trop. Am
.... ***Rivina humilis*** L.

Aizoaceae (incl. Tetragoniaceae)

- Pf. lang herabhängend – **V:** C verwild.

   | | | | | C | | | . . . . *Drosanthemum floribundum* (Haw.)Schwant.

1   Fr.kn. oberstdg. Corollinische Staminodien fehlend
2   Fr. längs aufspringend
3   Blü.hülle freiblättrig. Pf. kahl od. behaart. Staubb. 3 – 20, wenn zahlreich, dann bündel-
   weise verwachsen
4   Samen ohne Strophiola. B. in unechten Wirteln – **V:** Cv – trop Afr u. As . . *Mollugo nudicaulis* Lam.
4* Samen mit Strophiola. Tepalen krautig, am Rand trockenhäutig. Pf. liegend. Kapsel rundl. eif. – **V:** Can?
   – med-palaeotrop . . . . *Glinus lotoides* L.
3* Blü.hülle unten zu einer Röhre verwachsen. Staubb. 5 – 15, dann in 5 Bündel vereinigt.
   G(4 – 5). Samenanlagen je Fach 2 – viele. Blü. gelb od. weißl. Kapsel sternf. 4- od.
   5eckig . . . . *Aizoon* S. 69
2* Fr. quer aufspringend
5   Blü. rot. Fr.kn. 3 – 5fächrig, selten 2fächrig. Samenanlagen viele – **V:** Cv – pantrop
   – **S:** halophil, gartenflücht.

   | | | | | C | L | F | . . . . *Sesuvium portulacastrum* L.

5* Blü. grünl.-weiß. Fr.kn. 1 – 2fächrig, Fächer mit 1 – wenigen Samenanlagen**V:** Cv – trop Afr, Maskarenen,
   Arabien, Indien . . . . *Trianthema pentandra* L.
1* Fr.kn. mittel- bis unterstdg
6   Staminodien corollinisch (*Mesembryanthemum* coll.)
7   Ein- od. mehrjährige Kräuter (*Carpobrotus* am Grund verholzt)
8   B. flach od. rundl., sukkulent
9   B. flach. Samenanlagen zentralwinkelstdg, Fr. eine Kapsel
10 Blü. einzeln achselstdg od. in Zweiggabelungen, 4zählig, klein, purpurn. B. etwa 2 cm
   lang, herzf., mit kleinen, nicht kristallin scheinenden Papillen. Mehrjähriges Kraut –
   V: Az, Md – SAfr – **S:** Can gartenflüchtig [*Mesembryanthemum cordifolium* L.]

   | H? | P? | G | T | C | L | F | . . . . *Aptenia cordifolia* (L.f.)N.E.Br.

10* Blü. in Trugdolden. B. mit kristallinen Papillen. Pf. ein- od. zweijährig
   . . . . *Cryophytum* S. 69
9* B. halbzylindrisch (Halbzylindrische B. hat auch *Cryophytum nodiflorum* S. 69), am
   Grund miteinander verwachsen. Staminodien über 15 mm lang, im unteren Drittel
   verwachsen. Narben goldgelb – **V:** westsah [*Mesembryanthemum th.* Jahand. et Maire]

   | | | | | | F | . . . . *Opophytum theurkauffii* (Jahand. et Maire)Maire

8* B. 3kantig. Blü. sehr groß, Narben 10 – 16. Samenanlagen parietal durch nachträgl.
   Wachstum peripherer Teile des Fr.kn. (urspr. zentralwinkelstdg). Kräuter, am Grund
   verholzt, mehrjährig. Fr. eine fleischige Beere . . . . *Carpobrotus* S. 69
7* Halbstrauch, wenig verholzt, mit niederliegenden u. wurzelnden Ästen. B. ± stumpf
   3kantig, dunkelgrün. Fr. kapsel. Blü. etwa 4 cm Durchm., rot – **V:** SAfr [*Mesembryan-
   themum c.* L.]

   | H? | P? | G? | T? | C | L? | F? | . . . . *Disphyma crassifolium* (L.)Bol.

6* Fr.kn. unterstdg, Staminodien fehlen. B. wechselstdg, 3 – 7 × 2 – 5 cm, fleischig, fein u.
   dicht papillös. Blü. gelbl. Die 3 – 5 Perianthb. werden zu Höckern auf der Fr. – **V:** Az,
   Md, Cv, Austr, Neuseeland – **S:** Kult. ("Neuseeländischer Spinat"), verwild. – **G:**
   CHE I-1a

   | H | P | | T | C | | | . . . . *Tetragonia tetragonioides* (Pall.)O.Ktze.

Aizoon

1 B. wechselstdg, verkehrt eif., kurz gestielt. Kelchzähne kurz, innen gelbl. Pf. fast filzig behaart scheinend. Blü. gelbl.-grün – V: Grac, Lob – Md, Salv, Cv – sah-sind – SAfr – G: KLE I-1, CHE I-1a, AMM I-1a

| H | P | G | T | C | L | F | . . . . *A. canariense* L.

1* B. gegenstdg, sitzend, lang (bis 5 × 0,8 cm). Kelchzähne länger als die Röhre, innen weiß od. schwach gelbl. Pf. glänzend, rauh papillös. Blü. weiß – V: südmed

| | | G | T | | L | F | . . . . *A. hispanicum* L.

Cryophytum

1 B. zylindrisch bis halbzylindrisch, die oberen wechselstdg, die unteren gegenstdg; 2 Hüllb. kurz, 3 lang – V: Grac, Lob – Az, Md, Salv – südmed – SAfr – G: CHE I-1a [*Mesembryanthemum n.* L.]

| H | P | G | T | C | L | F | . . . . *C. nodiflorum* (L.)Bolus

1* B. breit-eif. bis ei-spatelig, mit ± welligen Rändern, bis 10 × 6 cm, obere wechselstdg, untere gegenstdg. Die 3 äußeren Hüllb. groß, b.artig, die 2 inneren breit-oval, mit häutigem Rand, rötl. Staminodien weiß – V: Grac, Lob – Az, Md, Salv – südmed – SAfr – G: CHE I-1a (Fr. eßbar, früher zu Mehl verarbeitet) [*Mesembryanthemum c.* L.] □13

| H | P | G | T | C | L | F | . . . . *C. crystallinum* (L.)N.E.Br.

Carpobrotus

1 Blü. gelb, rot-gelb od. purpurn, 8 – 10 cm im Durchm. Filamente der äußeren Staubb. gelb. Narben 12. B.querschnitt gleichseitig 3eckig – V: Az, Md, Cv – SAfr

| | P | G | T | C | L | F | . . . . *C. edulis* (L.)N.E.Br.

1* Blü. purpurn, ca. 12 cm im Durchm. Filamente der äußeren Staubb. purpurn. Narben (12 –)14(– 15). B.oberseite schmäler als die Seitenflächen – V: C eingebürg. – SAfr

| | | | | C | | | . . . . *C. acinaciformis* (L.)Bolus

Portulacaceae

K2 C5 A∞ G-($\overline{2}$ – $\overline{8}$)-

1 Fr.kn. oberstdg, Nebenb. fehlend – V: Cv – westafr. Küsten, trop Am . . . . *Talinum triangulare* Willd.

1* Fr.kn. halbunterstdg od. unterstdg. Fr. eine Deckelkapsel. B. spatelf., mit (oft sehr kleinen) Nebenb., gegenstdg od. untere wechselstdg; Blü. gelb – V: Grac, Lob – Az, Md, Cv – (ssp. *sylvestris* (DC.)Thell. u. die kult. ssp. *sativa* (Haw.)Čelak) – kosmop

| H | P | G | T | C | L | F | . . . . *Portulaca oleracea* L.

Basellaceae

H2 P5 A5 G($\underline{3}$), Samenanlage 1 je Fr.kn. (Gegensatz zu fast allen *Portulacaceae*). Rechtswindende Kräuter.

1 Blü. gestielt, klein (2 mm), weiß, in langen Trauben. Pf. krautig, windend, mit dickl., etwas herzf., wechselstg B. – V: Can eingebürg. – Az, Md, Cv – SAm [*Boussingaultia cordifolia* Ten., *B. basselloides* auct. non H. B. K.]

| | P | G | T | C | | F | . . . . *Anredera cordifolia* (Ten.)Steenis

1* Blü. sitzend, an verdickter Spindel. B. herzf. (vorn ausgerandet). Fleischiges, mehrjähriges Kraut (Suppenkraut) – V: Cv (früher kult., jetzt eingebürg.) – ostas [*B. cordifolia* Lam.] . . . . *Basella alba* L.

Caryophyllaceae (Gattungsschlüssel nach MAIRE, verändert)
1   1samige Schließfr. Kronb. fehlend (*Herniaria* besitzt rudimentäre Kronb. (Staminodien?)). Stipeln (außer bei *Scleranthus*) vorh.
2   Teilinfl. deutl. differenziert: 3bltg, mit zwittriger Mittelblü. u. ♂ od. reduzierten Seitenblü., von einem Involucrum umgeben. Nebenb. klein
3   A2 – 3. Blaugrüner, sukkulenter Zwergstrauch mit zylindrischen, blau-grünen B.
.... *Dicheranthus* S. 73
3* A4. Blü. zu 3 auf einem verdickten, zus.gedrückten Stiel, die beiden seitl. steril. Einjährige Kräuter .... *Pteranthus* S. 73
2* Keine derartig differenzierten Teilinfl. vorh.
4   B. ohne Nebenb., obere scheidig verwachsen .... *Scleranthus* S. ?
4* Nebenb. vorh.
5   Tragb. mit den Kelchb. verwachsen, ein stacheliges Köpfch. bildend. G(2). Pf. einjährig .... *Sclerocephalus* S. 72
5* Blü. frei
6   Perianthb. nicht begrannt (höchst. mit kleiner aufgesetzter Stachelspitze). Blü. in kleinen grünl. Knäueln, mit kleinen Tragb., weder weiß noch glänzend. Nebenb. klein .... *Herniaria* S. 72
6* Perianthb. kapuzenf. u. begrannt; wenn flach u. unbegrannt, dann Blü. von großen weißglänzenden Tragb. umgeben
7   Sträucher. Blü. grünl. bis rotbraun. Perianthb. auf dem Rücken kurz begrannt, zuletzt hart, 3nervig. A5 Sta5 G(3), Griffel ungeteilt, Narbe kurz 3tlg. Holz gelb, Rinde grau od. weißl. B. kahl, fleischig, lineal-spatelig bis lang zylindrisch . *Gymnocarpos* S. 71
7* Kräuter od. Halbsträucher
8   Blü. in weißen, wirteligen Teilinfl. in den B. achseln sitzend, Perianthb. schwammig, seitl. zus.gedrückt. Narben 2, fast sitzend. Stipeln klein. Perianthb. an der Fr. verhärtend. Einjährige Kräuter .... *Illecebrum* S. 73
8* Blü. nicht in solchen Infl., mit 1 od. 2 Narben auf deutl. Griffel. Perianthb. nicht schwammig. Stipeln i.d.R. groß, silberglänzend, bes. im Bereich des Blü.standes auffallend. B. meist stachelspitzig. Kräuter od. Halbsträucher .... *Paronychia* S. 71
1* Aufspringende, meist mehrsamige Kapselfr. Stipeln nur bei *Loeflingia, Polycarpon, Polycarpaea* u. *Spergula* vorh.
9   B. mit Nebenb., Kronb. (bzw. Staminodien) 5 od. 0, i.d.R. unscheinbar (Kelchb. ungleich, mit borstenf. Anhängsel: vgl. *Loeflingia* S. 73)
10 Kelchb. nicht gekielt, an der Spitze kapuzenf. B. eif.-spatelig, auch die Kronb. eif. Griffel kurz, 3tlg. Einjährige od. mehrjährige Kräuter. Kapsel 3spaltig
.... *Polycarpon* S. 73
10* Kelchb. nicht gekielt, nicht kapuzenf.
11 Meist Zwergsträucher, B. eif. bis lineal, quirlstdg; Kronb. schmal. Narbe kopfig. Kapsel 3spaltig .... *Polycarpaea* S. 73
11* Ein- od. mehrjährige Kräuter. B. lineal, gegenstdg od. scheinbar in Wirteln. Kronb. meist vorh. Griffel lang 3- od. 5spaltig. Kapsel 3- od. 5spaltig
.... *Spergula* (incl. *Spergularia*) S. 74
9* B. ohne Nebenb., Perianth meist doppelt
12 Kelchb. frei (*Alsinoideae*)
13 Kapsel öffnet mit der doppelten Anzahl von Zähnen als Narben vorh. sind
14 G4 – 5, Kapsel zylindrisch, länger als der Kelch; Krone 2geteilt ... *Cerastium* S. 76
14* G3, selten G2
15 Kronb. tief 2spaltig. kapsel eif. od. längl., kaum länger als der Kelch; Blü. pentamer
.... *Stellaria* S. 76

15* Kronb. ganzrandig od. etwas ausgerandet. B. 3nervig
16 Samen nierenf., glatt, glänzend, mit kleiner Strophiola. B.stiel gewimpert
    . . . . **Moehringia** S. 76
16* Samen ohne Anhängsel, nierenf., matt od. schwachglänzend, mit kurzen Papillen
    bedeckt. B. ungestielt . . . . **Arenaria** S. 75
13* Kapsel öffnet mit ebensoviel Zähnen wie Narben vorh. sind. Kronb. meist nicht länger
    als der Kelch
17 G4(–5). Kleine, ± niederliegende Pf. . . . . **Sagina** S. 76
17* G2 od. G3
18 K4, C4, G2. Kronb. etwa halb so lang wie die Kelchb. od. fehlend. Kapsel 2zähnig,
    i.d.R. 2samig. Pf. bis 30 cm hoch, reich verzweigt. B. pfrieml.-borstig **Bufonia** S. 77
18* K5, C5, G3. Samen i.d.R. mehr als 2. Kronb. oft blaßrosa . . . . . . **Minuartia** S. 77
12* Kelch verwachsenblättrig (*Silenoideae*)
19 Kelch mit Commissuralnerven. G3 od. G5
20 Kapsel am Grund vielfächrig, oben 1fächrig. Krone i.d.R. mit Ligularbildungen
    ("Krönch.", "Nebenkrone"). G(3), Kapsel öffnet mit 6 Zähnen . . . . . . **Silene** S. 78
20* Kapsel durchaus 1fächrig. Krone ohne Krönch. Kelchb. in lange, die Krone über-
    ragende Zipfel ausgezogen . . . . **Agrostemma** S. 78
19* Kelch ohne Commissuralnerven
21 Kelchb. durch häutige Streifen verbunden
22 Kronb. allmähl. in einen Nagel verschmälert. Samen nierenf. . . . . **Gypsophila** S. 80
22* Kronb. plötzl. in einen geflügelten Nagel verschmälert. Samen schildf. Kelch- u. Vorb.
    groß, lederig – häutig. Blü. klein (4 mm). Pf. einjährig . . . . **Petrorhagia** S. 80
21* Kelch vollständig krautig, mit 5 zuletzt geflügelten Kanten, nach unten aufgeblasen
    gebaucht . . . . **Vaccaria** S. 81

Gymnocarpos
– Blü. bräunl., Tragb. der Blü. ähnl. den B., aber kleiner. Strauch bis
  über 50 cm mit knotigen Ästen – **V:** sah-sind – **S:** Küstenbereich,
  mit *Chenolea, Suaeda, Frankenia* – **G:** SAL I-1b   Tepale

		T	C	L	F	

  . . . . **G. decander** Forsk.
– Blü. grün, Äste fleischig

		T		L	F	

  . . . . **fo. salsoloides** (Webb ex Christ)Chaudhri

Paronychia (incl. Chaetonychia)
1 Kelchb. nicht kapuzenf., nicht auf dem Rücken begrannt (aber an der Spitze ± gran-
   nig zugespitzt)
2 Mehrjährige Kräuter, meist niederliegend u. teppichbildend. Stipeln i.d.R. so lang wie
   die eilängl. B., B. stumpfl.; Blü. i.d.R. in dichten Knäueln an den Zweigspitzen. Kelch
   ± behaart – **V:** med [*P. chlorothyrsa* Murb. ssp. *canariensis* Chaudhri]

			C		

   . . . . **P. capitata** Lam. **ssp. canariensis** (Chaudhri)Sund.
2* Aufrechter bis liegender, behaarter Halb-
   strauch. Blü. in federigen Rispen. Stipeln
   kürzer als die längl. lanzettl. B., häutig.
   Äste oft überhängend – **V:** E Can – **G:**
   ASP I-1, KLE, LAU II-2

H	P	G	T	C		

   "Nevadilla" . . . . **P. canariensis** Juss.
– Größer, aufrecht. Tragb. breit eif., fast stumpf

H	P	G	T			

   . . . . **var. orthoclada** Christ.

1* Kelchb. ± kapuzenf., auf dem Rücken begrannt od. stachelspitzig. Infl. kopfig

3 Kelchzipfel ungleich, die 3 äußeren 2 kleinere umschließend. B. weniger als 1 mm breit, meist zu 4. Aufrechte, einjährige Kräuter. A2(−3) − **V:** westmed [*Paronychia c.* (L.)DC.]

				C		

. . . . *Chaetonychia cymosa* (L.)Sw.

3* Kelchzipfel (fast) gleich

4 Einjährige aufrechte Kräuter. Tragb. u. Stipeln kurz, ± behaart, die Blü. nicht verdeckend. Kelch mit an der Spitze eingerollten Haaren. Kelchb. lang begrannt (Gra. abstehend, fast so lang wie das Kelchb.). Tragb. am Rand gewimpert. B. sehr klein, gezähnt. A3−5 − **V:** Md − med [*P. echinata* DC. in Lam.]

	P?			C		

. . . . *P. echinulata* Chat.

4* Mehrjährige Kräuter, oft etwas verholzt, niederliegend. Tragb. u. Stipeln breitoval, silberweiß, sehr groß, nicht gewimpert, die Blü. verbergend. Kelch ohne eingerollte Haare. Kelchb. stark kapuzenf., Spitzch. viel kürzer als das B. B. bewimpert, auf der Fläche (fast) kahl. A5 − **V:** südmed

			T?	C		

. . . . *P. argentea* Lam.

− Außerdem **V:** E Cv . . . . *P. illecebroides* (C.Sm.)Webb

Herniaria

1 Kelchb. gleich groß. Steif behaarte, ein- od. mehrjährige Kräuter. A5

2 Griffel i.d.R. sehr kurz u. oben kurz 2lappig (Lappen wenig divergierend). Äste liegend. Haare auf dem Rücken der Kelchb. i.d.R. kürzer als das grannenähnl. Spitzenhaar. Pf. oft mehrjährig − **V:** Can? − euras, SAfr . . . . *H. hirsuta* var. *hirsuta* Briq.

2* Griffel lang 2spaltig (fast bis zum Grund), lappen ± divergierend. Pf. ± aufsteigend. Alle Kelchhaare lang od. lange u. kurze vermischt, die an der Spitze aber nicht wesentl. größer. Pf. einjährig, gewöhnl. stärker grau als vor. var. − **V:** Grac, Lob − Md, Salv − NAfr, WAs− **G:** PLA I-1 [*H. hirsuta* L. var. *cinerea* DC.]

		G	T	C	L	F

"Esterilla, Milengrena, Sueldatripas" . . . . . *H. cinerea* DC.

1* Kelchb. ungleich, d.h. von den 4 Blättern die 2 äußeren größer. Alle Kelchb. borstig behaart. Blü. tetramer. Westmed: Sect. *Heterochiton,* steht zwischen *Paronychia* u. *Herniaria* s.str.). Alle Angehörigen der Sect. sind starre Halbsträucher

3 Blü. 1,25−1,4 mm, Kelchb. gleich. Tragb. meist dunkelviolett. B. in Büscheln, Stipeln breit 3eckig, oft rötl. gestreift. Stark verzweigter, niederliegender Strauch − **V:** E Can, T Médano, Adeje, Güimar

			T	C?		F?

. . . . *H. canariensis* Chaudhri

3* Blü. über 1,5 mm lang, Kelchb. ± ungleich

4 Kelchb. sehr ungleich. B. kurz behaart, B.rand eingerollt, Stipeln lanzettl., z.T. mit dunkelroten Punkten. Niederliegender, drehwüchsiger Strauch − **V:** iber-maur − **S:** Küstenzone, mit *Chenolea, Zygophyllum, Suaeda* − **G:** SAL I-1b [*H. fruticosa* Desf. non L.]

			T	C	F	

. . . . *H. fontanesii* J.Gay

4* Alle Kelchb. breit-oval, wenig ungleich. B. kahl, Stipeln weiß − **V:** maur

			T?			

. . . . *H. mauritanica* Murb.

− Von BOLLE für F angegeben: *H. hartungii* Parl. (fo. von *H. cinerea*?)

Sclerocephalus

− St. 5−15 cm, brüchig − **V:** Cv − sah-sind

				F		

. . . . *S. arabicus* (Dcsn.)Boiss.

Illecebrum
- St. meist liegend, rötl. – **V**: Az, Md – med-atl – **G**: ISN I-1b

| | | T | | | | .... *I. verticillatum* L.

Pteranthus
- Einjähriges Kraut. St. bis 20 cm, niederliegend bis aufstei-
gend. B. lineal, fast wirtelig. Nebenb. klein. Blü. sitzend,
zwischen ihnen dornige Fortsätze – **V**: Lob – südmed-sah

| | | | | | L | F | .... *P. dichotomus* Forsk.

Dicheranthus
- Hoher (oft bis über 1 m) Strauch mit meist hängenden runden Ästen – **V**: E Can, G
im N, T im NW (nächste Verwandte in NAfr u. Indien) – **S**: 0 – 500 m

| | G | T | | | | "Pata gallina" .... *D. plocamoides* Webb

Loeflingia
- Pf. einjährig, 2 – 10 cm hoch, stark verzweigt, drüsig behaart. B. am Grund mit den
pfrieml. Stipeln verwachsen. Meist A3 (**fo. saharae** Batt.) od. A5 (bei der ostspan. **fo.
pentandra** Batt.) – **V**: med – **S**: Sandige Orte

| | | | | L | | .... *L. hispanica* L.

Polycarpon
1   Mehrjährige Kräuter. Mittlere B. oft zu 4 "wirtelig". Stipeln höchst. 1,5 mm lang, ±
stumpfl. – **V**: Can sine loco – südmed

.... *P. polycarpoides* (Biv.)Zodda **ssp. bivonae** (J.Gay)Maire et Weill.
1* Einjährige Kräuter
2   Pf. 2 – 20 cm groß. Krone am Rand gebuchtet-gekerbt. Infl. ein lockeres Dichasium.
Mittlere B. oft zu 4 od. 6 "wirtelig". Stipeln bis 2,5 mm lang, ± lang zugespitzt.
A3(– 5) – **V**: Grac – Cv – palaeosubtrop – **G**: CHE I-1b, PLA I-2c,f

| H | P | G | T | C | L | F | .... *P. tetraphyllum* L.

2* Pf. 1 – 5 cm groß. B. gegenstdg., Krone ganzrandig, Infl. dicht
3   Nebenb. groß (bis 2,5 mm). Krone höchst. halb so lang wie der Kelch. A5. Mittlere B.
oft zu 4 – **V**: westmed

| | | | | L | | .... *P. alsinifolium* DC.

3* Nebenb. klein. B. ± rosettig gehäuft. Krone so lang wie der Kelch – **V**: Grac? –
ostmed .... *P. succulentum* (Delile)J.Gay

Polycarpaea
1   Aufrechter, stark verzweigter Felsenstrauch, bis 40 cm hoch. B. lineal, gelbl.-grün, zu
mehreren quirlstdg, die oberen zurückgekrümmt. Infl. stark verzweigt – **V**: E Can
[*Paronychia gomerensis* (Burch.)Svent. et Bramw., *Polycarpaea gomerensis* Burch.]

| | | G | T | C | | .... *P. filifolia* Webb ex Christ

1* Pf. niedriger, prostrat, polsterbildend od. hängend
2   B. ± sukkulent, hellgrün bis lebhaft grün, kahl, in den Grund
verschmälert, meist scheinbar zu 6 im Wirtel. Nebenb. sehr kurz,
häutig. Holzpf.
3   Untere B. breit rautenf. bis fast kreisrund. Infl. reichbltg, gelbgrün
– **V**: E Can

| | | G | T | C | L? | | .... *P. carnosa* Chr.Sm. ex Buch

- Pf. lang hängend. B. 3–3,5 cm lang (d.h. doppelt so lang wie beim Typ)

  | | G | | | | | .... **var.** *spathulata* Svent.
- Pf. anfangs aufrecht. B. z.T. lanzettl., z.T. größer u. spatelf.

  | | G | | | | | .... **var.** *diversifolia* Svent.

3* B. lineal, etwas sukkulent, lebhaft grün – V: E Can – G: ASP I-1c

   | H | P | G | | | | "Lengua de pájaro" .... *P. smithii* Link →

2* B. wenigstens jung ± dicht (meist seidig) behaart
4 Kräuter, am Grund manchmal verholzt. B. breit bis lineal-lanzettl., meist silbergrau behaart (an feuchtschattigen Stellen auch grün u. glatt). Sehr formenreich. Infl. dicht. B.spitze begrannt – V: E Can, Grac – G: PLA I-2a [*P. teneriffae* Lam.] ☐16

   | H | P | G | T | C | L | F | .... *P. divaricata* (Ait.)Poir.

4* Kräuter od. Zwergsträucher
5 Junge B. an der Spitze deutl. begrannt
6 B. eilängl., etwas sukkulent, weich behaart bis fast kahl. Pf. niederliegend – V: E Can [*P. divaricata* var. *latifolia* (Poir.)O.Ktze.]

   | | P? | G | T | C | L? | | .... *P. latifolia* Poir.

6* B. lanzettl.-lineal
7 B. silbergrau, weichhaarig, sehr gedrängt stehend. Kleine, dicht verzweigte Polsterpf. der Hochlagen – V: E Can, T 880–2200 m

   | | P | | T | | | | .... *P. tenuis* Webb

7* B. grau-(bräunl.-)grün, schwach behaart. Pf. locker verzweigt – V: E Can, T 200–1200 m

   | | | | T | | | | .... *P. aristata* Chr.Sm.

5* Auch die jungen B. (wie die Kelchb.) höchst. mit aufgesetztem Spitzch., eilängl., beidersts weißwollig. B. dick. Pf. der Küstenzone, in Südlagen bis über 800 m, mit ausgebreiteten, verworrenen Trieben – V: Grac, Lob – maur – G: SAL I-1b,c, AMM I-1, CRI I-2 ☐15

   | H | P? | | T | C | L | F | .... *P. nivea* (Ait.)Webb

- Ähnl. mit rundl. B., dichten Infl. u. kleinen Blü. – V: E Cv .... *P. gayi* Webb

Spergula s.l. (incl. Spergularia)

1 Griffel i.d.R. 5, Kapsel 5klappig (Subgen. *Eu-Spergula* Maire)
2 Samen fast kugelig, gekielt od. sehr schmal geflügelt. B. untersts mit Rille, meist über 2 cm lang. A5–10 – V: Az, Md – kosmop – G: SEC I-1, CHE I-10

   | H | P | G | T | C | L | F | .... *Spergula arvensis* L.

2* Samen abgeflacht, breit silbrig geflügelt. A5. B. untersts ohne Rille, weniger als 2 cm lang – V: C in Hochlagen – Az, Md – euras, med – G: PIN I-2

   | H | P | | T | C | | | .... *Spergula pentandra* L.

1* Griffel i.d.R. 3, Kapsel 3klappig (Subgen. *Spergularia* Maire). A1–10
3 Kraut mit dem Habitus von *Spergula pentandra*, B. zu 8–20 gebüschelt, stumpf.

Stipeln sehr klein, unauffällig. Samen schwarz, breit ganzrandig geflügelt – **V:** Md, Salv – sah-sind [*Spergula flaccida* (Roxb.)Asch.]

| H | | G | T | C | L | F | .... ***Spergularia fallax*** Lowe

3* B. meist gegenstdg bis wenig gebüschelt, i.d.R. mit aufgesetztem Spitzch. Stipeln silbern häutig, auffällig
4 Mehrjährige Kräuter mit kräftigen Wurzeln. Samen breit geflügelt. Kronb. länger als die Kelchb.; A10
5 Samen schwarz, in derselben Kapsel geflügelte u. ungeflügelte, Flügel bis etwa auf $^1/_3$ der Flügelbreite eingeschnitten gefranst. Stipeln bis 10 mm lang. B. zu 4–20 gebüschelt, grannig gespitzt – **V:** iber-maur [*Spergula f.* (Boiss. et Reut.)Murb.]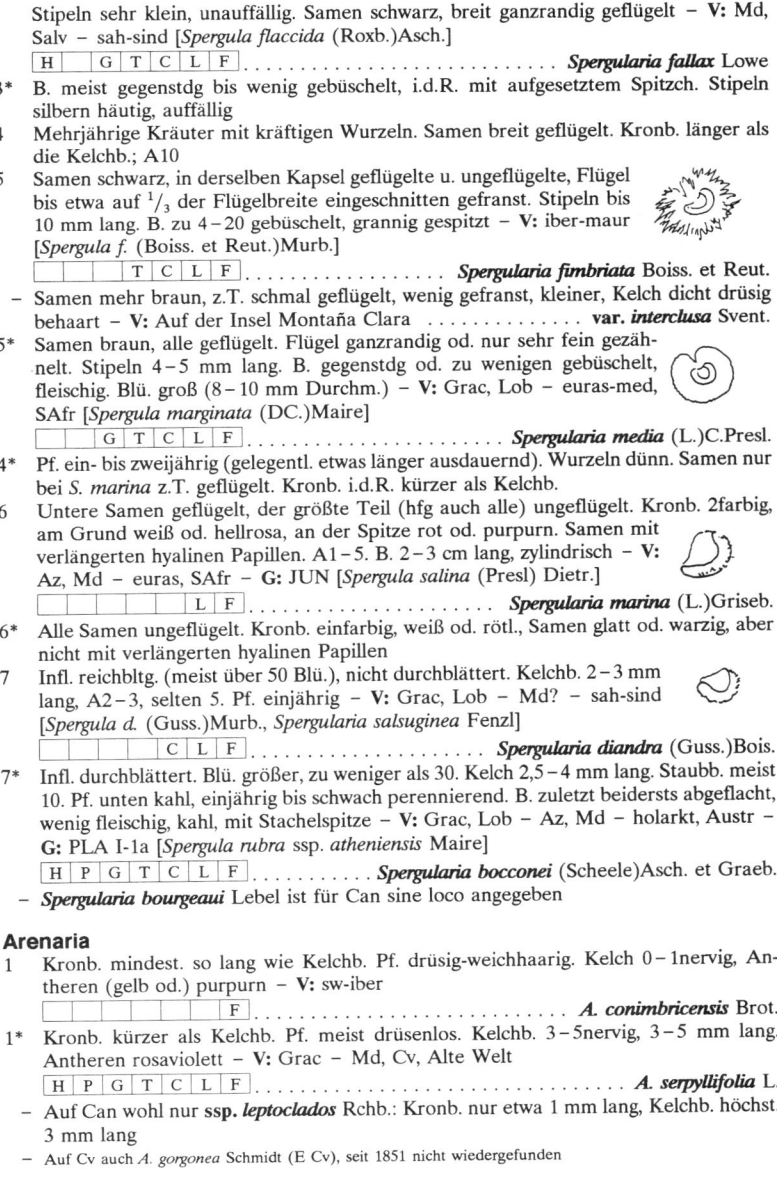

| | | | T | C | L | F | .... ***Spergularia fimbriata*** Boiss. et Reut.

– Samen mehr braun, z.T. schmal geflügelt, wenig gefranst, kleiner, Kelch dicht drüsig behaart – **V:** Auf der Insel Montaña Clara .... **var. *interclusa*** Svent.
5* Samen braun, alle geflügelt. Flügel ganzrandig od. nur sehr fein gezähnelt. Stipeln 4–5 mm lang. B. gegenstdg od. zu wenigen gebüschelt, fleischig. Blü. groß (8–10 mm Durchm.) – **V:** Grac, Lob – euras-med, SAfr [*Spergula marginata* (DC.)Maire]

| | | G | T | C | L | F | .... ***Spergularia media*** (L.)C.Presl.

4* Pf. ein- bis zweijährig (gelegentl. etwas länger ausdauernd). Wurzeln dünn. Samen nur bei *S. marina* z.T. geflügelt. Kronb. i.d.R. kürzer als Kelchb.
6 Untere Samen geflügelt, der größte Teil (hfg auch alle) ungeflügelt. Kronb. 2farbig, am Grund weiß od. hellrosa, an der Spitze rot od. purpurn. A1–5. B. 2–3 cm lang, zylindrisch – **V:** Az, Md – euras, SAfr – **G:** JUN [*Spergula salina* (Presl) Dietr.]

| | | | | | L | F | .... ***Spergularia marina*** (L.)Griseb.

6* Alle Samen ungeflügelt. Kronb. einfarbig, weiß od. rötl., Samen glatt od. warzig, aber nicht mit verlängerten hyalinen Papillen
7 Infl. reichbltg. (meist über 50 Blü.), nicht durchblättert. Kelchb. 2–3 mm lang, A2–3, selten 5. Pf. einjährig – **V:** Grac, Lob – Md? – sah-sind [*Spergula d.* (Guss.)Murb., *Spergula salsuginea* Fenzl]

| | | | | C | L | F | .... ***Spergularia diandra*** (Guss.)Bois.

7* Infl. durchblättert. Blü. größer, zu weniger als 30. Kelch 2,5–4 mm lang. Staubb. meist 10. Pf. unten kahl, einjährig bis schwach perennierend. B. zuletzt beiderts abgeflacht, wenig fleischig, kahl, mit Stachelspitze – **V:** Grac, Lob – Az, Md – holarkt, Austr – **G:** PLA I-1a [*Spergula rubra* ssp. *atheniensis* Maire]

| H | P | G | T | C | L | F | .... ***Spergularia bocconei*** (Scheele)Asch. et Graeb.

– *Spergularia bourgaei* Lebel ist für Can sine loco angegeben

Arenaria
1 Kronb. mindest. so lang wie Kelchb. Pf. drüsig-weichhaarig. Kelch 0–1nervig, Antheren (gelb od.) purpurn – **V:** sw-iber

| | | | | | | F | .... ***A. conimbricensis*** Brot.

1* Kronb. kürzer als Kelchb. Pf. meist drüsenlos. Kelchb. 3–5nervig, 3–5 mm lang. Antheren rosaviolett – **V:** Grac – Md, Cv, Alte Welt

| H | P | G | T | C | L | F | .... ***A. serpyllifolia*** L.

– Auf Can wohl nur ssp. **leptoclados** Rchb.: Kronb. nur etwa 1 mm lang, Kelchb. höchst. 3 mm lang
– Auf Cv auch *A. gorgonea* Schmidt (E Cv), seit 1851 nicht wiedergefunden

Moehringia

- B. nur am Stiel gewimpert, Kronb. fehlend od. stark reduziert. Kelchb. 2–4 mm lang, breit hautrandig, Seitennerven undeutl. – **V:** med [*M. trinervia* (L.)Clairv. ssp. *pentandra* (J.Gay)Nym.]

  | H | P | G | T | C | L | | .... *M. pentandra* J.Gay

Stellaria

1   St. mit Haarleiste, rundl. Kelchb. über 3 mm, B. eif. Pf. niederliegend – **V:** Lob – Az, Md, Cv – fast kosmop – **G:** CHE I-1o, SEC

  | H | P | G | T | C | L | | .... *S. media* (L.)Vill.

1* Kelchb. meist < 3 mm, Kronb. fehlend – **V:** Eur, NAfr

  | | | | | | L | | .... *S. pallida* (Dum.)Piré

-   B. längl.-lanzettl., St. 4kantig – **V:** Md .... *S. alsine* Grimm

Cerastium

1   Mehrjährige Kräuter mit sterilen Erneuerungstrieben
2   Kronb. kaum länger als der Kelch. Pf. bis 50 cm hoch, am Grund etwas verholzt, drüsig behaart. B. bis 3 cm lang, weichhaarig. Kelchb. drüsig, am Rand häutig – **V:** E Can, P um 2000 m, T 1500–2400 m – **G:** ASP I-2

  | H | P | | T | | | | .... *C. sventenii* Jalas

2* Krone groß, 1,5–2mal so lang wie der Kelch
3   Tragb. hautrandig. B.achseln mit B.büscheln. Fr. gekrümmt, ihre Zähne ungleich (Verwechslung mit vor.?)

  | | P? | | T? | C | | | .... *C. arvense* L.

3* Tragb. krautig. Habitus von *Stellaria* – **V:** E Md, Az .... *C. vagans* Lowe
1* Pf. einjährig od. etwas perennierend, dann aber im 1. Jahr blühend, ohne Ausläufer. Krone klein (kürzer bis kaum länger als der Kelch). Tragb. krautig od. (bei *C. caespitosum*) alle od. die oberen hautrandig
4   Nagel der Kronb. kahl. Kelchb. an der Spitze kahl u. häutig, ebenso die oberen Tragb. Pf. etwas perennierend, mit sterilen Trieben, die oft wurzeln. Pf. 7–45 cm hoch. Infl. nur anfangs ein dichtes Dichasium, später locker. Untere Tragb. meist krautig, die oberen an der Spitze u. am Rand weißhäutig – **V:** Az, Md – gemäß-kosmop [*C. caespitosum* Gil., *C. fontanum* ssp. *triviale* (Link)Jalas]

  | | | | T | C | | | . *C. fontanum* Baumg. **ssp.** *vulgare* (Hartm.)Greut. et Burd.

4* Alle Tragb. krautig. Infl. ± dicht. Pf. oben drüsig
5   Pf. 3 – 12 cm hoch. Untere Tragb. laubb.-ähnl. Manchmal tetramere Blü. zwischen den pentameren. Kelchspitze nicht stärker behaart – **V:** med

  | H? | | G? | | | | | .... *C. siculum* Guss.

5* Nagel der Kronb. gewimpert. Kelchb. an der Spitze mit einem Büschel langer Deckhaare. Pf. 5–45 cm hoch, drüsig. Krone meist kürzer als der Kelch od. fehlend – **V:** Az, Md – gemäß-kosmop [*C. viscosum* auct.]

  | H | P | G | T | C | | F | .... *C. glomeratum* Thuill.

Sagina

1   Ausdauernde Art mit liegenden, wurzelnden Sprossen, mit pfriemenf., begrannten B. Blühende St. entspringen unterhalb einer sterilen B.rosette. Alle Kelchb. stumpf. Fr.stiele bogig zurückgekrümmt – **V:** Az, Md – holarkt, SAm – **G:** PLA I-1b

  | H | P | | | C | | | "Pinillo de agua" .... *S. procumbens* L.

1* Einjährige Arten ohne wurzelnde St.

2   Blühende St. entspringen unterhalb einer sterilen Rosette. B. stumpf, oft mit aufgesetztem Spitzch., verkahlend – **V:** Az – med

		T			

.... *S. maritima* Don

2* Pf. ohne sterile Rosette. B. pfriemenf., begrannt. Äußere Kelchb. (oft eingebogen) mit aufgesetztem Spitzch. Krone fehlend od. sehr klein. Fr.stiele wenig od. nicht zurückgekrümmt – **V:** Az, Md – euras, SAm, Austr – **G:** PLA I-1a, ISN

H	P	G	T	C	L	F?

.... *S. apetala* Ard.

Minuartia
1   Pf. einjährig
2   Pf. i.d.R. am Grund nicht verzweigt. B. 3nervig, nach unten verbreitert u. etwas scheidig miteinander verwachsen. Kelchb. stark 3nervig, Kronb. sehr klein od. fehlend. Samen rotbraun, feinwarzig. Pf. mit krausen, nicht drüsigen Haaren – **V:** T sine loco (Webb et Berth.) – med

		T			

.... *M. montana* L.

2* Pf. vom Grund an verzweigt. B. schmal-lineal bis fädl., ohne deutl. Nerven. Kronb. kaum länger als der Kelch, rosa. Samen schwarz, fein gestreift. Pf. drüsig, ausgebreitet mit dünnen Zweigen – **V:** E Can – **S:** Sande der Küstenregion

				L?	F

.... *M. webbii* McNeill et Bramw.

1* Mehrjährige Kräuter od. Halbsträucher, i.d.R. drüsig behaart
3   B. eirund bis breit spatelig, bis 1,5 cm lang, zugespitzt. Blü. einzeln od. in armbltg Dichasien. Kronb. kürzer als der Kelch, rosa. Halbstrauch mit horizontal ausgebreiteten, meist dicht verfilzten Zweigen, polsterf. od. aus Spalten herabhängend – **V:** E Can – **S:** Felsen bis 700 m

				L	F

.... *M. platyphylla* (J.Gay ex Christ)McNeill

3* B. 6–35 × 1–6 mm, d.h. lineal- bis längl.-spatelig. Infl. locker, vielbltg. Kronb. so lang bis etwas kürzer als der Kelch, weiß od. rosa – **V:** Grac, Lob – med [*M. procumbens* (Vahl)Asch. et Gr., *Rhodalsine g.* (Poir.)F.N.Williams]

			C	L	F

.... *M. geniculata* (Poir.)Thell.

– Auf Samen achten! Nach WILLIAMS 2 Arten: die eine mit warzigen, die andere mit glatten Samen.

Bufonia
1   Halbstrauch, niedrig, kaum 15 cm hoch, unten kahl, nach oben fein behaart. Mittelnerv der Kelchb. fast kielig hervortretend, nach unten verdickt – **V:** E Can, T um 2000 m, nur Cañadas [*B. paniculata* Dub.] ssp. *teneriffae* (Christ)Kunk.]

	P		T	C	

"Escoboncillo" .... *B. teneriffae* Christ

1* Einjähriges Kraut, 10–30 cm hoch, fast kahl. Mittelnerv der 5nervigen Kelchb. nicht fast kielig – **V:** med

	P	G	T	C?		

.... *B. paniculata* Dubois

– Kelch 3nervig, Samen kleiner als 1,5 mm u. mit spitzen Knötch., einjährig – **V:** Can (MAIRE) .... *B. tenuifolia* L.

Scleranthus
– Blü. unscheinbar, grünl., ohne Kronb. Perianthb. spitz, sehr schmal weiß hautrandig. Schließfr. 1–2samig. Pf. einjährig. A10, aber nur z.T. fertil – **V:** Md – euras – **G:** SEC I

		T	C		

.... *S. annuus* L.

Agrostemma
- Blü. groß (ca. 3 cm Durchm.), rotviolett. Pf. einjährig, bis 120 cm hoch. B. schmal, spitz, lang behaart — **V:** Az, Md? — euras, weltweit verschl., Heimat wohl ostmed

  ☐ ☐ ☐ ☐ C ☐ ☐ .... ***A. githago*** L.

Silene "Conejera"
1 Kelchnerven 30. Staubb. unten dicht weißwollig, nicht nur locker bewimpert. Pf. einjährig (Sect. *Conosilene*). Kapsel 7–12 mm — **V:** euras-med

  ☐ ☐ ☐ ☐ C ☐ ☐ .... ***S. conica*** L.
- Kapsel 12–18 mm lang, kugelig, in einen langen Schnabel ausgezogen — **V:** med

  ☐ ☐ ☐ T ☐ ☐ ☐ .... ***S. conoidea*** L.
1* Kelchnerven weniger als 30
2 Knospenlage der Kronb. dachig. Kelch aufgeblasen, (10–)20nervig. B. kahl. (Subgen. *Behen*). Pf. mehrjährig — **V:** Az, Md — euras-med — **G:** CHE I-1q [*S. cucubalus* Wib.]

  ☐H☐P☐G☐T☐C☐L☐F☐ .... ***S. vulgaris*** (Moench)Gcke.
- *S. vulgaris* tritt haupts. in ssp. *commutata* (Guss.)Hay auf
2* Knospenlage der Kronb. gedreht. Kelch 10nervig, Pf. ein- od. mehrjährig
3 Griffel 5(–6). Pf. einjährig. Fr.kelch oben zus.gezogen (Sect. *Pleiogyne*, Subsect. *Eudianthe*). Kronb. oben rosa, am Grund blaß. Blü. groß (Kelch 15–30 mm lang), lang gestielt. Carpophor etwa so lang wie die Frucht. Kelchzähne sehr spitz, bewimpert. Pf. sonst kahl — **V:** T sine loco (WEBB) — westmed

  ☐ ☐ ☐ T ☐ ☐ ☐ .... ***S. coelirosa*** (L.)Godr.
3* Griffel 3
4 Pf. einjährig. Blü. i.d.R. klein (unter 15 mm)
5 Blü. in lockeren Wickeln, meist kurz gestielt. Wickel einzeln od. zu 2 (Sect. *Cincinnosilene*). Kelch behaart (Ausn. bei *S. longicaulis* u. *S. colorata*)
6 Samen ungeflügelt (Subsect. *Scorpioideae*), schwarz. Carpopohor meist viel kürzer als die Kapsel
7 Fr.kelch u. Kapsel oben zus.gezogen, Kelch behaart. Carpophor 1 mm, behaart. Kapsel 8–10 mm
8 Staubfäden am Grund behaart. Kronb. ungeteilt, rosa od. weiß, länger als der Kelch. Kelch 7–10 mm. Pf. steifhaarig. Wickel einseitswdg. Carpophor < 1 mm — **V:** Az, Md, Salv, Cv — med — **G:** CHE, SEC I-1b, TBR I

  Kronb.

  ☐H☐P☐G☐T☐C☐L☐F☐ .... ***S. gallica*** L.
- Kelch > 13 mm, Carpophor 4–5 mm — **V:** Can sine loco — med
  .... ***S. bellidifolia*** Juss. ex Jaqu.
8* Staubfäden kahl. Krone länger als Kelch. Kapsel rundl. birnenf. Kronb. 2lappig, rosa. B. lanzettl.-lineal. Pf. rauhhaarig. Samen grau bereift, unter 1 mm — **V:** südmed

  ☐ ☐ ☐G☐T☐C☐L☐F☐ .... ***S. tridentata*** Desf.
7* Fr.kelch oben kaum zus.gezogen. Staubfäden kahl. Kronb. 2lappig
9 Kapsel längl.-zylindrisch, fast sitzend. Kelch sehr kurz behaart, zylindrisch. B. nicht dickl. — **V:** Grac — Md — med

  ☐ ☐ ☐G☐T☐C☐L☐F☐ .... ***S. nocturna*** L.
- Kelch oben blasig erweitert, B. nicht dickl. — **V:** Can sine loco .... ***S. sericea*** L.

9* Carpophor 3 – 5 mm lang. Blü. purpurn. B. sehr stumpf, weichbe-
haart, dickl. Infl. armbltg (3 – 7) – **V:** Can sine loco (MAIRE) –
iber-maur

.... *S. obtusifolia* Willd.

6* Samen am Rücken mit 2 ± gewellten Flügeln (Subsect. *Diptero-
spermae*). Kronb. 2lappig

10 Kapsel fast kugelig (ca. 6 mm) mit 1 – 3 mm langem Carpophor.
Kronb. sehr klein bis fehlend. B. lanzettl.-lineal. Infl. kurz büsche-
lig zweigeteilt – **V:** Grac, Lob – südmed

| H | P | G | T | C | L | F | .... *S. apetala* Willd.

10* Kronb. deutl. Kapsel über 8 mm lang

11 Carpophor 1,5 – 4 mm. Kapsel 10 – 12 mm. Kelch kahl, nicht gena-
belt, 12 – 14 mm, netznervig – **G:** westmed

| | | | | L | F | .... *S. longicaulis* Pour. ex Lag.

11* Carpophor 4 – 8 mm lang. Kapsel 8 – 10 mm. Kelch ± genabelt.
Blü. groß – **V:** südmed

| | G? | | L | | .... *S. colorata* Poir.

5* Blü. in ± zus.gesetzten Dichasien. Bisweilen nur 1 bis wenige Blü.
(Sect. *Dichasiosilene*). Auf Can alle einjährig. Kronb. 2lappig.
Kelch (fast) kahl u./od. aufgeblasen

12 B. sehr schmal (unter 5 mm breit). Krone fehlend bis kaum länger
als der Kelch. Habitus von *S. rupestris*. Kapsel 4 – 8 mm. Carpo-
phor 2 – 4 mm, behaart. Kelch (fast) kahl – **V:** Md – westmed

| | | | T | C | | .... *S. inaperta* L.

– Kelch dicht behaart. Kapsel ca. 7 mm. Untere B. eilängl., stumpf. Spreite der Kronb.
bis 4 mm, vgl. – **V:** med

| | | | | L | | .... *S. rubella* L.

12* Kronb. deutl. länger als der Kelch. Kapsel 8 – 11 mm

13 Pf. kahl. Internodien nicht klebrig. Kelchzähne kurz u. stumpf.
Kapsel 10 – 11 mm, Carpophor ca. 2 mm, kahl. Kelch aufgeblasen.
B. blaugrün, obere eilanzettl., gewimpert, bis 6 × 2 cm – **V:** Md –
omed

vom   von der
Rücken   Seite
Samen

| | | | T | C | L | F | .... *S. behen* L.

13* Pf. oben fast kahl (auch der Kelch), aber meist klebrig. Obere Internodien klebrig.
Kelchzähne spitz, weißrandig. Carpophor 3 – 6 mm

14 Kelchnerven schwach anastomosierend, meist rot. Pf. unten weichhaarig. Kapsel
eikugelig. Krone fehlt bei manchen Varietäten. Tragb. viel kürzer als Blü., diese ±
lang gestielt. Pf. oben wenig klebrig. Carpophor kahl – **V:** G sine loco – Heimat wohl
ostmed

| | G | | | | | .... *S. cretica* L.

14* Kelchnerven stärker anastomosierend, meist grün. Pf. stark klebrig. Kapsel
eizylindrisch. Tragb. mind. so lang wie die Blü., diese fast sitzend. Carpo-
phor etwas behaart – **V:** südmed

| | | | | | F | .... *S. muscipula* L.

4* Ausdauernde Kräuter u. Halbsträucher. Blü. in einfachen od. zus.gesetzten Trauben,
diese z.T. kurz u. armbltg od. durch Verkürzung aller St.glieder köpfch.f. (Sect.
Botryosilene)

15 Kelch behaart, mit dunklen, stark hervortretenden Nerven. Pf. dicht behaart
16 Kleiner Felsenstrauch, weich behaart. Kelch dicht behaart. B. lanzettl., spitz, gewimpert, untere kurz gestielt – **V:** E Can

☐ ☐ ☐ ☐ C ☐ ☐ .... ***S. canariensis*** Willd.

16* Bis 1 m hoher Halbstrauch, nur unten verholzt, mit fleischigem Wurzelstock. B. büschelig gehäuft, lanzettl., behaart. St. kurzborstig behaart. Infl. lang. Blü. weißgelbl. bis rosa, tagsüber geschlossen, nachts duftend. Kelch weichhaarig, dunkelbraun geadert. Kelchzähne schmal – **V:** E Can, T nur Cañadas 2000–2500 m, C um 650 m – **G:** ASP I-1, SPA I-1d, VID I-1a (evtl. mit *S. canariensis* verwechselt?)

☐ ☐ ☐ T C? ☐ .... ***S. nocteolens*** Webb

15* Pf. wenig behaart bis kahl
17 Mehrjährige Kräuter, weichhaarig od. verkahlend. Blü. nickend – **V:** euras

☐ P? G T ☐ ☐ .... ***S. nutans*** L.

17* Kleine Felsen-Halbsträucher
18 B. kahl (auf der Fläche)
19 Kleiner Felsen-Halbstrauch mit kahlen, am Rand fein gewimperten, glatten, kleinen elliptischen B. (Stammb. lanzettl.). Tragb. breit eif. Kelch dicht drüsig, mit hellen Nerven. Kronb. groß (Platte ca. 6 mm), weiß – **V:** E Can, T nur Anagagebirge bis 700 m

☐ ☐ ☐ T ☐ ☐ "Pata de conejo" .... ***S. lagunensis*** Chr.Sm.

19* Rosablühender Felsenstrauch, kräftiger als vor. B. kahl, glänzend – **V:** E Can

H ☐ ☐ ☐ ☐ ☐ "Conejera" .... ***S. sabinosae*** Pit.

18* B. behaart, z.T. nur am Rand u. auf dem Mittelnerv u. z.T. auch verkahlend
20 Kelchnerven bräunl. bis dunkel. Blü. nickend
21 Kelch faltig, drüsig weichhaarig, hell braunnervig. Kelchzähne spitz eif., breit häutig, stumpf. Blü. (trocken!) rosa. B. spatelig-eif., lang gestielt – **V:** E Can, T im S in 500–1000 m

H? ☐ ☐ T ☐ ☐ .... ***S. berthelotiana*** Webb

21* Kelchnerven dunkel rotbraun, vorspringend. B. lanzettl. bis spatelig. Krone rosa od. weiß. B. zerstr. am Rand u. auf dem Mittelnerv behaart – **V:** E Can – **G:** ASP I-2b [*S. italica* (L.)Pers. var. *p.* Svent.)

H? P ☐ ☐ ☐ ☐ .... ***S. pogonocalyx*** (Svent.)Bramw.

20* Kelchnerven bleichgrün. Kelch eif., seine Zähne lanzettl., an der Spitze pfrieml. Blü. zur Blü.zeit aufrecht. B. lanzettl.-eif., am Rand gewimpert. Pf. niedrig, fast polsterf., nur ca. 10 cm hoch – **V:** E Can, G im N, bis 500 m

☐ ☐ G ☐ ☐ ☐ .... ***S. bourgeaui*** Webb ex Christ

Gypsophila

– Blü. ca. 1 cm Durchm., weiß od. rosa – **V:** T gartenflüchtig – Md, Pontische Steppen

☐ ☐ ☐ T ☐ ☐ .... ***G. elegans*** M.B.

Petrorhagia

1 B.scheiden bis 5 mm lang, weniger als 2mal so lang wie breit. Kronb. gestutzt od. schwach ausgerandet. Samen knotig, über 1,5 mm lang, beim Typus netzig. Pf. ± kahl, Mitte des St. oft behaart – **V:** Md – westmed [*Tunica prolifera* ssp. *n.* (Burnat)Graeb. et Graeb.f.]

H P G T C ☐ .... ***P. nanteulii*** (Burnat)Ball. et Heyw.

1* B.scheiden bis 1 cm lang, etwas 2–3mal so lang wie die Breite des St. Kronb. schwach 2lappig. Samen becherf., papillös, höchst. 1,3 mm lang. Untere B. am Grund gewim-

pert. Pf. v.a. über den Knoten samtig behaart, i.d.R. drüsig – **V:** med [*Tunica v.*
(Guss)Fisch. et Meyer]

| | | | | C | | | |..................... *P. velutina* (Guss.)Ball et Heyw.

Vaccaria
– Einjährige, kahle, blaugrüne Kräuter – **V:** Md, med-submed – **G:** SEC

| | | | | | L | F |.............................. *V. pyramidata* Med.

Cactales
Cactaceae
– Aus Kulturen verwild., so auch *Austrocylindropuntia*-Arten, z.B.

| | | | | | L | F |....................... *A. cylindrica* (Lam.)Backeb.

| | | | | | L | F |....................... *A. exaltata* (Berg.)Backeb.
– Sproß 3rippig mit welligen Rändern – **V:** Cv

| | P | G | T | C | | | |.............. *Hylocereus undatus* (Haw.)Britt. et Rose

Opuntia
Bei allen Arten – **G:** KLE
1   Zweige leicht abfallend, Haut kahl
2   Haut dunkel blaugrün, Areolen deutl. behaart. Dornen zu mehreren, strohgelb, später
     größtenteils weiß. Blü. schmutzig-gelb bis schmutzig rötl. – **V:** Md

| | P | | | C | | | |................................... *O. tuna* Haw.

2*   Haut glänzend, Areolen fast kahl. Dornen einzeln, braun. Blü. zuerst gelb, später
     purpurn. Bis 3 m hohes Bäumch. [*O. monacantha* Haw.]

| | | G | | C | L | F |................................ *O. vulgaris* Mill.

1*   Zweige festsitzend
3   Haut filzig, weichhaarig. Blü. rot. Glieder 10–20 cm lang. Pf. stammbildend, baumf.

| | P | G | T | C | L | F |.............................. *O. tomentosa* Dyk.

3*   Haut kahl. Blü. gelb od. orange
4   Glieder grün od. bläul.-grün, Areolen fast kahl. Pf. dornenlos od. mit sehr wenigen,
     meist kurzen Dornen. Blü. schwefelgelb od. orange – **V:** Md, Cv [*O. ficus-indica*
     (L.)Mill.]

| H | P | G | T | C | L | F |....................... *O. ficus-barbarica* A.Berger

4*   Glieder blau bereift, rundl. Blü. gelb. Areolen deutl. behaart. Pf. sehr kräftig. Dornen
     0 od. zu 2–12, kräftig, gelb od. braun. Fr. fast kugelig

| | P | | T | C | | | |................................ *O. robusta* Wendl.

–   Glieder grün od. graugrün, eif. bis längl., Areolen etwas erhaben, groß, entfernt
     stehend, anfangs braun- bis weißwollig. Blü. zitronengelb. Fr. birnenf., stachellos,
     saftig

| H | P | G | T | C | L | F | "Tunera salvaje" .... *O. dillenii* (Ker.-Gawl.)Haw.

Laurales

Lauraceae

1 Antheren 4fächrig u. daher mit 4 Klappen öffnend (*Perseoideae*). Staubb. des 3. Kreises meist extrors. Fertile Staubb. 9. Fr. mit Cupula

2 Staminodien des 4. Staubb.kreises vorh., an der Spitze in verschiedener Weise verdickt. Blü. zwittrig, gelbgrün, in langgestielten Rispen. Diskus in der Blü. nicht od. nur wenig entwickelt. Holz rotbraun. B. groß, stumpfl., blaßgrün, untersts bereift, jung behaart (alt nur auf den Nerven). B. vor dem Abfallen rötl., ohne Domatien. Junge Äste fein seidenhaarig. Baum, bis 40 m, nach oben langsam verjüngt, mit weit auseinanderstehenden Ästen. Borkenwarzen weiter auseinanderstehend als bei *Ocotea* u. *Laurus* – **V:** E Mak, Can, Az, Md – **G:** LAU I-1a ☐17

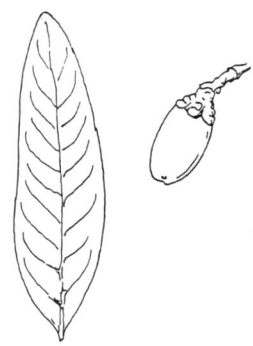

| H | P | G | T | C | | "Viñátigo" .... ***Persea indica*** (L.)Spreng.

2* Staminodien des 4. Staubb.kreises pfrieml. klein, oft fehlend. Diskus in der Blü. nicht entwickelt, aber die Blü.achse in verschiedener Art auswachsend. Antherenfächer paarweise übereinander. Blü.hülle auf der Innenseite u. Filamente behaart. Dickstämmiger Baum mit breit ausladenden Ästen. Stamm im Alter mit zitzenf. Warzen auf der Borke (dicht stehend). Holz dunkelbraun, fast schwarz, frisch unangenehm riechend. B. breit elliptisch, dunkelgrün, auf der Unterseite mit großen, weißbärtigen Domatien nur in den unteren Nervenwinkeln, junge B. untersts anliegend bräunl. behaart. Blü. duftend. Beerenfr. eichelähnl. in einer Cupula. Baum, bis 40 m hoch – **V:** Can, Md – **G:** LAU I-1

| H | P | G | T | C | | "Tilo, Til" .... ***Ocotea foetens*** (Ait.)Benth. et Hook.

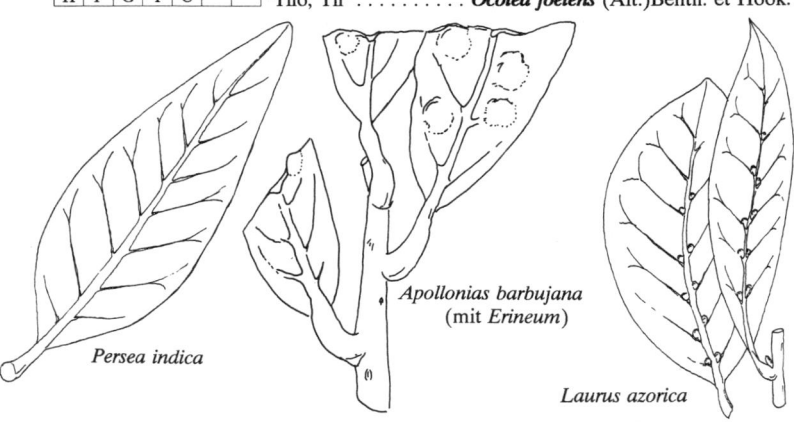

Apollonias barbujana
(mit *Erineum*)

Persea indica

Laurus azorica

1* Antheren 2fächrig (*Lauroideae*). Achse unter-
  halb der Fr. nicht zu einer deutl. Cupula ent-
  wickelt
3 Staubb. des innersten Kreises extrors. B. 6–9 ×
  3–4 cm, netzadrig (kleinnetzig), fiedernervig,
  obersts stark glänzend, dunkelgrün, am Rand
  gewellt u. etwas umgerollt, oft von *Erineum*-
  Gallen ausgebeult (kommt gelegentl. auch bei
  Laurus vor!). B. untersts ohne Domatien. Holz
  trocken sehr dunkel, Rinde rissig. Junge Triebe
  rosenrot. Blü. in doldigen Rispen, die etwa so
  lang wie ihre Tragb. sind. Fertile Staubb. 9.
  Kelch bleibend. Baum, bis 25 m – **V:** Md – **G:**
  LAU I-1d, OLR I [*A. canariensis* Nees]

  | H | P | G | T | C | | F? | "Barbusano" . . . . *Apollonias barbujana* (Cav.)Bornm.

  – B. breit eif., etwa nur 2mal so lang wie breit, Infl. halb so lang wie ihr Tragb. – **V:**
  E Can [*A. ceballosi* Svent.]

  | | | G | | | | . . . . **ssp.** *ceballosi* (Svent.)Kunk.

3* Staubb. sämtl. mit introrsen Antheren. Blü. tetramer bzw. dimer, Staubb. meist
  12(–20). B. spitz-elliptisch, 12–15 × 4–5 cm.
  Junge B. untersts etwas filzig. Junge Zweige
  hellgrün bis braunrot, filzig behaart. B. mit Do-
  matien (klein) in den meisten Nervenwinkeln.
  Borkenwarzen (Lentizellen) Wurmkothäufch.-
  ähnl. Baum, bis 20 m (Durch den Pilz *Exobasi-
  dium lauri* verursachte Rindenwucherung; befällt
  nur *Laurus*) – **V:** Az, Md, Maroc – **G:** LAU [*L. canariensis* Webb] □18

  | H | P | G | T | C | L? | F? | "Laurel, Loro" . . . . *Laurus azorica* (Seub.)Franco

  – B. schmäler – **V:** Md

  | | | G | T | | | | . . . . **var.** *longifolia* (O.Ktze.)Kunk.

Ranunculales

Ranunculaceae

1 Blü. zygomorph, mit 1 Sporn . . . . *Delphinium* S. 83
1* Blü. aktinomorph (radiärsymmetrisch)
2 Blü. mit 5 gespornten Honigb. u. 5 ebenso gefärbten Perianthb. . . . *Aquilegia* S. 84
2* Blü. ohne gespornte Honigb.
3 Fr.b. in geringer Anzahl, 2–5(–10), verwachsen, aufgeblasen. Balgfrüchte. Pf. einjäh-
  rig, B. in schmale Zipfel zerteilt . . . . *Nigella* S. 84
3* Karpelle klein, in großer Zahl. Einzelfr. ein 1samiges Nüßch.
4 "Kronb." ohne Honigschüppch. . . . . *Adonis* S. 84
4* "Kronb." i.d.R. mit Honigschüppch., gelb od. weiß . . . . *Ranunculus* S. 84

Delphinium (incl. Consolida)

1 G3–5. Perianthb. frei. Sporn viel kürzer als Blü. – **V:** med

  | | P? | G | T | | | | . . . . *D. staphisagria* L.

1* Nur 1 Fr.b. vorh. Hintere Perianthb. verwachsen (*Consolida*)
2 Blü.stiel kürzer als das Tragb. Untere Tragb. tief geteilt. Fr.b. behaart. Pf. 40–100 cm

hoch – **V:** T gartenflüchtig – Az, Md – med – **G:** SEC [*D. ajacis* L.]

| | | T | | | |...................... *Consolida ambigua* (L.)Ball et Heyw.

2* Blü.stiel länger als das Tragb. Alle Tragb. ungeteilt. Fr.b. kahl. Pf. unter 50 cm hoch
– **V:** Md – Heimat WAs – **G:** SEC [*D. consolida* L.]

| H | | | | C | L |........................ *Consolida regalis* S.F.Gray

– Auf Md außerdem *Delphinium peregrinum* L., *D. halteratum* S.Sm.

Aquilegia
– Staubb. wenig länger als Krone. Sporn stark gekrümmt. Blü. bei Wildform blau bis
violett. Fr, behaart – **V:** Md – euras

| | | T | | | |................................. *A. vulgaris* L.

Nigella
– Perianth bläul. od. grünl.-weiß – **V:** Md, Salv – submed

| P | T | | | |............................... *N. damascena* L.

Adonis
– Blü. gelb, selten zinnoberrot, Kronb. oft reduziert. Fr. am Grund gezähnt – **V:** Grac
– Md – südmed – **G:** SEC

| P | T | C | L | F |............................ *A. microcarpa* DC.

Ranunculus
1 Blü. weiß .... *R. aquatilis* coll.
2 Blü. reinweiß – **V:** WEur

| | | T | | | |.............................. *R. ololeucos* Lloyd

2* Blü. mit gelbem Fleck
3 Blü. klein (4–6 mm). Schwimmb. vorh. – **V:** WEur, NWAfr.................. *R. tripartitus* DC.
3* Blü. 8–25 mm Durchm.
4 Blü.stiele über 5 cm lang, A15–30, kürzer als Griffel. Schwimmb. vorh. – **V:** W- u.
SEur, NAfr – **G:** POT I-1a

| | | T | | | |............................. *R. baudotii* Godr.

4* Blü.stiele kürzer als 5 cm. A5–15, mindest. so lang wie Griffel. B. mehrfach 3tlg.
Schwimmb. fehlend – **V:** Fast kosmop – **G:** POT I-1 [*R. trilobus* auct. non Desf.]

| | | T | C | | "Botón de oro" .... *R. trichophyllus* Chaix

1* Blü. gelb
5 B. ungeteilt, auch nicht tief gelappt
6 K3, H8–12 – **V:** europ

| | | T | | | |.............................. *R. ficaria* L.

6* K5, H5. Obere B. längl., untere herz- bis eif. Blü. klein (unter 8 mm Durchm.),
"Krone" etwas länger als Kelch. Einjährig – **V:** med

| | | T | | | |............................ *R. ophioglossifolius* Vill.

5* B. gelappt od. geteilt. K5
7 Kelch locker anliegend bis abstehend (vgl. aber *R. muricatus*)
8 Pf. aufrecht wachsend
9 Fr. ± glatt. Pf. bis 100 cm hoch, ausdauernd. B. sehr groß, rundl.-herzf., 5lappig, oft
schwarz gefleckt, wie St. dicht behaart. Blü. bis 5 cm Durchm. – **V:** Az, Md – **G:**
LAU ☐19

| H | P | G | T | C | L | F |............................ *R. cortusifolius* Willd.

9* Fr. flach, dornig od. knotig, ca 7 mm. Blü. klein (bis 12 mm Durchm.). Blü.boden behaart. Pf. einjährig

10 B. mit relativ breiten Lappen. Fr. mit einzelnen langen Zähnen, glänzend. Kelch zuletzt fast zurückgeschlagen – **V:** Az, Md – med – **G:** PLA I-2d

H	P	G	T	C		

.... *R. muricatus* L.

10* Obere B. mit keilf. Grund u. schmalen Lappen. Blü.durchm. 4–12 mm – **V:** Md – med-submed – **G:** SEC

				C		

.... *R. arvensis* L.

8* Mehrjährig, mit wurzelnden Kriechtrieben. Blü.stiele gefurcht – **V:** Az, Md – holarkt

			T			

.... *R. repens* L.

7* Kelch nach der Blü.zeit zurückgeschlagen. Fr. warzig, bis 3 mm lang. Pf. einjährig

11 Balgfr. breitrandig. Receptaculum (Blü.boden) behaart. Blü. 8–12 mm Durchm. Obere B. 3tlg. Pf. fast kahl – **V:** Az, Md – med

	P	G	T	C?		

.... *R. trilobus* Desf.

11* Bälge schmalrandig. Obere B. 3–5lappig

12 "Kronb." länger als "Kelchb.", Griffel intrors, Receptaculum behaart. Blü.durchm. 12–25 mm. Fr. mit stumpfen Warzen – **V:** Az – med (Auf T **ssp.** *philonotis* angegeben (= Typus))

			T	C		

.... *R. sardous* Cr.

12* "Kronb." kürzer als "Kelchb.", Blü. klein (Durchm. 3–6 mm). Receptaculum kahl. Fr. mit zugespitzten Warzen. Pf. weichwollig – **V:** Az, Md – med-atl, NAm

H	P	G	T	C		

.... *R. parviflorus* DC.

Berberidaceae

– Strauch mit ungeteilten B., meist 3tlg Dornen, Blü. größer als bei *Berberis vulgaris* – **V:** E Md

.... *Berberis maderensis* Lowe

Aristolochiales

Aristolochiaceae

Aristolochia

1 Pf. kriechend, kaum schlingend. Blü. bis 6 cm, gelbl., braun gestrichelt, innen rotbraun – **V:** Md – med

			T	C		

.... *A. longa* L.

1* Großer braunvioletter Schauapparat – **V:** Md, Cv eingebürg., Heimat Brasilien .... *A. elegans* Masters

Rafflesiaceae

– Chlorophyllfreie Vollparasiten auf Cistaceen – **V:** med

H	P	G	T	C		

.... *Cytinus hypocistis* L.

a Perianth weiß od. rötl., B. u. Tragb. karminrot. Auf rotblühenden *Cistus*-Arten

.... **ssp.** *kermesinus* (Guss.)Wettst.

a* Perianth gelb, B. u. Tragb. orange od. orangerot

b Perianth blaßgelb, seine Lappen breit oval. Auf weißblühenden *Cistus*-Arten

.... **ssp.** *ochraceus* (Guss.)Wettst.

b* Perianth lebhaft gelb, seine Lappen schmal eilängl. Auf *Fumana*, *Helianthemum*, *Halimium* .... **ssp.** *lutescens* Batt.

Guttiferales

Theaceae

- Baumstrauch, meist breiter Busch, bis 15 m
  hoch, Kronendurchm. bis 20(−30) m, Stamm bis
  6 m Umfang. B. 2zeilig-wechselstdg, lanzettl.
  (2−6 × 1,5−2,5 cm), lederig, immergrün, un-
  tersts heller, mit oft rötl. Mittelnerv, fein u.
  scharf gesägt, jung behaart u. rötl. Blü. zu 1−3
  an b.achselstdg Kurztrieben, weiß, kurzgestielt,
  mit Schüppch. am Stielgrund. Kelch weichhaarig,
  röhrig, einen fleischigen Napf bildend, rotbraun
  behaart. Krone in Form u. Duft an Maiglöck-
  chen erinnernd. Jüngere Äste mit Korkleisten
  fast geflügelt − **V:** Md − **G:** LAU I-1d, OLR I-1

| H | P | G | T | C | | F | "Mocán" .... *Visnea mocanera* L.f.

Hypericaceae [Clusiaceae]

Hypericum

1   Staubb. in 5 Bündeln. Kelchzipfel ungleich, an der Fr. meist zurückgeschlagen. Kronb.
nach der Blü.zeit abstehend u. später hinfällig. Fr.kn. unvollstdg 3fächrig. Samen-
anlagen mehrreihig. Samen gekielt od. geflügelt (Sect. *Androsaemum*). Griffel 3−5, so

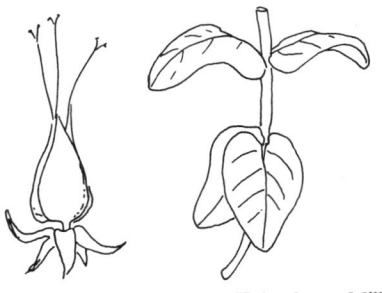

lang bis mehrfach länger als der
Fr.kn. Kapsel lederig, an der Spitze
aufspringend, über den Winter blei-
bend. Kelch an der Kapsel hinfällig.
Samen mit od. ohne Flügel. Pf. kahl,
jüngste Triebe mit lebhaft braunro-
ten B. B. etwas st.umfassend, aber
nicht untereinander verwachsen, am
Rand wie die Kelchb. ohne Drüsen,
breit eif. Infl. arm-(2−4)bltg. Blü.
sehr groß (bis 5 cm Durchm.) − **V:**
Az, Md − **G:** LAU II-3c [*H. grandi-
folium* Choisy] □14

| H | P | G | T | C | L? | F | "Malfurada" .... *H. inodorum* Mill.
1*   Staubb. in 3 Bündeln, Griffel 3, Fr.kn. 3fächrig
2   Kelch am Grund zu ¹/₄ bis ¹/₂ becherf. verwachsen. Kelchzipfel an der Knospe sich
mit den Rändern deckend. Kronb. aufrecht abstehend, hohl (kapu-
zenf.) Staubb. zu 12−25 je Bündel. Kapsel lederig. Samen ein- bis
mehrreihig, mit flügelartigen Anhängseln (Sect. *Webbia*). B.
schmalelliptisch bis lanzettl.(-lineal), am Rand ohne Drüsen (eben-
so die Kelchb.), 4−8 × 3 cm, frischgrün, untersts etwas heller,
ganzrandig, fein (Lupe!) durchsichtig punktiert. Infl. dicht, vielbltg.
Pf. kahl, bis 4 m hoch − **V:** Md − **G:** LAU II-1a

Kelch

Blatt

| H | P | G | T | C | | F? | "Granadillo" .... *H. canariense* L.
−   B. 2−4 × 1 cm, Kelch höchst. zu ¹/₄ verwachsen − **G:** LAU II

| H | P | G | T | C | | | .... var. *floribundum* (Ait.)Bornm.
−   **V:** Can sine loco .... var. *platysepalum* (Webb et Berth.)Ceb. et Ort.

2* Kelch bis fast zum Grund 5tlg. Kelchzipfel dachig (od. sich mit den Rändern nicht deckend), nach dem Blühen meist anliegend. Kronb. meist bleibend, nicht od. nur ganz kurz genagelt. Staubb. zu 6–30 im Bündel (Sect. *Euhypericum* u.a.)

3 Kelchzipfel dachig. Kleine Kräuter mit ungleichen, nach dem Verblühen aufgerichteten Kelchzipfeln. Kronb. bleibend. 5 Staubb. im Bündel, bleibend. Samenanlagen 3reihig. Griffel mit papillöser Narbe. Fr.klappen längsgestreift. Samen grubig gestreift. Pf. mehrjährig, niederliegend, St. 2kantig, armbltg, kahl. Blü. klein, Krone kaum länger als Kelch – **V:** Az, Md – euras-submed – **G:** ISN

   | | P | | | | | |...............................*H. humifusum* L.

3* Kelchzipfel sich mit den Rändern nicht deckend

4 Kräuter mit sitzenden, ± st.umfassenden B.

5 Kelchzipfel mit drüsenlosem Rand, nach dem Blühen aufrecht. Krone bleibend. Staubb. zu 15–25 im Bündel. Griffel mit keuliger od. kopfiger, papillöser Narbe. Fr. 3klappig, Klappen auf dem Rücken mit 1–3 parallelen Streifen. Samen wenige bis sehr viele, grubig gestreift (Sect. *Heterotaenium*). St. 2kantig, reichbltg. B. durchsichtig punktiert, längl.-eif. – **V:** Az, Md – euras

   | | P | | | | | |...............................*H. perforatum* L.

5* Kelchb. schwarzdrüsig gezähnt bis gewimpert u. schwärzl. gefleckt, so meist auch die Kronb. – **V:** Md – med

   | | | | C | | | |...............................*H. perfoliatum* L.

4* Sträucher. Kelchzipfel mit drüsig gezähneltem od. drüsig gewimpertem Rand, nach dem Blühen aufgerichtet. Kronb. bleibend. Staubb. meist zu 15 im Bündel. Griffel mit undeutl. kopfiger, papillöser Narbe. Fr.klappen 3, kantig, mit 10–20 untereinander parallelen Längsbändern. Samen meist viele, papillös od. grubig punktiert (Subsect. *Homotaenium*) od. fast glatt. Infl. dicht, vielbltg

6 B. breit sitzend. st.umfassend od. untereinander verwachsen

7 B. zwar etwas st.umfassend, aber frei. St. oft ± dicht behaart. B. kahl, spitz, schmal (1,6–2 × 0,8 cm), die unteren zurückgekrümmt (Name!). Bis 60 cm hoher, dicht beblätterter Strauch. Sproßachse meist abstehend behaart. Kelchdrüsen klein – **V:** E Can

   | H | P? | G | T | C | | | "Cruzadilla" ....*H. reflexum* L.f.

7* Wenigst. ein Teil der B. am Grund ± stark miteinander verwachsen. Pf. behaart. B: stumpf, mindest. auf der Unterseite behaart. Kelchb. drüsig gewimpert. Blü. klein (Kronb. höchst. 10 × 5 mm. Bis 120 cm hoher Strauch – **V:** C um 1200 m, selten – Hoher Atlas? – **G:** ADI

   | | | | C | | | |...............................*H. coadunatum* Chr.Sm. ex Link

6* B. in einen kurzen Stiel verschmälert, spitz, eif.-elliptisch, 3–5 × 0,8–1,5 cm. am Rand schwarzdrüsig, oberts glänzendgrün, unterts heller. B. an Stockausschlägen matt! St. kahl od. behaart. Kelchzipfel lanzettl. mit großen Drüsen – **V:** Md – **G:** LAU II, OLR I

   | | P | G | T | C | | F |...............................*H. glandulosum* Ait.

– B.rand ohne schwarze Drüsen, mit braunwolliger Stammbehaarung – **V:** T Anaga, Teno (vielleicht nur Jugendform von *H. glandulosum*?)

   | | P | | T | | | |...............................*H. joerstadii* Lid

Papaverales

Papaveraceae

1   Kelchb. b.artig. Kronb. ungespornt. Alle Antheren dithezisch
2   Kelch klein u. hinfällig, aber b.artig. Äußere Kronb. 3lappig, innere 3spaltig, A4, frei,
    G(2). Fr. eine Gliederschote. Milchsaft wässerig. B. mehrfach geteilt. (Ufam. *Hypecoi-
    deae*) .... *Hypecoum* S. 88
2* Kelch meist stark entwickelt, aber hinfällig. Kronb. flach u. meist ganzrandig, zieml.
    gleich. Staubb. zahlreich, in mehreren Kreisen, frei. G2 bis viele. Milchsaft weiß, gelbl.
    od. hyalin. B. einfach od. fiederspaltig. (Ufam *Papaveroideae*)
3   Narben mit den Plazenten alternierend, frei od. mit dem kurzen Griffel verwachsen,
    die Spitzen der Fr.b. abschließend. Blü. stets dimer. Schotenfr. Blü. gelb. Pf. mehr-
    jährig
4   Narben 2, ± gelappt, oft auch über den Plazenten noch Nebennarben. Samen ohne
    Anhängsel. Milchsaft wässrig. (Trib. *Eschscholtzieae*). B. zerschlitzt. Blü. groß
5   Kelchb. frei. Kapsel mit 10 vorspringenden Rippen. Pf. etwas verholzt
    .... *Hunnemannia* S. 88
5* Kelchb. kapuzenf. zus.hängend, als Ganzes abfallend .... *Eschscholtzia* S. 88
4* Narben 2 (sehr selten 3 od. 4), niemals gelappt u. nie mit Nebennarben. Samen meist
    gelb mit Anhängsel. Milchsaft gelb od. rötl. (Trib. *Chelidonieae*). Blü. höchst. 3 cm im
    Durchm., zu 2–7 .... *Chelidonium* S. 89
3* Narben über den Plazenten, untereinander zus.fließend od. zwischen ästigen Griffeln
    in Lappen od. auf der diskusartigen od. gewölbten Spitze des Fr.kn. strahlig angeord-
    net. Blü. fast immer dimer, selten trimer (*Argemone*). Milchsaft weiß od. gelb. (Trib.
    Papavereae). Pf. überwiegend einjährig
6   Fr. bis zum Grund aufspringend, lineal, zylindrisch. G2 .... *Glaucium* S. 89
6* Fr. nur im oberen Teil aufspringend od. sich mit Poren öffnend, längl. od. eif. od.
    kugelig. G4–18
7   Pf. distelähnl. stachelig. Milchsaft gelb. Blü. gelb, Kronb. i.d.R. 6 . *Argemone* S. 89
7* Milchsaft weiß. Blü. rot, violett od. weiß .... *Papaver* S. 89
1* Kelchb. meist sehr klein, schüppch.artig, meist hinfällig. Mindest. ein Kronb. des
    äußeren Kreises gespornt od. ausgesackt, die inneren Kronb. an der Spitze ± zus.hän-
    gend. Staubb. 3tlg mit mittlerer dithezischer u. seitl. monothezischen Antheren, z.T.
    am Grund mit Nektarien. Blü. zygomorph. G2. Milchsaft wässrig. B. ein- od. mehrfach
    fiederartig geteilt, bisweilen rankend. (Ufam. *Fumarioideae*). Fr. nicht aufspringend,
    1samig. (Trib. *Fumarieae*)
8   Fr. ein ± kugeliges Nüßch. Blü.traube ± locker .... *Fumaria* S. 90
8* Fr. flach, ± scheibenartig, oben kurz zugespitzt. Blü.traube kurz u. dicht, fast kopfig,
    St. ± kantig .... *Platycapnos* S. 91

Hypecoum

–   Pf. kahl, mit Grundrosette. Blü. klein, orangegelb. Fr. eine lange, meist gekrümmte
    Schote – V: Can sine loco (Webb ex herb.Brouss.) – med .... *H. procumbens* L.

Hunnemannia

–   B. stark geteilt, große, leuchtend gelbe Blü. Staude, bis 1 m hoch – V: Mexico

| | | | C | L | | |
.... *H. fumariifolia* Sweet

Eschscholtzia

–   B. stark zerschlitzt, blaugrün, kahl. Krone groß, gelb, orange od. weiß – V: Az, Md –
    Californien

| H | P | T | C | L | | |
.... *E. californica* Cham.

Chelidonium
– Krone gelb – **V:** Az, Md – gemäß-holarkt – **G:** ART I

| H | | T | | | |
.... ***Ch. majus*** L.

Glaucium
1   Fr. ± behaart od. borstig. Blü. hochrot od. ziegelrot, oft am Grund schwarz. B. ±
behaart. Pf. einjährig – **V:** Md – med – **G:** SEC

| | | G | T | C | L | F |
.... ***G. corniculatum*** (L.)Curt.

1* Fr. mit höckerigen, spitzl. od. schuppenartigen Papillen versehen od. ganz glatt, nie
behaart. Blü. meist gelb. B. fast kahl, blaugrün bereift. Pf. zwei- od. mehrjährig – **V:**
med, verschleppt – **G:** CHE I-1k

| | P | | T | C | L | F |
.... ***G. flavum*** Crantz

Argemone
1   Kronb. gelb od. orange, Kapseln oben u. unten gerundet, fast griffellos. Blü. 5 – 6 cm,
gelb. B. groß, blaugrün, weiß gefleckt – **V:** Md, Cv (schon 1635 angegeben!) –
Mexiko

| | P | | T | C | L? | |
.... ***A. mexicana*** L.

1* Kronb. hellgelb. Kapsel beidersts verschmälert. Griffel kurz, aber deutl. – **V:** Md –
Mexico, Hochland – **G:** CHE I-1b

| | | | T | C | | |
.... ***A. ochroleuca*** Sweet

Papaver
1   Borstige, hohe od. ± niedrige Kräuter, eher grün als blaugrün. St. meist verzweigt,
sehr häufig mehrbltg. B. stets ± tief eingeschnitten, fiederschnittig od. fiederspaltig.
St.b. sitzend, nicht st.umfassend. Kapsel bis 2,5 cm lang

2   Discus fast völlig flach, am Rand gekerbt, mit ± abgerundeten Kerblappen. Kapsel
glatt, kahl (Sect. *Orthorhoeades*)

3   Blü.stiele mit meist abstehenden Borsten. Kapsel kugelig-verkehrteif., höchst. doppelt
so lang wie dick. Blü. grellrot. Narben 8 – 14, bis zum Rand reichend, violettpurpurn
– **V:** Az, Md, Cv? – euras – **G:** SEC I

| H | P | G | T | C | L | |
.... ***P. rhoeas*** L.

3* Blü.stiele mit angedrückten Borsten. Kapsel längl., unten allmähl. od. plötzl. ver-
schmälert, ± keulenf., mehr als doppelt so lang wie dick. Blü. meist ungefleckt.
Narben 4 – 9, nicht bis zum Rand reichend, braun – **V:** Lob – Az, Md – submed –
G: SEC I

| H | P | G | T | C | L | F |
.... ***P. dubium*** L.

–   Ähnl., aber Antheren gelb, Kapsel keulenf. – **V:** Az – med

| H | P | G | T | C | L | F |
.... ***P. pinnatifidum*** Mor.

2* Discus fast halbkugelig, am Rand in ± zugespitzte Zähne auslaufend. Kapseln fast
immer mit Borsten besetzt (Ausn.: *P. argemone* var. *glabrum*). (Sect. *Argemonerhoea-
des* Fedde). Kronb. i.d.R. mit dunklem Fleck. Narbenstrahlen 4 – 8

4   Kapsel lang, keulig, längl.-zylindrisch od. fast röhrenf., etwa 3 bis 4mal so lang wie
dick, bis 2 cm lang. Blü. dunkelscharlachrot, am Grund schwarz gefleckt – **V:** L, F
sine loco (Bolle) – submed – **G:** SEC I

| | | | | | L | F |
.... ***P. argemone*** L.

4* Kapsel kurz, ellipsoidisch, eif. od. verkehrt-eif. kugelig, höchst. doppelt so lang wie
breit, wenig länger als 1 cm – **V:** med, Zas

| H | P | G | T | C | L | F |
.... ***P. hybridum*** L.

1* Blaugrüne, nur wehr wenig borstige Kräuter. B. (mittlere st.umfassend) fast ungeteilt, am Rand geschweift-gewellt od. sägezähnig. Narbenlappen 8 – 12. Narbentragender Discus flach. Fr. über 5 cm lang – **V**: Az, Md – **G**: SEC

| H | P | G | T | C | L | F |

.... *P. somniferum* L.

–   Pf. stärker borstig, B. tiefer eingeschnitten. Narbenlappen 8 – **V**: Md – westmed

| | | | T | C | L | |

.... *P. setigerum* DC.

–   B. blaugrün, fiedertlg, rauh. St. 1bltg, Narben 8 – 10 – **V**: E Cv .... *P. gorgoneum* P.Cout.

Fumaria

1   Blü. meist (Ausn. fo. *ochroleuca*) brennend rot, lange bleibend, oft noch an den reifenden, glänzenden Fr. haftend. Endabschnitte der B. breit u. kreuzstdg: B.fiedern 1. Ordnung fast rechtwinklig abstehend – **V**: E Can – **S**: An felsigen Orte in Spalten u. Ritzen, auch im Lavaschutt oft ausgedehnte Teppiche bildend

| H | P? | G? | T | C? | L | F |

.... *F. coccinea* Lowe

–   Nah verwandt, aber kleinere Blü., armbltg – **V**: Cv .... *F. montana* Schmidt

1* Nicht alle vor. Merkmale zus.treffend

2   B.abschnitte flach, breit. Kronflügel auswts gebogen, rosa mit dunkelpurpurnen Spitzen. Fr. schwach gekielt. (Hierher viell. ein großer Teil der Angaben von *F. muralis* Bramw.) – **V**: E Can

| | P? | | T? | C | L | F |

.... *F. praetermissa* Pugsl.

2* Nicht alle vor. Merkmale zus.treffend

3   Fr.stiel gebogen bis zurückgekrümmt. Äußere Kronb. spitz. Fr. glatt od. wenig rauh. Krone oben schmal, gewöhnl. nicht deutl. zweifarbig, meist weißl. B.zipfel ca. 2 mm breit. Blü. 7 – 15 mm. Krone nicht bauchig aufgeblasen. Traubenstiel länger als Traube, 15 – 30bltg – **V**: Az – med – **G**: CHE, ART I-1

| | P | | T | C | L | F? |

.... *F. capreolata* L.

3* Fr.stiel gerade. Traubenstiel kurz bis etwa so lang wie die Traube

4   Blü. groß (mehr als 9 mm lang). Unteres Kronb. nicht spatelig

5   Unteres Kronb. mit ± breiten Rändern, diese nicht wellig krenuliert. Fr. deutl. gekielt, mit aufgesetztem Spitzch. Krone 12 – 16 mm lang. Kelchb. 1 – 2 mm breit – **V**: C sine loco (Despr.) – med, SAm

| | | | | C | | |

.... *F. agraria* Lag.

5* Unteres Kronb. mit schmalen Rändern

6   Ränder des unteren Kronb. ausgebreitet. Blü. groß, in langen, vielbltg Trauben. Fr. rauh. Kelchb. oval, gesägt, 1 – 2 mm breit. Blü.traube länger als ihr Stiel, 10 – 25bltg – **V**: Lob – Az?, Md – med-atl [*F. confusa* Jord.]

| H | P | G | T | C | L? | F |

.... *F. bastardii* Boreau

7   Obere Kronb. mit rosa Flügeln. Fr. sehr stumpf, fast kugelig, ca. 2,5 × 2,5 mm

| | | | T | C | | |

.... var. *confusa* (Jord.)Hamm

7* Obere Kronb. mit dunkel- bis schwarzpurpurnen Flügeln. Krone 9 – 10(– 11) mm lang, Fr. kaum rauh .... var. *gussonei* (Boiss.)Pugsl.

6* Ränder des unteren Kronb. aufgerichtet. Blü. in kurzen, armbltg (bis 12) Trauben. Kelchb. bis 3 mm breit, oval. Traubenstiel etwa so lang wie die Traube. Blü. meist rosa mit dunkler Spitze. B.zipfel unter 2 mm breit (vgl. *F. praetermissa*!) – **V**: Can: Angaben alle zu prüfen! – Md – atl – **G**: SEC I-1b, CHE I-1o

| H | P | G | T | C | L | F |

.... *F. muralis* Sonder

4* Blü. klein (höchst. 9 mm). Unteres Kronb. ± spatelig. Trauben (sehr) kurz gestielt

8   Kelchb. mehr als $^1/_3$ so lang wie die Krone, 2 – 3 mm breit, stumpf. Fr. deutl. gespitzt.

B.zipfel schmal, lineal. Krone 6–7 mm. Trauben 10–40bltg – **V:** med-atl

			T			

. . . . *F. densiflora* DC.

8* Kelchb. klein, unter $^1/_3$ der Krone u. schmäler als diese, höchst. 1,5 mm breit

9   Fr. ausgerandet od. gestutzt (mit kleiner Eindellung am Ende). Kelchb. 1–1,5 mm breit. Blü. 7–9 mm lang. Kelchb. breiter als der Blü.stiel, etwa halb so breit wie die Kronröhre, gezähnt. Krone bauchig. B.zipfel flach – **V:** euras – **G:** CHE

?H	P?	G?	T?	C	L	F

. . . . *F. officinalis* L.

9* Fr. vorn gerundet od. bespitzt. Kelchb. höchst. $^1/_4$ so lang wie die 5–6 mm lange Krone, nur 0,5–1,5 mm lang, kaum breiter als der Blü.stiel. Trauben sehr kurz gestielt, ± 10bltg. Fr. fast kugelig, ± glatt

10 Blü. i.d.R. weiß od. schwach rosa. Oberes Kronb. nicht ausgerandet. Kelchb. ca. 1 mm breit, etwa so breit wie der Blü.stiel. B.zipfel weniger als 1 mm breit – **V:** Md – med

	H		T	C	L	F

. . . . *F. parviflora* Lam.

10* Blü. rosa. Oberes Kronb. ausgerandet. Kelchb. nur ca. 0,5 mm breit, schmäler als der Blü.stiel. B.chen abgeflacht – **V:** med

			T	C	L	F

. . . . *F. vaillantii* Lois.

Platycapnos

– Obere Blü. aufrecht, untere zurückgeschlagen (anfangs ausgebreitet). B. blaugrün, in sehr schmale Abschnitte (0,5 mm) zerteilt – **V:** westmed [*Fumaria s.* L.]

			T		F	

. . . . *P. spicata* (L.)Bernh.

– Kelchb. sehr kurz ($^1/_6$ Kronb.). Samen glatt, bikonvex – **V:** O- u. SIber . . . **ssp.** *echeandiae* (Pau)Heyw.

Capparidales

Capparidaceae

– B. herz- bis eif., ganzrandig. Nebenb. zu kleinen Dornen umgebildet. Blü. groß (5–7 cm Durchm.), weiß-rosa. Fr. auf langem Carpophor. K4 C4 A∞ G(2). Strauch, bis 1,5 m hoch, mit hängenden Ästen – **V:** H gartenflüchtig – med

	H					

. . . . *Capparis spinosa* L.

– Nebenb. fehlend od. hinfällig . . . . **var.** *inermis* Torra

Brassicaceae

1   Fr. geschnäbelt od. quergegliedert: unteres Glied klappentragend (valvar), oberes schnabelartig (stylar). Haare einfach od. fehlend. Seitl. Honigdrüsen auf der inneren Seite der kürzeren Staubb. (sehr selten auf der äußeren). Filamente faden- od. stabf. . . . . *Brassiceae* S. 92

1* Fr. nicht valvar/stylar gegliedert, aber manchmal eingeschnürt od. sogar zwischen den Samen zerbrechend. Haare einfach od. geteilt od. fehlend

2   Fr. ein Schötch. (d.h. weniger als 3mal so lang wie breit)

3   Fr. seitl. zus.gedrückt, daher Scheidewand schmal (angustisept). Haare meist einfach. Blü. weiß bis blaßgelb (*Biscutella, Isatis*) . . . . *Lepidieae* S. 93

3* Fr. vom Rücken her zus.gedrückt, daher Scheidewand breit (latisept). B. ungeteilt. Haare verzweigt . . . . *Alysseae* S. 94

2* Fr. eine Schote (mindest. 3:1, vgl. aber *Notoceras*!)

4   Kelch offen (Kelchb. voneinander abstehend). B. meist geteilt (Ausn. *Arabis, Arabidopsis*)

5   Blü. weiß, nur bei *Barbarea* (S. 102) gelb. Keimling seitenwurzelig   *Arabideae* S. 94
5*   Blü. gelb, nur bei *Arabidopsis* (B. ungeteilt) weiß. Keimling rückenwurzelig
     . . . . *Sisymbrieae* S. 95
4*   Kelch geschlossen (Kelchb. sich berührend od. deckend). B. ungeteilt. Blü. weiß bis
     violett (Ausn. *Notoceras*: gelb). Haare meist mindest. 2spaltig. Oft Halbsträucher
6   Schoten an der Spitze mit 2 Höckern od. (z.T. verzweigten) Hörnern
     . . . . *Matthioleae* S. 95
6*   Schoten zugespitzt, ohne solche Fortsätze . . . . *Hesperideae* S. 95

Brassiceae

1   Fr. verlängerte Schoten, nicht durch scharfe Querteilung 2gliedrig. Stylarglied oft mit
     Samen (*Brassicinae*)
2   Narbe zieml. groß, niedergedrückt kopfig, ± 2lappig. Mittelnerv der Fr.klappen dick,
     Längsnerven ± deutl. anastomisierend. Schnabel meist samentragend. Blü. ± gelb
3   Fr.klappen "1nervig" (1 kräftiger Mittelnerv, Seitennerven viel dünner). Netznervig
     mit 1 Hauptnerv bei *Sinapidendron*
4   Schotenquerschnitt bikonvex bis rundl. Innere Kelchb. breiter als äußere. Traube
     meist unbeblättert
5   Kronb. verkehrt eif. Schoten bikonvex. Schnabel meist samentra-
     gend. Samen kugelig, selten eif. Ein- bis zweijährige Kräuter
6   Samen in 1 Reihe . . . . *Brassica* S. 95
6*   Samen in 2 Reihen je Fach

     . . . . *Diplotaxis* S. 96
5*   Kronb. schmal elliptisch, zitronengelb mit violettem Nagel. Schoten im Querschnitt
     rundl. Schnabel i.d.R. samenlos. Samen längl. od. eif. Staubb. oft
     purpurviolett. B. am St.ende gehäuft. Kelch aufrecht. Schoten
     geschlängelt od. krumm. Schnabel kurz, gerundet, so breit wie die
     Schote. Halbsträucher . . . . *Sinapidendron* S. 96
4*   Schote im Querschnitt ± 4eckig. Kelchb. gleich. Blü. gelb. Fr. mit konischem Schna-
     bel. Pf. ein- bis zweijährig. B. 1–2fach fiedertlg, mit großen Endlappen
     . . . . *Erucastrum* S. 96
3*   Fr.klappen deutl. 3–7nervig. Pf. einjährig
7   Kelchb. ausgebreitet. Samen kugelig. Schotenwand 3–5nervig.
     Schnabel ± schwertf. zus.gedrückt
     . . . . *Sinapis* S. 96
7*   Kelchb. aufrecht-abstehend bis fast aufrecht. Samen kurz eif. od. längl. Schotenwand
     3nervig (nur an jungen Fr. deutl.!). Fr.schnabel blasig aufgetrieben.
     Fr. dem St. anliegend, kahl. Blü. gelb. B. größtenteils in Rosette,
     leierf. gefiedert mit großem Endlappen, obere lanzettl., rauhhaarig
     bis kahl . . . . *Hirschfeldia* S. 97
2*   Narbe klein, aus 2 ovalen, an der Spitze zus.neigenden, am Grund oft etwas her-
     ablaufenden Lappen gebildet. Fr.klappen 3–5 mm breit, außer dem kräftigen, gekiel-
     ten Mittelnerv fast nervenlos. Schnabel immer samenlos. Blü. weiß
     od. gelbl. mit violetten Adern. Schote mit 2 Samenreihen. B. buch-
     tig eingeschnitten bis gefiedert, untere rosettig, mit 3–6 Paar
     gezähnter Lappen. Pf. meist nur unten behaart . . . . *Eruca* S. 97
1*   Fr. oft verkürzt, auffallend gegliedert
8   Oberes Fr.glied stets samentragend

9 Fr. nicht scharf 4kantig
10 Fr. eine Gliederschote mit 3 bis vielen Gliedern (nur selten durch
   Verkümmerung nur 1–2). Blü. weiß od. violettrosa od. gelbl. mit
   violetten Adern
   .... *Raphanus* S. 97
10* Stylarglied 1–2samig, bisweilen leer
11 Samen im Stylarglied hängend. Oberfläche des samenführenden Schotenteils ± glatt.
   Blü. klein, weiß. Filamente des inneren Kreises mit zahnartigem
   Anhängsel. Infl. sehr groß u. sparrig-rispig. B. gezähnt bis leierf.-
   fiederspaltig, sehr groß (Auf Can nur Halbsträucher)
   .... *Crambe* S. 97
11* Samen im Stylarglied aufrecht. Oberfläche des samenführenden
   (oberen) Schoten teils längsrippig. Blü. gelb. B. einfach fieder-
   schnittig, ihr Stiel oft violett
   .... *Rapistrum* S. 98
9* Schoten 2gliedrig, 4kantig, aufrecht (*Cakilinae*). Blü. rosa-lila. Pf.
   kahl, blaugrün
   .... *Cakile* S. 98
8* Oberes Fr.glied stets samenlos
12 Oberes Fr.glied auffallend schnabel- bis schwertf. (*Vellinae*)
13 Unteres Glied des 2gliedrigen hängenden Schötch. rundl., mit 6
   Samenanlagen. Oberes Glied stark zus.gepreßt. Samen schmal
   geflügelt. Pf. steif behaart. Blü. klein, gelbl.-weiß, violett geadert . *Carrichtera* S. 98
13* Unteres Glied des aufrechten Schötch. brillenartig, mit 2 Samen-
   anlagen, oberes Glied schwertf. Schötch.klappen stachlig behaart.
   Blü. gelb. Samen kaum geflügelt
   .... *Succowia* S. 98
12* Oberes Fr.glied kurz, Narbenlappen herablaufend. Blü. mittelgroß
   (Kelchb. 7–11 mm lang). Kronb. weißl. bis lila. Schoten 3–10 cm
   lang, zus.gedrückt bis fast 4kantig. Pf. kahl, blaugrün, obere B.
   sitzend st.umfassend. Pf. unten oft verholzt
   .... *Moricandia* S. 98

Lepidieae

1 Keimb. schmal, lineal od. längl. Bei den auf Can vorkommenden Arten Samenanlagen
   2(–1). Haare einfach od. fehlend
2 Keimb. schon im Samen gestielt, mit den Stielen länger als das Würzelch., oben
   umgebogen u. häufig quer geknickt (*Lepidiinae*). Blü. i.d.R. weiß.
   Pf. einjährig
3 Fr. kreisrund bis elliptisch, oben etwas geflügelt. Obere B. (fast)
   ungeteilt
   .... *Lepidium* S. 99
3* Fr. 2knotig. Griffel kurz od. fehlend. B. einfach bis doppelt gefie-
   dert. Pf. dem Boden anliegend
   .... *Coronopus* S. 99

2* Keimb. nicht gestielt. Fr.kn. mit 1–2 Samenanlagen (*Isatidinae*).
    B. ungeteilt. Fr. 5–6 mm lang, flach keulen- bis keilf. meist hän-
    gend, braun. Blü. blaßgelb. B. blaugrün, kahl. Pf. zwei- bis mehr-
    jährig
    . . . . *Isatis* S. 99
1* Keimb. breit, elliptisch bis kreisrund. Samenanlagen 2–100
4   Samenanlagen 2–4 (*Iberidinae*)
5   Äußere Blü. strahlend. Mediane Drüsen fehlend
6   Samenanlagen 4. B. in grundstdg Rosette . . . . *Teesdalia* S. 101
6* Samenanlagen 2. St. beblättert . . . . *Iberis* S. 99
5* Äußere Blü. nicht strahlend. Mediane Drüsen vorh. Haare einfach.
    Fr. brillenf. B. ungeteilt

    . . . . *Biscutella* S. 99
4* Samenanlagen 10–24. Haare mindest. z.T. verzweigt (*Capsellinae*). Blü. klein, weiß
7   Schötch. groß (bis 15 mm), breit geflügelt . . . . *Thlaspi* S. 101
7* Schötch. nur bis 10 mm lang
8   Schötch. 3eckig, am Grund spitz, oben ausgerandet. Rosettenb.
    i.d.R. mit mehr als 3 Paar Fiedern od. Fiederteilen. Blü.traube
    aufrecht. Obere B. pfeilf. st.umfassend. Pf. behaart
    . . . . *Capsella* S. 99
8* Schötch. längl. oval bis fast kugelig, auf dem Rücken gekielt, oben
    abgerundet od. höchst. schwach ausgerandet. Rosettenb. mit (0–)
    1–3 Paar Seitenfiedern. Krone kaum so lang wie der Kelch. Pf.
    niederliegend, (fast) kahl. Blü. klein, weiß, in niederliegender
    langer Traube . . . . *Hymenolobus* S. 100

Alysseae

1   Blü. gelb. Samenanlagen 4. Schötch. rundl.(–eif.). Pf. mit Stern-
    haaren. Zu jeder Seite der kürzeren Staubb. je 1 Honigdrüse . . . . . *Alyssum* S. 100
1* Blü. weiß, selten rötl. stark duftend, im Schlund oft violett. Staub-
    fäden oft violett. Schötch. ± eif. Samenanlagen 2–12. Zu jeder
    Seite der kürzeren Staubb. je 2 Honigdrüsen, eine kurze u. eine
    auffallend lange. Einjährige Kräuter od. ausdauernde Zwergsträu-
    cher mit verholzter Basis . . . . *Lobularia* S. 100

Arabideae

1   Fr.klappen scheinbar nervenlos (bisweilen der Mittelnerv am
    Grund der Schote sichtbar), sich spiralig abrollend. Samen 1reihig.
    Blü. weiß. B. unpaarig gefiedert
    . . . . *Cardamine* S. 101
1* Fr.klappen nervig, meist mit einem Mittelnerv, sich nicht einrol-
    lend
2   Blü. gelb. Samen 1reihig. Mediane Honigdrüsen stäbch.f. Pf. fast
    kahl. St. kantig. B. etwas fleischig, untere leierf.-fiedertlg. Zweijäh-
    rige Rosettenpf. . . . . *Barbarea* S. 102
2* Blü. weiß. Mediane Honigdrüsen fehlend od. nicht stäbch.f.

3   Fr.klappen ± flach. Samen 1reihig. Mittelnerv der Fr.klappen
     dünn, aber deutl. Pf. behaart. B. ungeteilt. Haare z.T. verzweigt

.... *Arabis* S. 102
3*   Fr.klappen gewölbt. Samen 2reihig. Pf. fast kahl. B. unpaarig gefie-
     dert

.... *Nasturtium* S. 102

Matthioleae
1   Narbe kopfig. Krone kaum länger als der Kelch (oft 2 Kronb.
     etwas größer als die anderen). Blü. gelb, klein (2–3 mm), dicht
     stehend. Fr.kn. an der Spitze durch 2 dorsale Fortsätze 2hörnig,
     mit 6–8 Samenanlagen. Fr. eine sehr kurze Schote. Pf. dicht
     angedrückt behaart. B. ungeteilt, ganzrandig .... *Notoceras* S. 102
1*   Narbe mit herablaufenden Lappen
2   Fr.klappen an der Spitze mit einem langen, oben 2–3gabeligen
     Anhängsel. Blü. hellrosenrot. Fr. fast einseitswdg gekrümmt. Weiß-
     filzige Halbsträucher mit ungeteilten, linealen, starren B.

.... *Parolinia* S. 102
2*   Fr.klappen ohne Anhängsel, aber Schoten an der Spitze durch Verdickung der
     Plazenten 2(–4)höckerig od. 2hörnig. Schoten lang. B. ungeteilt . *Matthiola* S. 103

Hesperideae
1   Narbe mit herablaufenden karpidialen Lappen, die zu einem ± spitzen Enddorn
     verschmelzen. Blü. über 10 mm Durchm., violett .... *Malcolmia* S. 103
1*   Narbe kopfig, 2lappig. Alle Haare 2–4strahlig, angedrückt. Samen 2reihig. Mediane
     Honigdrüsen fehlend. Kronb. anfangs weiß od. gelbl., später tiefviolett, zuletzt weiß
     verbleichend, duftend. B. ungeteilt, ± rauhhaarig, lineal bis lanzettl. Fr. außer einem
     2lappigen Narbenrest ohne Fortsatz. Halbsträucher [*Erysimum*] *Dichroanthus* S. 104

Sisymbrieae
1   B. einfach od. leierf.-fiederspaltig. Einjährige, niemals drüsentragende Pf.
2   B ± stark zerteilt. Blü. gelb. Samen feucht nicht schleimig (*Sisymbriinae*), 1reihig.
     Innere B.fiedern senkrecht abstehend bis zurückgekrümmt. Haare einfach

.... *Sisymbrium* S. 104
2*   B. ungeteilt. blü. weiß. Samen feucht schleimig. B. mit Gabelhaaren

.... *Arabidopsis* S. 105
1*   Halbsträucher mit 1–3fach fiedertlg B. Pf. oft drüsentragend (*Descurainiinae*). Blü.
     gelb. Haare verzweigt .... *Descurainia* S. 105

Brassica (vgl. auch *Sinapidendron* S. 96)
1   Samenanlagen 30–40. Obere B. st.umfassend. Fr.stiel 15–20 mm. Schoten aufrecht
     abstehend – **V:** Md? – atl-med

     | H? | P | G? | T | C | | .... *B. oleracea* L.

1*   Samenanlagen 7–11. Alle B. gestielt. Fr.stiel 2,5–6 mm. Schoten den St. angedrückt
     – V: Az, Md, Cv – submed

     | | | G | T | | | | .... ***B. nigra*** (L.)Koch

Diplotaxis
     – St. kahl od. am Grund mit rauhen Haaren. Untere B. fiederschnittig. Kronb.
     7–8(–12) mm, schwefelgelb. Samenanlagen 20–40 – V: Az, Md – iber-maur

     | | | | | C | | | .... ***D. catholica*** (L.)DC.

Sinapidendron
     – Auf Md außerdem *S. frutescens* u. *S. angustifolium* (anliegend behaart) sowie *S. rupestre* (abstehend
       rauhhaarig)
1   Schoten 25–65 mm lang, nur 1–1,5 mm breit. B. ± behaart, grob gezähnt bis leierf.
     fiedertlg. Trauben bis 40 cm – V: E Can [*Sinapis pubescens* L., *Brassica palmensis*
     O.Ktze.]

     | | P | | | | | | .... ***S. palmense*** (O.Ktze.)O.E.Schulz
1*   Schoten 20–30 mm lang, breiter, fast 4kantig. B. völlig kahl, blaugrün, rundl.-eif.,
     gezähnt – V: E Can [*Brassica bourgaei* (Webb)O.Ktze.]

     | H | P | G | T | | | | .... ***S. bourgaei*** Webb ex Christ

Erucastrum
1   Obere B. deutl. gestielt (B.stiel 5–8 mm lang). Schoten aufstrebend. Kronb. gelb,
     etwa 6 mm. Obere B. oft fast kahl – V: T haupts. südl. Anagatäler – maur – G:
     KLE I-1a

     | H | P | G | T | C | L? | F? | .... ***E. varium*** Dur. ssp. ***cardaminoides*** (Webb)Maire
1*   Obere B. sitzend, fast geöhrt bis st.umfassend. Kronb. gelb mit violettem Nagel, 8–9
     mm. Schoten abspreizend. B. rauhhaarig (Als var. zu vor.?)

     | | P? | G? | T? | C | L | F | .... ***E. canariense*** Webb

Sinapis
Vgl. auch *Sinapidendron* S. 96
1   Samenanlagen 8–13, im Schnabel 1–2, diese stets aufrecht. Schnabel wenig zus.ge-
     drückt, kürzer als die Fr. ($^1/_4$ bis $^1/_3$ so lang). Schoten kahl (nur bei var. *orientalis*
     (L.)Koch et Z. von Haaren rückwts rauh, so z.B. L). Obere B. sitzend, leierf. gebuch-
     tet – V: Grac – Az, Md – med-euras

     | H? | P | G | T | C | L | F? | .... ***S. arvensis*** L.
1*   Samenanlagen 4(–8), im Schnabel 1–2, diese stets hängend. Schnabel stark
     zus.gedrückt, schwertf. Schoten ± behaart
2   Kronb. deutl. länger als Kelchb., breit verkehrt eif. Fr.stiele 6–15 mm. Schoten
     gegen die Spitze verschmälert, Klappen höchst. so lang wie der Schnabel, oft
     rauhhaarig. B. gefiedert – V: Az, Md – med, verschl.

     | H | P | G | T | C | L? | F? | .... ***S. alba*** L.
2*   Kronb. wenig länger als der Kelch, sehr schmal längl. elliptisch. Fr.stiele 3–9
     mm. Schoten gegen die Spitze kaum verschmälert, lineal. Klappen meist kahl,
     länger als der Schnabel. Schnabel stumpf, breit 3nervig. B. geigenf. gebuchtet
     – V: iber-maur

     | | | G | T | | | | .... ***S. flexuosa*** Poir.

Hirschfeldia
- B. bleichgrün. Pf. 40–90 cm – **V:** Az, Md – med – **G:** KLE I-2b, CHE I-1f,2, SEC
  | H | P | G | T | C | L | F | .... ***H. incana*** (L.)Lagrèze-Fossat

Eruca
- Pf. oben kahl. Blü. weiß bis gelbl. mit violetten Adern – **V:** Md – med – **G:** SEC
  | H | P | G | T | C | L | F | .... ***E. vesicaria*** ssp. ***sativa*** (Mill.)Thell.

Raphanus
1   Schoten schmal (1,8–)3,5–4(–6) mm, ihre Wände starr, zerbrechl. Blü. blaßgelb, violett geadert – **V:** Md – med
     | H | P | G | T | C | L | F? | .... ***R. raphanistrum*** L.
-    Schote höchst. 2 mm breit, Schnabel 5–10 mm lang – **V:** Az – westiber
     | | | G | | C | L | | .... ssp. ***microcarpus*** (Lange)Thell.
1*   Schoten dick (8–25 mm Durchm.), ihre Wände schwammig, schwer od. nicht zerbrechend. Blü. weiß bis violett. Schote 30–90 mm lang. Schnabel konisch – **V:** Md, Cv – **S:** Kult. u. verwild.
     | H | P | G | T? | C | L? | F? | .... ***R. sativus*** L.

Crambe "Col de risco"
1   B. lineal bis schmallanzettl. (Sect. *Rhipocrambe* Svent., nächste Verwandte in OAfr.), am Rand gelappt, nur wenig u. weich gezähnt, hinfällig, häutig. Blü. klein. Fr. mit 4 Rippen. Pf. bis 1,5 m hoch – **V:** E Can, C um 600–800 m, T bei Masca
     | | | | T | C | | | .... ***C. scoparia*** Svent.
1*   B. breiter od. geteilt (Sect. *Dendrocrambe* Webb)
2   B. kahl od. wenigst. nicht rauh behaart
3   B. ungeteilt, völlig kahl, lederig, scharf gezähnt, kurz gestielt. infl. klein, mit wenigen abstehenden Ästen. Pf. bis 30 cm hoch – **V:** E Can, T um Masca 200–1200 m
     | | | T | | | .... ***C. laevigata*** DC. ex Christ
3*   B. leierf.-fiederspaltig, weich, ± kahl. Infl.-Äste aufrecht abstehend. Fr. mit 2 Flügeln – **V:** E Can, F im S; sehr selten

     | | | | | F | .... ***C. sventenii*** B.Peters ex Bramw. et Sund.
2*   B. rauh behaart (vgl. aber *C. gigantea*)
4   B. meist (Ausn. **var.** *indivisa* Svent.) fiederspaltig mit lineal-lanzettl. Abschnitten, frischgrün. Krone doppelt so lang wie der Kelch. Stamm gefurcht, bis 1,5 m hoch. Infl. breit ausladend. Fr. kantig bis geflügelt – **V:** E Can, T bei Güimar um 500 m
     | | | T | | | .... ***C. arborea*** Webb ex Christ
4*   B. ungeteilt, nur gezähnt bis schwach gelappt
5   B.stiel fehlend od. kurz, geflügelt
6   B. sehr rauh, blaugrün, sitzend od. kurz gestielt. Infl.-Äste ± abstehend. Blü. groß, Kronb. 3mal so lang wie die Kelchb. Fr. gerippt, > 3 mm – **V:** E Can, T im NW, W u. SW 20–600 m
     | | | T | | | .... ***C. scaberrima*** Webb ex Bramw.

- Ähnl., aber Fr. nur 2,5 mm – **V:** E Can – **S:** An Felsen

  | P | | | | | | | . . . . **C. microcarpa** Santos

6* B. mit kurzem, geflügelten Stiel, am Grund oft etwas gelappt,
   unregelm. gezähnt bis fast ganzrandig. Infl.-Äste ± aufrecht-ab-
   stehend. Rosette auf kurzem (5 cm) Stamm den Felsen aufsitzend
   – **V:** E Can, G 150–800 m

  | | | G | | | | | . . . . **C. gomerae** Webb ex Christ

5* B. mit deutl., nicht geflügeltem Stiel, am Grund oft mit Öhrch.
7 Achsen u. B.ränder nicht dornig rauh. B. eif., am Rand ungleich
   gezähnt, am Grund gestutzt od. herzf. Öhrch. gut ausgebildet. Fr.
   4rippig – **V:** E Can, T Anaga, Teno, Adeje – **G:** LAU I-1a

  | H | P? | G | T | | | | . . . . **C. strigosa** L'Hér. **var. strigosa**

 – Pf. über 3 m hoch, B. sehr breit u. über 30 cm lang, dünn, wenig rauh. Fr. deutl.
   2rippig. Kelchb. hautrandig, zurückgebogen – **V:** E Can

  | | P | | | | | | . . . . **C. gigantea** (Ceb. et Ort.)Bramw.

7* Achsen u. B. dornig rauh, blaugrün. B.rand breitdornig gezähnt. Infl.-Äste abstehend.
   Blü. klein – **V:** E Can, C im N u. NW 300– 1300 m [*C. vieraeana* Webb ex Christ]

  | | | | | C | | | . . . . **C. pritzelii** Bolle

 – Auf Md außerdem . . . . **C. fruticosa** L.f.

Moricandia
 – Untere B. stumpf eif., obere herzf. st.umfassend, ± spitz. Traube 10–20bltg. Kronb.
   20 mm, violettpurpurn. Schote bis 80 × 3 mm, zus.gedrückt 4kantig – **V:** westmed –
   S: Kalkzeiger

  | | | | | C | | | . . . . **M. arvensis** (L.)DC.

Rapistrum
 – Pf. ± behaart (bis fast kahl), einjährig. Blü. gelb, in langer, schmaler Traube. Grundb.
   leierf., tief geteilt mit großem Endlappen, obere schmal, ungeteilt, etwas gezähnt –
   V: Az, Md – med – **G:** CHE

  | H? | P | G? | T | C | L | F? | . . . . **R. rugosum** (L.)All.

Cakile
1 Unterer Schotenteil mit seitl. Fortsätzen. Pf. kahl. b. blaugrün, fleischig, ungeteilt bis
   doppelt fiederspaltig. Blü. rosa-lila – **V:** T El Médano, Grac, Lob – Md, Cv – med-
   atl – **G:** CAK

  | | | | T | C | L | F | "Col de mar" . . . . **C. maritima** Scop.

1* Unterer Schotenabschnitt ohne Fortsätze, oberer am Grund zus.gezogen, ohne
   häutigen Rand – **V:** Lob – Az – NAm – nordatl

  . . . . **C. edentula** (Big.)Hook. **ssp. edentula**

Carrichtera
 – Pf. steif behaart, sehr ästig, niedrig, einjährig. B. 2–3fach gefiedert, ähnl. *Artemisia*.
   Blü. klein, gelbl.-weiß mit violetten Adern – **V:** Grac, Lob – südmed – **G:** CHE

  | | | G | T | C | L | F | . . . . **C. annua** (L.)Asch. et Gr.

Succowia
 – Pf. einjährig, aufrecht, ästig, fast kahl. B. groß, fiedertlg, Fiedern gekerbt-gezähnt
   (Doldenblütler-ähnl.), häutig – **V:** T sine loco (BROUSS., LEDRU, CHR.SM., von

BOLLE, BOURG. u. WEBB nicht gefunden) – südmed

| | | | T | | | | .... ***S. balearica*** (L.)Medic.

Lepidium

1 Pf. meist kahl. A6. Schötch. 5–6 mm lang, an der Spitze breit geflügelt, ihre Stiele aufrecht. Pf. blaugrün bereift, manchmal zerstr. borstig. B. fiedertlg, mit schmalen Fiedern, obere ungeteilt, lineal – **V:** Az, Md – Heimat ostmed – **S:** Als "Gartenkresse" kult. u. verwild.

| | | | T | | | | .... ***L. sativum*** L.

1* B. am Rand bewimpert. Schötch. 3–4 mm lang
2 St. kahl. A2. B. vielfach fiederspaltig. Kronb. kürzer als Kelchb. – **V:** Md – Uruguay

| | | P | G | T | | | .... ***L. bonariense*** L.

2* St. i.d.R. flaumig. A2(–4). B. längl.-lanzettl., weniger als 2 cm breit, scharf gesägt bis eingeschnitten. Obere B. lineal. Kronb. ca. 1 mm lang, länger als Kelchb. Pf. mit Kressegeruch – **V:** Az, Md – NAm

| | | | G | T | | | .... ***L. virginicum*** L.

Coronopus

1 Schötch. bis 4 mm breit, nicht aufspringend, an der Spitze kurz konisch, am Grund kaum ausgerandet, an den Rändern kammf. höckerig. A6 (Sect. *Carara*). Kronb. weiß, wenig, länger als der Kelch. Pf. kahl, grau- bis blaugrün – **V:** Az, Md – med – **G:** CHE I-1d, PLA I-1a

| | | | T | C | | F | .... ***C. squamatus*** Asch.

1* Schötch. bis 3 mm breit, 2knotig, beidersts, besonders unten ausgerandet, in 2 auf beiden Seiten konvexe, netzig-grubige Hälften zerfallend. A2(–5) (Sect. *Nasturtiolum*). Riecht beim Zerreiben übel. Kronb. verkümmert bis fehlend, kürzer als der Kelch – **V:** Az, Md, Cv – Heimat wohl SAm – **G:** CHE I-10, PLA I-2c

| H | P | G | T | C | L? | | .... ***C. didymus*** (L.)Sm.

Isatis

– Pf. 40–140 cm hoch, kahl. B. ungeteilt, pfeilf. st.umfassend, blaugrün. Blü. zahlreich, klein, lebhaft gelb, in scheindoldiger Rispe – **V:** Md (var. *praecox*) – ostmed

| | | | | C | | | .... ***I. tinctoria*** L.

Iberis

– Pf. einjährig, kurz steifhaarig – **V:** südmed

| | | | | C? | | | .... ***I. odorata*** L.

Biscutella

– Pf. einjährig, 30–70 cm hoch. B. eif.-zungenf., unregelm. gezähnt, behaart. Blü. blaßgelb, groß. Schötch. groß (–15 mm) – **V:** westmed [*Iondraba a.* (L.)Webb]

| | P | | T | L? | | | .... ***B. auriculata*** L.

Capsella

1 Grundb. rosettig, ungeteilt bis fiederspaltig, Kronb. länger als Kelch, weiß. Fr.rand konvex od. gerade – **V:** Lob – Az, Md – kosmop – **G:** CHE

| H? | P | G? | T? | C? | L | F? | .... ***C. bursa-pastoris*** (L.)Med.

1*   Kronb. kaum länger als Kelch, wie dieser rötl. od. rötl. berandet. Fr. bis 6 mm
      lang, ihre Seitenränder konkav – **V:** Az, Md – med

      ☐ ☐ |G|T|C| ☐ ☐ . . . . **C. rubella** Reuter
  –   Mit sehr kleinen (2,5 mm) Schötch. (*C. rubella* × *C. bursa-pastoris*)

      . . . . **C. × gracilis** Gren.

Hymenolobus
  –   Pf. zart, niederliegend – **V:** med, Am, Austr

      ☐ ☐ |T|C| ☐ ☐ . . . . **H. procumbens** (L.)Nutt.

Alyssum
  –   Pf. einjährig. B. schmal, klein. Pf. 5–10(–20) cm hoch, weiß angedrückt behaart.
      Kronb. blaßgelb, nur ca. 3 mm lang – **V:** med [*A. parviflorum* Fisch. ex M.B.]

      ☐ ☐ |T|C| ☐ ☐ . . . . **A. minus** (L.)Rothm.

Lobularia
Der Schlüssel folgt BORGEN (1987).
1   Pf. einjährig, nicht sukkulent. Blü. winzig, oft mit Tragb. Schötch. 4–7 mm, Samen
      sehr klein, Kelch bleibend – **V:** Grac, Lob – **Md,** NAfr, SSpan, WAs – **S:** Sande in
      Küstennähe, Brachland

      |H|P|G|T|C|L|F| . . . . **L. libyca** (Viv.)Meisn.
1*   Pf. mehrjährig; wenn einjährig, dann sukkulent
2   Samen hellbraun, je Fr.fach 1 Samen, Blü.trauben dicht, Blü. überragen die Knospen,
      viele Blü. gleichzeitig geöffnet, stark honigduftend, weiß, oft purpurn getönt. Staubfä-
      den nach dem Verblühen violett, Kelch hinfällig. Schötch. 2–3 mm. Ausdauernder
      Halbstrauch, bereits im 1. Jahr blühend. B. graugrün bis silbrig behaart (un-
      ter Salzeinfluß leicht sukkulent) – **V:** Az, Md, Cv – SWEur, NAfr –
      weltweit als Gartenpf. kult. – **S:** Steinige Böden, Felsen; ruderal an Mau-
      ern, an Straßenrändern

      ☐ ☐ |G|T|C| ☐ ☐ . . . . **L. maritima** (L.)Desv.
2*   Samen dunkel, kastanienbraun. Ausdauernde od. einjährige Pf. ☐22

      . . . . **L. canariensis** (DC.)Borgen
Da es zwischen den Subspecies keine genetischen Barrieren gibt, findet man eine große
morphologische Vielfalt u. zahlreiche Übergänge zwischen den einzelnen Sippen. Merkma-
le u. Verbreitung vgl. bei den Unterarten
a   Kronb. spatelf., schmäler als 1,2 mm, cremefarben. Unregelmäßig verzweigter Halb-
      strauch mit ganzrandigen B. Schötch. verkehrt-eif., Samen breit geflügelt, 1–3 je
      Fr.fach – **V:** E Can – **S:** Felsen, steinige Hänge, Ruderalstellen, 0–1400
      m [*L. intermedia* Webb, *L. intermedia* var. *brunonis* Webb ex Christ, *L.*
      intermedia var. *argyrea* Pit., *L. intermedia* var. *intricata* Pit., *L. intermedia*
      var. *subspinescens* Pit.]

      |H|P|G|T| ☐ ☐ ☐ . . . . ssp. **intermedia** (Webb)Borgen
a*   Kronb. genagelt (Spreite scharf vom Stiel abgesetzt), breiter als 1,5 mm
b   Schötch. länger als 4,8 mm u. breiter als 3,7 mm, Fr.klappen fast kahl, flach, purpurn,
      mit verdicktem Rand, 2–3 Samen je Fach. Oft kurzlebiger Halbstrauch – **V:** Grac –
      SWMarocco – **S:** Felsen u. steinige Küsten, 0–600 m [*L. marginata* (Webb)Christ, *L.*
      marginata var. *bollei* Webb ex Christ]

      ☐ ☐ ☐ ☐ ☐ |L|F| . . . . ssp. **marginata** (Webb)Borgen
b*   Schötch. kürzer als 4 mm u. schmäler als 2,8 mm
c   B. fast kahl, zerstreut behaart

d   B. lanzettl., B.rand gekerbt, Fr. elliptisch mit meist 2 Samen. Aufrechter, stark verholzter, 25–40 cm hoher
    Strauch – **V:** Cv, Az? – **S:** Steile Felsen u. steinige Hänge; ruderal an Straßen u. auf Weiden [*Koniga f.*
    Webb] .... **ssp.** *fruticosa* (Webb)Borgen

d* B. spatelf., ganzrandig, Fr. eif. mit meist 4 deutl. geflügelten Samen. Locker verzweigter, hängender Strauch
    – **V:** E Cv – **S:** Steile Felsen, steinige Hänge [*L. spathulata* (J.A.Schmidt)O.E.Schulz]
    .... **ssp.** *spathulata* (J.A.Schmidt)Borgen

c* B. dicht silbrig-grau behaart

e   Pf. vom Grund an verzweigt, Fr. kreisf. bis elliptisch, Samen nicht od. nur schwach
    geflügelt

f   Nur wenige Blü. gleichzeitig geöffnet, Knospen überragen die Blü. Kleine Schötch. mit
    meist 3 ungeflügelten Samen (< 1,3 × 0,9 mm) pro Fach. 15–25 cm hoher Halb-
    strauch – **V:** E Can, T Südküste, C Nordostküste – **S:** In xerophytischer Vegetation
    in Küstennähe

    ☐ ☐ |T|C| ☐ ☐ .... **ssp.** *microsperma* Borgen

f* Viele Blü. gleichzeitig geöffnet, Blü. überragen die Knospen. Samen größer

g   Einjährige Pf. mit sukkulenten B. Blü.traube bei Fr.reife stark verlängert – **V:** E Salvajes – **S:** Sandige u.
    steinige Böden .... **ssp.** *succulenta* Borgen

g* Ausdauernder, niederliegender Halbstrauch. B. rosettig an Zweigenden gehäuft – **V:** E Salvajes – **S:**
    Sandige Böden, 0–150 m [*L. maritima* (L.)Desv. var. *rosula-venti* Svent.] **ssp.** *rosula-venti* (Svent.)Borgen

e* Pf. von der Hauptachse aus verzweigt, Fr. eif., Samen deutl. geflügelt

h   Kandelaberartig verzweigter Halbstrauch, bis 70 cm hoch. B. zurückgebogen, mehr als
    16mal so lang wie breit. Kronb. breiter als 1,8 mm, an der Basis violett, Kelchb. u.
    Staubb. violett. Samen oval – **V:** E Can – T sehr selten – **S:** Im Bereich des Kiefern-
    u. Lorbeerwaldes, gelegentl. auf Lava [*L. palmensis* Webb ex Christ, *L. intermedia*
    Webb var. *palmensis* (Webb ex Christ)Pit.]

    ☐ |P| |T| ☐ ☐ .... **ssp.** *palmensis* (Christ)Borgen

h* Unregelmäßig verzweigter Halbstrauch, bis 25 cm hoch. B. gerade, weniger 16 mal so
    lang wie breit. Kronb. schmäler als 1,8 cm, weiß, manchmal purpurn getönt. Schötch.
    eif. bis rund, fast kahl, mit 2–3 ± runden Samen – **V:** E Can – T im SE – **S:**
    Felsen, steinige Hänge u. Ruderalstellen, 0–2000 m

    ☐ ☐ |T|C| ☐ .... **ssp.** *canariensis* (DC.)Borgen

Draba

–   Einjährige Pf., 10–30 cm, untere B. in Rosette, behaart, B.rand gezähnt, Blü. weiß – **V:** Md – submed,
    verschl. .... *D. muralis* L.

Thlaspi

–   Einjährige Pf., 10–40 cm, St. einfach od. leicht verzweigt, untere B. gestielt, obere
    sitzend. Schötch. 10–15(–18) mm breit, geflügelt – **V:** Md – euras-submed, verschl.

    ☐ ☐ |T| ☐ ☐ .... *T. arvense* L.

Teesdalia

1   Grundb. mit stumpfen Lappen. Kronb. ungleich, äußere doppelt so lang wie der Kelch. Schötch. 3–4 mm,
    Griffel kurz – **V:** Md – subatl(-submed) .... *T. nudicaulis* (L.)R.Br.

1* Grundb. mit spitzen Lappen. Kronb. ± ungleich, so lang wie Kelchb. Schötch. höchst. 3 mm, Griffel 0 –
    V: Md – med [*T. lepidium* DC.] .... *T. coronopifolia* (Berg.)Thell.

Cardamine

–   Einjährige Rosettenpf. B.stiel oft am Grund lang gewimpert. Fiedern gestielt, eif.-
    3eckig, Endfieder groß. Blü. sehr klein, Kronb. bis 3 mm, oft fast fehlend. Staubb. oft
    nur 2–4 – **V:** Az, Md – holarkt, SAm

    ☐ |P|G|T|C| ☐ .... *C. hirsuta* L.

Barbarea
- Pf. fast kahl. B. 5–8paarig gefiedert, Fiedern eif., Endlappen sehr groß. Blü. gelb, in langen Trauben – **V:** Az, Md – westmed

	P		T			

.... *B. verna* (Miller)Asch.

Arabis
1 Pf. ein- bis zweijährig
2 Untere B. zur Blü.zeit welk. Kronb. 4–6 mm, weiß. Schote 1–1,5 mm breit, 35-70 mm lang – **V:** med [*A. saxatilis* All.]

				C?		

.... *A. nova* Vill.

2* Kronb. 2–4 mm, Schote weniger als 1 mm breit, 10–35 mm lang. St.b. 6–20 mm, geöhrt – **V:** submed [*A. recta* Vill.]

			T	C		

.... *A. auriculata* Lam.

1* Pf. mehrjährig, mit sterilen Rosetten. Blü. 9–18 mm, weiß. Obere B. spießf. st.umfassend, Öhrch. spitz – **V:** Md – med – **S:** Gebirge – **G:** ASP I-2b [*A. albida* Stev., *A. alpina* L. ssp. *caucasica* (Willd.)Briqu.]

H	P	G	T	C		

.... *A. caucasica* Willd.

Nasturtium
- Pf. fast kahl. B. unpaarig gefiedert, mit je 2–3 eif. Fiedern u. größerem, fast herzf. Endfieder – **V:** Az, Md, Cv – kosmop – **G:** PHR I-1 [*Rorippa nasturtium-aquaticum* (L.)Hayek]

H?	P	G	T	C	L?	F

.... *N. officinale* R.Br.

Notoceras
- Einjährige, niederliegende Pf., starr ästig. St. kantig, hart – **V:** Grac, Lob – südmed-sah-sind

		G	T	C	L	F

.... *N. bicorne* (L.)Willk. et Lange

Parolinia "Dama"
1 Schotenfach 5–8samig, mit Anhängseln. Schoten bis über 2 cm lang. Anhängsel tief zweispaltig. 1–2 m – **V:** E Can – **G:** KLE I-2a

			T?	C	L?	F?

.... *P. ornata* Webb

- Kronb. breiter, spatelig, Fr. sehr schlank, weniger filzig, B. 13–40 × 0,5–2 mm. Pf bis 1,5 m

			C			

.... *P. platypetala* Kunk.

1* Schotenfach 2–4(–5)samig, Schote kürzer
2 Schotenfach 4(–5)samig – **V:** E Can, T Punta de Teno – **G:** KLE I ☐23

			T			

.... *P. intermedia* Svent. et Bramw.

- Ähnl. auf P eine noch unbeschriebene, sehr seltene Sippe (vgl. z.B. SANTOS 1983)
2* Schotenfach 2–3samig, Schote etwa 1 cm lang. Pf. kleiner, von dichtem Wuchs, mit gelbl. Rinde. Schotenanhängsel kurz eingeschnitten od. 3zähnig – **V:** E Can

		G				

.... *P. schizogynoides* Svent.

- B. fädig (8–15 × 0,8–1 mm). Kronb. spitz. Schoten ca. 8 mm lang, Samen 3–5. Pf bis 2,5 m – **V:** C im NW

			C			

.... *P. filifolia* Svent. ex Kunk.

Matthiola

1 Blü.stiele verlängert (mindest. 5 mm lang).
Kronb. groß (20 – 30 mm). Schoten zus.ge-
drückt. Pf. am Grund verholzt. B. ganzran-
dig. Samen kreisrund. Blü. duftend, weiß,
violett od. rot, mit relativ breiten (ver-
kehrt eif.) Kronb. Pf. weißwollig – **V:** Az
  – ostmed

| | P | | T | C | L? | | . . . . *M. incana* (L.)R.Br.

  – Mit besonders großen Kronb. (35 mm) u. bis 14 cm langen Schoten – **V:** E Md   . *M. maderensis* Lowe
1* Blü.stiele sehr kurz (1 – 3 mm). Kronb. kleiner (5 – 15 mm). Schoten gerundet, nur ca.
1 mm dick
2 Fr.trauben verlängert. Blü. violett, gelbl. od. grünl. Pf. nicht drüsig, mit zahlreichen
Grundb. B. schmal, weißwollig. Fr. rot mit 3 Hörnch. Pf. am Grund verholzt, mit
sterilen Rosetten (mehrjährig) – **V:** südmed – **G:** SEC [*M. tristis* (L.)R.Br.]

| | | | T | C | L | F | . . . . *M. fruticulosa* (L.)Maire

  – Pf. fast st.los, Schote mit kurzen Hörnern. Blü. 10 – 15 mm, meist rot bzw. rosa,
seltener weiß. Schote verborgen – **V:** F Jandía.

| | | | | | L | F | . . . . **var. *bolleana*** (Webb ex Christ)Sund.

2* Pf. ein-, selten zweijährig, stark behaart
3 Kronb. lineal, ± wellig, 12 – 15 mm, grünl.-gelb, hellbraun od. violett. Blü. ± sitzend.
Pf. meist stark drüsig. Fr.stiel höchst. 3 mm lang, Fr. oft gekrümmt – **V:** ostmed-sah
sind

| | | | T | C | | | . . . . *M. longipetala* (Vent.)DC. **ssp. *livida*** (Del.)Maire

  – Kronb. über 10 mm lang, Schoten 3spitzig, Blü. rosaviolett

| | | | | L? | F? | | . . . . *M. tricuspidata* (L.)R.Br.

3* Kronb. verkehrt eif., nicht wellig, klein (9 – 12 × 2 – 3 mm), violett, selten weiß. Pf.
wollig-spinnwebig. Hörner der Schote lang, spitz, fast waagerecht abstehend, filzig.
Untere B. buchtig gezähnt, obere fast ganzrandig. Ganze Pf. sparrig, kaum drüsig –
V: Grac – Md – iber-maur – **G:** SEC

| H | P | G | T | C | L | F | . . . . *M. parviflora* (Schousb.)R.Br.

  – Kronb. 15 – 20 × 4 – 6 mm, Narbe nicht zwischen den Hörnern hervorragend – **V:**
iber-maur

| | | | | L? | | | . . . . *M. lunata* DC.

  – Pf. zweijährig, St. verholzt. B. lineal., ganzrandig od. fein gezähnelt. Blü. in langer endstg Traube, weiß bis
schön blaßlila. Samen geflügelt – **V:** E Cv [*Erysimum caboverdeanum* (Chev.)Sund.]
. . . . *M. caboverdeana* A.Chev.

Malcolmia

1 B. elliptisch, stumpf. Blü.stiele etwas kürzer als der Kelch. Schoten weichhaarig, oben
lang zugespitzt. Pf. einjährig. Haare 2 – 4tlg. B. oft etwas gezähnt, kurzhaarig, grün. Fr.
mit kurzem, konischen Enddorn – **V:** med

| | | | T | C | | | . . . . *M. maritima* (L.)R.Br.

1* B. eilanzettl.-lineal, kaum gesägt. Blü.stiele etwa so lang wie der Kelch. Pf. dicht
graufilzig, mehrjährig, mit verholztem Rhizom. Griffel lang (bis 1 cm), dünn. Fr. mit
langen gelben Enddorn – **V:** westmed

| | | | | L | F | | . . . . *M. littorea* (L.)R.Br.

Dichroanthus [Cheiranthus, Erysimum]

HANSEN & SUNDING (1985) geben für die Canaren nur *Erysimum scoparium* (T) u. *E. bicolor* (H, P, G, T, C, F u. Salv) (inkl. *Dichroanthus cinereus* u. *D. virescens*) an. Die Sippe bedarf weiterer Bearbeitung (vgl. auch POLATSCHEK 1976).

1   B. meist entfernt scharf, aber kurz gezähnt, (lineal-)-
     lanzettl. Schoten fast kahl. B. wenig behaart, Haare
     z.T. 3spaltig – **V:** Md, Salv [*Erysimum bicolor* (Hor-
     nem.)DC. p.p., *E. heritieri* O.Ktze. var. *virescens*
     (Webb)Mend.-Heu., *E. mutabile* (L'Hér.)Wettst.]

     | H? | P? | G | T | C | | F | "Alhelí montaño" . . . . *D. virescens* Webb

  – In allen Teilen kleiner [Basionym *Erysimum heritieri* O.Ktze. var. *hierrense* Mend.-Heu.
     in *Cuad.Bot.Canar.* **14-15**: 24 (1972)]

     | H | | | | | | | . . . . **var. *hierrense*** (Mend.-Heu.)comb.nov.

1*   B. fast ganzrandig, lineal-lanzettl. Schoten grau be-
     haart. Haare 2spaltig

2   Filamente verbreitert, an der Spitze pfrieml. Schoten
     breitzylindrisch. Griffel verlängert. Seitenäste sparrig
     abstehend. Pf. grau behaart. B. ganzrandig – **V:** E
     Can, T Valle de Santiago [*Erysimum bicolor* (Horne-
     m.)DC. p.p.]

     | | | | T | | | | . . . . *D. cinereus* Webb et Berth.

2*   Filamente fädig. Schoten 4kantig. Griffel dick. B. 40–70 × 2,5–3 mm. Seitenzweige
     aufrecht. Pf. weißgrau behaart – **V:** E Can, 1500–2400 m – **G:** SPA I-1a [*Erysimum
     scoparium* (Brouss.)Wettst.] □21

     | | P? | | T | C? | | | "Alhelí del Teyde" . . . . *D. scoparius* Webb

  – B. 60–90 × 4–7 mm – **V:** E Can – **G:** ASP I-2d [*Dichroanthus mutabilis* (L'Hér.)
     Webb et Berth.]

     | | P | | C? | | | . . . . **var. *lindleyi*** Webb ex Christ

  – Auf Md außerdem *Cheiranthus tenuifolius* L'Hér. mit gelben, *Ch. arbuscula* Lowe mit violetten Blü.

Sisymbrium

1   Schoten lineal, deutl. gestielt, ± abstehend, über 4 cm lang. Samenanlagen über 40

2   Fr.stiele dünn. Schoten oft gekrümmt. Septum (Scheidewand) nicht stark grubig. Pf.
     verkahlend. Samen gelb. Fiederlappen meist nicht rückwts gerichtet. – **V:** Md – med-
     iran-turan – **G:** CHE I-1h

     | H? | P | G | T | C | L | F | . . . . *S. irio* L.

2*   Fr.stiele sehr dick, etwa so dick wie die Schoten, diese gerade, oft rechtwinklig
     abstehend, etwa 10 cm lang. Septum schwammig, tief grubig. Pf. grausamtig behaart.
     Samen braun. Alle Lappen der unteren B. nach rückwts gerichtet – **V:** Md – med-
     iran-turan

     | | | | T | | | | . . . . *S. orientale* L.

1*   Schoten konisch, fast sitzend (Stiel 1–2 mm). Blü. sehr klein

3   Schoten lang (3,5 bis über 5 cm), mit über 30 Samenanlagen, abstehend. B. leierf. bis
     schrotsägef., 5–7 lappig, ± kahl. Obere B. lang spießf. – **V:** Grac, Lob – Az, Md –
     südmed – **G:** CHE I-1

     | H | P | G | T | C | L | F | . . . . *S. erysimoides* Desf.

3*   Schoten kurz (1–1,7 cm), mit bis zu 20 Samenanlagen, der Achse eng angedrückt,
     behaart. Seitenäste sparrig, fast rechtwinklig abstehend. Untere B. tief geteilt, obere

durch Reduktion der unteren Fiedern ± Hellebarden-ähnl. –
V: Az, Md – med – **G:** CHE

| H | P | G | T | C | L? | F? | .... *S. officinale*(L.)Scop. →

Arabidopsis
- Pf. einjährig, 4–20 cm hoch, Blü. klein (2–4 mm). B. größtenteils in Rosette, etwas gezähnt – **V:** Az, Md, Cv – med-submed-euras, weltweit verschl. – **G:** PIN

| H | P | G | T | C | | | .... *A. thaliana* (L.)Heynh.
- Wenige od. keine Kronb.

| | | | | C | | | .... **var. apetala** O.E.Sch.

Descurainia
1   B. oft rosettig gehäuft am Ende der Äste, zierl., (2–)3fach fiederschnittig, Endlappen meist klein (1 mm lang). Schoten mit 10 bis 20 rotbraunen Samen. Kelch 3–4 mm – **V:** E Can, T 200–1000(–1500) m

| | P | G | T | | | | .... *D. millefolia* (Jacq.)Webb
1* B. 1–2fach fiederschnittig, Lappen 2–25 mm lang
2   B. fast nur einfach fiederschnittig od. ungeteilt
3   Schoten aufsteigend, auf aufgerichteten Stielen. Fiederlappen ganzrandig, 5–25 mm lang. Samenanlagen 18–27. Blü. hellgelb. Obere B. mit nur 1 Fiederpaar. Pf. bis 80 cm hoch. B. grün, zerstr. drüsig behaart – **V:** E Can – **G:** ASP I-1a

| | | | | C | | | .... *D. preauxiana* Webb
- B. völlig kahl, Blü. kleiner

| | | | | C | | | .... **var. briquetti** (Pit.)O.E.Schulz
3* Pf. grau behaart, Pf. bis 1,5 m, am Grund verzweigt, dicht beblättert. St.b. ungeteilt. Ähnl. der vor. – **V:** E Can, T Cañadas 2000–3000 m

| | | | T | | | | .... *D. gonzalezii* Svent.
2* B. (mindest. z.T.) doppelt fiederschnittig, dicht sternhaarig
4   Schoten aufsteigend, auf rechtwinklig abstehenden Stielen. Fiederlappen der unteren B. oft fiederspaltig, 2–3 mm lange Endabschnitte. Samenanlagen etwa 16. Blü. goldgelb. Haare fast sternf. Kelch höchst. 2,5 mm lang. Samen braun – **V:** E Can, T Cañadas 1500–2400 m ☐20

| | | | T | | | | "Hierba pajonera" *D. bourgaeana* (Fourn.)O.E.Schulz s.str.
4* Fr.stiele ± aufrecht abstehend
5   Kelch mehr als 2,5 mm lang
6   Kelch 3–4 mm lang. Schoten länger als bei vor., Samen bis 32. B. silbergrau. Pf. lockerer als vor. u. mit größeren, deutl. doppelt fiederschnittigen B. – **V:** E Can, T im NO der Caldera 1800–2000 m

| | | | T | | | | .... *D. lemsii* Bramw.
6* Kelch über 2,5 mm. Samen 20, braun. B.fiedern zu 6–10, breit eispatelig, stumpf – **V:** E Can, C 400–600 m – **G:** ASP I-1a

| | | | | C | | | .... *D. artemisioides* Svent.

5*   Kelch weniger als 2,5 mm lang. B. sitzend, ± aufgerichtet, graufilzig. Sa-
       men 16–24, kastanienbraun – **V:** E Can, P (1000–)1700–2000 m – **G:**
       PIN I-2d

| | P | | | | | |

.... ***D. gilva*** Svent.

Resedaceae

1   Discus, Androgynophor od. Gynophor fehlend. Die 2 (zuweilen ± verwachsenen)
       nicht od. wenig geteilten Kronb. ohne Nagelgebilde. A3–4 (–10), G3–5.
       Samenanlagen an jeder Plazenta in 2 Reihen. Fr. ± offen. Samen glatt,
       glänzend. Blü. sehr klein. B. meist gebüschelt, lineal, spitz. Einjährig – **V:**
       Grac, Lob – sah-sind – **G:** KLE I-1 [*Resedella subulata* (Del.)Webb]   Frucht

| | | | T | C | L | F |

.... ***Oligomeris linifolia*** (Vahl.)McBr.

1*   Discus vorh., Androgynophor u. Gynophor oft entwickelt. Kelch u. Krone fast immer
       gleichzählig (4–8zählig). Kronb. meist reich gegliedert. A7 bis weit über 40.
       G(2–)3(–5). Fr. meist offen. Samen glatt od. gröber od. feiner höckerig
       .... ***Reseda*** S. 106

–   G5–6 auf Gynophor – **V:** Cv [*C. canescens* (L.)St.-Hil.] ...... ***Caylusea hexagyna*** (Forsk.)M.L.Green

Reseda

1   Plazenten oben 2tlg, da die Fr.b. nicht sehr weit hinauf verwachsen. Samenanlagen je
       2reihig. Fr. kurz. Samen glatt. Blü.traube sehr lang. Kelch u. Fila-
       mente lang bleibend. B. ungeteilt, lanzettl. od. mit schwacher
       Andeutung einer Teilung. K4 C4 A≈30 G($\underline{3}$). Kronb. gelbl. – **V:**
       Az, Md – submed   Frucht

| | H | P | | T | C | L | F |

.... ***R. luteola*** L.

1*   Plazenten ungeteilt. Samenanlagen in je 2–4(–5) Reihen. Samen
       glatt (od. höckerig). Kelch u. Filamente bald hinfällig od. länger
       bleibend. K5–8 C5–8 A∞ G($\underline{3}$) [selten G($\underline{4}$)]. Kronb. weiß, gelb,
       gelbl. od. grünl., selten (bei Kulturpf.) anders gefärbt

2   Kelchb. bald hinfällig. Samen glatt, klein. Kapseln aufrecht. Seiten-
       lappen der oberen Kronb. in schmale zipfel zerteilt. Sehr ästiger,
       kahler Halbstrauch (Rutenstrauch) bis 50 cm mit ungeteilten B.
       Kronb. weiß, oft im 1. Jahr blühend – **V:** Md? – **G:** KLE I-1c

| | P | G | T | C | | |

"Gualda" .... ***R. scoparia*** Brouss.

–   Durch rauhe Samen u. oft 3geteilte B. unterschieden, Blü. weiß – **V:** Az, Md – Tanger, Iber
       .... ***R. media*** Lag.

2*   Kelchb. lange bleibend. Samen glatt, nicht über 2 mm lang. Seitenlappen der oberen
       Kronb. halbmondf., oft gelappt od. unregelm. geteilt. Kapseln verkehrt eif. od. el-
       lipsoidisch od. zylindrisch, kahl od. papillös, aufrecht od. aufrecht-abstehend. Kelch-
       u. Kronb. meist 6, B. i.d.R. geteilt

3   Pf. außer den papillösen Fr.klappen ± glatt, kahl. B. (ungeteilt bis) gefiedert, leicht

wellig. Blü. hellgrünl.-gelb, in langer Traube – **V:** Md – med

| | | | | | F | | |

.... *R. lutea* L.

3*   Ganze Pf. wasserblasig-hyalin-papillös (in der Art von *Cryophytum*). Papillen oft rosa.
B. 3tlg, untere z.T. mit 2spaltigen Lappen. Blü. gelb – **V:** E Can, Grac, Lob – **G:**
KLE I-1 [*R. crystallina* Webb]

| | | | C | L | F | |

.... *R. lancerotae* Webb et Berth. ex Del.

Rosales

Crassulaceae

1   Blü. mit 1 Staubb.kreis
2   Einjährige
3   Blü. 3- bis 5zählig, zu 2 – 4 in den B.achseln. Pf. bis 8 cm hoch, Habitus von *Illecebrum*
od. *Sagina*. B. gegenstdg. St. liegend-aufsteigend . . . . *Crassula* S. 108
3*   K5 C5 A5 G6. Blü. weißl. od. rosa mit deutl. Mittelnerv. B. wechselstdg
. . . . *Sedum* S. 108
2*   Knollengeophyten. Blü. pentamer, abstehend, strohgelb, in langen, traubigen Infl.
Grundb. schildf. (peltat) . . . . *Umbilicus* S. 108
1*   Blü. mit 2 Staubb.kreisen, obdiplostemon
4   Blü. pentamer
–   Blü. tetramer, Pf. mit Brutknospen am B.rand . . . . *Bryophyllum* S. 107
5   B. ± peltat, flach. Krone röhrig-glockig, sympetal. Infl. traubig . . *Umbilicus* S. 108
5*   B. (halb-)stielrund. Infl. zymös
6   Krone röhrig-glockig, sympetal, Habitus *Sedum*-ähnl. Pf. einjährig *Mucizonia* S. 109
6*   Krone choripetal, höchst. ganz am Grund verwachsen . . . . *Sedum* S. 108
4*   Blü. hexa- bis polymer (selten pentamer)
7   Karpellschüppch. auffallend groß, fast kronb.ähnl. (oft ca. 2 mm lang u.
breit). B. ± papillös-rauh, meist in dichten Rosetten (Ausn. *M. laxiflora*   Karpell-
u. *M. anagensis*). Pf. meist klein. Kelch u. Krone (5 –)6(– 8)tlg. Blü.   schüppchen
klein, unscheinbar, trübfarbig . . . . *Monanthes* S. 109
7*   Karpellschüppch. nicht auffällig, z.T. (bei allen *Greenovia*-Arten u. einigen anderen)
ganz fehlend
8   Kelch u. Krone (16 –)20 – 32tlg. Blü. gelb od. goldgelb. Karpellschüppch. fehlend. B.
oft blaugrün. Fr.b. quer aufreißend, etwa zur Hälfte in einen Discus eingelagert
. . . . *Greenovia* S. 111
8*   Kelch u. Krone (5 –)6 – 12tlg. Karpellschüppch. vorh. Fr.b. an der Naht aufspringend
9   Pf. ein- od. (seltener) zweijährig. Blü. gelb. Honigschüppch. gezähnt od. fingerig
eingeschnitten . . . . *Aichryson* S. 111
9*   Pf. mehrjährig, meist verholzt
10   Karpellschüppch. fast 1 mm groß, in 2 Hörnch. ausgezogen, diese oft nochmals
2spaltig. Kelch u. Krone 8 – 9tlg. Blü. gelb. Kräuter . . . . *Aichryson* S. 111
10*   Karpellschüppch. klein, ± quadratisch, bei einigen Arten (*Ae. smithii*, *Ae. spathulatum*,
Ae. sedifolium, *Ae. saundersii*) fehlend. Kelch u. Krone 7 – 12tlg. Blü. gelb od. anders-
farbig. Meist strauchartige Pf. . . . . *Aeonium* S. 113

Bryophyllum

–   B. zylindrisch, bis 10 cm, zu 3 – **V:** Md – verwild. [*Kalanchoe tubiflora* (Harv.)Hamet

| | | | | C | | |

. . . . *B. tubiflorum* Harv.

- B. anfangs einfach, spätere B. gefiedert – **V:** Az, Md, Cv – verwild. [*Kalanchoe pinnata* (Lam.)Pers.]

| | | | | C | | | . . . . *B. pinnatum* (Lam.)Oken

- B. gestielt, ungeteilt od. gefiedert, Blü.stand mit Brutknospen – **V:** verwild. [*Kalanchoe prolifera* (Bow.)Hamet]

| | | P | | | C | | | . . . . *B. proliferum* Bow.

- B. schmallanzettl., Ränder gekerbt – **V:** Cv – verwild. [*Kalanchoe daigremontiana* Ham. et Perr.]

| | | | | C | | | . . . . *B. daigremontianum* (Ham. et Perr.)Bgr.

Crassula

1   Winzige, moosartige Pf., B. bis 2 mm, halbzylindrisch bis ausgehöhlt, dick, dicht, ± dachig, am Grund verwachsen – **V:** Az, Md, Salv – med-atl [*Tillaea muscosa* L.]

| H | P | G | T | C | L | F | | . . . . *C. tillaea* Lest.-Garl.

1* Pf. größer

2   Halbstrauch, bis 30 cm hoch, Blü. 5zählig. B. fleischig, am Rand mit deutl. Punktreihe, schuppenf., 4reihig, meist dachziegelig gedrängt – **V:** Can verwild. – SAfr

| | | | G | T | C | | | . . . . *C. lycopodioides* Lam.

2* Pf. einjährig, bis 10 cm, Blü. 4- bis 5zählig. B. schmal eif. bis längl.-elliptisch, an der Spitze papillös – **V:** Can verwild. – SAfr

| H | P | G | T | C | | | . . . . *C. campestris* (Eckl. et Zeyh.)Endl.

Sedum

1   Zur Sect. *Afrosedum* gehöriger kleiner, wenig verholzter, kriechender Halbstrauch. Kelchb. am Grund gespornt. Fr.b. bis zur Mitte verwachsen, spreizend. Schüppch. breit-spatelig. B. eilängl., 6–12 mm lang, blaßgrün bis bläul.-grün, kahl. Trugdolde 2–3ästig, locker. Kronb. gelb, spitz, etwa 0,5 cm lang. A10 – **V:** E Can – **G:** ASP I-1 [*S. nudum* Ait. ssp. *l.* (Murr.)Hans. et Sund.]

| | | | | | L | | | . . . . *S. lancerottense* Murr.

- Verwild. Gartenpf. mit flachen B. mit fast kreisrunder Spreite, diese weiß-, später rotrandig. Blü. gelb. Sparrig verzweigter Strauch – **V:** Heimat Mexiko – gartenflüchtig

| | P | G | T | C | | | . . . . *S. dendroideum* Moq. et Sesse

1* Pf. einjährig. B. halbzylindrisch, lineal. Infl. u. meist auch die Zweige dicht drüsigweichhaarig. Pf. oft rot überlaufen. Kronb. weißl. od. rosa, purpurn gekielt, lang zugespitzt, plötzl. in eine 1 mm lange Spitze verschmälert. A5 – **V:** med

| H | P | G | T | C | L | | | . . . . *S. rubens* L.

Umbilicus

1   Krone glänzend strohgelb, an der Mündung der Röhre deutl. zus.gezogen. Staubb. i.d.R. 5. Pf. 60–100 cm hoch werdend. Krone 10–12 mm lang. Blü. abstehend. Tragb, mehr als doppelt so lang wie die Blü.stiele – **V:** iber, NWAfr – **S:** 1300–1700 m – **G:** ASP [*Cotyledon praealta* Samp.]

| | P | | | C | L? | | | . . . . *U. heylandianus* Webb et Berth.

1* Krone blaßgelb, grünl. od. bräunl.-rötl., an der Röhrenmündung sehr wenig verengt. Staubb. i.d.R. 10. Krone 7(–19) mm. Pf. 10–50 cm hoch. Tragb. kaum länger als die Blü.stiele (*U. vulgaris* Batt.)

2   Blü. horizontal abstehend, ± sitzend. Tragb. länger als die sehr kurzen Blü.stiele, etwa halb so lang wie die Blü. Traube weniger als die Hälfte des St. einnehmend. Kronlap-

pen lanzettl., spitz – **V:** Grac, Lob – Az, Md, Salv, Cv – med – **G:** ASP

| H | | P | G? | T | | C | L | F | .... ***U. horizontalis*** (Guss.)DC.

– Blü. aufrecht abstehend – **V:** iber-maur .... ***U. gaditanus*** Boiss.
– Blü. in lockerer Traube, abstehend, entfernt u. unregelm. gestellt, schmutzig gelb. Kelchb. lanzettl. spitz, kurz. Pf. 13–40 cm hoch – **V:** Cv "Saião" .... ***U. schmidtii*** Bolle

2* Blü. i.d.R. hängend. Tragb. kaum so lang wie die Blü.stiele. Blü. in dichter Traube, die mehr als die Hälfte des St. einnimmt. Kelchb. eif., spitz. Kronlappen eif., mit aufgesetztem Spitzch. – **V:** Can: Angaben für alle Inseln, aber z.T. od. ganz infolge Verwechslung mit *U. horizontalis*? – Az, Md – med-atl [*U. pendulinus* DC.]

| H? | P? | G? | T? | C? | L? | F? | .... ***U. rupestris*** (Salisb.)Dandy

Mucizonia
– Pf. stark verzweigt, i.d.R. drüsig-weichhaarig, 8–15 cm hoch. B. 12–18 mm lang, rot gestreift. Krone 8–13 mm, gelbgrün, rosa gefleckt – **V:** iber-maur

| | | | T? | | | .... ***M. hispida*** (Lam.)Berger

Monanthes
1 Winterannuelle Art von *Aichryson*-Habitus, blaßgrün. B. wechselstdg, ca. 1 cm, dickl. C6, purpurrosa od. grünl.-gelb – **V:** E Can

| | | G | T | | .... ***M. icterica*** (Webb)Praeg.

1* Mehrjährige Arten
2 B. nicht in Rosetten, im Querschnitt fast kreisrund. Halbsträucher
3 B. gegenstdg, stark sukkulent, silbergrau od. dunkelgrün, eif. – **V:** E Can – **G:** ASP I-1 □25

| H? | P? | G | T | C | | | .... ***M. laxiflora*** (DC.)Bolle **var. *laxiflora***

– B. fast kugelig

| | | | | C | L | F | .... **var. *microbotrys*** (Bolle et Webb)Durch.

3* B. nicht streng gegenstdg, lockerer stehend, lineallanzettl., grün, rot od. purpurn, nie grau, ca. 4–6mal so lang wie breit – **V:** E Can, T Anaga-Cumbre u. - Nordhang, Ladera de Güimar

| | | | T | | | .... ***M. anagensis*** Praeg.

2* B. in Rosetten
4 Stamm gestaucht, Grundrosette vorh.
5 Rosetten nur bis etwa 1 cm im Durchm., Infl. armbltg
6 B. gewimpert. Kelch spinnwebig behaart. Rosetten sehr dicht. Wurzel ± knollig. Infl. 3–6bltg – **V:** E Can, T Anaga-Südhang (ob noch?)

| | | | T | | | .... ***M. minima*** (Bolle)Christ

6* B. nicht gewimpert. B. keulenf., Blü. rötl. – **V:** E Can, T nördl. Anagaküste – **S:** Bis 300 m

| | | | T | | | .... ***M. praegeri*** Bramw.

5* Rosettendurchm. mehr als 15 cm

7   B. (drüsig-)weichhaarig. Kelch nicht spinnwebig. Infl. 2- bis 5bltg
8   Rosettendurchm. etwa 2 cm, Rosette armblättrig, locker. B. kurz grauhaarig. Blü.-
    durchm. etwa 5 mm, Blü. rötl. Rosette in der Mitte eingesenkt. B. rotbraun mit
    purpurnen Flecken. Wurzel faserig – **V:** E Can, T südl. Anagaküste

    | | | | T | | | |.......................... ***M. dasyphylla*** Svent.

8* Rosette im Durchm. etwa 3 cm, vielblättrig, dicht. B. drüsig-weichhaarig. Kelch
    purpurn. Blü. etwa 6 mm im Durchm. Rosette braungrün, Wurzel ± knollig – **V:** E
    Can, T Ladera de Güimar – **S:** 200–600 m

    | | | | T | | | |........................ ***M. adenoscepes*** Svent.

7* B. kahl od. papillös
9   Rosetten locker. B. meist purpurn od. braun gestreift od. gefleckt
10 B. im Querschnitt rund od. halbrund, lanzettl., 4–5
    mm breit, zu etwa 20 in einer Rosette. Blü.durchm. bis
    1 cm, Blü. rötl.-grün. Pf. mit od. ohne Ausläufer.
    Grundrosette locker, lauchgrün bis rotbraun. B. kahl.
    Infl. 5–7bltg, oft blaurot, fein behaart. Formenreich!
    – **V:** E Can – **G:** ASP I-1,2

    | | | G | T | C | | |................... ***M. brachycaulon*** (Webb)Lowe

–   Rosettenb. spatelf. mit rhombischer Spreite u. langem, rundem Stiel, papillös, grün mit purpurnen Strichen
    u. Punkten. Rosettendurchm. ca. 3 cm. Infl. arm-(3- bis 4-)bltg. Blü. grünl.-gelb **V:** E Salv
    ....***M. lowei*** (Paiva)Pérez et Aceb.

10* B. im Querschnitt eckig. B.spitze lang ausgezogen. Grundachse kräftig (bis 1,5 cm). Pf. ohne Ausläufer. Wurzel ± knollig. B. blaugrün, nur an der Spitze papillös, purpurfleckig, hart, eckig-rhombisch. Samen goldfarben – **V:** E Can, T Cañadas, C selten

    | | | | T | C | | |.......................... ***M. niphophila*** Svent.

9* Rosetten dicht. B. blaßgrün
11 Rosette flach bis vertieft. Infl. durchblättert. Blü. klein. Stamm
    unverzweigt. B. langspatelig, dicht papillös, zu 60–100 in einer
    Rosette, ca. 2 mm breit. Rosette hellgrün, 1,5–3 cm im Durchm.
    Samen dunkelbraun – **V:** E Can, T im W, Anaga

    | H | | G | T | | | |.................... ***M. pallens*** (Webb)Christ

11* Rosette gewölbt. Infl. meist nur am Grund beblättert. Stamm meist verzweigt – **V:** E
    Can, T Teno – **S:** Bis 500 m

    | | | G | T | | | |...................... ***M. silensis*** (Praeg.)Svent.

4* Stamm stärker verzweigt, kriechend, Rosetten tragend
12 B. wenigstens untersts mit rötl. Flecken. Rosetten am Ende von
    Zweigen. Kelch u. Kronb. rot punktiert. B. papillös. Pf. meist
    dunkel braunrot od. schmutziggrün. Stamm aufrecht verzweigt, Pf.
    6–10 cm hoch. B. doppelt so lang wie breit – **V:** E Can – **S:** Bis
    ca. 800 m □24

    | H | P | G? | | | | |.......................... ***M. muralis*** (Webb)Christ

12* Stamm ± dicht mit Rosetten bedeckt. B. (blaß-)grün bis rosa überlaufen, ± kahl,
    höchst. an der Spitze papillös
13 Blü.stiele u. Kelch dicht spinnwebig. B. lang gestielt, spatelig, papillös. Infl. meist 8bltg
    – **V:** E Can

    | | | | | C | | |................ ***M. purpurascens*** (Bolle et Webb)Christ

13* Blü.std u. Kelch behaart, aber nicht spinnwebig
14 Rosetten ± kugelig, in sehr dichten Polstern, bläul. Kelch lang weißhaarig. Haare der

Blü.stiele bis doppelt so lang wie der Stieldurchm. – **V**: E Can –
G: ASP I-1

| H? | P | G? | T | C | | | .... **_M. polyphylla_** Haw.

14* Polster weniger dicht. Rosetten längl. Kelch kurz weichhaarig

15 Rosettendurchm. etwa 1,5 cm, Blü.durchm. etwa 1 cm (vermittelt zwischen *M. sub-crassicaulis* u. *M. polyphylla*) – **V**: E Can, G im N – **S**: Bis 800 m

| | | G | | | | | .... **_M. amydros_** Svent.

15* Rosettendurchm. meist unter 1 cm. Pf. rasenf., sattgrün glänzend.
B. breit keulig, am Grund rot. Haare der Blü.stiele nur so lang wie
der Stieldurchm. – **V**: E Can, T im W u. S

| | P | G? | T | | | | .... **_M. subcrassicaulis_** (O.Ktze.)Praeg.

Greenovia "Bea, Bejeque"

Hierzu auch die zweifelhaften Arten:
- B. zugespitzt mit rötl. Knorpelrand – **V**: T .... **_G. rupifraga_** Webb
- Rosettenb. breit fächerf., nervig. St.b. eif. bis rund – **V**: H .... **_G. ferrea_** Webb
- St.b. halbst.umfassend – **V**: H .... **_G. polypharmica_** Webb

1 B. auch auf der Fläche dicht drüsig-weichhaarig, grün, lang ausdauernd. C≈20,
goldgelb. Pf. stark verzweigt. Rosetten klein (5–6 cm Durchm.) – **V**: E Can, T im S
(Güimar, Igueste de Candelaria usw.) – **S**: 600–1600(–2000) m – **G**: ASP I-2e

| | | | T | | | | .... **_G. aizoon_** Bolle

1* B. kahl, nur am Rand bewimpert od. drüsig, blau- od. blaßgrün

2 C18–22

3 Rosetten stets einzeln, ohne Ausläufer, nichtblühende knospenf. B.rand i.d.R. dicht
drüsig-feinwimperig. Kronb. meist 20. St.b. manschettenf. st.umfassend, oft breiter als
lang – **V**: E Can – **S**: Bis 1700 m – **G**: ASP I-2b

| H | P | G | | | | | .... **_G. diplocycla_** Bolle

3* Rosetten mit vielen, oft an langen Ausläufern sitzenden Tochterrosetten (diese klein,
2–5 cm), zur Trockenzeit kugelig. B.rand nur in der Jugend feindrüsig. B. blaßgrün
bis blaugrün. Zierlicher als *G. aurea*. Rosette 5–10 cm – **V**: E Can, T Anaga, Teno
– **S**: Bis 1200 m – **G**: ASP I-2g [*G. gracilis* Bolle]

| | | | T | | | | .... **_G. dodrentalis_** (Willd.)Webb et Berth.

2* C20–35. Ausläufer mit Tochterrosetten wenig zahlreich. B.rand nicht od. nur sehr
spärl. gewimpert. Rosette dicht, 10–15 cm Durchm., becherf. St.b. mit verschmälerter
Basis sitzend, länger als breit (z.T. mit *G. diplocycla* verwechselt) – **V**: E Can – **S**:
400–2000 m – **G**: ASP I-1b,2a,f □29

| H? | P? | G? | T | C | | | .... **_G. aurea_** (Chr.Sm.)Webb et Berth.

Aichryson "Orejas de ratón"

1 B. (fast) sitzend, dick eif.-rundl., rötl. gekielt. Infl. kurz, gabelig. Halbsträucher u.
mehrjährige Kräuter mit meist gedrehten Ästen, ca. 10 cm hoch. B. oft am Ende der
Äste gehäuft. C8, goldgelb, gewimpert (Übergang zu
Aeonium!)

2 B. sitzend, eilanzettl., dicht klebrig-drüsig behaart.
Krone ausgebreitet. Pf. am Grund verholzt, in zierl.
Polstern. Jungpf. sehen nach Burchard *Monanthes*-
Rosetten ähnl.! – **V**: E Can – **G**: ASP I-1 [*Macrobia
tortuosa* (Ait.)Kunk.]

| | | | T? | | L | F | .... **_A. tortuosum_** (Ait.)Praeger

2*   B. in einen kurzen Stiel verschmälert, breit spatelig, dicht grau behaart (Haare etwa 1 mm lang, länger als bei vor.), aber wenig drüsig. Krone aufrecht-glockig, Kronb. einwts gebogen. St. brüchig, dünn – **V: E Can** [*Macrobia bethencourtiana* (Bolle)Kunk.]

| | | | | | F | "Pelotilla" .... ***A. bethencourtianum*** Bolle

1*   B. lang gestielt, rhombisch-spatelig bis eif. Infl. spreizend-gabelig. Pf. ein- bis 3jährig
3   B. ± dicht behaart
4   B. am Rand schwarzpurpurn punktiert. Pf. klein, $(2-)5-10(-15)$ cm hoch
5   Schwarze Punkte spärl. B. oft rot
6   Kronb. unter 4 mm lang, kürzer als Kelchb., Blü. daher unauffällig, C6–7. Äste meist unbeblättert. Pf. klein (bis ca. 10 cm) – **V: E Can** – (Auf Md ähnl. *A. villosum* (Ait.)Webb et Berth.)

| | P | | | | | | .... ***A. brevipetalum*** Praeger

6*   Kronb. größer, länger als der Kelch. C8–9, goldgelb – **V: E Can** – **G: ASP I-2b**

| H | P | G | T | C | | | .... ***A. parlatorei*** Bolle

5*   Kronb. 6–7 mm lang. Schwarze Punkte zahlreich (= *A. parlatorei?*) .... ***A. punctatum*** (Chr.Sm.)Webb var. **subvillosum** Pitard et Proust

4*   B.rand ohne schwarze Punkte (wenn punktiert, Sprosse u. Infl. nicht abstehend behaart). Pf. i.d.R. 15–50 cm hoch

7   Sproßachse u. Infl.achsen dicht angedrückt behaart. Pf. kaum verzweigt. Blü. blaßgelb. B. oft am Rand mit schwarzen Drüsenpunkten, dicht behaart – **V: E Can**

| | P | | | | | | .... ***A. bollei*** Webb

7*   Haare abstehend
8   B. dicht kurzdrüsig behaart, dadurch grau erscheinend, gegen den Grund am breitesten. B. bei Berührung miteinander verklebend. Blü. blaßgelb. Seitenzweige hin- u. hergebogen – **V: E Can, P im N**

| | P | | | | | | .... ***A. palmense*** Webb

8*   B. nicht kurzdrüsig (aber dicht behaart)
9   Äste u. Infl. ausladend. B.spreite rhombisch (1,5:1), in der Mitte am breitesten. Blü. goldgelb. Pf. oft tiefpurpur gefärbt, mit Tabakgeruch. C7–9(–10). Pf. etwa 15–20 cm hoch – **V: E Can**

| | | T? | C | | | | .... ***A. porphyrogennetos*** Bolle

9*   Äste u. Infl. aufrecht-gabelig. Infl. dichter als bei vor., Blü. heller gelb, 9–12tlg. B.spreite kurz, rundl.-spatelig (ca. 1:1), gegen den Grund am breitesten. Pf. bis 30 cm – **V: E Can** – Portugal eingebürg. – **G: ASP I-1** [*A. laxum* (Haw.) Bramw.] □30

| H | P | G | T | C | L | | .... ***A. dichotomum*** (DC.)Webb et Berth.

3*   B. schwach behaart bis kahl
10   Stamm unten kahl, oben flaumig behaart u. verzweigt. B. fleischig, B.rand mit schwarzen Punkten. Kronb. 6–7 mm lang, goldgelb, zu 6–8 – **V: E Can** – **G: ASP I-1**

| H | P | G | T | C | | F? | .... ***A. punctatum*** (Chr.Sm. ex Buch)Webb et Berth.

10* Pf. kräftiger, St. bis fingerdick, völlig kahl – **V: E Can** – **S: Feuchte Felsen, feuchte Stellen im Bereich des Lorbeerwaldes [*A. punctatum* var. *pachycaulon* Praeg.] .... ***A. pachycaulon*** Bolle

a   B.rand meist ohne schwarze Punkte
b   Pf. u. B. aufgerichtet, Blü. blaßgelb, 9–12 mm im Durchm. – **V: E Can**

| | | | | | F | | .... **ssp.** *pachycaulon*

b*   Pf. locker verzweigt, B. ± abstehend

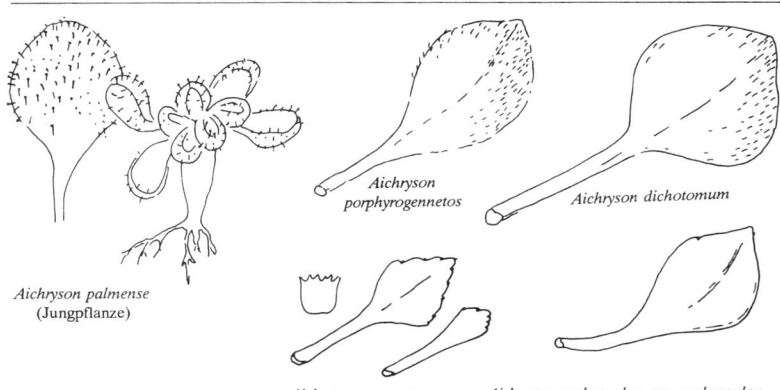

Aichryson porphyrogennetos

Aichryson dichotomum

Aichryson palmense
(Jungpflanze)

Aichryson punctatum   Aichryson pachycaulon ssp. pachycaulon

c   Blü. klein (< 9 mm), St. nur bis 4 mm dick, Infl. sehr breit − **V:** E Can [*A. parviflorum* Bolle]

☐ P ☐ ☐ ☐ ☐ ☐ . . . . **ssp. *parviflorum*** (Bolle)Bramw.

c*   Blü. größer, 9 – 15 mm im Durchm.

d   Blü. 9 – 11,5 mm, blaßgelb − **V:** E Can

☐ ☐ ☐ T ☐ ☐ ☐ . . . . **ssp. *immaculatum*** (Webb ex Christ)Bramw.

d*   Blü. 12 – 15 mm, goldgelb − **V:** E Can

☐ ☐ G ☐ ☐ ☐ . . . . **ssp. *gonzalezhernandezii*** (Kunk.)Bramw.

a*   B.rand mit schwarzen Punkten, Blü. ca. 1 cm im Durchm. − **V:** E Can

☐ ☐ ☐ ☐ C ☐ ☐ . . . . **ssp. *praetermissum*** Bramw.

A. punctatum u. *A. pachycaulon* umfassen eine Gruppe morphologisch nur wenig getrennter Sippen. Der Schlüssel folgt hier BRAMWELL (1977).

Aeonium "Verol, Orejas de abad"
Schlüssel zu den Sectionen:
Zu einer Sect. *Pittonium* A.Berger (B.rand mit 1zelligen Haaren) gehören (nicht auf Can!): *Ae. glutinosum* Webb et Berth. − **V:** Md, *Ae. gorgoneum* J.A.Schm. − **V:** Cv, *Ae. leucoblepharum* Webb − **V:** OAfr, Yemen u. *Ae. stuessyi* Liu − **V:** OAfr. *Ae. glutinosum* gehört nach Praeger zu den *Canariensia*, *Ae. gorgoneum* u. *Ae. leucoblepharum* zu den *Holochrysa*, hierzu wohl auch *Ae. stuessyi*.

1   Perennierende Kräuter mit kurzem, dickem, meist unsichtbaren Stamm. B. i.d.R. hellgrün ohne roten Rand, groß (10 – 30 cm lang), oft (drüsig-)weichhaarig. Infl. breit, (10 –)30 – 60 cm lang, locker, weichhaarig. Blü. weißl. od. gelb. Basis der alten B. bleibend . . . . *Canariensia* S. 114

1*   Sträucher od. Halbsträucher (Vorwiegend krautig ist *Ae. caespitosum* (= *Ae. simsii*), das wegen der gestriemten B. zur Sect. *Goochia* zu stellen ist)

2   B. bis 1 cm dick, auch am Rand noch dick u. stumpf, jung klebrig. Blü. dunkelrot gestreift. Stamm unverzweigt, i.d.R. kurz, hapaxanth . . . . *Megalonium* S. 115

2*   B. dünner, mit ± scharfem Rand, od. klein (Spreite ca. 1 – 3 cm lang)

3   Hochwüchsige Pf. (40 – 120 cm) mit großen B. (2,5 – 30 cm lang), B. i.d.R. auf der Fläche kahl

4   B. meist hellgrün u. kahl, ohne roten Rand (Ausn. bei *Ae. undulatum*!). Infl. relativ

klein (8 – 15 cm lang), eif. dicht (Ausn. *Ae. undulatum*). Blü. klein (Kronb. 5 – 6(– 8) mm), gelb. Krone ± ausgebreitet. Äste dick .... *Holochrysa* S. 115

4* B. meist dunkelgrün od. glauk, meist rot gerandet. Blü. meist groß, Kronb. (6 –)7 – 12 mm. Blü. oft glockig, weiß od. rosa (Ausn. bei Formen von *Ae. haworthii* u. *Ae. burchardii* vgl. PRAEGER 1932) .... *Urbica* S. 116

3* I.d.R. kleinere (20 – 30 cm hohe) Pf. mit kleinen, 1 – 3 cm langen B. Infl. kurz, oft abgeflacht. Blü. gelb mit Ausn. des rosablühenden *Ae. goochiae*. Hierher alle Arten mit grünen od. roten, blasigen Auftreibungen auf der B.unterseite (Striemen)!
.... *Goochia* S. 118

Aeonium Sect. *Canariensia* (Christ)Praeg.

1   B. auf der Fläche weichhaarig. Die folg. 4 Arten sind sehr nahe miteinander verwandt!

2   Blü. weißl. – hellgelb. Haare der B. meist über 0,7 mm lang. Rosetten oft sehr groß u. dicht (Durchm. bis 80 cm). Infl. bis 70 cm hoch, eif.-pyramidenf. C8 – 10, Haare bis 15 pro mm^2 – V: T im N bis 1300 m – Karpell-schüppchen Md? – G: ASP I-3g □28

| | | | T | | | |"Verol" .... *Ae. canariense* (L.)Webb

2* Blü. gelb. Rosetten kleiner

3   Blü. zitronengelb

4   B. dicht drüsig-klebrig, oft etwas grau erscheinend. Haare kurz (längste nur bis $^1/_2$ mm lang). Rosetten weniger dicht. Kronb. meist 9, glänzend hellgelb. Haare zu 30 – 60 je mm^2 – V: E Can – S: Lorbeerstufe – G: ASP I-1c

| | H | P | | | | |........................... *Ae. palmense* Webb

–   Rosetten u. Infl. größer, rauher behaart – V: E Can – G: ASP I-1h

| | H | | | | | |....................... ssp. *longithyrsum* Burchard

4* B. weniger dicht drüsig, Haare länger, zu 5 – 20 pro mm^2

5   Pf. oft zieml. stark verzweigt u. dann in dichten Klumpen. B. rötl. überlaufen. Rosetten klein, becherf. – V: E Can, C im N u. NW – S: Lorbeerstufe – G: ASP I-1b

| | | | | C | |"Góngaro" .... *Ae. virgineum* Webb

5* Rosetten sehr flach, fast denen von *Ae. tabulaeforme* ähnl. B. aus linealem Grund breit spatelf. (mit querovalem Ende), stark duftend. C(8 –) 10 – 12, leuchtend gelb. Haare zu 5 – 15 pro mm^2 – V: E Can, G im NO 200 – 1100 m

| | | G | | | | |........................... *Ae. subplanum* Praeg.

3* Blü. gelb, rot überlaufen. Infl. 10 bis 15 cm (Zu Sect. *Holochrysa*!) – V: E Cv (S.Antão, S.Vicente, S.Nicolau) .... *Ae. gorgoneum* Schmidt

1* B. auf der Fläche kahl, am Rand gewimpert. Rosetten oft sehr dicht

6   B. ohne grüne od. rote Striemen. C8 – 10

7   Rosette sehr dicht u. extrem abgeflacht (tellerf.), aus oft 100 – 200 B. bestehend. Blü. blaßgelb. B. am Rand lang gewimpert. Ausläufer spärl. u. meist kurz – V: E Can, T im N meist unter 500 m – G: ASP I-1,3f

| | | | T | | | |............... *Ae. tabuliforme* (Haw.)Webb et Berth.

–   Meist nur zweijährig. Wimpern des B.rands von zweierlei Form – V: Md im N
.... *Ae. glandulosum* (Ait.)Webb et Berth.

7* Rosette nicht extrem abgeflacht, mehr becherf. B. im
    Schatten od. jung blaugrün, fein kurz gewimpert. Aus-
    läufer zieml. lang. Blü. goldgelb – **V:** E Can, T Anaga
    u. Teno – **S:** *Myrica*-Stufe, 500–1000 m – **G:** ASP
    I-1,3i

| | | | T | | E | |

. . . . *Ae. cuneatum* Webb

– Frischgrüne B. – **V:** E Md . . . . *Ae. glutinosum* (Ait.)Webb et Berth.

6* B. auf der Unterseite mit Striemen, am Rand lang gewimpert. C8, goldgelb
    . . . . vgl. *Ae. simsii* (Sw.)Stearn (Sect. *Goochia*!)

Aeonium Sect. *Megalonium* A.Berg.
  – Kronb. rot gestreift, 6–10. B. sehr dick, breit eif.,
     orange-rötl. getönt. St. unverzweigt, bis 60 cm. Infl.
     ausladend. B. am Rand spärl. gewimpert – **V:** E Can,
     P im S u. Z – **S:** Trockene Orte, bis 800 m – **G:** ASP
     I-1c ☐27

| | P | | | | | |

. . . . *Ae. nobile* Praeg. et Burch.

Aeonium Sect. *Holochrysa* (Christ)Praeg. [Sect. *Aeonium* (Webb))Liu]
1   Stamm verzweigt. B. weniger als 4 mm breit. Kräftige Sträucher
2   Stark verzweigte, strauch- bis b.chenf. Pf., bis meterhoch. Selten blühend. B. mit
    starkem Balsamduft, aber auf der Fläche kahl (sonst vgl. Sect. *Canariensia*). Rosetten
    um 15 cm Durchm., becherf. B. meist graugrün, klebrig – **V:** E Can, L im N 500–700
    m, F eingebürg

| | | | | L | F |

. . . . *Ae. balsamiferum* Webb

2* B. ohne Balsamduft. Rosetten 18–23 cm Durchm., flach. Kronb. stumpf
    Hierzu auch (beide mit behaartem Kelch):
  – B. spatelig, behaart, blaßgrün bis gelbl. – **V:** SWMaroc . . . . *Ae. korneliuslemsii* Liu
  – B. kahl – **V:** C 200–1200 m

| | | | | C | |

. . . . *Ae. arboreum* (L.)Webb et Berth. s.str.
3   Infl. u. Kelch weichhaarig (bei *Ae. vestitum* auch kahl).
    Kelchabschnitte lanzettl., 2:1, Honigschüppch. 0,5 mm
    lang u. breit. St. dick, bis 1 m hoch, kandelaberartig.
    B. oft braunrot gestrichelt (aber nicht gestriemt),
    glänzend grün – **V:** E Can, C im N u. Z, 300–1200 m
    – **G:** KLE I-2a ☐26

| H? | | | | C | |

. . . . *Ae. manriqueorum* Bolle
  – Infl. klein, bis ca. 15 cm. B. klein. Welke B. lang aus-
     haltend (Übergang zu folg.) – **V:** T Teno

| | P | | T | | | |

. . . . *Ae. vestitum* Svent.

3* Infl. u. Kelch kahl. Kelchabschnitte 3eckig, 1:1. Kar-
    pellschüppch. 1 mm lang u. breit. Blü. rein gelb. Blü.-
    zeit XII–I, d.h. früher als andere *Aeonien*. B. rotbe-
    randet u. oft rot gestreift – **V:** E Can – **S:** Im N tief,
    im S in mittleren Höhen – **G:** ASP I-2e,3a

Sommer-Habitus

| H | P | G? | T | | | |

. . . . *Ae. holochrysum* Webb

- *Ae. manriqueorum* u. *Ae. holochrysum* sind nach PRAEGER (1932) vegetativ nicht sicher zu unterscheiden
- B. schmallanzettl.-spatelig. Kronb. gelb mit rötl. Adern. Kelch rot gerändert. St. zur Blü.zeit b.los – **V:** G im W u. Z 800–1200 m

| | G | | | | |

.... *Ae. rubrolineatum* Svent.

1*   Pf. bis 1,5 m hoch, mit nur am Grund verzweigtem, kräftigem Stamm. Junge Zweige gehen aus dem Wurzelstock hervor u. erscheinen im Abstand von 3–10 cm von der Stammachse. B.rand oft wellig, bes. im Sommer. B. breit, dunkelgrün, mit roten Kanten (B.breite 4–6 cm). Rosette groß. Infl. breit ausladend. Kronb. meist 10. – **V:** E Can, C im W u. Z 400–600–1500 m – **G:** ASP I-1

| | | T? | C | | |

.... *Ae. undulatum* Webb

Aeonium Sect. *Urbica* (Christ)Praeg.

1   Pf. unverzweigt, nur 1mal blühend. B. kahl (auf der Fläche)
2   Infl. kahl, breit pyramidenf. Filamente kahl. Kelch kahl. C(8–)9(–10), (grünl.-)weiß bis rosa, Griffel purpurn. Pf. bis 2 m hoch. B. kahl, schmallanzettl., seegrün mit roten Kanten, am Rand gewimpert – **V:** E Can, T im N tief, im S in mittleren Höhen – **G:** ASP I-3d

| | P? | G | T | C? | | |

.... *Ae. urbicum* (Chr.Sm.)Webb

2*   Infl. weichhaarig, ebenso meist die Filamente u. die Kelchb. C6–8
3   Kronb. (meist) grünl.-weiß mit einem grünen Streifen auf dem Rücken. Filamente kahl: Unverzweigte Formen von *Ae. ciliatum*, bes. auf P
3*   Kronb. rosa, auf dem Rücken rötl. gestreift, am Rand gewimpert. Filamente behaart. B. breiter als bei *Ae. urbicum* (Vikariierende Var. von *Ae. urbicum*?) – **V:** E Can, H bis 1200 m, P bis 1000 m (LIU 1989), T im W?

| | H | P? | | T? | | | |

"Sánjora" .... *Ae. hierrense* Murr.

1*   Pf. verzweigt
4   B. beidersts weichhaarig (aber in Kultur oft kahl!). Kronb. 12 mm lang
5   B. über 4 cm breit, meist bräunl. Kronb. weiß, in der Mitte rosa gefleckt – **V:** E Can – **S:** Bis 800 m

| H | | | | | | |

.... *Ae. valverdense* Praeg.

5*   B. höchst. 4 cm breit, meist purpurn od. dunkelgrün. Kronb. weiß, in der Mitte grünl. gefleckt [*Ae. ciliatum* ssp. *praegeri* Bañares?)

| | P | | | | | |

.... *Ae. davidbramwellii* Liu

4*   B. auf der Fläche kahl. Kronb. kürzer, Rosetten meist kleiner
6   Blü. blaßgelb (bei *Ae. burchardii* auch lederfarben)
7   B. blaugrün, ganzrandig, rot gerändert, 2–6 cm. Blü. (weißl.-)blaßgelb, etwas rot überlaufen, od. orangerosa. C8 – **V:** E Can, T Teno bis 1000 m, Anaga-Süd

| | | T | | | | |

.... *Ae. haworthii* Webb

7* B. grün, ohne roten Rand (?), 6 – 10 cm. Kronb. lederfarben
mit roter Mittellinie (aber in Kultur mehr blaßgelb). St.
rötl.-braun. Mittellinie der B. obersts gekielt – **V:** E Can, T
Masca (*Ae. sedifolium* × *urbicum*?)

| | | | T | | | | .... ***Ae. burchardii*** Praeg.

6* Blü. (grünl.-)weiß od. rosa
8   B. stark blau- bis graugrün, sehr fleischig, meist ohne roten Rand, aber untersts meist
rötl. gestreift (nicht gestriemt!). Blü. (grünl.-)weiß. Infl.
drüsig-weichhaarig. Rosetten klein, weniger als 5 cm Durch-
m. C8. Habituell *Ae. haworthii* ähnl. – **V:** E Can, G im O bis
1000 m

| | | | G | | | | .... ***Ae. castello-paivae*** Bolle

8* B. frischgrün bis blaßgrün od. purpurn überlaufen, höchst. schwach blaugrün
9   Junge Äste rauh. Kelch u. Infl.-Äste weichhaarig
10 Junge Äste mit parallelen, querstehenden, schuppigen Emer-
genzen. Infl.-Äste rötl. Blü. hellrosa, C6 – 8. Rosetten klein
(Durchm. unter 5 cm), locker. Pf. klein, stark verzweigt. B.
oft rot überlaufen, gekielt, an den Rändern ± gewimpert –
V: E Can, G bis 800 m, T Masca um 350 m (Form mit kaum
gewimperten B.)

| | | | G | T? | | | .... ***Ae. decorum*** Webb ex Christ

10* Junge Äste rauh von in Reihen zwischen den B.narben ste-
henden Knoten (in rautenf. Anordnung). Blü. grünl.-weiß
od. rosa, C7 – 8. Rosetten größer (über 5 cm Durchm.).
Wimpern am B.rand nach unten stark verbreitert, ebenso
Kelch u. Staubb. – **V:** E Can, T Nordseiten von Anaga u.
(selten) Teno – **G:** ASP I-1c,3h

Blatt-
rand

| | P? | | T | C? | | | .... ***Ae. ciliatum*** (Willd.)Webb et Berth.

9* Junge Äste ± glatt. Kelch kahl od. weichhaarig
11 Kelch- u. Kronb. fein behaart. B.rand regelm. u. steif gewim-
pert, Wimpern vorwts gekrümmt. B. in der Sonne stark rot
überlaufen. Infl. breit. Blü. rosa, C9, Rosettendurchm. über
5 cm. Äste dick, glatt. B. oft etwas blaugrün. Infl. dicht be-
blättert – **V:** E Can, C im N u. Z bis 1500 m – **G:** KLE I-2

| | H? | | | C | | | .... ***Ae. percarneum*** Murr.

11* Kelch u. Krone (fast) kahl. B.rand zerstr. od. sehr kurz gewimpert. Blü. grünl.-weiß
od. rosa. C8
12 Blü. rosa (Kronb. außen rötl., innen weiß, am Mittelnerv rot
gestreift). Pf. dichtbuschig. Stamm silberig überlaufen. Ro-
settendurchm. über 5 cm. Stamm mit schmalen, quer ver-
laufenden braunen B.narben. B. blaß-blaugrün, Kanten oft
bräunl. bis rötl., etwas gezähnt – **V:** E Can, L im N 200 –
600 m (viel in den Lavafeldern um Masdache), C einge-
schleppt?

| | | | C | L | | | .... ***Ae. lancerottense*** Praeg.

12* Blü. glockig, grünl.-weiß, C8. Pf. wenig u. locker verzweigt.
B. blaugrün, sehr fleischig. Rosettendurchm. unter 5 cm.
Kelch u. Staubb. kahl – **V:** E Can, G Bc. de la Villa 600–
1100 m

| | | G | | | | |................................ *Ae. gomerense* Praeg.

Aeonium Sect. *Goochia* (Christ)Praeg.

1 B. auf der Unterseite mit grünen, später roten, blasigen Striemen. Blü. gelb bis gold-
gelb. Kelch drüsenhaarig (Sect. *Chrysocome* Webb ex Christ)
2 Krautige, horstwüchsige Pf., die an Felsen dicht Polster
bilden. B.rand lang u. regelm. gewimpert. Karpellschüppch.
klein. B. lanzettl. C8, goldgelb, Durchm. etwa 1 cm – **V:** E
Can, C im Z 500–2000 m – **G:** ASP I-2h [*Ae. caespitosum*
(Chr.Sm.)Webb et Berth.]

| | | | | C | | |................................ *Ae. simsii* (Sw.)Stearn

2* Strauchig verzweigte Pf. B.rand unregelm. gewimpert. Honigschüppch. ganz fehlend.
C8–10, goldgelb
3 Äste dick, im oberen Teil dicht u. lang weiß behaart. Pf.
wenig verzweigt. B. von unregelm. Form, oft etwas gewellt,
4–5 cm lang, am Rand zerstr. gewimpert. Kronb. meist 10
– **V:** E Can, T im S u. W – **S:** Haupts. Pinarstufe, Cañadas
– **G:** ASP I-1f

| | | | | T | | |................... *Ae. smithii* (Sims)Webb et Berth.

3* Äste dünn, nur fein kurzhaarig. Pf. stark verzweigt, B. re-
gelm. eispatelig, nur etwa 1,5 cm lang, im Sommer bis auf
die jüngsten abgeworfen. C8–10 – **V:** E Can, T v.a. Pinar-
stufe um 800–2000 m – **G:** ASP I-1d,e,2f

| H | P | G | T | C | | |................... *Ae. spathulatum* (Hornem.)Praeg.
– B. rotbraun – **G:** ASP I-1d,2b
| H | P | | T | | | |....................... var. *cruentum* (Webb)Praeg.

1* B. auf der Unterseite ohne blasige Striemen, aber manchmal mit roten Streifen (Sect.
Petrothamnium (Webb)Liu)
4 Ausgewachsene B. dicht drüsig-weichhaarig, Haare mit blo-
ßem Auge sichtbar
5 B. fleischig, über 5 mm dick. Blü. goldgelb, C8–9. Karpell-
schüppch. vorh., 1 mm lang, 1,5 mm breit – **V:** E Can, T
Orotavatal bis Anaga, v.a. Nordseite bis 500 m, P viell. ein-
geschleppt

| | P? | | T | | | |....................... *Ae. lindleyi* Webb et Berth.

5* B. weniger als 3 mm dick. Kronb. blaßgelb od. rosa
6 Blü. rosa, Kronb. meist 8, Karpellschüppch. bis 1 mm lang.
B. flach, in lockeren, abgeflachten Rosetten von weniger als
5 cm Durchm. Pf. dicht verzweigt. B. rhombisch bis zuge-
spitzt-eispatelig. Äste dünn, oft *Aichryson*-ähnl., aber verholzt
– **V:** E Can, P im NO bis 900 m – **G:** ASP I-1c

| | P | | | | | |"Melera" .... *Ae. goochiae* Webb

6* Blü. blaßgelb, in armbltg Infl., C12–16. Karpellschüppch.
    fehlend. B. stark konkav, beidersts dicht weichhaarig, stumpf
    spatelig, im Sommer bis auf die knospenartigen abfallend,
    breiter als bei *Ae. spathulatum* (breit eif.) – **V:** E Can, G im
    O, 150–800 m

    | | | G | | | | |..............................***Ae. saundersii*** Bolle

4* Höchst. die jungen B. etwas drüsenhaarig, die ausgewachsenen kahl, aber auch dann
    noch ± klebrig. Blü. gelb

7   B. etwa 3 cm lang, nicht rotfleckig, meist glänzend. Karpell-
    schüppch. vorh., etwa $^3/_4$ mm lang u. breit. C7–8 – **V:** E
    Can, G im NO u. SO, 100–900 m [*Ae. lindleyi* var. *viscatum*
    (Webb et Berth.)Liu]

    | | | G | | | | |......................***Ae. viscatum*** Webb ex Bolle

7* B. weniger als 1,5 cm lang, 5–7 mm breit, 3–4 mm dick, rot
    gefleckt. Karpellschüppch. fehlend. B. im Sommer abgewor-
    fen. C9–11, leuchtend gelb – **V:** E Can, T im W bis 600
    (–1000) m – **G:** ASP I-1b

    | | P | G | T | C? | | |..............***Ae. sedifolium*** (Webb ex Bolle)Pit. et Pr.

Neben den hier erwähnten Arten wurde eine Vielzahl von Hybriden beschrieben; vgl.
HANSEN & SUNDING (1985), BAÑARES BAUDET (1986, 1990), KUNKEL (1991).

Saxifragaceae

  – Ursprüngl. nur auf Md: *Saxifraga maderensis* Don., *S. pickeringi* Simon u. *S. portosanctana* Boiss.
  – B. kreisrund, Blü. deutl. zygomorph – **V:** auf C verwild. beobachtet – Heimat China
    u. Japan [*S. sarmentosa* L.]

    | | | | C | | | |.......................***Saxifraga stolonifera*** Meerb.

  – Strauch mit ovalen, gezähnten B. – **V:** Az, Md ("*Hydrangeaceae*", Hortensie)

    | | | | T | | | |..........***Hydrangea macrophylla*** (Thunb. ex Murr.)Ser.

Pittosporaceae

Pittosporum

1   Hoher Strauch der Bergwälder auf Md (u. T?). B. sehr dick, verkehrt eif., stumpf,
    kahl, ganzrandig, sehr glatt u. glänzend, am Rand eingerollt, jung kurz behaart. Blü.
    zieml. groß, in kurzen Ebensträußen. Blü.stiele u. die (freien) Kelchb. rötl.-grau
    behaart. Am Grund der Infl.-stiele dicht schuppige Brakteen. Kapseln zieml. groß (bis
    2 cm breit), kugelig, die beiden dicken Klappen mit feinkörniger Oberfläche. K5 C5
    A5 G(2) – **V:** Md (Viell. anhand von Material versehentl. für T angegeben.)

    | | | T? | | | | |.................................***P. coriaceum*** Ait.

1* Baum bis 12 m hoch, mit pyramidenf. Krone. B. spitz, kahl, glänzend grün, dünn,
    meist wellig. Kapsel kahl, reif orange – **V:** Az, Md, Port, Heimat SOAustr, kult. u.
    verwild., z.T. eingebürg. in Az u. westmed

    | | | T | C | | | |.............................***P. undulatum*** Vent.

Rosaceae (incl. Neuradaceae)

1   Holzpf. od. mehrjährige Kräuter
2   Blü.hülle einfach. B. unpaarig gefiedert
3   Kleine (10–40 cm), krautige Pf. Blü. in kugeligen Köpfch., je Blü. 2 sehr warzige
    Früchtch. (ssp. *magnolii*) – **V:** med – **G:** LAU II-2 [*S. verrucosa* (Ehrenb.) A.Br.]
    [H] [P] [G] [T] [C] [L] [F?] . . . . . . *Sanguisorba minor* Scop. **ssp.** *magnolii* (Spach.)Briq.
3* Sträucher bis etwa 2 m Höhe
4   Blü. monoezisch in zwittrigen Infl. (♀ Blü. im oberen, ♂ Blü. im unteren Teil der
    verzweigten Ähre) . . . . *Dendriopoterium* S. 121
4* Blü. in einfachen od. zus.gesetzten Trauben od. Ähren, diese
    entweder ♂ od. ♀. Monoezie od. Dioezie. Fr. eine Flügelnuß
    od. ± fleischig
5   Dioezie. Bäumch. (bis 2 m) od. Strauch. B. an den Zweigen-
    den gehäuft, B.chen fast kahl, blaugrün, gestielt an meist
    roter Rhachis, klein, 7–20jochig. Stamm u. Äste oben auf-
    fallend rot- bis braundrüsig ("Ramo de Sangre"). Ähren
    dünn, um die Hälfte kürzer als die Tragb. Nebenb. sehr
    schmal, mit dem B.stiel verwachsen. Fr. eine Flügelnuß. ♂
    Trauben locker hängend, ♀ zuerst aufrecht, purpurn behaart
    – **V:** E Can, T im N u. W 300–600 m, C var.?
    [ ] [ ] [G] [T] [C] [ ] [ ] "Palo (Ramo) de Sangre"
                            Marcetella moquiniana (Webb)Svent.
–   Pf. kleiner – **V:** Md . . . . *Marcetella maderensis* (Bornm.)Svent.
5* Dioezie od. Monoezie. B.chen kahl od. (meist) behaart, 3–8jochig. Fr. ± fleischig,
    kugelig bis birnenf., etwa 5 mm . . . . *Bencomia* S. 121
2* Blü.hülle doppelt. B. gefiedert, gefingert od. ungeteilt
6   Mehrjährige Kräuter
7   Außenkelch fehlt (bzw. zu Widerhaken umgewandelt). Blü. in schmaler, langer Ähre,
    fast sitzend. Fr.b. mit dem Kelch zu einer Schließfr. (Klettfr.) verschmelzend
    . . . . *Agrimonia* S. 122
7* Außenkelch vorh.
8   Blü.boden nach der Blü.zeit zu einer fleischigen Scheinfr. heranwachsend – **V:** Az,
    Md – bor-euras-subozean
    [ ] [ ] [T] [ ] [ ] . . . . *Fragaria vesca* L.
8* Blü.boden nach der Fr.zeit nicht auffällig verändert . . . . *Potentilla* S. 122
6* Holzpf.
9   Sproßachsen mit Stacheln. B. handf. geteilt od. gefiedert. Sammel- od. Scheinfr.
10 B. handf. geteilt (3–5zählig) . . . . *Rubus* S. 122
10* B. gefiedert
11 B.chen kahl, untersts drüsenlos (höchst. auf dem Mittelnerv od. auf starken Seiten-
    nerven etwas drüsig). Einige Kelchb. gefiedert – **V:** Md – euras-subozean-submed
    [ ] [P] [G] [T] [C] [ ] . . . . *Rosa canina* L.
11* B.chen untersts mindest. auf dem Mittelnerv behaart, wenigst. in Randnähe drüsig
    [*Rosa obtusifolia* ssp. *t.* Herrmann]
    [ ] [P?] [ ] [ ] [ ] . . . . **var.** *tomentella* Bak.
9* Sproßachsen wehrlos od. z.T. zu Sproßdornen umgebildet. B. ungeteilt, wechselstdg
12 Fr.kn. mittelstdg, Kelch hinfällig. Steinfr. . . . . *Prunus* S. 122
12* Fr.kn. unterstdg, ein bleibender, vertrocknender Kelch krönt die Fr. (Scheinfr.)
13 Immergrüner Baum mit großen (bis 25 cm) B., diese gezähnt, untersts rötl. braunfilzig

wie die Infl. – **V:** Can gepfl. u. leicht verwild. – Az, Md, Port eingebürg., ZChina

| | | | G | T | C | | | |.................... *Eriobotrya japonica* (Thunb.)Lindl.

13* Laubwerfende Bäume

14 Blü. groß (15–25 mm). Infl. armbltg. Scheinfr. grünl., birnenf. Griffel bis zum Grund frei. Staubbeutel rot (Bei *Malus* gelb!) – **V:** T gartenflüchtig – Cv kult. – submedgemäßkont

| | | T | | | | |............................ *Pyrus communis* L.

14* Blü. kleiner (8–10 mm), in reichbltg Infl. Scheinfr. reif (braun od.) rot. B. untersts weißfilzig – **V:** T Cañadas – submed

| | P | | T | | | | |........................ *Sorbus aria* Crantz

1* Pf. einjährig

15 Blü. ohne Krone, zu wenigen in den B.achseln. B. ± handf. gelappt bis gefingert. Fr. trocken – **V:** submed-subatl – **G:** SEC I

| H? | P? | G? | T? | C? | | | |........................ *Aphanes arvensis* L.

– Die älteren Angaben beziehen sich nach HANSEN (1970) durchweg auf: Nebenb. tief geteilt, Blü. unter 1 mm Durchm. – **V:** Az, Md – westsubmed-subatl – **G:** SEC I

| H | P | G | T | C | | | |.......... *Aphanes microcarpa* (Boiss. et Reut.)Rothm.

15* C5. Fr.b. mit dem Blü.boden zu einer abgeflachten, oben stachligen Sammelfr. verwachsen. B. spatelf., ± gelappt (*Neuradaceae*) – **V:** C Maspalomas – sah-sind – **G:** AMM I-1a

Frucht jung

| | | | | C | | | "Patacamello" .... *Neurada procumbens* L.

Dendriopoterium

unterstes Fiederpaar

1 B. blaugrün, unpaarig 4–6jochig, kahl, B.chen breit, fast sitzend. Nebenb. groß, b.ähnl., oft blauviolett überlaufen. Rinde grau. Fr. klein (etwa 2 mm), 4kantig, runzelig – **V:** E Can – **G:** ASP I-1a

Nebenblätter auch ganzrandig

| | | | C | | | "Rosalillo" .... *D. menendezii* Svent.

1* Nebenb. gezähnt, Fr. viel größer – **V:** E Can

| | | | C | | | .... *D. pulidoi* Svent. ex Bramw.

Bencomia "Rosal de guanche"

1 Perikarp fleischig bis fast beerenartig, schwach 4kantig-kugelig, beim Trocknen runzelig werdend. Infl. einfach od. sehr wenig verzweigt, ± nickend. ♂ Trauben ± aufrecht, fingerdick, gelbgrün, behaart. Dioezie. 2(–6) m hohe Sträucher, behaart. B. 3–8jochig. B.chen oben grün, unten blaugrün, ± behaart, mit Nebenb.

2 Ähren kätzch.f., 10–25 cm lang, kürzer als die Tragb. B. dicht seidig behaart, 6–8jochig. B.chen lanzettl. Fr. kugelig – **V:** E Can, H El Golfo 500–1000 m

| H | | | | | | |............................ *B. sphaerocarpa* Svent.

2* Ähren dickl., länger als die Tragb. B. 3–5jochig. Nebenb. vorn breit, eingeschnitten. B.chen eif., kurz gestielt. Fr. längl. – **V:** Md – **G:** ASP I-1, LAU II-1b

| H? | P | | T | C | | | "Bencomia" .... *B. caudata* (Ait.)Webb et Berth.

1* Perikarp schwammig bis trocken, kugelig bis niedergedrückt, beim Trocknen unverändert. Infl. i.d.R. verzweigt. Monoezie. Bis 1,5 m hohe Sträucher. B. 3–6jochig, untersts weißwollig

3 Nebenb. vorh. Strauch 1–1,5 m hoch. B.chen kurz gestielt, lanzettl. Verzweigung

sparrig, Äste oft ± horizontal – **V:** E Can

| | | | | C | | | | . . . . **B. brachystachya** Svent.

3* Nebenb. fehlend. 0,5 – 1 m hoher Strauch. B. 3 – 4jochig, oberst glänzend-klebrig, intensiv grün. B.chen sitzend. Verzweigung dicht buschig – **V:** E Can, T Cañadas um 2200 m, sehr selten

| | P | | T | | | | | . . . . **B. exstipulata** Svent.

Agrimonia

1   Blü.achse mit tiefen, vom Stachelkranz bis fast zum Grund gehenden Furchen. B. untersts dicht behaart. Obere B. kürzer als Internodien. Drüsen sitzend – **V:** Az, Md – eurassubozean-submed

| | | | T | | | | . . . . **A. eupatoria** L.

1* Blü.achse nur dicht unter dem Stachelkranz seicht gefurcht, äußere Stacheln zurückgeschlagen. B. untersts fast nur auf den Nerven locker u. lang behaart. Obere B. länger als die Internodien. Drüsen gestielt – **V:** subatl-submed [*A. odorata* auct.]

| H? | | | | | | | . . . . **A. procera** Wallr.

Potentilla

–   Pf. mit zahlr. Ausläufern, niedrig – **V:** Az, Md – euras-submed, weltweit verschl.

| | | G | | | | | . . . . **P. reptans** L.

–   Blü. tetramer – **V:** Md . . . . **P. procumbens** Sibth.

–   B. gefiedert – **V:** Az . . . . **P. anserina** L.

Rubus

Die Gattung bedarf für Mak noch eingehender Bearbeitung!

–   B. untersts weißfilzig. Pf. ohne Drüsenhaare u. ohne Drüsenborsten. Blü. meist rosa
–   **V:** Md – westmed-atl – **S:** Viel in Hecken u. entlang von Straßen – **G:** LAU II-1,3 (Sehr formenreich!)

| H | P | G | T | C | | F? | "Zarza" . . . . **R. ulmifolius** Schott

–   Verwandt und riesige Ausmaße erreichend – **G:** LAU II-1,3; LAU I-1

| H | P | G | T | C | | | "Zarzamora de monte" . . . . **R. bollei** Focke

–   B. beidersts grün, Endfieder lang (4 – 5 cm) gestielt. Reichblühend – **V:** E Can

| | | | | | | | . . . . **R. palmensis** Hans.

–   *R. canariensis* Focke kommt wohl nur auf Md vor (Dort auch *R. concolor* Lowe mit untersts nicht weißfilzigen B. u. weißen Blü.). Auf Az auch *R. hochstetterorum* Seub.

Prunus

–   Fr.kn. mittelstdg, Kelch hinfällig. Steinfr. Immergrüner Strauch od. Baum bis 10 m. B. glänzend, kahl, am Rand gesägt, mit lang ausgezogener Spitze. B. groß (– 20 cm), 2zeilig angeordnet. Zweige u. B.stiele meist rötl. Borke kirschbaumartig quergerunzelt. Lentizellen in querverlaufenden Reihen. Blü.trauben aufrecht – **V:** Md – ibermaroc [*Laurocerasus l.* (L.)Roem.]

| H? | P? | G | T | C | | "Hija" . . . . **P. lusitanica** L. ssp. **hixa** (Willd.)Franco

–   Nur je 20 – 30 Blü., B. 4 – 7 cm breit – **V:** Az . . . . ssp. **azorica** (Mouillef.)Franco

    Kult u. verwild. auch:
–   Blü. rosa – **V:** Heimat WAs [*Amygdalus communis* L.]

| | P | G | | C | | F | . . . . **P. dulcis** (Mill.)D.A.Webb

–   Blü.stiele flaumig, junge Triebe kahl – **V:** Heimat Kleinasien

| | | | | C | | | . . . . **P. domestica** L.

Fabales
Mimosaceae
- Nur gepfl. u. kulturfüchtig: *Acacia saligna* Wendl. am häufigsten, *A. farnesiana* (L.)
  Willd., *A. cyanophylla* Lindl., *A. cyclops* A.Cunn, *A. retinodes* Schl., *Desmanthus virgatus*
  (L.)Willd. z.T. in Ausbreitung, *Albizzia lophantha* (Willd.)Benth., *Leucaena leucocephala* (Lam.)De Wit u.a.

Caesalpiniaceae
- Ebenfalls nur kult. u. verwild.: *Caliandra tweedii* Benth. mit langen Staubb. u. Griffeln
  auf G, *Ceratonia siliqua* L., *Caesalpinia spinosa* (Mol.)Ktze. auf T u. C, *Cassia bicapsularis* L. auf F, *C. didymobotrya* Fresen. auf C u.a.

Fabaceae
1 B. ungeteilt od. aus 2 od. 3 B.chen zus.gesetzt (ohne die manchmal b.ähnl. Stipeln!)
2 Klimmende mehrjährige Kräuter mit 3tlg B., weich behaart . . . *Rhynchosia* S. 147
2* Vor. Merkmale nicht zus.treffend
3 Sträucher od. Halbsträucher mit weißen, gelben od. rötl. Blü.
4 Alle B. ungeteilt (Vgl. auch *Ononis*-Arten mit reduzierten B.; bei *Retama* sind die
   unteren B. 3zählig)
5 Stark dornige Sträucher. Kelch gelbl., mind. zu $^2/_3$ in 2 Lippen gespalten, wenig kürzer
   als die Krone, Blü. gelb . . . . *Ulex* S. 129
5* Nicht dornige Sträucher. Kelch nicht gelbl., wesentl. kürzer als die Krone
6 Rutensträucher mit kleinen u. hinfälligen B. (vgl. auch *Spartocytisus* u. *Sarothamnus*).
   Zweige zylindrisch, gestreift bis gerillt
7 Blü. weiß, ca. 15 mm lang. Hülsen kugelig od. eif., nicht über 20 mm lang. B. lineal bis
   fädl., untere oft 3zählig. zweige fein gerillt, Samen 1−2 . . . . *Retama* S. 126
7* Blü. gelb, groß, mindest. 20 mm lang. Hülsen abgeflacht, 5−8 cm lang, zuletzt kahl.
   Zweige kahl. Kelchunterlippe verlängert, mit 5 kurzen Zähnen. Samen zahlreich
   . . . . *Spartium* S. 125
6* Rutenstrauch mit reduzierten, aber deutl. B. von nur wenigen mm Länge. Blü.
   zitronengelb, meist 1 Blü. je Kurztrieb. Samen ohne Nabelwulst. Zweige fein behaart . . . . *Genista* S. 126
4* Wenigst. ein Teil der B. 3zählig (Ausn. bei *Ononis*; vgl. auch *Retama* S. 126)
8 Schiffch. doppelt so lang wie die Fahne. Kelch glockig, kurz 5zähnig. Staubb. frei.
   Strauch, unangenehm riechend, mit dem Habitus von *Cytisus laburnum*. Gliederhülse,
   breit, hellbraun. B.chen breit-lanzettl., etwa 6 cm lang. Nebenb. b.gegenstdg verwachsen, hinfällig . . . . *Anagyris* S. 125
8* Schiffch. kaum länger als die Fahne. Alle 10 Staubb. verwachsen od. 1 frei
9 Hülsen auf ihrer ganzen Fläche mit Drüsenhaaren besetzt. Blü. gelb. Große Sträucher
   mit meist dicht gestellten, meist sehr kurz gestielten B. Samen ohne Anhängsel. Kelch
   2lippig (Oberlippe tief 2spaltig, Unterlippe 3zähnig) . . . . *Adenocarpus* S. 126
9* Hülsen kahl od. behaart, aber nicht mit großen Drüsen besetzt (höchst. feindrüsig u.
   dann Pf. niedrig)
10 B.chen ± drüsig, v.a. an der Spitze gezähnt od. krenuliert. Blü. rötl., seltener gelb.
    Kräuter od. Zwergsträucher. Nebenb. mit dem B.stiel verwachsen . . *Ononis* S. 135
10* B.chen ganzrandig
11 Hülse lineal, abgeplattet, über 15 mm lang. Blü. in Trauben, gelb od. weiß
12 Rutensträucher mit hinfälligen B.

13 Blü. weiß, stark duftend. Zweige gegenstdg. B.chen lineal-lanzettl. Kelch sehr kurz (2–3 mm), 2lippig mit kurzen, dunklen Zähnen. Hülse schwarz, 4–6samig (wenn 1–2samig, kurz, geschlossen bleibend, vgl. *Retama* S. 126) .. *Spartocytisus* S. 127

13* Blü. gelb. Zweige 5kantig. B.chen fast kahl (obersts). Griffel aufgerollt . . . . *Sarothamnus* (*Cytisus* p.p.) S. 130

12* Normal beblätterte Sträucher. Samen mit Anhängsel

14 Stipeln fehlen. Blü. weiß (vgl. auch *Teline splendens* S. 129) . . . . *Cytisus* s.l. S. 127

14* Stipeln vorh., aber klein, oft hinfällig. Blü. gelb. . . . . *Teline* S. 128

11* Blü. in Köpfch., rosaweiß od. weiß mit rötl. Streifen. "Stipeln" breit rundl. . . . . *Dorycnium* (*Lotus* p.p.) S. 131

3* Ein- od. mehrjährige Kräuter, höchst. am Grund verholzt

15 "Stipeln" ± gleichgroß wie die B.chen, daher B. 5zählig

16 Blü. purpurn. Hülse längs breit geflügelt. Blü. zu 1–3 . . . . *Tetragonolobus* S. 134

16* Blü. gelb, selten rosa od. rot (dann zu 1–2 in B.achseln). Obere Kelchzähne meist verlängert. Pf. meist niederliegend bis hängend . . . . *Lotus* S. 131

15* Stipeln klein, nicht b.chenähnl.

17 Alle 10 Staubb. verwachsen. B.chen gezähnt (v.a. an der Spitze). Kelch fast bis zum Grund geteilt. Pf. ± drüsig(-klebrig) . . . . *Ononis* S. 135

17* 9 Staubb. verwachsen, 1 frei

18 B.chen 0 bis 2, (lineal-)lanzettl.

19 B.chen 0 od. 2 (selten 1), i.d.R. mit Wickelranke. Hülse gerade . . *Lathyrus* S. 145

19* B.chen 1, groß, ganzrandig, ohne Wickelranke. Gliederhülse ± spiralig, mit 8 Längsrippen, die oft Stacheln tragen. Blü. (rötl.-)gelb, in langgestielten Infl. . . . . *Scorpiurus* S. 134

18* B.chen zu 3

20 Hülsen nieren- od. schneckenf. aufgewunden. Blü. (außer bei *M. sativa*) gelb . . . . *Medicago* S. 137

20* Hülsen kugelig od. gerade, bei *Trigonella* ± gekrümmt bis zickzackf.

21 Blü. blauviolett. Pf. mit Geruch nach Bitumen . . . . *Psoralea* S. 129

21* Blü. nicht blauviolett

22 Hülsen i.d.R. ± im Kelch eingeschlossen bleibend, diesen manchmal etwas überragend, aber nicht länger als 5–7 mm. Infl. ähren- od. köpfch.f.

23 Infl. locker ährig. Blü. gelb od. (gelb.-)weiß. Pf. einjährig . . . . *Melilotus* S. 139

23* Infl. dicht kopfig od. längl. Blü. rosa, purpurn, seltener auch gelb od. weiß. Pf. ein- od. mehrjährig . . . . *Trifolium* S. 139

22* Hülsen lineal, meist ± gebogen od. zickzackf., wesentl. länger als der Kelch (etwa 7 mm). Blü. gelb. Pf. einjährig . . . . *Trigonella* S. 137

1* B. handf. geteilt od. gefiedert, mit mehr als 3 B.chen außer den Stipeln. Kräuter

– Bäume mit unpaarig gefiederten B. u. Nebenb.-Dornen . . . . *Robinia* S. 130

24 B. handf. gestielt. Blü. bläul. od. weißl., in dichten, wirtelig aufgebauten Infl. . . . . *Lupinus* S. 125

24* B. gefiedert

25 B. paarig gefiedert, oft mit Ranke endend

26 Stipeln ± so groß wie die 2–6 B.chen, oval-halbherzf. . . . . *Pisum* S. 147

26* Stipeln viel kleiner als die B.chen, i.d.R. zerschlitzt od. gelappt

27 Kelchzähne mehrmals länger als Kelchröhre (Kelch fast bis zum Grund geteilt). Blü. lila, 5–6 mm. St. scharfkantig. Hülsen 1–3samig . . . . *Lens* S. 145

27* Kelchzähne kürzer bis wenig länger als die Röhre; wenn viel länger, dann St. deutl. geflügelt. Hülsen 2- bis vielsamig

28 Griffel kahl od. obersts behaart. B. meist wenigpaarig (bis 5) gefiedert. B. mit od. ohne Wickelranke. Nerven der B.chen "parallel" (alle Nerven vom Grund bis zur

Spitze laufend). Nebenb. ohne Drüsenflecken, nicht stärker gezähnt. St. kantig bis
geflügelt . . . . ***Lathyrus*** S. 145
28* B. meist vielpaarig (bis 12) gefiedert, mit Wickelranke. B.chen fiedernervig. Nebenb.
oft mit Drüsenfleck, oft stark gezähnt (vgl. auch *Cicer canariense* S. 143)
. . . . ***Vicia*** S. 143
25* B. unpaarig gefiedert, stets ohne Wickelranke
29   Hülsen lineal, flach, beidersts mit grob sägezähnigem Rand. Blü. bläul.-weiß bis gelbl.-
weiß. B. 16jochig . . . . ***Biserrula*** S. 131
29* Hülsenrand nicht sägezähnig
30   B. drüsig-weichhaarig. B.chen mit gesägtem Rand. Blü. einzeln. Hülsen aufgeblasen,
glatt, 1–2samig. Blü. in den B.achseln an kurzem, dünnen Stiel hängend, rötl. (vgl.
aber *Cicer canariense* S. 143) . . . . ***Cicer*** S. 143
30* Vor. Merkmale nicht zus.treffend
31   Hülsen gegliedert, bei der Reife in nicht aufspringende Glieder zerfallend
32   Einschnürungen der Hülse sehr tief, alle auf einer Seite liegend, daher Einzelglieder
hufeisenf. (Name!). Blü. gelb . . . . ***Hippocrepis*** S. 135
32* Einschürungen weniger tief, symmetrisch. Hülsen schmallineal, oft etwas gekrümmt
33   Kelch röhrig, Fr. vogelkrallenartig (Name!) . . . . ***Ornithopus*** S. 134
33* Kelch glockig . . . . ***Coronilla*** S. 135
31* Hülsen nicht gegliedert, eif. od. zylindrisch . . . . ***Astragalus*** S. 130

Anagyris

 – Bis 5 m hoher Strauch. Blü. gelb, Fahne rötl. gestreift,
Flügel eif.-lanzettl. (lineal bei *A. foetida* L. – **V:** med).
Blü. zu 3–7, groß. Kelch glockig, kurz 5zähnig. B.chen bis
5(7) × 1,5 cm – **V:** E Can, T im W bis 500 m u. S – **G:**
OLR I

| H | P | | T | C | | | "Azufrado, Oro de risco" . . . . ***A. latifolia*** Brouss.

Lupinus

1   B. obersts kahl. Haare sonst kurz u. locker
2   B.chen schmallineal-lanzettl., weniger als 5 mm breit (7–10:1). Blü. blau. Samen
marmoriert. St. angedrückt behaart. Hülse 4–7 cm lang – **V:** Md – med

| | | | T | C | | | . . . . ***L. angustifolius*** L.

 – Zu achten auf die westmed ssp. *reticulatus* (Desv.)Cout.: Pf. kleiner, nur bis 40 cm,
B.chen nur 10–20 × 2 mm, gefaltet. Samen höchst. 5 mm lang.
2* B.chen oval (2–3:1). Blü. weiß, bläul. überlaufen. Samen seitl. stark zus.gedrückt,
nicht marmoriert. St. seidig-zottig. Samen 8–14 mm. Hülse 6–11 cm – **V:** Az, Md –
ostmed, sonst viel kult.

| H | P | G | T | C | | | . . . . ***L. albus*** L.

1* B. auch obersts behaart. St. rauh behaart. Blü. groß (15–
25 mm), blau. Samen knotig rauh, braun, gelb marmo-
riert. B.chen weit über 3 mm breit – **V:** südmed

Hülse

| | | | T? | | | | . . . . ***L. pilosus*** Murr. non L.

Spartium

 – Strauch, bis 4 m hoch. Blü. duftend – **V:** Can nicht spontan, aber gebietsweise einge-
bürg. – Az, Md – med – **G:** LAU II

| H | P | G | T | C | | | . . . . ***S. junceum*** L.

Retama [Lygos]

1 Trauben locker. Krone 10–12 mm. Schiffch. spitz
2 Wegen des Duftes viel gepflanzter, bis 3 m hoher Rutenstrauch.
   Bauchnaht der Hülse verbreitert – **V:** iber-maur – **G:** KLE I-
   2h,i [*Lygos m.* (L.)Heyw.] ☐35

| H | P | G | T | C | L | F |.......................... *R. monosperma* (L.)Boiss.

2* Mit kürzeren u. dickeren Zweigen, die nicht hängen, gestutztem Kelch u. kleineren,
   schon im Februar abfallenden Blü., sehr selten – **V:** E Can?

| | | | | L? | |................................. *R. recutita* Webb

1* Trauben dicht, Krone 15–17 mm, Schiffch. meist stumpf. Bauchnaht der Hülse dünn
   – **V:** südmed – **G:** KLE I-2d [*R. rhodorhizoides* Webb et Berth., *Lygos r.*
   (Forssk.)Heyw.]

| H | P | G | T | C | L | F? | "Retama blanca" ...... *R. raetam* (Forsk.)Webb et Berth.

Genista

– Bis 4 m hoher Strauch, Zweige dicht seidig behaart. B.kissen trägt 3 B. (4–8 mm
   lang), die ein 3teiliges B. vortäuschen. Blü. gelb, Blü.zeit: Juli, August – **V:** E Can, P
   Cumbres de la Caldera 2000–2400 m, sehr selten – **G:** SPA I-1b, PIN I-2c [*Teline b.*
   (Bolle ex Svent.)Santos, *Cytisus b.* (Bolle)Svent.]

| | P | | | | | |........... *G. benehoavensis* (Bolle ex Svent.)M.del Arco

Adenocarpus "Codeso"

1 B. u. Blü. locker gestellt, die B.chen lineal-lanzettl. B. relativ lang gestielt (etwa 1 cm).
   Kelch drüsenlos. Fahne behaart. Hülse dicht drüsig – **V:** E Can, H um 900 m, sehr
   selten

| H | | G? | | | | | "Codeso herreño" .... *A. ombriosus* Ceb. et Ort.

1* B. u. Blü. dicht gestellt, B.stiel kurz (weniger als 5 mm)
2 B. nicht klebrig, behaart (meist kraushaarig). B.chen lineal-
   lanzettl. bis eilanzettl., umgerollt od. flach. Hülsen spärl. drüsig
   od. drüsenlos. Kelch drüsenlos, aber dicht behaart. Fahne be-
   haart – **V:** E Can – **G:** PIN I-2a, LAU II-1,2c,d

| H | P | G | T | C | | | .... *A. foliolosus* (Ait.)DC.

– Tragb. behaart

| | P | | C | | | | .... var. *villosus* Webb et Berth.

2* B. stark klebrig, sehr dicht gehäuft (bes. bei ssp. *frankenioides* Chois.). B.chen lineal,
   umgerollt. Hülsen dicht mit Drüsen bedeckt, außerdem zerstreut behaart. Kelch
   drüsig. Fahne verkahlend – **V:** P nur
   die endem. var. *spartioides* Webb et
   Berth., T oberhalb Vilaflor im Pinar u.
   bes. Cañadas (1500–) 1900–2200 m –
   G: PIN I-1f, SPA I-1a; var. *spartioides*
   PIN I-2c, SPA I-1b ☐33

| | P | G? | T | | | | "Codeso del pico" .... *A. viscosus* (Willd.)Webb et Berth.

– Auf Md auch ....*A. complicatus* (L.)J.Gray

Spartocytisus

1 Zweige graugrün, starr, rundl., gestreift. B.stiel kurz, dick. B.chen fast sitzend, lineal, dicht behaart. Blü. zu mehreren bis vielen. Schiffch. zugespitzt. Blü.stiel gleichlang od. kürzer als Kelch. Infl. zieml. dicht, büschelig. Bis 4 m hoher Kugelbusch, zur Blü.zeit stark duftend (Bienenweide) – **V:** E Can, T 1700–2400 m – **G:** SPA I-1a [*S. nubigenus* Webb et Berth.] ☐31

| | P | | T | | | | "Retama del Teide" . . **S. supranubius** (L.f.)Christ ex Kunk.

1* Zweige grün, biegsam, rundl. bis kantig. B.stiel dünn, fädig. B.chen verkahlend, länger gestielt, lanzettl. Infl. verlängert, locker, armbltg. Blü. zu 1–2. Blü.stiel länger als der Kelch. Schiffch. stumpf. Bis 5 m hoher, fast baumf. Strauch – **V:** E Can, T im N bis Masca, sonst bis 500 m – **G:** OLR I

| H | P | G | T | | | | "Retamilla, Escobón" . . . . **S. filipes** Webb et Berth.

Cytisus s.l. (incl. Chamaecytisus)

Vgl. auch *Genista* S. 126

1 Fahne so lang wie die Flügel, außen behaart. Zweige behaart. B. lang (etwa 1 cm) gestielt. Bis 5 m hohes Bäumch. – **V:** E Can – **G:** PIN I-1c,f,2a, LAU II-2d,e [*Cytisus p.* L.f.] ☐34

| H | P | G | T | C | | | "Escobón" . . . . **Chamaecytisus proliferus** (L.f.)Link

Der Schlüssel für die weitere Untergliederung folgt ACEBES GINOVÉS et al. (1991)

a Fahne seitl. zus.gedrückt, etwas breiter als lang, ≤ 21 mm
b Samen < 5 mm, Rücken der Fahne fast völlig behaart
c Fiederb.chen lanzettl. bis elliptisch, oberts spärlich bis dicht seidig behaart, unterts dicht seidenhaarig – **V:** T im Norden – **S:** In Baumheidegebüschen und Zwergstrauchheiden

| | | T | | | | | . . . . **ssp. proliferus var. proliferus**

c* Fiederb.chen elliptisch bis verkehrt-eif., beidersts seidenhaarig [*C. laxiflorus* (O.Ktze.) Lind.]

| | | | C | | | | . . . . **ssp. proliferus var. canariae** (Christ)Kunk.

b* Samen > 5 mm, Fahne ± nur auf der Mittelrippe behaart
d Fiederb.chen unterts seidig behaart, oberts verkahlend

| | P | | | | | | . . . . . **ssp. proliferus var. palmensis** (Christ)Hans. et Sund.

d* Fiederb.chen auf beiden Seiten dicht behaart
e Fiederb.chen elliptisch bis elliptisch-lanzettl. – **S:** Im Pinar

| | P | | | | | | . . . . **ssp. proliferus var. calderae** Acebes

e* Fiederb.chen lanzettl. bis eif. – **S:** Baumheidegebüsche

| H | | | | | | | . . . . **ssp. proliferus var. hierrense** (Pit.)Acebes

a* Fahne meist zurückgekrümmt, etwas länger als breit , ≥ 21 mm
f Fiederb.chen lanzettl. bis linear-lanzettl., oberts zerstreut seidig behaart

| | | G | T | | | | . . . . **ssp. angustifolius** (O.Ktze.)Kunk.

f* Fiederb.chen lanzettl., verkehrt-eif. bis elliptisch, oberts dicht seidig behaart

| | | | C | | | | . . . . **ssp. meridionalis** Acebes

1* Fahne länger als die Flügel, außen kahl. Zweige fast kahl, an der Spitze oft verdornt. 1–2 m hoher, breiter Strauch. Blü. zu 1–3, nur 1 mm lang gestielt. Hülse angedrückt behaart. B.chen 10 × 4 mm, wenigst. unterts angedrückt grauhaarig – **V:** NAfr

| | | T? | | | | | . . . . **Cytisus albidus** DC.

Teline "Gacia"

1   B.chen verkehrt herz-eif. bis breit eif. (Wenn B. eilängl., aber durch Umrollen der Ränder schmal erscheinend, vgl. *T. congesta, T. linifolia, T. rosmarinifolia*). B. ± behaart

2   Fahne außen kahl (Vgl. aber auch *T. osyroides* u. *T. stenopetala!*). B. ± behaart. B.stiel 2–3 mm lang. Strauch mit rutenf. Ästen. Behaarung anliegend seidig – **V**: Az – med – **S**: Felswände 1200–1800 m [*Cytisus candicans* (L.)DC.]

    | | | |T?| | | | |......................... *T. monspessulana* (L.)C.Koch

2* Fahne außen behaart, mindest. im oberen Teil

–   Fahne nur auf der Mittellinie behaart, B. seidig. Äste abstehend. Dichter Strauch. Infl. 3–8bltg, Blü. kleiner als bei der ähnl. *T. osyroides* – **V**: E Can, T Fraile in 200 m

    | | | |T| | | | |................. *T. salsoloides* M.del Arco et Acebes

3   Dichtwüchsige Sträucher (bis 3 m). (Wenn nicht abstehend, sondern aufrecht behaart, vgl. den ungenügend bekannten *C. spachianus* Chr.Sm. auf T)

4   B.chen (wie Zweige) ± dicht seidig, Hülse weich behaart. B.-stiel 2–8 mm lang. Ausgebreiteter Strauch. Hülse 30 × 5–6 mm – **V**: E Can, T im 500–1500 m, C im N – **G**: LAU II-1,2a

    | | | |T|C| | | |"Retama de monte" .... *T. canariensis* (L.)Webb et Berth.

4* B. obersts verkahlend, i.d.R. nur wenig länger als breit. B. kurz u. breit gestielt, dickl. Sparriger Strauch mit vielen kurzen Ästen. B. dicht stehend – **V**: E Can

    | | | |T?| | | | |....................... var. *ramosissima* (Poir.)Kunk.

3* Strauch mit verlängerten Ästen. Blü. etwas denen von *Genista pilosa* L. ähnl. B. eif.-längl., untersts blaß, wollig, obersts kahl – **V**: E Can

    | | | |T?|C| | | |..................... *T. hillebrandtii* (Christ)Kunk.

1* B.chen längl.-lanzettl. bis lineal (z.T durch Einrollung der Ränder so scheinend!)

5   Obere B. ungeteilt. B.chen lineal (ca. 2 mm breit) bis schmallanzettl. Fahne kahl. Strauch bis 1,5 m Höhe – **V**: E Can, T im W um 500 m

    | | | |T| | | | |................. *T. osyroides* (Svent.)Gibbs et Dingw.

5* Alle B. 3zählig

6   B.chen lanzettl. Infl. traubig. Kelchzähne nicht länger als die Röhre. B. deutl. gestielt. Hülsen dicht behaart

7   B.chen sehr groß (ca. 2,5–6 cm lang u. bis 2 cm breit). Fahne außen ± kahl. B. lang (mehr als die Hälfte der B.chen) gestielt, obersts fast glänzend, unten behaart (angedrückt seidig). Hoher (bis 6 m) Strauch. Zweige ± kahl. Infl. verlängert – **V**: T Lorbeerwald u. Fayal-Brezal – Cv – **G**: ASP I-2b,d, LAU I,II,II-1a

    |H|P|G|T| | | | |"Gacia" .... *T. stenopetala* Webb et Berth.

–   Zähne der Kelchunterlippe 1,3–3 mm – **G**: PIN I-1h

    | | | |T| | | | |................... var. *spachiana* (Webb)M.del Arco

–   Ferner: var. *stenopetala* in P, T; var. *sericea* (Pit. et Proust)Del Arco in P; var. *microphylla* (Pit. et Proust)Gibbs et Dingw. in H, G; var. *pauciovulata* Del Arco in T

–   Ein hoher Strauch ist auch: B.nerven stark betont, B. lanzettl.-eif., behaart. Infl. dicht mit bis zu 20 Blü. Fahne so lang wie Schiffch., Kelch glockig – **V**: E Can, C Teror, sehr selten [*Rivasgodaya n.* Esteve]

    | | | |T?| C | | |......................... ***T. nervosa*** (Est.)Hans. et Sund.

7* B.chen sehr klein (meist unter 1 cm lang), sehr dicht gestellt, meist am Rand (nach oben) umgerollt. Fahne außen behaart (auf dem Mittelnerv). B. kurz gestielt, wie die Zweige silbrig wollig-weichhaarig. Infl. kurz u. dicht, aufrecht. Dichtwüchsiger Strauch mit kurzen, gedrängten Ästen, vgl. auch *Genista benehoavensis* S. 126 – **V:** E Can, C im Z u. S – **G:** PIN I-2b [*T. microphylla* (DC.)Gibbs et Dingw.]

    | | | | | C | | | "Retama amarilla" .... ***T. congesta*** Webb et Berth.

6* B.chen lineal. Infl. kurz, fast doldig. Kelchzähne länger als Röhre. B. sitzend (bis kurz gestielt). B.chen oft umgerollt, seidig behaart. Fahne dicht seidig

8   B.chen schmallanzettl. bis elliptisch, spitz. Obere B. sitzend, alle gedrängt, mit eingerolltem Rand, untersts silberglänzend. Kelchzähne etwa doppelt so lang wie die Röhre, sehr lang gespitzt. Aufrechter Strauch mit steifen Zweigen – **V:** westmed (Formenreich!)

    | | | |G|T| C | | |..................... ***T. linifolia*** (L.)Webb et Berth.

– Mit Nebenb., B. kürzer als 25 mm – **V:** E Can [*T. linifolia* var. *angustifolia* (Webb et Berth.)Briqu. p.p.]

    | | | | |T| | | |..................... **ssp.** ***teneriffae*** Gibbs et Dingw.

– Ohne Nebenb., alle B. sitzend – **V:** med

    | | | | | C | | |............................. **ssp.** ***linifolia***

– B. mit fadenf. Nebenb., breit lanzettl. untere B. gestielt, Hülsen breit – **V:** E Can – **S:** Im Pinar [*T. linifolia* ssp. *pallida* (Poir.)Gibbs et Dingw.]

    | |P| | | | | |............. ***T. splendens*** (Webb et Berth.)M.del Arco

– B. mit linear-3eckigen Nebenb.

    | | |G| | | | |.................. ***T. gomerae*** (Gibbs et Dingw.)Kunk.

8* B. lineal, mit aufgesetztem Spitzch., untersts durch den Mittelnerv dick gekielt. Kelchzähne länger als die Röhre. B. fein silberweiß behaart, blaugrün, B.chen sehr schmal, unten mit gefurchtem Kiel, oben rinnig. Blü. in 2–4bltg endstdg Dolden. Aufrechter besenf. Strauch. B. ohne Nebenb. – **V:** E Can (**ssp.** *rosmarinifolia* M.del Arco u. **ssp.** *eurifolia* M.del Arco)

    | | | | | C | | |..................... ***T. rosmarinifolia*** Webb et Berth.

Eine eingehendere Bearbeitung der Gattung geben GIBBS & DINGWALL (1971) und DEL ARCO AGUILAR (1983).

Ulex

– Blü. ca. 2 cm groß, goldgelb, Kelch behaart. Vorb. über 2 mm breit – **V:** T eingebürg. – Az, Md – med-atl – **G:** LAU II-2b

    | | | |T| | | |........ ***U. europaeus*** L.

Psoralea

1   Infl. dicht kopfig, 10bltg, lang gestielt in B.achseln. B.chen ganzrandig. Blü. über 1 cm lang – **V:** Md – med [*Asphaltium bituminosum* (L.)Fourr.] □32

Psoralea bituminosa var. palaestina

    |H|P|G|T|C|L|F|.................................... ***P. bituminosa*** L.

– Auf Can basal verholzte Formen .... **var.** ***palaestina*** Webb

1* Infl. traubig od. ährig. B.chen buchtig krenuliert. Blü. 6–7 mm lang, Krone kürzer als der Kelch, weißl. B. breit verkehrt eif. – **V:** T sine loco – Md – westmed (nicht

Am!) [*P. dentata* DC.]

| | | | T | | | | .... *P. americana* L.

Sarothamnus [Cytisus]
- Zweige kantig, Kelch kurzröhrig. Griffel einrollend - **V:** Can eingebürg. - Md -
  med-atl [*Cytisus s.* (L.)Link]

| | | G | T | | | | .... *S. scoparius* Koch

Robinia
- Baum mit unpaarig gefiederten B., B.chen eif., kurz gestielt. Blü. duftend, weiß bis
  rosa. Hülse kahl - **V:** Can verwild. - Heimat NAm

| | | | C | | | .... *R. pseudacacia* L.

Astragalus
1 Infl. köpfch.f. Hülsen bei der Reife kreuz- od. sternf. gespreizt. Hülsen am Grund
   durch Einbuchtung 2buckelig. Pf. einjährig, zur Blü.zeit ohne sterile Triebe
2 Mindest. ein Teil der Infl. auf längeren (etwa halb so lang wie das Tragb.) Stielen.
   Köpfch. 5-9bltg - **V:** sah-arab-südmed

| | | | | | F? | .... *A. radiatus* Ehr.
- Köpfch. 6-14bltg, Infl.stiel 1-2 cm, Blü. gelb - **V:** iber-maur [*A. polyactinus* Boiss.]

| | | | | | F | .... *A. cruciatus* Boiss.
2* Untere Infl. sitzend. Köpfch. 2-6bltg. 10-30 cm hohes grauhaariges Kraut. Krone
    violett od. blaßgelb - **V:** orient (Schon für NAfr nach OZENDA zweifelhaft. Alle
    Angaben beziehen sich viell. auf *A. sinaicus* Boiss.)

| | | | | | F? | .... *A. tribuloides* Del.
- Hülsen mit kurzen anliegenden u. langen abstehenden Haaren -
  V: sah-sind

| | | | | | L | F | .... *A. sinaicus* Boiss.
1* Infl. eine verlängerte Traube
3 Hülsen groß, mindest. 5-6 mm breit
4 Alle Haare an ihrem Grund befestigt. Kelch 6 mm lang, mit schwarzen Haaren.
   Krone 12 mm lang, gelb(gelbl.-weiß). Hülsen im Querschnitt 3eckig, untersts gefurcht.
   Pf. aufrecht. B. grün, unten behaart, 9-15jochig. Nebenb. frei - **V:** C sine loco - Md
   - südmed

| | | | C | | | .... *A. boeticus* L.
4* Haare z.T. mit ihrem Grund, z.T. in ihrer Mitte ("Schiffch.haare") befestigt. Kelch 4 mm lang, mit schwar-
    zen u. weißen Haaren. Krone 8 mm lang, gelb, braun marmoriert. Hülsen oft fast zum Ring geschlossen -
    V: Md - maroc .... *A. solandri* Lowe
- B. nur 6-8jochig u. nur 5-8 cm lang, Hülse 15-20 × 5-7 mm, scharf gekielt - **V:**
  NWAfr - südostiber

| | | | | | F | .... *A. edulis* Dur. ex Bunge
3* Hülsen klein, lang zylindrisch, höchst. 5 mm breit, stark gekrümmt
5 B.chen ausgewachsen auf der Oberseite ± kahl. Pf. schwach behaart. Hülsen reif kahl,
   15-45 mm lang, hakenf. gekrümmt. Infl. oft vielbltg, zieml. dicht. Blü. gelbl.-weiß mit
   blaßvioletter Fahne. B. 9-15jochig. Pf. niederliegend. Nebenb. verwachsen. Schiffch.-
   haare - **V:** Grac, Lob - Md - med

| H | | G | T | C | L | F | .... *A. hamosus* L.

5* Pf. von dichter Behaarung grau. Hülsen kurz behaart bis fast
kahl. Infl. locker, stets armbltg. B. 6–8jochig, lang. Blü.
blaßblau. Hülsen oft fast zum Ring geschlossen – **V:** E Can

| | | | | L? | F |
*......................................****A. mareoticus*** Del.

Biserrula
– Einjährige, niederliegende Pf. Nebenb. kurz, häutig, frei. Hülse flach, an beiden
Rändern scharf gezähnt – **V:** med

| H | P | G? | T | C | L? | F |
*...............................****B. pelecinus*** L.

Dorycnium
Meist zu *Lotus* gestellt!
1 B.chen kahl. Krone doppelt so lang wie der (kahle) Kelch.
Blü. weiß mit 3 purpurnen Linien auf der Fahne. Kelchzäh-
ne fast gleich. Nebenb. am Grund untereinander verwach-
sen, mit breit herzf. Grund fast st.umfassend, breiter als lang
– **V:** E Can, T im NW – **G:** OLR I [*Lotus eriophthalmus*
Webb]

| H | P | G | T | C | | |
*.................****D. eriophthalmum*** Webb et Berth.

1* B.chen behaart. Nebenb. frei
2 Kelch außen kahl, Kelchzähne fast gleich, Krone fast 3mal
so lang wie der Kelch. Blü.köpfch. rosaweiß. Nebenb. eif.,
kurz gestielt – **V:** E Can, T im S [*Lotus spectabilis* Choisy ex
DC.]

| | | | T | | | |
*.....****D. spectabile*** Webb et Berth.

2* Kelch außen behaart, Kelchzähne deutl. ungleich, Krone
doppelt so lang wie der Kelch. Nebenb. fast kreisrund – **V:**
E Can, T Anaga bis 400 m [*Lotus b.* Choisy ex Ser.]

| H? | | G? | T | C | | |
*....................****D. broussonetii*** (Choisy)Webb

Lotus (incl. **Heinekenia** u. **Lotea**)
Vgl. auch *Dorycnium* S. 131
1 Hülse zylindrisch
2 Blü. rosa, dunkler gescheckt, ungestielt. Reife Hülse gedreht,
dunkelbraun. B. blaugrün. Pf. einjährig [*L. arabicus* L. var.
trigonelloides (Webb et Berth.)Pit. et Pr.] – **V:** Grac, Lob –
Cv – sah-sind

| H? | P? | G | T | C | L | F |
*.............................****L. glinoides*** Delarb.

2* Blü. gelb od. rot. Meist mehrjährige Kräuter od. Holzpf.
3 Schiffch. kürzer bis nicht viel länger als die übrigen Kronb.
4 Griffel mit Zahn (Sect. *Pedrosia*, 2n = 14, hierzu auch *L.
brunneri* Webb auf Cv u. *L. azoricus* Ball. auf Az)
5 Pf. liegend od. hängend, schwache, höchst. am Grund ver-
holzte Kräuter mit fädl. Ästen. B. klein. Infl.stiele fädig, Infl.
armbltg
6 B.chen sehr klein (etwa 5 mm), verkehrt eif., weich behaart, aber an feuchten Stand-
orten fast kahl u. blaugrün. Infl.stiele verlängert. Pf. liegend bis halbrankend, meist
hängend. Kelchzipfel schmal, spitz

7 B.chen verkehrt eillängl.-lanzettl. Blü. hellgelb – **V:** Md, Salv – **G:** AMM

  ☐H☐ P ☐ G ☐ T ☐ C ☐L?☐ F?☐ "Corazoncillo" .... *L. glaucus* Ait.
– Sehr ähnlich. Infl. 3–4bltg, Hülsen rotbraun. **Pf.** dicht verzweigt – **V:** T Anaga-Süd
  ☐ ☐ ☐ T ☐ ☐ ☐ .... *L. dumetorum* Murr.
– B. fleischig – **V:** C Ostküste – **G:** KLE I-1, CRI I-1b, PLA I-2b [*L. glaucus* var. *leptophyllus* (Lowe)Pit. et Pr.]
  ☐ ☐ ☐ ☐ C ☐ ☐ "Mata parda" .... *L. leptophyllus* (Lowe)K.Lars.
7* B.chen u. Nebenb. fast kreisrund
8 Kronb. meist mit roten Spitzen. Blü. zu 3–4. B. breit keilf., mit kleinen Borstenhaaren. Nebenb. nierenf. – **V:** E Can, G im N – **S:** Bes. mit *Juniperus phoenicea* [*L. borzii* Pit.]
  ☐ ☐ G ☐ ☐ ☐ ☐ .... *L. emeroides* Murr.
8* Kronb. gelb, ohne roten Spitzen. Blü. größer, meist zu 2. Kelchröhre kurz – **V:** C im W 50–600 m
  ☐ ☐ ☐ C ☐ ☐ "Trébol de risco" .... *L. calli-viridis* Bramw. et Dav.
6* B.chen breit, größer, oft weißl. seidenhaarig, verkehrt herzeif. (die kleineren auch (spitz-)eif.). Infl. 1–4(–6)bltg, Infl.stiele kurz (weniger als 4 cm lang). St. anliegend behaart. Kelch dicht behaart, auffallend bleichgrün. Pf. fast halbstrauchig – **V:** E Mak – Grac, Lob – Md
  ☐ ☐ ☐ C ☐ L ☐ F .... *L. lancerottensis* Webb
– St. dicht graufilzig, abstehend behaart – **V:** C im O – **G:** AC *Loto-Polycarpaeetum niveae*
  ☐ ☐ ☐ C ☐ ☐ .... **ssp. kunkelii** Esteve
5* St. aufrecht od. mindest. an der Spitze aufstrebend. Infl. meist 4bltg, langgestielt
9 Erwachsene B.chen nicht in der Mittellinie kahnf. gefalzt
10 B. gestielt
11 Infl. ohne 3zähliges Hochb., 3–6bltg, ihr Stiel meist über 4 cm lang. Blü. etwa 1–1,5 cm groß, Kelch behaart. B.chen vorn ausgerandet od. sehr stumpf, dicht anliegend behaart
12 Nebenb. meist etwas kürzer als der B.stiel. B.chen 4–10 mm lang. Fahne weit vorgestreckt, spitz. Pf. prostrat, aber aufstrebend – **V:** E Can, T v.a. Pinar – **G:** PIN I-1
  ☐ P? ☐ T ☐C?☐ ☐ .... *L. campylocladus* Webb et Berth.
12* 30–40 cm hoher Zwergstrauch (höchstwüchsiger *Lotus* der Canaren nach *L. spartioides*). B.chen meist weniger als 5 mm lang. Nebenb. etwas länger als der B.stiel – **V:** E Can, P hautps. im Pinar – **G:** PIN I-1e (Viell. nur var. der vor.)
  ☐ P ☐ ☐ ☐ ☐ ☐ .... *L. hillebrandtii* Christ
11* Infl. durch ein 3zähliges Hochb. gestützt. B.chen nicht ausgerandet
13 Strauch. B.chen linealisch, vorn stumpf, 5–10 mm lang, kurz weißhaarig. Kelch rötl. gestreift, kurzhaarig. Äste aufstrebend. Infl. 2–5bltg – **V:** E Can, C Tamadaba – **G:** PIN I
  ☐ ☐ ☐ C ☐ ☐ .... *L. spartioides* Webb
13* Pf. einjährig. B.chen vorn kurz zugespitzt. Blü. orangegelb – **V:** iber-maur
  ☐ P? ☐ T? ☐ ☐ .... *L. arenarius* Brot.
10* B. fast sitzend, ihr Stiel viel kürzer als die Stipeln. Pf. seidig-silbrig kurz- od. langhaarig

14 B.chen lineal, B. fast sitzend, daher 5tlg scheinend, kurz
  seidig behaart. Pf. niederliegend, nur am Grund verholzt.
  Infl. 3–5bltg, bis 7 cm lang gestielt. Kelch am Grund rötl.
  (beim Typus) – **V:** Md? – **S:** Küstenregion

H	P?	G	T	C		

  .... **L. sessilifolius** DC.
– B.chen schmal fädig – **V:** T im S

H		G	T		

  .... **var. pentaphyllos** (Link)Davis
14* B.chen (ei-)lanzettl. (bei *L. holosericeus* auch lineal), B. kurz gestielt
15 Blü. einzeln. Infl. kurz (2–4 cm) gestielt. Kelch rötl. behaart. Wurzel rot – **V:** E Can
  [*L. glaucus* var. *erythrorhizus* (Bolle)Brand]

			L	F	

  .... **L. erythrorhizus** Bolle
15* Blü. zu meist 3–4(–10?). Infl. zieml. lang gestielt. Pf. dicht langseidig behaart – **V:**
  E Can, C im S 600–800 m

				C	

  .... **L. holosericeus** Webb et Berth.
9* Erwachsene B.chen 1–1,5 cm lang, lineal. in der Mittellinie kahnf. gefalzt. Pf. dicht
  silberweiß kurzhaarig, auffallend kräftig, ± aufrecht. Blü. zu 3–4(–7), zitronengelb.
  Kelch lang behaart. Hülsen kurz u. sehr dick. Infl.stiel unter 5 cm lang – **V:** E Can,
  T Masca um 500 m

			T		

  .... **L. mascaensis** Burch.
4* Griffel ohne Zahn (Sect. *Edentolotus*)
16 Pf. mindest. am Grund verholzt
17 Aufrechter Strauch. Kelchzipfel etwa so lang wie die Röhre. B.chen verkehrt eif. Infl.
  vorw. 4bltg. Seitl. Kelchzähne kürzer – **V:** Az – med

		G			

  .... **L. creticus** L.
17* Kleiner hängender Strauch. B.chen breit keilf., glatt. Infl. 1–3bltg. Nebenb. nierenf.
  Kelchzähne lang u. spitz: vgl. .... **L. emeroides** S. 132
16* Niederliegende, ein- od. mehrjährige Kräuter
18 Kelchzipfel länger als Kelchröhre. Infl. armbltg. Blü. gelb
  (manchmal rot geadert). Pf. einjährig
19 Infl. 1(–3)bltg. Hülsen zieml. gerade, sehr schmal (10–30 ×
  1–1,5 mm od. noch schmäler) – **V:** Az, Md – med-atl

	P?		T	C?	

  .... **L. angustissimus** L.
19* Infl. 3–7bltg. Kelchzähne 2–4mal so lang wie die Röhre. Hülse 4–6 × ca. 1,5 mm –
  V: Az, Md – med

			C	F	

  .... **L. parviflorus** Desf.
18* Kelchzipfel etwa so lang wie die Röhre. Infl. etwa 10–12bltg – **V:** euras

			T		

  .... **L. uliginosus** Schk.
3* Schiffch. durch langen Schnabel viel länger als die übrigen Kronb. Vielverzweigte,
  hängende Halbsträucher (Äste bis 6 m lang!). Blü. groß (2,5–3 cm lang), seitl. zus.ge-
  drückt (*Heinekenia*)
20 B.chen schmallineal, bis 2 cm lang, blaugrün, silberhaarig.
  Krone purpurrot, Kelchoberlippe ± gerade – **V:** E Can, T
  im S um 1000 m; sehr selten, gefährdet! [*L. peliorhynchus*
  Webb, *Heinekenia peliorhyncha* Webb ex Christ] ☐37

			T			

  "Pico Paloma" .... **L. berthelotii** Masf.

- Im Habitus ähnlich. Blü. einzeln oder zu zweien, Krone gelb, feuerrot geflammt – **V:** E Can, P in 1300 m; sehr selten, gefährdet!

| | P | | | | | |.............................. *L. pyranthus* Pérez

20* B. breiter, grün. Kronb. gelb mit roten Spitzen, weniger zus.gedrückt. Kelchoberlippe aufgebogen – **V:** T Nordküste; sehr selten, gefährdet! [*Heinekenia maculata* (Breitf.) Kunk.] □36

| | | | T | | | |"Pico cernícolo"................ *L. maculatus* Breitf.

- Pf. niedrigere Polster von 40–50 cm Durchm. bildend, Blü. größer u. B. spatelf. – **V:** E Can, P Nordküste bei ca. 300 m; gefährdet!

| | P | | | | | |.............................. *L. eremiticus* Santos

1* Kelch 2lippig, Hülse zus.gedrückt, fast gegliedert, verkahlend. Pf. einjährig, behaart. B.chen 8–30 × 4–16 mm. Hülse 20–50 × 2–3 mm, gedreht, gekrümmt – **V:** C sine loco – Md – med

| | | | | C | | |.............................. *L. ornithopodioides* L.

Tetragonolobus
- Pf. einjährig. B. 5zählig. Blü. rot, Hülsen mit 4 breiten Flügeln – **V:** med

| | | | T | | | |.............................. *T. purpureus* Moench

Scorpiurus
1 Blü. meist einzeln, selten zu 2, Krone 10–20 mm lang. Kelch 7–8 mm lang. Hülse papillös, Papillen stumpf kopfig. B. kurz behaart, oval, in den Stiel verschmälert – **V:** Md – westmed

| | P | | T | C | | |.............................. *S. vermiculatus* L.

1* Krone 5–10 mm lang, Kelch 3–4 mm. Hülse ± glatt od. dicht spitzstachelig – **V:** Md – med

| H | P | G | T | C | L | F |.............. *S. muricatus* L.

2 Kelchzähne kürzer als die Röhre. Hülse dunkelbraun. Samen verlängert gekrümmt. Pf. kahl. Blü. meist einzeln. Hülsen zieml. regelmäßig gerollt – **V:** Md – **G:** CHE I-2a

| H? | P | G? | T | C | L | F |.......................... **ssp.** *sulcatus* (L.)Fiori

2* Kelchzähne ± so lang wie die Röhre. Hülse gelbl. braun. Samen nierenf. Pf. behaart. B. spitz. Blü. zu (1–)2–5. Hülse unregelmäßig verbogen – **G:** TBR, ARR I-1a

| H | P | G | T | C | | F |.......................... **ssp.** *subvillosus* (L.)Fiori

Ornithopus
1 Blü. gelb. Hülsen stark gekrümmt
2 Obere B. gestielt. Pf. verkahlend. Infl.stiel ohne Stützb. unter den Blü. Hülsen zylindrisch, bräunl., kahl, 20–25 × 1–1,5 mm. Kelch kahl – **V:** Az, Md – med-atl [*O. ebracteatus* Brot.]

| | P | | T | | | |.............................. *O. pinnatus* (Mill.)Druce

2* Obere B. sitzend. Pf. rauhhaarig. Unter den Blü. ein stützendes Hochb. Hülsen seitl. zus.gedrückt, hellbraun, 25–30 × 2–3 mm. Kelch behaart. Hülsen bes. an der Spitze stärker gekrümmt – **V:** Az, Md – med-atl – **G:** TBR I

| H | P | G | T | C | | |.......................... *O. compressus* L.

1* Blü. weißl., rosa geadert. Hülsen zieml. gerade, erst im Bereich des Schnabels gekrümmt. Schnabel nicht viel länger als das Endglied der Hülse (Sonst vgl. den ibermaur *O. isthmocarpus* Cosson, der gewöhnl. ein verlängertes samenloses Zwischenglied hat). Kelch behaart. Stützb. länger als die Blü. – **V:** F sine loco (BOLLE) (Verwechslung?) – Az, Md – atl-subatl

| | | | | | L | F | .... *O. perpusillus* L.

Coronilla

1   Strauch mit kahlen Zweigen, bis 2 m. Blü. kahl, hell violett-rosa. Fahne 8–20 mm. Hülsen 6–12 cm lang, dünn lineal, 4kantig – **V:** maur [*C. atlantica* Pit.]

| | | | | | L | F | .... *C. viminalis* Salisb.

1*   Strauch bis 1 m. Blü. gelb. Hülsen bis 2 cm. B. mit nur 2–3 Paar Fiedern, blaugrün – **V:** Md – med [*C. valentina* ssp. *glauca* (L.) Batt.]

| | | | C | | | .... *C. glauca* L.

Hippocrepis

1   Blü. einzeln (sehr selten zu 2), auf sehr kurzem Stiel (1–3 mm) in B.achseln. Pf. kahl. Hülsen nur wenig gekrümmt, kahl, 20–40 mm lang – **V:** C sine loco – med

| | | | C | | | .... *H. unisiliquosa* L.

1*   Blü. zu 2–6 auf verlängerten Infl.stielen, die i.d.R. länger als das Tragb. sind

2   Blü. 10–18 mm lang. Kelchröhre verlängert – **V:** südwestiber (Cádiz)-maur (NW-Maroc)

| | | | | | L | F | .... *H. salzmannii* Boiss. et Reut.

2*   Blü. wesentl. kleiner

3   Blü. 5–7 mm lang. Kelchröhre sehr kurz (höchst. 1–2 mm). Pf. niederliegend. B.chen 6–8jochig, kahl, oben gekerbt – **V:** Md, Griech – westmed

| | | G | | C | L | F | .... *H. multisiliquosa* L.

3*   Blü. 4–5 mm lang, B.chen 2–3(–4)jochig – **V:** Cv – sah-arab bis Pakistan

| | | | C | | | .... *H. constricta* Kunze

Ononis

1   Ausdauernde Kräuter od. Holzpf.

2   Blü. gelb, manchmal rot gestreift

3   Aufrecht wachsende Pf., Blü. klein

4   B.chen schmallineal-lanzettl., alle sitzend od. sehr kurz gestielt. Nicht klebriger Halbstrauch. Stipeln beinahe vollstdg zu einer geschlossenen Scheide verwachsen. Nebenb. sehr schmal. Infl. z.T. verdornend, doppelt so lang wie die B. – **V:** E Can, T Güimar

| | | | T | C | | | .... *O. angustissima* Lam.

–   Auf beiden Inseln in **var.** *longifolia* Webb et Berth. (B. 3tlg, gestielt, Fr. länger als Kelch) u. **var.** *ulicina* Webb et Berth. (B. meist einfach. fast sitzend. Fr. kürzer als Kelch – **G:** KLE I-2b).

4*   B.chen eif. bis lanzettl., das mittlere ± lang gestielt. Krone groß (10–20 mm). Kelch neben drüsigen auch zahlr. sehr lange, drüsenlose Haare tragend. Kelchzähne 1,5–2,5 mal so lang wie die Röhre. Pf. aufrecht, stark verzweigt – **V:** Grac – westmed – **G:** AMM I

| | | | T | C | L | F | .... *O. natrix* L. **ssp.** *ramosissima* (Desf.)Batt.

3*   Niederliegende Pf. mit holziger Basis. Stipeln groß, am Grund scheidig st.umfassend. Pf. weißwollig behaart (z.T. verkahlend). B. 3zählig od. ungeteilt, sehr dicht stehend,

klein. B.chen dick, fast sitzend. Infl. 1bltg, begrannt od. nicht, 2–3mal länger als die
B. – **V:** Lob – südmed

☐ ☐ ☐ ☐ ☐ **L?** ☐ ☐ .... *O. vaginalis* Vahl

2* Blü. leuchtend rosa, Fahne purpurn gestreift. Pf. mit Ausn. der Krone überall von
weißl. abstehenden Haaren rauh. Felsstrauch, bis 1 m hoch, mit aufliegenden Zweigen
fast polsterf. B.chen stumpf gezähnt, behaart, klebrig. Hülse längl. bis lineal. Samen
knotig – **V:** E Can, F Jandía

☐ ☐ ☐ ☐ **F** ☐ .... *O. christii* Bolle

1* Einjährige Pf.

5 Infl.stiele ± verlängert, stets gegliedert, oft mit krautiger Spitze endend, 1–3 Blü.
tragend. Hülse hängend. Mindest. die unteren B. 3tlg

6 Blü. gelb

7 Krone kürzer als der Kelch, klein (5 mm). Blü. einzeln. Kelchzipfel schmallineal,
Röhre sehr kurz, fast fehlend. Alle B. (außer den im Blü.std stehenden) 3zählig,
B.chen lanzettl. (3–4:1). Samen knotig – **V:** westmed

☐ ☐ ☐ ☐ **F** ☐ .... *O. sicula* Guss.

7* Krone länger als der Kelch, kahl. B.chen verkehrt eif. bis eilanzettl. Samen glatt.
Hülse kurz. Nebenb. eif-spitz, gezähnt. B. frischgrün, glänzend, etwas fleischig, drüsig.
Pf. sparrig, durch dem Boden anliegende Zweige polsterbildend. Zweige weißgrün,
klebrig. Blü. zu 2 – **V:** E Can, Grac, Lob

☐ ☐ ☐ ☐ **L F** ☐ .... *O. hebecarpa* Webb et Berth.

6* Fahne rosa od. lila, Flügel u. Schiffch. weiß

8 Blü. blaßlila, an der ganzen Pf. verteilt, auf Stielen, die mindest. so lang sind wie das
Tragb. Untere Blü. sehr lang gestielt. Kelch nur drüsig. Pf. dicht sparrig verzweigt.
Untere B. 3tlg. B.chen 10–15 mm. Hülse bis 25 mm – **V:** Grac – südmed

☐ **P** ☐ **C?** **L** **F** ☐ .... *O. laxiflora* Desf.

8* Blü. rosa bis purpurn, seltener weiß, am Ende der Zweige in durchblätterten ±
dichten Trauben. Stiele der Blü. so lang wie das Tragb. od. kürzer

9 Krone den Kelch nicht überragend, (5–)7–8(–10) mm. Reife Hülsen der Sproßachse
anliegend, bis 10 mm. Schiffch. nicht geschnäbelt. Blü.stiele so lang wie die B. B.chen
bis 8 mm – **V:** Md – med-atl – **G:** AMM I-1a

☐ **H** **P** **G** **T** **C** ☐ **F** ☐ .... *O. reclinata* L.

– Die 4 oberen Kelchzähne verbreitert u. 3zähnig od. -lappig an der Spitze – **V:** Md –
westmed

☐ **H** **P** **G** **T** **C** **L** **F** ☐ .... *O. dentata* Sol. ex Lowe

9* Krone länger als der Kelch (12–18 mm), rosa. Reife Hülsen abspreizend. Schiffch.
geschnäbelt. Obere B. ungeteilt. B.chen bis 2 cm. Hülse 10–15 mm – **V:** Grac –
südwestmed

☐ ☐ ☐ ☐ **C** **L** **F** ☐ .... *O. pendula* Desf.

– Hierzu auch die früher zu *O. laxiflora* gestellte **ssp. grandiflora** (Munby)Maire

5* Infl.stiele sehr kurz, stets 1bltg, nie gegliedert. Hülsen aufrecht

10 Blü. gelb, rot gefleckt, 10–15 mm. Alle od. fast alle B. nur aus einem B.chen beste-
hend. Äste kriechend ausgebreitet. B.chen dickl. Nebenb. stark gezähnt. Samen glatt.
Kelchb. bis zur Hälfte röhrig verwachsen – **V:** med – **S:** Küsten

☐ ☐ ☐ ☐ **C** ☐ .... *O. variegata* L.

10* Blü. weiß, rosa, hellviolett od. purpurn. Mindest. ein Teil der B. 3zählig, bes. die unter
dem Beginn der Blü.zone stehenden. Samen warzig od. knotig

11 Blü.trauben verlängert, meist über 6 cm lang. Blü. unscheinbar, locker stehend. Kelch
glockig, Zähne lanzettl. Pf. meist schon vom Grund an blühend. B.chen lanzettl., spitz,

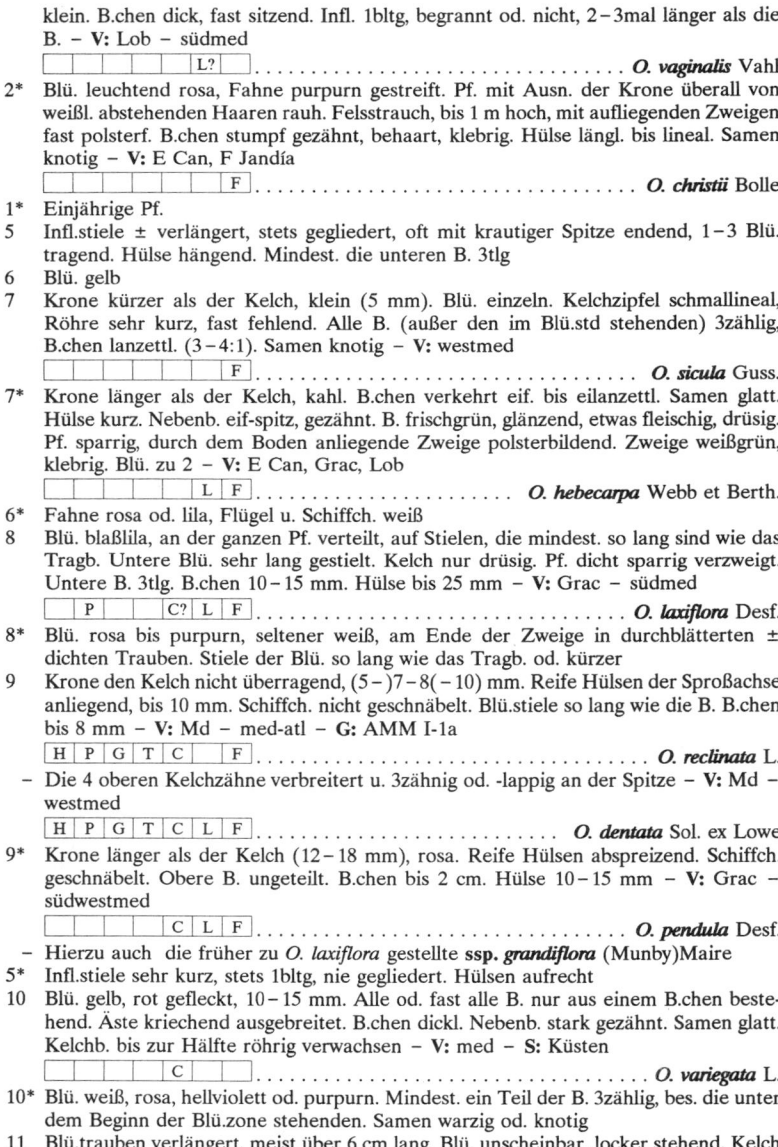

mit 3–4 Paar groben Seitenzähnen (dazwischen gerundete Buchten) u. einem Endzahn. Hülsen 5 × 2 mm. Samen warzig. Nebenb. nicht verwachsen. Krone ca. 8 mm, weiß od. blaßrosa. Pf. klebrig – **V:** Grac, Lob – südmed – **G:** AMM I

| H | P | G | T | C | L | F |

.... *O. serrata* Forsk.

– B.chen der mittleren St.b. 10–20 (statt 6–10) mm, mit 10–16 (statt 4–6) Zähnen

| | | | | C | L | F |

.... **ssp.** *diffusa* (Ten.)Rouy

11* Blü.trauben dicht, kurz (nicht über 5 cm). Blü. sehr dicht stehend (sich oft deckend). Samen knotig. Kelchzähne eif. Obere B. ungeteilt, Nebenb. am Grund scheidig verwachsen, im Blü.std hochb.ähnl. St. aufrecht, weißl. Krone 10–12 mm. Samen dornig, 1,5–2 mm. Kelch röhrig – **V:** Md – med

| H | P | G | T | C | |

.... *O. mitissima* L.

Einjährig sind auch:

– St. unten dicht behaart, oben drüsig. B. 3tlg. B.chen 5–10 mm, ausgerandet, etwas dickl. Blü. einzeln, in dichter Traube. Krone 6–8 mm, weiß bis blaßgelb, purpurn geadert, höchst. so lang wie der Kelch. Hülse 7–8 mm lang – **V:** SWSpan, Maroc – **G:** AMM I-1c

| | | | T | | L | |

.... *O. tournefortii* Coss.

– St. dicht drüsig. B. 1tlg od. mittlere 3(–5)tlg. B.chen 10–20 mm, stumpf. Krone bis 12 mm, gelb. Hülse bis 20 mm – **V:** med

| H | | | | | |

.... *O. viscosa* L.

Trigonella

1 Hülsen zickzackf. Samen glatt. Blü. gelb. Pf. verkahlend – **V:** sah-sind

| | | G? | | L? | F |

.... *T. anguinea* Del.

1* Hülsen sichelf. gekrümmt (selten ± gerade), 5–7 mm lang, im unteren Drittel etwas breiter. B. an der Spitze gezähnt, kahl, stark geadert. Nebenb. klein, ganzrandig od. schwach gezähnt. Blü. gelbl., sehr klein. Pf. niederliegend, mit dem Habitus von *Medicago* – **V:** Grac, Lob – sah-sind [*T. hamosa* L.]

| | | | C | L | F |

.... *T. stellata* Forsk.

Medicago

1 Bis 4 m hoher Strauch. Hülsen zu einfachem Kreis eingekrümmt, ohne Anhängsel. Durchm. 12–15 mm – **V:** H gepfl. – med

| H | | | | | |

.... *M. arborea* L.

1* Ein- od. mehrjährige Kräuter

2 Hülsen nierenf. u. sehr klein (2–3 × 1,5–2 mm) – **V:** Az, Md – euras-submed

| | P | | | | |

.... *M. lupulina* L.

2* Hülsen sichel- bis schneckenf. aufgerollt

3 Mehrjährige, am Grund oft verholzte Kräuter

4 Pf. weißwollig, niederliegend. Blü. gelb, zu 5–10 in sehr kurz gestielten Trauben. Hülsen wollig behaart, an den Rändern i.d.R. kurz bestachelt, mit 2–3 Umgängen – **V:** med-atl

| | | | T | | |

.... *M. marina* L.

4* Pf. grün, aufrecht. Blü. violett od. bräunl. überlaufen, groß (6–11 mm), in dichten, vielbltg, zieml. lang gestielten Trauben. Hülsen kahl od. ± weichhaarig, nicht stachelig – **V:** Can kult. u. verwild. – Az – Heimat ostmed

| | | T | C | L | |

.... *M. sativa* L.

3*   Pf. einjährig
5   Hülsen wehrlos (Rückennaht glatt). (Trifft nicht für alle Formen von *M. tornata* zu)
6   Hülsenschnecke abgeflacht od. ± linsenf., viel breiter als lang
7   Blü. 8–9 mm, Hülse 5–7 mm. Nebenb. zerschlitzt – **V**: med
     | | | | C | L | | .... ***M. soleirolii*** Duby
7*   Blü. 2–7 mm
8   Durchm. der Hülsenschnecke 12–18 mm, linsenf. Infl.stiel kürzer als
     das Tragb. B.chen kahl, ganze Pf. ± kahl, niederliegend. Blü. 2–5
     mm, zu 1–5 – **V**: Md – med

     | H? | P? | G? | T | C | L | F? | .... ***M. orbicularis*** All.
8*   Durchm. der Hülsenschnecke weniger als 9 mm. Blü. zu 10–25 in dichter Traube
     (selten nur zu 3–5). Hülsenfläche glatt, Hülse nur mit 1 bis $1^1/_4$ Windungen. Blü. 5–7
     mm, zu 1–10 (Sehr formenreich!) – **V**: Md – spec. med [*M. italica* (Mill.)Steud., *M.
     helix* Willd.]
     | H? | P? | G | T | C? | L | F | .... ***M. tornata*** (L.)Mill.
6*   Hülsenschnecke eif., mit 5–6 Windungen, länger als breit (Wehrlose Formen von *M.
     littoralis* s.u.)
5*   Hülsen ± rauh od. weich stachelig
9   Hülsenschnecken-Durchm. 10–15 mm (ohne Stacheln). Stacheln der Hülse ange-
     drückt u. miteinander verflochten. Infl. 1–3bltg. Infl.stiel kürzer als das Tragb.
     Hülsenwindungen (3–)6–10
10   Hülsen ± kahl, drüsenlos. Stacheln 3–6 mm, gekrümmt, der Hülse angedrückt – **V**:
     westmed [*M. echinata* Benth.]
     | | | | C | L? | F? | .... ***M. intertexta*** (L.)Mill.
10* Hülsen behaart, ± drüsig. Stacheln kürzer (2–3 mm), breiter, über
     die Fläche der Hülsenschnecke ausgebreitet, aber weniger angedrückt
     als bei vor. – **V**: Md – westmed – **G**: ARR I-1a
     | | | | T | | | .... ***M. ciliaris*** (L.)All.
9*   Durchm. der Hülsenschnecken ohne Stacheln weniger als 10 mm
11   Windungen einander eng angedrückt. Rückennaht abgeflacht. Stacheln divergierend,
     der Hülse ± angedrückt, meist dick u. kurz (1–2,5 mm), manchmal fehlend (s.o.).
     Hülsenschnecke an den Enden gestutzt. Nebenb. eingeschnitten gezähnt bis zerschlitzt
12   Infl. armbltg (1–3 Blü.), ihr Stiel kürzer als das Tragb. Hülsendurchm. 5–8 mm.
     Hülse fast immer zerstr. behaart – **V**: Md – med
     | | P | G | T | C? | | | .... ***M. truncatula*** Gaertn.
12* Infl. meist mehrbltg, (1–)3–7 Blü., ihr Stiel wenigst. so lang wie das Tragb. Hülse im
     Durchm. 3–6 mm, kahl. Stacheln wenig dicht stehend, bei einigen Formen fehlend.
     Nebenb. tief zerschlitzt. St. u. B. zerstreut behaart. Pf. niederliegend – **V**: Lob – Md
     – med-atl
     | H | | G | T | C | L | F | .... ***M. littoralis*** Rhode
11* Windungen nicht eng aneinanderliegend. Rückennaht nicht verbreitert. Stacheln meist
     aufgerichtet, 3–5 mm lang
13   Pf. weichhaarig, bes. die B.chen beidersts samtig. Blü. zu 1–6, sehr klein (3–4 mm).
     Hülse kugelig, 3–5 Umgänge, mit zahlr. Stacheln, ohne diese 3–4 mm im Durchm.,
     weichhaarig. Nebenb. ganzrandig od. nur am Grund gezähnt, Pf. ± liegend – **V**: Md
     – med-submed
     | H | P | G | T | C | L | F | .... ***M. minima*** L.
13* Pf. kahl od. zerstreut behaart

14 B.chen meist mit einem schwarzen od. braunen Fleck. Nebenb. breit halbpfeilf., einge-
schnitten gezähnt. Rückennaht der Hülsen aus 4 Längspolstern, Stacheln abwechselnd
auf 2 seitl. Polstern. Hülsenschnecken beidersts scharf gestutzt, kahl, ohne Stacheln
4–5 mm Durchm. Blü. 5–7 mm, zu 1–4(–6) – **V:** Az – med-atl [*M. maculata*
Sibth.]

☐ P ☐ T C ☐ ☐ .... *M arabica* (L.)Huds.

14* Rückennaht einfach od. mit einem von 2 Seitenpolstern begleiteten Mittelpolster
15 Hülsenschnecken eif. od. kugelig, kahl, mit zahlr. Stacheln, ohne die Stacheln mindest.
so lang wie breit (5–6 × 4–5 mm), mit 5–7 Windungen. Stacheln 1,5–3
mm lang, i.d.R. an der Spitze etwas hakig. Nebenb. auf mindest. $^2/_3$ ihrer
Länge zerschlitzt. Pf. unbehaart. Blü. zu 1–2, ca. 5 mm – **V:** Grac, Lob
– Md, verschl. – südmed-sah-sind

☐ H P ☐ G T C L F ☐ .... *M. laciniata* (L.)Mill.

15* Hülsenschnecken an beiden Enden gestutzt, breiter als lang, Stipeln gezähnt od. ±
tief zerschlitzt
16 Rückennaht glatt, ohne sehr auffällige Längsstriemen. Hülsenfläche glatt od. schwach
netznervig (Vgl. bestachelte Formen von *M. tornata*)
16* Rückennaht mit 3 Längsstriemen, davon der mediane sehr stark hervortretend.
Hülsen stark netznervig, 5–9 mm breit, 1,5–6 Umgänge. Nebenb.
zerschlitzt. Blü. zu 1–8, Infl. höchst. so lang wie das Tragb. Krone 3–4
mm – **V:** Grac – Az, Md, Cv – med-atl – **G:** CHE I-2a [*M. hispida*
Gaertn., *M. nigra* (L.)Krock u.a.]

☐ H P ☐ G T C L F ☐ .... *M. polymorpha* L.

Melilotus

1 Blü. duftend, sehr klein (2–3 mm), Hülsen klein (1,5–2,5 × 2 mm). Pf. schwach,
10–40 cm, aufrecht od. aufsteigend. Fr.trauben locker. B.chen lanzettl., die oberen bis
lineal. Hülsen netznervig. Blü. blaßgelb, manchmal weiß. Nebenb. fast ganzrandig –
V: Az, Md – med

☐ H P ☐ G T C L F ☐ .... *M. indica* (L.)All.

1* Blü. größer (3–7 mm), ebenso die Hülsen (3–6 mm)
2 Fr.trauben dicht. Hülsen konzentrisch gestreift, reif blaßgelb bis gelbbraun. B.chen
lanzettl., 3–6:1. Fahne kürzer als Schiffch. Nebenb. der mittleren B. gezähnt. Blü.
3–4 mm, gelb – **V:** Md – med

☐ H P ☐ G T C L F ☐ .... *M. sulcata* Desf.

– Gelbe Blü. (Blü. 6–7,5 mm) hat auch: Fr.trauben locker, 2–3 mm lang. Hülsen reif
schwärzl. braun – **V:** Az – westmed

☐ H ☐ ☐ ☐ ☐ ☐ .... *M. infesta* Guss.

2* Fr.trauben locker. Hülsen netznervig, reif graubraun. B.chen schmal eilängl. bis fast
kreisf. Fahne länger als Schiffch. Nebenb. borstl., ganzrandig. Blü. 4–5 mm, weiß –
V: Az, Md – euras-med

☐ ☐ ☐ ☐ C ☐ ☐ .... *M. alba* Medic.

Trifolium "Trébol"

1 Blü. goldgelb, verblüht gelbbräunl. Kelchröhre 5nervig, kahl. Köpfch. höchst. 1 cm
breit. Pf. einjährig
2 Köpfch. (15)20–40bltg, dicht, ca. 1 cm breit. Infl.stiel kräftig. Fahne gestreift, stark
verbreitert, deutl. länger als die Flügel. Mittelb.chen deutl. gestielt. Griffel 3–4mal
kürzer als die Hülse. Pf. weich behaart, 5–30 cm hoch, aufrecht od. aufsteigend.
Nebenb. kürzer als der B.stiel. Krone 3–6 mm – **V:** Az, Md – submed-subatl – **G:**

TBR I, ARR I-1a [*T. procumbens* L.]

| H | P | G | T | C | L | F |................................... ***T. campestre*** Schreb.
- Köpfch. bis 16 mm Durchm., Endb.chen (fast) sitzend – V: MEur

| | P | | T? | C | L | |................................... ***T. aureum*** Poll.
2* Köpfch. 2–9(–25)bltg. Infl.stiel fädig. Fahne nicht verbreitert, kaum länger als die Flügel, nicht gestreift, glatt. Griffel 6–7mal kürzer als die Hülse. Pf. kahl, 5–25 cm, liegend ausgebreitet. Krone 3–4 mm – V: Md, Az – subatl-submed, verschl. [*T. filiforme* L., *T. minus* Sm.]

| H | P | G | T | C | | F |................................... ***T. dubium*** Sibth.
- Alle Teilb.chen fast sitzend u. Köpfch. 2–6(–12)bltg – V: Az – med-atl

| | P | | T | | | |................................... ***T. micranthum*** Viv.
1* Blü. rötl. od. weiß. Kelchröhre 10–20nervig
3 Kelchröhre an der Fr. aufgeblasen. Blü. rötl.
4 Köpfch. einzeln pseudoterminal, groß (während der Blü.zeit über 2 cm breit). Kelch nicht 2lippig, insgesamt an der Fr. an Größe zunehmend u. dann 4–5 mm breit, kahl, stark netznervig (20nervig). B. kahl, obere gegenstdg. Krone relativ klein, hellrosa bleibend. Fr. (3–)4samig. Pf. einjährig – V: med

| | | | | C | | |................................... ***T. spumosum*** L.
4* Köpfch. axillär, auf unbeblättertem Stiel. Kelch 2lippig, nur im oberen Teil an Größe zunehmend, stets ± steifhaarig
5 Pf. einjährig. Köpfch. unter 1 cm breit. Pf. nur im Fr.std stärker behaart
6 Infl.-stiele kürzer als ihr Tragb. B. lang gestielt. Fr.köpfch. kugelig, wollig. Kelchzähne kaum sichtbar, zurückgekrümmt, von Wollhaaren verdeckt. Äste liegend ausgebreitet – V: Az, Md – med

| H | P | G | T | C | L | F |................................... ***T. tomentosum*** L.
6* Infl.-stiele länger als ihr Tragb. B. kurz gestielt, obere fast sitzend. Fr. längl. konisch. Kelchzähne gut sichtbar, spreizend. Kelch mehr od. weniger (aber nicht wollig) behaart. Fahne nach unten gewendet (Name!). Pf. sonst kahl – V: Az, Md – med

| | | G | T | C | | |................................... ***T. resupinatum*** L.
5* Pf. mehrjährig. Köpfch. über 1 cm breit, kugelig, weißl., einer unreifen Erdbeere ähnl. (Name!). Äste lang kriechend, wurzelnd. Pf. kurzhaarig. Kelch spreizend – V: Md – med-submed, verschl.

| | | | T | C | | |................................... ***T. fragiferum*** L.
3* Kelch an der Fr. vergrößert od. nicht, nie aufgeblasen
7 Köpfch. 2–7bltg. Ein Teil der Blü. steril, diese dann zu Ankerhaken umgebildet, welche Pf. nach Versenkung im Boden festhalten. Pf. einjährig, mit lang kriechenden Sprossen, behaart. Blü. weißl. B. lang gestielt. B. verkehrt herzf. Kelchzähne kurz, unten nicht behaart – V: Az, Md – med-submed-atl – G: TBR I

| H | P | G | T | C | | |................................... ***T. subterraneum*** L.
7* Köpfch. vielbltg, ohne Einrichtung zur Geokarpie
8 Fr.köpfch. verlängert, mehr als doppelt so lang wie breit, stets deutl. gestielt (vgl. auch *T. bocconei*). Krone höchst. wenig länger als der Kelch
9 B.chen keilig-eif., höchst. 1,5:1. St. von abstehenden Haaren rauh. Freier Teil der Stipeln kurz. Krone 3–4 mm, rötl. kürzer als der Kelch, dieser 10nervig. Kelchzähne lineal, steifhaarig, 2–3mal so lang wie die Röhre. Köpfch. ähnl. *T. arvense* – V: Az, Md – westmed [*T. aristatum* Link]

| H | P | G | T | C | | |................................... ***T. ligusticum*** Balb. ex Lois.

9* B.chen lineal od. lanzettl., mindest. 2:1. Kelch langhaarig, dadurch die Köpfch. seidig behaart. Nebenb. zugespitzt, schmal

10 Köpfch. stark verlängert, 4–8 cm lang, einzeln terminal. Krone so lang od. etwas länger als der Kelch. 1 Kelchzahn kürzer als die anderen. Pf. kräftig, oft fast kahl (bis auf Stipeln u. Kelch). Blü. rötl. B.chen fast nadelf. schmal, gestielt. Krone 10–12 mm lang – **V:** Az, Md – med – **S:** Kalkfliehend

| H | P | G | T | C | L | F | .... | ***T. angustifolium*** L. |

10* Köpfch. höchst. 3 cm lang, Krone viel kürzer als der Kelch, ca. 4 mm lang. Pf. stark angedrückt behaart, stark verzweigt u. reich blühend. Blü. weißl. od. rosa. Alle Kelchzähne gleichlang. B.chen nur 3–6mal so lang wie breit – **V:** Az, Md – euras-subozean-submed – **G:** SEC I-1, TBR

| H | P | G | T | C | L | F | .... | ***T. arvense*** L. |

– Köpfch. bis 8 cm lang. Pf. wenig verzweigt. B.chen verkehrt-eif. – **V:** iber-maur

| | | | T | | | | .... | ***T. gemellum*** Pourr. ex Willd. |

8* Fr.köpfch. kugelig od. eif. (Länge:Breite höchst. 1,5:1), gestielt od. nicht (Vgl. aber *T. bocconei*)

11 Köpfch. sitzend in den Achseln von B. (manchmal auf kurzer Achse 2. Ordnung) u. am Ende der St.

12 Pf. ± kahl od. verkahlend

13 Blü. weiß. Pf. klein (28 cm), mit sehr kurzen Internodien, verkahlend. Köpfch. armbltg. Kelch länger als Krone, kaum behaart. Köpfe dicht in Bodennähe. B.nerven nicht stark hervortretend, nicht bogig (sonst vgl. *T. scabrum*). B. lang gestielt – **V:** Az, Md – med-atl

| H | | | T | C | | | .... | ***T. suffocatum*** L. |

13* Blü. rötl. Pf. höher (10–30 cm), mit verlängerten Internodien, kahl. Köpfch. kugelig, vielbltg. Kelch kürzer als die 4–5 mm lange Krone. Köpfch.durchm. weniger als 1 cm. Blü. rosa, fast ungestielt. Oberste B. gegenstdg – **V:** Az, Md, Cv – med-atl – **G:** TBR

| H | P | G | T | C | L | F | .... | ***T. glomeratum*** L. |

12* St., B. u. Kelch ± dicht behaart. Pf. 5–25(–100) cm hoch

14 Mehrjährige Kräuter, hochwüchsig – **V:** C mit Saatgut eingeschleppt – Az, Md – eurassubozean-submed – **G:** ARR

| H | P | G | T | C | L | F | .... | ***T. pratense*** L. |

14* Einjährige Kräuter, 5–25 cm hoch. Nebenb. plötzl. verschmälert

15 Kelchzähne lineal-lanzettl., aufgerichtet, nie sternf. ausgebreitet. St. gerade, kräftig. Köpfch. längl., die achselstdg wenig zahlr., die terminalen i.d.R. zu zweien, ungleich. Stipeln plötzl. in 2 schmale Spitzen zus.gezogen. Blü. rosa – **V:** Md – med-atl

Nebenblatt

| H | P | G | T | | | | .... | ***T. bocconei*** Savi |

15* Fr.kelch spreizend. St. stets ± kriechend, hin- u. hergebogen. Achselstdg Köpfch. zahlr.

16 Blü. weiß. Kelchzähne länger als die Röhre, ungleich, an der Fr. stechend. Seitl. Köpfch. stets direkt an der Hauptachse sitzend. B. stark geadert. Nerven bogig in die Zähne auslaufend – **V:** Az, Md – med-atl

| H | P | G | T | C | L | F? | .... | ***T. scabrum*** L. |

16* Kelchzähne kürzer als die Röhre, nicht stachlig vergrößert. Seitl. Köpfch. i.d.R. auf kurzer Achse 2. Ordnung. Blü. weiß, rosa gestreift. Kelch nur oben behaart. Nebenb. am Grund sehr breit, plötzl. verschmälert. Pf. niederliegend, angedrückt behaart – **V:** Az, Md – med-subatl

| H | P | G | T | C | | F | |

.... *T. striatum* L.

11* Köpfch. am Ende von Hauptachsen, manchmal auch am Ende von Achsen 2. Ordnung, dann aber diese stets verlängert (über 2 cm lang)

17 Köpfch. sitzend am Ende der Hauptachse. Köpfch.hülle aus 2 gegenstdg B., davon mindest. das eine auf die Stipeln reduziert (Auf Can nur einjährige Arten mit dichter weißl. Behaarung)

18 Blü. weiß-rosa, Krone höchst. so lang wie der Kelch. Köpfch. 1–1,7 cm breit. Stipeln häutig, so breit wie lang, ihr freier Teil 3eckig-spitz, 2–3 mm lang. Pf. 5–15 cm, niederliegend, abstehend behaart. Kelch behaart. B.chen längl.-eif., fast ganzrandig – **V:** Md – med

| | P | | T | C | | |

.... *T. cherleri* L.

18* Krone 12–15 mm, purpurn, länger als der 20nervige Kelch. Köpfch. etwa 2,5 cm breit. Freier Teil der Stipeln in eine 4–5 mm lange Spitze verschmälert. Pf. 20–40 cm – **V:** med

| | | | T | | | |

.... *T. hirtum* All.

17* Köpfch. stets deutl. gestielt

19 Pf. mehrjährig, 10–40 cm. St. lang kriechend u. wurzelnd, im unteren Teil blühend. Blü. weißl., 8–10 mm, nach der Blü.zeit zurückgeschlagen. Köpfch. 15–20 mm im Durchm. B. lang gestielt. Kelch (auch die Zähne) wie die ganze Pf. kahl – **V:** C mit Saatgut eingeschleppt – Az, Md – eurassubozean-submed

| | | | | C | | |

.... *T. repens* L.

19* Pf. einjährig

20 Pf. ± behaart, bes. der Kelch dicht od. langhaarig (vgl. aber *T. lappaceum*)

21 Alle B. wechselstdg. Pf. abstehend (bräunl.) behaart. Kelch an der Fr. stark vergrößert, sternf. ausgebreitet. Kelchschlund durch Haarring verschlossen. Blü. weißl.-rosa. Nebenb. stumpf, vorn gezähnt. Köpfch. bis 25 mm – **V:** Md – med

| | P | G | T | C | L | F |

.... *T. stellatum* L.

21* Obere B. (dicht unter dem Köpfch.) gegenstdg. St. kahl bis wenig angedrückt behaart

22 Köpfch. eif., groß (20–25 × 15–20 mm), kurz gestielt. Unterster Kelchzahn länger als die etwas zurückgebogenen übrigen. Blü. weißrosa. B.chen eilanzettl. St. angedrückt behaart od. kahl. Kelchröhre dicht behaart – **V:** Md – med

| | P | G | T | C | | |

.... *T. squarrosum* L.

– Kelchzähne fast gleich. B.chen 3–3,5mal so lang wie breit, Köpfch. eif.-kegelf., bis 35 mm lang – **V:** SSpan

| | | | T | | | |

.... *T. obscurum* Savi ssp. *aequidendatum* (Pérez Lara)Vic.

22* Köpfch. kugelig, kleiner (nicht über 15 mm Durchm.), kurz gestielt, manchmal in die oberen B. eingehüllt, die sie kaum überragen, Blü. 5–8 mm lang, rosa. Kelch 20nervig, die Kelchzähne annähernd gleich, breit, als Klettorgane. Kelchröhre nur innen behaart. Untere B. lang gestielt, obere sitzend, gezähnt, angedrückt behaart. Pf. freudig grün – **V:** Az, Md – med

| | | | T | | L | |

.... *T. lappaceum* L.

20* Pf. kahl, nur die Kelchzähne gewimpert. B.chen lineal-lanzettl. (mindest. 3:1), ganzrandig. Blü. weißrosa, so lang wie der Kelch. Kelchzähne an der Fr. spreizend, Kelch 10nervig, durch 2 lippenartige Verdickungen geschlossen. Nebenb. sehr lang u. schmal – **V:** Az, Md – med-atl [*T. maritimum* Huds.]

| | P | G | | | | |

.... *T. squamosum* L.

Cicer

1   Pf. einjährig. B. (3 –)6 – 8jochig. Nebenb. tief geteilt – **V**: Md – Heimat ZAs, in Med kult. (Kichererbse, "Garbanzo") u. verwild.

			T		L	

.... *C. arietinum* L.

1* Pf. mehrjährig, drüsig behaart, niederliegend, bis 2 m. B. 25 – 30jochig, mit unverzweigter Ranke. Fiederb. sehr schmal (erinnern an *Vicia*). Blü.stand 3,5 – 8 cm lang gestielt, bis 5bltg. Blü. rosa-violett – **V**: E Can – **S**: Im Pinar an etwas feuchteren Stellen

	P		T			

.... *C. canariense* Santos et Lewis

Vicia

1   Blü. sitzend od. fast sitzend, einzeln zu 2 od. in sehr kurzen Trauben in B.achseln. Pf. einjährig. Obere B. 2 – 8paarig gefiedert

2   Hülsen behaart, mindest. anfangs

3   Infl. 2 – 5bltg, fast sitzend. Blü. weißl., Flügel schwärzl. gefleckt. B. mit 2 – 4 Paar großer B.chen, blaugrün, kahl, ohne Wickelranken – **V**: C kult. u. verwild. – Az – Heimat SWAs od. NAfr?

				C		

.... *V. faba* L.

3* Infl. 1 – 2bltg. B. mit 3 – 10 Paar B.chen

4   Blü. blaßgelb mit dunkelpurpurnem Fleck auf dem Schiffch. Kelchzähne in zieml. lange Borsten ausgezogen, ebenso die Enden der B. u. Nebenb. B.chen längl.-lanzettl. B. 6 – 7paarig gefiedert. Blü. einzeln. – **V**: E Can

H?		G?		C		

.... *V. chaetocalyx* Webb et Berth.

4* Blü. gelb bis weißl. mit violettem Ton od. (ssp. *vestita*) purpurn od. braun gefleckt gelb, 18 – 20 mm lang. Blü. zu 1 – 2. Kelchzähne lanzettl.-pfrieml., ungleich (die 2 oberen um die Hälfte kürzer). Hülsen mit auf knotiger Basis sitzenden Haaren, 30 – 40 × 10 – 12 mm. Pf. weich behaart. B.chen lineal-eilanzettl., sehr spitz, ca. 2 cm lang – **V**: Az, Md – med-submed-atl – **G**: SEC I-1a

H	P	G	T	C	L?	F?

.... *V. lutea* L.

– Pf. stärker behaart, Hülsen rötl. behaart – **V**: westmed .... ssp. *vestita* (Boiss.)Rouy

2* Hülsen wie die ganze Pf. kahl od. verkahlend (zuerst mit angedrückten Haaren). Blü. purpurn mit violetten Flügeln, einzeln od. zu 2 – 3, 20 – 30 cm lang. Kelchzähne fast gleich. B. 3 – 8paarig, B.chen längl.-eif., zugespitzt. Nebenb. gezähnt, bei var. *maculata* Presl mit dunklem Punkt – **V**: Az, Md – Heimat med

H	P	G	T	C	L	F

.... *V. sativa* L.

– B.chen lineal-lanzettl., vorn herzf. ausgerandet mit aufgesetztem Spitzch. Blü. kleiner (– 15 mm), reife Fr. schwarz – **V**: Az, Md [*V. angustifolia* Gaud.]

H	P	G	T	C		F

.... ssp. *nigra* (L.)Ehrh.

– Unterirdische St. mit kleinen, kronenlosen Blü. u. 1 – 2samigen Hülsen von 15 mm Länge – **V**: med

				L		

.... ssp. *amphicarpa* (Dorth.)Asch. et Gr.

1* Blü. einzeln od. in Trauben, jedenfalls Infl. ± lang (über 1 cm) lang gestielt

5   Blü. (meist viel) länger als 10 mm. Infl.stiel kräftig. B. meist 6 – 8paarig gefiedert

6   Infl.stiel kürzer als das Tragb. Blü. 15 – 18 mm lang, zu 1(– 4). Hülsen kahl, gelb. B.chen ± unregelmäßig gestellt (nicht gegenstdg)

7   Nebenb. 2tlg, mit ganzrandigen Lappen. Blü. blaß purpurn – **V**: med

H?	P	G?	T	C		

.... *V. monantha* Retz. ssp. *calcarata* (Desf.)Maire

7* Nebenb. ungleich, das eine ganz, das andere fädig zerschlitzt. Blü. weiß od. blaßblau
    – V: Az, Md – med [*V. monanthos* (L.)Desf. non Retz.]
    | H | P | G | T | C | | .... ***V. articulata*** Hornem.
6* Blü. in Trauben, die so lang od. länger sind als ihr Tragbl. Beide Nebenb. zieml. gleich
8   B.chen eif., behaart. Blü. 2farbig, am Grund weiß, oben purpurn, in sehr dichten,
    einseitswdg Trauben. Blü. 14–16 mm lang. Hülsen stark be-
    haart – V: Az, Md – med [*V. atropurpurea* Desf.]
    | H? | P | G? | T | C | L | F | .... ***V. benghalensis*** L.
    – Auf Can wohl nur: Kelchzähne fädig u. annähernd gleich lang.
    Blü. purpurn mit fast schwarzer Spitze .... **ssp. *atropurpurea*** (Desf.)Maire
8* B.chen lineal-lanzettl., 5–8:1. Blü. violett, 15–20 mm lang. Hülsen kahl (nur bei
    ostmed ssp. behaart!), Pf. sonst behaart. Hülsen 25–28 mm, am Grund plötzl. ver-
    schmälert. Infl. 12–30bltg. Kelchzähne ungleich – V: Md – med-submed – G: SEC I
    [*V. dasycarpa* Ten.]
    | | P | | T | C | L | | .... ***V. villosa*** Roth **ssp. *varia*** (Host)Corb.
    – Hülsen 8–12 mm breit. Pf. anliegend behaart bis fast kahl. Infl. locker 3–12bltg, Blü.
    12–15 mm lang – V: SWEur [*V. villosa* ssp. *ambigua* (Guss.)Kerguélen]
    | | | | C | | | .... **ssp. *pseudocracca*** (Bertol.)Rouy
5* Blü. 4–8 mm lang. Infl.stiele dünn. Pf. einjährig
9   B. 6–12paarig gefiedert. Hülsen 1–6samig
10 Hülsen 1–2samig. Wickelranke verzweigt
11 Hülsen klein (7–10 × 3–5 mm), behaart, reif schwarz. Griffel
    oben kahl. Blü. bläul.-weiß, 3–4(–7) mm. Pf. behaart. Kelch-
    zähne fast gleich. Nebenb. mit 1–2 langen Zähnen – V: Az,
    Md – euras-submed
    | H | P | G | T | C | | .... ***V. hirsuta*** (L.)Gray
11* Hülsen größer (12–20 × 6–7 mm), reif gelbl. od. bräunl., kahl.
    Griffel oben bärtig. Blü. bläul., 4–5 mm lang. Pf. verkahlend.
    Nebenb. ± ganzrandig – V: Az, Md – westmed – G: PIN

    | H | P | G | T | C | | .... ***V. disperma*** DC.
10* Hülsen 3–6samig. Alle B. mit sehr kurzen od. ohne Wickelranke. Hülsen zylindrisch,
    15–20 × 4–5 mm. Samen sehr deutl. durchdrückend. Blü. rosa, zu 2–3, 6–7 mm
    lang, auf kurzem Stiel. Nebenb. ganz – V: Md kult. u. verwild. – med
    | | | | T | C | | .... ***V. ervilia*** (L.)Willd.
9* B. 1–6paarig gefiedert. Infl.stiel i.d.R. länger als das Tragbl.
12 Pf. kahl, B.chen lineal(-lanzettl.), oft (bes. an den oberen B.) ganz fehlend u. nur die
    Wickelranke vorh. Kelchzähne meist sehr kurz. Endem. Klimmstauden der Can
13 Infl. meist 1bltg, Infl.stiel meist kürzer als das Tragbl. Hülsen 7–9(–12)samig. B.
    1–2paarig gefiedert, B.chen hinfällig, manchmal fehlend. blü. klein. Kelchzähne un-
    gleich. Nebenb. sehr klein, ganzrandig – V: E Can, C Tejeda
    | | | | | C | | "Chinipita" .... ***V. filicaulis*** Webb et Berth.
13* Infl. 3–20bltg
14 B. 2–4paarig gefiedert, aber oft ganz auf die Ranken reduziert. B.chen schmal-lineal.
    Infl. 3–10(–12)bltg. Kelchzähne klein, obere fast fehlend. Nebenb. klein od. fehlend.
    Krone weiß bis rosa. Oft dicht rankend. Samen bis zu 10, braun – V: E Can, T im S
    um 500 m [*V. aphylla* Chr.Sm. ex Link]
    | H | P | G | T | C | | "Arvejilla blanca" .. ***V. cirrhosa*** Chr.Sm. ex Webb et Berth.

14* B. 3 – 5(– 8)paarig gefiedert. B.chen lanzettl. Infl. (6 –)12 –
20(– 30)bltg. Kelchzähne sehr ungleich, untere lang vorge-
streckt, länger als die Kelchröhre. Blü. schmutzigweiß bis
gelbl., Fahne auch mit violettem Ton. Pf. kräftiger, bis 4 m
kletternd – **V:** E Can, T Lorbeerwald u. Fayal-Brezal

			T			

. . . . *V. scandens* Murr.

12* Pf. behaart. Hülsen kleiner (8 – 12 × 3 – 4 mm), glatt, meist kahl. Infl. 1 – 6bltg. Blü.
blaßblau, violett gestreift, 3 – 8 mm lang, auf einem Stiel, der i.d.R. länger ist als das
Tragb. Hülsen meist 4(– 6)samig, am Ende gerundet. Kelchzähne ungleich. B: 2 – 6-
paarig gefiedert. Nebenb. ganz – **V:** Az, Md – eurassubozean – **G:** SEC I

H	P	G	T	C	L	F

. . . . *V. tetrasperma* (L.)Moench

a Infl.stiel über die Blü. hinaus grannig verlängert, doppelt so lang wie das Tragb. – **V:**
Az, Md [*V. tenuissima* (Bieb.)Sch. et Thell.]

	P	G	T	C	L	F

. . . . **ssp. gracilis** (Lois.)Hook.

a* Infl.stiel nicht verlängert

b Kelchzähne länger als Röhre, lanzettl. zugespitzt. Pf. blaßgrün, behaart [*V. pubescens*
(DC.)Link]

H	P	G	T	C		F

. . . . **ssp. pubescens** (DC.)Asch. et Gr.

b* Kelchzähne kürzer als die Kelchröhre, 3eckig – **V:** Az, Md

H	P	G	T		L	

. . . . **ssp. tetrasperma**

– Blü. 10 – 15, Ranken stark verzweigt. 5 – 6 unregelm. B.paare – **V:** Md . . . . *V. capreolata* Lowe

Lens

1 Alle B. mit Wickelranke. Stipeln ganzrandig – **V:** Can kult. u. verwild. – Az, Md –
Heimat unbekannt

H	P	G	T	C	L	F

. . . . *L. culinaris* Med. **ssp. esculenta** (Moench)Briq.

1* B. meist nur mit Spitzch. endend. Stipeln gezähnt. Pf. hin- u. hergebogen, z.T. nieder-
liegend. B. 6paarig. Blü. klein, zu 1 – 3, bläul.-weiß mit violetten Adern. Fr. ca. doppelt
so lang wie breit – **V:** med

	P					

. . . . *L. nigricans* (M.B.)Godron

Lathyrus

1 Blü. gelb bis gelbl.-weiß. B. höchst. 2paarig gefiedert. Pf. einjährig

2 Nebenb. groß, kahl, am Grund pfeilf. B.spreite auf eine Wickelranke reduziert. Blü.
zu 1 – 2. Hülsen 20 – 30 mm lang, kahl (Sect. *Aphaca*) – **V:** Az, Md – med-submed –
G: SEC

H	P		T	C		

. . . . *L. aphaca* L.

2* B.chen entwickelt. Hülsen 40 – 60 mm lang (Sect. *Ochrus*)

3 Rhachis breit geflügelt, Primärb. oft auf diese Flügel u. eine Wickelranke reduziert.
Sonst 2 – 4 lanzettl. Fiederb.chen vorh. B.grund am St. lang herablaufend. Blü. meist
einzeln, zieml. kurz gestielt. Hülsen kahl, am Rücken mit 2 schmalen, häutigen
Flügeln. Krone blaßgelb – **V:** Az, Md – med

			T?	C?		

. . . . *L. ochrus* DC.

3* B. 1paarig gefiedert, Wickelranke vorh. Fiederb. lineal-lanzettl., 5 – 10 cm lang, kahl.
Hülsen kahl, am Rücken nicht geflügelt, auf den Flächen geadert. Krone (orange-)
gelb – **V:** Az, Md – med

H	P		T		F?	

. . . . *L. annuus* L.

1* Blü. rötl. bis rötl.-weiß (Sect. *Clymenum*)
4 Sehr große Blü. (18–30 mm) u. 1–2paarig gefiederte B. mit Wickelranke
5 Pf. rauhhaarig, 60–120 cm. B. meist 1paarig gefiedert, B.-
   chen eilängl. Blü. duftend, in verschiedenen Farben. Hülsen
   behaart – **V:** Can kult. u. verwild. – Heimat SItalien

H	P	G	T	C			

 .... *L. odoratus* L.

5* Pf. kahl, klimmend, 1,5–2 m lang werdend. B. 1–2paarig
   gefiedert. B.chen eilanzettl., ca. 2–5:1. Blü. rot, 25–30 mm
   lang. Hülsen kahl, netznervig. Blü. zu 2–5, Infl.stiele kräftig,
   länger als das Tragb. Pf. mehrjährig, im Gebüsch kletternd
   – **V:** Az, Md – südmed – **G:** LAU II-3

	P	G	T	C		F	

 .... *L. tingitanus* L.

4* Obige Merkmale nicht zus.treffend
6 Alle B. 1paarig gefiedert, mit od. ohne Wickelranke
7 Stiel der 1bltg Infl. weit über die Ansatzstelle der Blü. hinaus in eine über 20–30 mm
   lange Gra. verlängert. Schiffch. höchst. 10 mm lang
8 Infl.stiel unterhalb des Blü.ansatzes 5–15 mm lang, meist kürzer als der Stiel des
   Tragb. Blü. ziegelrot, 8–10 mm lang, Flügel purpurn geadert, Schiffch. weiß. Nerven
   der Hülse deutl., lange Maschen bildend. Samen glatt. B.chen 7–8mal so lang wie
   breit. Wickelranke vorh. u. dann i.d.R. einfach, ode. fehlend, so bes. bei den unteren
   B. – **V:** Az – med-submed

H	P	G	T	C			

 .... *L. sphaericus* Retz.

8* Infl.stiel unterhalb des Blü.ansatzes 40–80 mm lang, viel länger als der Stiel des
   Tragb. Blü. bläul.-rot, 7–8(–10) mm. Hülsen glatt, lang, schmal (20–50 × weniger als
   4 mm). Wickelranke stets vorh. Kelchzähne länger als Kelchröhre. Samen warzig.
   Tragb. mit rudimentärer Ranke. B.chen ca. 10 :1 – **V:** med-atl

H	P		T	C			

 .... *L. angulatus* Willd.

7* Infl.stiel ohne eine solche Verlängerung od. diese nur 1–3 mm lang u. hinfällig
9 Sproßachse mit breiten, aber kaum geflügelten Kanten. B.chen sehr schmallineal,
   nicht über 2 mm breit. Blü. rosen- bis scharlachrot (ziegelrot), 9–10 mm lang. Hülse
   kurz gestielt, 20–25 × 7–10 mm. Tragb. ohne Ranke. Kelchzähne etwa so lang wie
   die Kelchröhre – **V:** med

		T					

 .... *L. setifolius* L.

9* Sproßachse breit geflügelt. B.chen lanzettl., über 3,5 mm breit. Blü. meist über 10 mm
   lang
10 Hülsen 4–5mal so lang wie breit (35–45 × 5–9 mm), am Rücken berandet, aber
   nicht geflügelt. Blü. rot, 5–14 mm lang. doppelt so lang wie der K – **V:** Can kult. –
   Md – med – **S:** Ackerwildkraut

H	P			C			

 .... *L. cicera* L.

10* Hülsen höchst. doppelt so lang wie breit, auf dem Rücken mit schmalen (1–1,5 mm
   breiten), oft fein gezähnelten Flügeln. Blü. rosa, blau od. weiß, groß (10–20 mm),
   einzeln auf dünnem Stiel – **V:** Grac, Lob – Az, Md – Heimat unbekannt, kult. u.
   verwild.

H	P	G	T	C	L	F?	

 .... *L. sativus* L.

6* Mindest. ein Teil der B. (i.d.R. die oberen) 2–5paarig gefiedert. Rhachis der B. breit
   b.artig geflügelt, bei den unteren B. nur solche "Phyllodien" vorh. Blü. 15–18 mm, zu
   1–2 (selten 3) auf kräftigen Infl.stielen, die länger sind als ihre Tragb. Hülsen 50–70
   × 10–12 mm, kahl, netznervig. Pf. einjährig, 20–100 cm
11 Fahne violett od. purpurn, an der Spitze mukronat. Flügel u. Schiffch. blau od. lila.

Blü. zu 1–5. B. 2–4paarig gefiedert. Fr.klappen flach – **V:** Az, Md – med

H	P		T	C	L?	F

. . . . ***L. articulatus*** L. **ssp.** *clymenum* (Bris.)Maire

11* Fahne purpurn, an der Spitze ausgerandet. Flügel u. Schiffch. weiß od. rosa. B. 2–5paarig gefiedert. Fr.klappen von den Samen aufgewölbt – **V:** Az, Md – med

H	P	G	T	C	L	F

. . . . **ssp.** *articulatus*

Pisum

– Einjährige Pf., kahl, blaugrün. B. mit 1–3 eif. Fiederb. u. verzweigter Ranke. Blü. lila – **V:** C subspontan, T kult. – med, kult. u. verwild.

			T	C		

. . . . ***P. sativum*** L.

Rhynchosia

– Mehrjährige Kräuter. St. weichhaarig. Endb.chen breit rhombisch (–3eckig), die seitl. asymmetrisch, unterts behaart u. mit goldgelben Drüsen. Krone 1–2 cm, gelb, purpurn gestreift. Fr.knoten dicht weißhaarig, Hülse seidig – **V:** Heimat S- u. SWAfr

			T			

. . . . ***Rh. caribaea*** (Jacq.)DC.

– Auf Cv auch ***Rh. memnonia*** (Del.)Boiss. (trop. u. südl. Afr.), ***Rh. minima*** DC. u. ***Rh. luteola*** (Hiern.)Schum.

Geraniales

Oxalidaceae

Oxalis

1 Pf. mit gut ausgebildeten oberirdischen Sproßachsen (liegend od. aufrecht). Infl. 1–6bltg. Blü. gelb, Kronb. 4–7 mm

2 St. liegend, an den Knoten wurzelnd. B. wechselstdg. Nebenb.öhrch. – **V:** Lob – Az, Md, Cv var. *villosa* Schmidt – med-submed, weltweit verschl. – **G:** CHE, PLA

H	P	G	T	C	L	F

. . . . ***O. corniculata*** L.

2* St. horstig, nicht wurzelnd. B. fast gegenstdg od. in Büscheln. Nebenb. nicht geöhrt – **V:** C Gartenunkraut – NAm [*O. stricta* auct.]

				C		

. . . . ***O. europaea*** Jord.

1* St.lose Knollengeophyten. Die 1- od. mehrbltg. Infl. kommen an unbeblättertem Stiel aus dem Boden

3 Blü. in Dolden zu 3–8, gelb, oft gefüllt (var. *pleniflora* Lowe) – **V:** Az u. Md eingebürg. – med eingebürg., SAfr – **G:** CHE I-1c, ART I-1 [*O. cernua* Thunb.]

H	P	G?	T	C	L	F

. . . . ***O. pes-caprae*** L.

3* Blü. rosa od. rot

4 Blü. einzeln, groß (Kronb. 25–35 mm), rot. B.chen nicht ausgerandet – **V:** Az u. Md eingebürg – med eingebürg., SAfr [*O. variabilis* Jacq.]

	P	G	T	C	L?	F?

. . . . ***O. purpurea*** L.

4* Blü. kleiner, in doldenähnl. Infl. Kronb. 15–20 mm. B.chen ausgerandet

5 B.chen um die Mitte am breitesten, gewimpert, unterts in Randnähe punktiert. Blü. purpurrosa – **V:** Az, Md, Cv – SAm – **S:** Unkraut [*O. martiana* Zucc.]

	P		T	C		

. . . . ***O. corymbosa*** DC.

5* B.chen vorn am breitesten, fast kahl, nicht punktiert. Blü. violett, zu 6–13 – **V:** Az, Md gepfl. u. verwild. – Trop. SAm

			T	C		

. . . . ***O. latifolia*** Kunth

– Auf Md auch . . . . ***O. exilis*** A.Cunn.

Geranicaeae

1　Blü. ± radiärsymmetrisch
2　Alle 10 Staubb. fertil. Fr.klappen bogig bis spiralig einrollend　..　*Geranium* S. 148
2*　Die 5 äußeren Staubb. staminodial, ohne Antheren. Fr.klappen schraubig einrollend .... *Erodium* S. 148
1*　Blü. deutl. zygomorph, oberstes Kelchb. etwas gespornt. Nicht alle Staubb. fertil
.... *Pelargonium* S. 149

Geranium

1　Mehrjährige, bis über 1 m hohe Stauden im Lobeerwald u. im Fayal-Brezal, am Grund verholzend. B. kahl, St. u. Kelch behaart. Infl. 2bltg. Blü. groß (bis 8 cm Durchm.), rot – **V:** Md [*G. anemonifolium* L'Hér.]
　　| H | P | G | T | C | | "Pata de gallo" .... *G. canariense* Reut.
1*　Einjährige Arten. Blü.durchm. weniger als 1 cm
2　Kronb. ausgerandet bis 2spaltig
3　Grundb. meist bis etwa $^2/_3$ der Fläche 9lappig. Krone länger als Kelch. Blü.stiele länger als B. Fr. kahl, runzelig – **V:** Az, Md – med-submed-subatl
　　| H | P | G | T | C | L | .... *G. molle* L.
3*　Grundb. fast bis zum Grund 5tlg. Krone etwa so lang wie der Kelch. Blü.stiele kürzer als die B., diese behaart. Fr. behaart – **V:** Az, Md – med-submed-subatl
　　| H | P | G | T | C | .... *G. dissectum* L.
2*　Kronb. ganz
4　Kelch kahl. Pf. ± kahl. B. etwa auf $^2/_3$ gelappt – **V:** Md – med-submed-atl
　　| H | P | G | T | C | L | F | .... *G. lucidum* L.
4*　Kelch behaart
5　Grundb. meist 7lappig (bis auf $^1/_3$ bis $^1/_2$), Lappen 3tlg. Krone kaum länger als der Kelch. B. rundl. nierenf. – **V:** Az, Md – med-submed
　　| H | P | G | T | C | L | F? | .... *G. rotundifolium* L.
5*　Grundb. fast vollst. 3–5tlg
6　Kronb. 9–13 mm, doppelt so lang wie der Kelch mit Gra. Teilfr. mit 1–2 Transversalrippen. Pollen orange – **V:** Az, Md – eurassubozean-submed
　　| H | P? | G | T | C | L? | .... *G. robertianum* L.
6*　Kronb. 5–9 mm. Kelchb. ohne od. mit sehr kurzer Gra. Teilfr. mit 4 Transversalrippen – **V:** Az, Md – med-submed-atl
　　| H | P | G | T | C | L | .... *G. purpureum* Vill. in L.

Erodium

1　Blü. weiß, klein, zu 1–3. Infl. höchst. so lang wie ihr Tragb. Krone höchst. so lang wie der Kelch, oft fehlend. Fr.schnabel 9–13 mm lang. B. nur etwas gelappt, nicht gefiedert – **V:** atl-westmed
　　| | | | T | C | .... *E. maritimum* (L.)L'Hér.
1*　Blü. rosa, rot od. lila-purpurn
2　B. tief fiedertlg bis gefiedert
3　Infl. 3- bis vielbltg. Fr.schnabel meist unter 4 cm lang. B. gefiedert (vgl. aber auch 5*)
4　Kronb. ungleich. B.chen meist ungestielt, bis zur Mitte fiederspaltig. Pf. oft rosettig, armdrüsig (vgl. ssp!) – **V:** Grac, Lob – Az, Md – med-euras – **G:** CHE
　　| H | P | G | T | C | L | F | .... *E. cicutarium* L'Hér

Sehr formenreich! Zu achten ist auf:

− Haare der Teilfr. auf schwarzen Knoten sitzend. Schnabel 40–70 mm. Pf. oft dicht drüsig − **V:** südwest-
med .... **ssp. *jacquinianum*** Briq.

− Ebenfalls oft dicht drüsig, aber Teilfr. 4–5 mm, ohne schwarze Knoten. Schnabel
10–40 mm − **V:** westmed-atl − **S:** hautps. Küstensande

P				L		

.... **ssp. *bipinnatum*** (L.)L'Hér.

− Pf. aufrecht, B. 3fach fiederschnittig

				L		

.... **E. *salzmanni*** Del.

4* Kronb. gleich. Pf. drüsig-weichhaarig. Fiederb.chen gestielt, nur gezähnt. Pf. stark
duftend (Name!) − **V:** Az, Md − med-atl − **G:** PLA I-2d, CHE I-2b

H	P	G	T	C	L?	F?

.... **E. *moschatum*** (L.)L'Hér.

3* Infl. 2–6bltg. Fr.schnabel über 4 cm lang (vgl. auch *E. cicutarium* ssp.). B. meist nur
tief fiederschnittig, mit nicht völlig getrennten Fiedern, im Umriß ei- bis herzf.

5 Infl. 2–3bltg. B. nicht bis zu Rhachis geteilt, Lappen schmal. Tragb. zugespitzt. Krone
länger als der Kelch. Fr. über 8 cm lang. Tragb. der Dolde fast kahl, braun − **V:** Lob
− Md − med

H	P	G	T	C	L	F

.... **E. *botrys*** (Cav.)Bert.

5* Infl. 2–6bltg. Rhachis zwischen den Fiedern gezähnt. B. unregelmäßig doppelt fieder-
schnittig, Fiederch. gesägt. Kräftige Pf. mit großen Fr. (Schnabel 6–10 cm). Kronb.
kaum länger als Kelch. 2 der Kronb. leicht eingebuchtet. Tragb. der Dolde dicht
behaart − **V:** med

			T	C		

.... **E. *ciconium*** (L.)L'Hér.

2* B. ungeteilt bis 3lappig

6 Tragb. am Grund der Dolde mindest. 3. Fr.schnabel 15–45 mm

7 Grundb. etwa bis zur Hälfte 3lappig bis 5lappig. Pf. kahl bis
rauhhaarig. Schnabel der Fr. 30–45 mm lang. Tragb. der Blü.
zugespitzt − **V:** Grac, Lob − Md − med − **G:** CHE I-1c,2

H	P	G	T	C	L	F

.... **E. *chium*** (L.)Willd.

7* Grundb. annähernd herzf., gekerbt-gesägt, ungeteilt (bis 3lappig). Pf. weichhaarig. Fr.-
schnabel 15–30 mm lang. Tragb. der Blü. oval, stumpf − **V:** Grac, Lob − Az, Md, Cv
− med-atl − **G:** CHE I-2b

H	P	G	T	C	L	F

.... **E. *malacoides*** (L.)L'Hér.

6* Tragb. am Grund der Dolde 2, kreis- bis nierenf. Fr.schnabel 35–90 mm. B.lappen
breit − **V:** Grac − med

		G	T	C	L	F

.... **E. *laciniatum*** (Cav.)Willd.

− Merikarpien mit 1–3 Furchen − **V:** sah-arab

			T	C	L	F

.... **E. *neuradifolium*** Del.

Pelargonium

− B. dicht weichhaarig-drüsig, nicht gezont − **V:** Can eingebürg. − **G:** KLE I-2a

P				L		

.... **P. *inquinans*** Ait.

− Andere Arten kommen als Gartenflüchtlinge vor (bes. auf L u. F)

Tropaeolaceae

− Can verwild. u. z.T. eingebürg. − Az, Cv, Md eingebürg. − Heimat Peru bis Colum-
bia

H	P	G	T	C	L	F

"Marañuela" .... **Tropaeolum majus** L.

Zygophyllaceae

1   Blü. gelb. Pf. einjährig, B. gefiedert. Kronb. wenig länger als Kelch – **V:** Cv
    – med

| | | | T | C | | F | |
    .... *Tribulus terrestris* L.

–   Kronb. viel länger als Kelch – **V:** Cv . . . . . . *Tribulus cistoides* L.
1* Blü. nicht gelb
2   Krautige (am Grund verholzende) Pf. mit 3tlg, flachen
    B. Fr. 5kantig. Spitzen der B. u. der Nebenb. etwas
    dornig – **V:** Grac, Lob – Salv, Cv – südmed (Vgl. *F.*
    albiflora A.Chev.!)

| H | P | G | T | C | L | F | |
    .... *Fagonia cretica* L.

2* Sträucher mit 2tlg, stark sukkulenten B. . *Zygophyllum* S. 150

Zygophyllum

–   Stark sukkulente, aber ungeteilte B. – **V:** Cv – NAfr . . . . . . *Z. simplex* L.
1   Fr. rundl.-eif. B. blaugrün, weiß behaart od. bereift – **V:** Grac,
    Lob – Salv, Cv – maur ☐38

| H | | G | T | C | L | F | "Uva de guanche" . . . . *Z. fontanesii* Webb

1* Fr. 5zipflig. Dichter Strauch mit rosa Blü. – **V:** westsah (nur
    Maroc)

| | | | | | | F | |
    .... *Z. gaetulum* Emb. et Maire

Linaceae

1   Blü. 4zählig, sehr klein, weiß. Kelchb. 2- od. 3zähnig. B. gegenstdg, eif. zugespitzt. Pf.
    einjährig, 2–6 cm hoch, stark verzweigt – **V:** Md, Cv – Afrik. Gebirge – subatl-
    submed

| H | P? | | T | C | | | |
    .... *Radiola linoides* Roth

1* Blü. 5zählig, Kelchb. ganzrandig. B. (größtenteils) wechselstdg . . . . . *Linum* S. 150

Linum

1   Blü. gelb. Kelch länger als Fr. Pf. einjährig
2   Blü. lebhaft gelb. Infl. dicht. B. am Rand sehr rauh u. (Lupe!) gezähnt. Kronb. 6–12
    mm. Obere Blü.stiele kürzer als Kelch bis fehlend – **V:** Md – med – **G:** KLE I-1a

| H | P | G | T | C | L | F | |
    .... *L. strictum* L.

2* Blü. blaßgelb, mit 4–6 mm langen Kronb. Fr.kn. 3blättrig. Infl. locker. B. am Rand
    wenig rauh. Blü.stiele so lang od. länger als der Kelch – **V:** Can sine loco (WEBB) –
    Md – med [*L. gallicum* L.] . . . . *L. trigynum* L.
1* Blü. nicht gelb
3   Blü. rosa bis rot. St. am Grund niederliegend, dünn. Krone doppelt so lang wie Kelch.
    Kelchb. eif., gewimpert. B. steif u. spitz, nicht drüsig. Pf. einjährig – **V:** südwestmed

| | P? | | T | | | | |
    .... *L. decumbens* Desf.

3* Blü. blau. B. schmal, 3nervig, kahl. Kelch kürzer als die Fr., drüsig gewimpert
4   Pf. 1stengelig. Blü. leuchtend himmelblau, Kronb. 3mal so lang wie der Kelch. An-
    theren über 2 mm lang – **V:** Az, Md – Heimat med-atl?, kult. u. verwild.

| | | | T | C | L | | |
    .... *L. usitatissimum* L.

4* Pf. mehrstengelig. Blü. hellblau-blaßviolett. Kronb. doppelt so lang wie Kelch. Antheren weniger als 1,5 mm lang – **V:** Az, Md – med-atl, wohl Stammpf. der vor. [*L. angustifolium* Huds.]

| H | P | G | T | C | | | .... ***L. bienne*** Mill

Euphorbiales

Euphorbiaceae

1   Blü.stände nicht als Cyathien ausgebildet. Einzelblü. mit Hüllb.
2   B.nervatur handf. B. bis 30 cm groß. Untere Blü. ♂, obere ♀. Staubfäden verzweigt. Kraut od. kurzlebiger Strauch bis 4 m Höhe – **V:** Az, Md, Salv, Cv – Heimat Afr, in med eingebürg. – **G:** CHE I-1b

| H | P | G | T | C | L | F | .... ***Ricinus communis*** L.

2*   B.nervatur nicht handf.
3   Hüllb. der ♂ Blü. 2. B.stiel an der Spitze mit 2 Drüsen. Stipeln trocken häutig. Strauch mit pappelähnl. B. (Name!), die oft untersts kupferfarben sind. Blü. in Trauben, ♂ P1–2 A5–6, ♀ P(2–3) G(2) – **V:** Sundainseln, Philippinen, Austr

| | P | | | | | | .... ***Homalanthus populneus*** (Geisel)O.Ktze.

3*   Hüllb. der ♂ Blü. 3 .... ***Mercurialis*** S. 151
1*   Einzelblü. sehr stark reduziert u. Blü.stände als Cyathien ausgebildet .... ***Euphorbia*** S. 151

Mercurialis

1   ♀ Blü. in B.achseln gebüschelt, ± sitzend. Pf. einjährig, St. ästig, 4kantig – **V:** Grac, Lob – Az, Md, Salv – med-sub-med-subatl – **G:** CHE I-1m

| H | P | G | T | C | L | F | .... ***M. annua*** L.

1*   Blü. in Trauben. Pf. mehrjährig, mit Kriechrhizom. St. einfach, rund. B. deutl. gestielt – **V:** subatl-submed

| | P? | G? | | | F? | | .... ***M. perennis*** L.

Euphorbia

1   Kakteenähnl., dornige Arten
2   Dornen kurz (etwa 1 cm). Pf. hochwüchsig, i.d.R. über 1 m hoch. St. (3–)4–5(–6)kantig. Cyathien i.d.R. blutrot, einzeln – **V:** E Can – **S:** Küstenregion bis 500(800) m, im S von T bis 1100 m – **G:** KLE I-2 □42

| H | P | G | T | C | L | F | "Cardón" .... ***E. canariensis*** L.

2*   Dornen bis 3 cm lang. Pf. unter 1 m hoch, dicht u. oft sehr regelm. verzweigt. St. 7–14kantig. Cyathien gelbgrün – **V:** E Can, F nur Jandía, bis 200 m □39

| | | | | | F | | "Cardón de Jandía" .... ***E. handiensis*** Burch.

1*   Nicht kakteenähnl. dornige, aber manchmal sukkulente Arten
3   Stammsukkulente, b.lose, nicht dornige Pf. St.glieder etwa bleistiftdick. Cyathien klein, grüngelbl. Infl. ± sitzend. Pf. bis etwa 0,5 m hoch (im Schatten höher). Caruncula flach – **V:** E Can – **S:** bes. N-Küsten, nur bis ca. 100 m hfg – **G:** KLE I-1a

| | | G | T | C | | | .... ***E. aphylla*** Brouss. ex Willd.

3*   Pf. beblättert
4   Baum- u. (kandelaber-)strauchf. Arten mit verholztem Stamm
5   Bis 15 m hoher Baum im feuchtschattigen Lorbeerwald. B. stumpf, meist mit aufgesetztem Spitzch., dunkelgrün, fast kahl, mit starken Fiedernerven. Infl. rispig. Stamm

grau, glatt. Blü. duftend – **V:** T Anaga-Nord – Md – **G:** LAU I-1a ☐41

| | P | | T | | | | "Tabaiba silvestre" .... ***E. mellifera*** Ait.

Verwandt damit:

– Dolde 4–5strahlig, Drüsen 4eckig bis 2hörnig – **V:** E Cv .... ***E. tuckeyana*** Steud.

– Rispige Infl. – **V:** E Az .... ***E. stygiana*** Wats.

5* Sträucher, oft ± kandelaberf. (Kriechformen bei starker Windwirkung)

6 Cyathien einzeln, endstdg. Kapsel kurzgestielt, kugelig, bis 1 cm dick. B. kurz, bleich- bis blaugrün, stumpf od. spitzl. Stamm grau. Milchsaft ungiftig. Drüsen der Cyathien 5, breitoval. Samen ohne Caruncula – **V:** Grac, Lob – maur (dort **var.** *rogeri* Maire) – **S:** Küstenregion – **G:** KLE I-1

| H | P | G | T | C | L | F | .... ***E. balsamifera*** Ait.

6* Cyathien zu Pleiochasien geordnet

7 Hochb. rot od. gelbl, auch die obersten Laubb. oft noch rot überlaufen od. gestreift. Stamm dickl., fast sukkulent. Caruncula gestielt

8 Stamm u. Äste zimtbraun. Pleiochasien 3–5(–15)strahlig. B. blaugrün, rosettig ge- häuft, bis 15 cm lang. Hochb. mehr als 1 cm breit. Cyathiendrüsen oval. Kapsel erb- sengroß, dunkelrotbraun – **V:** E Can, T im W u. S 300–1200 m – **G:** KLE I-2d ☐40

| | P? | | T | | | | .... ***E. atropurpurea*** (Brouss.)Webb et Berth.

– B. grün od. schwach purpurn gestreift. Drüsen lineal-ellipt. – **V:** T Tejina 500– 800 m

| | | | T | | | | .... **var.** *modesta* Svent.

– Infl. gelb. B. ohne violette Tönung – **V:** T Teno, Masca

| | | | T | | | | .... **fo.** *lutea* Santos

8* Stamm u. Äste dunkelbraun. Pleiochasien 2(–5)strahlig. Kapsel hell rotbraun. Hochb. unter 0,5 cm breit – **V:** E Can, G im NO, Wasserfall von Hermigua

| | | G | | | | | .... ***E. bravoana*** Svent.

7* Hochb. nicht rot

9 Habituell der *E. atropurpurea* ähnl. (Äste hell zimtbraun, B. stark blaugrün, rosettig gehäuft, lang), aber Pf. weniger verzweigt, oft nur dichasial 2gabelig. Hochb. mindest. am Grund verwachsen, wie die oberen Laubb. gelb. Infl. meist ein nicht weiter verzweigtes Pleiochasium. Cyathien grünl.-gelb. Kapseln größer

10 Drüsen der Cyathien halbmondf. Hochb. nur am Grund miteinander verwachsen, weißl., schmal. B. lanzettl., Spitze gestutzt (Vgl. auch Formen der *E. atropurpurea* mit gelben Hochb.!) – **V:** E Can, T Ladera de Güimar 300–700 m – **G:** KLE I-2k

| | | | T | | | | .... ***E. bourgaeana*** J.Gay

10* Drüsen gezähnt. Hochb. groß, mindest. auf die Hälfte ihrer Länge verwachsen. B. schmallanzettl. Schlanker als vor. (ssp. der vor.?) – **V:** E Can, G im NW u. Z – **S:** feucht-schattig

| | | G | | | | | .... ***E. lambii*** Svent.

9* Obere Laubb. nicht von den unteren verschieden gefärbt (Bei habitueller Ähnlichkeit vgl. *E. berthelotii*!) Hochb. frei

– Hierher auch: *E. piscatoria* Ait. – **V:** Md u. *E. anachoreta* Svent. – **V:** Salv

11 Pleiochasium i.d.R. einfach, 4–6(–8)strahlig. B. meist stumpf. Drüsen des Cyathiums quer halbmond- od. eif., kaum gehört. Stamm hellbraun, mehr strauchf. Kapsel hell braunrot. Caruncula gestielt. Die breiten, grünl.-gelben Hochb. unter den Cyathien bleiben auch zur Fr.zeit erhalten (im Gegensatz zu *E. regis-jubae*) – **V:** E Can, Lob – Salv: **var.** *desfoliata* Mnzs. – **G:** KLE I (Viele Übergänge zu folg.) [*E. broussonetii* Willd. ex Link in Buch] ☐43

| H | P? | G | T | C | L | F | "Tabaiba morisca" .... ***E. obtusifolia*** Poir.

11* Pleiochasium zus.gesetzt (d.h. Strahlen nochmals verzweigt, meist 2spaltig), meist 6 – 10strahlig. B. meist stumpf od. gestutzt

12 Locker hochwüchsiger, mehr als vor. Art baumf. Strauch. B. schmal, grasgrün, lineallanzettl., meist ausgerandet. Drüsen des Cyathiums spitz 2hörnig. Rinde dunkelgrau. Die kleinen, blaßgrünen Hochb. unter den Cyathien fallen im Gegensatz zu vor. Art vor der Fr.reife ab. Caruncula fast sitzend – **V:** Grac, Lob – maur – **G:** KLE I-1c,2b,i, PIN I-1b [*E. obtusifolia* ssp. *regis-jubae* (Webb et Berth.)Maire]

  | H | P | G | T | C | L | F | "Tabaiba amarga" . . . . *E. regis-jubae* Webb et Berth.

  – Die Verbreitung dieser u. der vor. Art ist noch unvollstdg bekannt. Nach BRAMWELL & BRAMWELL (1990) kommt *E. obtusifolia* auf den Westinseln, *E. regis-jubae* auf den Ostinseln vor. (Abweichende Diagnosen beachten!)

12* Dichtwüchsiger, habituell sich an *E. atropurpurea* annähernder Strauch mit dichten Infl. B. intensiv blaugrün, aber kürzer als bei *E. atropurpurea*, eispatelig. Stamm niedrig, knorrig. Astrinde auffallend rötl.-grau. Drüsen rundl.-3eckig. Samen kleiner als bei *E. regis-jubae* – **V:** E Can – **G:** KLE I-2n

  | | | | G | | | | . . . . *E. berthelotii* Bolle

4* Einjährige od. mehrjährige Kräuter, höchst. ganz am Grund etwas verholzt (bei *E. paralias*, *E. pubescens*)

13 B. gegenstdg (außer *E. heterophylla*)

14 Nebenb. vorh., meist klein

  – B. wechselstdg, mit Nebenb., meist klein, als Drüsen – **V:** L verwild. – Cv – NAm

  | | | | | L | | . . . . *E. heterophylla* L.

15 B. 1 – 3 cm lang, gesägt. Liegende bis aufrechte Pf. bis 60 cm. Cyathien in Trugdolden am Grund der oberen B. Samen schwarz, runzelig – **V:** Az, Md, Cv – NAm, in med z.T. eingebürg.

  | | | | | C | | . . . . *E. nutans* Lag.

15* Pf. niederliegend. B. meist weniger als 1 cm lang

16 Pf. kahl. B. blaugrün, etwas fleischig, oft rötl., 7 – 15 mm lang, ± ganzrandig. Drüsen des Cyathiums ganzrandig. B. stark asymmetrisch. Kapsel 3 – 4 mm. Samen glatt, grau. Pf. der Küstensande – **V:** Az, Md – med-atl

  | | P | | T | | F | . . . . *E. peplis* L.

  – Pf. niederliegend, aber relativ kräftig (10 – 20 cm). B. etwas fleischig, blaugrün, ganzrandig. Kapseln sehr klein. Samen glatt. Habitus von *E. chamaesyce* – **V:** Az, Cv – NAm

  | | | G | T | C | L | F | . . . . *E. serpens* Kunth

16* B. weniger starr, wie der St. behaart, selten ± kahl. Kapsel 1,2 – 2 mm. Samen rauh

  – Samen über 1 mm lang u. querrunzelig, Kapsel 2 × 2 mm, Drüsen fast kreisrund, mit kleinen, weißl. Anhängseln – **V:** Cv – med

  | | | | T | C | | | . . . . *E. chamaesyce* L.

17 Drüsen des Cyathiums goldgelb od. rot, mit häutigem Flügel versehen, der oft wie ein Perianth erscheint. Cyathien zu 1 – 3. Samen 2 – 3mal länger als breit, 0,4 – 0,7 mm lang – **V:** Cv – sah-sind

Cyathium

Blätter (Anisophyllie)

  | | P | | T | C | | | . . . . *E. granulata* Forsk.

  – Rötl. Drüsen bzw. Anhängsel. hat auch: B. meist mit purpurnem Fleck, am Grund fast symmetrisch. Samen eif.-4kantig, 0,8 mm, mit 3 – 4 Transversalfurchen, bräunl. Kapsel spärl. anliegend behaart – **V:** Az – NAm – **G:** PLA

  | | | | | C | | | . . . . *E. maculata* L.

- Hierzu wohl auch die Angabe (Can sine loco) für *E. burmanniana* J.Gay [*E. thymifolia* L.]; *E. forskahlei* J.Gay (**V:** Cv) gehört wohl hierher
17* Drüsen klein, kaum berandet, grüngelb. Stipeln der St.-Unterseite zu einem 3eckigen Gebilde verwachsen. Cyathien einzeln, b.achselstdg. St. oberwts weichhaarig – **V:** Az, Md, Cv – NAm, med als Unkraut eingebürg. – **G:** PLA I-2c,f

| P | G | T | C | L | F |

. . . . *E. prostrata* Ait.

14* Nebenb. fehlend. Pf. aufrecht, 60 – 150 cm, zweijährig. B. dekussiert, blaugrün, etwas st.umfassend. Pleiochasium 4strahlig. Drüsen bogenf. 2hörnig – **V:** Az, Md – Heimat ostmed, med auch anderwts (eingebürg.)

| | P? | | T? | | |

. . . . *E. lathyris* L.

13* B. nicht gegenstdg. Pf. aufrecht
18 Pf. blaugrün. B. scharf gezähnt. Oberste Laubb. scharf zugespitzt. Kapsel dick (5 – 7 mm). Samen mit großer Caruncula. Obere B. eilanzettl., untere lineallanzettl., gezähnt (ähnl. *E. cyparissias*). Brakteen herzf. Drüsen kurz 2hörnig. Kräuter, am Grund verholzt – **V:** westmed-atl

| | | | T | C | | F |

. . . . *E. serrata* L.

18* Vor. Merkmale nicht zus.treffend
19 Kapsel mit 2 häutigen Längsflügeln je Fach
20 B.rand fein gezähnt. Drüsen fast nierenf. Kapselflügel gespreizt. Pf. vollstdg kahl. Samen ohne Anhängsel – **V:** Md – westmed

| H | | | T | C | |

. . . . *E. pterococca* Brot.

20* B.rand ganz. Drüsen borstig gehörnt. Kapselflügel zus.liegend. B. gestielt, ca. 2mal so lang wie breit – **V:** Grac, Lob – Az, Md, Cv – kosmop

| | P | G | T | C | L | F |

. . . . *E. peplus* L.

- In allen Teilen kleiner – **V:** med (Wohl nur var. von *E. peplus*)

| | | | | L | |

. . . . *E. peploides* Gouan

19* Kapsel ungeflügelt
21 Drüsen des Cyathiums an der Außenseite konvex
- St.b. schmallineal, dickl., bläul.-grün. Kapsel ca. 7 × 7 mm, Drüsen etwas konkav, aber nie gehörnt – **V:** sah

| | | | | C | |

. . . . *E. calyptra* Coss. et Dur.

22 Mehrjährige Kräuter, am Grund etwas verholzt. B. 30 × 8 – 10 mm, st.umfassend. Kapsel warzig, 2 – 3,5 mm, ± behaart. Samen mit feinen Streifen. Pf. rauhhaarig. Drüsen gewimpert, gelb – **V:** med – **G:** PHR I-1

| | | | T | C | |

. . . . *E. pubescens* Vahl

- In allen Teilen stark behaart, aber ± gegenstd B. Stark verzweigte, niederliegende Pf. – **V:** Cv – trop. WAfr

| H | | | | | |

. . . . *E. scordifolia* Jacq.

22* Einjährige Pf. mit schwacher Wurzel
23 Kapsel glatt. B.rand scharf gezähnt. B. vorn abgerundet, spatelig. Pf. klein, meist unter 10 cm hoch, schwach behaart. Samen mit Anhängsel (Caruncula) – **V:** Az, Md – euras-med – **G:** CHE

| H? | P | G | T | C | L? | F? |

. . . . *E. helioscopia* L.

23* Kapsel warzig u. behaart. Obere B. lanzettl.-spitz. Pf. kräftig, 30 – 50 cm hoch – **V:** Md – euras-med

| | | | T | C | |

. . . . *E. platyphyllos* L.

21* Drüsen des Cyathiums ausgerandet, an den seitl. Enden mit 2 ± langen Hörnern
24 Mehrjährige Kräuter, oft am Grund etwas verholzt; wenn einjährig, dann Brakteen herz- od. nierenf.

  – Mehrjährig (mit Rhizom) ist auch: Pf. 25–35 cm hoch, etwas blaugrün. Kapsel ca. 3
    × 3,5 mm, etwas gefurcht. Samen grau, glatt – **V:** N-Italien

    | | | T | | F |................................ ***E. variabilis*** Ces.

25 B. ± starr, zungenf., ohne Spitze, bleibend. St. am Grund verholzt. B. 1–2,5 cm lang,
    aufrecht, dem St. anliegend. Kapsel 5–6 mm, kahl – **V:** Grac – Md – med-atl – **S:**
    Küsten – **G:** AMM I-1a

    | | G | T | C | L | F |................................ ***E. paralias*** L.

25* B. dünner. Pf. vollstdg krautig. Brakteen herzf. Ein- od. mehrjährige Kräuter
26 St.b. lineal, ganzrandig, 3–8 mm breit, spitz. Samen fein grubig genetzt, braun.
    Kapsel-Außenseite mit feinkörnigen Längsstreifen. Pf. 20–50 cm hoch, dicht beblät-
    tert. Drüsen mit langgehörnten Spitzen. B. unter dem Blü.std nierenf. (var. *littoralis*
    Lange: intensiv blaugrün) – **V:** Md – med-atl

    | | P? | | T | | L | |................................ ***E. segetalis*** L.

26* St.b. (lineal-)lanzettl., fein gezähnt. Samen glatt. Kapsel kahl u. glatt od. höchst. sehr
    fein punktiert – **V:** Md – med

    | H | P | G | T | C | L | F |................................ ***E. terracina*** L.

  – B. unter dem Blü.std 3eckig-nierenf. bis eckig-lanzettl. – **V:** E Can, wohl haupts. L u.
    F (Ob eigene Art?)

    | | | | | L | F |................................ ***E. panacea*** Webb

24* Einjährige Kräuter, 3–10(–20) cm hoch, stets vollstdg krautig, mit schwacher Wurzel.
    Samen nicht glatt (sonst vgl. *E. terracina*)
27 Samen kleinwarzig, sehr klein, graubraun, 0,8–1,3 mm. B. lineal, 1–3 mm breit, meist
    stumpf, am Rand fein gezähnt. Brakteen i.d.R. spitz eilanzettl., 2–3mal so lang wie
    breit – **V:** Az, Md – med-submed-subatl – **G:** SEC I

    | H | P | G | T | C | L | F |................................ ***E. exigua*** L.

27* Samen mit tiefen Furchen. St.b. (lanzettl.-)lineal. Brakteen lanzettl., 3–5mal so lang
    wie breit – **V:** westmed [*E. retusa* Cav.]

    | | | T | C | L | F |................................ ***E. sulcata*** De Lens ex Lois.

  – Die Angabe von *E. taurinensis* All. (s.l., d.h. incl. *E. graeca* Med.) für L bezieht sich
    viell. auf *E. sulcata*

Rutales
Rutaceae

Ruta
1 Pf. krautig bis halbstrauchig. Kronb. gefranst. B. mehrfach zus.gesetzt. Tragb. der Blü.
    fast herzf. st.umfassend – **V:** Az, Md, Cv – med

    | H | | G? | T | C | L | F |................................ ***R. chalepensis*** L.

  – Die wohl allein vorhandene **var. *bracteosa*** mit breiteren B.abschnitten als der Typus
    (verkehrt-eif. bis längl. spatelig statt lineal-lanzettl.), Tragb. herzeif. od. breit lanzettl.
  – Tragb. lanzettl., laubb.ähnl. Kronb. nur gezähnt, wellig – **V:** Heimat ostmed

    | | | | C | | |................................ ***R. graveolens*** L.

1* Sträucher. B. fiederf. gelappt bis paarig gefiedert (E Can)
2 Kleiner Felsenstrauch, liegend bis aufsteigend. B. blaugrün, fiederf. gelappt (Lappen
    längl.-eif., am Rand undeutl. od. fast gar nicht gekerbt). B.lappen stumpf. Kronb.
    aufrecht, gekielt. Frucht hellbraun, rauh – **V:** E Can, C 200–600 m – **G:** ASP I-1a

    | H? | | | | C | | |................................ ***R. oreojasme*** Webb et Berth.

2* Meist höhere, aufrecht wachsende Sträucher (bis 2 m). B. einfach fiedertlg, 2–3jochig, grün, unterts graugrün. B.stiel dünn. Blü. langgestielt. Kronb. abstehend, nicht gekielt

3   Fr. orangebraun, etwa 6 mm Durchm. Strauch lockerwüchsig. B. ganzrandig – **V:** E Can, T bis 600 m [*Desmophyllum pinnatum* (L.f.)Webb et Berth.]

　　| | P | G? | T | | | |.................................. *R. pinnata* L.f.

3* Fr. gelbl, 4–5 mm Durchm. Pf. dichter u. niedriger (bis 80 cm). B. entfernt gezähnt – **V:** E Can, G bei Hermigua u. im SW; sehr selten

　　| H | P | G | T | C | L | F |........................... **ssp.** *microcarpa* Svent.

Meliaceae
– Gelegentl. verwild. Alleebaum – **V:** Cv – Heimat Indien

　　| H | | | T | C | | |.............................. *Melia azedarach* L.

Polygalaceae
– Pf. einjährig – **V:** Cv .... *Polygala erioptera* DC.

Simarubaceae
– Vielfach eingebürg. Baum – **V:** Az, Md – Heimat SOAs

　　| | | | T | C | | |................... *Ailanthus altissima* (Mill.)Swingle

Cneoraceae
– Zwergstrauch mit linealischen, silberweißen B.chen. Geschmack aller Teile sehr bitter (Fiebermittel!). Haare 2spaltig, in der Mitte befestigt. Fr. (2–)3(–4)fächrig. C3–4, blaßgelb. Oft Rekauleszenz (Infl. auf dem Stiel des Tragb. sitzend) – **V:** E Can, T *Euphorbia*-Stufe, bes. Teno – **G:** KLE I-1c,2 [*Cneorum pulverulentum* Vent.] □44

　　| H | P | G | T | C | | | "Leña santa" ... *Neochamaelea pulverulenta* (Vent.)Erdtm.

Sapindales

Anacardiaceae
1   B. höchst. 15 cm lang

2   Blü.hülle einfach od. fehlend. Dioezische Sträucher u. Bäume ohne Milchsaft
　　.. *Pistacia* S. 157

2* Blü.hülle doppelt. Holzpf. mit Milchsaft .... *Rhus* S. 156

1* Baum mit hängenden Zweigen u. über 20 cm langen, 7–13jochig gefiederten B. Rhachis der B. ungeflügelt. Fr. grünl.-rosa – **V:** Can gepfl. u. kulturflüchtig – Heimat Z- u. SAm

　　| | | | T | C | L | F |.............................. *Schinus molle* L.

Rhus
1   B. (3–)5–10jochig unpaarig gefiedert, bis 25 cm lang, beiderts kurz u. zerstreut behaart, bes. unterts. Rhachis oben schmal geflügelt. B.chen längl.-eif., gesägt, graugrün. 1–3 m hoher Strauch mit fein behaarten Zweigen. Kelch u. die grünl.

Krone behaart u. bewimpert. Fr.std dicht rot behaart – **V:** Az, Md – med

| H | P | G | T | C | | | .... ***Rh. coriaria*** L.

1*　B. handf. 3- od. 5tlg

2　B. 3tlg. B.rand glatt od. etwas gezähnelt. B.chen weißl. blaugrün, keilf., kahl. Rhachis schwach geflügelt – **V:** maur

| | | | | F | | .... ***Rh. albida*** Schousb.

2*　Immergrüner dorniger Strauch od. Baum, bis 7 m hoch. B.chen ganzrandig od. an der Spitze 3zähnig. Rinde der Äste grau, fast kahl – **V:** Can? – südmed

.... ***Rh. pentaphylla*** Desf.

Pistacia

Endabschnitt
des Blattes

1　B.stiel kahl

2　B.stiel breit geflügelt. Immergrüner Strauch, B. meist 2–4paarig gefiedert – **V:** med (eine baumf. var. im Somaliland) – **G:** KLE I-2a (D Subass.), OLR I

Blüte

| | | G | T | C | L | F? | "Lentisco" .... ***P. lentiscus*** L.

2*　B.stiel ungeflügelt. B. abfallend, 3–6jochig (unpaarig) gefiedert. B.chen ca. 4mal so lang wie breit – **V:** med

| | | G? | T? | C? | | | .... ***P. terebinthus*** L.

1*　B.stiel behaart. B. lederig. B.stiel oben schmal geflügelt. B. meist abfallend, meist unpaarig 2–4jochig gefiedert. B.chen ca. 5–6:1 – **V:** südmed – **G:** OLR I

| | P | G | T | C | | F | "Almácigo" .... ***P. atlantica*** Desf.

Aceraceae

Acer

Gepfl. u. verwild.:

– Baum. B. 5lappig, Lappen ± ganzrandig

| | | | T | | | .... ***A. campestre*** L.

– Baum. B. 5lappig, Lappen gesägt – gekerbt, Buchten spitzwinklig. Junge Zweige mit Milchsaft – **V:** Az, Md

| | | | | C | | .... ***A. pseudoplatanus*** L.

Sapindaceae

Cardiospermum

Meist rankende Kräuter, am Grund oft verholzt, mit aufgeblasener Fr. B. 3zählig mit Nebenb. Verwild.

– St. u. B. stark behaart – **V:** C verwild. an Straßenrändern – trop. Afr

| | | | C | | | .... ***C. hirsutum*** Willd.

– Blü. 4–6 mm, B. bis 8 cm – **V:** Cv – trop. Afr [*C. halicacabum* L. var. *microcarpum* (Kunth)Blume]

.... ***C. microcarpum*** Kunth

– Blü. 8–10 mm, B. bis 20 cm – **V:** Md – Karibik, trop. Afr u. Am

| | P | G | T | C | | | .... ***C. grandiflorum*** Sw.

Melianthaceae

- Strauch mit weißen Ästen. B. wechselstdg, groß (10 – 15 cm), gesägt, unpaarig 6 – 8jo-
chig gefiedert, untersts weißfilzig. K5 C4 A4 G($\underline{4}$). Blü. orange, rot gestreift, am
Grund gelbgrün. Kelchb. ungleich, Kronb. lang genagelt, z.T. verwachsen. Fr. 4lappig,
aufgeblasen, trockenhäutig. Blü.trauben aufrecht – **V:** SAfr

⬚⬚⬚⬚⬚⬚ F .... ***Melianthus comosus*** Vahl

Balsaminaceae

Impatiens

- Große, weiße bis rosa Blü. mit sehr langem Sporn. B. fast sitzend in dichten Wirteln
– **V:** Can verwild. – OAfr [*I. sodenii* Engl. et Warb.]

⬚⬚⬚ C ⬚⬚ .... ***I. olivieri*** Wright
- Blü.farbe variabel, Infl. meist 2bltg. B. leuchtend-grün – **V:** Can verwild. – OAfr

⬚⬚ T C ⬚⬚ .... ***I. walleriana*** Hook.f.

Celastrales

Aquifoliaceae

Ilex

1   Alle B. ± bestachelt. Bis 15 m hoher Baum mit silberweißem Stamm u. hängenden
Ästen. Blü.std quirlig-dicht. B. bis 10 cm breit, breitoval bis fast kreisrund, mit
scharfer Spitze, stark glänzend. Kronb. blaßrosa. Fr. schwarzrot – **V:** E Can – **S:**
Lorbeerwald – **G:** LAU (Verwandt mit *I. perado* Ait. – **V:** Md u. *I. azorica* Loes. –
V: Az) [*I. perado* ssp. *platyphylla* (Webb et Berth.)Tutin]

⬚⬚ G T ⬚⬚⬚ "Naranjo salvaje" .... ***I. platyphylla*** Webb et Berth.

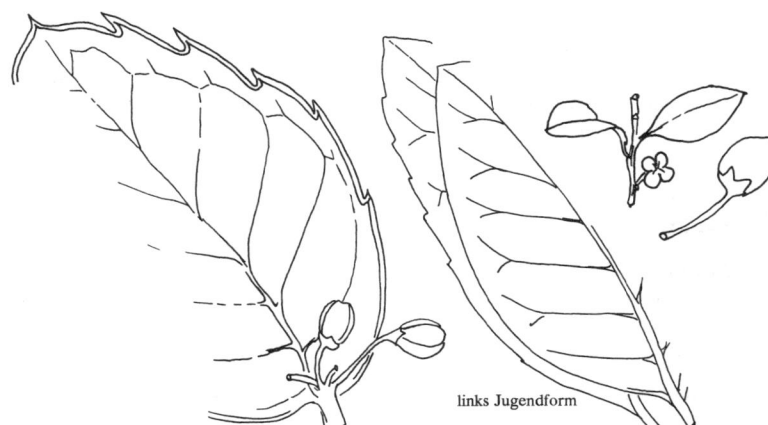

Ilex platyphyllos   *Ilex canariensis*

links Jugendform

  – B.basis keilf., B.stiel 2 – 3 cm. Fr. lang gestielt

    [ ][ ][G][ ][ ][ ][ ]..........................**ssp. *lopezlilloi*** Kunk.

1* Meist nur die jungen B. u. die der Stockausschläge bestachelt. B. viel kleiner, stumpf, breiteif., derb, glänzend. Bis 10 m hoher Baum(-strauch) mit graubraunem Stamm. Junge Äste grün, Seitenäste zieml. kurz, viel dünner als der meist auffallend gerade Stamm. C4, weiß. Fr. rot, rund, Fr.stiel < 1 cm – **V:** Md (Subfossil in jungen Tuffen bei Palermo) – **S:** Fayal-Brezal u. Lorbeerwald – **G:** LAU I-1 □45

    [H][P][G][T][C][ ][ ]"Acebiño"..........*I. canariensis* Poir. **ssp. *canariensis***

  – Fr. oval, Fr.stiel bis 2 cm. B. lanzettl. – **V:** Md

    [ ][ ][G][T][ ][ ][ ]...................**ssp. *azevinho*** (Sol. ex Lowe)Kunk.

Celastraceae

Maytenus

1 Unbewehrter Strauch bis 4 m. B. immergrün (beidersts sattgrün), oval, scharf gesägt, mit verschmälertem Grund. K5 C5 A5 G(3). Kronb. blaß grünl. Samen mit weißem Arillus. Kapsel groß, birnenf., zuletzt braun, kahl. Kelch tellerf., kahl, Krone 2 – 3mal länger. Discus fleischig – **V:** E Can, C im NW, T bes. im N bis 1500 m (Verwandt mit *M. umbellata* (R.Br.)Mabb. – **V:** E Md [*Catha dryandri* Lowe]) [*Catha cassinioides* Webb et Berth.]

    [H][P][G][T][C][ ][F]"Peralito".........*M. canariensis* (Loesl.)Kunk. et Sund.

1* Stark dorniger Strauch mit ganzrandigen B. (1 – 3 × 0,3 – 0,6 cm), etwas bläul. Kapsel kugelig – **V:** palaeotrop, SO-Span [*Catha europaea* Boiss.]

    [ ][ ][ ][ ][ ][L][F]......................*M. senegalensis* (Lam.)Ex.

Rhamnales

Rhamnaceae

Rhamnus

1 B. gezähnt od. gekerbt, knorpelrandig

2 Blü. in Trauben. Baum(-strauch) des Lorbeerwalds (bis 10 m) mit aufrechten Zweigen. In den unteren Nervachseln der B.unterseite honigabscheidende Drüsen. B. eif., untersts behaart. C5, grünl. – **V:** Md – **G:** LAU I,II-1a (Verwandt mit *Rh. alaternus* L. – **V:** Can gelegentl. verwild., z.B. auf C)

    [ ][P][G][T][C?][ ][ ]"Sanguinero"....................*Rh. glandulosa* Ait.

2* Blü. in sitzenden Trugdolden (bis einzeln). C4. B. längl.-lanzettl., oberst glänzend grün, drüsenlos. Bis 2 m hoher Strauch der Euphorbienregion, dicht verzweigt, Zweige dornig. B.stiel kurz behaart – **V:** E Can – **G:** KLE, OLR I-1a

    [H][P][G][T][C][ ][F]"Espinero, Leña negra".............*Rh. crenulata* Ait.

1* B. ganzrandig, drüsenlos, C5. Strauch bis kleiner Baum (bis 1 m), stark verzweigt. B. oval bis lanzettl., dickledrig, zugespitzt, untersts bräunl. Kelch 5tlg, außen behaart. Beerenfr. ± 4lappig, groß, kugelig, schwarzrot – **V:** E Can, T Cañadas, selten tiefer [*Rh. coriacea* Nees]

    [ ][ ][ ][T][ ][ ][ ]"Moralito"....................*Rh. integrifolia* DC.

  – Auf Az u. Md (auch fossil) der sommergrüne *Rh. latifolia* L'Hér. [*Frangula azorica* Tut.] (Sect. *Frangula*)

Vitaceae

1   Infl. rispig. Kronb. an der Spitze verklebt u. als Ganzes abfallend – **V:** Can kult. u.
    verwild. – Md, Cv

    | | | G | T | C | L | F | .... *Vitis vinifera* L.

1* Infl. doldig – **V:** Can kult. u. verwild. – Heimat Japan

    | | | | | C | | | .... *Parthenocissus tricuspidata* Planch.

Malvales

Malvaceae

1   Fr. in Teilfr. zerfallend. Griffeläste soviele wie Fr.b. (*Malveae*)
2   Fr.b. in Etagen übereinander .... *Modiola* S. 162
2* Fr.b. nicht übereinander
3   Außenkelch vorh.
4   Samen je Fr.b. 5–viele
5   Außenkelchb. 3, frei, breit .... *Gossypium* S. 162
5* Außenkelchb. 6–13, lineal, höchst. am Grund verwachsen ...... *Hibiscus* S. 162
4* Samen in den Teilfr. einzeln. Samenanlagen aufsteigend
6   3 B.chen des Außenkelchs verwachsen. Holzpf., seltener Kräuter . *Lavatera* S. 160
6* B.chen des Außenkelchs frei
7   Holzpf. (Kleine Sträucher) .... *Malvastrum* S. 162
7* Ein- od. mehrjährige Kräuter
8   Außenkelchb. 2–3, frei .... *Malva* S. 161
8* Außenkelchb. 6(–7) .... *Alcea* S. 161
3* Außenkelch fehlend, Blü. ± gelb
9   Teilfr. 5- bis vielsamig. Teilfr. 2klappig aufspringend .... *Abutilon* S. 160
9* Teilfr. 1samig. Samenanlagen hängend. Strauch mit rel. kleinen Blü. . . *Sida* S. 162
1* Fr. eine fachtlg Kapsel. Außenkelch vielspaltig (6–13). Kelch aufgeblasen
    .... *Hibiscus* S. 162

Abutilon

1   Strauch, 30–60 cm, an feuchten Stellen bis 2 m, die jungen Triebe stets stark behaart
    (weichseidig). B. tief herzf., B.rand scharf gezähnt-gekerbt, zugespitzt. Blü. weißl.
    orangegelb – **V:** Md, Cv verwild. – ZAm [*A. albidum* Webb]

    | | | | T | C | L | | .... *A. grandifolium* (Willd.)Sw.

1* B. 3–5 cm lang, mit gerundeter Spitze, pappelähnl., fein samtig, oft rot überlaufen.
    Blü. gelb – **V:** Md verwild. – Indien

    | | | | C? | | | | .... *A. indicum* L.

Lavatera

1   B.lappen gerundet, untere B. meist 5–7lappig, obere rundl. 3lappig. Außenkelchb.
    sehr breit, länger als der Kelch. Blü. violettpurpurn. 2–3 m hohes Kraut (am Grund
    verholzt), zweijährig. G6–8 – **V:** Can gartenflüchtig – Az, Md – med-atl

    | | P | | T | C | | | .... *L. arborea* L.

1* B.lappen spitz, 5(–7), mehrjährige Kräuter u. Sträucher
2   Mehrjährige (meist zweijährige) Kräuter. B. grün, zerstr. behaart, nur bis $^2/_3$ der
    Fläche 5lappig, kurzhaarig. Blü. mittelgroß, blaßviolett, dunkler geadert, zu mehreren
    in den B.achseln. Pf. bis 2 m hoch – **V:** Az, Md, Cv – med-atl

    | H? | P | G | T | C | L | F | .... *L. cretica* L.

2*   1,5 – 5 m hohe Sträucher
3   B. obersts seidig behaart, untersts flaumig od. kahl, bläul.-grün.
      Kronb. hellviolett, dunkler geadert, zum Grund hin dunkler, od.
      weiß, zu 1 – 2 in den B.achseln. Außenkelchb. eif. Staubfäden
      gelb bis violett. G12 – 15. 2 – 3 m hoher Strauch – **V:** E Can –
      S: Untere Stufe bis 500 m – **G:** KLE I-2, OLR I ☐46

| | P | G | T | C | L | | |
.... *L. acerifolia* Cav.
 –   Auf L wohl nur: Pf. kräftiger, B. braungrün, wellig, B.lappen kürzer, gerundet

| | | | | | L | | |
.... **var.** *hariensis* Svent.
3*   B. fast kahl, oben dunkel-, unten blaugrün. Bis 4 – 5 m hoher Strauch. Außenkelch
      kürzer als der Kelch, hinfällig. Kronb. lachsrot, schmal-längl. (schmäler als bei *L.*
      acerifolia; auch die B.lappen schmäler). G30 – 40 – **V:** E Can, T im N – **S:** Untere
      Stufe bis 300 m

| | | | T | | | | |
.... *L. phoenicea* Vent.

Alcea
 –   Kronb. 3 – 5 cm lang, meist rosa (auch weiß od. violett). B. schwach 3 – 5lappig – **V:**
      Az, Md – Heimat Orient [*Althaea r.* Cav.]

| | | | T | C | | | |
.... *A. rosea* L.

Malva
1   Blü. einzeln in den B.achseln. Krone 2 – 3mal länger als der Kelch, (2 –)6 cm Durch-
      m., malvenfarben. Teilfr. runzelig, kahl. Kelch die reife Fr. ganz umhüllend. Mehrjäh-
      rige Kräuter – **V:** gemäß-submed, verschl.

| | | | T | | | | |
.... *M. alcea* L.
1*   Blü. zu 2 od. mehr in den B.achseln. Krone i.d.R. kleiner als 2 cm Durchm. Kelch die
      reifen Fr. nicht ganz umhüllend
2   Kronb. kaum länger als Kelchb. Fr. mit breiten, gezähnten Flügeln. Nagel der Kronb.
      kahl. Kronb. weißl., rosa od. violett gestreift. Blü. fast sitzend, zu 2 – 5. Staubb.röhre
      fast unbehaart. Außenkelchb. schmal u. lang – **V:** Grac, Lob – Az, Md, Cv – med –
      G: CHE I-1h, PLA I-1a

| H | P | G | T | C | L | F | |
.... *M. parviflora* L.
 –   Auf Cv auch **var.** *velutina* (Schmidt)Chev. (junge B. beiderts filzig) u. **var.** *microcarpa* (Desf.)Cout.
2*   Kronb. deutl. länger als Kelchb., am Nagel bärtig
3   Staubfadenröhre ± kahl. Außenkelch aus 3 schmalen (über 3:1) B. Fr.stiele zurückge-
      krümmt. Teilfr. glatt (aber behaart). Blü. lila. B. wenig tief gelappt (nicht bis über die
      Mitte). Blü. auch rosa bis weißl., länger gestielt, zu bis 10. Pf. meist niederliegend –
      V: Az – ostmed-kont [*M. rotundifolia* L.]

| H | | | T | C? | | | |
.... *M. pusilla* Sm.
3*   Staubfadenröhre behaart
4   Außenkelchb. oval (weniger als 2:1). Fr.stiele aufrecht. Teilfr. rauh. Blü. bläul. od.
      weißl., sehr kurz gestielt, in den Achseln der lang gestielten B. Obere B. tief (bis über
      die Mitte) gelappt – **V:** Az, Md – med

| | | G | T | C | L | F | |
.... *M. nicaeensis* All.
 –   Wohl nur .... **var.** *nivariensis* Masf.
4*   Außenkelchb. lineal bis eilängl. Pf. meist dicht sternhaarig – **V:** eurassubozean,
      verschl.

| H | | | T | C | L | | |
.... *M. neglecta* Wallr.

Malvastrum
- Halbstrauchiges Wildkraut mit orangefarbenen Blü., haupts. in Bananenplantagen –
  V: Md, Cv – Antillen, Florida

  ☐ P ☐ G ☐ C ☐ ☐ ☐ ... ... **M. coromandelianum** (L.)Garcke
- Auf Cv weitere Arten: **M. tricuspidatum** Gray – **V:** Trop. Am u. **M. spicatum** Gray – **V:** Trop. Am

Sida
- B. lanzettl. bis längl-oval-rhombisch. Teilfr. 7–12, mit je 2 Schnä-
  beln (beim Typus auf Md 1 Schnabel). B. im oberen Teil gekerbt-
  gesägt, am Grund fast keilf., untersts blaßgrau behaart. Krone
  braungelb bis ocker mit purpurnem Auge. Blü. einzeln in den
  Achseln – **V:** ssp. E Can? – Az, Md, Cv – Port – pansubtrop
  Heilpf., kult u. verwild.

  ☐ P ☐ G ☐ T ☐ C ☐ ☐ ☐ ... ... **S. rhombifolia** L. ssp. **canariensis** Willd.

  Verwild. außerdem:
- B. doppelt gesägt, Blü. goldgelb. Fr. oben behaart, mit 3 Hörnern auf jeder Teilfr. –
  V: Cv – trop

  ☐ ☐ T? ☐ C? ☐ ☐ ☐ ... ... **S. acuta** Burm.f.
- Blü. rötlich-purpurn [*Sidastrum paniculatum* (L.)Fryxell]

  ☐ ☐ ☐ T ☐ ☐ ☐ ... ... **S. floribunda** H.B.K.
- Auf Cv außerdem: **S. spinosa** L. (schwach dornig), **S. cordifolia** L. (B. herzf.) u. **S. urens** L.

Modiola
- Außenkelch aus 3 sehr schmalen B. Blü. klein, blaßrot (etwa 1 cm Durchm.). G20–22. Fr. schwarz. Pf.
  meist einjährig – **V:** Md – Am, Iber eingebürg. – trop-subtrop ... ... **M. caroliniana** L.

Gossypium
- Einjährig, aber verholzt, kahl bis zerstreut behaart. B. ca. 11–14 cm, herzf., 3–7lap-
  pig. Kronb. gelb mit purpurnem Nagel – **V:** Kult. – Heimat WPakistan?

  ☐ ☐ G ☐ ☐ ☐ ☐ ... ... **G. herbaceum** L.

Hibiscus
1   Einjährig, rauh behaart. Kelchb. zum größten Teil verwachsen, auffallend dunkelpur-
    purn geadert. Außenkelchb. 10–13 – **V:** C (wohl nur vorübergehend) – ostsubmed

    ☐ ☐ ☐ C ☐ ☐ ☐ ... ... **H. trionum** L.
1* Strauch; als Zierpf. in vielen Sorten kult. u. selten verwild. – **V:** Heimat Südasien?

    ☐ ☐ ☐ ☐ ☐ ☐ ☐ ... ... **H. rosa-sinensis** L.

Sterculiaceae
- Blü kurz gestielt, gedrängt in den B.achseln. Krone klein, gelb. B. eif.-elliptisch,
  ungleich gesägt-gezähnt, seidig. Blü. pentamer (auch im Androeceum u. Gynoeceum)
  mit 3blättrigem Außenkelch – **V:** Cv – pantrop, verschl. [*W. elliptica* Cav.]

  ☐ P ☐ ☐ ☐ ☐ ☐ ... ... **Waltheria indica** L.

Thymelaeales
Thymelaeaceae

1 Blü. weißl. B. kahl. Strauch bis 1,5 m Höhe – **V:** med – **G:** PIN I, LAU II-1

   [| P | T | C |] "Torbisco" . . . . *Daphne gnidium* L.

– Auf Az auch *D. laureola* L.

1* Blü. grün, in dichten Köpfen, die an kurzen Seitenästen sitzen – **V:** T im N, zwischen
   Sta. Ursula u. La Victoria d.A. – Md, kult. u. verwild. – SAfr

   [| | T | | |] . . . . *Gnidia polystachya* Bergius

Violales
Violaceae

Viola

1 Seitl. Blü.b. seitwts od. abwts gerichtet. Blü. nie gelb

2 Pf. st.los, aber mit Ausläufern. B. u. Blü. aus Grundrosette. Nebenb ± breit, kurzge-
   franst (bis 4 mm breit) – **V:** C im N – Az?, Md – med-submed

   [| P | G | T | C |] . . . . *V. odorata* L.

– Auf Can, Md wohl nur: Stamm unterirdisch verholzend, Blü. violett, mit hellerem
   Sporn . . . . **var. *maderensis*** Webb

2* Pf. st.treibend

3 Nebenb. ganzrandig, kahl. B. am grund keilf., untere rundl eif – **V:** E Can

   [| | G? | | |] . . . . *V. plantaginea* Webb ex Christ

3* Nebenb. gesägt, gewimpert. St. oft kurz

4 St. bisweilen sehr kurz. Rhizom an der Spitze mit B.rosette. Blü. purpurviolett,
   gebartet. Sporn weißl. bis hellviolett, oft etwas aufwts gerichtet. B.spreite etwa so lang
   wie breit. Nebenb. kürzer als B.stiel, geteilt bis gezähnt. Kelchanhängsel 2–3 mm –
   V: Md – subatl-submed [*V. reichenbachiana* auct. can. non Jord.]

   [H | P | G | T | | |] . . . . *V. riviniana* Rchb.

– Ähnlich, sehr lange Ausläufer mit wechselstdg B. Blü. 3–5 cm lang gestielt in B.ach-
   seln am Ende der Ausläufer. Ausläufer bewurzeln sich nicht oder nur an der Basis –
   V: E Can

   [| | T | | |] . . . . *V. anagae* Gilli

4* Rhizom an der Spitze ohne B.rosette. Blü. dunkel azurblau bis hell. B. oft mehrmals
   länger als breit. Nebenb. oft verlängert, gewimpert-gezähnt – **V:** eurassubozean

   [| | G | T | | |] . . . . *V. canina* L.

1* Seitl. Blü.b. aufwts gerichtet. Blü. gelb od. violett, in den Achseln st.stdg B.

5 B. ganzrandig od. mit nur schwach ausgeschweiftem Rand, eif. Stipeln spatelf., den B.
   ähnl., am Grund oft mit wenigen seitl. Zipfeln. (*Foliolatae* Kupffer: Hochgebirgspf. im
   südl. Eur u. Vorderasien.) Pf. dichtbuschig. Blü. 3farbig, violett vorherrschend. Sporn
   kurz – **V:** E Can, T Cañadas in 2000–3100 m – **G:** SPA I-1d, VIO I-1a □47

   [| | T | | |] . . . . *V. cheiranthifolia* Humb. et Bonpl.

5* B. ± deutl. gekerbt

6 Hochgebirgspf., im Geröll lang (bis 45 cm) kriechend. B. gesägt bis ganzrandig. Blü.
   groß, blaßviolett, gelb gescheckt. Kelchb. oft am Grund beidersts gezähnt. Stipeln
   fiedrig geteilt od. gezähnt. Dorn lang, meist spitz. Mehrjährig – **V:** E Can, P Caldera
   1900–2400 m – **G:** SPA I-1b

   [| P | | |] . . . . *V. palmensis* Webb et Berth.

6*   Stipeln ansehnl., gefiedert, mit od. ohne b.artigen Endzipfel, zuweilen zu fingriger
     Teilung neigend. Sporn kurz, die Kelchanhängsel wenig überragend. Pf. einjährig
7   Sporn sehr kurz, die Kelchanhängsel sehr wenig überragend. Mittlerer Nebenb.zipfel
     ± b.ähnl. – **V**: Az, Md – eurassubozean – **G**: SEC (Wohl meist *V. arvensis* Murr)
     | | P | G | T | | | | .... ***V. tricolor*** L. s.l.
7*   Sporn länger, die Kelchanhängsel deutl. überragend. Blü. nur 5–10 mm lang, meist
     kürzer als der Kelch. St. grauflaumig – **V**: med (Nur **var. *brevicalcarata*** F.Q. et Svent.
     – **V**: E Can)
     | | | | T | | | | .... ***V. kitaibeliana*** R. et Sch.

Cistaceae

1   Alle Staubb. fruchtbar. Samenanlage atrop
2   G5 od. 10. Sträucher. B. mit 3 Hauptnerven. Blü. meist über 2 cm im Durchm.
     . . . . ***Cistus*** S. 164
2*   G3
3   Griffel sehr kurz od. fehlend. Blü.std ohne Vorb. B. am Grund der Pf. in Rosetten,
     3nervig. Mindest. die unteren B. ohne Nebenb. . . . . ***Tuberaria*** S. 165
3*   Griffel deutl., dünn, verlängert, am Grund oft gekniet od. S-förmig gekrümmt. Äußere
     Kelchb. kleiner als die 3 inneren. Kelchb. mit 3–5 deutl. Nerven (nervenlos: *Halimi-
     um*, fehlt Can). Nebenb. vorh. od. fehlend. B. fiedernervig . . ***Helianthemum*** S. 165
1*   Äußere Staubb. steril, ihre Filamente gegliedert (fehlt Can) . . . . ***Fumana***

Cistus "Jara"

1   K5
2   Blü. rot, äußere Kelchb. kleiner bis wenig größer als die inneren, diese nicht ein-
     hüllend u. nie am Grund verbreitert bis herzf.
3   Äußere Kelchb. kleiner. Griffel dünn, gebogen, doppelt so lang wie die Staubb. (Sect.
     Rhodocistus): *C. vaginatus* Ait. s.l. [*Rhodocistus berthelotianus* Spach.]
4   B. breitlanzettl. bis eif. mit rundl. Basis, grün, obersts etwas langhaarig. Staubb.
     ungleich lang. Kapsel zerstr. behaart – **V**: E Can – **G**: PIN I-1e, LAU II-2d,e ☐53
     | H | P | G | T | C | | | "Amagante" . . . . *C. symphytifolius* Lam.
4*   B. beidersts weiß behaart
5   B. weißfilzig, schmallanzettl. bis eif. Scheiden u. Blü.stiele lang behaart – **V**: E Can
     – **G**: PIN I-1 [*C. candidissimus* Dun. ex DC.]
     | | | | | C | | | . . . . *C. symphytifolius* Lam. **var. *leucophyllus*** (Spach.)Dans.
5*   B. oval, beidersts dicht grau- od. weißseidig behaart (ähnl. *C. albidus*). Kapsel dicht
     behaart. Staubb. gleich lang. Scheiden u. Blü.stiele ohne lange Haare – **V**: E Can, T
     Cañadas um 2000 m
     | | | | T | | | | . . . . *C. osbeckiaefolius* Webb ex Christ
–   Sehr ähnl.: Kleiner Halbstrauch, 25–45 cm hoch, dunkel kastanienbraun, obere
     Zweige weißl.-beige. B. blaugrün, elliptisch-lanzettlich, oberst glatt – **V**: E Can, T
     Anaga 500 m
     | | | | T | | | . . *C. chinamadensis* Bañares et Romero **ssp. *chinamadensis***
–   Pf. größer (30–70 cm), obere Zweige filzig mit langen (2 mm) Haaren. B. hellgrün,
     elliptisch-lanzettlich, runzelig – **V**: E Can, G 900 m
     | | | | G | | | . . . . **ssp. *gomerae*** Bañares et Romero
3*   5 gleichgroße Kelchb. (fehlt Can) . . . . Sect. *Eucistus* u. *Ledonella*

2* Blü. weiß. B. ± klebrig, wenigst. die oberen behaart. Äußere Kelchb. die inneren umhüllend, größer. Griffel sehr kurz. Blü. klein (2–4 cm im Durchm.), weiß mit gelbl. Grund. B. lineal-lanzettl., schmal, meist weniger als 1 cm breit, an den Rändern umgerollt – V: Md – med – S: Meist im Pinar, aber bes. auf G, wo Kiefernbestände fehlen, in großen Beständen – G: PIN I-1b, LAU II-2d,e

| H | P | G | T | C | |

. . . . *C. monspeliensis* L.

1* K3. Blü. weiß (oft mit dunklem Fleck: **var. *maculatus*** Dun. ex DC.), groß (5–10 cm Durchm.). B. lanzettl., über 1 cm breit, klebrig glänzend, sitzend. Fr. 10fächrig – V: Can eingeschleppt – Md – med – G: PIN I

| | | | C | |

. . . . *C. ladanifer* L.

– Der kleinbltg, ebenfalls 3 Kelchb. besitzende *C. clusii* Dun. – V: westmed ist für P angegeben (Herbarexemplar), wurde aber in neuerer Zeit dort nie gefunden.

Tuberaria

1 Pf. mehrjährig. Alle B. ohne Nebenb. Blü.stiele unter der Blü. stark verdickt. Blü. groß, blaßgelb, ungefleckt, 2–3 cm im Durchm. B. untersts seidig behaart, die Rosettenb. ovallanzettl. (3–5:1). Blü.trauben kurz. Kelch kahl. – V: westmed [*T. vulgaris* Willk.]

| P? | | T | | |

. . . . *T. lignosa* (Sw.)Samp.

1* Pf. einjährig. Obere B. mit Nebenb. Blü. mittelgroß bis klein. Alle B. ungestielt. Pf. abstehend behaart. Blü. hfg gefleckt. B. nicht rosettig gehäuft, schmallanzettl. (5–7:1). Blü.trauben lang – V: med-atl – G: TBR I, var. *plantaginea*: PIN [*T. variabilis* Willk.]

| H | P | G | T | C | | F |

. . . . *T. guttata* (L.)Fourr.

Helianthemum

1 Kronb. länger als die inneren Kelchb. Pf. stets mehrjährig. A30–100
2 Infl. eine aus 2 od. 3 Wickeln zus.gesetzte Scheindolde (Sect. *Polystachyum* Willk.)
3 B. sitzend, eingerollt, lineal bis spatelf., die unteren dicht sternhaarig grau, die oberen kahl. Nebenb. pfrieml. Blü. gelb, Kapsel behaart. Halbstrauch, 30–60 cm – V: E Can, T Cañadas

| | | T | | |

. . . . *H. juliae* Wildpr.

3* B. gestielt
4 Kapsel sternhaarig. Samen fast glatt. Blü. orange. Nebenb. hinfällig, länger als der B.stiel, schmal. Zwergstrauch (30–40 cm) mit lederigen, breit lanzettl. B. (23 × 8 mm), B. dicht filzig, untersts blaugrün. Kelchb. dicht weißwollig, 4nervig. Griffel gerade – V: T haupts. Anagagebirge – V: maur (Verwandt mit *H. caput-felis* Boiss. – V: südwestmed)

| | P | | T | | L? |

. . . . *H. broussonetii* Dun. ex DC.

4* Höherer (50–100 cm) Strauch mit bis 5 cm großen, langgestielten (Stiel ¹/₂ bis ³/₄ Spreite) eilanzettl. B., diese bleichgrün, dicht weichhaarig-filzig. blü. schwefelgelb, etwa 2 cm im Durchm. Infl. rispig-verzweigt. Nebenb. lanzettl., kürzer als der B.stiel. Krone gelb mit goldgelbem Fleck – V: E Can, C im W

| | | | C | |

. . . . *H. bystropogophyllum* Svent.

– Ähnl., aber kleiner, B. unter 3 cm, lanzettl., behaart. Infl. kürzer u. dichter. Blü.knospen weich behaart – V: E Can, sehr selten

| | | | C | |

. . . . *H. tholiforme* Bramw., Nav., Ort.

2* Infl. aus einfachen Wickeln zus. (Sect. *Euhelianthemum* Dun.). Wickel mit Brakteen. Kapsel weichhaarig. Samen feinkörnig. Blü. gelb. Kelch rauh behaart. Griffel gebogen. Höherer Strauch, von voriger Art auch durch kleinere B. (unter 3 cm lang) unterschieden – **V:** E Can, T nur Ladera de Güimar

| | P? | | T | | | | .... ***H. teneriffae*** Coss.

1* Kronb. kürzer bis höchst. so lang wie die inneren Kelchb. Pf. ein- od. mehrjährig. A7–20

5 Mehrjährige Stauden od. Sträucher

6 A15–20. Kapsel behaart

7 Blü. deutl. gestielt, in lockerer Traube

8 Staubb. purpurn, kürzer als der Griffel – **V:** E Cv (vikariiert dort für *H. canariense*. Südlichste altweltl. Cistacee) . . . . ***H. gorgoneum*** Webb

8* Staubb. gelb, so lang wie der Griffel. Zwergstrauch mit silberweißer Behaarung. B. unter 1,5 cm lang (4–15 × 2–8 mm), oben kurz u. dicht behaart, untersts graugrün. Nebenb. schmal zungenf., ± so lang wie B.stiel. Blü.stiele etwa halb so lang wie der Kelch, Blü. zuletzt herabgebogen, blaßgelb, etwa 1,2 cm im Durchm. B., Kelch u. Kapsel behaart. Kelchb. 3nervig, rundl.-eif, fast stumpf. Ästch. dem Boden angedrückt – **V:** Grac, Lob – maur – **S:** Can bis etwa 600 m

| H? | P? | G | T | C | L | | F | | .... ***H. canariense*** Pers.

7* Blü. fast sitzend, in dichter Traube. B. sternhaarig grau, eif. bis lanzettl. (3–5:1), untersts weißl., kurz gestielt. Nebenb. länger als der B.stiel – **V:** Can sine loco – maur . . . . ***H. confertum*** Dun.

6* Staubb. weniger als 15, Kapsel kahl. 10–20 cm hoher Zwergstrauch. B. grün, zerstr. behaart, höchst. 10 × 5 mm, eif. bis lanzettl. Nebenb. kürzer als der B.stiel. Infl. armbltg (2–6 Blü.). Blü.stiele so lang wie der Kelch – **V:** E Can – **S:** 300–600 m

| | | | | | L | F | | .... ***H. thymiphyllum*** Svent.

5* Pf. einjährig (aber manchmal am Grund verholzt). A7–15. Kapsel ± kahl. Krone kürzer als Kelch od. fehlend

9 Blü. fast sitzend, Infl. dicht – **V:** südwestiber

| | | | | | | F | | .... ***H. villosum*** Thib. in Pers.

9* Infl. locker

10 Tragb. kaum so lang wieder Blü.stiel, dieser an der Fr. fast rechtwinklig nach oben abgebogen. Fr.stiel 5–12 mm lang. Blü. ohne dunklen Fleck. Kapsel ca. 5 mm lang. Pf. niederliegend, einjährig, aber am Grund verholzt – **V:** westmed

| | | | | C? | | | .... ***H. salicifolium*** Pers.

10* Tragb. so lang od. länger als die ganzen Blü., diese kurz gestielt. Blü. gelb, am Grund mit goldgelbem Fleck. Kapsel dick, 1 cm lang od. etwas länger. Einjährige, aufrechte Pf. mit schmal-lanzettl. B. (etwa 5:1), Kronb. ³/₄ so lang wie die Kelchb., blaßgelb bis bräunl.-orange – **V:** med

| | | | | L | F | | .... ***H. ledifolium*** (L.)Mill.

Tamaricaceae

Tamarix

1 Rinde dunkelbraun bis schwarz. Infl. 3–7 cm lang, 3–9 mm dick, an älteren Ästen. Kelchb. fast ganz. Blü. weiß bis blaßrosa, fast sitzend. B. gelbgrün, bis 4 mm lang – **V:** Az gepfl. – südwestmed

| | | | | T | C | L | F | | .... ***T. africana*** Poir.

1* Rinde rotbraun. Infl. 1,5 – 5 cm lang, 4 – 5 mm dick, an jun-
    gen Ästen. Tragb. ≥ Kelch. Kelchb. eingeschnitten gezähnt.
    B. 1 – 3 mm lang. Blü. rosa, gestielt – **V:** Cv – maur, west-
    med

   ☐ P G T C L F "Tarajal" .... ***T. canariensis*** Willd.

– Tragb. ≤ Kelch – **V:** südwestmed (Pf. der Can entbehren einiger Merkmale u. zeigen
   Übergänge zu *T. canariensis*)

   ☐ G? T? C? F? .... ***T. gallica*** L.

Frankeniaceae

Frankenia

1   Kelch glockig, weniger als 3mal so lang wie der Durchm. der Röhre, Zähne wenig
    kürzer als die Röhre. Kelch bes. am Grund wollig. Kronb. verkehrt eif., am Grund
    keilig, weniger als doppelt so lang wie breit. Anhängsel der Kronb. breit zungenf.
    Flügelteil der Filamente elliptisch. Fr.kn. ellipsoidisch, 1,5mal so lang wie dick, Kelch
    4 – 6 mm, seine Haare ca. 0,5 mm lang. Mehrjährige Kräuter, z.T. verholzt, aufrecht
    wachsend. B. obersts kahl, untersts kristallin-papillös – **V:** Lob – südwestmed

   ☐ C L F .... ***F. boissieri*** Reut. ex Boiss.

1* Kelch 3 – 4,5mal so lang wie der Durchm. der Röhre, diese 3 – 6mal so lang wie die
    Kelchzähne. Kronb. verkehrt ei- bis lineal-lanzettl.

2   Kelch ± ellipsoidisch, 3 – 3,5mal so lang wie die Röhre dick. Kronb. verkehrt eilan-
    zettl., mit zungenf. Anhängsel. Verwachsener Griffelteil höchst. so lang wie die
    Schenkel herablaufend. Alle Haare 1zellig

3   Pf. einjährig, niederliegend. Kelch kahl od. kurzhaarig. Äste kraushaarig. B. rel. breit,
    untersts mehlstaubig (Name!), i.d.R. nicht umgerollt. Krone (blaß-)violett – **V:** Grac
    – Az, Md – eurymed – **G:** KLE I-1

   ☐ H G? T C L F .... ***F. pulverulenta*** L.

3* Pf. mehrjährig, niederliegend. Kelch im unteren Teil rel. lang (bis 0,2 mm) behaart.
    B. lineal, am Rand umgerollt. Krone rosa od. weiß – **V:** Lob – Az, Md, Salv – med
    – **G:** SAL I-1b [*F. capitata* Webb et Berth.] ☐48

   ☐ H P G? T C L F .... ***F. laevis*** L.

– Blü. in dichten terimalen Knäueln – **V:** ostmed [*F. intermedia* DC.] .... ***F. hirsuta*** L.

2* Kelch zylindrisch, 4 – 4,5mal so lang wie dick. Kronb. verkehrt lineallanzettl., mit
    schmal zungenf. Anhängsel. Verwachsener Griffelteil 4 – 7mal so lang wie die Schen-
    kel. Alle Haare 1zellig

4   B. lanzettl., 3 – 6 mm lang, am Grund nicht gewimpert, beidersts mit spärl., weitlumi-
    gen Haaren besetzt. Kelch fast unbehaart, oft kurz bereift. Kronb. fleischrot od. weiß.
    Fr.kn. fast langwalzl. – **V:** Grac, Lob – Az?, Cv – maur

   ☐ H P G T C L F .... ***F. ericifolia*** Chr.Sm. ex DC.

4* B. 3,5 – 4,5 mm lang, ausgerollt 1 mm breit. Reichl. englumige Haare meist nur an der B.unterseite. Fr.kn.
    eipyramidal. Kelch 2 – 3 mm, ca. 0,1 mm lange Haare tragend. Blü. groß (bis 9 mm Durchm.) – **V:**
    südmed .... ***F. corymbosa*** Desf.

Cucurbitales

Cucurbitaceae

1   Pollenfächer gefaltet od. gewunden. Antheren teilweise verwachsen
2   ♂ Blü. in Trauben
3   ♀ Blü. in Trauben od. Büscheln. Hochrankende Kräuter mit einfachen Ranken. B.
groß, 5eckig, 5lappig od. gefingert. Fr. reif blaßgelb bis orangegelbl., etwas größer als
bei *B. dioica* Jacq. Blü. grünl.-weiß bis grüngelbl. B. untersts angedrückt behaart.
Kelch u. Krone behaart. Unreife Fr. grün, hell gestreift – **V:** E Can, T bes. Anaga u.
Teno – **G:** CHE I-1c

| H | P | | T | C | L? | |

.... *Bryonia verrucosa* Ait.
3*   ♀ Blü. einzeln. Ranken fehlend. Niederliegende mehrjährige Kräuter mit fleischigen,
rauhhaarigen, herzf., stumpfen B. Alle Teile der Pf. stark bitter – **V:** Az (einge-
schleppt) – med

| | | | T | | |

.... *Ecballium elaterium* (L.)Rich.
2*   ♂ Blü. einzeln od. gebüschelt. Ranken 2–3spaltig. Fr. kugelig, bis etwa orangengroß,
sehr bitter – **V:** Cv – palaeotrop-subtrop-arid

| | P | | T | C | L | F |

.... *Citrullus colocynthis* (L.)Schrad.
1*   Kletterpf. Filamente der 5 Staubb. verwachsen, Antheren frei. Fr. meist birnenf., ±
stachelig. 1 Samen, keimt in der Fr. – **V:** C kulturflüchtig – trop Am ("Chayote")

| | | | | C | | |

.... *Sechium edule* (Jacq.)Sw.

Myrtales

Lythraceae

Lythrum

1   Kronb. 2–3 mm lang, rosa. Krone höchst. so lang wie der Kelch. A4–6, eingeschlos-
sen. Pf. einjährig, 5–30 cm hoch, ± kahl – **V:** Az, Md – temp-subozean-kosmop (z.T.
mit folg. Art verwechselt!)

| | P | G? | T? | C? | |

.... *L. hyssopifolia* L.
1*   Kronb. 5–7 mm lang, purpurn. A12, mindest. einige die Krone überragend. Pf. meist
mehrjährig, 30–80 cm, kahl, etwas niederliegend u. wurzelnd – **V:** Az, Md – med [*L.
meonanthum* Link]

| | P | G | T | C | |

.... *L. junceum* Banks et Sol.

Myrtaceae

1   Beerenfrüchtiger Strauch mit immergrünen gegenstdg B. – **V:** Az, Md, gepfl. u.
verwild. – med

| | | | T | | | |

.... *Myrtus communis* L.
1*   Kapselfrüchtige Bäume .... *Eucalyptus* S. 168

Eucalyptus

Kult. u. verwild. unter anderem:
1   Einzelblü., Blü. weiß, Kapseln über 1 cm groß – **V:** Az – Austr

| | | G | T | C | | |

.... *E. globulus* Lab.
1*   Blü. zu mehreren, rot, Kapseln 7–8 × 5–6 mm groß, halbkugelig – **V:** Austr

| | | G | T | C | | |

.... *E. camaldulensis* Dehnh.

Punicaceae

– Dorniger Strauch od. unbewehrtes Bäumch. mit gegenstdg, kahlen, ungeteilten B. u.
4kantigen Zweigen – **V:** Auf Can gartenflüchtig – Heimat SWAs, med eingebürg.
| H | P | | T | C | | F | .... ***Punica granatum*** L.

Onagraceae [Oenotheraceae]

1 Fr. eine vielsamige, fachspaltig aufspringende, trockene Kapsel
2 Samen mit Haarschopf. Staubb. ungleich. Narbe keulig od. 4tlg. Blü. rosenrot. Mehr-
jährige Kräuter .... ***Epilobium*** S. 169
2* Samen ohne Haarschopf. Staubb. fast gleich lang. Pollen einzeln. Narbe tief 4spal-
tig .... ***Oenothera*** S. 170
1* Fr. eine fleischige Beere .... ***Fuchsia*** 169

Fuchsia

1 Die über den Fr.kn. verlängerte Blü.achse (Hypanthium) corollinisch gefärbt. Kelch
rot, doppelt so lang wie die violette Krone. Strauch, bis 1,5 m – **V:** T z.T. eingebürg.
– Md verwild. – SAm – **G:** LAU II-3
| | | T | | | .... ***F. coccinea*** Ait.
1* Blü. einheitl. korallenrot – **V:** Az, Md – Bolivien
| | | | C | | .... ***F. boliviana*** Carr.

Epilobium

1 Kronröhre kurz trichterf. od. glockig. Staubb. 2reihig, aufrecht. Griffel aufrecht, nackt
(*Epilobium* s.str.). Mindest. untere B. gegenstdg
2 Narbe 4spaltig. St. rund, ± abstehend behaart (wenn St. kahl, vgl. *E. lanceolatum*, z.B.
auf Md). B. weichhaarig, sitzend, junge Blü. aufrecht
3 B. halb st.umfassend, ± herablaufend, 6–12 cm lang. St. zottig u. drüsig behaart.
Kelchb. stachelspitzig. Kronb. 12–20 mm lang, rot. Pf. 60–120 cm hoch – **V:** Can
sine loco – euras-submed .... ***E. hirsutum*** L.
3* B. verschmälert od. herzf. sitzend, 3–7 cm lang. St. nur kurzzottig, ohne Drüsen.
Kelchb. nicht bespitzt. Blü.b. (5–)6–7(–10) mm lang, rosa. Pf. 20–60 cm hoch – **V:**
Az, Md, Cv – euras-submed – **G:** PHR I-1
| | P | G | T | C | | .... ***E. parviflorum*** Schreb.
2* Narbe keulig, schwach gefurcht. Meiste Arten mit durch herablaufende B.spuren
kantigem St.
4 Samen verkehrt-eif. mit abgerundeter Spitze, papillös. (Auf Can nur die Gruppe
Tetragonae mit ± Leisten am St. u. angedrückt behaarter B.)
5 St.basis (im Hochsommer) mit kurzgestielten od. sitzenden B.rosetten, ohne Aus-
läufer. Blü. stets aufrecht. Fr. 7–10 cm lang. Kelch drüsenlos
6 B. u. St. ± kahl. B. hellgrün, glänzend, dicht unregelmäßig gezähnelt, längl.-zungenf.,
± herablaufend. Kronb. 4–6 mm, rosa – **V:** Az, Md – submed-euras [*E. adnatum*
Griseb.]
| | P | G | T | C | | .... ***E. tetragonum*** L.
6* St. oberwts u. B. am Rand flaumig behaart. b. graugrün, entfernt gezähnelt, etwas
stumpfl., kurzgestielt, nicht herablaufend. Kronb. 6–8 mm lang, rot, oft dunkler
geadert – **V:** Az, Md – submed-atl
| | | T | | | .... ***E. tetragonum*** L. **ssp.** ***lamyi*** (F.W.Schultz)Nym.

5* St.basis zur Blü.zeit mit verlängerten, entfernt beblätterten Ausläufern. St. oben weichhaarig. B. dunkelgrün, entfernt gezähnelt, zugespitzt. Blü.knospen nickend. Kronb. 5–7 mm lang, trübrosa. Fr. 4–6 cm lang. Pf. 40–80(–100) cm, oft mit niederliegend-aufsteigendem St. B. breiter u. kürzer als bei vor. 2 Arten, glänzend. Kelch mit einigen aufrechten, drüsigen Haaren – **V:** Az, Md – subatl-submed

☐☐☐ T ☐☐☐ .... *E. obscurum* Schreb.

4* Samen nach beiden Enden verschmälert. St. rund, ohne herablaufende B.leisten (höchst. mit 2 Haarleisten), oben ± flaumhaarig. B. höchst. schwach gezähnt, Rand ± gerollt. Kronb. 4–8 mm lang. Ausläufer fädl. Pf. 10–50 cm – **V:** T ob noch? – holarkt

☐☐☐ T? ☐☐.................................... *E. palustre* L.

1* Kronb. kreuzf. flach ausgebreitet. Kronröhre kurz. Staubb. 1reihig, am Grund verbreitert, herabgebogen. Griffel am Grund behaart, abwts gekrümmt. Narben 4tlg. Blü. groß. B. wechselstdg – **V:** T Cañadas – holarkt [*Chamaenerion a.* (L.)Scop.]

☐☐☐ T ☐☐☐............................ *E. angustifolium* L.

Oenothera

1 Blü. gelb, duftend, groß (Kronb. über 3 cm). Ausgewachsene B. nicht rot geadert – **V:** Az – NAm – **S:** Gepfl. u. verwild.

☐ P ☐ T ☐........................ *Oe. suaveolens* Desf.

– B. schmal, kurz buchtig gezähnt – **V:** P eingebürg. – NAm

☐ P ☐☐☐☐............................ *Oe. indecora* Camb.

– Kronb. 24–30 mm. Ausgewachsene B. rot geadert – **V:** Az, Md – Heimat NAm

☐☐☐ T ☐☐.. *Oe. biennis* L.

1* Blü. bläul.-rosa, in den Achseln längl.-eif., unregelm. gezähnter B. Fr. oval-keulig – **V:** Lob – Az, Cv – trop u. subtrop Am

☐ P ☐ T C L F............................ *Oe. rosea* L'Hér. ex Ait.

Haloragaceae

– Untergetauchte Wasserpf. mit tetrameren Blü. B. in Quirlen, in feine Zipfel aufgelöst. Infl. rosa, über Wasser – **V:** holarkt-submed

☐ P ☐ T C ☐☐...................... *Myriophyllum spicatum* L.

Theligonaceae

– Kriechende, 5–30 cm große Pf., etwas sukkulent. B. lang gestielt, breit oval, in den Stiel verschmälert, untere gegenstdg, obere wechselstdg. Knoten verdickt. Große Nebenb., z.T. verschmolzen. Monoezie. Blü. zu 2–3 in B.achseln, ♂ P2 A7–12. Pf. mit Kohlgeruch (Name!) – **V:** med [*Cynocrambe prostrata* Gaertn.]

☐ P G T C ☐☐ "Quebradizo" .... *Theligonum cynocrambe* L.

Cynomoriaceae

– Rötl.-brauner Vollparasit von 3–8 cm Durchm. mit kleinen B.schuppen. Auf vielen
Wirtspf. – **V:** Grac – südmed

| | | | | | L | |.......................... *Cynomorium coccineum* L.

Apiales

Araliaceae

1   Sternhaare der Blü.stiele 6–10strahlig – **V:** subatl-
submed

| | | G | T | C | | F |. *Hedera helix* L. **ssp.** *helix*

1*   Sternhaare der Blü.stiele stern-schildf., 12–16(–22)
strahlig. Oberste B. 3lappig, an blühenden Ästen
breit herzf. Dolde meist verzweigt, bis 50bltg – **V:**
Az, Md – westmed

Blätter von blühendem Ast

| H | P | G | T | C | | | "Hiedra de monte" .... **ssp.** *canariensis* (Willd.)Cout.

Apiaceae

1   Strandpf. mit breitfiedrigen, stark sukkulenten B. Blü. gelb. Fr. dickfleischig, reif
korkartig trocknend .... *Astydamia* S. 178

1*   B. nicht stark sukkulent od., wenn sukkulent (*Crithmum*), mit schmalen Fiedern

2   B. ungeteilt od. handf. gelappt (vgl. auch *Hydrocotyle* S. 173). Blü. gelb od. (grünl.-)
weiß

3   B. gegenstdg, handf. gelappt. Pf. mit Ankerhaaren. Liegende bis klimmende Stauden.
Blü. weißl., zu 2–3 auf zieml. langem Stiel in B.achseln .... *Drusa* S. 173

3*   B. wechselstdg, ungeteilt, (ei-)lanzettl., meist deutl. parallelnervig. Holzpf. od. einjäh-
rige Kräuter .... *Bupleurum* S. 175

2*   B. in verschiedener Weise (aber nicht handf.) zerteilt

4   Fr. sehr lang geschnäbelt. Dolde 2–3strahlig, ohne Hüllb. Einjährige, behaarte Pf. mit
kleinen weißen Blü. .... *Scandix* S. 174

4*   Fr. ungeschnäbelt od. kurz geschnäbelt (Schnabel kürzer als die eigentl. Fr.)

5   B. einfach (grundstdg manchmal doppelt) gefiedert mit keilf., breit gerundeten od. eif.
Fiedern, die meist kaum länger sind als breit u. nur im vorderen Teil gezähnt. Hülle
u. Hüllch. meist fehlend. Blü. weiß. Fr. behaart, hellbräunl. mit undeutl. Rippen, eif.
Auf Can Halbsträucher, am Grund verholzt u. mit alten B.grundresten bedeckt
.... *Pimpinella* S. 177

5*   Vorige Merkmale nicht zus.treffend

6   Fr. runzelig od. netzig od. mindest. z.T. mit (ohne Lupe sichtbaren) Stacheln, Haken
od. langen Haaren. (Bei *Capnophyllum* u.a. Fr. vom Rücken zus.gedrückt)

7   Fr. runzelig od. netzig

8   Fr. aus 2 fast kugeligen Teilfr., diese fein netzig. Pf. einjährig. B. im Umriß eif.,
2–3fach gefiedert. B.chen lanzettl. Pf. kahl. Hülle u. Hüllch. 0–1blättrig
.... *Bifora* S. 175

8*   Teilfr. nicht kugelig (aber bei *Coriandrum* die Gesamtfr.)

9   Fr. kugelig(-eif.), 4–6 mm. Randblü. der Dolde viel größer u. tief 2spaltig. Hülle fehlt,
Hüllch. 3–5blättrig, einseitswdg. St. rund, gestreift. B. glänzend, kahl, 1–2fach
gefiedert, untere hinfällig. Einjährige Pf., frisch mit Wanzengeruch
.... *Coriandrum* S. 174

9* Fr. vom Rücken zus.gedrückt. Außenfläche mit deutl. Furchen, die untereinander durch transversale Runzeln verbunden sind. Hülle 2–3blättrig, Hüllch. 5–6blättrig, Dolde 3–5strahlig, Döldch. 6–10strahlig. Dolden b.gegenstdg u. kurzgestielt in B.achseln, klein, zwischen den B. oft ± verborgen. Blü. unauffällig, weißl. Pf. gabelig verzweigt, kahl, mit weit spreizenden, starr abstehenden Seitenästen. B. 3–4fach gefiedert, im B.schnitt an *Fumaria* erinnernd . . . . *Capnophyllum* S. 178

7* Fr. rauhhaarig od. borstig, bei *Ammodaucus* seidenhaarig, oft kaum zus.gedrückt u. im Querschnitt zieml. kreisrund

– Vgl. auch: Fr. borstig-hakig mit langem Schnabel . . . . *Anthriscus* S. 173

10 Fr. schmal flaschenf. od. vom Rücken her zus.gedrückt. Hüllb. ganz od. fiedertlg

11 Hüllb. fiedertlg

12 Nebenrippen dicht mit langen Seidenhaaren bekleidet, Pf. sonst kahl. B. etwas fleischig. Pf. bis 20 cm. B.chen der Hülle 3fach fiederschnittig, die des Hüllch. 3spaltig . . . . *Ammodaucus* S. 179

12* Nebenrippen mit je 1 Stachelreihe. Pf. behaart . . . . *Daucus* S. 179

11* Hüllb. nicht fiedertlg. Hülle u. Hüllch. 5blättrig. Blü. klein, gelb od. weiß. Fr. schmal flaschenf., über 7 mm lang. B. 3fach fiederschnittig, sehr stark gegliedert, lang gestielt (Vgl. auch *Monizia edulis* Lowe auf Md mit farnähnl. Beblätterung S. 178) . . . . *Todaroa* S. 178

10* Fr. kugelig od. ± von der Seite zus.gedrückt, Blü. weiß(–rosa)

13 Fr. mit an der Basis verbreiterten, an der Spitze hakigen Stacheln. Hülle fehlend od. aus 1–2(–4) sehr kleinen B.chen bestehend. B. 2–3fach fiederspaltig. Pf. mit rückwts gerichteten Haaren . . . . *Torilis* S. 174

13* Fr. rauhhaarig, geschnäbelt, etwas zus.gedrückt, deutl. gerippt. Kronb. mit herzf. eingebogener Spitze, behaart . . . . *Tinguarra* S. 174

6* Fr. wehrlos, ohne Lupe glatt erscheinend

14 Am Grund verholzte Strandpf. mit blaugrünen, sukkulenten B. Fiederch. ± lineal, im Querschnitt oft fast kreisrund. Fr.wand schwammig-korkig. Fr. eilängl, stielrund. Blü. blaßgelb . . . . *Crithmum* S. 177

14* Pf. nicht stark sukkulent beblättert

15 Fr. dunkel, ihre Flügel u. Rippen scharf gezähnt. Pf. bis 3 m hoch . . . . *Melanoselinum* S. 174

15* Vorige Merkmale nicht zus.treffend

16 Fr. vom Rücken her stark zus.gedrückt

17 Fr. 3–4 mm lang. Pf. klein, blaugrün. B. mit langen, fädigen Endfiedern, mit penetrantem Anis- bzw. Dillgeruch (Vgl. auch *Foeniculum vulgare* ssp. *piperitum* S. 178) . . . . *Anethum* S. 178

17* Fr. über 10 mm lang, flachgenutzt, mit geflügeltem Rand, reif schwarz. Griffel bleibend, zurückgekrümmt. Dolde 16–24-, Döldch. 20–30strahlig. Kräftige Pf. mit 3–4fach fein zerschlitzten B. ohne penetranten Duft. Fiederch. schmallineal. B.grund breit schneidig, bei den obersten B. Spreite reduziert. Hülle 0–1blättrig. Blü. gelb od. grünl. . . . . *Ferula* S. 178

16 Fr. nicht vom Rücken her zus.gedrückt

18 Blü. goldgelb, Hülle u. Hüllch. meist fehlend. Fr. etwas kümmelähnl., ungeflügelt. B.abschnitte fädig. Scheide der oberen B. fast so lang bis länger als die Spreite. Pf. blaugrün, kahl

19 Pf. mit Anis- bzw. Fenchelgeruch. Fr. 5–7 × 2–3 mm, deutl. gebändert. St. gestreift. Zwei- bis mehrjährige Kräuter . . . . *Foeniculum* S. 178

19* Pf. ohne Anis- od. Fenchelgeruch

20 Fr. kümmelähnl. B.zipfel spreizend. Fr. 2 × 2 mm, fast glatt. Pf. klein, mit dem Habitus von Dill od. Fenchel, einjährig . . . . **Ridolfia** S. 176

20* Vorige Merkmale nicht zus.treffend. Pf. meist liegend. Döldch. ± kugelig . . . . **Seseli** S. 177

18* Blü. weiß, rötl., gelbl. od. grünl.

21 Dolden ohne Hülle, zur Rispe geordnet. Döldch. mit wenigblättrigem Hüllch., 3 – 4-bltg. Blü. weiß. Fr. seitl. zus.gedrückt, eikugelig, etwa doppelt so lang wie breit, kahl, schwärzl. Pf. sehr schlank, bis 1 m hoch. Untere B. mehrfach 3zählig, Lappen lanzettl., fiederschnittig, zerstr. behaart. Pf. einjährig . . . . **Cryptotaenia** S. 176

21* Vorige Merkmale nicht zus.treffend. Infl.aufbau vom normalen *Apiaceen*-Typ

22 Pf. wenigst. zeitweise im Wasser stehend. B. (mindest. die über Wasser gebildeten) mit 3 – 9 Abschnitten. Hülle meist fehlend, Hüllch. aus 2 – mehr trockenrandigen B.chen . . . . **Apium** S. 176

22* Ausgesprochene Landpf.

23 Fr. seitl. zus.gedrückt, mit wellig gekerbten Rippen, 3 – 4 mm, eif. bis fast kugelig. Dolden 10 – 20strahlig, Hüllb. 3 – 5, 3eckig-lanzettl. B. 2 – 5fach fiederschnittig, letzte Abschnitte eif., gesägt. Pf. bis 1,5 m hoch, St. röhrig-hohl, kahl, unten purpurn ge-fleckt. Pf. von üblem Geruch . . . . **Conium** S. 175

24 Pf. mit Selleriegeruch. Dolden in B.achseln sitzend od. fast sitzend. Obere B. meist 3lappig, untere einfach unpaarig gefiedert . . . . **Apium** S. 176

25 Pf. mehrjährig. Seitenrippen der Fr. nicht verbreitert. Stauden mit 1 – 3fach fieder-schnittigen B. Dolden groß, vielstrahlig, ihre Hüllen öfters b.artig zus.schließend. Hülle u. Hüllch. vielblättrig . . . . **Ruthea** S. 175

25* Pf. ein- bis zweijährig

26 Hüllb. zahlr. u. groß, 3spaltig od. fiederspaltig. Doldenstrahlen sehr zahlr., (10 –)20 – 30(– 60). Blü. weiß . . . . **Ammi** S. 176

26* Hüllb. ungeteilt od. fehlend. Blü. gelbgrün. Doldenstrahlen 2 – 20

27 Fr. bei der Reife schwarz, kugelig. Hüllch. kurz, hinfällig. St.b. sitzend od. st.umfas-send, mit 1 – 3 breit eif. B.chen. St. oben häutig geflügelt. Große Pf. mit rübenf. Wurzel . . . . **Smyrnium** S. 175

27* Pf. gelbl.-grün, mit Petersiliengeruch. Untere B 2 – 3fach gefiedert. Doldenstrahlen 8 – 20 . . . . **Petroselinum** S. 176

Hydrocotyle

– Sumpfpf. mit fast kreisrunden B.

| | | | T | | | | . . . . **H. microphylla** Cunn.

Drusa

– Infl. eine armbltg einfache Dolde. Pf. mit Ankerhaaren bes. an den Achänen – **V:** Md, Maroc? – **G:** CHE I-1c, OLR I, ART I-1c [*D. oppositifolia* DC.] ☐50

| H | P | G | T | C | L | F | . . . . **D. glandulosa** (Poir.)Bornm.

– B. blaugrün, sehr stark behaart – **V:** E Can

| | | G | | | | | . . . . **fo. glaucescens** Kunk.

Anthriscus

– Pf. einjährig, bis 1 m hoch, oft am Grund purpurn. Doldenstrahlen 2 – 6, meist kahl. Hüllch.b. lineallanzettl. bis eif. Fr. 3 mm, eif., borstig-hakig, Schnabel bis 2 mm, kahl – **V:** Md – submed

| | | | T | | | | . . . . **A. caucalis** Bieb.

Scandix

1   Fr. weit über 20 mm lang, Schnabel meist über 2mal so lang wie die eigentl. Fr. (3–6 cm). Hüllch. i.d.R. 5blättrig, Hüllch.b. meist geteilt. B. 2–3fach gefiedert. Zipfel sehr schmal, zugespitzt – **V:** Az, Md – med-submed – **G:** SEC
    | H | P | G | T | C | L | F | . . . . *S. pecten-veneris* L.

1* Fr. 5–20 mm lang. Längs der Rippen behaart. Schnabel bis 2mal so lang wie der samentragende Teil der Fr. Hüllch. 2–3blättrig – **V:** zentralmed
    | | | | T? | | | | . . . . *S. brachycarpa* Guss.

Melanoselinum

Mak-endem. Gattung (1 Az, 2 Md, 5 Cv, Can?)

– Blü. weiß od. purpurn. Achäne fast schwarz, 12–14 mm, weich behaart. B. ca. 40 × 30 cm, 2–3fach gefiedert, Rhachis u. Mittelrippen behaart. Fiederch. spitz, scharf gesägt od. gezähnt. Seitenflügel der Achäne ca. 1,5 mm breit, dunkel braun, gezähnt – **V:** Az, Md, Cv
    . . . . *M. decipiens* (Schrad. et Wendl.)Hoffm.

Tinguarra

Mak-endem. Gattung (Vgl. auch *Todaroa montana* S. 178)

– B. 3fach fiedertlg, lang gestielt, Abschnitte doppelt gesägt, breit eif.-3lappig. Rasenbildende Stauden. Dolden groß, mit zahlr. Hüllb. Blü. weiß (nach BURCHARD in breiten, verästelten, goldgelben Infl.), behaart. Pf. mehrjährig – **V:** E Can, T im S u. W
    | H | P | G | T | | | | . . . . *T. cervariaefolia* Parl.

Torilis

1   Die Stachelreihen bilden Nebenrippen (Sect. *Pseudocaucalis*). Fr. 5–6 mm lang. Pf. 10–40 cm hoch. b. doppelt gefiedert. Hülle fehlt. Dolden 1–3strahlig, meist kurz gestielt (aber nicht fast sitzend). Äußere Kronb. länger, weißl.-rosa. Döldch. 2–6bltg – **V:** Md – südmed – **G:** ART I-1c [*Caucalis l.* L.]
    | H | P | G | T | C | L | F | . . . . *T. leptophylla* (L.)Rchb.

1* Nebenrippen unter den zahlr., die Tälch. füllenden Stacheln verborgen (*Torilis* s.str.)

2   Dolden sehr kurz gestielt, kugelig-kopfig zus.gezogen. Äußere Blü. nicht strahlend, weiß, klein. Achäne ca. 4 mm lang. B. 2–3fach gefiedert, Fiedern tief gezähnt. Dolden 2–3strahlig. Meist nur die äußeren Teilfr. länger bestachelt, die inneren kurzstachelig. Pf. 2–50 cm – **V:** Grac – Md – med-atl
    | H | | G | T | C | L | F | . . . . *T. nodosa* (L.)Gaertn.

2* Dolden lang gestielt. Äußere Blü. ± strahlend (*T. arvensis* (Huds.)Link s.l.)

3   Dolde 4–12strahlig

4   Kronb. etwa so lang wie der Fr.kn. Griffel doppelt so lang wie das Griffelpolster. Fr. widerhakig-dornig. sparrig, 10–50 cm. B. fein zerteilt, mit langem, gesägtem Endlappen – **V:** Az, Md – med-submed – **G:** SEC I [*T. infesta* Hoffm.] . . . . *T. arvensis* (Huds.)Link ssp. *arvensis*

4* Kronb. doppelt so lang wie der Fr.kn. Griffel 6mal länger als das Griffelpolster. Dolden 7–12strahlig. Fr. teils widerhakig-dornig, teils höckerig – **V:** Az – med – **G:** ART I-1c
    | | P | | T | | L | | . . . . **ssp.** *neglecta* (Schult.)Thell.

3* Doldenstrahlen 1–3(–4). Obere B. kaum geteilt, fast ganzrandig, oberste schmal-lanzettl. – **V:** med [*T. heterophylla* Guss.]
    | | P | G | T | C | | | . . . . **ssp.** *purpurea* (Ten.)Hayek

Coriandrum

– Pf. mit Wanzengeruch. Untere B. ungeteilt od. einfach-fiedertlg, obere gefiedert mit lineal. Zipfeln. Randblü. strahlend. Fr. kugelig – **V:** Az, Md, Cv – Heimat ostmed –

S: Kult. u. verwild.

| H | P | G | T | C | L | F |

.... *C. sativum* L.

Bifora
– Pf. mit Wanzengeruch. B. 2fach fiederschnittig. Wenige, bis 1 cm lange Doldenstrahlen. Teilfr. fast kugelig, runzelig – **V:** med

| | | | | C | | |

.... *B. testiculata* (L.)Roth

Smyrnium
– Zweijährige, aufrecht-verzweigte Kräuter mit knolliger Wurzel. Untere B. fiederig zus.gesetzt, obere oft ungeteilt, nicht st.umfassend. Dolden vielstrahlig, Blü. meist grünl.-gelb. Fr. schwarzbraun, reif glänzend (Wenn auch die oberen B. st.umfassend, vgl. *S. perfoliatum* L.) – **V:** Az, Md – med-atl

| H | | T | | |

.... *S. olusatrum* L.

Conium
– Giftpf., mit Mäusegeruch – **V:** submed-euras, weltweit verschl. – **G:** CHE I-1l, ART II-1a

| H | P | G | T | C | |

.... *C. maculatum* L.

Ruthea [Rutheopsis]
– Rhizom horizontal, verholzt. Fiederch. grob gesägt. Obere B. oft auf die weißrandige Scheide reduziert. Dolde etwa 20strahlig (seitl. weniger). Blü. weiß, etwas zus.gedrückt, eilängl. – **V:** E Can (Einziger weitere Vertreter der Gattung: *R. burchellii* (Hook.f.)Drude auf St. Helena) [*Rutheopsis h.* (Bolle)Hans. et Kunk.]

| | | | L? | F |

.... *R. herbanica* Bolle

Bupleurum
1   Sträucher mit starren, immergrünen B.
2   B. (bläul.-)grün, lederig, bis 13nervig, bis 10 cm lang. B. spitzl. (ganzrandig beim Typus), 3–15 mm breit. Dolden 5–20strahlig. Döldch. 10–20bltg. Strauch bis 2 m Höhe – **V:** Md ☐52

| | | G | | |

.... *B. salicifolium* Sol. ex Lowe

– B. nur 3–5 mm breit, 5–6nervig, am Rand schwach krenuliert, Döldch. zahlr. Griffelpolster schmal, nicht hutf.

| H | P | G | T | C |

.... **ssp. *aciphyllum*** (Webb ex Parl.)Sund. et Kunk.

– B. bis 2 cm breit, Pf. größer

| | | G | | |

.... **var. *robustum*** (Burch.)Kunk.

2*   B. silber- bis graugrün. Kleiner Felsenstrauch. B. bei der typ. ssp. 7–9(–11)nervig, bis 6 cm lang, 5–7 mm breit. Dolden 4–9strahlig – **V:** maur .... *B. canescens* Schousb.

– Auf Can wohl nur (var. der vor.?): Hoher Strauch. B. kleiner, breit-eilängl., stumpf od. mit aufgesetztem Spitzch., blaugrün – **V:** E Can, F Jandía 500–600 m

| | | | L | F |

.... *B. handiense* (Bolle)Kunk.

1*   Einjährige Unkräuter
3   St. "blattdurchwachsend" (perfoliat). Pf. 20–30 cm. Dolden 2–3strahlig. Hülle fehlt. Hüllch.b. groß, breit eif., länger als das Döldch. – **V:** T wieder verschwunden? – Az, Md – med [*B. protractum* Link et Hoffm.]

| | | T | C | |

.... *B. lancifolium* Hornem.

3*   St.b. sitzend, blaugrün, längl.-lanzettl., stachelspitzig. Dolden 3–6strahlig. Hüll- u.

Hüllch.b. lanzettl., länger als das Döldch. Hüllch.b. 3 – 5. Pf. klein, nur 2 – 15 cm hoch.
Blü. sehr klein – **V:** westmed

| H | | G | T | C | L | F |................................ ***B. semicompositum*** L.

– Auf Can wohl nur: Hüllb. rauh gezähnelt . . . . . . **var. *glaucum*** (Rob. et Cast.)Wolff

Apium

1 Hülle u. Hüllch. fehlend. Aufrechte od. niedergestreckte Kräuter mit vielstrahligen
Dolden. Spitze der Kronb. stark eingerollt-eingebogen u. durch die eingepreßte
Mittelrippe an der Biegung ausgerandet. B. stark aromatisch (Sellerie), dunkelgrün
glänzend – **V:** Az, Md, Cv – med-submed, verschl. – **S:** Wildpf. halophil

| H | P | G | T | C | L | F |................................***A. graveolens*** L.

– Wenn Dolde nur 2strahlig u. B. fein zerteilt, vgl. – **V:** Az, Md, Cv – Heimat Am –
S: Unkraut an frischen Orten (in Einbürgerung?)

| | P | | T | | | |............... ***A. leptophyllum*** (Pers.)F.Müll. ex Benth.

1* Hülle meist vorh., 1 – 6blättrig. Hüllch.b. 5 – 6, fein borstl. Sumpf- od. Wasserpf mit
niederliegenden bis flutenden St. (Subgen. *Helosciadium*)

2 Hülle 1 – 2blättrig. Dolde fast sitzend. B.abschnitte eif.-lan-
zettl. St. niederliegend, aber nur am Grund wurzelnd. Pf.
20 – 60 (– 100) cm – **V:** Az, Md – med-subatl – **G:** PHR I-
1a [*Helosciadium n.* (L.)Koch]

| | P | G | T | C | | |........................... ***A. nodiflorum*** (L.)Rchb.

2* Hülle 3 – 6blättrig. Dolde mehrere cm lang gestielt. B.abschnitte rundl.-eif., ungleich
gesägt. St. kriechend, an den Knoten wurzelnd. Pf. 10 – 30 cm – **V:** ostsubmed [*He-
losciadium r.* (Jacq.)Koch]

| | | | T | | | |........................... ***A. repens*** (Jacq.)Rchb.

Petroselinum

– Pf. zweijährig, 20 – 80 cm – **V:** Az, Md, Cv kult. – Heimat med?, hfg. eingebürg.

| H | P | | T | C | L? | F? |............................ ***P. crispum*** (Mill.)Hill.

Ridolfia

– Habitus von sehr kleinem Fenchel od. Dill – **V:** Az – med
[*Anethum s.* L.]

| | | | T | C | L | |............. ***R. segetum*** (L.)Mor.

Cryptotaenia

– St. gerippt. Dolden bis 10strahlig. Durch die eigenartige Stel-
lung der Dolden (auf sehr feinen, langen Stielen seitl. horizon-
tal aus den B.achseln) vom *Umbelliferen*typ abweichende Pf.
schattiger Lobeerwälder – **V:** E Can, T Anaga um 600 m – **G:**
LAU I-1a   untere Fieder

| H | P | G | T | | | |........................... ***C. elegans*** Webb ex Bolle

Ammi

1 Alle B. gleichm. in lineale, spitze, gespreizte Zipfel 3fach fiederschnittig. Pf. bis 90 cm
hoch. Doldenstrahlen sehr zahlr., bis 6 cm lang, aus einer breiten Scheibe entsprin-
gend, an der Fr. zus.gezogen u. an der Basis verdickt, verholzend. Hüllb. lang, 3tlg –
V: Az, Md – med-sah-sind – **S:** halophil

| | P | | T? | C | | |................................ ***A. visnaga*** Lam.

1* Abschnitte der unteren B. groß, längl. od. lanzettl., knorpelig gesägt, die der oberen
   B. immer zahlreicher u. schmäler werdend
2 Pf. bis 1 m hoch, blaugrün. St. kantig, fein gerillt. Doldenstrahlen zierl., bis 6 cm lang,
   ausgebreitet. Hüllb. 3 – 5tlg, am Grund hautrandig. Doldenstrahlen 10 – 30, bei Fr.reife
   nicht verdickt, Fr. kümmelähnl. – **V:** Az, Md, Salv – med

H	P	G	T	C		F

   .... ***A. majus*** L.
2* Pf. bis 1,5 m hoch, von mächtigem, *Imperatoria ostruthium*-ähnl. Habitus – **V:** Md

				C?		

   .... ***A. procerum*** Lowe

Pimpinella

1 Pf. ± dicht behaart. Achänen weichhaarig
2 Griffelpolster niedergedrückt. Döldch. 5 – 10bltg. Hüllch. 0, Hülle 0 – 1blättrig. B.
   doppelt fiedertlg, wenig behaart. Grundb. z.T. doppelt gefiedert. Fr. eilängl. Dolde
   7 – 12strahlig – **V:** E Can, T Anaga, Masca 200 – 1200 m (incl. *P. rupicola* Svent.
   auf G)

		G	T			

   .... ***P. anagodendron*** Bolle
2* Griffelpolster konisch. Döldch. vielbltg. Dolde 7 – 10strahlig. Fr. samthaarig, fast
   kugelig. Hülle u. Hüllch. fehlend. B. einfach gefiedert bis doppelt fiederschnittig
3 B. doppelt fiederschnittig, Grundb. fast doppelt gefiedert (Übergang zu *P. anagoden-
   dron*) – **V:** E Can

H	P	G	T	C	L	F

   .... ***P. junoniae*** Ceb. et Ort.
3* B. (auch Grundb.) einfach gefiedert, hautps. in Grundrosette. Endfieder 3lappig. B.
   dicht weichhaarig, samtig – **V:** E Can, T Cañadas in 1850 – 2300 m [*P. buchii* Webb]

	P	G?	T			

   .... ***P. cumbrae*** Link ap. Buch
1* Pf. kahl. Junge Fr. borstig-rauh, eif. bis fast kugelig. B. einfach gefiedert. St.b. stark
   reduziert, oft nur 3lappig. Dolde 7 – 9strahlig. Bis 1,2 m hoher Strauch. B. blaßgrün,
   höchst. 3 – 4jochig – **V:** E Can, T 400 – 1200 m – **G:** ASP I-2b

	P		T	C?		

   "Culantrillo" .... ***P. dendrotragium*** Webb

Crithmum

   – Halophile Pf. der Brandungszone mit linealen, im Querschnitt fast kreisrunden,
   sukkulenten B.abschnitten – **V:** Az, Md – med-atl – **G:** CRI I-1a

H	P	G	T	C		F

   "Perejil de mar" .... ***C. maritimum*** L.

Seseli

   – Pf. meist liegend, bis 50 cm. B. blaugrün, kahl, 2 – 3fach geteilt. Blü. gelb. Fr. eilängl.,
   mit starken Rippen. Döldch. ± kugelig – **V:** E Can

H		G	T	C		

   .... ***S. webbii*** Coss.

Todaroa

Canarisch-endem. Gattung. Pf. von *Athamantha*-Habitus. B. sehr stark zerteilt (Bei *T. montana* wurden bis 1200 Abschnitte gezählt)

1 B. blaugrün, wachsartig, zerstr. behaart bis kahl, aus Felsspalten hängend, 3fach gefiedert, lang gestielt. Hülle 3–5-, Hüllch. 5–7blättrig. Dolde 20–30strahlig. Blü. gelb, klein, unangenehm riechend. Fr. goldgelb 8–9 mm lang. Pf. bis 90 cm hoch – V: E Can – S: Felspf., haupts. in der Küstenregion □51

| H | | G | T | C | | | .... *T. aurea* Parl. **ssp.** *aurea*

– B. hellgrün, Stiel u. Nerven meist behaart. Blü. weiß, angenehm duftend – V: E Can

| | P | | | | | | .... **ssp.** *suaveolens* Pér.

1* B. dicht weich behaart, auch Dolden u. Fr. B. bläul.-grün, sehr groß (45 × 30 cm), lang gestielt, Scheide rot gestreift. B.abschnitte ähnl. *Cystopteris fragilis*. Endabschnitte lanzettl. Blü. weiß. Fr. etwa 7 mm lang, dicker als bei vor. Art – V: E Can [*Tinguarra m.* (Webb)Hans. et Kunk.]

| H | P | G? | T | C | | | .... *T. montana* Webb

Monizia

– Mit dickem Rhizom u. armdickem Stamm u. baumfarnähnl. Beblätterung – V: Md, Salv *M. edulis* Lowe

Foeniculum

1 Aufrechte, bis 2 m hohe Stauden. Oberste B. in einen geschwänzten Stiel reduziert. Dolden 12–25strahlig, nicht von Seitendolden übergipfelt. B.zipfel haarfein, über 1 cm lang. Pf. zwei- bis mehrjährig – V: med, weltweit kultiviert – **G:** CHE I-1q

| | | | T? | | | | .... *F. vulgare* Mill. **ssp.** *vulgare*

1* Dolden 4–10strahlig. Enddolde oft von Seitendolden übergipfelt. B.zipfel lineal, steif, unter 1 cm lang – V: Az, Md, Cv – med – **G:** KLE I-2c, LAU II-2a

| H | P | G | T | C | L | F | "Hinojo" .... **ssp.** *piperitum* (Ucria)Cout.

Anethum

– Geruch aromatisch (Dill) – V: Az, Md, Cv – Heimat ostmed-orient. kult. u. verwild.

| | | | T | | | | .... *A. graveolens* L.

Capnophyllum

– B.abschnitte an *Fumaria* erinnernd. Fr. breit oval, linsenf. – V: Md, Cv – südwestmed [*Krubera peregrina* Hoffm.]

| | | G | T | C | | | .... *C. peregrinum* (L.)Gaertn.

Astydamia

Mak-maur. Gattung

– Halophiler Küstenbewohner, Wurzel im Alter verholzend – V: Grac, Lob – Md?, Salv – maur – **G:** CRI I-1b, KLE I-1a [*A. canariensis* DC.] □49

| H | P | G | T | C | L | F | "Lechuga de mar" .... *A. latifolia* (L.f.)Baill.

Ferula

– Enddolde bis 20strahlig, seitl. mit weniger Strahlen. Endabschnitte 50 × 0,5 mm, bis 3 m – V: E Can

| H | P | G | T | C | | F | "Cañaheja, Julán" .... *F. linkii* Webb

– Kleiner als vor., aber mit breiteren B.abschnitten

| | | | | | L | F? | .... *F. lancerottensis* Parl.

– Endfiedern 3–8 mm breit, mit aufgesetztem Spitzch.

| | P | G? | | | | | |
.... *F. latipinna* Santos

Ammodaucus
– Pf. kahl, einjährig, bis 20 cm groß. Dolden 2–4strahlig. Hüllb. klein, stark zerteilt. Fr. lang kraushaarig, 4–7 mm lang – V: E Can, T im S – G: CRI, KLE

| | | | T | | | F |
..... *A. leucotrichus* Coss. et Dur. ssp. *nanocarpus* Beltrán

Daucus
1   B.abschnitte eilängl., bis über 1 cm lang. Endfiedern der unteren B. breiter als 1 mm. Fr. 2–4 mm lang, Stacheln i.d.R. kürzer als der Durchm. der Fr. Pf. borstig behaart. Hüllch.b. ungleich, Doldenstrahlen ungleich lang – V: Az, Cv kult – euras-med – G: LAU II-2

| H | P | G | T | C | L? | F? |
.... *D. carota* L.

– Hülle sehr kurz, Doldenstrahlen sehr ungleich, Blü. gelbl.

| H | P | G | T | C | L | F |
.... ssp. *parviflorus* (Desf.)Fiori

– Enddolde bis 20(30) cm Durchm., Stacheln der Nebenrippen i.d.R. sternstrahlig – V: med

| H | P | G | T | C | | |
.... ssp. *maximus* (Desf.)Ball.

1* B.abschnitte winzig, ganz, schmal lineal, meist nur $^1/_4$ bis $^1/_3$ mm breit. Fr. 5–6(–8) mm lang, die Stacheln 2–3mal so lang wie der Durchm. der Fr., spitzkegelig papillös. Fr. oben halsartig verjüngt, reif goldgelb. Doldenstrahlen nur wenig verschieden, auch die B. des Hüllch. zieml. gleich. Fr. der dunkelgefärbten Zentralblü. sitzend, abweichend (kürzer) bestachelt. Pf. zur Blü.zeit goldgelb überlaufen – V: südmed

| | | | T | C | | |
.... *D. aureus* Desf.

Ericales

Clethraceae
– Strauch od. kleiner Baum. Junge Zweige, B.stiele u. B.unterseiten, Blü.std u. Kelchb. mit dichtem, weichem, rostrotem od. gelbl. Filz aus Stern- u. Wollhaaren. Kronb. frei. Pf. immergrün, mit auffallend roten B.stielen, hellgrünen jungen u. dunkelgrünen älteren B. B.adern unterts stark hervorspringend. B. wechselstdg, 7,5–12 × 2–5 cm, scharf u. fein gesägt, glänzend. Blü. weiß – V: Can ausgestorben? – Az, Md "Arbol de Sta. María" .... *Clethra arborea* Ait.

Empetraceae
– Strauch mit wechselstdg, einfachen B. Blü. meist trimer, Kronb. frei. Fr.kn. 6fächrig. Fr. weiß od. rosa, 5–8 mm Durchm. – V: T verwild.? – Az, Md – iber

| | | | T | | | |
.... *Corema album* (L.)D.Don

Ericaceae
1   Fr.kn. oberstdg
2   B. bis 15 × 3 cm. Fr. erdbeerähnl. .... *Arbutus* S. 180
2* B. ericoid nadelf. Fr. eine in der welkenden Blü.hülle steckende Kapsel
    .... *Erica* S. 180
1* Fr.kn. unterstdg. B. rel. klein, aber flach .... *Vaccinium* S. 180

Arbutus "Madroño"

1 Bis 15 m hoher Baum. B. bis 15 cm lang, gekerbt-gesägt, jung behaart. Stamm rotbraun, Rinde abblätternd. Blü. (grünl.-)weiß(-rosa). Beeren 2–3 cm Durchm., fleischig, wohlschmeckend. Infl. drüsig – **V:** E Can, T im N – **S:** Lorbeerwald u. Fayal-Brezal – **G:** LAU II-1b ☐54

   | H | P | G | T | C | | | "Madroño canario" . . . . *A. canariensis* Veill.

1* Beeren kleiner, zieml. hart. B. starr, bis 9 cm lang. Pf. mehr strauchf. – **V:** T verwild. – westmed

   | | | T | | | | . . . . *A. unedo* L.

Erica

1 Blü. zieml. groß (5–7 mm lang), unter der Mündung zus.gezogen, in kurzen endstdg, wirtelähnl. Trauben. Blü.stiel kürzer als die Blü. B. zu 3 im Wirtel – **V:** Md – spec. westmed-atl [*E. cinerea* L. var. *maderensis* DC.] . . . . *E. maderensis* (DC.)Bornm.

1* Blü. viel kleiner (1,5–2,5 mm lang), glockig, unter der Mündung nicht eingezogen, in sehr dichten Trauben. Blü.stiel länger als die Blü.

2 Zweige dicht weißl. behaart (Haare gefiedert). Blü. weißl. bis blaßrosa. Antheren mit Anhängseln. Im Lorbeerwald baumf. u. bis 15 m hoch, sonst mehr strauchwüchsig. B.seiten fast vollst. umgerollt. B. kaum 1 mm breit – **V:** Md, ZAfr – med – **G:** LAU II-1, PIN I-1g

   | H | P | G | T | C | L? | F? | "Brezo" . . . . *E. arborea* L.

2* Zweige ± kahl, rotbraun. Blü. grünl.-rötl. Antheren ohne hornf. Anhängsel. Sehr dichte, bis 6 m hoher Strauch – **V:** Md – westmed . . . . *E. scoparia* L.

– B. breit (bis 2 mm), nur am Rand umgerollt, sehr glatt u. glänzend, in 4 Reihen – **V:** E Can, T Fayal-Brezal, 300–1200 m – **G:** LAU II-1 ☐55

   | H | | G | T | | | | . . . . **ssp.** *platycodon* (Webb et Berth.)Hans. et Kunk.

– **V:** Az . . . . **ssp.** *azorica* (Hochst.)D.A.Webb

Vaccinium

– Hoher Strauch – **V:** E Md, 1100–1700 m, auf der N-Seite tiefer [*V. maderense* Link.] . . . . *V. padifolium* Seub. et Hochst.

– **V:** Az . . . . *V. cylindraceum* J.E.Sm.

Primulales

Myrsinaceae

K5–7(–10) C(5–7) A5–7 G(3). Placenta zentral. B. wechselstdg, mit durchscheinenden Drüsenpunkten (schizogene Harzgänge), lederig, immergrün. Steinfr. mit dunkelbraunen bis schwarzen Samen

1 B. ganzrandig, oberts ± glänzend, aber wenig lederig, unterts dicht netznervig. Höhere Bäume od. Sträucher mit Zwitterblü. Mittelnerv der B. auf der Unterseite ± rötl. od. runzelig gestrichelt. Oft Kauliflorie

2 Blü. 5zählig, (weiß-)rosa bis gelbgrün, drüsig, in vielbltg Infl. Krone freiblättrig! Fr. eine 1samige ± harte Beere von ca. 5 mm Durchm. B. steif, wellig, ca. 5–8 × 2–4 cm, über der Mitte am breitesten, in einen kurzen Stiel verschmälert, dicht gebüschelt, mit braunroten Punkten, zum Rand hin rötl., Rand oft umgeschlagen. Rinde grüngrau. Krone kugelig, später pyramidenf. – **V:** Md – **G:** LAU I-1e [*Ardisia bahamensis* (Gaertn.)DC., *Heberdenia b.* (Gaertn.)Spr.]

   | H | P | G | T | C | | F | "Aderno" . . . . *Heberdenia excelsa* (Ait.)Bks.

2* Blü. (5–)6(–7)zählig, weiß, zu (2–)3–8 ± sitzend am vorjährigen Holz. Krone auf

$^1/_3$–$^1/_2$ verwachsen. Beeren 5–7 mm, kugelig, meist violett-bläul., zu 3–8 in alten
B.achseln. B. lederig, sehr kurz gestielt, 12–20 cm lang (an *Magnolia grandiflora*
erinnernd), mit stumpfer Spitze. Baum von Lorbeer-Habitus, bis 15 m hoch. Treibt oft
zahlr. Wurzelschößlinge – **V:** Md? – **S:** Lorbeerwald, 600–1000 m

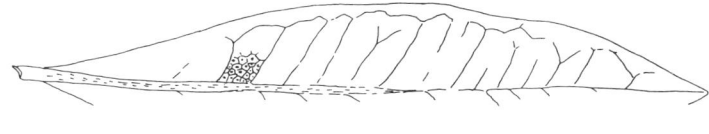

| P? | G? | T | C? | | |

.... *Pleiomeris canariensis* (Willd.)DC.

1*   Myrtenähnl. Strauch, dioezisch mit Rudimenten des anderen Geschlechts. Blü. rötl., zu 3–6 in B.achseln.
     B. 5–20(–30) mm lang, am Rand von der Mitte ab gezähnt (selten schon vom Grund an), rundl.-elliptisch,
     fein gesägt, glänzend dunkelgrün – **V:** Az – Trop. u. südl. Afr, subtrop. As bis Mittelchina
     .... *Myrsine africana* L.

Primulaceae

1   K5 C3 A3 G(**3**). Krone freiblättrig. Krone kürzer als Kelch. B. gegenstdg. Einjährige,
     schlaff ausgebreitete Pf. mit eilanzettl. B. Habituell ähnl. *Asterolinon* – **V:** Salv

| H | | T | C | | F | |

.... *Pelletiera wildpretii* Valdés

1*   K5 C(5) A5 G(**5**)
2   B. gegenstdg, Fr.kn. oberstdg
3   Krone 2 mm, sehr viel kürzer als der Kelch. Kelchabschnitte begrannt. Blü. grünl. Pf.
     einjährig. Fr. fast kugelig, 2–3samig – **V:** Grac, Lob – med-atl – **G:** PIN

| H | P | G | T | C | L | F | |

.... *Asterolinon linum-stellatum* (L.)Duby

3*   Krone länger als der Kelch, rot od. blau (selten weiß). Krone in der Knospe gedreht.
     Deckelkapsel. B. ungestielt, längl. eif., kahl. Pf. ein- od. mehrjährig mit verholzter
     Basis .... *Anagallis* S. 181

2*   B. wechselstdg

5   Fr.kn. oberstdg. Kelch unterhalb der Klappen mit Stacheln besetzt. Krone rosafarben, zygomorph. Pf.
     mehrjährig, am Grund verholzt – **V:** westmed .... *Coris monspeliensis* L.

5*   Fr.kn. halbunterstdg. Blü. klein (ca. 3 mm Durchm.), weiß, mit 5 Schuppen zwischen
     den Kronb., in zus.gesetzten Trauben. Krone wenig länger bis doppelt so lang wie der
     Kelch, in der Knospe dachziegelig, 3 mm. Untere B. rosettig, blaßgrün, ganzrandig,
     kahl. Pf. mehrjährig – **V:** Az, Md, Cv – gemäß-subtrop-kosmop – **G:** ADI I-1a, PHR

| | P | G | T | C | L | F | |

.... *Samolus valerandi* L.

Anagallis

1   Pf. einjährig. B. lanzettl. (bis 4:1). Blü. meist mit weni-
     ger als 15 mm Durchm. Auf Can meist ssp. *latifolia*
     (L.)Arc. (Blü. blau od. rot) – **V:** Grac, Lob – Az, Md,
     Salv, Cv – gemäß-kosmop – **G:** SEC

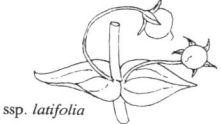

ssp. *latifolia*

| H | P | G | T | C | L | F | "Hierba del cielo" .... *A. arvensis* L.

1*   Pf. mehrjährig, am Grund verholzt. B. lineallanzettl. (8–15:1). Blü. groß (20–30 mm Durchm.). Rand der
     Kronb. mit zahlr., 3zelligen Haaren besetzt – **V:** südwestmed [*A. linifolia* (L.)Knuth] .... *A. monelli* L.

–   Keine od. nur wenige, i.d.R. 4zellige Randhaare – **V:** Az, Md, Salv – submed–med

| | | T? | | |

.... *A. foemina* Mill.

Plumbaginales

Plumbaginaceae

1   Blü. in Köpfch., diese endstdg an ± langem, einfachem Schaft (fehlt Can) . . . . *Armeria*

1* Blü. nicht in Köpfch.

2   Stamm ± gleichm. beblättert

3   Mittlere B. geöhrt-st.umfassend. Kelch gut sichtbar, mit Stieldrüsen bedeckt. Blü. blau. Strauch – **V:** Can gepfl. – SAfr [*P. capensis* Thunb.]

      ☐ ☐ ☐ T ☐ C ☐ . . . . *Plumbago auriculata* Lam.

3* Mittlere B. nicht geöhrt, aber mit scheidigem Grund. Kelch durch Tragb. verhüllt, ohne Stieldrüsen. Bis 1,2 m hoher Strauch – **V:** C El Inglés – westmed

      ☐ ☐ ☐ ☐ C ☐ ☐ . . . . *Limoniastrum monopetalum* (L.)Boiss.

2* Alle B. grundstdg od. an den Stammabschnitten gehäuft. Blü. in 1–5bltg Ährch., diese in Ähren. Kelch trichterf., corollinisch gefärbt (rosa, blau, violett). Krone weiß

    . . . . *Limonium* S. 182

Limonium "Siempreviva de mar"

1   Über 2 m hoher Baumstrauch (Sect. *Limoniodendron* Svent.). Blühende Äste u. Blü.-standszweige nicht geflügelt. B. lanzettl. bis eilängl, kahl, ± lederig, groß (bis 30 cm), spitz, in Rosetten auf langem, verholztem Stamm. Kelch rosa – **V:** E Can, G 50–400 m; sehr selten

      ☐ ☐ G ☐ ☐ ☐ ☐ . . . . *L. dendroides* Svent.

1* Pf. weniger als 2 m hoch

2   Krone fast freiblättrig (2* siehe S. 45, 185)

3   Blü.tragende Zweige (meist) 2schneidig od. 3flügelig. Kelch weit, stark gefaltet. B. oft fiederspaltig (Sect. *Pteroclados* Boiss.)

4   Pf. einjährig, seltener mehrjährig. Innere Braktee oben ± stechend 2spitzig. Flügel unter den Verzweigungen in lanzettl. Anhängsel auslaufend (Ser. *Odontolepidae*). Grundb. meist buchtig fiederspaltig

5   Pf. ein- od. mehrjährig. Kelch gestutzt, nur krenuliert – **V:** Auf Can verwild – Md – westmed-sah

      ☐ ☐ ☐ C ☐ F ☐ . . . . *L. sinuatum* (L.)Mill.

5* Pf. einjährig. Kelch bis zur Mitte 5lappig. Zwischen den Lappen setzen 5 Gra. die Nerven der Kelchröhre fort, dadurch erscheint der Kelch 10lappig. Pf. bläul.grün – **V:** iber-südmed-sah

      ☐ ☐ T ☐ ☐ F ☐ . . . . *L. thouinii* (Viv.)O.Ktze.

4* Pf. am Grund verholzt. Innere Braktee gestutzt. Flügel, soweit vorh., unter den Verzweigungen unterbrochen, in gerundete Öhrch. auslaufend (Sect. *Nobiles*). Kelch schön blau, ausgebissen gestutzt (E Mak)

6   B. langgestielt, Stiel etwa doppelt so lang wie die Spreite. B. kurz rhombisch, schraubig gestellt. B. nicht buchtig gelappt. Kelch oft dunkelviolett

7   Blühender Hauptast ungeflügelt – **V:** E Can, T bei Masca, 800–900 m

      ☐ ☐ ☐ T ☐ ☐ ☐ . . . . *L. perezii* (Stapf)Hubb.

7* Blühender Hauptast leicht geflügelt (1 mm). Strauch 50–70 mm hoch, dicht verzweigt, B. oft 2tlg, st.umfassend, B.stiel 3–5 cm, Spreite 8–14 × 6–9 cm, blaugrün. Abgestorbene B. bleibend – **V:** E Can, C bei Galdar 200–300 m

      ☐ ☐ ☐ C ☐ ☐ . . . . *L. sventenii* Sant. et Fernández

7** Blühender Hauptast breit geflügelt – **V:** E Can, G 600–1000 m

      ☐ ☐ G ☐ ☐ ☐ . . . . *L. redivivum* (Svent.)Kunk. et Sund.

6* Vorige Merkmale nicht zus.treffend

8 Blühende Zweige ± geflügelt
9 Innere Braktee gekielt, Kiel oben verbreitert. Blühende Hauptäste schmal geflügelt, Flügel oben mit 2 Anhängseln. Kelch blau(-violett)
10 30–150 cm hohe Pf., B. lang gestielt, eif., kahl, blaugrün, am Rand ausgebissen. Öhrch. spitz. St. lang, verholzt – **V:** E Can, T z.B. Garachico, sehr selten; P var.?

| | P | | T | | |
.... *L. arborescens* (Brouss.)O.Ktze.

10* Pf. 20–25(–50) cm hoch. B. in den kurzen Stiel verschmälert. Zweige kaum geflügelt. Öhrch. gerundet – **V:** E Can, T westl. von Buenavista; sehr selten (var. von vor.?)

| | | T | | | |
.... *L. fruticans* (Webb)O.Ktze.

9* Innere Braktee auf dem Rücken konvex, oben mit häutigem, gefärbtem Rand
11 B. kahl od. sehr kurz behaart
12 B. ganzrandig bis undeutl. buchtig, sehr breit, eilanzettl. (30 cm), zugespitzt, ± kahl. Blühende Hauptäste schmal geflügelt. B. sitzend od. höchst. sehr kurz gestielt. Kelch blau(-violett) – **V:** E Can, T Anaga-Nordküste

| | | T | C? | | |
.... *L. macrophyllum* (Brouss.)O.Ktze.

12* B. gestielt, leierf.-fiederspaltig od. buchtig-fiederspaltig mit (bis 15 cm) großem Endlappen, kurzhaarig bis verkahlend. Blühende Hauptäste breit geflügelt (bis 1,5 cm). Kelch blaßviolett
13 Flügel ca. 3mal so breit wie die Sproßachse, stark wellig-lappig. Öhrch. unter den Verzweigungen der blühenden Äste sichelf. lanzettl. Anhängsel der inneren Braktee weiß – **V:** E Can – **S:** N-Küsten

| H | | G | | | |
.... *L. brassicifolium* (Webb et Berth.)O.Ktze.

13* Flügel noch breiter (bis 35 mm), kaum wellig. B. spitz eif. Öhrch. breit gerundet. Anhängsel der inneren Braktee bläul. – **V:** E Can [*L. brassicifolium* (Webb et Berth.)O.Ktze. ssp. *macropterum* (Webb et Berth.)Kunk.]

| H | | | | | |
.... *L. macropterum* (Webb et Berth.)O.Ktze.

11* Ganze Pf. dicht weichhaarig. B. bis zur Rhachis eingeschnitten gefiedert, Endlappen nur ca. 5 cm lang. Fiedern eilanzettl. Blühende Äste breit geflügelt. Öhrch. der blühenden Äste 3eckig stumpf – **V:** E Can, T Buenavista, Tacoronte, mit *Crithmum maritimum* – **G:** CRI I-1c

| | P | | T | | |
.... *L. imbricatum* (Webb et Berth.)Hubb.

8* Blühende Hauptzweige kaum geflügelt (vgl. auch *L. fruticans*!)
14 B. ganzrandig od. nur am Grund etwas buchtig gelappt
15 B. bis zum Rand sternhaarig-weichfilzig. Kelch rötl.-violett
16 Wurzel wenigköpfig. B. breit eif., lang gestielt, an der Basis leierf. buchtig. Blü. groß. Pf. bis 40 cm hoch – **V:** E Can, L um 500 m, F um 700 m

| | | | | L | F |
.... *L. bourgeaui* (Webb ex Boiss.)O.Ktze.

16* Wurzel vielköpfig. B. längl. eif, ± ganzrandig, kürzer gestielt. Blü. kleiner. Pf. nur bis 20 cm hoch – **V:** E Can, L im N, 500–600 m, Grac (Zwergform der vor. Art?)

| | | | | L | F |
.... *L. puberulum* (Webb et Berth.)O.Ktze.

15* B. kahl, 8 cm lang, fast herzf., plötzl. in den etwa gleichlangen (gelegentl. aber bis 15 cm) Stiel zus.gezogen – **V:** E Can, C W-Küste [*L. rumicifolium* (Svent.)Kunk. et Sund.]

| | | | C | | |
.... *L. preauxii* (Webb et Berth.)O.Ktze.

14* B. fiederlappig. Lappen schmal lanzettl., ihre Ränder gewimpert. B. sehr hart, stark wachsbereift – **V:** E Can, T nur Masca, um 500 m, sehr selten □56

| | | T | | | |
.... *L. spectabile* (Svent.)Kunk. et Sund.

3* Blühende Zweige (nicht die übrigen!) rundl. od. kantig, nicht zus.gedrückt od. 3flügelig

17   Pf. ein- od. zweijährig. Ährch. sehr schmal u. locker gestellt. Kelch röhrig, kaum gelappt, nach der Blü.zeit in 5–10 ausgebreitete bis zurückgekrümmte Lappen spaltend. St. rundl., wie die B. mehr od. weniger mit Knötch. bedeckt. Krone klein, blaßrosa. B. verkehrt eif., grundstdg (Sect. *Schizhymenium*) – **V**: südwest-med-sah . . . . *L. echioides* (L.)Mill.

17*   Mehrjährige Kräuter od. Holzpf.

18   St. (nicht die blühenden Zweige) ± breit geflügelt (Sect. *Ctenostachys* p.p., vgl. auch Formen von *L. fallax*). Kapsel mit Deckel öffnend

19   Flügel stark wellig. Kelchsaum rötl., stumpf 10zähnig. Pf. 20–70 cm hoch. Kelchrippen rauh. Krone violett – **V**: maur – **S**: Küste . . . . *L. mucronatum* (L.f.)O.Ktze.

19*   Kelchsaum violett, zuletzt weiß. Pf. niederliegend. Sterile Äste phyllodienähnl., lanzettl. Habitus der folg. Art – **V**: E Cv . . . . *L. braunii* (Bolle)A.Chev.

18*   St. ungeflügelt; wenn geflügelt, dann Flügel höchst. schwach wellig

20   St. sehr schmal geflügelt, am Grund verholzt. Kelchröhre unter dem Saum etwas behaart, Saum stumpf 5kantig. B. kahl, graul., sitzend, meist bis etwa 5 cm lang, meist spatelig. Blü. einseitswdg. Kelch hellviolett – **V**: Salv – **S**: Küsten; gemein

H	P	G	T	C	L?	F?

. . . . *L. pectinatum* (Ait.)O.Ktze.

a   Pf. aufrecht wachsend

b   Kleine Pf. mit spateligen, zu vielen grundstdg B., Blü. fleischfarben. So am häufigsten [*L. humboldtii* Bolle]

H	P	G	T			

. . . . **var. *solandri*** Webb et Berth.

b*   B. sehr schmal u. kurz. Ähren armbltg – **V**: T Galletas, Los Christianos

		T				

. . . . **var. *divaricatum*** Pit.

a*   Pf. niederliegend

c   Blü. weiß – **V**: Hfg an den N-Küsten – **G**: CRI I-1a, SAL I [*L. pectinatum* var. *pectinatum*]

H		G?	T	C		

. . . . **var. *incomptum*** (Webb et Berth.)Kunk. et Sund.

c*   Pf. kaum 5 cm hoch – **G**: KLE I-1a

			T	C		

. . . . **var. *corculum*** Webb et Berth.

20*   St. ungeflügelt

21   Kelchsaum bis zur Röhre in 5 spitze Lappen geteilt. Pf. verholzt. St. u. Äste scharfkantig, mit Kalkpunkten. Nerv der B.unterseite gekielt. B. sehr zahlr., sehr dicht rosettig, eispatelig, kahl, stumpf, am Grund 10nervig. Kelchlappen spitz, weiß (Sect. *Jovibarba*) – **V**: E Cv . . . . *L. jovi-barba* (Webb)O.Ktze.

21*   Kelchsaum nicht so tief geteilt

22   Innere Braktee kahl od. behaart. Kapsel mit Deckel öffnend (Sect. *Ctenostachys* p.p.)

23   St. scharfkantig, sehr dicht verzweigt. Kelchsaum weiß. Sonst ähnl. *L. braunii*. Mehrjährige, krautige Pf. – **V**: E Cv . . . . *L. brunneri* (Webb)O.Ktze.

23*   Vorige Merkmale nicht zus.treffend

24   Brakteen kahl (bei einigen Formen kurzhaarig), die äußern purpurn – **V**: S-Maroc . . . . *L. fallax* (Coss. in Wang.)Maire

24*   Innere Braktee auf dem Rücken behaart. St. rund, durch zahlr. Knötch. u. kleine Kalkkronkretionen sehr rauh

25   Kelchsaum rosaviolett, etwa so lang wie die Röhre. Krone purpurviolett. Ährch. 3–4bltg – **V**: S-Maroc . . . . *L. chrysopotamicum* Maire

25*   Knötch. verlängert. Kelchröhre schwärzl. Ährch. 4–6bltg. Äste fast fädig dünn. B. oft reduziert, etwas fleischig, spatelf., Tragb. rosa, Blü. blaßblau – **V**: F Alegranza, Grac, Lob – Salv (var. *callibotryum* Svent.) – **S**: 0–200 m

				L	F	

. . . . *L. papillatum* (Webb et Berth.)O.Ktze.

22*   Innere Braktee kahl. Kapsel ohne vorgebildete Öffnungsstelle (Sect. *Limonium*)

26   Nichtblühende Äste zahlr. St. u. die (verdickten) Äste mit kleinen Kalkknötch. bedeckt, die in der Mitte punktf. vertieft sind. Ährch. 1bltg. Kelchsaum sehr stark ausge-

breitet (Subsect. *Pruinosa*). Kelch kahl. Tragb. u. Blü. rosa, in kurzen Infl. Pf. 10–30 cm, aschgrau (vgl. auch *L. fallax* mit Köpfch.haaren am Kelch). B. stark reduziert – V: C sehr selten, Lob – westsah – G: SAL I

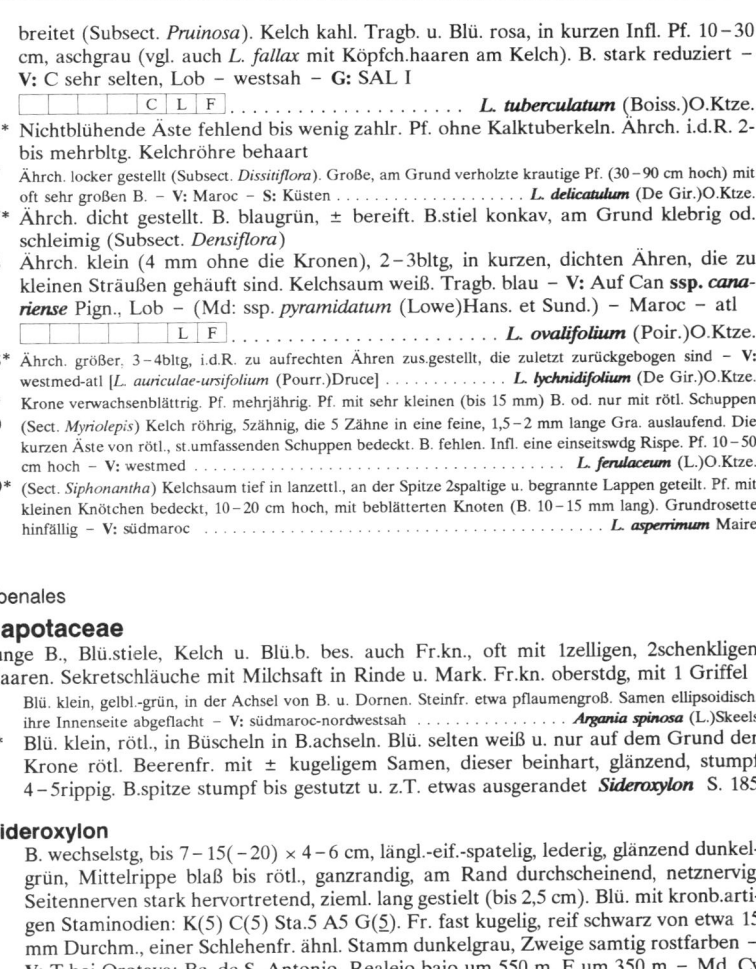

| | | | | C | L | F |

.... *L. tuberculatum* (Boiss.)O.Ktze.

26* Nichtblühende Äste fehlend bis wenig zahlr. Pf. ohne Kalktuberkeln. Ährch. i.d.R. 2- bis mehrbltg. Kelchröhre behaart

27 Ährch. locker gestellt (Subsect. *Dissitiflora*). Große, am Grund verholzte krautige Pf. (30–90 cm hoch) mit oft sehr großen B. – V: Maroc – S: Küsten .... *L. delicatulum* (De Gir.)O.Ktze.

27* Ährch. dicht gestellt. B. blaugrün, ± bereift. B.stiel konkav, am Grund klebrig od. schleimig (Subsect. *Densiflora*)

28 Ährch. klein (4 mm ohne die Kronen), 2–3bltg, in kurzen, dichten Ähren, die zu kleinen Sträußen gehäuft sind. Kelchsaum weiß. Tragb. blau – V: Auf Can **ssp. *canariense*** Pign., Lob – (Md: ssp. *pyramidatum* (Lowe)Hans. et Sund.) – Maroc – atl

| | | | | L | F |

.... *L. ovalifolium* (Poir.)O.Ktze.

28* Ährch. größer. 3–4bltg, i.d.R. zu aufrechten Ähren zus.gestellt, die zuletzt zurückgebogen sind – V: westmed-atl [*L. auriculae-ursifolium* (Pourr.)Druce] .... *L. lychnidifolium* (De Gir.)O.Ktze.

2* Krone verwachsenblättrig. Pf. mehrjährig. Pf. mit sehr kleinen (bis 15 mm) B. od. nur mit rötl. Schuppen

29 (Sect. *Myriolepis*) Kelch röhrig, 5zähnig, die 5 Zähne in eine feine, 1,5–2 mm lange Gra. auslaufend. Die kurzen Äste von rötl., st.umfassenden Schuppen bedeckt. B. fehlen. Infl. eine einseitswdg Rispe. Pf. 10–50 cm hoch – V: westmed .... *L. ferulaceum* (L.)O.Ktze.

29* (Sect. *Siphonantha*) Kelchsaum tief in lanzettl., an der Spitze 2spaltige u. begrannte Lappen geteilt. Pf. mit kleinen Knötchen bedeckt, 10–20 cm hoch, mit beblätterten Knoten (B. 10–15 mm lang). Grundrosette hinfällig – V: südmaroc .... *L. asperrimum* Maire

Ebenales

Sapotaceae

Junge B., Blü.stiele, Kelch u. Blü.b. bes. auch Fr.kn., oft mit 1zelligen, 2schenkligen Haaren. Sekretschläuche mit Milchsaft in Rinde u. Mark. Fr.kn. oberstdg, mit 1 Griffel

1 Blü. klein, gelbl.-grün, in der Achsel von B. u. Dornen. Steinfr. etwa pflaumengroß. Samen ellipsoidisch, ihre Innenseite abgeflacht – V: südmaroc-nordwestsah .... *Argania spinosa* (L.)Skeels

1* Blü. klein, rötl., in Büscheln in B.achseln. Blü. selten weiß u. nur auf dem Grund der Krone rötl. Beerenfr. mit ± kugeligem Samen, dieser beinhart, glänzend, stumpf 4–5rippig. B.spitze stumpf bis gestutzt u. z.T. etwas ausgerandet *Sideroxylon* S. 185

Sideroxylon

1 B. wechselstg, bis 7–15(–20) × 4–6 cm, längl.-eif.-spatelig, lederig, glänzend dunkelgrün, Mittelrippe blaß bis rötl., ganzrandig, am Rand durchscheinend, netznervig, Seitennerven stark hervortretend, zieml. lang gestielt (bis 2,5 cm). Blü. mit kronb.artigen Staminodien: K(5) C(5) Sta.5 A5 G($\underline{5}$). Fr. fast kugelig, reif schwarz von etwa 15 mm Durchm., einer Schlehenfr. ähnl. Stamm dunkelgrau, Zweige samtig rostfarben – V: T bei Orotava: Bc. de S. Antonio, Realejo bajo um 550 m, F um 350 m – Md, Cv (3 var.) – G: OLR I

| H | P | G | T | C | | F |

"Marmolán" .... *S. marmulano* Banks

1* 2–6 m hoher Baum mit dicht rostrot behaarten jungen Zweigen. B.stiel lange Zeit weichhaarig bleibend. B. 5,5–8 × 3–5 cm, oben abgerundet bis fast ausgerandet – V: E Cv (Nur var. der vor. Art?)

.... *S. marginatum* Pierre

Oleales

Oleaceae

K(4) C(4) A2 G(2̲), Kelch u. Krone selten pentamer. B. gegenstdg (Ausn. bei *Jasminum*)

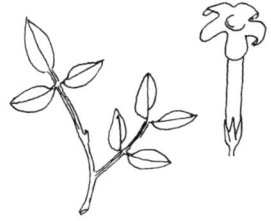

1   Etwa mannshoher Strauch mit wechselstdg, i.d.R. 3zähligen B. B.chen eif., meist etwas asymmetrisch, immergrün, kahl, etwas glänzend. Blü. gelb, mit langer Kronröhre (länger als die Zipfel der Krone). Fr. durchscheinend, wachsig weiß. Blü. pentamer, duftend – **V**: T 400–1000 m – **Md** – **G**: OLR I-1a [*J. barrelieri* Webb et Berth.] □57

| H | P | G | T | C | | F | "Jazmín" .... *Jasminum odoratissimum* L.

–   Auf Cv .... *Jasminum sambac* (L.)Ait. u. *J. officinale* L.

–   Auf Az .... *Jasminum azoricum* L.

1*   Vorige Merkmale nicht zus.treffend

2   B. unpaarig gefiedert, gegenstdg od. zu 3 wirtelig

3   Flügelfr. K0 C0 – **V**: P kult. – med-ostsubmed – **S**: An Wegen

| | P | | | | | | .... *Fraxinus angustifolia* Vahl

3*   Beere. Blü. weiß, duftend bis geruchlos .... *Jasminum* vgl. 1

2*   B. ungeteilt, gegenstdg. Fr. eine Beere od. Steinfr. Blü. zu 6–12 in lockeren Trauben

4   Blü. weiß, Kronröhre kurz bis fehlend. Krone tief 2spaltig, jeder Teil wieder 2tlg (*Picconia* DC., im Gegensatz zu der neuholländischen Gattung *Notelaea*). Fr. olivenf., aber trocken, beidseitig zugespitzt. Äste u. B. kahl. Bis 18 m hoher Baum mit weißen, runden Zweigen mit weißen lippenf. Lentizellen. B. 2–5 cm breit, in den Stiel flügelig verschmälert (Gegensatz zu *Ilex*!), ganzrandig, selten etwas gesägt, lederig, meist breit eilanzettl., mit eingerolltem Rand, fein entfernt punktiert – **V**: T im N, G selten – **Md** – **G**: LAU I-1a [*Notelaea excelsa* Webb et Berth.]

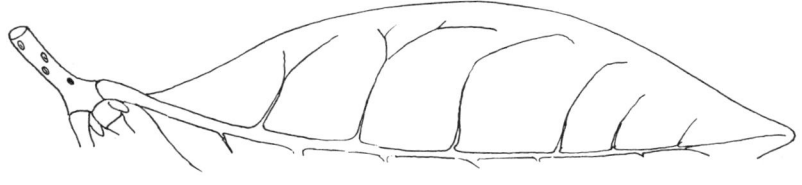

| H | P | G | T | C | | | "Palo blanco" .... *Picconia excelsa* (Ait.)DC.

–   Pf. meist strauchf. – **V**: Az .... *P. azorica* (Tut.)Knobl.

4*   Fr. eine fleischige Beere

5   B. unterts weißfilzig (bei manchen Formen grün), oberts glänzend, ca. 1 cm breit. Blü. weiß. Rinde grau. Strauch bis 6 m Höhe. Beeren klein, rundl. – **V**: var.: Md?, Cv?; spec. med – **G**: KLE I-2a, OLR I

| H | P | G | T | C | L | F |

"Acebuche" .... *Olea europaea* L. **ssp.** *cerasiformis* (Webb et Berth.)Kunk. et Sund.

–   Auf den Westinseln der Can kult. auch .... *Olea europaea* L. **ssp.** *europaea*

–   Auf Md .... **ssp.** *maderensis* Lowe

5*   B. beidersts grün

6   Immergrüner Baum(-strauch). Blü. in fast kugeligen, dichten Rispen, klein, grünl. od.

gelbl. B. etwas gezähnt bis ganzrandig, bis 5 × 1 cm

☐ ☐ ☐ C L F "Olivillo" .... **_Phillyrea angustifolia_** L.

a   Alle B. zieml. gleich, am Grund nicht herzf. Steinfr. mit Spitzch.

b   B. lanzettl.-lineal, meist 20–40 × 3–8 mm, meist völlig ganzrandig, nach beiden Enden verschmälert. Fr. 3–5 mm – G: PIN .... **ssp. _angustifolia_** Maire

b*   B. eilanzettl.-längl., ausgewachsen ca. 10–25 mm breit, kaum mehr als 3mal so lang, ganzrandig od. gezähnt. Fr. 3–8 mm. Formenreich! .... **ssp. _media_** (L.)Rouy

a*   B. 2gestaltig, an Ausschlägen breit, am Grund herzf., dornig gezähnt, an den oberen Ästen eif.-elliptisch, oft fast ganzrandig, schmäler. Fr. stumpf, genabelt, erbsengroß – **V:** T .... **ssp. _latifolia_** (L.)Maire.

6*   Blü. weiß, duftend. B. stets ganzrandig – **V:** T verwild. – Az – med-submed

☐ ☐ ☐ T ☐ ☐ .... **_Ligustrum vulgare_** L.

–   Zweige kahl, B. 8–12 cm – **V:** T gepfl. – China, Japan

☐ ☐ ☐ T ☐ ☐ .... **_L. lucidum_** Ait.

Gentianales

Gentianaceae

B. gegenstdg, ganzrandig, sitzend bis untereinander verwachsen, mit ± parallelen Hauptnerven. Fr. vielsamige Kapsel

1   Hochwüchsige, mehrjährige, am Grund verholzte krautige Pf., 50–200 cm hoch, klebrig. B. am Grund herzf. Blü. gelb, in rispigen Dichasien mit auffallenden b.artigen Trag- u. Vorb. Kapsel etwas fleischig. Samen schwarz. Hochb. im Blü.std basal untereinander verwachsen. B. mit 3 Hauptnerven – **V:** E Can, T bes. Anaga Nordhang, C sehr selten – **G:** LAU I-1,II-1a ☐59

☐ H P G T C ☐ "Reina del monte" .... **_Ixanthus viscosus_** Griseb.

1*   Pf. ein- bis zweijährig

2   Kelch u. Krone 6–8tlg, Staubb. 6–8. Blaugrünes Kraut mit gelben Blü. Obere St.b. miteinander verwachsen, untere frei. Infl. dichasial, locker. B. 3nervig – **V:** westmed [_Chlora i. L.f._]

☐ ☐ ☐ C? ☐ .... **_Blackstonia imperfoliata_** (L.f.)Samp.

2*   Kelch u. Krone 4–5tlg, A4–5. St. etwas kantig. Alle B. paarw. verwachsen. Blü. rosa od. gelb .... **_Centaurium_** S. 187

Centaurium

1   Krone rosa (seltener weiß)

2   Infl. dichasialzymös od. ebensträußig. Griffel deutl. 2lappig (Sect. _Erythraea_)

3   Untere B. nicht rosettig. Seitl. Blü. ohne Tragb., locker stehend. Krone klein (3–5 mm). Obere B. spitz, 3–5nervig – **V:** Az, Md, Cv – euras-med – **G:** ISN (incl. **ssp.** _ramosissimum_ (Vill.)P.Fourn.)

☐ P G? T C ☐ .... **_C. pulchellum_** (Sw.)Druce

3*   Unterste B. rosettig. Seitl. Blü. in Tragb. Infl. sehr dicht – **V:** Az, Md – med-atl

☐ H ☐ G T ☐ L F .... **_C. tenuiflorum_** (Hoffm.)Fr.

–   Pf. zweijährig, mit deutl. Grundrosette, B. 1–5 × 1–2 cm – **V:** Az – submed-subatl

☐ H ☐ ☐ C ☐ .... **_C. erythraea_** Rafn.

2* Infl. nur unten dichasial, weiter oben in einseitswdg Trauben. Griffel undeutl. 2lappig. Untere B. nicht in Rosetten (Sect. *Spicaria*) – **V:** med – **S:** Küsten

		G				

.... ***C. spicatum*** (L.)Fritsch

1* Krone gelb, groß (etwa 2 cm Durchm.), 5zählig. St. u. Äste fast geflügelt 4kantig. Griffel bis zur Mitte geteilt (Sect. *Xanthaea*). Staubfäden schraubig gedreht. Pf. 2–20 cm hoch. B. eif., 3nervig. Infl. ein armbltg Dichasium – **V:** Az, Md – med-atl

				C		

.... ***C. maritimum*** (L.)Fritsch

Apocynaceae

– Neben anderen Arten (Sehr giftige Bäume u. Sträucher) – **V:** C gepfl. u. gelegentl. verwild. – trop. Afr

				C		

.... ***Acokanthera oblongifolia*** (Hochst.)Codd.

1 B. gegenstdg. wirtelig

2 Pf. mehrjährig. Blü. blau od. weißl. B. 5 × 2 cm, am Grund abgerundet herzf. – **V:** Az, Md – westmed – **G:** LAU II-3

H	P	G	T	C		

.... ***Vinca major*** L.

2* Holzpf. mit roten od. weißen Blü.

3 B. ± weichhaarig, ganzrandig, 2,5–7 cm lang, oben stumpf mit aufgesetztem Spitzch. B.stiel am Grund drüsig. Blü. rosa od. weiß mit rosa Rand. Pf. nur am Grund verholzt, sonst fleischig, an *Impatiens* erinnernd – **V:** Can gartenflücht. – Md?, Cv verwild. – Trop. Am

			T	C	L	F

.... ***Catharanthus roseus*** (L.)G.Don

3* Strauch. B. oft zu 3 (od. 4) wirtelig, nach beiden Seiten spitz, 6–14 × 1–2,5 cm. Blü. purpurn, rosa od. weiß – **V:** Can nur gepfl. – Az, Md nur gepfl. – med

.... ***Nerium oleander*** L.

1* B. wechselstdg. Kleine Bäume u. Sträucher amerikan. Herkunft, auf Can als Zierpf. gepflanzt. Blü. gelb od. weißgelb. B. kahl

4 B. schmallineal, am Rand zurückgerollt. Blü. gelb mit grünl. Röhre. Schlundanhängsel kurz, wie die Röhre weichhaarig. Fr. stumpf birnf., fast 4lappig. Zymen wenig- bis 1bltg – **V:** Cv – Am [*Th. peruviana* (Pers.) K.Schum.] .... ***Thevetia neriifolia*** Juss.

4* B. eif.-elliptisch, spitz. B.stiel mit 2 Drüsen. Zymen doldig, vielbltg – **V:** Cv – Am

.... ***Plumeria lutea*** Ruiz et Pavon

Asclepiadaceae

B. gegenstdg. Balgkapseln

1 Stammsukkulente Pf., b.los od. mit sehr früh abfallenden B.chen

2 Krone langröhrig, am Grund ± bauchig. Stamm ± rund. Junge Triebe mit schmalen, hinfälligen B. .... ***Ceropegia*** S. 189

2* Krone radf., höchst. mit sehr kurzer Röhre. Stamm sehr lang od. ± 4kantig

3 Stammsukkulente, i.d.R. nicht rankend od. lang hängend. Triebe kaum über 20 cm lang, ± 4kantig. Krone purpurbraun, klein (ca. 1,3–1,8 cm Durchm), weiß gewimpert. Sprosse u. Blü. nicht gefleckt. Kapseln rötl. getupft – **G:** E Can, Lob (Auf L auch ssp. *sventenii* Lamb.) – Maroc

				L	F	

.... ***Caralluma burchardii*** N.E.Br.

3* Pf. mit über 1 m langen, schwach sukkulenten, verzweigten, meist hängenden Ranken. Pf. gänzl. b.los – **V:** E Cv .... ***Sarcostemma daltonii*** Decne.

– Nah verwandt – **V:** Trop. Afr .... ***S. viminale*** R.Br.

1* Nicht sukkulente Pf., oft mit Milchsaft

4　B.loser (nur an jungen Zweigen beblätterter), aufrechter od. klimmender, stark verzweigter, 1,5–3 m hoher Strauch mit starren, gegenstdg Zweigen u. knolligem Stamm – **V:** südmaroc
.... *Leptadenia pyrotechnica* (Forsk.)Decne.

4*　Pf. mit voll entwickelten B.

5　B. deutl. gestielt

6　B. am Grund herzf. Klimmender Halbstrauch, feinwollig behaart, mit Milchsaft [*Daemia cordata* R.Br.]
.... *Pergularia tomentosa* L.

6*　B. herz-pfeilf., ± kahl. Liane mit 10lappiger Krone. Blü. weiß od. rosa. duftend. Balgfr., ca. 8 × 1 cm. Art mit starker Ausbreitungstendenz! – **V:** med-kont

| | | | L | F | | .... *Cynanchum acutum* L.

5*　B. am Grund nicht herzf., fast sitzend

7　Baumstrauch mit großen B. (10–20 × 8–15 cm), B. dick, starr, mindest. in der Jugend wollig behaart – **V:** C gepfl.? – Cv (var. *insularis* auf Sal) – sah-sind

| | | | C | | | .... *Calotropis procera* R.Br.

7*　Kräuter od. Lianen mit viel schmäleren B.

8　Kahler Strauch, meist z.T. schlingend. Kronröhre kurz. Krone außen grünl., innen violettbraun. Balgkapseln bis 15 cm lang, breit spreizend. B. lineallanzettl., kahl, blaugrün, etwas fleischig. B.nerv untersts meist rötl.-violett – **V:** Can, (Salv: ssp. *laevigata*), F selten – (Cv: ssp. *chevalieri* (Brow.)Kunk.) – südmed-sah ☐64

| H | P | G | T | C | L | F | .... *Periploca laevigata* Ait.

–　B. eispatelig u. nur bis 4 × 2 cm – **V:** T bei Tacoronte u. Los Silos

| | | | T | C | | | .... **fo.** *anomalis* Kunk.

8*　Nichtklimmende Stauden od. Halbsträucher

9　B. ± grauhaarig, 3eckig-eif. od. eiläng., am Rand schwach buchtig od. gewellt. Pf. 10–30 cm hoch, nur am Grund verholzt – **V:** Südmaroc .... *Glossonema boveanum* Dec.

9*　B. kahl od. verkahlend

10　B. lanzettl. St. kahl od. verkahlend. Pf. 60–100 cm hoch. Blü. leuchtend orange, zu 5–10. (Wirtspf. für *Danaus chrysippus*, einen schönen großen Schmetterling mit rotbraunen Längsbinden) – **V:** Can verwild. – Md, Cv – SAm, Antillen

| | P | G | T | C | L? | F? | .... *Asclepias curassavica* L.

10*　B. schmallanzettl.-lineal. St. ± fein weichhaarig, verkahlend. Pf. 100–200 cm hoch, verholzt, rutenf. verzweigt. Blü. weiß, zu 8–12 in einfachen Dolden, bis 2 cm Durchm. Kelch wollig, Krone gewimpert. Fr. stachelig. B. sehr schmal (5–10 × 0,4–1,2 cm), am Rand eingerollt, spitz, oberts glänzend dunkelgrün, untersts heller – **V:** Az, Md – Heimat Arabien

| | P | G | T | C | L | F | "Mata de la seda" .... *Gomphocarpus fruticosus* (L.)R.Br.

Ceropegia

1　Blü. außen rötl.-braun, in Knäueln zu 2–5 haupts. in den Knoten vorjähriger Stammteile. Stamm graubraun, anfangs schwärzl.-grün, zuletzt weiß – **V:** E Can, T im S – **G:** KLE I-1c,f ☐62

| | P? | | T | C | | | "Cardoncillo" .... *C. fusca* Bolle

1*　Blü. weißl. bis gelb. Stamm meist grünl., grau od. bräunl.

2　Jüngste Triebe, Blü.stiele (bis 15 mm) u. Kelch violett überlaufen. Pf. stark verzweigt. Blü. an diesjährigen Stammteilen, zu 8–15. Kronb.zipfel zuletzt spreizend – **V:** E Can, P im S, 100–800 m – **G:** ASP I-1d

| | P | | | | | | .... *C. hians* Svent.

– Bis 1 m hoch, weniger verzweigt, dunkelgrün, weißl. bereift. Krone blaßgelb, purpurn
  gestreift – **V:** E Can, P Tijarafe

  ☐⃞| P | | | | |☐.............................. *var. striata* Svent.

2* Junge Triebe nicht auffällig gefärbt
3 Infl. armbltg, Blü. zu 2–10(–20), weißl.-gelb mit dunklen Lappen
4 Blü. zu 2–5. Pf. regelm. gegabelt. St. vorw. (oliv-)grün – **V:** E Can ☐63

  ☐⃞| P? | G? | T | | |☐.............................. *C. dichotoma* Haw.

4* Blü. zu 5–10(–20). Pf. wenigstengelig. St. liegend-aufsteigend, etwas abgeflacht
  bräunl. od. olivgrau. Krone schwach zygomorph, Zipfel goldgelb. blü.stiele rötl. – **V:**
  T Adeje, um 150 m, sehr selten

  ☐⃞| | | T | | |☐.............................. *C. chrysantha* Svent.

3* Infl. dicht, reichbltg, Blü. zu 10–28(–70). St. aufrecht, Querschnitt kreisrund
5 Infl. 10–20bltg. Stamm bis 1,5 m hoch, olivbraun. Krone blaß, grünl.-gelb, Lappen an
  der Spitze vereinigt. Triebe zahlr., dicht, bis 3 cm Durchm. – **V:** E Can, G im SW,
  600–1000 m, sehr selten

  ☐⃞| | G | | | |☐.............................. *C. ceratophora* Svent.

5* Infl. 20–70bltg. Stamm bis 0,6 m hoch, grauoliv bis weißl. Krone zitronengelb, ihre
  Lappen zuletzt ganz getrennt – **V:** E Can, G in N u. W; sehr selten

  ☐⃞| | G | | | |☐.............................. *C. krainzii* Svent.

Rubiaceae

K4–5 C(4–5) A(4–5) G($\overline{2}$). B. gegenstdg. od. wirtelig
1 Samenanlagen viele (*Cinchonoideae*)
2 Kräuter, meist einjährig. Stipeln i.d.R. borstig zerschlitzt. Blü. klein. Kronzipfel mit
  klappiger Knospenlage .... *Oldenlandia* S. 191
2* Holzpf. mit ungeteilten Interpetiolarstipeln. Samen ungeflügelt. Blü. heterostyl, mit
  tellerf., behaarte Krone, rosa od. gelbl.-weiß in reichbltg Rispen . *Cinchona* S. 191
1* Samenanlagen 1 je Fach (*Rubioideae*)
3 Knospenlage der Kronzipfel gedreht. Fr. beeren-
  od. steinfr.artig. Bäume u. Sträucher mit Interpetio-
  larstipeln, die klein sind u. aufrecht dem St. anlie-
  gen (*Ixoreae*). Blü. weiß, mit Jasminduft, 1,5–3
  cm .... *Coffea* S. 191
3* Knospenlage der Kronzipfel dachig
4 Sträucher. B. zerrieben von unangenehmem Ge-
  ruch. Samenanlagen vom Grund aufsteigend. (*Ant-*
  hospermae. Nächstverwandt: *Anthospermum* in S-,
  SOAfr u. Kamerun-Berge). Interpetiolarstipeln
5 Staubb. am Grund od. unter der Mitte der Kron-
  röhre befestigt. Krone weißl., klein. Fr. birnf., glatt,
  gelbbraun bis schwärzl., in 2 Teilfr. spaltend. Infl.
  reichbltg. B. stark glänzend, anfangs behaart, lan-

Phyllis nobla

zettl., zugespitzt, gegenstdg od. zu 3–4. Stipeln zerschlitzt. Blü, zwittrig od. andro-
monoezisch. Kelch bei Zwitterblü. dimer, bei rein ♂ Blü. pentamer . *Phyllis* S. 192
5* Staubb. am Schlund od. der mittleren Röhre befestigt. Blü. meist zu 1–2 auf
  seitenstdg Kurztrieben. K5 C(5–7) A5–7 G($\overline{2}$). Griffel am Ende mit 3 breiten,
  dicken Narben. B. schmallineal, fädl., gegenstdg, wie die Äste hängend. Stipeln kurz,
  häutig, schwach 2lappig. Fr. eine kleine schwarze Beere, 2–3samig *Plocama* S. 192

4*   Kräuter od. Halbsträucher. Samenanlagen an der Scheidewand bzw. an deren Grund befestigt

6   Kahle Halbsträucher mit gezähnten od. zerschlitzten Stipeln. B. gegenstdg (od. an jungen Trieben) scheinbar wirtelig (*Spermacoceae*) Blü. in köpfch.artigen Infl. Kelch bleibend

7   Kapsel septicid. Stipeln borstig zerschlitzt. Samen fein gekörnelt. Kelchzähne 2 . . . . *Borreria* S. 192

7*   Deckelkapsel. Stipeln beidersts 2–3zähnig. Samen glatt. Kelchzähne 4, paarweise ungleich . . . . *Mitracarpum* S. 192

6*   Kräuter od. ± klimmende Halbsträucher u. Sträucher mit durch b.ähnl. Stipeln scheinbar wirteligen B. Kelch meist sehr stark reduziert. Spaltfr.

8   Kelchzipfel rel. groß, laubig, zu 6, am Grund verbunden. Krone trichterf., 4zipfelig, mit 4–5 mm langer Röhre. Pf. einjährig. Blü. rosa (violett). Obere B. zu 6, kahl, borstig gewimpert, kurz zugespitzt. Tragb. der Blü. am grund verwachsen . . . . *Sherardia* S. 192

8*   Kelchzipfel klein, frei od. fehlend. Krone radf.

9   Fr. trocken. Blü. meist 4gliedrig

10   Blü. freistehend, mit radf. Krone. Ein- od. mehrjährige Kräuter . . . *Galium* S. 192

10*   Je 3 Blü., eine mittlere ♀ u. 2 seitl. ♂, breit miteinander verbunden. Fr. von dem verbreiterten, dornig gewimperten Blü.stiel umfaßt. ♂ Blü. trimer, die ♀ meist tetramer. Pf. einjährig . . . . *Valantia* S. 193

9*   Fr. fleischig. Blü. i.d.R. pentamer, gelbl.-grünl. Mehrjährige Kräuter od. (Halb-)sträucher, mit Klimmhaaren ± klimmend. B.rand stachlig gewimpert. . . . *Rubia* S. 194

Oldenlandia [Hedyotis]
Die Gattung fehlt den Can!

1   Ganze Pf. von Papillen rauh. Stipeln schwach gezähnt. Staubb. in der Röhre eingeschlossen – V: Cv, Indien – trop. Afr [*Kohautia a.* (Heyne ex Roth)Bremek., *Hedyotis a.* Roth] . . . . *O. aspera* DC.

1*   Pf. nicht papillös

2   Blü. einzeln (selten zu 2 od. 3)

3   St. niederliegend, behaart (aber B. wie die folg. Arten kahl!). Kelchlappen gewimpert. Kronschlund behaart. Blü.stiele kürzer als ihr Tragb. – V: Cv, Austr – trop. Afr [*O. corymbosa* L. var. *caespitosa* (Benth.)Verdc.] . . . . *O. capensis* L.f.

3*   Pf. vollst. kahl

4   Blü.stiele kürzer als ihr Tragb. Pf. niederliegend. Stipeln vielborstig zerschlitzt – V: Cv – arides trop. Afr [*O. stricta* L., *Hedyotis stricta* Sm.] . . . . *O. herbaceae* (L.)Roxb.

4*   Blü.stiele länger als das Tragb. Pf. zierl. Stipeln sehr kurzborstig zerschlitzt bis gestutzt – V: Cv? [*Hedyotis virgata* Willd.] . . . . *O. virgata* DC.

2*   Blü. zu 2–10

5   Stipeln häutig, die B.stiele verbindend, in 3 Borsten zerschlitzt. Blü. zu 2–5 doldenähnl. stehend. Krone im Schlund bärtig – V: Cv – pantrop [*Hedyotis c.* L.] . . . . *O. corymbosa* (L.)DC.

5*   Stipeln ungeteilt. Blü. in 4–5 Paaren gegenstdg – V: trop. Afr., Arab [*Pentadon pentander* (Schum. et Thonn.)Vatke] . . . . *O. macrophylla* DC.

Cinchona
– Beschreibung vgl. Gattungsschlüssel – V: Md, Cv – Peru . . . . *C. succirubra* Pav.

Coffea
– Beschreibung vgl. Gattungsschlüssel – V: C verwild – Cv kult. – Abessinien . . . . *C. arabica* L.

Phyllis

1   Pf. b.reich, frischgrün, bis über 1 m hoher Strauch des Fayal-Brezal. B. sitzend bis
kurz gestielt, lanzettl. bis eilanzettl., meist in Wirteln, kaum klebrig. Kelchanhängsel
meist fehlend. Blü.rispe durchblättert, locker. Blü. meist zwittrig – **V:** C sehr selten
– Md – **S:** Lorbeerwald-Saum – **G:** LAU

| H | P | G | T | C | | | "Capitana" . . . . *Ph. nobla* L.

1*   Pf. gedrungen. B. u. St. klebrig. B. 2–3 cm lang gestielt, schmallanzettl., gegenstdg.
Kelchanhängsel 4, selten 5, bleibend, 2 davon größer. Blü.rispe dicht, nur mit kleinen
häutigen Deckb.chen. Krone nur $1/_2$ so groß wie bei *Ph. nobla*. Dioezie (ob immer?)
– **V:** E Can, T haupts. Tenogebirge – **S:** Meist Felspf. – **G:** ASP I-1b

| H? | | G | T | | | | . . . . *Ph. viscosa* (Webb)Christ

Plocama

– Strauch von starkem Geruch, bis 3 m hoch, oft ± bäumch.f.
Staubb. violett – **V:** E Can – **S:** Euphorbien-Formation – **G:**
KLE I-1c, D in CHE I-1b ☐58

| H | P | G | T | C | L? | F? | . . . . *P. pendula* Ait.

Borreria

– Bis 1 m hoher, krautiger Busch, Zweige verkahlend, B. lanzettl., Blü. terminal in Köpfchen, Krone weiß –
V: Cv – trop. Afr u. Am, Madagaskar . . . . *B. verticillata* (L.)G.F.Mey.

Mitracarpum

– Kräftige, bis 50 cm hohe, aufrechte, verzweigte, einjährige Pf. B. oval, Blü. weiß – **V:** Cv – trop. Afr
. . . . *M. verticillatum* (Schum.)Vatke

Sherardia

– St. niederliegend bis aufsteigend, verzweigt, 4kantig. B. verkehrt-eif. bis lanzettl., am
Rand rauh. Blü. rötl.-violett – **V:** Az, Md, Salv – med-submed-euras – **G:** PIN I-2,
SEC I

| H | P | G | T | C | L | F? | . . . . *Sh. arvensis* L.

Galium

1   Pf. mehrjährig. B. 3nervig, zu 4 im Wirtel. Blü. weiß. Fr. dicht
hakig-stachlig. B. breit-elliptisch, höchst. 3:1, behaart. Pf. mit
Ausläufern, mit langen weißen Haaren – **V:** Md, Cv – med [*G.*
ellipticum Willd., *G. hirsutum* Nees ex Buch]

| H | P | G | T | C | | F? | . . . . *G. scabrum* L.

– B. 1nervig, zu 4–6. St. an den weißl. Flügeln rückwärts rauh. Krone 4–4,5 mm breit.
Mittlere B. 1,5–2 cm lang. Mehrjährig – **V:** euras-subozean [*G. palustre* L. ssp.
elongatum (C.Presl)Lange]

| | | | T | | | | . . . . *G. elongatum* C.Presl

1*   Pf. einjährig. B. 1nervig

2   Fr. ± kugelig. St. rückwärts rauh. B. meist zu 6–9 im Wirtel

3   Blü. rot (wenn weiß u. außen leicht gerötet, vgl. *G. parisiense*!). B. meist zu 6(–9),
lang u. schmal. Fr. von hakigen Haaren rauh – **V:** Md? – med

| | P | G | T | C | | F? | . . . . *G. setaceum* Lam.

3*   Blü. weiß, blaßgelb od. grünl.-gelb

4   B. am Rand aufrecht bis vorwärts rauh, zu (4–)6–8
5   Fr. klein, bräunl., etwas papillös, oft an der Spitze mit schwach hakigen Haaren. Blü. 0,5–1 mm, weiß, außen oft leicht gerötet
6   B. zu 5–7, rel. kurz, bes. im Blü.std. Fr.stiele spreizend – **V:** Az, Md, Cv – med-submed-subatl – **G:** PIN I-2 [*G. anglicum* Huds.]

    | H | P | G | T | C | | F | .... ***G. parisiense*** L.

6* B. zu 6–8. Fr.stiele zurückgebogen – **V:** med-subatl

    | | P | | | | | | ... ***G. divaricatum*** Pourr. ex Lam.

5* Fr. groß, weißl., grob warzig. Blü. 1–2,5 mm breit, weiß bis blaßgelb. Seitl. Blü. des 3bltg Teilblü.std ♂. Fr. mit großen, konischen, weißl. Papillen, 5–6 mm. B. zu 5–6 – **V:** Md – med, verschl. [*G. saccharatum* All.]

    | H | P | G | T | C | | | .... ***G. verrucosum*** Huds.

4* B. am Rand rückwärts rauh, zu 6–9
7   Fr. dicht warzig. Blü. weiß. Kronlappen spitz. B. zu (6–)8. Infl.ästch. kürzer bis wenig länger als die B., meist mit 1–3 Blü. Fr.std zurückgekrümmt. Alle Blü. zwittrig (sonst vgl. *G. verrucosum*) – **V:** Md – med-submed – **G:** SEC I [*G. tricorne* Stok. p.p.]

    | H? | P | G? | T | C | L | F | .... ***G. tricornutum*** Dandy

7* Fr. kahl od. behaart. St. an den Knoten meist stärker behaart
8   Fr. kahl. Blü. blaßgelb od. grünl.-gelb – **V:** submed-euras

    | | | | T | C | L | | .... ***G. spurium*** L.

8* Fr. hakig-borstig behaart (Kletthaare)
9   Fr. über 2 mm im Durchm.
10 Haare der Fr. am Grund nicht drüsig. Blü. blaßgelb od. grünl.-gelb. Pf. u. Fr. kleiner als bei *G. aparine* – **V:** Can? – submed-euras – **G:** CHE [*G. aparina* L. var. *vaillantii* (DC.)Koch] .... ***G. spurium*** L. **ssp.** *infestum* (W.K.)Janchen
10* Haare der Fr. am Grund drüsig. Blü. weiß od. schmutzig blaßgelb. Infl.äste länger als die B., diese rel. groß u. breit, zu 6–8 – **V:** Az, Md, Cv, Salv – gemäß-kosmop – **G:** CHE, ART I-1

    | H | P | G | T | C | L? | F? | .... ***G. aparine*** L.

9* Fr. sehr klein (1–1,5 mm), dicht borstig. B. nur 2–4 × 1–2 mm. Pf. klein (weniger als 10 cm), niederliegend. Blü. zu 1–3 – **V:** Md, Salv

    | H | | | | | | F | .... ***G. geminiflorum*** Lowe

2* Fr. längl., rauhbehaart. B. zu 4(–6) im Wirtel
11 St. schwach verzweigt. B. längl., zu 4. St. rauh behaart. Andromonoezie – **V:** Can? – Md, Cv – med (identisch mit folg. Art?) .... ***G. filiforme*** (Ait.)R. et Sch.
11* St. verzweigt. B. lanzettl.-lineal (4–10 × 0,8–2,5 mm), zu 6 od. 4. St. fast kahl. Internodien kurz. Blü. sehr kurz gestielt, zu 1–3 in B.achseln. Fr. fast zylindrisch, oben rel. lang behaart, nur 1–1,5 mm lang – **V:** Az, MD – med

    | H | P | G | T | C | | F | .... ***G. murale*** (L.)All.

Valantia

– Pf. dicht behaart, ebenso der Kelch. Blü. weißl. – **V:** med

    | H | P | G | T | C | L | F | .... ***V. hispida*** L.

– Pf. bis auf die obersten B. ± kahl, Blü. gelbgrün – **V:** med .... ***V. muralis*** L.

Rubia

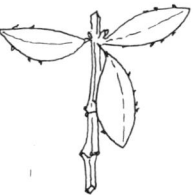

1   Holzpf. B. zu 2–6 (die obersten oft zu 2), elliptisch, papier-
    artig, kahl, etwas glänzend, netznervig, am Rand eingerollt,
    meist klein, kurz gestielt. Beerenfr. glasig transparent. Blü.
    oft eingeschlechtig – **V:** Md, Salv – **G:** KLE I-2a

    ☐H☐P☐G☐T☐C☐L☐F☐ "Tadaigo, Ruidera" ...... *R. fruticosa* Ait. **ssp.** *fruticosa*
–   Fr. dunkelpurpurn bis fast schwarz – **V:** E Can – **S:** Trockengebiete
    ☐☐☐T☐C☐☐☐ .... **ssp.** *melanocarpa* (Bornm.)Bramw.
–   Fr. glasig, hell. B. größer als beim Typus – **V:** E Can – **G:** LAU I-1a
    ☐☐G☐T☐C☐☐ .... **ssp.** *periclymenum* (Schenck)Sund.
1* Kräuter, mehrjährig, am Grund verholzt. B. zu 4–6. Beere schwarz
2   Kronlappen stumpfl. gespitzt. B. lineal-lanzettl. St. bis 4 m. B. 1–7 × 0,1–0,6 cm –
    V: Can? (Nach Fl.Eur.: Balearen u. viell. in SSpan. Angaben für Can daher zu über-
    prüfen!) .... *R. angustifolia* L.
2* Kronlappen eif., grannig zugespitzt. B. lanzettl. bis breit eif. (1,5–2 :1), obersts
    glänzend, 1nervig. (Wenn B. 3nervig, vgl. die für Can nicht angegebene *R. tinctorum*
    L., die außerdem kürzer gespitzte Kronzipfel hat. Heimat ostmed!). Pf. oft ohne
    Klimmhaare – **V:** Az, Md – südiber – **G:** LAU II-1,3b
    ☐H☐P☐G☐T☐C☐L☐F☐ *R. peregrina* L. **ssp.** *agostinhoi* (Dans. et Silva)Vald. et Lop.

Solanales

Convolvulaceae

1   Autotrophe Pf. mit Laubb. Infrastaminalschuppen fehlen. Embryo gerade od. ge-
    krümmt, mit gefalteten Cotyledonen (*Convolvuloideae*)
2   Fr.kn. meist geteilt, gewöhnl. 2 od. 4 1samige trockne Teilfr. ausbildend. 2 Griffel
    zwischen denselben, grundstdg (*Dichondreae*). Kelch frei. Krone kürzer als Kelch. Blü.
    gelbgrün, klein. Niederliegendes rasiges Unkraut, mit dicht verworrenen St. kriechend.
    B. gestielt, rundl. ganzrandig, mit 6–7 handf. gestellten Nerven (ähnl. *Hydrocotyle*,
    aber nur 8 × 6 mm). B. fein behaart, unterts seidig. Blü. auf abwärts gekrümmten
    Stielen (ähnl. *Trifolium subterraneum*). An Knoten wurzelnd – **V:** Az, Md (seit 1868)
    – warm-kosmop – **S:** Auf Can in Zierrasen, verwild. in Trittgesellschaften [*D. repens*
    Forst]
    ☐☐☐T☐C☐☐☐ .... *Dichondra micrantha* Urban
2* Fr.kn. voll synkarp. Griffel 1, seltener fast bis zum Grund geteilt, od. 2 ± verlängerte.
    Kronlappen nicht gespalten, höchst. ausgerandet
3   Griffel 2tlg (bzw. die Äste nochmals tief geteilt) od. 2 bis zum Grund getrennte
    Griffel. Blü. pentamer. Narbe ungeteilt kopfig od. wenig lappig (*Dicranostyleae*)
4   Griffeläste ungeteilt
5   Staubb. kürzer als die Krone. Krone nicht od. nur kurz gelappt, gefaltet. Narbe ganz. Samen kahl od.
    behaart, ohne Arillus – **V:** Cv – SAfr .... *Breweria suffruticosa* Schinz
5* Staubb. exsert. Krone ± 5spaltig. Narbe ganz. Blü. rosa, an den Zweigenden gehäuft.
    B. ca. 3–7 mm lang, angedrückt behaart, eif.-lanzettl., herzf., dicht stehend. Nieder-
    liegender, sehr ästiger, grau behaarter Zwergstrauch von Thymian-Habitus. Blü. rosa
    – **V:** Cv – trop-subtrop-litt
    ☐☐☐☐C☐☐☐ .... *Cressa cretica* L.

4* Griffeläste 2spaltig – **V:** Cv – pantrop .... *Evolvulus alsinoides* L.

3* Griffel bis zur Narbe ungeteilt (*Convolvuleae*)

6 Fr. nicht aufspringend, beerenartig od. hart (*Argyreiinae*)

7 Fr.kn. u. Schließfr. 4fächrig. Fr. von den dunklen, heranwachsenden Kelchb. dicht umhüllt, mit 4 kurzsamtig behaarten Samen. B. untersts mit großen, feignf., eingesenkten Drüsen – **V:** Cv – Ostindien [*Rivaea t.* (Desr.)Choisy] .... *Stictocardia tiliaefolia* (Desr.)Hall.f.

7* Fr.kn. 2fächrig, 4samig. Fr.kelch abstehend, etwas trockenhäutig. Griffel am Grund von einem Ring umgeben. Windender, sehr kurz behaarten Strauch mit herzf.-rundl. B. Blü. weiß, im Grund violett, mittelgroß, am Zweigende gehäuft. Kelch häutig, kahl, an der Fr. vergrößert – **V:** Auf Can früher gepfl. – ZAm [*Legendrea molissima* Webb et Berth.]

		T	C		

.... *Turbina corymbosa* (L.)Raf.

6* Fr. kapselartig aufspringend, mit dünnem od. hartem Perikarp (*Convolvulinae*)

8 Narbe ungeteilt kopfig od. 2knöpfig mit kugeligen Hälften

9 Staubb. u. Griffel exsert (lang aus der Krone ragend). Fr. öfters mit falschen Scheidewänden. Windende mehrjährige Kräuter

10 Krone sehr groß, rosa, präsentiertellerf., mit langer, enger, zylindrischer Röhre u. breitem, flachem Saum. Windende krautige Pf. mit herzf. B. Habitus einer sehr großbltg *Ipmoea*. Infl. Doppelwickel od. Einzelblü. – **V:** Cv – trop. Am .... *Calonyction muricatum* Don

10* Krone mittelgroß, scharlachrot, mit schmal trichterf. Röhre u. wenig ausgebreitetem Saum. Fr. mit falschen Scheidewänden. Windende krautige Pf. mit tief kammf. fiedertlg B. Einjährig – **V:** Cv – trop. Am .... *Quamoclit pennata* (Desr.)Bojer

9* Staubb. u. Griffel insert. Fr.kn. 2–4fächrig. (od. 3fächrig, dann vgl. *Pharbitis* S. ?)

11 Pollen nicht glatt. Blü. nicht mit kräftigen Farben, an der Fr. nicht vergrößert (sonst vgl. *Turbina* 7*). Narbe kopfig .... *Ipomoea* (incl. *Pharbitis*) S. 195

11* Pollen glatt, mit 3–11 Längsfalten od. polyporat. Kronenstreifen von 5 dunklen, gleichstarken Linien durchzogen. B. mit 5 beiderst behaarten B.chen – **V:** Cv – pantrop .... *Merremia aegyptiaca* (L.)Urb.

8* Narbe mit 2 blattf. od. dickl. Lappen. Sträucher od. Lianen mit wechselstdg, ganzrandigen B. .... *Convolvulus* S. 196

1* Parasiten ohne grüne B. Infrastaminalschuppen meist vorh. Embryo eingerollt, ohne Cotyledonen od. nur mit Andeutung davon (*Cuscutoideae*) .... *Cuscuta* S. 198

Ipomoea (incl. **Pharbitis**)

1 Pf. niederliegend. B. eif.-nierenf., dick, verkahlend. Krone groß, purpurn – **V:** E Can?, C Maspalomas?

			C		

.... *Pharbitis preauxii* Webb

1* Vor. Merkmale nicht zus.treffend

2 Pf. mehrjährig

3 B. eckig bis gelappt od. handf. geteilt, i.d.R. 5(–7)tlg. Äußere B.lappen oft 2spaltig, gesägt, kahl. B.achsel behaart. St. kahl. Samen seidig-filzig. Kapsel kahl. St. glatt od. knotig – **V:** T, C eingebürg. – Cv – pantrop

		T	C		

.... *I. cairica* (L.)Sw.

3* B. ungeteilt bis tief 3lappig, zugespitzt ei-herzf. Spreite bis 15 cm lang. Kelch fein behaart. Krone bis 85 mm, verschiedenfarbig, auch mehrfarbig, meist rosa welkend – **V:** Az, Md – westmed adv., trop. Am [*I. learii* Paxt.]

	P	G	T	C		

.... *I. acuminata* (Vahl)R. et Sch.

2* Meist einjährige Klimmpf. (2–3 m). Kelch 10–16 mm, fein behaart, unten borstig. Krone 40–60 mm, verschiedenfarbig, meist rosa welkend. B.spreite meist ungeteilt, herzf. – **V:** C verwild. – trop. Am

			C		

.... *I. purpurea* Roth

- Pf. mit unterird. Knollen. B. bis 14 cm, Krone 3–5 cm, weiß od. violett-purpurn – V: Can kult. – trop. Am ("Süßkartoffel")

| | | G | T | C | | | .... ***I. batatas*** (L.)LAm.

Convolvulus "Correhuela, Guaidil"

1   Dicht verzweigte Dornbüsche od. Felsensträucher mit verworrenen langen Ranken
2   Bis 20 cm hoher sparrig-kugeliger Dornbusch. B. dicht weichhaarig, klein, spatelig. blü. einzeln, weiß bis blaßrosa – V: E Can – S: Küsten – G: SAL I-1b (Subass.)

| | | | | C | L? | F | .... ***C. caput-medusae*** Lowe

2* Felsensträucher mit verworrenen Ranken. Blü. rosa, violett od. blau
3   Blü. klein, blauviolett. B. kurz elliptisch, feinhaarig
4   B.grund nicht geöhrt, B. ohne durchsichtige Punkte. St. dicht grauhaarig. Blü. zu 2–3 – V: E Can, T im S u. W

| | | | T | C | | | .... ***C. perraudieri*** Coss.

4* B.grund geöhrt. Blü. intensiv lila. Äste dicht weißfilzig – V: E Can, G im N

| | | G | | | | | .... ***C. subauriculatus*** (Burch.)Lind.

3* Blü. blaßrosa od. blaßviolett bis bläul.
5   B. elliptisch. Blü. rosa (bis weiß). Blü.stiele drüsig bis kahl
6   Infl. 1–2bltg. B. in den Stiel verschmälert. B.rand mit durchsichtigen Nerven u. Punkten – V: E Can

| | | | | C | | | .... ***C. glandulosus*** (Webb)Hall.

6* Infl. 3–6bltg. B. zerstr. drüsig .... vgl. *C. lopezsocasi* (13*)
5* B. längl., oft am Grund fast herzf., oben meist stumpfl., mit aufgesetztem Spitzch. Blü. zu 1–3, bläul.(-violett)
7   B. u. Stamm dicht fein kurzhaarig. B. lanzettl., bis 2 cm lang. Blü. meist einzeln – V: E Can, T nur Anaga? – S: Euphorbien-Stufe

| H? | P | | T | C? | | | .... ***C. fruticulosus*** (Webb)Link

7* B. kahl bis zerstr. behaart, lineal-lanzettl., bis 7 cm lang u. etwa 1 cm breit. Tragb. breit eif. Blü. zu 1–3. St. nicht filzig. B. mit durchscheinenden Drüsenpunkten – V: E Can, T Taganana, Küstenfelsen [*C. diversifolius* Mend.-Heu.]

| | | G | T | | | | .... ***C. volubilis*** Link in Buch

1* Aufrechte od. windende Holzpf. od. Kräuter
8   Holzpf.
9   Nichtwindende, bis 4 m hohe, kurzbehaarte (Baum-)sträucher. Krone außen behaart, ± weiß bis blaßrosa
10 B. (wenn vorh.), lineal, bis ca. 5 mm breit
11 Fast b.loser, bis 2 m hoher, ginsterähnl. Rutenstrauch. B. fädig, kaum 1 mm breit, seidig. Infl. armbltg – V: E Can – G: KLE I-1

| | P? | G | T | C | L | F | "Leña noel" .... ***C. scoparius*** L.f.

11* B. vorh., schmal (unter 5 mm breit). Sparriger verzweigt als *C. floridus* (Übergang zu diesem u. wohl besser als var. *virgatus* (Webb et Berth.) Mend.-Heu. dorthin zu stellen) – V: E Can

| | | | T | C | | | .... ***C. virgatus*** Webb et Berth.non Boiss.

10* B. wellig, an der Spitze stumpf od. mit aufgesetztem Spitzch., dicht kurzhaarig, ältere über 5 mm breit. Reichblühender Strauch mit aufrechten, grauen od. bereiften Ästen, bis 4 m, habituell manchen Weidenarten ähnl. Infl. vielbltg. Blü. reinweiß od. rosa gestreift – V: E Can – S: Euphorbien-Stufe, auch kult. – G: KLE I-2a, OLR I □60

| H | P | G | T | C | L | F | "Anuel, Guaidil" .... ***C. floridus*** L.f.

9* Mindest. teilweise windende, kräftige Lianen. Krone rosa od. blau

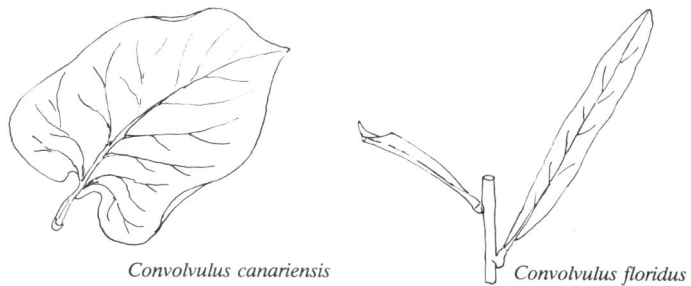

Convolvulus canariensis *Convolvulus floridus*

12 St. dicht zottig behaart (Haare rötl. schimmernd). B. ei-herzf., spitz od. mukronat, bis 15 cm lang, stark behaart. Blü. bläul. (bis hell-lila od. purpurn), oft mit gelbem Schlund, zu 4 – 7 – **V:** E Can – **S:** Lorbeerwald – **G:** LAU I,II

$\boxed{\text{H}\ |\ \text{P}\ |\ \text{G}\ |\ \text{T}\ |\ \text{C}\ |\ \ \ }$ "Correhuela del monte" . . . . **C. canariensis** L.

12* Pf. schwächer behaart bis fast kahl. Äste jung angedrückt rötl. behaart. Äste reich beblättert

13 B. elliptisch-lanzettl. (ca. 3:1) od. fast herzf., zugespitzt, kahl (jung unterst schwach seidenhaarig). Niedriger, nur bis etwa 1 m hoher, ähnl. *Lonicera* schlingender, dicht verzweigter Strauch. Blü. rosaweiß – **V:** Md

$\boxed{\ \ |\ \ |\ \ |\ \text{T}\ |\ \ |\ \ }$ . . . . **C. massonii** Dietr.

13* B. länger, ca. 4mal so lang wie breit, ca. 6mal so lang wie ihr Stiel. Blü. etwas größer (3 – 4 cm Durchm.). Sonst wie vor. Art – **V:** E Can, C kult., L um 600 m, sehr selten

$\boxed{\ \ |\ \ |\ \ |\ \ |\ \text{C}\ |\ \text{L}\ |\ \ }$ . . . . **C. lopezsocasi** Svent.

8* Ein- od. mehrjährige Kräuter

14 Kaum windende einjährige Kräuter (vgl. auch 16)

15 St. aufsteigend, zottig behaart. B. lanzettl.-eif.-spatelig, am Grund bewimpert. Krone 3farbig (außen blau, dann weiß, am Grund gelb), groß (20 – 30 mm Durchm.), Kapsel zottig – **V:** Az?, Md – med

$\boxed{\ \ |\ \ |\ \ |\ \text{T}\ |\ \text{C}\ |\ \ }$ . . . . **C. tricolor** L.

15* St. niederliegend, angedrückt behaart. B. eif., am Grund gestutzt, ältere am Grund fast herzf. Hochb. längl., dem Kelch genähert u. länger als dieser. Krone klein (7 – 12 mm Durchm.), wenig länger bis doppelt so lang wie der Kelch, blau, außen behaart. Kapsel kahl. Übergang zu windenden Arten! – **V:** Md – med

$\boxed{\text{H}\ |\ \text{P}\ |\ \text{G}\ |\ \text{T}\ |\ \text{C}\ |\ \text{L}\ |\ \text{F}\ }$ . . . . **C. siculus** L. ssp. **siculus**

14* Windende ein- od. mehrjährige Kräuter

16 Wenig windende einjährige Kräuter (vgl. auch 14). St. zottig. B. eif., stumpf, am Grund fast herzf. Blü. zu 2. Kapsel kahl. Hochb. lineal, vom Kelch ± weit entfernt. Krone doppelt so lang wie der Kelch, weiß bis blauviolett – **V:** südmed [*C. elongatus* Willd.]

$\boxed{\ \ |\ \ |\ \ |\ \text{T?}\ |\ \text{C}\ |\ \ |\ \text{F?}\ }$

C. siculus ssp. **agrestis** (Schwf.)Verdc. **var.** **elongatus** (Willd.)Batt. et Trab.

16* Ausdauernde Kräuter

17 B. pfeilf., schwach geöhrt. Krone weiß mit rosa Streifen od. rosa

18 Kelchb. stumpf bis ausgerandet. Krone 10 – 25 mm – **V:** Az, Md – euras-med

$\boxed{\text{H?}\ |\ \text{P}\ |\ \text{G}\ |\ \text{T}\ |\ \text{C}\ |\ \text{L}\ |\ \text{F}\ }$ . . . . **C. arvensis** L.

18* Kelchb. spitz. **Pf.** anliegend behaart. Krone ca. 10 mm − **V:** Z- u. SAfr

| | | | T | | | |
.... ***C. farinosus*** L.

17* Untere **B.** ei-herzf., buchtig, obere tief eingeschnitten bis 5−7lappig. Krone tiefrosa bis purpurn, behaart. **Pf.** anliegend seidenhaarig − **V:** Lob − Md − med

| H | P | G | T | C | L | F |
.... ***C. althaeoides*** L.

Cuscuta

1   Auf *Cheilanthes catanensis* [*Notholaena vellea*]− **V:** Cv .... ***C. notochlaenae*** Chev.

2   Auf *Linum usitatissimum* (fast ausschließl.). **St.** fast unverzweigt. **Blü.** weißl-gelb, dick bauchig bis kugelig − **V:** med-submed

| | | | C? | | |
.... ***C. epilinum*** Weihe

3   Auf *Phyllis nobla, Sarothamnus, Rumex lunaria.* Kelch so lang od. länger als die aufrechte Krone, fast bis zum Grund geteilt. **St.** dicht verzweigt. **Blü.** rötl.-gelb − **V:** Md zu *C. approximata?*)

| | | | T | | | |
.... ***C. calycina*** Webb

4   Auf *Launaea arborescens.* Kelchröhre goldgelb, **Blü.** 3−4 mm im Durchm. Infl. (6−)7−12 mm Durchm. − **V:** spec. submed, ssp. iber

| | | | C | L | F |

          C. approximata Bab. **ssp.** ***episonchum*** (Webb et Berth.)Feinbr.

5   Auf anderen Wirtspf. (*Atriplex, Spergula, Bupleurum, Plantago, Launaea?, Asphodelus* u.a. Kelch weiß od. rosa, Röhre nicht glänzend goldgelb. Infl. 5−6 mm, **Blü.** weniger als 3 mm Durchm. − **V:** Grac, Lob − Md − med (cf. auf *Micromeria* auf L (Masdache))

| H | P | G | T | C | L? | | "Rabia" .... ***C. planiflora*** Ten.

Hydrophyllaceae

−   Strauch, 2−4 m. **B.** 20−45 × 12−35 cm, eif., stumpf, am Grund herzf., untersts gelbl. weichhaarig. Kronröhre weiß − **V:** T verwild. − Md − Mexico bis Columbien, west-med

| | | T | | | |
.... ***Wigandia caracasana*** H.B.K.

Boraginaceae

1   Griffel endstdg, einfach, 2spaltig; od. 2 getrennte Griffel

2   Griffel ohne Haarring (*Ehretioideae*). Im Gebiet nur *Coldenia* (Griffel 2, wenn bis zur Mitte verbunden, so doch leicht zu trennen. Meist sehr ästige, niederliegende, kleinblättrige Kräuter). Krone ohne Hohlschuppen − **V:** Cv − trop. u. SAfr, Arab .... ***Coldenia procumbens*** L.

2* Griffel unter der kopff. od. 2spaltigen Spitze meist mit breitem Haarring (drüsig) (*Heliotropoideae*). **Fr.** aus 4 getrennten Klausen bestehend od. sich zunächst in 2 Karpelle trennend, die oft zuletzt in je 2 Klausen zerfallen (*Heliotropium* s.l.). **Blü.** weiß od. gelbl., meist duftend

3   Zipfel der Krone schmal, in der Knospenlage nach innen gebogen, lang zugespitzt. **Blü.** in sehr reich verzweigtem Blü.std, gelbl.-weiß, wohlriechend, klein. Kronröhre lang, eng, weichhaarig. **Fr.** runzelig, in 2 Teilfr. zerfallend, etwas fleischig, reif schwarz. (Halb-)Sträucher (bis 4 m) mit lanzettl., langgestielten **B.**
.... ***Ceballosia*** S. 200

3* Zipfel der Krone breit u. stumpf, in der Knospenlage gefaltet, dazwischen eine Falte od. ein Zähnch. Die 4 Klausen deutl. voneinander geschieden (bei *H. ramosissimum* ssp. *ramosissimum* unvollst.!). Meist einjährige Kräuter . . . . . *Heliotropium* S. 199

1* Griffel (einfach od. 2spaltig) zwischen den Teilen des tief 4(seltener 2- od. 10-)lappigen Fr.kn. Fr. aus 4 1samigen Klausen bestehend (*Boraginoideae*)

4 Blü. radiär od. fast radiär

5 Stempelpolster ± kegelf. Klausen mit den Spitzen über die Ansatzfläche am Stempelpolster nicht hinausragend (*Cynoglosseae*)

6 Kelch zur Fr.zeit vergrößert, die Fr. einschließend. Untere B. gegenstdg – V: Cv – trop. Afr, SAfr, WInd, Arab . . . . *Trichodesma africanum* (L)R.Br.

6* Kelch zur Fr.zeit nicht od. wenig vergrößert, die Fr. nicht einschließend. B. wechselstdg. Pf. weißl. behaart. Krone blau, von dunkleren Nerven netzadrig. Außenseite der Klausen flach – V: Az, Md – med [*C. pictum* Ait.]

     | | P | G | T | C | | . . . . *Cynoglossum creticum* Mill.

5* Stempelpolster flach od. ein wenig konvex

7 Klausen mit konkaver, hfg von einem Ring umgebener Ansatzfläche (*Anchuseae*). Kronschlund mit Schuppen

8 Staubfäden auf dem Rücken mit Anhängsel, weit aus der Röhre ragend. Krone radf., hell azurblau. Pf. einjährig, sehr rauh behaart – V: Az, Md – westmed

     | H | P | G | T? | C | L | F? | "Borago" . . . . *Borago officinalis* L.

8* Staubfäden ohne Anhängsel, in die Röhre eingeschlossen. Krone röhrenf., intensiv azurblau, 15–25 mm. Röhre gerade, etwas länger als der Kelch. Pf. langborstig. B. eilängl. – V: Md – med – G: SEC [*A. italica* Retz]

     | H | P | G | T | C | L | F? | . . . . *Anchusa azurea* Mill.

7* Klausen mit flacher Ansatzfläche (*Lithospermae*)

9 Krone mit gedrehter Knospenlage. Kronröhre kurz. Blü. in Doppelwickeln. Kronschlund mit Schuppen. Staubfäden eingeschlossen . . . . *Myosotis* S. 200

9* Krone mit dachziegeliger Knospenlage. Kronschlund ohne Schuppen. Auf Can nur einjährige Arten

10 Kronröhre ohne honigabsondernden Ring. Kelch fast bis zum Grund geteilt . . . . *Lithospermum* S. 201

10* Röhre mit honigabsonderndem Ring am Grund. Kelch zur Fr.zeit vergrößert u. verhärtet, am Grund mit 5 höckerigen od. kammf. gezähnten, vorspringenden Kanten. Krone goldgelb mit braunen Flecken, zylindrisch. B. lineal. Pf. 3–10 cm hoch, sehr rauh. Fr.kelch stark 5kantig – V: N- u. ZSahara

     | | | | T | C | L | F | . . . . *Arnebia decumbens* (Vent.)Coss. et Kral.

4* Blü. ± deutl. zygomorph

11 Einjährige, kleine Wüstenpf. mit 5 ungleichen, fast bis zum Grund freien Kelchb. u. gelbl. Blü. Klausen braun, mit hellen Knötch. besetzt. Blü. sehr klein, nur 2–2,5 mm Durchm. B. lineal – V: N- u. ZSahara

     | | | | | | F | . . . . *Megastoma pusillum* Coss. et Dur.

11* Sträucher, Stauden, hapaxanthe mehrjährige u. einjährige Kräuter

12 B. sukkulent. Strauch mit hellblauen, etwas rot gefleckten Blü. (ca. 15 mm lang) – V: Ifni, Drâ-Mündung . . . . *Echiochilon chazaliei* (Boiss.)Johnst.

12* B. nicht sukkulent. Kelch regelm. Blü. blau, violett, rot od. weiß. Tragb. ± groß. Narbe 2lappig . . . . *Echium* S. 201

Heliotropium

1 Pf. kahl, krautig, niederliegend bis aufsteigend, ein- od. mehrjährig. B. lineallanzettl., ganzrandig, ± blaugrün, fleischig. Blü. weiß – V: Az, Cv – neotrop-subtrop-litt

     | | | | | | F | . . . . *H. curassavicum* L.

1* Pf. ± behaart

2 Antheren am Rand rauh gewimpert. Blü. violett, stark duftend. Bis 120 cm hohe, aufrechte, weichhaarige Zierpf. – **V:** Cv – Perú .... *H. peruvianum* L.

2* Antheren kahl

3 Fr. mit dem Kelch abfallend. Kelchlappen zuletzt zus.neigend. Nüßch. 3–4 × 2,5–3 mm. Kriechende Pf. mit eif., stumpfen, gestielten B., auf der Unterseite filzig behaart, oben einfach weichhaarig. Infl. in Wickeln, meist je 2 Wickel zus.stehend. Pf. einjährig, St. niederliegend. Blü. klein, weiß. Fr. meist 1samig – **V:** trop-subtrop

| | | | | L? | F | |
.... *H. supinum* L.

3* Nüßch. ausfallend. Kelch bleibend, mit nicht zus.neigenden Lappen

4 Pf. einjährig, St. nicht verholzt, ± aufrecht, angedrückt behaart. B. gestielt, meist eif.-elliptisch, stumpf, ganzrandig. Pf. weichhaarig, mattgrün. Nüßch. eif., am Rücken drüsig-weichhaarig. Fr. 4samig. Blü. ohne Duft, weniger als 5 mm groß – **V:** Az, Md – med-submed-atl – **G:** CHE I-1r

| | P | | T | C | L | F |
.... *H. europaeum* L.

4* Pf. ausdauernd. St. holzig, wenigst. am niederliegenden Grund. Pf. dicht rauhhaarig. B. ± buchtig od. ausgebissen gezähnt. 4 Nüßch., gelbbraun, unvollst. getrennt – **V:** Grac, Lob – Md, Cv – sah-sind – **S:** Pf. wüstenhaft trockner Orte – **G:** AMM I-1 [*H. bacciferum* auct. non Forsk.]

| H? | P | | G | T | C | L | F |
.... *H. ramosissimum* (Lehm.)DC.

– 2 Nüßch., völlig getrennt (Ob ssp. von vor.?) – **V:** Can? – Cv – nordafr

| | | | | | | |
.... *H. erosum* Lehm.

Ceballosia [Messerschmidia]

1 B. ca. 8 × 1 cm, gestielt. St. graugrün, oft behaart. Borsten am Grund zwiebelig verdickt – **V:** E Can – **S:** Euphorbia-Stufe – **G:** KLE I-2a [*Messerschmidia f.* L.f.] □61

| H | P | | G | T | C | L | F |
"Duraznillo" ...... *C. fruticosa* (L.f.)Kunk. **var. *fruticosa*** →

1* B. schmallineal. Form trockenheißer Orte – **G:** KLE I-2a

| | | G | T | C | | | |
.... **var. *angustifolia*** (Lam.)Kunk.

Myosotis

1 Ausdauernde, am Grund oft verholzte, krautige Pf. mit großen (8–12 mm Durchm.) azurblauen (seltener rosa) Blü. Kelch nach der Blü.zeit vergrößert. Blü.stiele 1–2mal länger als der Kelch. Grundb. breit eif. Pf. bis 60 cm hoch – **V:** E Can?, T im N – Az? (Form von *M. sylvatica* Hoffm.?) – **S:** Lorbeerwald – **G:** LAU I [*M. macrocalycina* Coss.]

| H | P | | G | T | C | |
"No me olvides" .... *M. latifolia* Poir.

1* Einjährige Arten. Blü. höchst. 2–4 mm Durchm. B. ohne Hakenhaare auf der Unterseite (Sonst vgl. *M. micrantha*)

2 Fr.kelch röhrig od. wenig glockig. Kronröhre zuletzt bis etwa 2mal so lang wie der Kelch. Blü. zuerst gelbl. od. weißl., später rosa od. violett. Kelch zuletzt geschlossen. Grundb. lanzettl. – **V:** ssp. auch Md – spec. med-atl-subatl

| H | P | | G | T | C | |
.... *M. discolor* Pers. **ssp. *canariensis*** (Pit.)Gr.

2* Fr.kelch langglockig, mit stumpfen Lappen. Kronröhre kürzer als der Kelch. Blü. blaßblau, klein. Kelch zuletzt offen. Fr.stiele waagerecht. Infl. b.los – **V:** submed-euras [*M.

hispida Schlecht.]

| H? | P | | T? | C | | |

.... **M. ramosissima** Roch.

– Zu achten ist auf: Blü. bis fast zum Grund des St., Krone deutl. länger als Kelch – **V:** atl (Küstenform)

.... **ssp. globularis** (Samp.)Grau

– Auf Md außerdem **M. secunda** A.Murr – **S:** Feuchte Felsen, 1400 m, **M. arvensis** (L.)Hill, **M. sylvatica** Hoffm. und **M. stolonifera** (DC.)Gay

Lithospermum s.l.

1   Blü. gelbl., im Schlund behaart. Infl. dicht. Pf. lang behaart. Haare stechend, einem Knötch. aufsitzend. Blü. – **V:** med [*Neatostema a.* (L.)I.M.Johnst.]

| | | | T | C | L | F |

.... **L. apulum** (L.)Vahl

1*   Blü. weiß od. bläul., manchmal ± rosa

2   Infl. locker. Starre, 20–50 cm hohe Pf. Blü. im Schlund kahl. Haare angedrückt – **V:** Grac, Lob – med-ostsubmed – **G:** SEC [*Buglossoides arvensis* (L.)I.M.Johnst.]

| H? | P? | G? | T | C | L | F |

.... **L. arvense** L.

2*   Infl. dicht, Fr.kelch nicht abstehend. Kronsaum glatt, nicht faltig. Samen kleiner, aufrecht. Kronb. außen kahl – **V:** Maroc [*Mairetis microsperma* (Boiss.)I.M.Johnst.]

| | | | | C | L | F |

.... **L. microspermum** Boiss.

Echium

1   Stark verzweigte Sträucher mit zahlr. Infl. (vgl. auch *E. pinnata*)

2   Kelchzipfel nur etwa so lang wie die Röhre. Strauch bis 70 cm. Blü. blauviolett. B. lanzettl., obersts kurzborstig (Borsten am Grund verbreitert od. überhaupt nur als flache Scheiben ausgebildet), unterst (fast) kahl. Staubb. höchst. ein wenig die Kronröhre überragend. Pf. ± kahl erscheinend – **V:** E Can, P Los Coralejos um 1900 m, Cumbres de Garafia – **G:** ASP I-2d

| | P | | | | | |

.... **E. gentianoides** Webb ex Coincy

2*   Kelch bis fast zum Grund geteilt

3   Blü. nicht seitl. zus.gedrückt, meist nicht rein weiß

4   B. lineal(-lanzettl), mit umgerollten Rand. Blü. weißl. bis blaßrosa (sehr selten blau)

5   Krone durch Verschmelzen von 2 Zipfeln fast gleichm. 4lappig. Dichter als *E. virescens* verzweigter Strauch – **V:** E Can (ssp. von *E. virescens*?), T Adeje, 350–500 m

| | | | T | | | |

.... **E. sventenii** Bramw.

5*   Krone 5lappig, mit kurzen Zipfeln u. enger Röhre. Blü. klein (10 mm), Infl. schmalzylindrisch. Sparriger Strauch bis 1 m. B. obersts dicht borstig, Borsten mit zwiebeligem Grund; untersts meist nur auf der Mittelrippe einfach behaart – **V:** E Can, C im S u. SW, 400–1900 m

| | | | | C | | |

.... **E. onosmifolium** Webb et Berth.

– Infl. größer, B. breiter (Aussehen ähnl. wie *E. bethencourtii*) – **V:** E Can

| | | | | C | | |

.... **ssp. spectabile** Kunk.

4*   B. lanzettl. bis eif., am Rand meist nicht umgerollt

6   Borsten mit deutl. zwiebelig verdicktem Grund (manchmal nur diese Pusteln vorh.)

7   Infl. locker kegelf., am Grund sehr breit, mit langen Seitenästen. Strauch bis 2 m. Blü. weiß mit blaßblauen Streifen. B. lanzettl., dunkelgrün, glänzend, oberseits sehr kurzborstig (Borsten am Grund breit, oft nur als Scheiben ausgebildet), unterseits nur am Rand u. auf dem Hauptnerv borstig. Krone breit trichterf. Kronzipfel ± gleich – **V:** E Can, C bis ca. 100 m – **G:** KLE I-2a [*E. thyrsiflorum* Link in Buch]

| | | | | C | | |

.... **E. decaisnei** Webb et Berth. **ssp. decaisnei**

- Pf. kleiner, B. eilanzettl., stumpf, Scheiben meist ohne Borsten. Kronzipfel länger (3–4 mm) [*E. famarae* Lems et Holzapfel]

| | | | C | L | F | .... **ssp. *purpuriense*** Bramw.

7* Infl. ± eif. Spärl. verzweigter Strauch. Blü. blau. B. graugrün, obersts borstig (Borsten mit zwiebeligem Grund), untersts einfach behaart. Nerven dick, weich behaart, obersts versenkt. Blü. klein (10 mm), fast sitzend. Kelchröhre zur Fr.zeit vergrößert, fast aufgeblasen. Infl. durchblättert, spitz konisch – **V:** E Can

| | P? | | C | .... *E. callithyrsum* Webb

6* Borsten nicht od. kaum zwiebelig verdickt (Vorsicht bei Jungpf.!)

8 B. nicht silberig glänzend behaart, breit lanzettl. bis eif.

9 Kelch zur Fr.zeit stark vergrößert. Krone dicht behaart, himmelblau. B. breit, ± elliptisch, beidersts dicht rauhhaarig. Infl. längl. (10–20 cm) – **V:** E Can, F Jandía

| | | | F | .... *E. handiense* Svent.

9* Kelch zu Fr.zeit kaum vergrößert

10 Infl. sehr locker, mit langen Internodien, schmal. Blü. klein (7–8 mm), rosa od. blaßblau bis tiefblau, manchmal dunkler blau geadert. B. bläul.-grün, untersts heller. Nerven stark hervortretend. Borstenhaare abstehend bis zurückgebogen, zwischen kurzem Flaum, dadurch St. sehr rauh. Strauch bis 1 m – **V:** E Can, T Unterläufe der Barrancos, 200–700 m – **G:** KLE I-2a

| H | P | G | T | C | .... *E. strictum* L.f.

- Ganze Pf. dicht behaart, Kronlappen länger – **V:** G Val Hermigua

| | | G | | | .... **ssp. *gomerae*** (Pit.)Bramw.

- Pf. niedriger. Kelch kürzer als die fleischrote Krone – **V:** E Can

| H | | G | | C | .... *E. lineolatum* Jacq.

- Kelchzipfel sehr spitz. Kelch an der Fr. vergrößert. Blü. blau – **V:** E Can [*E. strictum* ssp. *exasperatum* (Webb ex Coincy)Bramw.]

| | | | T | | | .... *E. exasperatum* Webb ex Coincy

10* Infl. lang u. dicht. B. bis 10 cm breit. Klausen dornig u. stark skulpturiert. Dichter kompakter Strauch. Blü. blau. B. rauhhaarig. Rinde rotbraun – **V:** E Can

| | | | G | | | .... *E. acanthocarpum* Svent.

8* B. silberig glänzend behaart, weniger als 3 cm breit. Dichte, kompakte Sträucher

11 Infl. deutl. abgesetzt, kurz (10–20 cm), dicht zylindrisch. Blü. rosa od. blau. B. lanzettl. bis eif., kurz (längste 8–12 × 1,5–2,5 cm). Blü. klein (8–12 mm). Kelchzipfel lanzettl. Hauptnerv der B. als Dorn austretend. Infl. nicht rauhhaarig – **V:** E Can, H um 900 m, selten

| H | | | | | .... *E. hierrense* Webb

11* Infl. nicht deutl. abgesetzt. Längste B. nicht über 8 cm lang

12 Seitenäste der Infl. gegabelt. Strauch bis 2 m, dicht verzweigt. Blü. rosa od. blaßblau bis blauviolett. B. lanzettl., spitz, am Rand ± flach. B. silberig-seidig, im Blü.std steifborstig. Blü. klein (9–10 mm), flaumig. Infl. schlank, dicht. Kelchzipfel lineal bis lineal-lanzettl. – **V:** Can 500–800(–1300) m – **Md?** – **G:** PIN I-1h

| H? | P? | | T | | | .... *E. virescens* DC.

- B. nur bis 0,5 cm breit, obersts mit Pustelhaaren. Krone nur 0,6 cm – **V:** T Südhänge ab 500 m

| | | | T | | | .... **var. *angustissima*** Bolle ex Christ

- Blü. rein blau, in kompakten, scharf abgesetzten Infl. Äste oben wie die B. dicht wollig – **V:** T im N, Nebelzone [*E. fastuosum* Dry.]

| | | | T? | | | .... *E. candicans* L.f.

12* Seitenäste der Infl. einfach (nicht gegabelt). Blü. blau. Obere B. fast
rechtwinklig abstehend, weißl. bis silberig, Haare sehr ungleich. Infl.
schlank, locker. Kelchzipfel lineal bis lineallanzettl. – V: E Can [*E.
bifrons* Webb et Berth.]

| | P | T? | | | | .... ***E. webbii*** Coincy

3* Blü. seitl. zus.gedrückt, ± rein weiß. Kronzipfel ungleich
13 B. am Rand nicht od. nur wenig bestachelt
14 Infl. kegelf., ohne Grundäste. Strauch bis 2,5(–4) m hoch. Blü. weiß. B. lanzettl. bis
eilanzettl., bis 20 cm lang, über 15 mm breit, rauh behaart, untersts grauseidig.
Randstacheln wenige bis fehlend. Dicht grün beblätterter Strauch –
V: E Can, T im N, 50–500(–800) m – S: Schattige Felshänge [*E. rupestre* Salisb.]

| | | T | | | | .... ***E. giganteum*** L.f.

14* Infl. kuppelf., meist mit Grundästen. Strauch bis 2 m. Blü. weiß. B. lineallanzettl.,
meist stumpf, weniger als 15 mm breit. Haare kurz, steif. B. grauweiß. Randstacheln
wenige bis fehlend – V: E Can, T Anaga-Süd bis 600 m – G: KLE I

| | | T | | | | .... ***E. leucophaeum*** Webb ex Spr. et Hutch.

13* B. am Rand u. auf dem Mittelnerv stachelig-borstig (bes. die jüngeren)
15 Kelchzipfel so lang wie Krone, schmal. Breiter Strauch, bis 1 m. Blü.
weiß. B. lineal – V: E Can – S: bis 1000 m – G: KLE I □67

| H | | G | T | | | | .... ***E. aculeatum*** Poir.

15* Kelchzipfel rel. breit, kürzer als die Krone. Von *E.
aculeatum* auch durch sehr kurze Griffeläste
verschieden – V: E Can – S: P im S bis 600 m – G:
KLE I-1e,2g,h (Wohl nur ssp. von *E. aculeatum*)

| | P | | | | | "Tajinaste, Arrebol" .... ***E. brevirame*** Spr. et Hutch.

– B. lanzettl., rauh silberhaarig. Infl. konisch, größer, 10–20(–30) × 10(–15) cm. Blü.
weiß (selten bläul.). B. 6–25 × 2–4,5 cm – V: E Can

| | P | | | | | .... ***E. bethencourtii*** Santos

1* Pf. mit Grundrosette (manchmal auf langem Stamm!). Vorw. krautige Arten
16 Infl. meist über 1 m lang. Meist plurienn-hapaxanth. Staubb. exsert
17 Grundrosetten auf langem, verholztem, oft verzweigtem Stamm. Pf. bis 4 m hoch. Blü.
hellblau. Borsten am Grund zwiebelig verdickt. Rosettenb. breitlanzettl. (bis 60 × 8
cm). Borsten abstehend. Blü. 10–12 mm. Infl. durchblättert – V: E Can, P 500–1000
m, T nur kult. – S: Barrancos der Lorbeerstufe

| | P | | | | | "Pininana" .... ***E. pininana*** Webb et Berth.

17* Grundrosetten auf sehr kurzem Stamm, dem Boden ± aufsitzend. Borsten nicht
zwiebelig verdickt
18 Rosettenb. elliptisch (ca. 40 × 8 cm), B. dicht anliegend silbrig-seidig. Blü. weiß,
10–12 mm. Infl. durchblättert. Pf. bis über 2 m hoch – V: E Can, T Anaga-Nord,
20–650 m □66

| | | | T | C | | | "Orgullo de Tenerife" .... ***E. simplex*** DC.

18* Rosettenb. lineal(-lanzettl.) (etwa 30 × 2 cm), Blü. rot. B. dicht weißfilzig-rauh,
Borsten meist nicht verdickt. Infl. schmal kegelf., nicht durchblättert – V: E Can, T
Cañadas um 2200 m, C kult. – G: SPA I-1c [*E. bourgaeanum* Webb ex Coincy] □65

| | P | | T | C | | | "Tajinaste rojo" .... ***E. wildpretii*** Pears. ex Hook.f.

– Blü. rosa – G: ASP I-2d [*E. coeleste* Stapf.]

| | P | | | | | .... ***ssp. trichosiphon*** Svent.

16* Infl. meist unter 1 m lang

19 Mehrjährige Kräuter mit verholztem Wurzelstock. B. beidersts von langen gelbl. Borsten sehr rauh, nicht zwiebelig verdickt. Blü. blau. Grundb. lineal bis schmal eilanzettl., lang zugespitzt. Nur 2 Staubb. die Krone überragend, die beiden anderen insert. Infl. locker. Nicht eigentl. hapaxanth, da neue Rosetten gebildet werden (Ähnl. *E. boissieri* Stendel – **V:** med) – **V:** E Can, T Cañadas – **G:** SPA I-1c □68

| | | | | T | | |................... *E. auberianum* Webb et Berth.

19* Wurzelstock nicht verholzt. Meist ein- bis zweijährige Arten
20 Mindest 2 Staubb. länger als die Krone
21 Blü. trichterf., groß (15–)20–40 mm. Rosettenb. groß. Die 2 unteren Staubb. exsert
22 Grundb. eif.-spatelig, rel. weich behaart. Seitennerven kräftig. Krone nur auf Nerven u. Rand behaart, anfangs blau, später rosapurpurn. St.b. sitzend, oberste am Grund ± herzf. Krone 20–30 mm – **V:** Az, Md, Salv – med – **G:** CHE I-1l,n [*E. maritimum* Willd.]

oberes Stengelblatt

| H | P | G | T | C | L? | F? | "Lengua oveja" .... *E. plantagineum* L.
22* Grundb. lanzettl., abstehend rauh behaart. Seitennerven undeutl. Blü. ± gleichm. behaart, anfangs rot-purpurn, später bläul. Krone trichterf., 15–40 mm – **V:** westmed

| | | T? | | | | |............................... *E. creticum* L.
21* Blü. weniger als 15 mm lang
23 Grundb. lineal, fast dornig rauh. Blü. grünl.-rosa, mit enger Röhre, diese 3mal so lang wie der Kelch. Pf. ein- bis mehrjährig. Staubb. exsert – **V:** E Can

| | | G | T | C | L? | |............................. *E. triste* Svent.
a Ausdauernd

| | | | | C | | |.................................... **var.** *triste*
a* Einjährig, größer (bis 1 m), Infl. viel länger (bis 70 cm) – **V:** E Can, T Adeje-Playa [*E. triste* ssp. *nivariense* (Svent.)Bramw. var. *nivariense*]

| | | | T | | | |............................... **var.** *nivariense* Svent.
– Zweijährig. B. am Rand wellig-kraus – **V:** E Can, G im SW [*E. triste* ssp. *nivariense* var. *gomeraeum* (Svent.)Bramw.]

| | | G | | | | |.......................... **var.** *gomeraeum* Svent.
23* Grundb. lanzettl. bis eif., dicht grauhaarig. Blü. blau. Pf. einjährig. St.b. spitz, am Grund verschmälert, sehr kurz gestielt. Die 2 unteren Staubb. exsert – **V:** E Can, Lob – **G:** CRI I-2 [*E. arenarium* auct. can. non Guss.]

| | | G | T | C | L? | F | .... *E. bonnetii* Coincy
– Grundrosette fehlend

| | | | | F | | |............. **var.** *fuerteventurae* (Lems et Hlz.)Bramw.
20* Alle Staubb. höchst. so lang wie die Krone
24 Blü. deutl. zygomorph, blau. Grundb. eif. St.b. kurz gestielt, dicht weißhaarig. Pf. einjährig – **V:** E Can, L Famara, 300–400 m, Grac [*E. pitardii* A.Chev]

| | | | L | | | |..................... *E. lancerottense* Lems et Hlz.
– Blü. größer

| | | | L | | | |.................... **var.** *macranthum* Lems et Hlz.
24* Blü. fast radiärsymmetrisch, dunkelblau-violett. Grundb. spatelig, lang gestielt, oberste St.b. sitzend. Pf. anliegend (dicht od. locker) behaart. Blü. 8–12 mm lang. Pf. zweijährig – **V:** zmed-litt

| | | T? | | | | |................. *E. arenarium* Guss. non auct. can.
– Auf Cv außerdem die Straucharten *E. stenosiphon* Webb, *E. vulcanorum* Chev., *E. hypertropicum* Webb (Vikariante für *E. giganteum*). Auf Md außerdem *E. nervosum* Dryand.

Callitrichaceae
– Kleine, mehrjährige Pf. mit dünnen Sprossen u. gegenstdg B., diese oft rosettig gehäuft (Wasser- u. Landformen!) – **V:** Az, Md – eurassubozean-submed

| | | G | T | C | | | .... ***Callitriche stagnalis*** Scop.

Verbenaceae
1 Blü.std ährig(-traubig), wenn in Trugdolden, von unten nach oben aufblühend
2 Fr. mit 4 1samigen Klausen od. Fächern. Ähren terminal, dicht gedrängt blühend. Blü. nur schwach zygomorph .... ***Verbena*** S. 205
2* Fr. mit 2 (od. durch Abortus 1) Steinkernen. Blü. ± deutl. zygomorph
3 Alle 4 Staubb. fertil
4 Kelch gestutzt od. ausgeschweift gezähnt. Krone 4–5lappig. Beerenartige Steinfr. mit saftigem Exokarp u. hartem Endokarp. Meist bestachelter Strauch mit 4kantigen Zweigen. Blü. gelb, später rot. B. fast herzf., gekerbt-gesägt, netzrunzelig. Sparriger Zierstrauch, hfg verwild. (Auf Cv in großen Beständen die ursprüngl. Vegetation gefährdend) – **V:** Az, Md, Cv – Heimat trop. Am

| | P | G | T | C | L | | .... ***Lantana camara*** L.
4* Kelch 2–4spaltig od. -zähnig. Krone 4lappig. Fr. klein, trocken, mit ± hartem, dünnem Exokarp, in 2 Klausen zerfallend .... ***Lippia*** S. 205
3* Nur 2 Staubb. fertil, die hinteren staminodial. Kahler, verzweigter Strauch mit gegenstdg, eif. zugespitzten, gesägten B. Blü. in gedrängten, terminalen Ähren. Krone 2lippig – **V:** E Cv **Ubochea dichotoma** H.Bn.
1* Blü.std zymös-doldig, von innen (oben) nach außen aufblühend. Blü. ± zygomorph. Fr. 4tlg od. 4spaltig. Strauch od. Baum, 1–2 m hoch, B. groß, herzf., filzig. Blü. groß, rot in Rispen – **V:** Md, Cv – trop. Afr
.... ***Clerodendron fallax*** Lindley

Verbena
1 B. ± tief eingeschnitten, gesägt bis gefiedert
2 Pf. aufrecht, mehrjährig. St. 4kantig. Blü. klein, blaßlila, ungestielt in kurzen Ähren. B. im Umriß längl.-eif., tief gekerbt bis gefiedert – **V:** Az, Md, Cv – Heimat As, verschl. – **G:** PLA

| H? | P | G | T | C | L | F | .... ***V. officinalis*** L.
2* Pf. niederliegend, einjährig, am Grund dicht verzweigt. St. fast zylindrisch. Blü. rosa, in langen, lockeren Ähren. B. klein, weich, fiedertlg – **V:** Lob – med – **G:** CHE I-1d

| | | | T | C | L | F | .... ***V. supina*** L.
1* B. ungeteilt, lanzettl., in der oberen Hälfte gesägt, beidersts rauhhaarig. Blü. in dichten doldigen Ähren, lila, außen fein zottig. Strauch, bis 1,5 m – **V:** Az, Md – SAm

| | | P | G | T | C | | .... ***V. bonariensis*** L.

Lippia
1 Pf. niederliegend, an Knoten wurzelnd
2 Kelch bis fast zum Grund gelappt. Blü. in dichten Köpfch., weiß, 2 mm breit. B. fleischig, am oberen Rand gezähnt, kurz behaart – **V:** Heimat NAm, med

| | | G | T | C | | .... ***L. nodiflora*** (L.)Mchx.
2* Blü. lila, 3 mm breit. Kelch nur bis zur Hälfte gelappt – **V:** Heimat SAm

| | | | T | | | .... ***L. canescens*** Kunth in H.B.K.
1* Bis 6 m hoher Zierstrauch. B. meist zu 3, mit Zitronenduft. Blü. lila, in langen Ähren – **V:** Can kult. – Heimat Chile [*L. citriodora* (Lam.)Kunth]

| | | | | | | .... ***L. triphylla*** (L'Hér.)O.Ktze.

Lamiaceae [*Labiatae*]

1   Griffel nicht gynobasisch (nicht am Grund der Fr.b. sitzend). Oberlippe undeutl. bis (scheinbar) fehlend od. Staubb. nur 2. Samen ohne Nährgewebe (*Ajugoideae*)

2   Oberlippe fehlend od. undeutl. A4. Nüßch. ± runzelig (*Ajugeae*)

3   Lippen sehr ungleich groß: Oberlippe kurz, 2tlg od. 1lappig, nicht helmf. Unterlippe groß, mit stark entwickeltem Mittellappen, ausgebreitet . . . . *Ajuga* S. 207

3* Alle 5 Kronlappen zu einer einzigen Unterlippe herabgebogen od. unterhalb der Staubb. u. Griffel gelegen. Krone weißl., blau od. blutrot . . . . *Teucrium* S. 207

2* Oberlippe deutl. A2, 1fächrig

4   Krone weißl.-bläul. Strauch mit ericoiden B. Nüßch. glatt (*Rosmarineae*)
  . . . . *Rosmarinus* S. 208

4* B. breiter . . . . *Salvia* S. 216

1* Griffel vollkommen gynobasisch

5   Nüßch. steinfr.artig, mit saftigem Exokarp u. hartem Endokarp (*Prasioideae*). Theken divergierend. Kronröhre im Kelch fast eingeschlossen, Kronsaum mit breiten Kappen. Kahler, ästiger Strauch, B. gezähnt. Scheinwirtel 2bltg, axillär. Blü. weißl. bis blaß purpurn, ohne Vorb. . . . . *Prasium* S. 208

5* Nüßch. trocken, Perikarp dünn

6   Diskuslappen den Fr.kn.lappen superponiert. Antheren zuletzt 1fächrig (*Lavanduloideae*), insert. B. ungeteilt od. 1–2fach fiederspaltig. Sträucher mit blauen od. purpurnen Blü. Kelch 13- od. 15nervig, mit kurzen Zähnen . . . . *Lavandula* S. 208

6* Diskuslappen (wenn deutl. ausgebildet) mit den Fr.kn.lappen alternierend, Staubb. aufsteigend od. spreizend u. gerade vorgestreckt. B. nicht fiederspaltig

7   Kronröhre (gewöhnl.) eingeschlossen. Staubb. u. Griffel ebenfalls insert. Krone meist weiß bis gelbl.

8   Kelch (6–)10zähnig. Antheren mit auseinandergespreizten, zuletzt am Gipfel verschmelzenden Theken. Scheinwirtel axillär. B. ± runzelig. St. dicht weißwollig
  . . . . *Marrubium* S. 209

8* Kelch 5zähnig, 10nervig. Antheren der hinteren Staubb. mit 2 divergierenden Theken, die der vorderen Staubb. gewöhnl. verkümmert . . . . *Sideritis* S. 209

7* Kronröhre nicht eingeschlossen od. mindest die Staubb. in den Zwitterblü. nicht insert

9   Krone stark 2lippig, mit sehr ungleichen Lappen, Oberlippe konkav, gewölbt, ± sichel- od. helmf.

10 Antheren der (nur 2) Staubb. lineal, schmal. Staubb. nur zur Hälfte fertil
  . . . . *Salvia* S. 216

10* Antheren der 4 Staubb. eif.

11 Hintere Staubb. mit parallelen od. zuletzt schwach divergierenden Theken. Kelch gleichm. 5zähnig. Krone mit schmaler, nach oben kurz erweiterter Röhre, weiß bis purpurrosa. B. 3tlg, nach Zitrone duftend, schwach behaart, obersts ± kahl, gesägt. Strauch, oft im Gebüsch ± rankend . . . . *Cedronella* S. 214

12* Theken divergierend, zuletzt auseinandergespreizt. Kelch röhrig, mit schiefem, selten gleichem, 5zähnigem Saum, nie deutl. 2lippig, 15nervig. Niedriger, am Grund verholzter Halbstrauch. B. oval, grob gezähnt, stark behaart. Blü. lila, in dichter Infl. Kronröhre gekrümmt. Oberlippe aufrecht . . . . *Nepeta* S. 214

11* Hintere Staubb. kürzer als vordere (*Stachydeae*)

13 Kelch 2lippig, vom Rücken her flachgedrückt. Unterlippe nach der Anthese gegen die Oberlippe geneigt, den Schlund verschließend. Oberlippe helmf.

14 B. eif.(-rhombisch), 40–50(–90) × 20(–40) mm. Blü.röhre den Kelch nicht überragend. Krone 10–15 mm, violettblau. Pf. mehrjährig . . . . *Prunella* S. 215

14* Untere B. eif. bis (ei-)lanzettl., 10–25 × 7–20 mm. Krone 7–9 mm, lila-blau. Pf.

einjährig . . . . ***Dracocephalum*** S. 214

13* Kelch röhrig, glockig od. mit erweitertem Saum u. dann trichterf., 5–10zähnig, seltener 2lippig. Krone im Kelch eingeschlossen od. exsert. Oberlippe konkav, oft helmf., selten flach (*Lamiinae*). B. ± herzf.

15 Nüßch. ± scharf 3eckig, mit abgestutztem Scheitel. Kelchzähne gleich. Auf Can nur einjährige Arten . . . . ***Lamium*** S. 215

15* Nüßch. mehr eif., mit stumpfem Gipfel

16 Kelchzähne 5–10 (bis viele), an der Basis erweitert od. zu einem kreisf. Kranz ± verwachsen. Pf. mehrjährig. Blü. gestielt, in den Achseln b.artiger Tragb., schmutzigviolett. B. breit, am Grund gestutzt od. herzf. . . . . ***Ballota*** S. 215

16* Kelchzähne 5, 3eckig, spitz od. zugespitzt, gleich od. die hinteren länger. Seltener Kelch 2lippig. Blü. ± ungestielt, dicht in den Achseln nach oben kleiner werdender Tragb. stehend. Pf. ein- od. mehrjährig . . . . ***Stachys*** S. 215

9* Krone 2lippig od. fast radiär, ihre Lappen schwach differenziert. Oberlippe flach od. nur sehr schwach konkav. Antheren eif. Kelch glockig od. röhrig (*Saturejeae*). Kelch 10–13(–15)nervig

17 Staubb. unter der Oberlippe aufsteigend, nicht von der Basis an spreizend. Krone 2lippig (*Melissinae*). Kelch 11–15nervig

18 Krone exsert, unterhalb der Mitte aufsteigend zurückgebogen. Kelch 13nervig. B. gezähnt. Kraut mit Zitronenduft. b. eif., gekerbt, am Grund gestutzt od. herzf. . . . . ***Melissa*** S. 217

18* Krone gerade od schwach gebogen, insert od. exsert (*Satureja* coll.). B. ganzrandig od. gezähnt

19 Kelch nicht od. undeutl. 2lippig, 13–15nervig. Habitus Thymian-ähnl. . . . . ***Micromeria*** S. 217

19* Kelch deutl. 2lippig . . . . ***Calamintha*** S. 220

17* Staubb. vom Grund an spreizend, gerade ausgestreckt. Kelch vorw. 10nervig

20 Krone 2lippig (*Thyminae*)

21 Kelch 2lippig, 10nervig. Oberlippe deutl. 3zähnig, Unterlippe 2spaltig. Theken divergierend od. auseinandergespreizt. Staubb. meist exsert . . . . ***Thymus*** S. 220

21* Kelch ± gleichm. 5zähnig, 10–13nervig

22 Theken divergierend od. auseinandergespreizt . . . . ***Origanum*** S. 220

22* Theken parallel. Kelch 10nervig. Pf. oft stark duftend. Sträucher mit sehr kleinen Blü. in dichten Infl., weiß bis rosa. Staubb. insert. B. ganzrandig od. gekerbt . . . . ***Bystropogon*** S. 220

20* Krone fast radiär (*Menthinae*), 4spaltig. Kräuter, mehrjährig . . . . . ***Mentha*** S. 221

– Auf Cv außerdem *Ocimum* (3 spec.), *Leonurus sibiricus* L., *Leucas martinicensis* (Jacq.)R.Br. u. *Hyptis pectinata* (L.)Poit.

Ajuga

– Pf. ausdauernd, niederliegend bis aufsteigend, 5–20 cm hoch. B. dicht behaart. Blü. gelb (im Ggs. zum purpurn blühenden Typus) – V: Grac, Lob – Md, Cv – med

| H | P | G | T | C | L | F |

. . . . ***A. iva*** (L.)Schreb. **var. *pseudiva*** Benth.

Teucrium

1 Einjährig. Sprosse vom Grund an verzweigt. Äste u. Tragb. nach der Blü.zeit dornig. Obere Kelchzahn stark verbreitert, eine Oberlippe bildend. Blü. klein, weißl., zu 1–4 in den B.achseln, schon vom Grund des St. an. B. lanzettl., stark gekerbt – V: med

| | | T | C? |

. . . . ***T. spinosum*** L.

1* Sträucher, meist 50–150 cm hoch

2 Blü. groß, blaßblau, zu 2 im Scheinwirtel. Strauch von 40–120 cm Höhe. B. oval bis

lineal, grün u. kahl auf der Oberseite, weiß auf der Unterseite. Infl. eine lange, durchblätterte Ähre. Kelchröhre kurz, weiß – **V:** T Taganana – med

`[ | | |T?| | | | ]` .... ***T. fruticans*** L.

2* Blü. klein, rosa bis blutrot, zu 1–4 aus den B.achseln hängend. 70–150 cm hoher Geröll- u. Felsenstrauch. B. klein, schmal oval, bes. untersts silberweiß seidig behaart, im Herbst entfaltete B. breiteif., fast grün (wenig behaart). Staubfäden lang exsert – **V:** T Untere Stufe, bes. Anaga-Süd, Teno – Md

`[ H | P | G | T | C | | | ]` .... ***T. heterophyllum*** (L'Hér.)Webb et Berth.

– Auf Md 2 weitere endem. Arten: *T. abutiloides* L'Hér. u. *T. betonicum* L'Hér.

Rosmarinus

– Aromatisch duftender, immergrüner Strauch. B. sitzend, schmal-lineal, untersts weißfilzig, B.rand umgerollt – **V:** Can verwild. – Az, Md, Cv, verwild. – med

`[ H | P | G | T | C | | | ]` .... ***R. officinalis*** L.

Prasium

– Bis 1 m hoher, kahler Strauch mit gekerbten, eif. B. Blü. weiß, ca. 2 cm groß – **V:** T Orotava – Md – med

`[ | | |T | | | ]` .... ***P. majus*** L.

Lavandula

1 Zymen 3–5bltg, in dichten Infl., mit dachf. sich deckenden Tragb., deren oberste steril, breit, gefärbt u. als Schauapparat ausgebildet sind. Kelch-Hinterzahn rel. groß u. breit. Sträucher (Sect. *Stoechas*)

2 B. ganzrandig, lineal, am Rand zurückgebogen

3 Infl. kurz gestielt – **V:** Md – med – **G:** LAU II-2a,b

`[ | | |T | C | | | ]` .... ***L. stoechas*** L.

3* Infl. lang gestielt – **V:** Md? – westmed

`[ | | | | C | | | ]` .... ***L. pedunculata*** Cav.

2* B. stumpf-fiedrig gekerbt. Infl. lang gestielt – **V:** Md, Cv – westmed

`[ H?| P?| G | T | C | L | ]` .... ***L. dentata*** L.

1* Zymen 2bltg, gegenstdg, in lockeren Infl. Kelch ± deutl. 2lippig, mit 3eckigen Zähnen. Kräuter od. Halbsträucher mit gefiedert-geschnittenen B. u. meist verzweigten Infl. (Sect. *Pterostoechas*)

4 B. grün, kurz behaart, wenigst. einige doppelt fiederspaltig. Pf. bis 150 cm hoch. Tragb. oft blau überlaufen. St. auf weite Strecke unbeblättert, ± kahl – **V:** E Can – **S:** Euphorbien-Stufe – **G:** KLE I [*L. multifida* L. ssp. *canariensis* (Mill.)Pit. u. Pr., *L. abrotanoides* Lam.]

`[ H | P | G | T | C | L?| F ]` "Hierba de risco" .... ***L. canariensis*** Mill.

4* B. graugrün, einfach fiederspaltig bis gefiedert (größere Fiedern z.T. etwas gelappt). St. behaart

5 Pf. dicht kurzhaarig. Kelch länger als das Tragb. B.lappen breit lanzettl. – **V:** Md

`[ | | | | L | F | ]` .... ***L. pinnata*** L.f.

– Blü. fleischrot

`[ | | | | L | | ]` .... **fo. incarnata** Sund.

– Pf. wollhaarig, Kelch so lang od. kürzer als das Tragb. Habitus vermittelt zwischen *L. pinnata* (B.form) u. *L. canariensis* (Behaarung) – **V:** E Can [*L. foliosa* Christ]

`[ | | | C | | | ]` .... ***L. minutolii*** Bolle

– B.lappen schmäler, Tragb. zugespitzt – **V:** E Can

			T			

.... **var. *tenuipinna*** Svent.

5* Kelch kürzer als das Tragb.

6 B. dick, im Umriß elliptisch- bis verkehrt-eif.-lanzettl. Fiederb. linear bis spatelf., Endfieder groß, ungleichmäßig rhombisch. Blü.standsstiel 10 – 15 cm, Scheinwirtel dicht – **V:** E Can

			T			

.... ***L. buchii*** Webb **var. *buchii***

6* B. im Umriß linear bis längl.-lanzettl., Fiederb. zugespitzt, im oberen Drittel am breitesten. Blü.standsstiel meist über 40 cm, Scheinwirtel getrennt

7 Obere B. einfach od. gezähnt – **V:** E Can, T Bc. Natero [*L. pinnata* var. *tolpidifolia* Svent.]

			T			

.... **var. *tolpidifolia*** (Svent.)León

7* Alle B. gleich – **V:** E Can

			T			

.... **var. *gracile*** León

Auf Cv auch:

– **V:** südmed-sah .... ***L. coronopifolia*** Poir.

– B. gestielt, breit eif., gesägt, am Grund rundl., beiderts kahl (Sect. *Pterostoechas*) – **V:** E Cv
.... ***L. rotundifolia*** Benth.

– Auf Md auch: B. beiderts grün u. behaart. Blü. weiß. Kelch-Hinterzahn größer (Sect. *Stoechas*) – **V:** südwestiber .... ***L. viridis*** L'Hér.

Marrubium

– B. rundl. Kelch an der Spitze kahl, zurückgekrümmt – **V:** Az, Md, Cv – med-sub-med-euraskont, durch Schafe verschl. – **G:** CHE I-1b

H	P	G	T	C	L	F

.... ***M. vulgare*** L.

Sideritis [Leucophae]

Zu genauerer Kenntnis können herangezogen werden: MENDOZA-HEUER (1974) u. PÉREZ DE PAZ & NEGRÍN SOSA (1992).

Arten mit sehr breiten B.: *S. lotsyi* (G), *S. nervosa* (T), *S. pumila* (LF), *S. cretica* (GT), *S. macrostachys* (T)

Arten mit sehr schmalen B. (3:1): *S. dendro-chahorra* (feinfilzig, T), *S. cystosiphon* (T), *S. soluta* (weißflockig-filzig, Infl. sehr lang, T), *S. dasygnaphala* (C), *S. gomerae* (G)

Arten mit bis zu 8 Zwischenb.: *S. cystosiphon* (T), *S. gomerae* (G), *S. nutans* (G)

SCHLÜSSEL 1: Auf der Grundlage von MENDOZA-HEUER (1974), stark gekürzt, aber z.T. ergänzt (Verbreitung nach den einzelnen Inseln: vgl. Schlüssel 2 S. 212; dort auch nähere Angaben zur Inselverbreitung).

1 Kelchaußenseite filzig. Wirtel meist nur bis 14bltg. Kelchzipfel meist nicht stachel-spitzig (vgl. aber 17*)

2 Wirtel dicht gedrängt. B. groß: (3 –)7 – 15 × (3 –)6 – 14 cm. B.oberseite runzelig, dunkelolivgrün. Krone außen dicht behaart – **V:** E Can – **G:** LAU II-20

			T			

.... ***S. macrostachys*** Poir.

2* Wirtel lockerer, B. meist kleiner. Krone außen nur locker behaart

3 Zwischenb. (sterile Hochb. an der Infl.achse) fehlend (bis 1)

4 Spreite der unteren B. am Grund herzf., Infl. bis 15 cm, Wirtel zus.hängend

5 Parakladien (Seitentriebe der Infl.) (0 –)1 – 8. Filz fein gelbl. od. weißl. (*S. dendro-chahorra*-Gruppe)

6 Filz weißl., beidseitig bleibend. Krone gelbl. – **V:** E Md .... ***S. candicans*** (Ait.)Webb et Berth.

6* Filz gelbl. od. weißl. B. oft beidseitig od. obersts verkahlend (vgl. aber 9). Krone meist
    gelbl. mit braunroten Zipfeln, selten nur gelbl.
7   Kelch innen ganz kahl od. nur im oberen Drittel behaart. B. oft gekerbt, schmal- bis
    breiteirundl.-lanzettl.
8   Zwischenb. 0 – 1. Untere B. eirund-lanzettl. (wenn schmal-eirund-lanzettl., so Filz
    gelbl. u. Zwischenb. 0)
9   B. filzig bleibend (höchst. einige obersts verkahlend). Filz meist gelbl.
10 Untere B. (schmal-)eirund-lanzettl. Kelch innen kahl od. in den Zipfeln behaart. Blü.
    gelbl., mit od. ohne rotbraune Zipfel. Hohe Sträucher – **V:** E Can

    | | | T | C? | | | . . . . *S. dendro-chahorra* Bolle

10* Untere B. eirund-lanzettl., gekerbt
11 Kelch innen behaart – **V:** E Can

    | | G | | | | . . . . *S. lotsyi* (Pit.)Bornm.

11* Kelchinnenseite nur im oberen Drittel behaart. Filz gelbl.
12 Infl. mehrfach verzweigt – **V:** E Can

    | P | | | | | | . . . . *S. barbellata* Mend.-Heu. em. Pér. et Negrín

12* Infl. nur selten mehrfach verzweigt – **V:** E Can

    | H | | | | | | . . . . *S. ferrensis* Pér. et Negrín

9* B.oberseite fast kahl od. verkahlend (nur junge B. filzig). Filz der B. weißl. (an
    Brakteen u. Kelch oft gelb.)
13 Kelch innen in den Zipfeln behaart. Krone gelbl., Parakladien 3 – 4 – **V:** E Can

    | | | T | | | | . . . . *S. kuegleriana* Bornm.

13* Kelch weiter hinab (im oberen Drittel) behaart. Krone gelbl. mit dunklen Zipfeln.
    Ohne Parakladien – **V:** E Can (Seit Erstbeschreibung nicht mehr gefunden) – **G:**
    LAU II-1a

    | | G? | T? | | | . . . . *S. bolleana* Bornm.

8* Zwischenb. 1 – 4. Filz weißl., obersts z.T. verkahlend. Kelch 6 – 7 mm, in Zipfeln
    behaart. Krone gelbl. mit rotbraunen Zipfeln – **V:** E Can

    | | | T | | | | . . . . *S. cystosiphon* Svent.

7* Kelch innen mindest. in der oberen Hälfte locker behaart. Untere B. (breit)eirund, an
    der Spitze gerundet, am Grund etwas herzf., B.rand kaum gekerbt. Kelch 5 – 8 mm,
    Krone gelb
14 Parakladien 1 – 3, Zwischenb. 0. Wirtel ca. 8. Oberer Sproßteil mit gelbl. Filz. Kelch-
    zipfel 1 – 1,5 mm – **V:** E Can [*Leucophae n.* Christ]

    | | | T | | | | . . . . *S. nervosa* (Christ)Lind.

14* Parakladien 0 – 2, Zwischenb. 0 – 1. Wirtel ca. 5. Oberer Sproßteil wie der untere mit
    weißl. Filz. Kelchzipfel 1 – 2 mm – **V:** E Can

    | | | | L | F | . . . . *S. pumila* (Christ)Mend.-Heu.

5* Parakladien 0(– 1), manchmal länger als Hauptachse. Filz dick, weißl., 2schichtig (aus
    langen verzweigten u. kurzen einfachen Haaren)
15 Untere B. meist breit ei-rund, beidersts filzig mit Sternhaaren. B.stiel meist kürzer als
    die Spreite. Kelch 4 – 6 mm, innen ganz behaart, Kelchzipfel gerundet [*Leucophae
    argosphacelos* Webb et Berth., *L. candicans* Webb et Berth. fo. *argosphacelos* (Webb
    et Berth.)Burch., *S. argosphacelus* (Webb et Berth.)Clos] . . . . *S. cretica* L.

a   Scheinwirtel oft mit 6 – 10 Blü. – **V:** E Can ☐70

    | | | T | | | | . . . . **ssp. cretica**

a* Scheinwirtel meist mit weniger als 6 Blü. – **V:** E Can

    | | G | | | | | . . . . **ssp. spicata** (Pit.)Negrín et Pér.

15* B. ohne Sternhaare, B.stiel länger als die Spreite – **V:** E Can

⬜⬜⬜G⬜⬜⬜⬜⬜⬜...........................**S. marmorea** Bolle

4* Spreite der unteren B. am Grund gestutzt od. abgerundet bis fast keilf., meist schmaleirund-lanzettl., meist deutl. gekerbt od. gesägt

16 Infl. bis 25 cm lang, mit 1–4 Paaren von Parakladien. Wirtel vorw. voneinander getrennt. Kelch 5–7 mm, Kelchzipfel 1,2–2 mm, innen ± kahl [*Leucophae dendrochahorra* (Bolle)Christ var. *soluta* (Webb ex Clos)Kunk.] . . . . **S. soluta** Clos

a Ältere B. obersts graugrün od. gelbgrün, meist dicht behaart – **V:** E Can

⬜⬜⬜T⬜⬜⬜⬜⬜⬜..**ssp. soluta**

a* Ältere B. olivgrün, verkahlend od. flaumig behaart – **V:** E Can

⬜⬜⬜T⬜⬜⬜⬜⬜⬜.....................**ssp. gueimaris** Negrín et Pér.

16* Infl. mit 0–1 Paar von Parakladien [*Leucophae candicans* Webb et Berth., *S. cretica* L. sensu Mend.-Heu.] . . . . **S. oroteneriffae** Negrín et Pér.

a B. obersts weißl. od. grau, selten mit herzf. Basis – **V:** E Can

⬜⬜⬜T⬜⬜⬜⬜⬜⬜..**var. oroteneriffae**

a* B. obersts gelbl.-grün, mit herzf. Basis – **V:** E Can

⬜⬜⬜T⬜⬜⬜⬜⬜⬜.........................**var. arayae** Negrín et Pér.

3* Zwischenb. 1–3 (selten mehr). Wirtel arm- bis normal-(bis 14)bltg, ca. 1,5 cm im Durchm.

17 Kelchzipfel ohne Stachelspitze, wenn mit kurzer Stachelspitze, dann Kelch höchst. in den Zipfeln behaart

18 Parakladien 1–5, stufig abgehend. Zwischenb. 1 (bei *S. cystosiphon* 2–4). Filz meist fein, oft nur untersts (Nanophanerophyten, vgl. 3)

18* Parakladien 0 (od., wenn 1–3, am Grund der Hauptachse konzentriert). Meist Chamaephyten. Filz dick, beidseitig. Krone gelbl. mit rötl. Zipfeln

19 Infl. unverzweigt, die unteren Blü.wirtel vorw. voneinander getrennt, die oberen gehäuft, meist mehr als 6. Zwischenb. 1–3. Filz dick wollig, weißl. Untere B. am Grund gestutzt od. gerundet, schmal-eirund-lanzettl., Kelch 6,5 mm, Kelchzipfel 1,8 mm lang zugespitzt. Kelch außen u. in den Zipfeln auffällig langzottig – **V:** E Can [*S. cretica* L. var. *eriocephala* (Clos)Mend.-Heu.]

⬜⬜⬜T⬜⬜⬜⬜⬜⬜..............**S. eriocephala** Marrero ex Negrín et Pér.

19* 1 Paar Parakladien (selten mehr), Zwischenb. 1. Filz dicht, strohfarben. Kelch 5–6 mm, innen in den Zipfeln wenig behaart – **V:** E Can [*S. lotsyi* (Pit.)Bornm. var. *mascaensis* Svent.]

⬜⬜⬜T⬜⬜⬜⬜⬜⬜..........**S. brevicaulis** Mend.-Heu. em. Pér. et Negrín

17* Kelchzipfel meist in Stachelspitze auslaufend. Kelch innen oben bis $^1/_2$ bis $^1/_3$ behaart

20 Stachelspitze des Kelch meist gut sichtbar. Ganze Krone schwefelgelb – **V:** E Can

⬜⬜⬜C⬜⬜⬜⬜⬜⬜........**S. dasygnaphala** (Webb et Berth.)Clos em. Svent.

20* Stachelspitze kurz, durch lange Haare verdeckt. Krone rosapurpurn, in der Lippe dunkelgefleckt. Kleiner Strauch bis 70 cm. B. lanzettl., 3–6 cm, filzig – **V:** E Can

⬜⬜⬜C⬜⬜⬜⬜⬜⬜....................**S. sventenii** (Kunk.)Mend.-Heu.

1* Kelchaußenseite nicht filzig, leicht behaart bis fast kahl. B. untersts meist filzig. Durchm. der größten Wirtel ca. 2–3 cm. Kelchzipfel bis 3 mm, fast immer mit Stachelspitze

21 Wirtel armbltg (8–12 Blü.). Parakladien 0, Zwischenb. 1. Wirtel wenige (ca. 5), deutl. voneinander abgesetzt. B. dünnhäutig, obersts fast kahl, olivgrün – **V:** E Can

⬜⬜⬜T⬜⬜⬜⬜⬜⬜......................**S. infernalis** Bolle em.Svent.

21* Wirtel reichbltg (über 14 Blü.)

22   Kelch innen kahl od. in den Zipfeln schwach behaart, außen mit verzweigten Haaren bedeckt. Krone gelbl. Vorb. bis kelchlang
23   Infl. kurz (bis 11 cm). Wirtel zus.hängend. Parakladien 1–2, Zwischenb. 0–1. Kelchzipfel innen schwach behaart, Krone gelb. Pf. bis 1 m hoch – **V:** E Can

☐ ☐ ☐ ☐ C ☐ ☐

. . . . *S. discolor* Bolle
23*   Infl. lang (bis 30 cm). Wirtel vorw. voneinander getrennt. Parakladien 0–4, Zwischenb. 1–3. Kelch innen höchst. in den Zipfeln schwach behaart, Krone weiß. Pf. bis 2 m hoch – **V:** E Can – **G:** LAU [*Leucophae c.* (L.)Webb et Berth.]

☐ H ☐ P ☐ T ☐ ☐ ☐ . . . . *S. canariensis* L.
22*   Kelch innen fast ganz behaart, außen vorw. mit einfachen Haaren. Wirtel zus.hängend. Vorb. ca. 1 mm. (*S. gomeraea*-Gruppe, Arten von G)
24   Stachelspitze der Kelchzipfel ca. 0,5 mm, Kelch graugrün. Scheinähren locker (wenigst. im unteren Drittel) . . . . *S. gomerae* Bolle
a   Zwischenb. dicht stehend. Pf. 25–50 cm hoch – **V:** E Can

☐ ☐ G ☐ ☐ ☐ ☐ . . . . **ssp.** *gomerae*
a*   Zwischenb. entfernt stehend – **V:** E Can

☐ ☐ G ☐ ☐ ☐ ☐ . . . . **ssp.** *perezii* Negrín
24*   Stachelspitze der Kelchzipfel ca. 1 mm. Scheinähren dicht. Zwischenb. 1–4, schwach behaart, mit Drüsenhaaren. Infl.achse drüsig behaart, Infl. meist nickend – **V:** E Can

☐ ☐ G ☐ ☐ ☐ ☐ . . . . *S. nutans* Svent.

SCHLÜSSEL 2: Die Angehörigen dieser Gattung sind vielfach inselendemisch. Nach Inseln getrennte Schlüssel sollen daher die Bestimmung erleichtern. (Angaben zur weiteren Verbreitung und zum Gesellschaftsanschluß: vgl. Schlüssel 1 S. 209)

El Hierro
1   Kelch außen nicht filzig. B. beiderts dicht wollig-filzig, gelbl. behaart. Scheinwirtel 20–60bltg, oft fast kugelig. Pf. hochwüchsig – **V:** Ca. 600 m . . . . *S. canariensis* L.
1*   Kelch außen filzig. Untere B. oft oberts verkahlend. Kleiner Strauch – **V:** Im O, 200–800 m – **S:** Heiße Felsen . . . . *S. ferrensis* Negrín et Pér.

La Palma
1   Kelch außen behaart, innen kahl. B. oberts i.d.R. dicht wollig. Haare gelbl. Scheinwirtel 20–60bltg., oft fast kugelig. Pf. hochwüchsig – **V:** Im N, 650–1000 m
. . . . *S. canariensis* L.
1*   Kelch innen im oberen Drittel behaart. Untere B. oberts verkahlend, grün, unterts durch dichte Behaarung gelbl. Scheinwirtel 8–24bltg – **V:** 200–1000 m u. darüber
. . . . *S. barbellata* Mend.-Heu. em. Pér. et Negrín

La Gomera
1   Tragb. am Grund breit herzf., sitzend. Infl. nickend
2   B. grün, drüsig, Stachelspitze des Kelchs lang – **V:** Im W, 200–700 m, selten
. . . . *S. nutans* Svent.
2*   B. weißwollig. Zwischenb. dicht stehend. Stachelspitze des Kelchs kurz – **V:** Im O, 400–850 m . . . . *S. gomerae* Bolle **ssp.** *gomerae*
–   B. oberts grün, drüsig. Zwischenb. entfernt. Stachelspitze des Kelchs lang. B. lang gestielt – **V:** Im S, 700–1000 m . . . . **ssp.** *perezii* Negrín
1*   Tragb. gestielt od. keilf. verschmälert
3   B. lang gestielt (Stiellänge bis doppelte Spreite). Kelch groß (bis 8 mm) – **V:** Im O (Puntallana), 300–500 m, sehr selten . . . . *S. marmorea* Bolle
3*   B.stiel höchst. so lang wie Spreite

4　B. groß (bis 9 cm lang), am Grund herzf. Kelch verlängert. Kronlippen deutl. rotbraun
　　– **V:** 600–1000 m . . . . *S. lotsyi* (Pit.)Bornm.
4*　B. kleiner. Krone nach außen aufgebaucht – **V:** Im N, 100–1100 m
　　. . . . . *S. cretica* ssp. *spicata* (Pit.)Negrín et Pér.

Tenerife

1　Kelch außen schwach behaart bis kahl
2　B. dünn, runzelig, obersts fast kahl, olivgrün, drüsig. Infl. armbltg. Krone weiß, Lippen
　　rotbraun. Kleiner Strauch – **V:** Im SW (Umgebung von Adeje), sehr selten (vgl. auch
　　S. cystosiphon) . . . . *S. infernalis* Bolle em. Svent.
2*　B.oberseite ± dicht wollig (Behaarung gelbl.). Scheinwirtel 20–36bltg, fast kugelig.
　　Infl. reichbltg. Krone gelbl., Lippen dunkel. Pf. hochwüchsig – **V:** Haupts. im N,
　　500–1000 m . . . . *S. canariensis* L.
1*　Kelch außen filzig
3　B.oberseite verkahlend bis kahl, grün od. grau (Wenn B. schmallanzettl., vgl. auch *S.
　　cystosiphon* s.u.)
4　Infl. dicht, mit großen Tragb. durchsetzt. B. groß (bis 10 cm), breit herzf. Blü. weiß,
　　Lippen hellbraun. Pf. bis über 1 m hoch – **V:** Im N, 500–1000 m, selten
　　. . . . . *S. macrostachys* Poir.
4*　Tragb. die Scheinwirtel nicht od. nur wenig überragend
5　Krone gelbl., Zipfel braun. B. obersts grau. Infl. zuletzt nickend □70
　　. . . . . *S. cretica* L. ssp. *cretica*
5　Kronzipfel gelb
6　Kelch innen behaart. B. eilängl., bes. unterts mit stark vorspringender Aderung.
　　Kleiner Strauch – **V:** Punta de Teno, 50–150 m, sehr selten – **S:** Heiße Felsen
　　. . . . . *S. nervosa* (Christ)Lind.
6*　Merkmale nicht zus.treffend
7　Kelch innen höchst. an den Zipfeln behaart. B. dünn, Adern kaum vorspringend. Infl.
　　zuletzt nickend – **V:** Im N (Zwischen Icod u. Los Silos, La Matanza), 200–500 m
　　. . . . . *S. kuegleriana* Bornm.
7*　Kelch im oberen Drittel behaart. Krone gelbl. mit dunklen Zipfeln. Ohne Parakladien
　　(Seit Erstbeschreibung nicht mehr gefunden) . . . . *S. bolleana* Bornm.
3*　B. auch obersts dicht behaart bis filzig
8　Kronb.zipfel gelb, spitzl. B. schmal eilanzettl. Kelch innen kahl. Strauch, bis 2 m hoch
　　– **V:** Anaga, (150–)900 m . . . . *S. dendro-chahorra* Bolle
8*　Kronb.zipfel nicht gelb
9　Kronb.zipfel purpur-violett, den Kelch nur wenig überragend. B. lang gestielt – **V:**
　　Vilaflor–Cañadas, 1800–2400 m . . . . . . *S. eriocephala* Marrero ex Negrín et Pér.
9*　Kronb.zipfel braun(-rot)
10　Kelch innen ± kahl
11　Dichter , stark verzweigter Strauch, B. meist eilängl., weißfilzig. Lippen der Krone
　　sehr kurz – **S:** Kiefernwald . . . . *S. oroteneriffae* Negrín et Pér.
a　B. obersts weißl. od. grau, selten mit herzf. Basis – **V:** Cumbre , . **var. oroteneriffae**
a*　B. obersts gelbl.-grün, mit herzf. Basis – **V:** Montes de Candelaria
　　. . . . . **var. arayae** Negrín et Pér.
11*　Hochwüchsiger, höherer Strauch mit verlängerten Infl. (bis zu 4 Astpaare!). B. meist
　　lanzettl., gelbl. behaart . . . . *S. soluta* Clos
a　Ältere B. obersts graugrün od. gelbgrün, meist dicht behaart – **V:** Im S . ssp. *soluta*
a*　Ältere B. olivgrün, verkahlend od. flaumig behaart – **V:** Ladera de Güimar
　　. . . . . ssp. *gueimaris* Negrín et Pér.
10*　Kelch innen mindest. an den Zipfeln behaart. Dichte Sträucher
12　B. schmallanzettl., am Grund abgerundet od. in den Stiel verschmälert. Infl. locker,

Krone blaßgelb od. weiß (B. manchmal obersts verkahlend!) – **V:** Nur südl. von
Santiago del Teide, 600–800 m . . . . *S. cystosiphon* Svent.

12* B. klein, 1–3(–5) cm lang, seidig behaart – **V:** Im NW (Teno), 250–1200 m
. . . . *S. brevicaulis* Mend.-Heu. em. Pér. et Negrín

Gran Canaria

1 Lippen der (kleinen) Krone rosapurpurn. B. lanzettl., filzig. Strauch (bis 70 cm) – **V:**
Im S, 400–500 m, selten . . . . *S. sventenii* (Kunk.)Mend.-Heu.

1* Lippen der Krone gelb

2 Kelchzähne in eine über 1 mm lange Gra.spitze ausgezogen

3 B.grund herzf. Pf. hochwüchsig (bis 1,5 m). B. groß, obersts grün, kurzhaarig, untersts
graufilzig. Krone weiß mit gelben Lippen – **V:** Im N, 600–700 m, sehr selten
. . . . *S. discolor* Bolle

3* B.grund gerundet od. gestutzt. Kleine Strauch, B. lang gestielt, schmal eilanzettl.,
obersts weißfilzig – **V:** 1200–1900 m
. . . . *S. dasygnaphala* (Webb et Berth.)Clos em.Svent.

2* Gra.spitze der Kelchzähne höchst. 0,5 mm lang. Pf. hochwüchsig (bis 2 m). B. schmal
eilanzettl., fast ganzrandig. Kelch innen kahl – **V:** Guayedra?
. . . . *S. dendro-chahorra* Bolle

– Kelch im oberen Drittel behaart. Krone gelbl. mit dunklen Zipfeln. Ohne Parakladien
(Seit Erstbeschreibung nicht mehr gefunden) . . . . *S. bolleana* Bornm.

Lanzarote, Fuerteventura

– Von den Ostinseln nur bekannt: Dichter, kleiner Strauch, B. obersts kurzhaarig, grün.
Infl. armbltg, 15–20 cm lang. Kelch innen behaart – **V:** L 300–600 m, F 600–
800 m . . . . *S. pumila* (Christ)Mend.-Heu.

Cedronella

– Infl. dichtährig bis kopfig, terminal. Blü. rosa. Halb-
strauch bis 180 cm – **V:** T hautps. im N, 300–1500 m
– Az, Md – **S:** Lorbeerwald, Fayal-Brezal [*C. triphylla*
Moench] ☐69

H	P	G	T	C		

"Algaritofe" . . . . *C. canariensis* (L.)Webb et Berth.

– Blü. weiß – **V:** T Anaga 900 m

			T			

. . . . **fo. albiflora** Pit.

Nepeta

1 Am Grund verholztes Kraut bis Halbstrauch, bis 1 m hoch, weich behaart. B. längl.-
lanzettl., stumpf, am Rand grob gezähnt. Infl. meist verzweigt. Kelch u. Tragb. meist
purpurn überlaufen. Krone violettblau – **V:** E Can, T Cañadas, 1800–2700 m, in
Barrancos auch tiefer – **G:** SPA I-1a,b ☐73

	P		T			

"Yerba del Teide" . . . . *N. teydea* Webb et Berth.

1* St. oben gelbl.-grün, Krone weiß – **V:** T Arenas negras um 2100 m, Portillo

			T			

. . . . **var. albiflora** Svent.

Dracocephalum

– Einjährig, zerstreut behaart. Krone nur 7–9 mm, lila – **V:** kont (Rußland, Bulgarien)

		G?				

. . . . *D. thymiflorum* L.

Prunella

- Pf. 5–25 cm hoch, mit kriechenden Ausläufern. B. gestielt, längl.-eif., Blü. blauviolett in terminaler Infl. – **V:** Az, Md, Cv – euras, weltweit verschl. – **G:** ARR

	P		T?	C			

.... **P. vulgaris** L.

Lamium

1 B. im Blü.std sitzend, abgerundet herzf. am Grund, st.umfassend. Scheinähren mit lockeren, entfernten Scheinwirteln. Krone ohne Haarring – **V:** euras-submed-med, weltweit verschl. – **G:** CHE

H	P	G	T	C	L	F?	

.... **L. amplexicaule** L.

1* Obere B. kurz gestielt od. sitzend, nicht st.umfassend, eif. bis herzeif.

2 B.stiel nicht verbreitert. Blü. 12–14 mm lang. B. i.d.R. regelm. gezähnt, ohne tiefe Ausrandungen. Infl. sehr rauhhaarig, vor der Anthese rötl. – **V:** Az, Md – euras-submed, verschl.

				C			

.... **L. purpureum** L.

2* Blü. 8–9 mm. Obere B. unregelm. u. tief eingeschnitten gezähnt, Lappen 5–7 mm tief. Blü.std kurz, vor der Anthese nicht rötl. – **V:** Md – subatl-submed [*L. hybridum* Vill.]

			T				

.... **L. incisum** Willd.

Ballota

- Ausdauernde Pf. B. eif., weichhaarig, Blü. schmutzig-violett, zu 4–10 in gestielten, b.achselstg Blü.stand – **V:** Az, Md – med-submed, verschl. – **G:** ART

H							

.... **B. nigra** L.

a Kelchzähne lanzettl., bis 4 mm lang. St.b. spärl. behaart, 3–7 cm lang – **V:** ostmed-gemäßkont

.... **ssp. nigra**

a* Kelchzähne eif.-3eckig, bis 2 mm lang, kurz gespitzt. St.b. weichhaarig, 2–5 cm lang u. ± ebenso breit – **V:** westmed-subatl [*B. alba* L.]

.... **ssp. foetida** (Vis.)Hayek

Stachys

1 Einjährige Arten mit dünner Wurzel, ohne nichtblühende Erneuerungstriebe

2 Krone weißl.-blaßrosa, 6–8 mm lang, behaart, kaum länger als der Kelch. Oberlippe ganz. St. borstig-drüsig, niederliegend-aufsteigend – **V:** Az, Md, Cv – med-subatl – **G:** CHE I-1o, SEC I-1b

H	P	G	T	C	L	F	

.... **S. arvensis** L.

2* Krone groß (12–15 mm), doppelt so lang wie der Kelch, mit gespaltener Oberlippe, diese weiß, Unterlippe gelb – **V:** Md – westmed [*S. hirta* L.]

H	P	G	T	C	L	F	

.... **S. ocymastrum** (L.)Briq.

1* Stauden mit kräftiger Wurzel, im allgemeinen mit nichtblühenden Erneuerungstrieben

3 B. eif.-längl., gekerbt, weißwollig (mindest. auf der Unterseite), dick, steif. Ähre silberweiß, Blü. rosa. Kelch mit langen Wollhaaren, nicht drüsig. Unterste Tragb.

herzf., an der Basis am breitesten – **V:** E Can

		T			

S. germanica L. **ssp.** *cordigera* Briq. **var.** *canariensis* F.Q. et Svent.

3* B. lineal-lanzettl., lang in den Stiel verschmälert, an der Spitze gezähnt, 3–8 cm lang. **Pf.** ± rauhhaarig, niederliegend. Kelch rot – **V:** Can sine loco – südmed

.... *S. arenaria* Vahl

Salvia

1   Kelchlappen zur Fr.zeit erweitert, häutig-aderig. Saftdecke am Grund der Kronröhre, bestehend aus einer ringf. Haarleiste. (Subgen. *Schraderia*: Orientalisch-südafr. Arten) Sect. *Nactosphace*: Meist harte, holzige Halbsträucher od. Sträucher. Kelch mit schmaler Röhre. Kronoberlippe gebogen od. sichelf., zus.gedrückt (Südafr. Sect., nur 1 Art außerhalb SAfr ursprüngl.)

2   B. sitzend, steif, lederig, obersts fast kahl, untersts weißfilzig. Kelch sehr stark behaart. B. fast ganzrandig, spitz. Kronoberlippe wenig gebogen – **V:** Kapland

	P?					

.... *S. africana* L.

2* B. gestielt, bis 15 cm lang, pfeilf., oben grün, runzelig, unten weißfilzig. Zweige weit ausladend. Infl. endstdg, breitpyramidal verzweigt. Tragb. eif., stumpf, purpurn. Blü. groß, länger als der Kelch, purpurrosa (var. *albiflora* Bolle: weiß). Kronoberlippe ± sichelf. Kelch weichhaarig. St. weißfilzig. Großer Strauch (bis 2,5 m) – **V:** E Can, T v.a. Südgehänge 300–1700 m – **G:** PIN I-2

H?	P	G	T	C	L	F

"Garitopa" .... *S. canariensis* L.

–   Auch B.oberseite dick weißfilzig

			C		

.... **var.** *candidissima* Bolle

1* Kelchlappen zur Fr.zeit nicht od. nur schwach verändert

3   Blü. nicht scharlachrot

4   Blü. (rosa-)weiß, innen ohne Haarring. Pf. klebrig. B. breit herzf., unregelmäßig gezähnt, weißfilzig, bis 30 cm lang, obersts grün, netznervig. Kelch glockig od. röhrig, Oberlippe 3zähnig, mit aufrechten od. kaum zus.neigenden Zähnen, der mittlere oft sehr klein. Kleiner Strauch (bis 1 m). Infl. meist verzweigt, Tragb. eif. mit aufgesetztem Spitzch. – **V:** E Can, T Anaga-Süd, Teno, Masca, bis etwa 400 m (incl. *S. bolleana* Noé)

		T			

.... *S. broussonetii* Benth.

–   Krone weiß, violett gefleckt. B. 15–20 × 2 mm – **V:** E Can, sehr selten

					F

.... *S. herbanica* Santos et Fernández

–   Blü. weiß, Kelch wollig-violett. B. schmal-lanzettl., fein gekräuselt, obersts grün, untersts flaumig-weiß – **V:** Md, Cv – Heimat Mexico – **S:** V.a. an Straßenrändern verwild.

	P	G	T	C		

.... *S. leucantha* Cav.

4* Blü. nur ausnahmsweise weiß

5   Saftdecke aus ringf. Haarleiste im Grund der rotvioletten Krone. Oberlippe der Krone aufrecht, fast gerade. Kelchzähne spitz. B. gestielt, tief 3lappig, am Grund mit 2 elliptischen Fiedern. Tragb. viel kürzer als die Blü. Infl. klebrig. Strauch mit steifen, holzigen Zweigen, angedrückt weißfilzig – **V:** Md – ostmed

H		T			

.... *S. triloba* L.f.

5* Vor. Merkmale nicht zus.treffend

6   Krone violettblau, bis 35 mm, Kelch 10 – 14 mm. Strauch bis 60 cm. Zweige abstehend
     filzig – **V: Az** – med

     | | | | T | | | | .... ***S. officinalis*** L.

6*   Krone blau od. blaßviolett

7   Krone 6 – 10 mm, blaßviolett. Tragb. u. Vorb. klein. Kelch lang drüsenhaarig. Klausen
     stahlblau. Starr verzweigter Halbstrauch. B. klein, entfernt sitzend, lanzettl.-lineal,
     gezähnt – **V: T** im S, tief, Lob – Cv – südmed-sah – **G: KLE I-1c**

     | | | G | T | C | L | F | .... ***S. aegyptiaca*** L.

7*   Krone blau (selten weiß). Untere Staubb.schenkel löffelartig. Kelchoberlippe breit,
     rundl., Zähne weiß behaart. Niedrige, wenig verzweigte Pf. vom Habitus des Wiesen-
     Salbei

8   B. lanzettl.-eilängl., seltener eif., ungelappt od. sehr schwach gelappt – **V: Md** – med
     (teilw. folg. Art?)

     | H | | G | T | C | L | F | .... ***S. verbenaca*** L.

8*   B. im Umriß eif. od. eilängl., bis zu $^1/_3$ der halben Spreite fiederlappig – **V: Md** –
     med (var. der vor. Art?)

     | | | | T | | | | .... ***S. clandestina*** L.

3*   Blü. scharlachrot. Kronunterlippe doppelt so lang wie Oberlippe, breit. B. untersts
     weiß behaart. Halbstrauch – **V: Can** gartenflücht. – Md, Cv – trop. Am, pantrop
     verschl. (incl. *S. pseudococcinea* Jacq.)

     | | P | | T | C | L | | .... ***S. coccinea*** Juss.

Melissa

–   Pf. bis 1 m hoch, stark nach Zitronen duftend. B. eif., gekerbt-gezähnt, Blü. weiß bis
     bläul., zu 3 – 6 in B.achseln – **V: Md** – ostsubmed-med

     | | P? | G | T | C | | | .... ***M. officinalis*** L.

Micromeria "Tomillo"

Zur genaueren Kenntnis der Gattung *Micromeria* vgl. PÉREZ DE PAZ (1978).

1   Blü. groß, über 1 cm lang, Breite der geöffneten Blü. über 6 mm. B. meist flach

2   Größere Blü. über 20 mm lang. Größere Sträucher, Blü. lang aus dem Kelch ragend
     (Sect. *Pineolentia* Pér.)

3   Blü. 10 – 15 mm lang, Breite der geöffneten Blü. um 7 mm. Kelch 4 – 6 mm, Zähne
     der Kelchoberlippe 3eckig. Blü. purpurn, selten weiß. B. bis über 1 cm breit. Pf.
     hochwüchsig (bis 80 cm) – **V: E Can, C** im NW, 700 – 1400 m, bes. im Pinar de
     Tamadaba – **G: PIN I-1**

     | | | | | C | | | .... ***M. pineolens*** Svent.

3*   Blü. 15 – 20 mm lang, Breite mindest. 10 mm. Kelch 9 – 11 mm, Zähne seiner Oberlip-
     pe lanzettl. Blü. weiß bis schwach lila. B. ericoid umgerollt, bis 5 mm breit. Pf. niedrig,
     meist unter 20 cm hoch – **V: E Can, C** im W, 200 – 800 m – **G: ASP I-1a**

     | | | | | C | | | .... ***M. leucantha*** Svent. ex Pér.

2*   Größere B. nur bis 15 mm lang

4   B. flach, die größeren bis 8 mm breit. Blü. 10 – 20 mm lang, geöffnet 6 – 10 mm breit,
     doppelt so lang wie der Kelch

5   Kelch 9 – 12 mm lang, deutl. 2lippig. Zähne der Unterlippe bis über doppelt so lang
     wie die der Oberlippe. B. untersts zerstr. behaart u. kurzdrüsig (Lupe!) – **V: E Can,
     C** im Z u. S, (200 –)500 – 1400 m – **G: ASP I-1a**

     | | | | | C | | | .... ***M. helianthemifolia*** Webb et Berth.

5* Kelch 6–9 mm lang, nur schwach 2lippig. B. obersts ± kahl, grün. Blü. am Ende der Äste gehäuft. Krone etwa doppelt so lang wie der Kelch

6 B. (ei-)lanzettl., bis 15 × 8 mm – **V:** E Can, T Anaga-SO-Fuß, in Phonolith-Spalten

☐☐☐ T ☐☐☐ …………………………… *M. rivas-martinezii* Wildpr.

6* B. spitz eif., ca. 8 × 6 mm, obersts glänzend grün. Pf. dicht belaubt. Infl. dicht – **V:** E Can, T Anaga-N, 300–400 m – **S:** Frische Felsspalten, oft mit *Aeonium tabulaeforme* – **G:** ASP I

☐☐☐ T ☐☐☐ …………………………… *M. glomerata* Pér.

4* B. ericoid, bis zum Mittelnerv umgerollt. Blü. 7–10 mm lang, geöffnet bis 6 mm breit: *M. benthamii* s.u.

1* Blü. höchst. 10, meist unter 6 mm lang. Breite der geöffneten Blü. höchst. 5(6) mm

– B. ± behaart – **V:** Cv – **S:** montan ……………………………… *M. forbesii* Benth.

7 B. flach, eilanzettl. bis herzf. (Wenn Krone bis 7 mm lang, vgl. auch Formen von *M. herpyllomorpha*). Zweige (mit Ausnahme der jüngsten) kahl. B. obersts glänzend grün. Blü. klein (3–5 mm), in sehr verlängerter Infl., rötl.-purpurn – **V:** E Can, T im SO, Anaga bis Fasnia, 20–500 m – **G:** KLE I

☐ P? ☐ T ☐☐☐ …………………………… *M. teneriffae* (Poir.)Benth.

– B. fast kreisrund-herzf. – **V:** T Güimar bis Fasnia – **G:** KLE I-1

☐☐☐ T ☐☐☐ …………………………… **var. *cordifolia*** Pér.

7* Meiste B. ± ericoid, meist am Rand umgerollt

8 Ganze Pf. ± dicht weiß behaart bis weißwollig, Blü. weiß od. blaßgelb od. violett (Nur von C bekannte Arten)

9 Blü. klein (2–4 mm), den bis 3 mm langen Kelch kaum überragend. Zweige niederliegend – **V:** E Can, C im Z, 700–1900 m – **G:** PIN

☐☐☐ C ☐☐☐ …………………………… *M. lanata* (Chr.Sm.)Benth.

9* Blü. über 5 mm lang, Kelch 4–5(–6,6) mm lang. Zweige liegend-aufsteigend

10 Krone 7–10 mm lang, den nur schwach 2lippigen Kelch weit überragend. Zymen u. Einzelblü. sitzend bis kurzgestielt – **V:** E Can, C 500–1900 m – **G:** PIN I-2b

☐☐☐ T? C ☐☐☐ …………………………… *M. benthamii* Webb et Berth.

10* Krone nur 5–6 mm lang. Kelch deutl. 2lippig. Zymen ± lang gestielt – **V:** E Can

☐☐☐ C F? ☐☐☐ …………………………… *M. tenuis* (Link)Webb et Berth.

a Blü. lang gestielt – **V:** C im W u. SW, bis 800 m [*M. polioides* Webb et Berth.]

☐☐☐ C ☐☐☐ …………………………… **ssp. *tenuis***

a* Blü. kurz gestielt bis fast sitzend – **V:** C im N, bis 300 m – **G:** KLE I-2f

☐☐☐ C ☐☐☐ …………………………… **ssp. *linkii*** (Webb et Berth.)Pér.

11 Krone 1,5 bis 2mal so lang wie der 3–3,5 mm lange Kelch. Größere B. manchmal fast flach, bis 15 × 7 mm, obersts kahl – **V:** E Can, P 50–1800 m, verbr.

☐☐ P ☐☐☐ …………………………… *M. herpyllomorpha* Webb et Berth.

11* Krone höchst. um die Hälfte länge als der Kelch

12 Kelch deutl. 2lippig, i.d.R. 13nervig (Vgl. aber Formen von *M. hyssopifolia*!)

13 Zymen lang gestielt, daher Blü. die B. weit überragend. B.rand stark umgerollt – **V:** E Can

☐☐ G ☐☐☐ …………………………… *M. lepida* Webb et Berth.

a Stiele der Einzelblü. lang. B. schwach behaart – **V:** G im W, über 600 m – **G:** LAU II

☐☐ G ☐☐☐ …………………………… **ssp. *lepida***

a*   Stiele der Einzelblü. kürzer, daher Infl. dichter. Pf. dicht behaart – **V:** G im SO u. O, bis 700 m – **G:** KLE [*M. densiflora* Bolle]

		G				

.... **ssp. *bolleana*** Pér.

13* Zymen kurz gestielt bis fast sitzend

14   Pf. graul. behaart. Kelch meist graufilzig. Größere B. bis 16 × 8 mm, oft verkahlend. Krone überwiegend weiß – **V:** E Can

H		T				

.... ***M. hyssopifolia*** Webb et Berth.

a   Krone weiß, selten blaßrosa, Pf. graugrün – **G:** H verbr., T 500–2000 m – **G:** PIN

H		T				

.... **var. *hyssopifolia***

a*   Krone rötl., B. verkahlend. Pf. bis 80 cm hoch – **V:** T im N – **G:** OLR I

			T			

.... **var. *glabrescens*** (Webb et Berth.)Pér.

a** Krone weiß. Pf. graufilzig. Pf. klein (*Frankenia*-ähnl.), Äste bis 15(20) cm lang – **V:** T im S – **G:** KLE I-1

			T			

.... **var. *kuegleri*** (Bornm.)P.Pér

14* Pf. verkahlend, grünl. B. oft rotgefleckt. Kelch grün od. rotfleckig. Krone i.d.R. purpurn – **V:** E Mak (auf Md ssp. *thymoides* (Sol.)P.Pér) [*M. ericifolia* Bornm.]

H	P?		T	C	L	F

.... ***M. varia*** Benth.

–   10–30 cm groß – **V:** G im N, Z u. O, T im N bis 500(1000) m

		G	T			

.... **ssp. *varia***

–   15–40 cm groß, i.d.R. verkahlend – **V:** G im S u. Z, bes. 400–800 m

		G				

.... **ssp. *gomerensis*** Pér.

–   Hochwüchsig (bis 80 cm), B. verkahlend bis dünn behaart – **V:** C im N, 400–1000 m

				C		

.... **ssp. *canariensis*** Pér.

–   Kleiner. Pf. dicht behaart – **V:** C im S

				C		

.... **ssp. *meridialis*** Pér.

–   Dichter Zwergstrauch (5–20 cm hoch). Alte Zweige verkahlend, B. eif – **V:** L Berge um 500 m, bes. im N, F Berge um 500 m

					L	F

.... **ssp. *rupestris*** (Webb et Berth.)Pér.

–   Dichter Zwergstrauch (10–15 cm). Äste dicht graufilzig, B. verkahlend – **V:** H im N

H						

.... **ssp. *hierrensis*** Pér.

–   **V:** Md .... **ssp. *thymoides*** (Sol. ex Lowe)Pér.

12* Kelch höchst. schwach 2lippig, meist 15nervig, im vorderen Teil purpurn gefärbt (Hochgebirgs-Arten)

15   Pf. verkahlend bis kurz behaart. B. graugrün od. gelbl. Kelchzähne $1/4$ bis $1/3$ so lang wie die Röhre. Pf. aufrecht, bis 40 cm hoch – **V:** T Cañadas, Vilaflor oberhalb 1700 m, Schwerpunkt 2000–2400 m – **G:** SPA [*M. julianoides* Webb et Berth., *M. teydensis* Bolle]

			T			

.... ***M. lachnophylla*** Webb et Berth.

15* Dicht behaarter Zwergstrauch, dichtwüchsig, 10–25 cm. B. dunkelgrün, beiderseits dicht behaart, bis 12 × 3 mm. Kelchzähne fast so lang wie die Röhre

	P					

.... ***M. lasiophylla*** Webb et Berth.

–   **V:** T Cañadas, meist über 2000 m, z.B. Guajara, Sombrerito u.a. – **S:** Felsspalten – **G:** ASP I-2

			T			

.... **ssp. *lasiophylla***

–   B. klein (meist unter 8 × 2 mm), blaßgrün od. graul. – **V:** P Caldera, nördl. Teil, 2000–2400 m – **G:** ASP I-2d

	P					

.... **ssp. *palmensis*** (Bolle)Pér.

220 Solanales

Calamintha

1 Kelch meist unter 7 mm lang, die unteren Zähne kaum gewimpert, nur wenig länger als die oberen. Zymen 5–20bltg. Sproß grauflaumig bis weichzottig. Laubb. um 1 cm lang, oft ganzrandig. Krone 5–6 mm lang – **V:** Md – med [*Satureja n.* (L.)Scheele]

`[ ] [ ] [T?] [C] [ ]` .... ***C. nepeta*** (L.)Savi

1* Kelch meist über 7 mm lang, die unteren Zähne 2–4 mm, viel länger als die oberen, lang gewimpert. Zymen 3–9bltg. B. 10–40 × 10–35 mm. Krone 10–16 mm lang – **V:** Az, Md – submed-subatl [*Satureja adscendens* (Jord.)K.Malý]

`[H] [P] [G?] [T] [C] [ ]` "Nébida" .... ***C. sylvatica*** Branf. **ssp. *ascendens*** (Jord.)Ball

Origanum

1 Vorb. breit eif., fast kahl, blaßgrün, papierartig, 3mal größer als der Kelch. Infl. dicht, fast kopff. B. gestielt, eif., fast ganzrandig, obersts kahl, bewimpert. Pf. aufrecht, etwas behaart, oft verholzt – **V:** Az, Md – iber – **G:** ART I

`[ ] [P] [G?] [T] [ ]` .... ***O. virens*** Link et Hoffg.

1* Vorb. kleiner, derber, oft gefärbt, nicht häutig – **V:** submed-subatl – **G:** coll.: LAU II

`[ ] [P] [ ] [T] [C] [ ]` .... ***O. vulgare*** L. **ssp. *vulgare***

– Infl. verlängert

`[ ] [ ] [ ] [T] [C] [ ]` .... **var. *megastachyum*** Link.

Thymus

1 (Sect. *Micantes*). B. schmal spatelig, kahl, am Grund gewimpert, fleischig, ca. 8 × 1,7 mm, mit undeutl. Nerven. Strauch mit verholzten, kriechenden Ausläufern. Unterer Kelchzahn fast laubb.ähnl. breit. Krone 6–14 mm, purpurrosa od. weiß – **V:** Az, Md – nordwestiber [*Th. micans* Sol. ex Lowe]

`[ ] [ ] [ ] [ ] [ ] [ ]` .... ***Th. caespititius*** Brot.

1* B. nicht gewimpert

2 (Sect. *Piperella*, nächstverwandt mit vor. Sect., *Th. piperella* in OSpan). Pf. strauchig. Äste niederliegend, steif ausgebreitet. B. klein (ca. 5 mm lang), breit rhombisch eif., am Grund gestutzt od. herzf., drüsig durchscheinend punktiert. Blü. in rundl. Köpfch. – **V:** E Can, T Las Nieves bei Haria, um 300 m, Famara um 400 m

`[ ] [ ] [C?] [L] [ ]` .... ***Th. origanoides*** Webb et Berth.

2* Aufrechter Halbstrauch. B. schmal lanzettl., durch Einrollung lineal erscheinend – **V:** T verwild.? – Md – westmed

`[ ] [ ] [T] [ ] [ ]` "Tomillo" .... ***Th. vulgaris*** L.

Bystropogon "Poleo"

Zur Gliederung der Gattung *Bystropogon* vgl. LA SERNA (1984).

1 B. (bes. untersts) ± fein silberweiß behaart, ganzrandig od. etwas gekerbt, duftend. Krone weiß bis rosa

2 B. lanzettl., oben blaß, punktiert, schwach angedrückt behaart, untersts weißseidig-filzig. Kelchzähne lang, die Krone überragend. Infl. eine ± zylindrische Ähre. Äste verdreht 4kantig. Pf. mit Mentholduft – **V:** E Can, T Orotava, Teno, bis 1200 m

`[H] [P] [G] [T] [C] [ ]` .... ***B. origanifolius*** L'Hér.

– Mehrere Varietäten: **var. *origanifolius*** – **V:** G, T; **var. *palmensis*** La Serna – **V:** P; **var. *canariae*** La Serna – **V:** C; **var. *ferrensis*** (Ceb. et Ort.)La Serna – **V:** H

– Pf. mehr baumf., ganzrandige B.

| | | | T | | | | .... ***B. odoratissimus*** Bolle

– Nahestehend, durch fehlenden Mentholduft u. stärkere Behaarung verschieden – **V:** E Can, P Tijarafe

| | P | | | | | | .... ***B. wildpretii*** La Serna

2* B. eirhombisch-spatelig. Blühende Äste wollig. Kelchzähne pfrieml., kürzer als die Krone. Strauch bis 1 m. Rinde rissig, braun. Infl. ährig – **V:** E Can, T 500–2000 m, Schwerpunkt Talus de Bilma, Valle de Santiago – **G:** PIN □71

| | | | T | | | | .... ***B. plumosus*** (L.f.)L'Hér.

1* B. beiderts grün (bes. auf der Unterseite ± behaart), grob gekerbt (seltener ganzrandig). Infl. meist rispig-trugdoldig. B. wenig duftend

3 Strauch, 1–3 m hoch. Zweige grauweiß behaart. B. eilanzettl. Kelchzähne pfrieml., kürzer als die Krone. Krone weiß od. rosa. Blü. sitzend, in kugelt. vielbltg Knäueln, die eine lockere Rispe od. eine flache Scheindolde bilden – **V:** E Can, T Fayal-Brezal bes. der Nordhänge – **G:** LAU II-1a □72

| | P | | T | C | | | "Poleo del monte" ***B. canariensis*** (L.)L'Hér. **var. *canariensis***

– B. hart lederig, auf der Fläche kahl – **V:** E Can, T höhere Lagen oberhalb Orotava u. Güimar [*B. meridiani* Bolle]

| H | P | G | T | | | | .... **var. *smithianus*** Christ

– Hierzu auch: B. fast herzf., Kelchzähne federig behaart – **V:** E Can (Wohl *B. canariensis* var. *canariensis* × *B. origanifolius* var. *canariae*)

| | | | | C | | | .... ***B. serrulatus*** Webb

3* B. oberfts kahl, etwas glänzend, Nerven weißl., unten stark hervortretend. Blü.knäuel halbkugelig, dicht. Kelchschlund behaart. Kelchzähne sehr kurz, 3eckig. St. 4kantig – **V:** E Md ...... ***B. punctatus*** Lowe

– Hiermit näher verwandt: B. am Rand gefaltet u. umgerollt, fast völlig kahl, nur auf den Nerven behaart – **V:** E Md .... ***B. maderensis*** Webb

Mentha

1 Kelch schwach 2lippig (Oberlippe 3zähnig, Unterlippe 2spaltig mit schmäleren Zähnen). St. mit B.schopf endigend. Scheinwirtel axillär. Ausläufer haupts. oberirdisch. Fr.kelch durch Haarkranz verschlossen. B. 1–2 cm lang – **V:** Az, Md, Cv? – med-submed – **G:** ISN

| | P | G | T | C | | | "Mentha" .... ***M. pulegium*** L.

1* Kelchzähne gleich. Fr.kelch offen. Ausläufer haupts. unterirdisch (Ausn. *M. spicata*)

2 St. mit B.schopf endigend. Scheinwirtel axillär. B. 3–8 cm lang – **V:** Md? – boreuras-subozean

| | P? | | T? | | | | .... ***M. arvensis*** L.

2* St. mit köpfch.- od. ährenf. Infl. endigend

3 B. deutl. gestielt. Infl. eine längl.kopfige Scheinähre – **V:** T kulturflücht. – Cv – **S:** kult.

| | | | T | | | | .... ***M.* × *piperita*** L.

3* B. sitzend, höchst. untere kurz gestielt

4 B. ± kahl, längl.-lanzettl. St. oft rot überlaufen. Ausläufer oberirdisch. Blü.stiel kahl – **V:** Az, Md – westmed [*M. viridis* Huds.]

| | P | G | T | C | | | .... ***M. spicata*** L.

4* B. mindest. unterfts stark behaart. Ausläufer haupts. unterirdisch

5   B. längl.-lanzettl., bis 10 cm lang, scharf gesägt. Kelchzähne pfrieml. Blü.stiele behaart
    – V: Md – submed-euras, weltweit verschl. [*M. sylvestris* L.]
    ☐ P │ G │ T │ C │ │ ☐ .... *M. longifolia* (L.)Huds.
5*   B. rundl.-eif., 2 – 5 cm lang, kerbig gezähnt, netzrunzelig, Nerven untersts stark hervor-
    tretend. Kelchzähne 3eckig lanzettl., kürzer als der glockige Kelch – V: Az, Md –
    westsubmed-med [*M. rotundifolia* (L.)Huds.]
    ☐ P │ G │ T │ C │ │ F? │ .... *M. suaveolens* Ehrh.

Solanaceae

– Prostrate, dornige Pf. mit rhombischen B. – V: Neu eingeschleppt aus Paraguay-
    Argentinien
    ☐ │ │ │ C │ │ ☐ .... *Sclerophylax spinescens* Miers
1   Fr.kn. (3 –)4 – 5fächrig. Die Wände der Fächer teilen die Plazenten in unregelm.
    Lappen. Blü. streng radiär (*Nicandreae*). Einjährige, aufrechte, kahle Pf. B. gezähnt
    od. gelappt. Krone blau, mit hellerem Zentrum. Kelchb. sehr breit herzf., an der Fr.
    vergrößert, netznervig, die braune Beere ganz einhüllend, dann 5kantig
    .... *Nicandra* S. 223
1*   Fr.kn. 2-(od. unten 4-)fächrig
2   Fr.kn. unten 4fächrig. Die Wände der Fächer teilen die Plazenten in 4 gleiche Teile
    (*Datureae*). Fr. bei *D. suaveolens* eine Beere, sonst meist Kapseln .. *Datura* S. 223
2*   Fr.kn. 2fächrig
3   Beerenfr. (*Solaneae-Lyciinae* u. -*Solaninae*)
–   Konnektiv am Rücken der Antherenfächer verlaufend, sehr dick · – V: Cv gepfl. (Eßbare Beeren)
    .... *Cyphomandra betacea* Sendt.
4   Fr. weiß, eiähnl. Klimmende krautige Pf. mit weißen, glockigen Blü. – V: Can bes. in
    Bananenplantagen – Az, Md – SAm eingebürg., SWEur
    ☐ │ │ T │ C │ │ ☐ .... *Salpichroa origanifolia* (Lam.)Thell.
4*   Vorige Merkmale nicht zus.treffend
5   Krone röhrig od. schmalglockig (*Lyciinae*) mit schmalem Saum. Stark dornige Sträu-
    cher .... *Lycium* S. 223
5*   Krone radf. od. ausgebreitet glockig od. kurz röhrig mit breitem Saum (*Solaninae*).
    Filament am unteren Ende des Konnektivs befestigt, dieses sehr schmal u. zwischen
    den Antherenfächern
6   Kelch zur Fr.reife vergrößert, die Fr. verhüllend, blasig gerippt
7   Blü. gebüschelt. Krone glockig-röhrig. Sträucher .... *Withania* S. 223
7*   Blü. einzeln. Krone radf. Kräuter, ein- od. mehrjährig .... *Physalis* S. 224
6*   Fr.kelch nicht auffallend vergrößert
8   Antheren frei, durch Längsrisse öffnend. Beere groß, schotenähnl. Blü. zu 1 – 3
    .... *Capsicum* S. 224
8*   Antheren zu einer Röhre zus.schließend, wenn frei, mit Löchern öffnend. Beere ±
    kugelig
9   Blü. nicht gelb. Krone radf. ausgebreitet. Blü. in kurzen Trauben . *Solanum* S. 224
9*   Blü. gelb. Fr. groß, rot (Tomate) .... *Lycopersicum* S. 226
3*   Kapselfr. (bei *Hyoscyamus* anfangs beerenähnl., später Deckelkapsel)
10   Blü. in Ähren, Rispen od. Trauben
11   Deckelkapsel. Blü. kurzröhrig, dicht gedrängt. Pf. dicht drüsig . *Hyoscyamus* S. 226
11* Septicide Kapsel. Blü. langröhrig, in lockerer Traube .... *Nicotiana* S. 226
10* Blü. einzeln in B.achseln, trichterf. B. drüsig .... *Petunia* S. 227

Nicandra

- Blü. windenähnl., blaßblau mit dunkleren Flecken. Kelch aufgeblasen, mit netznervigen geöhrten Lappen. Pf. 10–90 cm. B. längl. eif., unregelm. buchtig-gezähnt – **V:** Az, Md, Cv – Peru, verschl., leicht verwild.

| P | | T | C | L | | .... ***N. physalodes*** (L.)Gaertn.

Datura

1 Sträucher
2 Blü. weiß. St. u. B. kahl. B. elliptisch, 15–30 × 5–15 cm, ganzrandig. Antheren verschmolzen. Blü. sehr groß, hängend. Fr. nicht stachelig (Wenn St. behaart, vgl. *D. arborea* L.) – **V:** T verwild. – Md – Brasilien

| | | | T | | | .... ***D. suaveolens*** H.B.K. ex Willd.

2* Blü. weiß, außen bläul. Kapsel bis 3 cm. St. violett, weißfleckig – **V:** Cv – trop. Am . . . ***D. fastuosa*** L.
1* Pf. einjährig. Kapsel ± stachelig
3 St. dicht behaart. Kapsel kugelig, hängend. Pf. dicht kurz behaart (auch der Kelch), stinkend. Blü. 16–18 cm lang, weiß (Wenn Blü. lila, vgl. *D. meteloides* DC.) – **V:** Md, Cv – trop. Am, weltweit verschl. [*D. metel* auct. non L.]

| | P | G? | T | | C | L? | F | .... ***D. innoxia*** Mill.

3* St. kahl od. wenig behaart
4 Kapsel eif., aufrecht, ca. 5 cm. Blü. 9–10 cm, beim Typus weiß, bei var. *tatula* blaßviolett. Kelch ± kahl – **V:** Az, Md, Cv – warm-gemäß-kosmop – **G:** CHE I-1h,r

| | P | G | T | C | | F | "Hierba del diablo" .... ***D. stramonium*** L.

4* Blü. weiß, gelb od. purpurn, oft gefüllt. Krone 10lappig. Stacheln der Kapsel kurz od. nur knotig – **V:** trop. Am

| | | | | C | | F | .... ***D. metel*** L.

Lycium

1 B. lanzettl.(-spatelig), 25–55 × 6–11 mm. Krone blaßrosa. Staubfäden kahl – **V:** Md – med (Alle Angaben für Can beziehen sich wohl auf die folg. Art (ssp.?)) .... ***L. europaeum*** L.
1* B. lineal, fleischig, gebüschelt. Krone dunkelviolett. Staubfäden am Grund behaart – **V:** Grac, Lob – med – **G:** KLE

| | P | G | T | C | L | F | .... ***L. intricatum*** Boiss.

Withania

1 Strauch bis 2 m. B. breit herzf. od. am Grund etwas ungleich keilf. in den Stiel verlaufend, weich, im Sommer größtenteils abgeworfen. Krone gelbgrün. Kelchzähne lang-grannig. Reife Beere gelb bis schwarz, vom Kelch verhüllt. St. ± kahl, hellgelb, mit schlitzf. Lentizellen – **V:** E Can □74

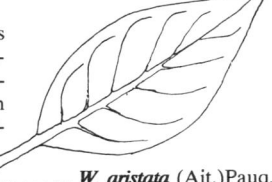

| H | P | G | T | C | L? | F? | .... ***W. aristata*** (Ait.)Pauq.

1* Vor. Merkmale nicht zus.treffend. Kelchzähne am Grund verbreitert
2 Fr.kelch glockig-offen, viel länger als die Blü. B. am Grund herzf., kahl bis zerstr. behaart. Krone 8–15 mm – **V:** F im Jandía-Gebirge mit mannshohen Dickichten bestandsbildend – südmed-iber

| | | | | C | | F | .... ***W. frutescens*** Pauq.

2* Fr.kelch geschlossen. Strauch von 20–50 cm Höhe. Äste daumendick, dicht von weißem Kork bedeckt, die jungen sternhaarig. B. oval-elliptisch, am Grund etwas schief, wenigst. an einer Seite etwas herablaufend, oben abgerundet, beiderts behaart, bes. unterts weißl. sternfilzig, fleischig brechend, oben dunkelgrün glänzend,

4–8 × 3–7 cm Blü. grünl.-weiß. Fr. kugelig, grünl., vom vergrößerten Kelch um-
schlossen – **V:** Cv – südmed-sah-aethiop, SAfr

☐ P G T C ☐ .... ***W. somnifera*** (L.)Dun.

Physalis

1 Krone mit 5 violetten Flecken. Antheren violett. Pf. weichhaarig-filzig. B. klebrig, grob
gezähnt, herz-eif. Reife Beere gelb od. grün, vom grünen Kelch umschlossen. Fr.
eßbar. Ein- od. mehrjähriges Kraut – **V:** Az, Md, Cv – trop. Am

☐ H P ☐ T ☐ ☐ "Farolito" .... ***Ph. peruviana*** L.

1* Krone ungefleckt. Antheren gelb. Pf. spärl. behaart bis fast kahl. B. eif., ganzrandig od. grob gezähnt. Reife
Beere gelb od. rot, vom roten Kelch umschlossen. Blü. weißl. Mehrjähriges Kraut – **V:** Cv – euras-
submed .... ***Ph. alkekengi*** L.

– Für Cv ist außerdem angegeben – **V:** palaeotrop .... ***Ph. angulata*** L.

Capsicum

1 Pf. einjährig. Blü. weiß. B. eif., ganzrandig – **V:** Cv – trop. Am, weltweit kult.

☐ ☐ ☐ ☐ ☐ ☐ ☐ .... ***C. annuum*** L.

1* Pf. mehrjährig, holzig, bis 1,2 m hoch. Fr. gelb od. rot (Paprika) – **V:** Cv – trop. Am,
pantrop-subtrop, kult.

☐ ☐ ☐ ☐ ☐ ☐ ☐ .... ***C. frutescens*** L.

– Auf Cv außerdem – **V:** trop. Am – pantrop, kult. "Pimento" .... ***C. baccatum*** L.

Solanum

1 Pf. ohne Stacheln (Vgl. aber auch *S. bonariense* u. *S. jasminoides*)
2 Kräuter
3 Einjährige Unkräuter mit ungeteilten B. Blü. weiß, klein. Beeren erbsengroß
4 Beeren schwarz od. dunkelrot
5 Beeren schwarz. St. kahl od. schwach behaart. Pf. aufrecht, B. dunkelgrün, eif.,
zugespitzt, ± ausgeschweift-gezähnt. Zymen an Knoten, armbltg. Kronb. etwa doppelt
so lang wie der Kelch (Beeren manchmal grünl!) – **V:** Grac, Lob – Az, Md, Salv, Cv
– submed-euras, weltweit verschl. – **G:** CHE

☐ H P? G T C L F "Hierba de Sta. María" .... ***S. nigrum*** L.

– Krone 5–9 mm, Beeren glänzend schwarz – **V:** Cv – Am

☐ ☐ ☐ C ☐ ☐ .... ***S. nodiflorum*** Jacq.

5* Beeren dunkelrot, matt, eif. Pf. stark be-
haart. Blü. in Dolden. Fr.stiele zurückge-
bogen – **V:** SAm

☐ ☐ G T ☐ ☐ .. ***S. gracile*** Otto

4* Beeren gelb od. mennigrot bis braun
6 Beeren mennig-rot, auch verwaschen od.
gefleckt-rot. St. kantig, an den Kanten oft
knotig geflügelt. B. am Grund keilf., ei-
längl., ausgeschweift bis buchtig gezähnt,
± graufilzig. St. kraus behaart. Haare
drüsenlos – **V:** Md – med-submed [*S.
luteum* Mill. ssp. *alatum* Dost., *S. minia-
tum* Bernh.]

☐ ☐ C ☐ ☐ .... ***S. alatum*** Moench

6* Beeren gelb
7 St. ± zylindrisch. B. u. Blü. dicht grauweiß behaart, Haare meist abstehend u. drüsig.

Beeren orange, zuletzt braun. B. ei-rhombisch od. herz-eif. – **V**: Az, Md, Cv – med-submed [*S. villosum* Mill.]

| H? | P | G | T | C | L? | F | .... ***S. luteum*** Mill. **ssp.** *luteum*

7* St. kantig, rauh. Beeren gelbgrün. Pf. niederliegend. B. fast ganzrandig, wenig behaart – **V**: Md [*S. humile* Bernh.] .... ***S. patens*** Lowe

3* Schlingpf. od. ausdauernde Arten mit oft teilw. gefiederten B.

8 Schlingpf. mit kahlen B., diese gestielt, fast ganzrandig-herzf., zugespitzt (Wenn B. gefiedert, dann Endb. am größten). Blü. 2 cm, bläul.-weiß. Durchm. Zweige grünl., behaart. Pf. immergrün – **V**: Az – Brasilien

| | | | T | C | | | "Flor de nieve" .... ***S. jasminoides*** Paxt.

8* Ausdauernde, nicht schlingende Arten, B. behaart

9 St. u. B. drüsig behaart, klebrig. Zweige aufrecht od. verbogen u. wurzelnd, kantig. Habitus einer kräftigen Kartoffelpf. B. eif., oft etwas gezähnt, untere 3tlg (mit 2 kleineren B.chen, Endlappen 5 – 7 × 3 – 5 cm). Blü. violettblau, aus den B.achseln in gestielten Zymen, etwa von der Größe der Kartoffelblü. Beerenfr. rot-orange, ca. 1 cm Durchm. Kelchzipfel an der Fr. vergrößert. Keine Knollen – **V**: E Can

| | | | T | C | | | .... ***S. nava*** Webb et Berth.

– Nah verwandt – **V**: Md [*S. triphyllum* Lowe] .... ***S. trisectum*** Dun.

9* Kulturpf. mit Knollen u. 3 – 7jochig (unpaarig) gefiederten B. Blü. weiß od. violett – **V**: Md, Cv – Heimat trop-andin, weltweit kult. ("Kartoffel")

| | | | T | C | | F | "Papa" .... ***S. tuberosum*** L.

2* Sträucher u. Bäume (Vgl. auch *S. nava* u. *S. jasminoides*)

10 Bis 4 m hoher Strauch od. Baum. B. sehr groß (15 – 45 × 7 – 15 cm), dicht samtig sternfilzig, ganzrandig, auffallend geöhrt (nebenb.artig). Infl. dicht, reichbltg, auf aufrechtem Stiel. Blü. blauviolett, Beeren gelb – **V**: Az, Md, Madagaskar? – Heimat SAm [*S. auriculatum* Scop.]

| | | | T | | | | .... ***S. mauritianum*** Scop.

10* B. unter 15 cm groß. Blü. weiß, bis 15 mm, od. blaßblau

11 Fr. größer als 7 mm, Blü. zu 1 – 4

12 Fr. kirschengroß, rot, kugelig. Zierpf. mit völlig kahlen B., diese längl. bis lineallanzettl., 1,5 – 10 × 0,5 – 2 cm, ganzrandig bis schwach ausgeschweift, in den B.stiel verschmälert – **V**: Az, Md – Heimat MAm

| H | P | G | T | C | | | .... ***S. pseudocapsicum*** L.

12* Fr. gelb. Strauch mit nur anfangs stacheligen Zweigen. Fr. 7 – 10 mm. B. 6 – 15 × 3,5 – 13 cm, wie der Stamm sternhaarig. Blü. 25 – 35 mm breit, weiß bis blaßblau – **V**: gemäß. Am

| | | | T | C | | | "Ramo de papa" .... ***S. bonariense*** L.

11* Fr. kaum größer als ein Pfefferkorn

| | | | T | | | | .... ***S. microcarpum*** (Pers.)Vahl

1* Pf. mit Stacheln (Vgl. auch *S. bonariense* u. *S. jasminoides*)

13 Pf. nur schwach stachelig

14 Fr. groß, meist auberginenfarben, Blü. blauviolett. B. wollig behaart. B. oval-lanzettl., 10 – 15 cm lang. St. behaart – **V**: Can kulturflücht. – Cv – Heimat Indien, kult.

| | | | | | | | .... ***S. melongena*** L.

14* Fr. kleiner. Blü. weiß od. blau, in endstdg, doldigen Infl. Haare verzweigt – **V**: SAm

| | | | T | | | | .... ***S. fastigiatum*** Willd.

13* Stacheln bes. auf den Nerven der B.unterseite stark ausgeprägt. Ausdauernde Arten, wenigst. teilw. verholzt

15 Blü. weiß. B. höchst. gebuchtet-gelappt. Beeren gelb

16   Zweige ungeflügelt, mit Stacheln. B. jung grau od. weiß behaart, am Rand u. untersts weiß bleibend, gelb bestachelt. Blü. weiß, mit purpurnem Fleck. Beeren nußgroß – **V:** Az – Aethiopien

☐ ☐ ☐ T ☐ C ☐ ☐ .... *S. marginatum* L.f.

16* Zweige geflügelt, jung wie die B. rotbraun behaart. B. 20–30 × 15–25 cm , mit 8–9 seicht 3eckigen Lappen, untersts behaart. Stacheln braun, Beeren braun behaart – **V:** Brasilien

☐ ☐ ☐ T ☐ C ☐ ☐ "Hierbamora" .... *S. robustum* Wendl.

15* Blü. violett

17   Zweige ± grün, verkahlend. B. buchtig bis fast gefiedert

18   Blü. mindest. schwach zygomorph, 4–5tlg

19   Aufrechter Strauch bis 2,5 m. B. eif.-rhombisch, ungleich herzf., gespitzt, oben rauh, untersts wollig behaart. B.stiele dicht stachelig. Blü. blau, 4–5tlg. Staubfäden lang, gegen die Spitze verschmälert u. an der Spitze sich mit Loch öffnend. Beeren weichselgroß, mennigrot – **V:** E Can, T Icod bis Anaga-Nord u. -Süd – **S:** Euphorbien-Stufe

☐ ☐ ☐ T ☐ C ☐ ☐ .... *S. vespertilio* Ait.

19* Pf. ± niederliegend. B. schmallängl.-lanzettl. St. u. B.stiel entfernt stachelig. Fr. 1 cm, orange – **V:** E Can, C 600 m, Tirajana-Tal

☐ ☐ ☐ ☐ C ☐ ☐ .... *S. lidii* Sund.

18* Blü. radiärsymmetrisch (Vgl. auch Formen der vorig. Arten!). Beeren gelb. B. tief gelappt

20   Stacheln feuerrot. B. 30–35 cm lang, lanzettl., tief gelappt, obersts grün, am Rand untersts weißl. Blü. 2,5 cm im Durchm., zu 5–8 – **V:** T verwild. – Madagaskar

☐ ☐ ☐ T ☐ ☐ ☐ .... *S. pyracanthum* Lam.

20* Stacheln grünl.-gelbbraun. Stark stacheliger Strauch mit fiederlappigen B. (eichenb.ähnl.). Blü. violett, außen weich sternhaarig. Beere bis 3 cm Durchm., glänzend gelb – **V:** Az, Md – Heimat SAfr, in Med eingebürg.

☐ ☐ ☐ C? ☐ ☐ ☐ .... *S. sodomaeum* L.

17* Zweige weißfilzig. Blü. violett, klein, hängend. Fr. rot, erbsengroß. B. elliptisch-lanzettl., bis 20 cm, obersts grün, untersts weißfilzig. Strauch bis 6 m – **V:** Indien, SAfr

☐ ☐ ☐ T ☐ ☐ ☐ .... *S. giganteum* Jacq.

Lycopersicum

– Pf. bis 1,5 m hoch, drüsig-borstig. Beere groß, rot, eßbar (Tomate) – **V:** Grac, Lob – Az, Md, Salv, Cv – subtrop Am, kult. – **G:** CHE I-1

H? P G T C L F "Tomate" .... *L. esculentum* Mill.

– Nur kirschgroße Tomatenfr.

☐ P G ☐ ☐ ☐ ☐ .... var. *humboldtii* Willd.

Hyoscyamus

– Unterschiede zu *H. niger* L.: Alle B. gestielt, Krone gelb, ohne violette Aderung, im Grund meist grünl. – **V:** Az, Md – submed-euras, weltweit verschl. – **G:** CHE I-1

H P G T C L F "Beleño" .... *H. albus* L.

Nicotiana

1   Baumstrauch bis 4 m. B. blaugrün, kahl – **V:** Grac, Lob – Md, Salv, Cv – südl. SAm, in med, bes. südmed verschl. u. seit 1870 in Einbürgerung

H P G T C L F "Tabaco moro" .... *N. glauca* Grah.

1* Kräuter
2   Einjährige, klebrig behaarte Pf.
3   Krone über 30 mm lang
4   Krone 30–35 mm. Alle B. sitzend, Blü. rot – **V**: Md, Cv – Heimat trop. Am
    | H? | P? | G | T | C? | L | F? |.................................. ***N. tabacum*** L.
4* Krone 50–100 mm – **V**: SAm
    | | | | T | | | |........................... ***N. alata*** Link et Otto
3* Krone kleiner, gelb – **V**: T verwild. – NAm
    | | | | T | | | |.................................. ***N. rustica*** L.
2* Pf. ein- od. mehrjährig, behaart. B. deutl. gestielt. Krone gelb(-grün), keulig, mit
    verengtem Schlund u. sehr kurzen Zipfeln. B. oval-herzf. – **V**: T eingebürg. – Peru
    [*N. cerinthoides* Hornem.]
    | | | | T | | | |.................................. ***N. paniculata*** L.

Petunia
–   Neben der gartenflüchtigen *Petunia* × *hybrida* auch: Pf. mit violetten Blü. Krone 6–9
    mm lang, B. linear-spatelig, 0,5–2 cm lang – **V**: Heimat SAm – **G**: CHE I-1d
    | | | | | C | | |................................. ***P. parviflora*** Juss.

Scrophulariaceae
1   Die 2 rückwärtigen (der Achse zugewandten) Kronzipfel (bei Verwachsung derselben
    die Oberlippe) decken in der Knospenlage die seitl.
2   Alle B. wechselstdg (vereinzelt Ausn. bei *Celsia*). Staubb. oft 5 (*Pseudosolanoideae*).
    Blü. nahezu radiärsymmetrisch
3   Krone röhrenlos od. mit sehr kurzer Röhre, radf. bis kurzglockig (*Verbasceae*)
4   A5 .... ***Verbascum*** S. 228
4* A4 .... ***Celsia*** S. 228
3* Kronröhre verlängert. A2. Drüsige Kräuter .... ***Anticharis*** S. 229
2* Wenigst. die unteren B. gegenstdg od. Krone am Grund gespornt. Das 5. Staubb.
    staminodial od. fehlend (*Antirrhinoideae*)
5   A4 u. 1 Staminodium. Blü. gelb, zu 1–3(6) in B.achseln. B. rundl. Pf. kriechend u.
    wurzelnd, ausdauernd .... ***Sibthorpia*** S. 232
5* Vor. Merkmale nicht zus.treffend
6   Krone 2lippig, mit blasig aufgetriebenen Lippen (*Calceolarieae*). A2. Antheren mit
    Spalten öffnend. B. gefiedert .... ***Calceolaria*** S. 229
6* Krone 2lippig, mit flachen od. konvexen Lippen, od. fast radiär. Fr. eine vielsamige
    Kapsel
7   Krone gespornt od. am Grund sackartig erweitert, mit Röhre (*Antirrhineae*)
8   Krone am Grund gespornt .... ***Linaria* s.l.** (incl. *Cymbalaria*, ***Kickxia***) S. 229
8* Krone am Grund bauchig od. sackartig erweitert
9   B. fiedernervig .... ***Antirrhinum*** S. 230
9* B. handnervig .... ***Asarina*** S. 230
7* Krone weder gespornt noch sackartig erweitert, mit od. ohne Röhre
10 Infl. zymös (*Cheloneae*). Krone ± sackf., Kronzipfel sehr kurz. 4 fertile Staubb., das
    5. als staminodiale Schuppe unter der Kronoberlippe. Mehrjährige Kräuter od.
    Holzpf. St. 4kantig. Blü. meist dunkelbraun, purpurn od. orange, selten grünl.-gelb
    .... ***Scrophularia*** S. 231
10* Infl. nicht zymös. Blü. langgestielt in endstdg verzweigten Trauben od. achselstdg.
    Krone mit langer, gekrümmter Röhre (*Manuleae*). Kronsaum mit 5 nahezu gleichen,

längeren Lappen. Zwergstrauch vom Habitus einer niederliegenden Zwergweide. B. rundl., gezähnt, dicht drüsig-weichhaarig. Blü. lebhaft violett, in kleinen Trauben (armbltg, 3 – 6). St. im Querschnitt rund. B.stiel wollig behaart
.... *Sutera* S. 232

1*   Die 2 rückwärtigen Kronzipfel bzw. die Oberlippe werden in der Knospenlage von den seitl. gedeckt (*Rhinanthoideae*)

11   Kronzipfel alle flach u. abstehend od. die 2 oberen aufrecht (*Digitaleae*)

12   Krone ohne od. mit sehr kurzer Röhre

13   A2. Wenigst. die unteren B. gegenstdg .... *Veronica* S. 232

13* A4 – 5. Aufrechte Kräuter od. Halbsträucher mit schmalen, wechselstdg B. K5
.... *Capraria* S. 233

12* Krone mit langer Röhre u. dann A2, od. glockig u. dann A4

14   Sträucher. Kelch 5zipflg. Krone mit langer, dünner, gebogener Röhre u. 5lappigem, nur schwach zygomorphem Saum. A2, insert. B. wechselstdg, lineal, etwas sukkulent. Blü. weißl. bis rosaviolett, in endstdg Trauben .... *Campylanthus* S. 233

14* Halbsträucher. Krone mit bauchiger, allmähl. in den Saum erweiterter Röhre. A4

15   Unterlippe größer als die Oberlippe. Blü. violett. Ausdauernde Kräuter
.... *Digitalis* S. 233

15* Oberlippe so groß od. größer als die 3tlg Unterlippe. Blü. goldbräunl. B. gezähnt, ± glänzend, lederig, lanzettl., wechselstdg. Sträucher .... *Isoplexis* S. 234

11* Die 2 oberen Kronb. bilden eine helmartige Oberlippe. Meist einjährige Halbparasiten von geringer Wirtsspezifität

16   Samen glatt. Kapsel lanzettl. bzw. zylindrisch-elliptisch, behaart. Kelch 4zähnig od. bis zur Mitte 4spaltig, zylindrisch-glockig. B. drüsig gezähnt. Blü. schwefelgelb, groß (2 cm). Unterlippe doppelt so lang wie Oberlippe. Pf. gelbgrün, drüsig-kraushaarig
.... *Parentucellia* S. 234

16* Samen gefurcht od. geflügelt. Kapsel eif. od. kugelig

17   Samenanlagen hängend, in geringer Anzahl. B. schmal, fast ganzrandig. Blü. gelb od. rot .... *Odontites* S. 234

17* Samenanlagen waagerecht abstehend, zahlr. Samen klein, gefurcht. Drüsige, einjährige Kräuter mit gezähnten B., Kelch glockig, vorn u. hinten aufgeschlitzt, 2spaltig, mit 2 – 3zähnigen Lappen. Blü. gelb od. weiß-purpurn gescheckt .... *Bellardia* S. 234

Verbascum

1   Staubfäden violett

2   Pf. höchst. im Blü.std drüsig, kurzfilzig, graugelbl. behaart. Krone gelb, 15 – 30 mm Durchm. Alle Staubb. purpurviolett papillös. Tragb. 3eckig herzf., kurz zugespitzt. Untere B. am Rand buchtig-wellig, fast gelappt. Pf. kurzfilzig graugelbl. behaart. Sproßachse vom Grund an stark verzweigt – **V:** Md – med

    [| | | C |] .... *V. sinuatum* L.

2*   Pf. auch unten drüsig. Krone gelb, 30 – 40 mm Durchm. Tragb. gesägt-gezähnt – **V:** Az, Md – westmed-atl

    [| P | T | |] .... *V. virgatum* Stokes

1*   3 Staubfäden weiß behaart, die anderen fast kahl. Pf. dicht filzig – **V:** Az, Md – euras-med

    [| | T | |] .... *V. thapsus* L.

Celsia

1   Unterste B. mit 1 – 4 seitl. Segmenten, obere ± ungeteilt, herzf. st.umfassend. Blü. fast sitzend, 40 – 50 mm Durchm. Kelchzipfel breit, gesägt. Pf. weichhaarig, oben drüsig –

V: Az – westmed [*Verbascum creticum* (L.)Cav.]

| | | | C? | | |...................................... ***C. cretica*** L.

1* Untere B. oft ungeteilt, obere wie bei vor. Blü. lang gestielt. Kelchzipfel ganzrandig
od. feingesägt. Pf. weichhaarig od. kahl, oben drüsig – **V**: E Cv? [*Verbascum capitis-
viridis* Hub.-Mor.]

| | | | | | F? |............................ ***C. betonicifolia*** Webb

Anticharis
– B. schmallineal. drüsig – **V**: Cv – sah-sind [*A. senegalensis* (Walp.)Shand.] .... ***A. linearis*** Hochst.

Calceolaria
– Pantoffelartige, gelbe Blü. – **V**: Az, Md – Peru

| | P? | T | | | |........................... ***C. tripartita*** Ruiz et Pav.

Linaria s.l. (incl. **Cymbalaria**, **Kickxia**)
1 B. handnervig herznierenf., 5 – 7lappig. Pf. mehrjährig, kahl.
Blü. violett mit gelbl. Schlund – **V**: Az, Md, Cv – submed-
subatl – **G**: PAR I-1b

| H | P | G | T | C | L | F |.................. ***Cymbalaria muralis*** G., M. et Sch.

1* B. fiedernervig, z.T. sehr schmal
2 Blü. achselstdg
3 Pf. ± behaart (auch der Kelch). B. eif. bis spieß.-eilanzettl
4 Pf. einjährig. Blü. gelb mit violetter Oberlippe. Samen netzgrubig
5 Alle B. eif., drüsig behaart. Blü.stiele meist rauhhaarig. Blü.sporn gebogen. Blü.
gelbbraun mit purpurnem Fleck – **V**: Az, Md, Salv, Cv? – submed-subatl, SAfr – **G**:
SEC

| | P | | T | | | |.................. ***Kickxia spuria***(L.)Dum.

5* Obere B. am Grund spieß-pfeilf. Blü.stiele meist kahl. Sporn gerade. Blü. blaßgelb mit
violettbraunem Fleck – **V**: Md – submed-subatl – **G**: SEC (Verwechslung mit folg.?)

| | P | | T? | C? | | |........................ ***Kickxia elatine*** (L.)Dum.

4* Pf. ein- bis mehrjährig. Blü. 12 – 15 mm, weißl. mit blauem Fleck u. purpurnem
Schlund od. bläul.-rotviolett. Samen höckerig. B. ei-spießf. St. wurzelnd. Sporn ge-
krümmt – **V**: med-atl

| | | | T | C | | |

Kickxia commutata (Bernh. ex Rchb.)Fr. **ssp. graeca** (Bory)Fern.

3* Pf. kahl................................ ***Kickxia sagittata*** (Poir.)Rothm.
a B. gestielt, die unteren ei-spießf. bis lineal pfeilf., obere lineal ohne Spießecken. B.
rinnig, dickl. Blü. einzeln in B.achseln, lang gestielt, groß (3 cm), zitronengelb mit
goldgelbem Schlund, z.T. fein purpurn punktiert – **V**: Lob – sah-sind [*L. heterophylla*
Spreng., *Kickxia h.* (Schousb.)Dandy]

| | | | T | C | L | F |............................... **var. *sagittata***

a* B. schmal, am Grund verschmälert, ohne deutl. Spießecken. Pf. kahl, sehr dicht
verzweigt, mehrjährig, kriechend od. klimmend – **V**: E Can, Lob

| | | | T? | C | | |........................ **var. *urbanii*** (Pit.)Sund.

– B. dickl., längl.-eif., glänzend – **V**: E Can

| | | | | L | F? |............. **var. *subsucculenta*** (Kunk.)Hans. et Sund.

2* Blü. in endstdg Trauben u. Ähren

6   Kahle, mindest. am Grund verholzte Pf. Gaumen der Blü. behaart
7   B. ± rudimentär, kurz gestielt, lineal (ca. 1 mm breit). Rutenstrauch mit oft bogig überhängenden, bis 1 m langen, blaßgrünen Zweigen. Blü. haarfein gestielt, auffallend goldgelb, mit ± geradem Sporn – **V:** T im W u. S, bis 600 m – **Cv?** – **G:** KLE I-1 [*L. spartioides* Brouss. ex Buch, *L. scoparia* Brouss. ex Spreng.]

	P	G	T	C	

. . . . . . **Kickxia scoparia** (Brouss. ex Spreng.)Kunk. et Sund.

7*   Dichter verzweigt, B. um 2 mm breit, Blü. kürzer gespornt. Zweige glänzend grün, oft bogig überhängend. B. meist rechtwinklig abstehend – **V:** C um 600 m, selten

				C	

. . . . **Kickxia pendula** Kunk.

6*   Pf. ein- bis zweijährig. Blü.stiele oft drüsig, Pf. sonst meist kahl
8   Samen ungeflügelt, nicht zus.gedrückt. B. schmallineal (mittlere 15–20:1). Pf. unten kahl, oben manchmal drüsig. Blü. groß (15–30 mm), Krone gelb od. violett. Pf. armblättrig. B. ca. 0,5 mm breit – **V:** westmed

			T?		

. . . . **L. spartea** (L.)Willd.

–   Blü. 9–12 mm, violett, mit behaartem Schlund, untere B. zu 3–6 wirtelig, obere wechselstdg, 1–4(–8) mm breit – **V:** T verwild. – zmed, Zierpf.

			T		

. . . . **L. purpurea** Mill.

8*   Samen geflügelt, linsenf. zus.gedrückt
9   Blü. klein, 4–6 mm, Sporn 1,5–3 mm, lila, violett gestreift. Gaumen kahl. Sporn gekrümmt. Samen glatt od. sehr fein punktiert – **V:** med-submed

				C	F

. . . . **L. arvensis** (L.)Desf.

9*   Blü. etwas größer (mit Sporn bis 1 cm), gelb mit violett gestreifter Oberlippe. Sporn gerade. Samen mit Höckern. B. eif.-längl., oft zu 3–4 im Wirtel, obere wechselstdg – **V:** med

			T	C	

. . . . **L. simplex** (Willd.)DC.

Auf Cv auch:

–   Pf. kriechend, halbstrauchig, Krone doppelt so lang wie der Kelch – **V:** E Cv . . . . . **L. brunneri** Benth.
–   Halbstrauch. Krone fein filzig, den Kelch kaum überragend – **V:** E Cv . . . . . **L. dichondraefolia** Benth.
–   **V:** E Cv . . . . **L. webbiana** Schmidt

Antirrhinum (incl. **Misopates**)

1   Pf. einjährig (*Misopates*). Krone kürzer od. so lang wie der Kelch, rosa od. weiß mit gelbl. Gaumen, 8–10(–15) mm lang. Kelchzipfel lang, schmal. Blü. einzeln in den B.achseln (in verlängerter Ähre). B. lineallanzettl., oft bewimpert. Pf. drüsig behaart – **V:** Grac, Lob – Az, Md, Cv – submed-eurassubozean., verschl. – **G:** CHE I-1o [*Antirrhinum o. L.*]

H	P	G	T	C	L	F

. . . . **Misopates orontium** (L.)Ref.

1*   Pf. unten etwas verholzt, mehrjährig. Krone länger als Kelch (4–6 cm). Blü. violettpurpurn, am Gaumen u. der Röhre oft gelbl. Kelchzipfel kurz, gerundet. B. derb, kahl, eif. – **V:** Md – westmed, verschl.

H	P	G	T	C		

"Boca del dragón" . . . . **A. majus** L.

Asarina

–   Kahler Klimmstrauch bis 3 m. B. 3eckig-lanzef. Blü. trichterf., ca. 4 cm lang. Kronröhre weißl., Zipfel purpurn – **V:** T gartenflüchtig? – Md – S-Mexico

			T		

. . . . **A. scandens** (Cav.)Penn.

Scrophularia

1 Größere B. unregelm. 3(–5)tlg gefiedert. Pf. mindest. am Grund verholzt, bis über 1 m hoch. Infl. bis 0,5 m lang, b.los, Zymen bis 12bltg. Blü. groß (bis 17 mm), rotbraun-orange, Schlund gelb. B. groß (12–20 × 9–12 cm), ± kahl, stark riechend. B.chen gestielt, einfach bis doppelt gekerbt – **V:** E Can, C im N u. NO – **S:** Lorbeerwald, 500–1000 m

   | | | | |C| | | .... ***S. calliantha*** Webb et Berth.

1* B. ungeteilt (bei *S. frutescens* manchmal die unteren leierf.-fiederschnittig), doppelt gekerbt-gesägt mit meist herzf. Grund, am Grund manchmal mit kleinen Lappen

2 B. ± kahl. Blü. braun od. rotbraun

3 Kahler Strauch. B. lanzettl. od. längl., die unteren oft leierf. fiederschnittig, die oberen (im Gegensatz zu *S. canina*) ungeteilt. Staminodien lineal bis lanzettl. Nah mit *S. canina* verwandt – **V:** südwestiber-maur

   | | | |T?| | | | .... ***S. frutescens*** L.

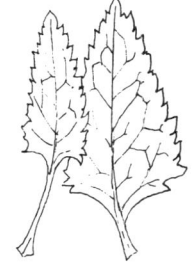

3* Vorige Merkmale nicht zus.treffend

4 Dicht verzweigte Hochgebirgspf. B. lang u. schmal herzf.-3eckig, lederig, glänzend, scharf gesägt. Kelchzipfel rundl. Krone dunkelrot bis schwarzpurpurn. Staminodien breit nierenf. Kelch gelbhäutig gerandet – **V:** E Can, P 450–1000 m, T Cañadas 2100–2400 m, oberhalb Vilaflor ab ca. 1500 m

   | |P| |T| | | |"Fisturela" .... ***S. glabrata*** Ait.

4* Pf. meist wenig verzweigt, aufrecht

5 Pf. krautig, 40–110 cm hoch, ± kahl. St. breit geflügelt. B. am Grund herzf. Kelch häutig berandet, an der Spitze gerundet. Krone 6–8 mm lang, braunrot. B. kurz gestielt, gekerbt. Zymen 3–5bltg – **V:** Az, Md? – atl-westsubmed – **S:** Feuchte Orte – **G:** PHR I-1 [*S. auriculata* L.]

   | | | | |C| | | .... ***S. aquatica*** (L.)Huds.

5* Pf. klein, einjährig (aber manchmal mit Ausläufern!), bis 30 cm hoch, B. doppelt gesägt, eif. Blü. klein, oft auch direkt aus dem Wurzelhals entspringend, kaum länger als der Kelch, dieser kaum häutig berandet, drüsig. Kapsel geschnäbelt. Pf. trockener Orte – **V:** T haupts. im S u. W, Grac – Md?, Salv, Cv (Auf Cv einzige Art der Gattung!) – südmed-sah – **S:** Mit Euphorbien u. im Pinar

   |H|P|G|T|C|L|F| .... ***S. arguta*** Sol. ex Ait.

2* B. mindest. untersts ± behaart

6 Tragb. des Blü.std gezähnt, laubb.ähnl. B. am Grund tief herzf. Pf. graugrün. Blü. 5–10 mm lang, auf langen, gekrümmten Stielen. Kelch grauhaarig. Krone purpurbraun. Staminodien breit kreisf. Pf. bis über 1 m hoch. St. 4kantig, nicht geflügelt – **V:** Az, Md – westmed-atl

   | |P?| |T?|C?| | | .... ***S. scorodonia*** L.

6* Tragb. ± ganzrandig, klein, schmal (*S. smithii* Hornem. s.l.)

7 B. klein (ca. 3 × 3 cm), eif., am Grund herzf., dicht, aber kurz gesägt-gekerbt. St. schwach 4kantig, steif. Zymen 6–10bltg. Kelch kahl mit gerundeten Zipfeln – **V:** E Can, T Bco. del Valle [Nach DALGAARD (1979) zu *S. smithii* ssp. *langeana* (Bolle) Dalg.]

   | |T| | | | .... ***S. teucrium*** Christ

7* B. über 5 cm lang

8 Basal verholztes Kraut od. Halbstrauch, sehr buschig .. ***S. smithii*** Hornem. ex Bolle

a B. schlank zugespitzt, am Rand unregelm. gezähnt

b   Blü. grünl.-weiß – **V:** T Anaga-Nord, Orotava, 500 – 1000 m –
     Md? – **G:** LAU I [*S. anagae* Bolle]

     ☐☐☐☐ T ☐☐☐☐ . . . . **ssp. *smithii***
b*   Krone gelb

     ☐ H ☐☐☐☐☐☐ . . . . **ssp. *hierrensis*** Dalg.
a*   B. sehr groß, doppelt gekerbt, bisweilen gelappt u. 3tlg. Blü.
     klein, hellbraun bis gelbl-bräunl., in sparrigen lockeren Trau-
     ben, die i.d.R. nicht verzweigt sind. Kapsel fast kugelig. Krone
     3mal so lang wie der Kelch. B. beidersts behaart – **V:** E Can,
     T Anaga-Täler, Teno-Gebirge, oberhalb Orotava – **S:** Lorbeer-
     wald – **G:** LAU II-1e [*S. langeana* Bolle]

     ☐☐ P G T ☐☐☐ . . . . **ssp. *langeana*** (Bolle)Dalg.
     –   Auf Md außerdem: *S. hirta* Lowe, *S. longifolia* Benth., *S. racemosa* Lowe

Sutera [Lyperia]
Die Gattung ist mit 130 Arten im trop. u. südl. Afr vertreten.
     –   Blü. lebhaft violett. Kapsel hellbraun. Kleiner, reich verzweigter Felsstrauch bes. an
          Höhlen – **V:** E Can, C 300 – 700 m, bes. im SW – **G:** ADI I-1b [*Lyperia c.* Webb et
          Berth.]

     ☐☐☐☐☐ C ☐☐ . . . . . . *Sutera canariensis* (Webb et Berth.)Sund. et Kunk.

Sibthorpia
     –   St. liegend, wurzelnd, Krone 9 – 13 mm breit (sonst vgl. *S. europaea* L.: höchst. 3 mm) – **V:** E Md – Port
          (Sintra) eingebürg. . . . . *S. peregrina* L.

Veronica
1   Infl. endstdg od. Blü. einzeln in den B.achseln
2   Infl. endstdg. Laubb. nach oben in viel kleinere Hochb. übergehend. Blü. weißl. od.
     blaßblau
3   Pf. mit nichtblühenden Erneuerungstrieben, mehrjährig. B. kahl, ± ganzrandig, rundl.
     eilängl. Blü. 5 – 10 mm, weißl., blau geadert – **V:** Az, Md – bor-eurassubozean,
     weltweit verschl.

     ☐☐☐ T ☐☐☐ . . . . *V. serpyllifolia* L.
3*   Pf. einjährig, ohne nichtblühende Triebe
4   Fr.stiel 2 – 3mal länger als der Kelch B. eif., kahl, schwach gekerbt. St. drüsig. Blü.
     blaßblau – **V:** Md – submed

     H? ☐☐☐☐☐☐ . . . . *V. acinifolia* L.
4*   Kelch zuletzt die (bewimperte) Fr. überragend. B. (Grundb.) ± behaart. St. fein-
     drüsig. B. eif., mit abgerundetem Grund sitzend, gekerbt – **V:** Az, Md – eurassub-
     ozean-submed, NAm, verschl.

     H P G T C L F . . . . *V. arvensis* L.
2*   Blü. einzeln b.achselstdg. B. nach oben wenig verkleinert. St. oft ± niederliegend
5   B. eif. od. rundl., meist kurz gestielt, gekerbt od. gesägt. Kelchzipfel längl. eif. Fr.stiele
     meist zurückgebogen
6   Fr.stiele deutl. länger als ihr Tragb. Kapsel 8 – 10 mm breit – **V:** Az, Md – SWAs,
     temp weltweit verschl.

     ☐☐☐ T C ☐☐ . . . . *V. persica* Poir.

6*   Fr.stiele nicht od. kaum länger als ihr Tragb. Blü. 4–8 mm breit
7   Kelchzipfel breit eif., spitz, sich an der Fr. mit den Rändern deutl. deckend. Fr.
      kurzhaarig u. drüsenhaarig. Blü. dunkelblau, schwach behaart. B. dunkelgrün, glatt,
      glänzend, fast kahl – V: Az, Md – med-submed, verschl.

      ☐☐☐ G? ☐ T? ☐ C? ☐☐ .... ***V. polita*** Fries

7*   Kelchzipfel längl., stumpf, an der Fr. kaum übereinandergreifend. B. zerstr. behaart,
      matt. Blü. weißl., blau geadert – V: Az, Md – subatl-eurassubozean (Verwechslung
      mit vor.?)

      ☐☐☐ G? ☐ T? ☐ C? ☐☐ .... ***V. agrestis*** L.

5*   B. 3–7lappig, efeuähnl., bis 2 cm lang gestielt. Kelchzipfel breit herzeif., bewimpert.
      Kapsel fast kugelig 2knotig – V: Md – submed-eurassubozean – NAm, temp verschl.

      ☐☐☐☐ T ☐ C ☐☐ .... ***V. hederifolia*** L.

1*   Blü.trauben b.achselstdg, daher St. meist mit B.schopf endend. Ein- od. mehrjährige
      Kräuter. Kelch 4tlg, Pf. kahl (od. etwas drüsig), ± glänzend. B. etwas fleischig. Sumpf-
      od. Wasserpf.
8   B. ± sitzend, halbst.umfassend, längl.-lanzettl., spitz. St. oben ± 4kantig
9   Kapsel ca. 3 mm lang, 2 mm breit, längl.-elliptisch. Blü.stiele meist weißl. drüsenhaa-
      rig. Blü. 3–4 mm breit, weißl. (blau gescheckt). St. ± markig. B. oft zu 3–4 wirtelig,
      zieml. klein. Pf. einjährig – V: med-submed – G: PHR I-1 (Verwechslung mit folg.?)

      ☐☐☐ G? ☐ T? ☐ C? ☐☐ .... ***V. anagalloides*** Guss.

9*   Kapsel ca. 3–4 mm lang u. breit, einrundl. St. hohl. Blü.std meist kahl. Blü. 4–7 mm
      breit, blaßviolett. Pf. ausdauernd – V: Az, Md, Cv – euras-submed, temp verschl. –
      G: PHR I-1

      ☐☐ P ☐ G ☐ T ☐ C ☐☐ .... ***V. anagallis-aquatica*** L.

8*   B. kurz gestielt, elliptisch-rundl., stumpf. St. fast stielrund. Blü. himmelblau. Pf. aus-
      dauernd – V: Cv – euras-submed-med, verschl. – G: PHR I-1

      ☐☐☐☐ T ☐ C ☐☐ .... ***V. beccabunga*** L.

Capraria

–   Pf. krautig, 0,5–1 m hoch, behaart bis fast kahl. Blü. weiß, B. wechselstdg, schmal, B.rand mit spitzen
      Zähnen – V: Cv – trop. Am, trop verschl. .... ***C. biflora*** L.

Campylanthus

1   B. etwa 2–3 cm lang, lineal, nur gut 1 mm breit, mit medianer Rinne auf der Ober-
      seite, stielrund-sukkulent, kahl (junge B. fein drüsig-weichhaarig!). Blü. in Trauben,
      violettl., (bläul.-)rosa bis weißl., aufrecht bis hängend. Kronröhre weichhaarig, oft ge-
      krümmt. Kapsel längl., 6 mm lang. Strauch bis 2 m – V: E Can, T hautps. Küstenzo-
      ne: Anaga-, Tenogebirge, Masca, Adeje, Güimar – G: KLE ☐75

      ☐☐ P? ☐ G ☐ T ☐ C ☐ L ☐ F ☐ "Romero marino" .... ***C. salsoloides*** (L.f.)Roth

–   Blü. weiß – V: E Can

      ☐☐☐ G ☐☐ C ☐☐ .... ***var. leucantha*** Svent.

1*   B. flach, längl. spatelf., 2–2,5 cm lang, 7–9 mm breit. Kapsel herzf., 4 mm lang u. breit – V: E Cv (São
      Antão) .... ***C. spathulatus*** Chev.

–   Auf Cv außerdem .... ***C. benthami*** Webb u. ***C. glaber*** Benth.

Digitalis

–   Aufrechte Pf., filzig behaart (sonst vgl. *D. purpurea* s.str.), mit großen, glockenf. Blü.
      – V: Az, Md – westmed-atl

      ☐☐☐☐ T ☐☐☐ ...... ***D. purpurea*** L. ***var. tomentosa*** (Hoffm. et Lk.)Brot.

Isoplexis "Cresta de gallo"
1   B. weniger als 16 cm lang, lanzettl., obersts glänzend, höchst. untersts behaart
2   B. elliptisch-lanzettl. Blü. braungelb, ca. 3 cm lang, gekrümmt röhrenf. Oberlippe vor
    dem Aufblühen so lang wie die Unterlippe. Staubfäden eingeschlossen. Zweige ±
    aufrecht. Infl. zieml. dicht – **V:** E Can, T 500–1000 m, Lorbeerwald u. bes. Fayal-
    Brezal – **G:** LAU II-1a ☐76

P	G	T				

    .... *I. canariensis* (L.)Don
2* B. schmaler lanzettl. Blü. rötl., kleiner, mehr gerade (unter 2 cm lang). Zweige
    schlanker, oft bogig überhängend
3   B. untersts fast kahl. Kelch kaum länger als die Blü.stiele. Infl. locker. Oberlippe
    doppelt so lang wie die Röhre. Staubfäden aus der Krone ragend – **V:** E Can, C
    800–1000 m, haupts. Pinar; selten – **G:** PIN

		T?	C			

    .... *I. isabelliana* (Webb et Berth.)Masf.
3* B. untersts dicht behaart. Kelch viel länger als die Blü.stiele. Infl. dicht – **V:** E Can,
    C Lorbeerwald, 600–800 m, sehr selten – **G:** LAU

			C			

    .... *I. chalcantha* Svent. et O'Shan.
1* B. sehr groß (16–32 × 8–12 cm), längl.-oval, behaart. Blü. braungelb-rötl. – **V:** E Md
    .... *I. sceptrum* (L.)Lindl.

Parentucellia [Eufragia]
1   Kapsel längl., behaart. Krone gelb od. (selten) weiß, groß (bis
    2 cm) – **V:** Az, Md – med-atl [*Eufragia v.* (L.)Benth.]

H	P		T	C		

    .... *P. viscosa* (L.)Car.
1* Kapsel kahl, Krone rot, klein (1 cm) – **V:** med-atl [*Euphragia l.* Gris.]

			T			

    .... *P. latifolia* (L.)Car.

Odontites
–   Pf. aufrecht, verzweigt. Blü. gelb – **V:** E Md .... *O. holliana* (Lowe)Benth.

Bellardia
–   Pf. 10–50 cm hoch, unverzweigt, drüsig-klebrig. B. gegenstdg, entfernt gesägt. Blü.
    gelb od. weiß-purpurn gescheckt – **V:** Md – med-atl – **G:** TBR I

H			T	C		

    .... *B. trixago* (L.)All.

Globulariaceae

Globularia
K(5) C(5) A4 G(2). Fr. eine 1samige Achäne. Äußere Blü. im Köpfch. oft ± zungenf. Blü.
blau, selten weiß.
1   Infl. die (rel.) Hauptachse beschließend. Kronröhre geschlossen. Auf Can vorkom-
    mende Arten liegend od. kriechend-hängend (*Globularia* s.str.)
2   Blü. blau. Infl. lang (5–6 cm) gestielt. B. klein (2 cm), eilängl., fleischig, blaugrün mit
    roten Spitzen u. weißem Rand. Hüllb. u. Kelch dicht wollig – **V:** E Can, C im S, um
    1600 m, selten

			C			

    .... *G. sarcophylla* Svent.
2* Blü. weißl., Infl. kurz gestielt (1–2 cm). B. 5–10 cm lang, breit lanzettl. St.

20–30(–40) cm – **V:** E Can, C im NW, um 1200 m, sehr selten

| | | | | C | | | |................................ ***G. ascanii*** Bramw. et Kunk.

1* Infl. nicht die Hauptachse abschließend. Kronröhre zwischen den Zipfeln der Oberlippe aufgeschlitzt, diese rudimentär, auf 2 winzige Lappen zurückgebildet. Aufrechter, bis 3 m hoher Strauch. B. lineal-lanzettl., kurz gestielt. Hüllb. seidigbehaart. Blü. blaßblau – **V:** Az?, Md – **G:** LAU II-1a,II-1a [*Lytanthus salicinus* (Lam.)Wettst.] ☐78

| H | P | G | T | C | | | |................................ ***G. salicina*** Lam.

– *G. sarcophylla* × *G. salicina* [× *Lythanthobularia i.* Svent.]

| | | | | C | | | |................................ ***G.* × *indubia*** (Svent.)Kunk.

– **V:** E Cv [*Lythantus amygdalifolius* (Webb.)Wettst.]..................... ***G. amygdalifolia*** Webb

Acanthaceae

K5 C(5) A5–2 G(2). Krone oft reduziert. B. meist gegenstdg.

1   Samenanlagen viele. A2, Staminodien fehlen. Krone ohne Haarring. Blü. klein, in dichtbehaarten Ähren. Fr.b. mit langen Spitzen. Niederliegendes, wollig behaartes Kraut. B. eif. – **V:** Cv – trop. Afr u. As, Austr., Madagaskar .... ***Nelsonia brunellioides*** (Lam.)O.Ktze.

1* Samenanlagen 2 bis viele

2   A4. Spaltenpollen. Antheren 1fächrig. Oberlippe der Krone fehlend od. Krone hinten tief gespalten. K4

3   Vordere Staubfäden an der Spitze mit aufrechtem Fortsatz. Röhre fast kugelig. Pf. distelartig – **V:** Cv – trop. Afr u. Indien .... ***Blepharis maderaspatensis*** (L.)Heyne ex Roth

3* Vordere Staubfäden ohne Fortsatz. Röhre sehr kurz, zylindrisch. B. nicht stachlig, nicht bis zur Mittelrippe geteilt, 40–60 × 20–30 cm, gefiedert, behaart. Blü. 28–60 mm, weißl., lila geadert. Tragb. etwas dornig, sich deckend. Kelch tief 2lippig, Oberlappen kronenähnl. – **V:** Can gartenflüchtig – Az, Md – med

| | | G | T | C | | | |................................ ***Acanthus mollis*** L.

2* A2. Andere Pollenformen. Antheren 2- od. 1fächrig

4   Knötch.pollen. Kronröhre kurz. Oberlippe aufrecht, helmartig, gekerbt. Blü. gelbl.-weiß (weißl. mit gelb od. braun), kürzer als die B. Staubb. mit Sporn unter den Antheren. Fr. keulenf., bis 2 cm lang, hellbraun. B. schmal, glatt, bis 4 cm lang, während des Sommers größtenteils abfallend, ganzrandig, gegenstdg od. wirtelig, eilanzettl. Kleiner Strauch (0,5–1,5 m), reich verzweigt. Zweige weißl. – **V:** E Can, T Küstenzone Anaga, Teno, Adeje [*Gendarussa h.* (L.)Webb et Berth.] ☐79

| | | G | T | | | | |........................... ***Justicia hyssopifolia*** L.

4* Spangenpollen. Kronröhre ± lang (Arten der Cv)

5   Antheren 2fächrig

6   Scheidewand bei Aufspringen der Kapsel sich nicht loslösend. Samenanlagen bis 4. Infl. dichasial, durch Verkümmerung der Mittelblü. scheinbar dichotom. Blü. meist groß, rot. Unterlippe ganz od. kurz 3lappig. Kapsel längl. – **V:** Cv – trop. Afr, südl. sah-arab .... ***Peristrophe bicalyculata*** (Vahl)Nees

6* Scheidewand sich ablösend. Unterlippe ± tief 3lappig. Blü. rot, violett od. blau. Kapsel eif., kurz gestielt od. fast sitzend – **V:** Cv – trop. Afr .... ***Dicliptera umbellata*** (Vahl)Juss.

- V: Cv – trop. Afr . . . . ***Dicliptera micranthes*** Nees
5* Antheren 1fächrig. K5. Kapsel längl., gestielt – V: Cv – trop. Afr . . . . ***Hypoestes cancellata*** Nees
- Scheinähren mit langen, abstehenden Haaren, B. ± kurzhaarig – V: Cv – trop. u. südl. Afr, Sokotra-Arabien . . . . ***Hypoestes verticillaris*** (L.f.)R.Br.

Orobanchaceae

1 Kelch zieml. regelm. 5lappig. Kelchzipfel stumpf, rundl., Pf. sehr groß u. kräftig (bis 1 m hoch). Blü. kahl, bis 5 cm lang, gelb. 4 Plazenten. Ganze Pf. lebhaft gelb, später braun. St. am Grund stark verdickt – V: Grac, Lob – Salv, Cv – südmed-sah-sind – S: Oft auf *Atriplex parvifolia* [C. *tinctoria* (Forsk.)G.Beck, *C. lutea* (Desf.)Hoffm. et Link, *Phelypaea lutea* Desf.]

    | | | | | L | F | . . . . ***Cistanche phelypaea*** (L.)Cout.

1* Kelch tief zerschlitzt od. in 4 ungleiche Zipfel ausgezogen, nur selten noch ein kleiner 5. Zipfel entwickelt. Blü. bläul., purpurn od. weißl. bis gelbl.(-bräunl.). 4 od. 2 Plazenten . . . . ***Orobanche*** S. 236

Orobanche

1 Kelch ganz verwachsen, mit 4–5 Zähnen (der 5. dann sehr klein). 2 Vorb. vorh. Krone blau bis purpurn. 4 Plazenten (Sect. *Trionyhon, Phelypaea*)
2 Infl. verzweigt (bei kleinen Exemplaren manchmal unverzweigt!)
3 Blü. klein, bis 15 mm lang (bei *O. ramosa*-Formen auch länger). Kelch 4tlg. Staubfäden kahl od. am Grund spärl. gewimpert u. oben drüsig
4 Kelchzähne 3eckig, zugespitzt, kürzer als die -röhre. Krone meist blau (selten weiß) od. gelb mit blauer Spitze. Kronlappen stumpf, rund. Ähre viel- u. lockerbltg, zuletzt verlängert. Auf vielen Kultur- u. Gartenpf. – V: med [*Phelypaea r.* (L.)Mey.]

    | H | P | G? | T | C | L | F | . . . . ***O. ramosa*** L.

4* Kelchzähne pfrieml., zur Spitze hin oft fädig, gleich lang od. länger als die Röhre. Ähre kurz. Blü. nur 5–15 mm lang, meist intensiv blauviolett, selten blasser, Kronlappen elliptisch, etwas spitzl., seltener gerundet. Auf vielen Wirtspf. – V: Md – westmed

    | H | | G | T | C | | | . . . . ***O. nana*** (Reut.)Noe.

3* Blü. größer (15–35 mm lang, meist um 20 mm)
5 Kelchzähne so lang wie die -röhre od. etwas länger. Vorb. kürzer als der Kelch. B. 3–10 mm. Krone intensiv blau. Blü. 17–20 mm lang, sitzend, Antheren kahl. Auf *Psoralea, Acanthus, Calendula, Crepis, Ferula, Lactuca, Thapsia, Scorpiurus* u. *Vicia* beobachtet – V: med [*O. ramosa* ssp.]

    | | | G | T | C | | | . . . . ***O. mutelii*** F.G. Schultz

- Blü. kurz gestielt u. Antheren ± dicht behaart (hautps. auf *Psoralea bituminosa*) – V: med

    | | | | | C | | | . . . . ***O. lavandulacea*** Reichenb.

5* Vor. Merkmale nicht zus.treffend. Kelchzähne 2–3mal so lang wie die -röhre
6 Untere Lappen der Krone abgerundet, Blü. 20–22 mm lang. Vorb. so lang wie der Kelch, fadenf. Kronlappen spärl. drüsig, ohne längere Haare. Kelch 5tlg. Krone weißl.-blau bis bleifarben blaugrau, trocken bräunl. Staubfäden kahl. Ganze Pf. bläul. B. bis 20 mm. Auf *Pteridium aquilinum* beobachtet – V: südwestiber [*Phelypaea t.* Webb]

    | | | | | C | | | . . . . ***O. trichocalyx*** (Webb)Beck

6* Untere Lappen der Krone elliptisch, zugespitzt od. spitz (seltener gerundet). Infl. zunächst dicht, zuletzt lockerbltg. B. 5–10 mm. Vorb. so lang wie der Kelch, linear-lanzettl. Blü. bis 20 mm lang, blau od. violett. Auf Apiaceen (*Elaeoselinum, Thapsia,*

Ferula), *Rubia peregrina*, *Stachys glutinosa* u. *Tamarix* beobachtet – **V:** westmed (siehe auch 7!)

| | | | | C | | |.............................. ***O. schultzii*** Mutel

2* Infl. einfach, unverzweigt

7 St. meist zierl. Kelchröhre zwischen den Zähnen wenignervig. Kelchzähne an der Spitze oft pfrieml.-fädig, seltener lanzettl., 2–3mal so lang wie die -röhre. Blü. 16–20 mm lang. Infl. durch Tragb. oben schopfig, Infl. dichtbltg, oft verzweigt. Krone blau od. violett. *O. schultzii* p.p., siehe 6*

7* St. kräftig (selten zierl.), meist zieml. hoch

8 Kelchzähne so lang od. länger als die -röhre. Infl. meist lockerbltg. St. rothaarig, trocken fuchsrot. Kelch 4tlg, Zipfel spitz, fädl. Staubfäden am Grund leicht behaart. Schaft um 15 cm hoch – **V:** E Can, Grac (ausgestorben?)

.... ***O. graciosa*** (Webb et Berth.)Lind.

8* Kelchzähne meist kürzer als die -röhre. Pf. in allen Teilen drüsig behaart. Infl. meist locker. Blü. 25–32 mm lang, selten kleiner. Krone purpurn. Staubfäden meist kahl, Antheren kahl, weiß. St. oben meist spärl. beschuppt. Schaft 15–60 cm, bläul.-violett. Kelch 4–5tlg. Beobachtet auf *Achillea* spec. div., außerdem auch auf anderen Asteraceen sowie *Phlomis*, *Lamium* u. *Brassica* – **V:** med-subatl [*Phelypaea p.* (Jaq.)Asch.]

| H | P | | T | C | L? | |.............................. ***O. purpurea*** Jaqu.

1* Kelch in der Mediane ± gespalten. Vorb. fehlen. Krone blau, weiß od. gelbl. 2 Plazenten. (Sect. *Osroleon*, *Orobanche* s.str.)

Hierzu (auf *Hedera*) mit an der Mündung verengter Krone, 3–4 mm über Grund eingefügten Staubb., ± kahlen Filamenten, gelber Narbe – **V:** med-atl

| | | P | | T | | |.............................. ***O. hederae*** Duby

9 Krone unter den Ansatzstellen der Staubb. ± aufgeblasen, in der Mitte der Röhre verengt. Blü. oben blau-violett. Staubb. fast in der Mitte der Kronröhre eingefügt. Narbe weiß. Krone mittelgroß, 10–20 cm lang (Subsect. *Inflatae*) – **V:** E Can (Aber wohl nur Varietät der palaeotemp *O. cernua* Loefl. Diese auf Asteraceen, bes. auf *Artemisia*, seltener Solanaceen wie *Lycium*, *Lycopersicum*, *Nicotiana*; außerdem auf *Polygonum paronychioides* beobachtet. Bei *O. cernua* ist zur Blü.zeit die ganze Ähre schön blau gefärbt)

| | | | T | | | |...................... ***O. berthelotii*** Webb et Berth.

9* Krone oberhalb der Staubb.insertion bauchig, unterhalb verengt, oft auch gleichm. röhrig. Staubb. unterhalb der Mitte der Kronröhre eingefügt (Subsect. *Angustatae*). Krone weiß od. gelb, Nerven oft ± rot. Oberer Teil der Krone mit hellen Drüsenhaaren auf der Fläche. Rand der Kronlappen kahl

10 Krone groß (25–30 mm lang), weiß od. gelbl.-weiß, mit roten od. amethystfarbenen Nerven. Staubb. im untersten Viertel der Krone eingefügt. Narbe bleich (Grex *Speciosae*). Auf Fabaceen, hier oft sehr schädl.; seltener auf *Plantago*, *Pelargonium*, *Erodium* u.a.). – **V:** Az, Md – med

| H | | | T | C | | |.............................. ***O. crenata*** Forsk.

10* Krone 10–12(–20) mm lang, schmal röhrig od. allmähl. glockig nach oben erweitert, weiß, gelbl.-weiß od. gelbl., rotnervig, auf der Außenseite drüsig behaart. Narbe rotod. violettpurpurn, seltener gelb (Grex *Minores*). Staubfäden unten behaart, oben drüsig. Pf. rötl.-gelb. Auf Fabaceen (*Trifolium*), Asteraceen, *Nicotiana glauca*, Apiaceen u.a. beobachtet – **V:** Grac – Az, Md – submed-subatl, NAm versch.

| | P | | | C | L | F | |.............................. ***O. minor*** Sutt.

Myoporaceae

Myoporum
1   B. 4 – 10 × 1 – 3 cm, mit zahlr. durchscheinenden Drüsen. B.stiel bis 3 cm, abgeflacht.
    Blü. in Zymen zu 2 – 6. Fr. rötl.-purpurn – **V:** Can verwild. – Neuseeland
    ⬚ H ⬚ T C L ⬚ .... *M. laetum* Forst.
1* B. 4 – 10(– 17) × 1,5 – 3(– 5) cm, mit gelbl. durchscheinenden Drüsenpunkten, lanzettl.,
    zugespitzt, am Grund keilf., meist ganzrandig, oberts glänzend grün, immergrün.
    B.stiel 0,5 – 1 cm. Krone weiß mit purpurnen Punkten. A4. Blü. in dichten Zymen zu
    (1 –)5 – 9. Reife Fr. dunkelpurpurn bis schwarz. Baum bis 8 m – **V:** Md – OAustr, in
    Iber eingebürg.
    ⬚ ⬚ ⬚ C ⬚ ⬚ .... *M. tenuifolium* Forst.

Plantaginales

Plantaginaceae

Plantago
1   B. wechselstdg, meist rosettig gehäuft
2   Kronröhre behaart, Samenanlagen 3 – 6 (*P. coronopus* s.l.)
3   B. ± gelappt, 1 – 3nervig. Pf. meist einjährig – **V:** Can? – Az, Md, Salv – euras-med
    – **G:** CRI
    ⬚ ⬚ ⬚ ⬚ ⬚ ⬚ ⬚ .... *P. coronopus* L.
3* B. sägezähnig, kaum gelappt, Sägezähne ± scharf abgesetzt. Samenanlagen 2 – 3
4   Pf. einjährig. B. (bes. an sonnigen Orten) schmal, wenig gezähnt, weich behaart.
    Blü.ähre von Schaft auffallend scharf abgewinkelt. Samenanlagen 3 – **V:** E Can
    (Viell. als var. zu vor.), Grac, Lob – **S:** Küstenzone – **G:** PLA I-2b
    H P G T C L F .... *P. aschersonii* Bolle
4* Pf. mehrjährig. B. breiter, stärker gezähnt,
    rauher behaart. Ähre nicht scharf abge-
    winkelt – **V:** westmed (Viell. var. von *P.*
    coronopus)
    ⬚ ⬚ T C L F ... *P. serraria* L.
2* Kronröhre kahl. Samenanlagen 2 – viele
5   Samenanlagen u. Samen 2, daher rel. groß
6   B. ± st.umfassend. St. oft ± verlängert. B.
    locker gestellt. Samen dünn, becherf. od.
    kahnf. – **V:** Grac – med
    H P G T C L F .... *P. amplexicaule* Cav.
6* B. nicht st.umfassend. Samen dicker
7   Vordere Kelchb. größtenteils verwachsen. Ährenstiel gefurcht. Tragb. eif., allmähl.
    verschmälert
8   Tragb. u. Kelchb. kahl od. behaart. Kronlappen kurz od. kaum gespitzt. Pf. ausdau-
    ernd – **V:** Az. Md – euras-med – **G:** ARR
    ⬚ ⬚ T C L? F? .... *P. lanceolata* L.
–   Verholzt – **V:** Md (Porto Santo) .... ssp. *leiopetala* Lowe
8* Tragb. u. Kelch lang behaart. Kronlappen deutl. zugespitzt, scharfspitzig. Pf. meist einjährig

9 Ährenstiel 10–20 cm lang. Ähre zu 2–3 cm, kugelig bis eilängl. – **V:** Md, Cv – med
– **G:** TBR I

| H | P | G | T | C | L | F | "Gallito" .... ***P. lagopus*** L.

9* Pf. groß, kräftig. B. 12–18 cm lang, 1,5–4 cm breit. Ähre 2,5–6,5 cm lang, zylindrisch
– **V:** Md – westmed (Viell. nur var. der vor.)

| | | | T | C | | .... ***P. lusitanica*** L.

7* Vordere Kelchb. größtenteils frei
10 Antheren an der Spitze zu einer zarten, breiten, flachen Membran ausgezogen.
Kleine, einjährige Pf. mit nur bis 2,5 cm langem Schaft. Ähre bis 8 mm, eif. bis
kugelig. B. 3nervig, zieml. starr, lineal-lanzettl. bis (spatelig-)lanzettl., graugelbl. bis
bräunl. behaart, 4–9 cm lang – **V:** ostmed (excl. *P. ovata* Forsk., s.u.)

| | | | | C? | | .... ***P. cretica*** L.

10* Antheren kurz gespitzt. B. lineal od. lanzettl.
11 Tragb. sehr breit, an der Spitze gerundet, gestutzt od. ausgerandet. Kelchb. dünn,
vordere u. hintere wenig verschieden, nur am Grund gekielt. Ausdauernde Gebirgspf.,
2–12 cm hoch. B. lang behaart – **V:** iber-Hochgebirge [*P. sericea* Benth.]

| | | | | L? | | .... ***P. monosperma*** Pourr.

11* Tragb. ± breit. Vordere u. hintere Kelchb. deutl. verschieden, meist deutl. gekielt.
Kronlappen meist breit u. stark zurückgebogen. Kleine, ein- od. mehrjährige Kräuter,
verzweigt, manchmal halbstrauchig. Krone kahl
12 Kiel der Kelchb. durchlaufend
13 Vordere Kelchb. stark asymmetrisch, an der schmäleren Seite mit nach außen gewen-
deten Haaren. Ausdauernd, etwas verholzt. Kronlappen 3 mm lang. B. an den Zwei-
gen rosettig gehäuft – **V:** med

| | | | T | C | L | F | .... ***P. albicans*** L.

13* Kelchb. (fast) symmetrisch
14 Kronlappen breit gerundet-herzf., 2,5–2,75 mm – **V:** Grac, Lob – Md – med (bis
Afghanistan u. Pandjab)

| | P | G | T | C | L | F | .... ***P. ovata*** Forsk.

14* Kronlappen 3eckig, scharfspitzig, ca. 1 mm lang. Grundb. lineal, silberhaarig. Infl.
lang, dünn, bogig aufsteigend – **V:** E Can, T Adeje u. Südküste – **S:** Küstenzone

| | | | T | | | | .... ***P. asphodeloides*** Svent. **var.** *asphodeloides*

– Pf. kleiner, mit nur 8–20 fädigen B. u. 2–7 Blü.ähren – **V:** C Ayagaure

| | | | | C | | | .... **var.** *oligostachya* Svent.

12* Kiel der Kelchb. nicht durchlaufend, oft nur an der Basis deutl., im übrigen die
Kelchb. nervenlos. Pf. einjährig
15 Kelchabschnitte rundl., kahl. Kronlappen 1 mm lang, eilanzettl., spitz. Antheren wenig
herausragend, 0,5 mm lang. Tragb. ± kahl, breiter als lang, querelliptisch. Pf. ± steif
behaart. B. ganzrandig od. entfernt gezähnt, 2–7(–10) × 0,1–0,7 cm – **V:** Md – iber

| H | | G | T | C | | | .... ***P. loeflingii*** L.

15* Kelch behaart
16 Kronlappen breit eirundl. Antheren 1,5 mm lang. Tragb. u. Kelch mit langen Haaren,
daher Ähre wollig – **V:** südmed-südostiber [*P. syrtica* Viv.]

| | | | | L? | F? | | .... ***P. notata*** Lag.

16* Kronlappen eilanzettl., mit breitem olivgrünem od. braunem Streifen. Ährenstiele lang
abstehend u. bräunl. behaart. B. lineal-lanzettl., 3–5 mm breit, deutl. 5–7nervig – **V:**
med

| | | | T | | | | .... ***P. bellardii*** All.

5*   Samenanlagen (4–)8–30, Samen klein, eckig. Kronlappen klein. Rhizom kurz, Wurzel
     bald absterbend. B. breit, deutl. gestielt. Ähre schmal, ± dicht, verlängert – V: Az,
     Md, Cv – temp kosmop – G: PLA I-1a

     | H | P | G | T | C | L | F | "Llantén" .... ***P. major*** L.

1*   B. gegenstdg, oft gebüschelt u. am Zweigende gehäuft, schmal (Sect. *Psyllium*)
17   Pf. einjährig, dicht drüsig behaart, 10–40 cm, einfach od. an der Basis verzweigt. B.
     ganzrandig oder entfernt gezähnt, 2–5 cm lang, an der Basis lang behaart – V: Grac,
     Lob – Md, Salv (var.), Cv – med, weltweit verschl [*P. psyllium* L., *Psyllium afrum*
     (L.)Mirb.]

     | H | P | G | T | C | L | F | .... ***P. afra*** L.

–   Pf. einjährig, 4–10 cm, dicht behaart, im Bereich der Infl. drüsig, einfach od. an der
     Basis verzweigt. B. ganzrandig, 1–4 cm. Krone mit dunkelbraunem Fleck im Zentrum
     – V: sah-arab

     | | | | | | L? | F? | .... ***P. phaeostoma*** Boiss. et Heldr.

17* Kleine Sträucher mit schmallinealen B.
18   Untere Tragb. sehr breit, außer einem Kiel noch mit vom Grund ausgehenden
     Nerven. Samen braun, dick, nicht glänzend – V: westmed [*P. cynops* L.]

     | | | | T? | | | | .... ***P. sempervirens*** Cr.

18* Vorige Merkmale nicht zus.treffend
19   Pf. kurz samtig behaart. Blü.std länger als die B. B. ca. 1 mm breit, nach vorn gerich-
     tet bis anliegend. Kompakter Zwergstrauch bis 30 cm. B. weißwollig behaart, 1,5–4
     cm lang. Köpfch. ei- bis kugelf. Tragb. in der Infl. weniger als 5 mm lang. Kronröhre
     bis 2,5 mm – V: E Can, T Cañadas, (1600–)2000–2800 m – G: PIN I-2d [*Psyllium
     w.* (Barn.)Soják]

     | | P | | T | C | | "Crespa" .... ***P. webbii*** Barn.

19* Pf. länger u. rauh behaart od. fast kahl. Köpfch. eif. B. ± abstehend
20   B. 1,5–2,5 mm breit, 2–4,5 cm lang, lineal-lanzettl., etwas sukkulent. Dichter Strauch,
     20–30(–50) cm – V: E Can, L 400–600 m, selten [*Psyllium f.* (Svent.)Kunk.]

     | | | | | | L | | .... ***P. famarae*** Svent.

20* B. schmallineal, fast fädl., meist fast kahl, nur am Rand
     bewimpert, 2–6 cm lang, 0,75–1,25(–1,5) mm breit, ± vom
     St. abstehend. Tragb. über 5 mm lang, Kronröhre über 4
     mm. Strauch, bis 60 cm hoch – V: E Can, H ssp?, T Küsten-
     zone bis mittlere Bergregion um 1000 m – G: ASP I-1 [*Psyl-
     lium a.* (Poir.)Mirb.] □80

     | H | P | G | T | C | | | .... ***P. arborescens*** Poir.

a   B. dicht gehäuft rosettig – V: T Masca, um 600 m

     | | | | T | | | | .... **var. *mascaensis*** Svent.

a*   B. straff, weich grauhaarig, zwischen den Haaren kleine Drüsen – V: T Val Tejina
     700–800 m

     | | | | T | | | | .... **var. *canescens*** Svent.

a** Äußere Tragb. an der Basis verbreitert, innere bis zur Spitze weiß-hautrandig, wollig
     behaart

     | | P | | | | | | .... **var. *palmensis*** Pit.

–   Hierzu – V: Md [*P. maderensis* Dcne.]

     | | | | C | | | | .... **ssp. *maderensis*** (Dcne.)Hans. et Kunk.

Dipsacales

Caprifoliaceae

1   B. fiederschnittig bis gefiedert. Antheren extrors. Mehrsteinige, beerenähnl. Steinfr.
    Fr.kn. 3–5fächrig, Fächer mit je 1 Samenanlage . . . . *Sambucus* S. 241
1* B. ungeteilt bis höchst. gelappt. Antheren intrors. Beere od. Steinfr.
2   Fr.kn. 1fächrig mit 1 Samenanlage. Blü. (außer den Randblü.) radiärsymmetrisch,
    weiß. Steinfr. Junge Zweige u. B.unterseite mit langen einfachen Haaren u. gelbl.
    Büschelhaaren. Strauch bis 5 m Höhe. B. bis 20 × 15 cm, beidersts behaart. Fr. längl.-
    oval, prupurn bis blauschwarz – **V:** Can Lorbeerwald u. Fayal-Brezal – **Az** (var.
    subcordatum (Trel.)P.Silva) – **G:** LAU [*V. rugosum* Pers., *V. tinus* L. ssp. *rigidum*
    (Vent.)P.Silva]
    | H | P | G | T | C | | "Follao" . . . . *Viburnum rigidum* Vent.
2* Fr.kn. 2–5(–8)fächrig, alle Fächer mit mehreren Samenanlagen. Blü. zygomorph.
    Beere bzw. Doppelbeere . . . . *Lonicera* S. 241

Sambucus

1   B. 3–5jochig gefiedert, Endb.chen größer. B.unterseite behaart (Sternhaare u. ein-
    fache Haare). Fr. bräunl.-schwarz. Anstelle der hinfälligen Nebenb. 2 Drüsen. Schein-
    dolde mit 3 Hauptstrahlen (bei *S. nigra* mit 5) – **V:** E Can, selten – **S:** Lorbeerwald
    – **G:** LAU II-3 ☐77
    | | P | G | T | C | | "Saúco" . . . . *Sambucus palmensis* Link
1* B. vollst. kahl, glänzend grün. Fr. gelbgrün, selten schwarz. Blü. geruchlos. Scheindolde mit 5 Hauptstrahlen
    – **V:** E Md [*S. maderensis* Lowe] . . . . *S. lanceolata* R.Br. in Buch

Lonicera

1   Schlingpf.
2   Blü. drüsig behaart. B. u. Fr.kn. behaart. B. dickl. lederig. Beeren schwarz. Blü. 4 cm
    lang – **V:** T gepfl. u. verwild. – Md, Cv – Japan, China
    | | | T | | | | . . . . *Lonicera confusa* DC.
2* Blü. kahl, weiß-gelb, außen rötl. Griffel kahl. Oberstes Blü.köpfch. gestielt, daher von
    dem verwachsenen oberen B.paar entfernt. B. etwas lederig, unterts bläul.-grün. Pf.
    sommergrün, Schlingpf. mit 1–3 m langen Trieben – **V:** Az, Md – med
    | | | T | | | | . . . . *L. etrusca* Santi
1* Aufrechter Strauch, immergrün. B. am Grund abgerundet bis herzf., klein, glänzend
    dunkelgrün. Blü. weiß, unauffällig wie die roten od. violetten Beeren – **V:** Can
    verwild. – China
    | | G | | C | | . . . . *L. nitida* Wilson.

Valerianaceae

1   Pf. einjährig. A3. B. meist ungeteilt. Kelch becherf., an der Fr. deutl. bleibend od.
    auch fehlend, jedenfalls nie als pappusähnl. Haarkrone . . . . . . *Valerianella* S. 241
1* Pf. ein- od. mehrjährig. A1. Blü. rot, mit zieml. langer Röhre, am Grund gespornt.
    Kelch wird zu federigem Pappus . . . . *Centranthus* S. 242

Valerianella

1   Kelch mindest so lang wie die Fr., als hakig begranntes Krönch. entwickelt. Tragb.
    eif., häutig. Fr. ± dicht behaart. Obere B. lineal-lanzettl., am Grund fiederschnittig
2   Kelchsaum (2–)6tlg, kahl. Fr. 1,5–2mal so lang wie breit, zottig behaart – **V:** med
    | | | | | C? | | . . . . *V. coronata* (L.)DC.

2* Kelchsaum in (6 –)8 – 15 Zähne gespalten, innen behaart. Fr. etwa so lang wie breit
   – V: med

   ☐☐☐☐☐☐ F ☐ . . . . *V. discoidea* (L.)Lois.
1* Kelch schief (mit 1 größerem Zahn) od. sehr stark reduziert. Tragb. grün, nur am
   Rand od. Öhrch. häutig. Obere St.b. meist nur gezähnt (Vgl. aber *V. dentata*!)
3 Kelch schief, 1seitig entwickelt
4 Fr. eif., nach oben kaum verschmälert, kurz kraus behaart. Kelch etwa so lang wie die
   Fr. St. gespreizt-gegabelt
5 Kelch ein schiefes Krönch. mit 6 Zähnen – V: med-atl

   ☐☐☐ T ☐ C ☐☐ ☐ . . . . *V. eriocarpa* Desv.
5* Kelch schief gestutzt, Zähne undeutl.

   ☐☐☐ T ☐☐ ☐☐ ☐ . . . . *V. muricata* (Stev.)Loud.
4* Fr. ± birnf., kahl od. spärl. behaart. Kelch kürzer u. schmäler als die deutl. 3rippige
   Fr. St. aufrecht gegabelt – V: Az, Md – submed-med

   ☐☐ P? ☐☐☐ ☐☐ ☐ . . . . *V. dentata* (L.)Poll.
3* Kelch stark reduziert. Fr. kahl bis sehr kurz behaart. B. ganzrandig bis entfernt
   gezähnt
6 Außenwand des fertilen Fr.fachs, bei var. *oleracea* (Schl.)Breistr. auch der sterilen
   Fächer, stark schwammig verdickt. Fr. linsenf. – V: Md – submed-med, weit verschl.

   ☐☐☐ T ☐ C ☐☐ ☐ . . . . *V. locusta* (L.)Lat.
6* Außenwand des fertilen Fachs nicht verdickt, Fr. stumpf 4kantig – V: submed-med

   ☐☐☐☐ T ☐☐ ☐☐ ☐ . . . . *V. carinata* Lois.

Centranthus

1 Pf. ausdauernd, am Grund verholzt. B. ganzrandig, sitzend, länger als breit. Sporn
   meist länger als der Fr.kn. (meist doppelt so lang). B. blaugrün, ± ganzrandig. Infl.
   dicht. Blü. meist rot. Kronröhre sehr lang – V: Can verwild. – Az, Md – med – G:
   PAR I-1

   ☐ H ☐ P ☐ T ☐ C ☐ L ☐ F ☐ . . . . *C. ruber* (L.)DC.
1* Pf. einjährig. Obere St.b. stets fiedertlg. Grundb., wenn ganzrandig, fast so breit wie
   lang. Sporn stets kürzer als der Fr.kn. Unterste B. meist rot überlaufen, blaugrün,
   fleischig, glänzend. Blü. bläul.-rosa – V: Az, Md – med – G: PIN

   ☐ H ☐ P ☐ G ☐ T ☐ C ☐☐ ☐ . . . . *C. calcitrapae* (L.)Dufr.

Dipsacaceae

1 Spreub. (meist auch Hüllkelchb.) starr (federnd), scharf gespitzt. Infl. längl. – V: med
   – G: ART

   ☐☐☐ T ☐☐ ☐☐ . . . . *Dipsacus sylvestris* Mill.
1* Spreub. krautig od. durch Haare ersetzt od. fehlend. Infl. ± flach kopfig
2 Kelch 10- od. mehrstrahlig, oft hinfällig. C 5, rosa. Auf den Can nur als Holzpf.
   Spreub. meist fehlend. Narbe einfach od. geteilt . . . . *Pterocephalus* S. 243
2* Kelch 5strahlig, als 5 lange Borsten bleibend. Zwei- od. mehrjährige Kräuter. Spreub.
   vorh. Narbe 2tlg

   . . . . *Scabiosa* S. 242

Scabiosa

1 Pf. ± kahl bis schwach rauh behaart
2 Pf. einjährig. Blü. schwarzrot mit weißen Narben (auch andere Farben!). Köpfe groß.

Randblü. größer – **V:** Az, Md – med

H	P		T	C			

.... *S. atropurpurea* L.

2* Pf. mehrjährig. Blü. rosa, weiß, gelbl.-weiß. Randblü. strahlend. B. gezähnt od. in Zipfeln geteilt

	P		T	C?			

.. **ssp. maritima** (L.)Jah. et Maire

1* Pf. weichbehaart – **V:** iber .... *S. semipapposa* Salzm.

Pterocephalus

1 B. auffallend lebhaft grün, am Zweigende schopfig gehäuft, elliptisch, ± stumpf, 5–10 × 1–2 cm. Hüllb. 8–13. Nur am Grund verholzter Halbstrauch der Küstenfelsen – **V:** E Can, T Anaga

			T				

.... *P. virens* Benth.

1* B. ± graugrün. Pf. stärker behaart. Köpfch.hülle 12–16blättrig. Sträucher bis 1,5 m Höhe

2 Pf. groß u. aufrecht. B. ± behaart, mattgrün, breit lanzettl. bis eif. Köpfch. klein. Zweige (u. Stamm) rotbräunl., runzelig, dicht behaart. B. 6–10 × 1,5–2 cm, spitz – **V:** E Can, T Ladera de Güimar, 300–400 m

			T	C			

P. dumetorum (Brouss. ex Willd.)Coult.

2* Breiter, niedriger Strauch. B. dicht weißfilzig. Infl. lang gestielt, i.d.R. 1köpfig. Zweige u. Stamm graubraun, verkahlend – **V:** E Can, T Cañadas-Izaña, Hauptverbreitung in 2000–2500 m – **G:** SPA I-1a □82

			T				

.... *P. lasiospermus* Link ex Buch

– B. breiter, mit aufgesetztem Spitzch., Blü. dunkler rosa – **G:** ASP I-2d, PIN I-2d

	P						

.... *P. porphyranthus* Svent.

Campanulales

Campanulaceae (incl. Lobeliaceae)

1 Blü. radiärsymmetrisch, selten schwach zygomorph. Filamente frei (*Campanuloideae*)

2 Fr.b. vor dem Kelch- bzw. Staubb. stehend od. in geringer Anzahl als Kelchb. vorh.

3 Fr. eine vielsamige Beere od. (häufiger) eine Kapsel, die sich seitl. öffnet od. (seltener) geschlossen bleibt. Fr.kn. unterstdg. Griffel meist mit Sammelhaaren (*Campanulinae*)

4 Fr. eine Beere. Kelch- u. Kronb. meist 6. Blü. groß, orange od. ziegelrot, hängend. Untere B. wirtelig, obere fast gegenstdg. klimmpf. Wurzel fleischig. B. blaugrün, spießf., gezähnt – **V:** E Can, T haupts. N-Seite, bis 1000 m – **S:** Lorbeerwald, Fayal-Brezal – **G:** LAU II [*C. campanula* Lam.] □81

H	P	G	T	C			

"Bicácaro" .... *Canarina canariensis* (L.)Vatke

4* Blü. i.d.R. mit 5 Kronb., blau od. weißl.(-gelbl.). Fr. eine Kapsel

5 Griffel bedeutend länger als die Krone. Blü. in reichbltg Rispen. Pf. mehrjährig, kahl, freudig grün. Krone zart, glockig, Blü. blau od. lila – **V:** Md – westmed .... *Trachelium coeruleum* L.

5* Griffel etwa so lang wie die Krone. Blü. einzeln od. in Trauben od. wenig verzweigten Rispen, meist blau. Pf. ein- od. zweijährig

6 Krone fast radf., fast bis zum Grund geteilt, Zipfel viel länger als die Röhre. Kapsel prismatisch od. verlängert umgekehrt kegelf. od. zylindrisch, seitl. oberhalb der Mitte

mit meist 3 Poren od. Schlitzen sich öffnend. Kelch länger als Krone. B. meist etwas wellig. Blü. kurzgestielt od. sitzend . . . . *Legousia* S. 244

6* Krone glockig. Kapsel rundl., seitl. mit 3–5 Klappen od. Deckelch. aufspringend . . . . *Campanula* S. 244

3* Kapsel öffnet sich an der Spitze mit Klappen, die zwischen den Kelchb. stehen, fachspaltig. Fr.kn. (halb-)unterstdg. Griffel mit Sammelhaaren od. klebrigen Drüsen (*Wahlenberginae*). Pf. kahl, fast nur am Grund beblättert, einjährig. Blü. verwaschen bläul., Krone ca. 6,5 mm lang, Kelch halb so lang. Fr.kn. 2fächrig. B. spatelig, längl.-lineal, nicht rosettig, 2–6 × 0,5 cm, grob gezähnt, kahl – V: Grac – Az?, Md, Salv, Cv – westmed – G: KLE I-2c, CHE I-1k

 | H | P | G | T | C | L | F | . . . . . *Wahlenbergia lobelioides* (L.f.)A.DC. ssp. *lobelioides*

2* Fr.b. in gleicher Anzahl wie Kelch- u. Kronb. mit den Kelch- bzw. Staubb. alternierend (*Platycodinae*) (E Md) . . . . *Musschia* S. 245

1* Blü. zygomorph (sehr selten fast radiär). Filamente verwachsen (*Lobelioideae* incl. *Cyphioideae*)

– Auf Cv (ob noch?) . . . . *Cyphia stheno* Webb

13 Kronröhre nicht gespalten. Kronsaum 5spaltig, (undeutl.) 2lippig. G($\overline{2}$). *Laurentia*. Blü. blau od. weiß. Pf. einjährig, bis 10 cm hoch, zart. B. schmal, wechsel- bis grundstdg. Blü. klein, blau od. weiß, einzeln an langen, zeitweise schwanenhalsartig gekrümmten Stielen – V: T z.B. Masca – med – S: Feuchte Stellen, bes. unter Felsen [*L. gasparrinii* (Tin.)Strobl, *Solenopsis laurentia* (L.)C.Presl]

 | | | T | C | | | . . . . *Laurentia canariensis* DC.

13* Kronröhre gespalten. Krone deutl. 2lippig, Oberlippe 2-, Unterlippe 3spaltig. G($\overline{2-3}$) . . . . *Lobelia* S. 244

Lobelia

1 Pf. 30–60 cm hoch, freudig-grün, mehrjährig, zieml. kahl. Kronsaum blau, -röhre weiß. Blü. sehr kurz gestielt, in reichbltg Trauben. B. linear-lanzettl. bis verkehrt-eif., die unteren gestielt, die oberen sitzend – V: Az, Md – SEur, NWAfr, WAs – atl – S: An feuchten Stellen . . . . *L. urens* L.

1* Pf. 10–30 cm hoch. Blü. blau, in armbltg Trauben. Untere B. verkehrt-eif. bis fast rund, die oberen oft linear-lanzettl. – V: Can kult. u. verwild. – SAfr

 | | | | C | | . . . . *L. erinus* L.

Legousia [Specularia]

1 Pf. im oberen Teil ± kahl. Infl. mindest. die Hälfte des St. einnehmend. Kelchb. 12 mm lang, mindest doppelt so lang wie die Krone. Samen linsenf., trocken stark glänzend – V: Md – med [*Specularia f.* (Ten.)A.DC.]

 | H | P | G | T | C | | . . . . *L. falcata* (Ten.)Fritsch

1* Pf. kurz rauhhaarig (mindest. am B.rand). Infl. kurz (Blü. am St.ende gehäuft). Kelchb. 6 mm lang. Samen längl., braun berandet – V: Az, Md – med-submed [*Specularia h.* (L.)A.DC.]

 | | | T? | C? | L | . . . . *L. hybrida* (L.)Del.

Campanula

1 Kelchbuchten mit Anhängseln, diese spitz, länger als der Fr.kn. Pf. einjährig, rauh behaart. Krone ca. 2 cm, blaulila – V: westmed

 | | | T | | L | F | . . . . *Campanula dichotoma* L.

1* Kelchbuchten ohne Anhängsel

2   Krone ca. 6,5 mm lang. Pf. 5–30 cm hoch, aufrecht, einjährig. B. 1–2 cm, wechsel-
od. gegenstdg – **V**: Lob – Az, Md – med

| H | P | G | T | C | L | F | . . . . *C. erinus* L.

2*   Krone 30–35 mm lang. Pf. ein- od. zweijährig, aber mit kräftiger Wurzel u. am Grund verholzt. B. fleischig-
brüchig. Endem. Arten der Cv

3   B. längl. (wenigst. die oberen), sitzend, 3–4 × 1,5 cm. Blü. meist lebhaft blau – **V**: E Cv
. . . . *C. jacobea* C.Sm.

3*   B. verlängert, lang in den Stiel verschmälert, unterstes weißfilzig. Blü. stets weißgelbl. od. grünl., nur am
Rand etwas bläul. – **V**: E Cv . . . . *C. bravensis* (Bolle)A.Chev.

Musschia

1   1–2 m hoher Halbstrauch. Blü. dunkel purpurrot, in der Kultur oft gelbl.-grün. Infl. mit waagerecht
abstehenden Zweigen. Pf. wenig verzweigt, behaart. B. 30–60 cm lang – **V**: E Md   *M. wollastonii* Lowe

1*   Bis 1 m hohe, krautige Pf. Blü. goldgelb, in lockerer Rispe. B. lanzettl., kahl, dicht stehend, fast grundstdg
– **V**: E Md . . . . *M. aurea* (L.f.)DC.

Asterales

Asteraceae

1   *Asteroideae* (= *Tubuliflorae*). Mindest. ein Teil der Blü. radiärsymmetrisch (Röhren-
od. Scheibenblü.). Pf. ohne Milchsaft (1* siehe S. 248)

2   Randblü. zungenf., meist 3zipfelig, bei *Schizogyne* sehr kurz, bei *Senecio* u. bei *Cotula*
oft fehlend

–   Bis 4 m hoher Halbstrauch mit dünn weißfilzigen Ästen u. gegenstdg (obere oft zu 3), bis doppelt fieder-
spaltigen, am Grund geöhrten, bis 90 cm langen B. Zungenblü. weiß, eif. – **V**: Md
. . . . *Montanoa bipinnatifida* (Kunth)C.Koch

3   Pappus mindest. z.T. borstig-haarf. (Wenn häutig-schuppig u. B. gegenstdg: vgl.
Galinsoga S. 258)

4   Zungen- u. Röhrenblü. verschiedenfarbig, Zungen weiß, blau od. violett

5   Zungenblü. 1reihig od. fehlend

6   Köpfch.boden mit Spreuschuppen. Ca. 5 Zungenblü. B. gegenstdg, Pf. einjährig.
Pappus aus häutigen Schuppen . . . . *Galinsoga* S. 258

6*   Köpfch.boden ohne Spreuschuppen, B. wechselstdg

7   Hüllb. 1reihig (unter dem Köpfch. aber meist noch einige kurze Außenhüllb.)
. . . . *Senecio s.l.* S. 265

7*   Hüllb. mehrreihig. Pappusborsten 2–3reihig . . . . *Aster* S. 251

5*   Zungenblü. mehrreihig. Hüllb. 2–3reihig (Vgl. auch *Conyza* mit sehr kurzen weißen
bis fehlenden Zungenblü. S. 251) . . . . *Erigeron* S. 250

4*   Alle Blü. gleichartig gefärbt, meist gelb, orange od. braun, selten rot

8   Hüllb. 1reihig (meist mit kurzer Außenhülle)

8*   Hüllb. mehrreihig

9   Ausdauernde Stauden, drüsig-klebrig, bis 1 m hoch. B. gesägt. Pappus 1reihig, am
Grund verwachsen . . . . *Dittrichia* S. 254

9*   Vor. Merkmale nicht zus.treffend

10   Kleine Sträucher mit kleinen gelben Blü. (ca. 6 mm). Zungenblü. sehr kurz, wenig
sichtbar. B. schmal (ca. 2 mm breit). Pappus 1reihig . . . . *Schizogyne* S. 254

10*   Pappus 2reihig, innerer borstig. B. breiter, meist gesägt

11   B. ± dicht behaart . . . . *Pulicaria* s.l. S. 255

11*   B. knorpelig-sukkulent, blaugrün, nicht halbst.umfassend . . . . *Vieraea* S. 254

3*   Pappus fehlend od. wenigst. nicht haarf.

12   Alle B. wechsel- od. grundstdg (Wenn untere B. gegenstdg: vgl. *Tagetes* S. 258)

13 Köpfch.boden mit Spreub.
14 B. ungeteilt, höchst. gesägt
15 (Halb-)Sträucher, seidig od. grauhaarig . . . . *Asteriscus* S. 256
15* Kräuter. Äußere Hüllb. meist laubb.artig. Pappus als Schüppch.
16 Äußere Achänen geflügelt, (fast) ohne Pappus. Hüllb. dornspitzig . *Pallenis* S. 256
16* Äußere Achänen nicht geflügelt, mit Pappus. Hüllb. nicht dornspitzig
    . . . . *Asteriscus* S. 256
14* B. fiederlappig od. -schnittig bis doppelt gefiedert. Hüllb. am Rand trockenhäutig.
    Kräuter meist einjährig (Wenn am Grund verholzt: vgl. *Lugoa* S. 258)
17 Achänen geflügelt. Köpfch.stiele unter den Köpfch. verdickt . . . *Anacyclus* S. 259
17* Achänen kantig od. ± zylindrisch, od. etwas zus.gedrückt
18 Köpfch. einzeln an unbeblätterten Zweigenden
    . . . . *Anthemis* (incl. *Chamaemelum*) S. 259
18* Köpfch. in Sproßgabeln sitzend. Pf. einjährig
13* Köpfch.boden ohne Spreub. (Vgl. aber var. von *Matricaria chamomilla* S. 260)
19 Hüllb. 1reihig, zu einem Becher verwachsen. B. drüsig punktiert, stark duftend. B.
    fiederschnittig . . . . *Tagetes* S. 258
19* Hüllb. höchst. ganz am Grund verwachsen
20 Zungenblü. gelb, orange od. braun
21 Achänen unterschiedl. geformt (in dem selben Köpfch.), ± gebogen, oft fast ringf. B.
    ungeteilt . . . . *Calendula* S. 270
21* Achänen klein, gerade. St. aufsteigend. bis aufrecht. Achänen kahl. Hüllb. mehrreihig,
    trockenhäutig, dachziegelig . . . . *Chrysanthemum* s.l. S. 261
20* Zungenblü. weiß
22 Pf. einjährig, liegend. B. mit breiter Rhachis, unregelm. seicht gelappt, mit weißer
    Scheide, Zungenblü. weiß od. fehlend . . . . *Cotula* S. 260
22* Vor. Merkmale nicht zus.treffend
23 Hüllb. krautig. B. ungeteilt . . . . *Bellis* S. 250
23* Rand der Hüllb. trockenhäutig. Achänen kahl. B. mehrfach gestielt. Zungenblü. weiß
24 B.zipfel schmallineal. Pf. krautig, überwiegend einjährig . . . . *Matricaria* S. 260
24* B.zipfel breiter. Pf. krautig od. verholzt . . . . *Chrysanthemum* s.l. S. 261
12* Wenigst. ein Teil der B. gegenstdg od. in Wirteln. Blü.boden mit Spreub. (Vgl. auch
    Galinsoga S. 258)
25 Achänen mit kräftigen, steifen Gra. (Ausn. bei kult. *Cosmos*-Sorten)
26 Zungenblü. über 1 cm
27 Zungenblü. purpurn, weiß (selten gelb). Achäne geschnäbelt . . . . . *Cosmos* S. 258
27* Zungenblü. (ca. 13) orange, bis 25 mm. Achäne nicht geschnäbelt. Untere B. ge-
    genstdg, obere wechselstdg. Achänen der Röhrenblü. weiß geflügelt, behaart, vorn mit
    2 pfrieml. Gra. . . . . *Verbesina* S. 258
26* Zungenblü. klein, gelb od. rosa. Achänen mit 2–4 derben, widerhakigen Borsten
    . . . . *Bidens* S. 257
25* Achänen ohne solche Gra. Pf. gabelig verzweigt. B. eif., unregelm. grob gezähnt,
    drüsig behaart. Köpfe gelb, mit klebrigen Hüllb. . . . . *Sigesbeckia* S. 257
2* Nur Röhrenblü. vorh. (bei *Phagnalon* sehr schmale, fadendünne, bei *Conyza* sehr
    kurze Zungenblü. vorh.). Hüllb. manchmal zungenähnl. (Wenn St. niederliegend, B.
    drüsig, Köpfch. klein: vgl. *Cotula*, bei der die Zungenblü. oft fehlen.) (Vgl. auch
    Senecio S. 265)
28 Blü.köpfe monoezisch verteilt (♂ Köpfch. endstdg, ♀ in B.achseln 2bltg). B. herzf.
    3lappig. Klettfr. . . . . *Xanthium* S. 257
28* Blü.köpfe zwittrig od. monoezisch (dann anders als vor.)
29 B. dornig. Pf. ± distelartig

30   B. weißfleckig od. mit breiten weißen Nerven (Vgl. auch *Notobasis* S. 273)
31   B. schmal, 3 – 5mal so lang wie breit, untersts deutl. weißwollig. Dornen kurz, wenig
      stechend. Pappus gefiedert. Köpfe mittelgroß, rosa . . . . *Galactites* S. 274
31*   B. breit (2 – 3:1), grün glänzend. Stacheln groß, gelb stechend. Pappus nur gezähnt.
      Köpfe groß (4 – 8 cm). Hüllb. mit langen Dornen . . . . *Silybum* S. 273
30*   B. nicht gefleckt
32   Blü.boden wabig, Ränder der Waben gezähnt, aber ohne Spreub. B. groß, buchtig
      gezähnt, dornig herablaufend . . . . *Onopordon* S. 274
32*   Blü.boden mit Spreub.
33   Innerste Hüllb. zungenblü.ähnl. vergrößert. Pappus gefiedert, hinfällig
      . . . . *Carlina* S. 271
33*   Hüllb. nicht zungenblü.ähnl.
34   Pappus gefiedert (Wenn Blü. blau: vgl. auch *Carduncellus* S. 276)
35   Hüllb. mit gefiedertem, zurückgebogenem Enddorn. Pf. spinnwebig
      . . . . *Picnomon* S. 273
35*   Enddorn einfach und/od. nicht zurückgebogen
36   Äußere Hüllb. lederig, am Grund stark verbreitert u. fleischig. B. sehr groß. Blü. blau,
      lila od. weiß . . . . *Cynara* S. 273
36*   Äußere Hüllb. ± laubb.artig, ± stark zerteilt, dornig
37   Achänen kahl. Köpfe rot, selten weiß. B. grün, mit helleren Nerven, geöhrt st.umfas-
      send, im oberen Teil mit 3 – 5 langen, fiederartigen Zähnen . . . . . *Notobasis* S. 273
37*   Achänen behaart. B. ungeteilt, mit dornig gesägtem Rand. Köpfe rot od. weiß.
      Randblü. bis zur Hälfte röhrig. Zunge 5zipfelig . . . . *Atractylis* S. 271
34*   Pappus einfach borstig od. schuppig od. fehlend
38   Äußere Hüllb. laubb.artig. Blü. gelb od. blau *Carthamus* (incl. *Carduncellus*) S. 276
38*   Äußere Hüllb. in Dornen auslaufend. Blü. weiß od. rot . . . . *Carduus* S. 272
29*   B. nicht distelartig
39   Innere Pappusborsten zu 5, leicht abfallend, äußere schuppig. B. dick, drüsig glänzend.
      Sträucher, bis 1,5 m . . . . *Allagopappus* S. 255
39*   Vor. Merkmale nicht zus.treffend
40   Pappus haar- od. borstenf. (bei *Ageratum* aus langen, breiten Schuppen. Blü. blau;
      steifborstig bei *Bidens* s.o.)
41   Stammsukkulente Arten . . . . *Kleinia* S. 269
41*   Pf. kaum fleischig
42   Hüllb. trockenhäutig, corollinisch gefärbt. Pf. mehrjährig . . . . . *Helichrysum* S. 254
42*   Hüllb. nicht vollst., aber oft teilweise trockenhäutig
43   B. gegenstdg, Spreub. fehlend
44   Blü. weiß. Mehrjährig, bis 2 m . . . . *Ageratina* S. 250
44*   Blü. blau. Pappus aus ca. 5 Borsten. Einjährig . . . . *Ageratum* S. 250
43*   B. grund- od. wechselstdg
45   Köpfch.boden mit Spreuborsten. Köpfch. nicht in dichten Knäueln, i.d.R. über 1 cm
      groß. Hüllb. mit trockenem Anhängsel. Pappus 2 – mehrreihig
46   Köpfe groß (6 – 8 cm Durchm.), auf weißfilzigem Stiel. Anhängsel kahl, weiß, zer-
      brechl., ausgebissen gezähnt. Pappus gefiedert od. bärtig (Vgl. auch *Cynara*)
      . . . . *Stemmacantha* S. 274
46*   Pappus einfach, nur rauh. (Vgl. auch *Leuzea* S. 274)
      . . . . *Centaurea* (incl. *Volutaria*) S. 274
45*   Köpfch.boden meist ohne Spreuborsten. Köpfch. klein (meist unter 1 cm Durchm.),
      dicht gestellt. Hüllb. trockenhäutig. B. meist wollig-filzig
47   Köpfch. rel. groß (6 – 10 mm lang), gelb, braun od. purpurn, einzeln od. in Knäueln

auf langen Stielen. B. umgerollt. Zungenblü. vorh., aber fadenf. schmal

.... *Phagnalon* S. 253

47* Köpfch. meist kleiner (od. in dichter, gelber Scheindolde)

48 Sehr kurze Zungenblü. (1 mm) z.T. vorh. Köpfch. in pyramidenf. od. ± zylindrischen
    Infl. .... *Conyza* S. 251

48* Zungenblü. fehlend

49 Köpfch. in dichter, gelber Scheindolde. Pf. meist mehrjährig .. *Helichrysum* S. 254

49* Köpfch. sehr klein u. unscheinbar, meist bräunl.

50 Pf. 3–5(–10) cm hoch. Köpfch. in dichten Ähren. B. fädig schmal ... *Ifloga* S. 252

50* Pf. meist größer. Köpfch. meist in Knäueln

51 Köpfch. nicht kantig. Hüllb. häutig, lebhaft strohgelb (Vgl. auch *Helichrysum* S.
    254) .... *Gnaphalium* S. 253

51* Köpfch. 5kantig. Hüllb. wollig, nur am Rand kahl. Köpfch. oft in Astgabeln
    .... *Filago* S. 252

40* Pappus schuppig od. fehlend (Wenn Blü. blau: vgl. *Ageratum* S. 250)

52 Köpfch. von Hochb. rosettig umgeben. Pf. einjährig, meist unter 5 cm. Pappus feh-
    lend .... *Evax* S. 252

52* Pf. meist größer

53 Holzpf. od. niedrigwüchsige, kompakte, weißfilzige Stauden

54 Köpfch. sehr klein, unscheinbar (Windbestäubung!). Spreub. fehlen. B. tief zerteilt
    .... *Artemisia* S. 265

54* Köpfch. größer, gefärbt. Spreub. vorh.

55 Köpfch. ca. 8 mm breit, fast kugelig. Pf. schneeweiß filzig. B. ungeteilt. Mehrjährige
    Kräuter .... *Otanthus* S. 260

55* Sträucher mit 1–3fach fiederspaltigen (*Tanacetum*-ähnl.) B.
    .... *Gonospermum* (incl. *Lugoa*) S. 258

53* Kräuter mit zerteilten B. Köpfch.boden ohne Spreub.

56 Köpfch. 5–8 mm breit. Achänen behaart, mit dickem Flügel. Pf. niederliegend,
    rasig .... *Gymnostyles* S. 265

56* Köpfch. klein, ihr Boden kahl od. behaart. Hüllb. ohne Anhängsel. Pf. meist aufrecht,
    zumindest nicht rasenbildend .... *Artemisia* S. 265

1* *Cichorioideae* (= *Liguliflorae*). Alle Blü. zygomorph, meist 5zähnig. Pf. mit Milchsaft

58 Mindest. die inneren Blü. ohne haarf. Pappus od. Pf. distelartig

59 Blü. blau

60 B. schrotsägef. .... *Cichorium* S. 277

60* B. fast grasartig schmal .... *Catananche* S. 277

59* Blü. gelb

61 Pf. distelartig stachelig. Pappus vorh. od. fehlend .... *Scolymus* S. 277

61* Pf. nicht distelartig stachelig. Pappus fehlt

62 Fr.köpfe zur Reifezeit sternf. ausgebreitet, äußere Achänen gekrümmt, von 5–8
    Hüllb. umschlossen .... *Rhagadiolus* S. 279

62* Fr.köpfe ± geschlossen bleibend. B. mit sehr großem Endlappen . *Lapsana* S. 277

58* Haarf. Pappus vorh. (aber manchmal kurz u./od. hinfällig)

63 Pappus aus Haaren u. langen Schuppen (Vgl. auch *Hedypnois* S. 279). Äuße-
    re Achänen zus.gedrückt. Hüllkelch bei *H. radiata* zuletzt sternf. ausgebreitet.
    Schaft 1köpfig .... *Hyoseris* S. 279

63* Vor. Merkmale nicht zus.treffend

64 Pappushaare einfach, höchst. gezähnt

65 Hochb. unter dem Köpfch. wie die äußeren Hüllb. borstenf. schmal. Pappus
    doppelt. Blü. trocken grünl. .... *Tolpis* S. 278

65* Köpfch. ohne solche Außenhülle

66 Köpfe (2 –)5 – 6(– 8)bltg, meist hängend, bei der auf Can vorkommenden Art gelb
.... ***Prenanthes*** S. 290
66* Köpfch. mit mehr als 8 Blü.
67 Blü. blau. Achäne geschnäbelt .... ***Lactuca*** S. 288
67* Blü. gelb
68 Achäne geschnäbelt, Pappus schirmartig gestielt
69 B. grundstdg .... ***Taraxacum*** S. 282
69* St. beblättert .... ***Lactuca*** S. 288
68* Achäne nicht geschnäbelt, Pappus nicht schirmartig gestielt
70 Achänen oval, zus.gedrückt od. im selben Köpfch. verschieden gestaltet. Blü.boden ohne Spreub.
71 B. ungeteilt, kahl, bereift, stumpf, in Rosette .... ***Sventenia*** S. 283
71* B. meist gefiedert od. schrotsägef., sitzend od. Dornsträucher
72 Achänen ± gleichgestaltet, oval. Hüllb. nicht hautrandig. Pappushaare z.T. rauh, z.T. weich .... ***Sonchus*** S. 283
72* Äußere Achänen querrunzelig od. behaart, innere kahl u. glatt, ± zylindrisch. Äußere Hüllb. ± hautrandig. Pappushaare gleich. St. meist gabeltlg, starr ***Launaea*** S. 282
70* Achänen gleichgestaltet, längl., zylindrisch
73 Äußere Achänen runzelig, rauh. B. ± st.umfassend, herablaufend, meist blaugrün, stachelig. Blü.boden kahl. Hüllb. breit hautrandig, die äußeren geöhrt
.... ***Reichardia*** S. 288
73* Achänen nicht runzelig rauh
74 Hüllb. fast 1reihig. Köpfch.boden mit lang bewimperten Grubenrändern. Pappus hinfällig. Achänen 8 – 10rippig .... ***Andryala*** S. 282
74* Hüllb. 2 – mehrreihig, Blü.boden kahl od. kurz behaart
75 Achäne zugespitzt. Pappus weiß, biegsam .... ***Crepis*** S. 289
75* Achäne gestutzt. Äußere Hüllb. schuppenf., innere lang. St. verzweigt, beblättert. Junge Köpfch. nickend. Pappus aus Haaren u. Schuppen ...... ***Hedypnois*** S. 280
64* Wenigst. ein Teil der Pappushaare gefiedert
76 B. grasartig schmal, ungeteilt, ganzrandig. Spreub. fehlend
77 Hüllb. 1reihig .... ***Tragopogon*** S. 281
77* Hüllb. mehrreihig .... ***Scorzonera*** S. 281
76* B. breiter, nicht grasartig
78 B. (zum größten Teil od. alle) grundstdg
79 Die 5 – 10 Schuppen der Hülle 1reihig, borstig. B. breit eif.-spatelig, ganzrandig bis buchtig gezähnt. Spreub. vorh. .... ***Hypochoeris*** S. 280
79* Hülle mehrreihig
80 Spreub. vorh. B. grob gesägt bis fiederschnittig. Blühende Schäfte verzweigt, mit Schuppen an den Verzweigungsstellen u. Köpfch. Alle Fr. ± geschnäbelt u. mit Pappus .... ***Hypochoeris*** S. 280
80* Spreub. fehlend
.... ***Leontodon***
(incl. ***Thrincia***) S. 281
78* St. ± gleichm. beblättert
81 Hüllb. 8, 1reihig, am Grund zu einem Becher verwachsen. B. tief (bis $^4/_5$) schrotsägef. fiedertlg, st.umfassend, steif behaart, am Rand fast dornig gezähnt. Köpfe bis 4 cm breit .... ***Urospermum*** S. 280

81* Hüllb. 2 – bis mehrreihig
82 Hüllb. 2reihig, mit kräftigen Borsten besetzt, die äußeren am Grund herzf. verbreitert.
    B. steifborstig (auf Pusteln!), fast ungeteilt, obere sitzend . . . . *Picris* S. 281
82* Hüllb. mehrreihig. Äußere Hüllb. nicht stark verbreitert
83 B. ungeteilt, ganzrandig bis unregelm. gezähnt, borstig behaart . . . . . *Picris* S. 281
83* B. tief fiedertlg. Zipfel schmal, gezähnelt. Köpfch. am Grund weißwollig u. drüsig
    behaart . . . . *Scorzonera* S. 281

Asteroideae

EUPATORIEAE
Ageratum
 – Blü. blau. Einjähriges, bis 60 cm hohes Kraut. B. meist herzf., dicht behaart. Hüllb.
   etwas drüsig. Pappus aus ca. 5 Borsten – **V:** T gartenflüchtig – Mexico

		T			

   . . . . *A. houstonianum* Mill.

Ageratina [Eupatorium]
1 Köpfch. vielbltg (30 – 40 Blü.). Hüllb. rötl., drüsig.
   Dicht drüsiges, flaumiges Kraut bis 2 m Höhe. B.
   eif. bis 3eckig, gestielt, gekerbt-gesägt (außer am
   gestutzten od. keilf. Grund). Pappusborsten 5 – 10.
   – **V:** Az, Md – Mexico, westmed eingebürg. – **G:**
   LAU II-3c [*Eupatorium adenophorum* Spr.]

	P	G	T	C		

   . . . . *A. adenophora* (Spr.)King et Rob.
1* B. nach beiden Enden verschmälert, in der Mitte
   gezähnt – **V:** Md – Mexico – **G:** LAU II-3c [*Eu-
   patorium riparium* Regel]

	P	G	T			

   . . . . *A. riparia* (R.)King et Rob.

ASTEREAE
Bellis
 – Einjährige Pf. mit fast b.losem Schaft, 3 – 8 cm lang. Köpfch.durchm. 1 – 2 cm. Zun-
   genblü. weiß bis blaßblau – **V:** Md – med

		T?			

   . . . . *B. annua* L.

Erigeron
1 Untere B. mit stachelspitzigen Lappen, obere ungeteilt, elliptisch-
   längl. Köpfch. lang gestielt, 1,5 – 2 cm Durchm. Strahlblü. weißl.-
   rosa, 5 – 6 mm lang (*Bellis*-ähnl.), unterst purpurn. Ausdauernd,
   an Mauern in größeren, z.T. hängenden Büscheln. Basis verholzt
   – **V:** Az, Md – Mexico

	P		T	C	L	

   . . . . *E. karvinskianus* DC.
1* I.d.R. alle B. ungeteilt (Vgl. auch *Conyza gouani*)
2 Pf. mehrjährig. B. bis 10 × 1,2 cm, ganzrandig, bewimpert – **V:** E Can, T Hochlagen

(Hierher viell. die Angaben für *E. acer*!)

| | | | T | | | | |............................... *E. cabrerae* Dittr.

2*   Achten auf: Pf. zweijährig, bis etwa 20 cm hoch, behaart. Grundb. oft rosettig. Hüllb. pfrieml., gespitzt, behaart. Zungen- kaum länger als Röhrenblü., lila – **V:** eurassubmed (Ob neben *E. cabrerae* vorh.?)

| | | | T? | | | | |................................... *E. acer* L.

Aster

1   Pf. mehrjährig. Zungenblü. viel länger als der Pappus
2   B. (ei-)lanzettl., meist über 1 cm breit, blaugrün, geöhrt. St. blau bereift bis rötl., fast kahl. Astb. klein, schuppenf. Zungenblü. violettblau, etwa 2 mm breit. Köpfe 25–30 cm breit – **V:** Can gartenflüchtig – NAm

| | P? | | T | | | |................................... *A. laevis* L.

2*   B. lineallanzettl., meist unter 1 cm breit, am Grund deutl. verschmälert, kaum geöhrt. St. oben mit feinen Haarleisten. Köpfe 15–20 mm breit. Zungenblü. weiß od. violettblau, bis 1 mm breit – **V:** T gartenflüchtig – NAm

| | | | T | | | | |............................... *A. lanceolatus* Willd.

1*   Pf. ein- bis zweijährig. B. dickl., schmal. Zungenblü. etwa so lang wie der Pappus, violettblau. Infl. traubig, Köpfch. klein (7–10 mm breit). Pf. kahl. 40–80 cm hoch. Achänen sehr klein, behaart (2 mm) – **V:** SAm, verschl. u. eingebürg. in wärmeren Ländern – **S:** Auch an Salzstellen – **G:** CHE I-1d

| | P | G | T | C | L | F |........................ *A. squamatus* (Spr.)Hieron

Conyza

1   B. gelappt (Lappen stumpf, nicht spitz wie bei *Erigeron karvinskianus*!). Köpfch. sehr klein (etwa 4 mm breit) – **V:** sah-arab-mont .... *C. triloba* Dec.
1*   B. ungeteilt
2   Hülle (fast) kahl. Köpfch. ca. 3 mm breit, Randblü. mit kurzer Zunge (0,5–1 mm). Pf. einjährig – **V:** Az, Md – NAm

| | | | T | C | | | |......................... *C. canadensis* (L.)Cronq.

2*   Randblü. meist ohne Zunge (od. Zunge < 0,5 mm), Hülle behaart. Köpfch. 4–8(–10) mm breit
3   Pf. mehrjährig, verkahlend. B. zur Spitze hin entfernt gezähnt, am Rand rauh gewimpert, sonst fast kahl, frischgrün. Köpfch. am St.ende kopfig gehäuft, Hüllb. lanzettl., stumpf, breit häutig gerandet – **V:** südiber

| | P | G | T | C | | |............................... *C. gouani* (L.)Willd.

3*   Pf. einjährig
4   B. schmal (etwa 3 mm breit), ca. 6 cm lang, 1nervig. Köpfch. rel. groß (6–10 mm breit). Blü. weiß od. falbrötl. hüllb. graugrün, i.d.R. behaart, oft rötl. überlaufen. Pappus rötl. braun. Pf. graugrün. Infl. pyramidenf. Pf. einjährig – **V:** Az, Md, Cv – trop-subtrop. Am, in med eingebürg. – **G:** CHE [*C. ambigua* DC.]

| H | P | G | T | C | L | F |........................ *C. bonariensis* (L.)Cronq.

4*   B. eilängl., groß (bis 12 cm lang, 3 cm breit), vielnervig, rauh behaart u. gewimpert. Pf. grün, bis 2 m hoch, einjährig. Blü. weiß. Hüllb. grünl.-braun. Pappus gelbl. Infl. ± zylindrisch – **V:** Md – SAm, in westmed eingebürg [*C. naudinii* Bonn.]

| | P | G | T | C | | |........................ *C. floribunda* Kunth in H.B.K.

–   Auf Cv 5 weitere Arten

INULEAE

Evax
- Blü. ohne Pappus. B. graufilzig, obere vergrößert, spatelig (Verwechslungsmöglichkeit mit *Filago lutescens* Jord. var. *evacina* Christ) – **V:** med
  ⬜⬜⬜ T C L ⬜ .... *E. pygmaea* (L.)Pers.

Ifloga
Zwitterblü. mit einem Pappus aus oben federigen Borsten. Köpfch. klein, in end- od. b.achselstdg Knäueln. Hüllb. glänzend strohgelb

1   Pf. einjährig, 3–10 cm hoch. Gesamtinfl. dicht ährig, durchblättert. B. lineal, spitz, weichhaarig-wollig – **V:** Grac, Lob – Salv – südmed-sah-sind
   H ⬜ G T C L F .... *I. spicata* (Forsk.)Sch.Bip.
1* B. breit eif. Pf. einjährig, 3–6 cm hoch (var. der vor.?) – **V:** Grac [*I. spicata* ssp. *obovata* (Bolle)Kunk.]
   ⬜⬜⬜ T ⬜ L F .... *I. obovata* Bolle

Filago (incl. **Logfia**)
Pappus der Zwitterblü. u. der inneren ♀ Blü. aus 1–2reihigen Borsten, der der äußeren ♀ Blü. aus weniger zahlr. Borsten bestehend od. fehlend. Köpfch. 5kantig, weil Hüllb. in 5 Reihen. Hüllb. wollig, nur am Rand kahl

1   Blü.knäuel wenig von den Hochb. überragt. B. längl.-spatelig od. lineal-lanzettl. Pf. 5–30 cm
2   B. längl.-spatelig, flach. Hüllb. fein zugespitzt begrannt, zur Fr.reife nicht ausgebreitet. Blü.knäuel kugelig, mit 8–30(–40) Köpfch.
3   Pf. locker gelbgrau behaart. Hochb. 1–2, mittlere Hüllb. 3(–4) je Reihe, vor dem Aufblühen rotspitzig. B. 15–20 × 3–6 mm – **V:** Az, Md – subatl-submed
   H? P? G? T C L? ⬜ .... *F. lutescens* Jord. **ssp. atlantica** Wagenitz
–   Pf. kleiner, stengellos (Verwechslungsmöglichkeit mit *E. pygmaea*) – **V:** E Can
   ⬜⬜⬜⬜ C ⬜⬜ .... **var. evacina** Christ
3* Pf. anliegend grauweiß behaart. Hochb. 3–4. Hüllb. gelbspitzig, 4–6 je Reihe, an der Spitze zurückgekrümmt
–   Innere Hüllb. steif, an der Fr. spreizend, am Rand lang gewimpert. Köpfch. zu 6–12 gehäuft. Pf. dem Boden angedrückt – **V:** NAfr, NSpan, SWAs
   ⬜⬜⬜ T C L F .... *F. desertorum* Pom.
4   B. unter den Köpfch. etwas länger als diese, sie oft überragend. Pf. 5–30(–40) cm. B. am breitesten (z.T. Verwechslung mit *F. vulgaris*: B. am Grund am breitesten; s.u.) – **V:** Grac, Lob – Az, Md, Cv – med-submed-kont [*F. spathulata* J. et C.Presl, *F. germanica* Huds. non L.]
   H P G T C L F .... *F. pyramidata* L.
4* B. die Köpfch. nicht überragend, im unteren Teil am breitesten. Mittlere Hüllb. zerstr. behaart. B. meist wellig – **V:** med-submed [*F. germanica* L. non Huds.]
   H P G T C L F .... *F. vulgaris* Lam.
2* B. lineal-lanzettl. Hüllb. stumpfl., zuletzt sternf. ausgebreitet. Blü.knäuel mit 2–7 Köpfch. (Subgen. *Logfia*). Pf. locker wollig-filzig. Hüllb. nicht gekielt – **V:** eurass-submed-kont [*Filago a.* L.]
   ⬜⬜ T? C ⬜⬜ .... *Logfia arvensis* (L.)Holub
–   Pf. gabelig, B. 4–10 × 0,5–1,2 mm, Hüllb. gekielt, mit strohgelber Spitze – **V:** Az, Md – subatl-submed – **G:** TBR [*Filago m.* (Sm.)Pers.]
   H ⬜⬜ T ⬜⬜ .... *Logfia minima* (Sm.)Dum.

1*   Blü.knäuel von Hochb. weit überragt (um das 2–3fache). B. lineal-lanzettl., sehr
schmal (unter 1,5 mm breit) u. spitz, 15–25 mm lang. Pf. gabeltlg. Mittlere Hüllb.
gekielt, die Achäne umschließend. Pf. 5–15 cm hoch, dicht verzweigt. Hüllb. an der
Spitze kahl – **V:** Az, Md, Cv – med-atl – **G:** TBR I [*Filago g.* L.]

| H | P | G | T | C | L | F | . . . . ***Logfia gallica*** (L.)Coss. et Germ.

Phagnalon
Pappusborsten nicht od. nur kurz federig. Antheren am Grund nicht od. kaum geschwänzt.
Köpfch. zu wenigen geknäuelt od. einzeln auf ±
langen Stielen. Hüllb. mehrreihig-dachziegelig, z.T.
zurückgeschlagen. B. untersts meist dicht behaart

1   Köpfch. kurz gestielt, gelb bis braun, 8–10 mm breit, zu
1–3 am Ende der Zweige – **V:** E Cv
. . . . ***Ph. melanoleucon*** Webb

1*   Köpfch. lang gestielt od. zu mehreren gehäuft

2   Köpfch. in Trugdolden, klein (etwa 6 mm breit).
Stamm gelbl.-wollhaarig. B. lineal bis schmallan-
zettl., kaum umgerollt, bis 5 cm, schopfig ge-
häuft. Bis 0,5(–1) m hoher Zwergstrauch – **V:**
E Can, T v.a. im S, 100– 800 m – **G:** KLE I-2i

| H | P | G | T | C | . . . . ***Ph. umbelliforme*** DC.

2*   Köpfch. einzeln (od. zu wenigen). Hierzu auch *Ph. calcinum* DC. – **V:** Md – maur

3   Untere B. lineal-lanzettl., obere schmallineal. Äste aufrecht, stark verzweigt, weißwol-
lig. Hüllb. kahl, häutig, oft an der Spitze wellig, lineallanzettl.

4   Äußere Hüllb. ausgebreitet bis zurückgeschlagen, spitz (var. *typicum* Fiori) od. spatelig
(var. *intermedium* DC.). Köpfe einzeln – **V:** Md, Salv – med – **G:** LAU II-2

| H | P | G | T | C | L | F | . . . . ***Ph. saxatile*** (L.)Cass.

4*   Alle Hüllb. anliegend, an der Spitze meist purpurn (bes. die inneren). B. lineal,
umgerollt, 2–3 cm lang, untersts dicht wollig. Zwergstrauch bis 40 cm – **V:** T bes. im
S bis 500 m – sah-sind – **G:** KLE [*Ph. saxatile* (L.)Cass. ssp. *purpurascens* (Sch.Bip.)
Batt.]

| H | P? | G | T | C | L | F | "Mecha" . . . . ***Ph. purpurascens*** Sch.Bip.

3*   Untere B. längl. od. längl.-lanzettl. Alle Hüllb. aufrecht-anliegend. Sproßachse oft
liegend, stark verzweigt mit aufrechten Ästen. Hüllb. kahl, wenig häutig, die äußeren
eif. stumpf, die inneren längl., etwas zugespitzt. B. gezähnt. Mittlere Hüllb. nicht
wellig. Kopfstiele zu 1–2 – **V:** Md? – med – **G:** KLE

| H | P | G | T | C | L | F | . . . . ***Ph. rupestre*** (L.)DC.

Gnaphalium
1   Größere B. breit spatelf., 6–8 cm lang. Infl. ährenf. – **V:** Az, Md

| H | P | | T | | | F | . . . . ***G. pensylvanicum*** Willd.

1*   Vor. Merkmale nicht zus.treffend

2   Hülle trockenhäutig, kahl, rötl. od. blaßgelb bis weiß, bei der Reife sternf. ausgebrei-
tet. B. am Grund st.umfassend, nicht herablaufend (Sonst vgl. *G. undulatum* L. mit
obersts grünen, rauhen B. – **V:** Heimat SAfr, im atl.-med. Raum eingebürg.) – **V:**
Lob – Md, Cv – warm-gemäß-kosmop – **G:** PHR I-1, ISN

| H | P | G | T | C | L | F | . . . . ***G. luteo-album*** L.

2*   Hülle schneeweiß. B. beidersts weißwollig. Pf. mehrjährig – **V:** Cv – SAfr

| | | T? | | | . . . . ***G. candidissimum*** Lam.

Helichrysum

1 Köpfch. über 8 mm breit. Mehrjähriges Kraut bis Halbstrauch, bis 30 cm hoch. B. lineallanzettl.-spatelig, nicht umgerollt, dick, sitzend, dicht weißwollig. Köpfch. ca. 10 mm breit, gelb – **V:** Can verwild. – ostmed

			C	L	

.... *H. orientale* (L.)Gaertn.

1* Köpfch. weniger als 8 mm breit; wenn größer, dann einzeln

2 Halbsträucher, Köpfe gehäuft

3 Pf. bis 30 cm hoch, weißseidig. B. lanzettl. bis spatelig, halbst.umfassend, dick. Köpfch. bräunl., anfangs gelb. Felsenstrauch – **V:** E Can, L Famara 300 – 600 m, selten [*H. webbii* (Sch.Bip. in Webb et Berth.)Hans. et Kunk.]

				L	

"Yesquera" .... *H. gossypinum* Webb

– Ähnl., aber mit roten Blü., Pf. kleiner – **V:** E Can, L Famara

				L	

.... *H. monogynum* Burtt. et Sund.

3* B. lineal, sehr schmal, umgerollt, ± wollig od. oben graugrün, unten ± kahl. Köpfch. 4 – 6 mm breit. Achänen mit zahlr. weißglänzenden Drüsen – **V:** med .... *H. stoechas* (L.)DC.

2* Pf. einjährig, 40 – 120 cm hoch. B. 5 – 12 cm lang, längl. lanzettl., ± kahl, flach. Hülle länger als die Blü., gefärbt. Köpfe einzeln, 3 – 7 cm breit – **V:** T verwild. – Austr

	P?		T		

.... *H. bracteatum* (Vent.)Andr.

– Auf Md weitere endem. Arten

Schizogyne

1 Strauch, seidig-silberweiß behaart (auch der Stamm). Zungenblü. fehlend od. sehr kurz. B. lineal, 3 – 5 cm lang. Infl. dicht. Köpfch. gelb, 5 – 6 mm lang u. breit. Hülle häutig. Pf. der Küstenregion – **V:** Salv – **G:** KLE I-1a,e,g, CRI I-1b

H	P	G	T	C	L	F

"Salado" .... *Sch. sericea* (L.f.)Sch.Bip.

1* Pf. ± kahl, B. etwas sukkulent, gelbgrün. Köpfch. blaßgelb – **V:** E Can, C im S – **G:** SAL I [*Sch. sericea* var. *glaberrima* Webb et Berth.]

			C		

.... *Sch. glaberrima* DC.

Dittrichia [Inula]

– Pf. am Grund verholzt, stinkend, dicht drüsig-klebrig, 40 – 100 cm, mit dem Habitus von *Solidago virgaurea*. B. st.umfassend, längl., gesägt. Köpfch. zieml. groß, zahlr. Achänen blaß – **V:** Az, Md – med [*Inula v.* L.]

H	P	G	T	C	L	F

.... *D. viscosa* (L.)Greut.

Vieraea

– Strahlblü. gelb. Köpfch. über 2 cm breit. St. (1 –)2 – 3(– 4)köpfig. Zungen um 7 mm lang. Äußere Pappusschuppen wenige, fast borstenf., fein gesägt. Innerer Pappus aus 5 – 10 Borsten. Fr. 4 – 5rippig. Kahler, meergrüner, bereifter Strauch. B. kurz ellip-tisch, sukkulent, bis 5 cm lang, vorn scharf gezähnt. Monotypische Gattung, nächstverwandt mit *Pegolettia senegalensis* Cass. (Äußere Pappusschuppen zerschlitzt – **V:** Cv – südsah, trop. Afr, Indien) – **V:** E Can, T nur Teno, 50 – 300 m, selten ☐187

			T		

"Amargosa" .... *V. laevigata* (Brouss. ex. Willd.)Webb

Allagopappus
Äußere Pappusschuppen u. Krönch. verwachsen. Zungenblü. fehlend. Frischgrüne, bis 1,5 m hohe, gabelig verästelte Sträucher mit lineallanzettl., kahlen, 3–4 cm langen, an den Astenden gehäuften B. u. kleinen (unter $^1/_2$ cm breiten) Köpfch. in 20–30-köpfigen Trugdolden. Hüllb. zahlr., die inneren länger, am Rand gewimpert u. etwas gezähnt. Rinde rostrot

1 B. lanzettl., gezähnt, glänzend, ± klebrig (von Drüsenhaaren). Junge Zweige wollhaarig – V: E Can, T bes. im S, bis 600 m – G: ASP I-1a ☐89

| H? | P? | G | T | C | | "Matorisco" . . . . *A. dichotomus* (L.f.)Cass.

1* B. lineal, sehr stark klebrig, ganzrandig – V: E Can – G: ASP I-1a (Ob eigene Art?)

| | | | | C | | . . . . *A. viscosissimus* Bolle

Pulicaria
Innerer Pappus aus 7 bis vielen Borsten od. ganz schmalen Schuppen, der äußere Pappus ein zerschlitztes Krönch.

1 (Halb-)Sträucher
2 Köpfch. groß (20–40 mm breit)
3 Dichter Halbstrauch mit starkem Kampferduft. Köpfch. groß (30–40 mm breit). B. grauhaarig, am Rand wellig, am Grund geöhrt (nur die oberen!, die unteren kurz gestielt). Zungenblü. langstrahlend – V: E Atlas?

| | | | | L? | | . . . . *P. mauritanica* Coss.

3* Halbstrauch, nur am Grund verholzt. B. breit lanzettl. Köpfch. bis 3 cm breit. B. dicht wollig, ganzrandig bis entfernt gezähnt. Äußere Hüllb. lanzettl., dicht behaart, innere lineal. Zungen goldgelb, ca. 7 mm lang – V: E Can, F Jandía

| | | | | L | F | . . . . *P. canariensis* Bolle

– B. spatelf., bis 5 cm lang. Köpfch. 3–5 cm im Durchm.

| | | | | | L | | . . . . **ssp.** *lanata* Bramw. et Kunk.

2* Köpfch. nur 5–8 mm breit. Hüllb. lineal. Zungenblü. klein, heller gelb. Niederliegender Strauch mit silberigen, linealen bis schmallanzettl., ganzrandigen B. – V: F Jandía-Süd – Cv (Sal): ssp. *longifolia* Gam.-Eld

| | | | | | F | . . . . *P. burchardii* Hutch.

1* Ein- od. mehrjährige Kräuter, B. meist wellig
4 Mehrjährige Kräuter
5 Innere Pappusborsten mit dem Krönch. verwachsen, zus. abfallend (Sect. *Francoeuria*). B. buchtig gezähnt, stark wellig, sitzend bis umfassend, wollig. Zungenblü. kurz eif. Köpfch. 10–12 mm breit. St. ± filzig – V: Cv – sah-trop-Afr-Ind [*P. crispa* (Pers.)Guss., *Francoeuria c.* Cass.]

| | | | C | | F | . . . . *P. undulata* L.

5* Pappus fast bis zum Grund frei – V: med

| | | | | C | | . . . . *P. odora* (L.)Rchb.

4* Einjähriges Kraut. Zungenblü. kaum länger als die Röhrenblü., aufrecht. Köpfe 6–9 mm breit, schmutzig gelb. St.b. abgerundet sitzend. Zungenblü. manchmal fehlend!. B. meist wellig – V: med-submed

| | | | T | | . . . . *P. vulgaris* Gaertn.

– Zungenblü. länger als die Röhrenblü., abstehend. St. meist liegend. B. herzlanzettl., etwas umfassend, kaum wellig – V: sah-arab-südmed . . . . *P. arabica* (L.)Cass.

Pallenis

- Pf. ein- bis zweijährig, rauhhaarig-zottig, wenig-
köpfig, nur oben etwas verzweigt. B. ganzrandig,
längl.-lanzettl., die oberen st.umfassend. Zungen-
blü. 2reihig. Äußere Hüllb. stachelspitzig, ste-
chend, sehr lang, laubb.ähnl. Röhre der Blü.kro-
ne korkig verdickt, bei den Zwitterblü. breiter
als der Saum. Achäne zus.gedrückt 3kantig, bei
den ♀ Blü. die beiden seitl. Kanten geflügelt.
Pappus ein (bei den ♀ Blü. oft nur 1seitig ausge-
bildeter) Kreis von Schüppch. – **V:** med

  ☐ P G T C L F .... *P. spinosa* (L.)Cass.

Asteriscus [Odontospermum, Nauplius]
1 Kräuter
2 Pf. einjährig. Zungen viel kürzer als die Hüllb., deren äußere mit langer, Laubb.-ähnl.
  Spitze – **V:** Md – med – **G:** TBR I [*Odontospermum aquaticum* (L.)Sch.Bip.]

  ☐ P G? T C L F .... *A. aquaticus* (L.)Less.
2* Pf. mehrjährig, Zungen so lang wie Hüllb – **V:** westmed – **G:** CRI [*Odontospermum
  maritimum* (L.)Sch.Bip.]

  ☐☐☐☐☐ L ☐ .... *A. maritimus* (L.)Less.
1* Holzpf.
3 B. deutl. sukkulent, spatelig, am Rand gewimpert, sonst spärl. behaart, entfernt
  gezähnt. Zungenblü. blaßgelb-weißl. Köpfe bis 4 cm breit – **V:** E Can, L Riscos de
  Famara, F im N [*Odontospermum sch.* Bolle]

  ☐☐☐☐ L F .... *A. schultzii* (Bolle)Pit. et Pr.
3* B. kaum sukkulent, ganzrandig. Pf. ± dicht behaart
4 Spreub. zugespitzt. B. i.d.R. dicht u. lang seidig
5 B. verkehrt eif. bis längl. spatelf. Köpfch. mehr als 2,5 cm breit. Hüllb. der Köpfch.
  spitz
6 Hüllkelch abstehend behaart. Rinde dunkelgrau bis schwärzl. Bis 1,5 m hoher Strauch.
  B. über 6 cm lang, breit lanzettl., am Zweigende rosettig gehäuft, sehr dicht silberhaa-
  rig. Köpfch. bis 7 cm breit. Zungen der Strahlblü. 17 mm, wenigst. so lang wie der
  Durchm. der Scheibe. Blü. goldgelb, nach Holunder duftend – **V:** E Can, F bis 700 m,
  sonst kult. [*Odontospermum sericeum* (L.f.)Sch.Bip., *Nauplius s.* (L.f.)Cass.]

  ☐☐☐☐ L? F "Botones, Jorao" .... *A. sericeus* (L.f.)DC.
6* Hüllkelch weich seidenhaarig. Rinde silbergrau. B. ± spatelig, schmäler als bei vor.
  Art, am Zweigende kaum gehäuft. Pf. mehr graugrün behaart. Köpfe bis 3 cm breit,
  Randblü.zunge 8 mm, kürzer als der Durchm. der Scheibe – **V:** E Can [*Odontosper-
  mum intermedium* (DC.)Sch.Bip.]

  ☐☐☐☐ L F "Tojio" .... *A. intermedius* (DC.)Pit. et Pr.
5* B. lineal, spitz, 12 × 2 mm. Hüllkelch stark angedrückt. B. grauweiß seidig, gebüschelt.
  Pf. bis 30 cm hoch, dicht verzweigt. Köpfch.durchm. weniger als 2 cm. Rinde grau –
  V: E Can, C im S – **G:** KLE I-2b [*Odontospermum stenophyllum* (Link)Sch.Bip. ex
  Webb et Berth., *Nauplius s.* (Link in Buch)Webb]

  ☐☐☐ T C ☐ .... *A. stenophyllus* (Link in Buch)O.Ktze. var. *stenophyllus*
– Pf. kleiner, B. 1–2 mm breit. Köpfch. weniger als 1 cm breit

  ☐☐☐ C ☐ .... var. *filifolius* (Kunk.)Hans. et Sund.

4* Spreub. stumpf abgestutzt, an der Spitze gewimpert. B. lineal, kurz behaart, grüngrau, 25–40 × 2–4 mm, spitz. Untere B. oft gezähnt, obere ganzrandig. Zungenblü. goldgelb. Zunge etwa 8 mm lang. Köpfch. klein (um 1,5 cm breit). Verzweigung lockerer als bei dem ähnl. *A. stenophyllus*, mehr gabelig. (Durch stumpfe Spreub. leicht von *A. stenophyllus* zu unterscheiden) – **V:** C im O u. S – Md – maur – **G:** KLE [*Odontospermum odorum* (Schousb.)Sch.Bip. ex Webb et Berth.]

				C			

. . . . ***A. odorus*** (Schousb.)DC.

HELIANTHEAE

Hierzu auch einjährige, bis 3 m hohe Arten:
– Köpfe 7–15 cm breit (bei Wildformen, sonst bis 40 cm). Zungenblü. zahlr. B. 10–40 × 5–35 cm, gestielt, untere am Grund herzf. – **V:** Md – NAm

			T				

. . . . ***Helianthus annuus*** L.

– Habitus von *Helianthus* zeigt auch: Köpfe 6–15 cm breit, B. meist 3–5lappig, bis 20 cm lang, Pappus aus Gra. od. Schuppen – **V:** NAm

			T				

. . . . ***Tithonia diversifolia*** Gray

– Pf. oben drüsig. B. 3–10 cm lang, eilängl.-lanzettl., sitzend st.umfassend. Zungenblü. gelb, meist 8. Pappus fehlt – **V:** Md verschl – NOAfr

	P?		T	C			

. . . . ***Guizotia abyssinica*** (L.f.)Cass.

Xanthium (incl. Acanthoxanthium)

1 B. lang gestielt. B.stiel nackt. B. auch untersts grün. Pf. graugrün
2 B. am Grund herzf., 3–5nervig u. 3–5lappig, grobgezähnt bis eingeschnitten. Die ssp. *strumarium* ist nicht aromatisch, die haupts. im S auftretende ssp. *italicum* (Moretti) D.Löve dagegen duftend – **V:** Az, Md – Eur, WAs – subtrop verschl.

			T	C	F?		

. . . . ***X. strumarium*** L.

2* Infl. verlängert – **V:** Heimat SAm?, in Med verschl. (Wohl hybridogen aus ssp. *strumarium* × ssp. *italicum*)

				C			

. . . . ***X. brasilicum*** Vell.

1* B. sitzend bis kurz gestielt, am Grund mit z.T. geteilten Dornen od. (seltener) gebüscheltn kleinen B.chen. B. untersts weiß bis graufilzig – **V:** Az – SAm, verschl. – **G:** CHE [*X. spinosum* L.]

			T	C	L	F	

. . . . ***Acanthoxanthium spinosum*** (L.)Fourr.

Sigesbeckia

– Pf. einjährig, gabelig verzweigt. Köpfch. klein, gelb. Innere Hüllb. die Fr. der (stets fruchtbaren) Randblü. umfassend od. einhüllend, innere Fr. von Spreub. umfaßt. Äußere Hüllb. meist 5, meist drüsig (Verbreitungsmittel!). B. gegenstdg, eif., unregelm. grob gezähnt, drüsig – **V:** Heimat SAm, subtrop kosmop (Auf P *S. filarszky* Pit.?)

	P?		T				

. . . . ***S. orientalis*** L.

Bidens

1 Zungenblü. fehlend od. weißl. (manchmal auch orange). St. u. B. behaart. B. gesägt, untere unpaarig fiederschnittig, obere 3spaltig. B.lappen eif., spitz. B.stiel am Grund gewimpert. Fr. schmallineal, 4kantig, wenig zus.gedrückt, mit 2–3 Gra.spitzen. Köpfch. 5–15 mm breit – **V:** Az, Md, Salv, Cv – SAm (pantrop-subtrop) – **G:** CHE I-2b

H	P	G	T	C	L	F	

. . . . ***B. pilosa*** L.

1* Zungenblü. 2–6, gelb

2   Zungenblü. 4–6, purpurn gestreift, 10–30 mm. Pf. fast kahl. B. 3–10 × 2–5 cm ,
    ungeteilt od. gefiedert 3–7tlg (Lappen lineal). Äußere Hüllb. nicht laubb.ähnl. Achän-
    en mit 2 Gra.spitzen. Ausdauerndes Kraut – **V**: Heimat ZAm, in SEur eingebürg
    | H | P | G | T | C | L | | .... ***B. aurea*** (Ait.)Sherff
2* B. doppelt fiederschnittig, B.lappen lanzettl., (fast) ganzrandig. Zungenblü. 2–4, kaum länger als die
    Scheibe, gelb – **V**: Cv – Heimat trop. Am, pantrop ausgebreitet, in SEur eingebürg .. ***B. bipinnata*** L.

Verbesina
    – St. dicht angedrückt weißhaarig. B.stiel breit geflügelt, geöhrt. Zungenblü. 15–25 mm
    – **V**: NAm
    | | | | | C | | | .... ***V. encelioides*** Benth. et Hook.f.

Cosmos
    – Zungenblü. groß, purpurn od. gelb. B. in fädige Zipfel zerteilt – **V**: Can gartenflüchtig
    – Md – Mexico
    | | P | | T | C | | | .... ***C. bipinnatus*** Cav.

Galinsoga
1   St. mit zahlr. weißl. Haaren, diese etwas zurückgebogen abstehend, 1,5 mm lang.
    Zungenblü. 5, seltener 6. B. grob gezähnt. Kopfstiele drüsig. Spreub. meist ungeteilt
    – **V**: Az, Md, Cv – Z- u. SAm – **G**: CHE I-1p [*G. ciliata* (Raf.)Blake]
    | | | | T | C? | | | .... ***G. quadriradiata*** Ruiz et Pav.
1* St. kahl od. spärl. anliegend behaart. B. fein gezähnt. Kopfstiele kaum drüsig. Spreub.
    meist 3lappig – **V**: Az, Md, Cv – Peru – **G**: CHE I-1p
    | | P | G | T | C | | | .... ***G. parviflora*** Cav.

HELENIEAE
Tagetes
1   Köpfch. vielbltg (30 u. mehr), lang gestielt, 2–4 cm breit. Zungenblü. orangebraun,
    Scheibe orange. Hfg Zierpf. – **V**: Can kult u. verwild – Cv – Heimat Mexico
    | H | | G | T | C | | | .... ***T. patula*** L.
1* Köpfch. armbltg (ca. 7 Blü. mit 3 kleinen gelbgrünen Zungenblü.), fast sitzend, am
    Ende der Zweige gebüschelt. Röhrenblü. grün. Hüllb. 3–4, gelbl.-grün. Achäne
    schwarz, mit angedrückten weißen Haaren. Pappus aus 5 Schuppen. Pf. einjährig,
    stark aromatisch – **V**: Md, Cv – Heimat SAm, in SEur z.T. eingebürg.
    | | P | G | T | C | | | .... ***T. minuta*** L.

Gonospermum (incl. Lugoa)
Sträucher. Achäne 4–5rippig, die Rippen in starre Schuppen od. Gra. auslaufend. Zun-
genblü. vorh. od. fehlend. B. u. Infl. *Tanacetum*-ähnl. B. 1–3fach gefiedert, mindest jung
behaart. Hüllb. mehrreihig
1   Zungenblü. fehlend
2   B. 10–16jochig fiedertlg. Köpfch. höchst. 3 mm breit. B. sehr kurz behaart, weißl.-
    grün, 4–10 × 1–3 cm. Strauch, bis 2,5 m hoch, kräftig. Rinde grau. Infl. reichköpfig
3   Fiederch. lineal, scharf gezähnt bis eingeschnitten. Rhachis unten b.stielartig unbe-
    fiedert. Köpfch. längl., ca. 3 mm breit, 12–20bltg. Junge B. grau, später schwach
    weichhaarig, doppelt fiederspaltig, Lappen gerundet gezähnt – **V**: E Can, H Wälder
    u. Felsen der unteren Stufe, 50–700 m
    | H | P? | | | | | | .... ***G. elegans*** (Cass.)DC.

3* Fiederch. längl., einfach fiederspaltig. Rhachis bis zum Grund befiedert. Köpfch. eif.
bis fast kugelig, 30–40bltg, nur 2 mm breit – **V:** E Can, P im N, 200–1000 m, z.B.
Roque del Faro

| H? | P | | | | | "Faro" .... ***G. canariense*** Less.

2* B. 8–9jochig. Fiederch. stumpf gezähnt. Rhachis am Grund unbefiedert. Köpfch.
längl., 10–15bltg, 4–4,5 mm breit. junge B. zerstr. wollhaarig, später glänzend bräunl.
bis rotbraun. Sträucher, bis 1,5 m hoch. Rinde braun

4 Köpfch. meist > 5 mm breit, bis 70bltg. B. zerstr.
wollhaarig – **V:** E Can, T Felsen der unteren u.
Lorbeer-Stufe, bis 700 m [*G. multiflorum* DC.] □91

| H | P? | G | T | | | ***G. fruticosum*** (Buch)Less.

4* B. weniger stark zerteilt (einfach gefiedert) u. stär-
ker glänzend. Fiedern ± ganzrandig bis schwach ge-
lappt. Köpfch. nur 4–4,5 mm breit, höchst. 50bltg –
V: E Can, G im N u. Z, bis 500 m

| | | G | | | | ...... ***G. gomerae*** Bolle

1* Weiße Zungenblü. vorh. B.spreiten oft etwas em-
porgeschlagen, die jüngeren aber stets flach. Kraut,
nur am Grund verholzt, mit Grundrosette. Hüllb.
am Rand trockenhäutig. B. behaart. Köpfch. bis 2
cm breit – **V:** E Can, T Anaga, haupts. im N, bis
300 m [*G. revolutum* (DC.)Sch.Bip.]

| | | | T | | | .... ***Lugoa revoluta*** DC.

Anthemis (incl. Chamaemelum)

1 Zungenblü. gelb (manchmal fehlend). Achänen ca. 2 mm lang, etwas gestreift. Pf.
zerstr. behaart bis weißwollig, mehrjährig – **V:** euras-submed, verschl.

| | | G | | | | .... ***A. tinctoria*** L.

1* Zungenblü. mindest. im oberen Teil weiß. Pf. meist einjährig

2 Kronen der Röhrenblü. am Grund ohne Aussackung. Achänen mindest. 10rippig.
Köpfch. lang gestielt

3 Spreub. lanzettl., spitz. Köpfch.boden kegelf. Pf. spärl. weichhaarig od. kahl, geruchlos.
Fiederch. fast stechend spitz – **V:** Az – eurassubozean-med–gemäß-kosmop – **G:**
SEC I

| H? | P? | G? | T | C | L | F? | .... ***A. arvensis*** L.

3* Spreub. lineal-borstl. Köpfch.boden hochkegelig. B. fast kahl, widerl. riechend. Fie-
derch. mit hyalinen Spitzch. Spreub. nur im oberen Teil des Köpfch. – **V:** Az, Md –
med-eurassubozean–gemäß-kosmop

| H | P | G | T | C | L | F? | .... ***A. cotula*** L.

2* Kronen der Röhrenblü. mit basaler Aussackung, die den oberen Teil der Achäne
einhüllt. Achäne außen glatt, innen mit 3 fadenf. Rippen. Zungen weiß mit orange-
gelbem Grund od. gelb. Pf. etwas behaart, kräftig, aber einjährig. B. meist nur einfach
fiederschnittig. Duft schwach – **V:** Az, Md – westmed [*A. mixta* L., *Ormenis mixta*
DC.]

| H | P? | | T | C | | | .... ***Chamaemelum mixtum*** (L.)All.

Anacyclus

Achäne vom Rücken her zus.gedrückt, wenigst. die randstdg geflügelt. Kronröhre zus.ge-
drückt. B. 2–3fach gefiedert. Köpfch.boden konvex bis konisch. Pappus fehlt

1   Zungenblü. gelb, Zungen 10–15 mm. Innere Hüllb. behaart, oben in einen häutigen,
     gefransten Anhang verbreitert. Achänen der Zungenblü. stark zus.gedrückt, geflügelt,
     oben in einen spitzen Lappen ausgezogen. Innere Achänen sehr schmal geflügelt.
     B.fiederch. fast stechend, etwas weichhaarig – V: Az, Md – med
     | | | T | | L | F | .... *A. radiatus* Lois. ssp. *radiatus*
–   Zungenblü. oben weiß od. gelb, unterts gleichfarbig oder rot [*A. radiatus* × *clavatus*,
     A. × *medians* Murb.]
     | | | T | | L | | .... ssp. *coronatus* (Murb.)Humphr.
1*   Zungenblü. obersts weiß od. fehlend, selten hellgelb. Hüllb. ohne Anhängsel, spitz,
     grünl., innere nicht verbreitert. Achänen des Zentrums einfach berandet, die äußeren
     breit geflügelt. Pf. einjährig, wollig, oft rötl. B.zipfel mit aufgesetztem Spitzch. – V:
     Md? – med [*A. tomentosus* DC.]
     | | | | | L? | | .... *A. clavatus* (Desf.)Pers.

Otanthus [Diotis]
–   Kronröhre mit einem mantelf. Anhängsel, das mit der Achäne verwachsen ist. Krone
     auf der reifen Fr. stehen bleibend. Köpfch. fast kugelig, etwa 8 mm breit, gelb. Weiß-
     filziges mehrjähriges Kraut. B. ganzrandig bis krenuliert – V: Grac – atl-med – S:
     Küstensande [*Diotis candidissima* Desf., *D. maritima* (L.)Sm.]
     | | | | C | L | | .... *O. maritimus* (L.)Hoff. et Link.

Cladanthus
–   Die großen Köpfch. in den Gabelungen von (meist) 5 Seitenzweigen sitzend. Spreub. in halber Höhe mit
     behaarten Querleiste. Zungenblü. gelb. Pappus fehlend. Pf. einjährig, streng duftend. B. 1–2fach fiedertlg.
     Krone umhüllt mit ihrer Basis die Achäne (jedenfalls die der Zungenblü.). Achäne nicht geflügelt – V:
     westmed-sah .... *C. arabicus* (L.)Cass.

Matricaria (incl. Chamomilla)
Hüllb. wenigreihig, zieml. gleich lang. Pappus fehlend od. ein gleichm., schiefes od.
einseitiges Krönch. Pf. einjährig od. ausdauernd
1   Zungen weniger als 1 cm lang. Achänen oben ohne Drüsen (*Chamomilla*)
2   Pf. kahl. Zungenblü. zurückgeschlagen. Köpfch. 10–25 cm breit. Köpfch.boden kegelf.,
     hohl. Pappus i.d.R. sehr klein od. fehlend – V: Az?, Md – euras-submed [*Chamomil-
     la recutita* (L.)Rauschert]
     | H | P | G | T | C | L | F | .... *M. chamomilla* L.
2*   Pf. behaart, aber grün (sonst vgl. *Cotula* od. *Pentzia*). Zungenblü. oft fehlend – V: west- u. zsah
     .... *M. pubescens* (Desf.)Sch.Bip.
1*   Zungen bis 2 cm lang. Pf. verkahlend. Achänen oben mit einigen Drüsen (*Matricaria*
     s.str.). Köpfch.boden halbkugelig
3   Pf. einjährig. Drüsen ± kugelig – V: euras [*Tripleurospermum inodorum* Sch.Bip.]
     | | | | C | F? | | .... *M. perforata* Mérat
3*   Pf. zwei- od. mehrjährig, niederliegend, mit fleischigen B., deren Segmente gekielt.
     Drüsen der Achänen verlängert – V: Can? – Az – atl – G: CAK [*Tripleurospermum
     maritimum* (L.)Koch] .... *M. maritima* L.

Cotula
–   Zungenblü. fehlend od. weiß. B. mit Duft wie *Tanacetum* – V: SAfr, WEur eingebürg.
     – S: Trittfluren, Salzböden, feuchte nährstoffreiche Orte [*C. coronopifolia* L.]
     | H | P | G | T | C | | | .... *C. australis* (Less.)Hook.f.

Chrysanthemum s.l. (incl. **Argyranthemum, Tanacetum, Coleostephus**)
"Margarita, Magarza"
Hüllb. vielreihig, die äußeren kürzer. Zur genaueren Kenntnis der Gattung *Argyranthemum* vgl. HUMPHRIES (1976).

1   Zungenblü. i.d.R. ganz od. teilweise gelb bis gelbl.
2   Pf. einjährig. Scheibe gelb od. grünl. B. ± st.umfassend
3   B. ungeteilt, am Rand regelm. sägezähnig, eif.-spatelig. Kopfstiel nicht aufgeblasen.
     Köpfe 2 cm breit. Zungenblü. weißl. bis gelb. Hüllb. ohne schwarzen Rand. Pappus
     ein schiefes Krönch., das etwas kürzer ist als die Achäne. Pf. kahl od. schwach
     behaart – **V:** Az, Md – med

     | | | | T | C | L? | F? | .... ***Coleostephus myconis*** (L.)Rchb.f.

3*   Mindest. die unteren B. tief eingeschnitten bis gefiedert. Köpfch. 2,5–5 cm breit
     (*Chrysanthemum* s.str.)
4   Untere B. tief eingeschitten, Fiedern gesägt. B. halbst.umfassend. Kopfstiel aufgebla-
     sen. Innere Achänen 10rippig, äußere mit 2 Flügeln u. 3 starken weißl. Rippen.
     Pappus fehlt. Pf. kahl, blaugrün. B. etwa dickl. – **V:** Az, Md, Cv – med-atl, Heimat
     viell. ostmed

     | | G | | C | | | .... ***Ch. segetum*** L.

4*   B. doppelt fiederspaltig. Scheibe grünl. Zungenblü. gelb od. weißl. mit gelbem Grund
     (var. *discolor* – **V:** C, L, F). Achänen drüsig. Pf. kahl od. schwach behaart – **V:** Grac
     – Az, Md, Salv – med

     | H | P | | T | C | L | F | .... ***Ch. coronarium*** L.

–   Zungenblü. weißl. mit gelbem Grund

     | | | | | C | L | F | .... var. ***discolor*** d'Urv.

–   Scheibe braun – **V:** E Maroc – **S:** Küstensande .... ***Ch. carinatum*** Schousb.

2*   Ausdauernde Arten, buschig verzweigt, wenig behaart
5   B. keilf. breitlappig-fiederspaltig (beidersts 2–4 Zähne, 2–8 mm lang), dunkel blau-
     grün, kahl. Köpfch. bis 15 mm breit. Zungenblü. (blaß-)gelb – **V:** E Can, L haupts.
     Famara-Gebiet, 10–500 m – nicht Md! [*Ch. ochroleucum* (Webb ex Sch.Bip.)Masf.]

     | | | | | L | | .... ***Argyranthemum maderense*** (D.Don)Humphr.

5*   B. doppelt fiederschnittig, Fiedern unregelm. gezähnt. Zungenblü. gelb od. cremeweiß
     (Vgl. auch *A. hierrense*, das nicht immer weiße Zungenblü. besitzt!) – **V:** E Can, G
     Wälder 500–1200 m

     | | | G | | | | .... ***Argyranthemum callichrysum*** (Svent.)Humphr.

1*   Zungenblü. rein weiß
6   Ausdauerndes Kraut, stark duftend, gelbl.-grün. B. fiederschnittig bis gefiedert.
     Köpfch. zu 5–20 in dichtem Ebenstrauß. Pappus ein unregelm. gelapptes Krönch. (0,2
     mm) – **V:** Can verwild – Az, Md, Cv – med-ostsubmed

     | | P? | | T | C | | | .... ***Tanacetum parthenium*** (L.)Sch.Bip.

–   Pappus krönch.f., so lang wie die Achäne. Hüllb. nicht schwarz berandet. B. doppelt 3spaltig – **V:** Maroc,
     Oranais .... ***Ch. gayanum*** (Coss. et Dur.)Maire

6*   Endem. Sträucher der Can (Kurzlebig-krautig sind *A. filifolium, A. escarrei, A. adauc-
     tum* u. *A. tenerifae*)
7   Köpfch. sehr klein, mit nur wenigen (5–8) Zungenblü., in sehr dichten Ebensträußen.
     Alle Achänen gleich, 5–10rippig (*Tanacetum*)
8   B. 2–3(–4)fach fiederschnittig, stark verzweigt, Zweige dicht silbergrau glänzend behaart. Hüllb.
     dicht behaart. Pf. ca. 1 m hoch, reichästig. Kompaßpf.! – **V:** E Can, C im S, 1500 m

     | | | | | C | | ..... ***Tanacetum ptarmiciflorum*** (Webb et Berth.)Sch.Bip.

8* B. 1–2fach fiederschnittig, grün, fast kahl od. verkahlend. Hüllb. zerstr. behaart. Zungen ca. 5 mm lang. Scheibenblü. 70 u. mehr. B.fiedern 3–6, lineal, ganzrandig od. mit 1–4 Zähnen – **V:** E Can, C im S u. SW, untere Stufe bis 600 m – **S:** Felspf.

[| | | | C | |] . . . . *Tanacetum ferulaceum* (Webb et Berth.)Sch.Bip.

– Breitere B.lappen – **V:** E Can, C im W

[| | | | C | |] . . . . **var. latipinnum** (Svent.)Kunk.

– B. weniger xeromorph, Lappen breiter. Zungenblü. 5–8, kleiner. Scheibenblü. nur 25–40 – **V:** E Can, C Riscos de Guayedra 600 m, sehr selten

[| | | | C | |] . . . . . . *Tanacetum oshanahanii* Marrero, Febles et Súarez

7* Köpfch. meist größer (vgl. aber 9). Achänen der Zungenblü. fertil, 0–3flügelig, die der Scheibe steril

9 Innere Achänen mit 1 Flügel (auf der Bauchseite). Pappus krönch.f. od. fehlend. B. kahl, mit wenigen fadenf. Abschnitten, St. schwach, bis 80 cm hoch, nur am Grund verzweigt (*Monoptera*). Köpfch. klein (unter 1 cm breit), zu vielen in dichten Ebensträußen. Äußere Achänen oft zu 2 bis mehreren verwachsen, (fast) flügellos – **V:** E Can, C im S, untere Stufe bis 500 m [*Monoptera filifolia* Sch.Bip.]

[| | | | C | |] . . . . *Argyranthemum filifolium* (Sch.Bip.)Humphr.

– B.abschnitte etwas breiter, Köpfch. größer. Achänen meist purpurn – **V:** E Can, C im W u. SW, Bergregion

[| | | | C | |] . . . . *Argyranthemum escarrei* Svent.

9* Achänen nicht 1flügelig

10 Äußere Achänen nicht od. kaum geflügelt. Pappus fehlt od. als schmales Krönch. Achänen oft zu 2 bis mehreren verwachsen, die der Scheibe rundl.-kantig (*Preauxia*, *Ismelia* z.T.)

11 B. sitzend, 2–3fach fiederspaltig, fast kahl bis dicht filzig. Köpfch. zu 5–20. Achänen kaum geflügelt. Pf. graugrün, reichblühend. Pappus i.d.R. fehlend – **V:** E Can – **G:** PIN I-2 [*Ch. canariense* Sch.Bip.]

[H | | T | C | |] . . . . *Argyranthemum adauctum* (Link)Humphr.

a Primäre B.lappen 2–12 mm

b B. im Umriß verkehrt-eif., basale B.lappen meist ungeteilt. Pf. fast kahl, 80–120 cm – **V:** T Pinar im O, Teno

[| | | T | | |] . . . . **ssp. adauctum**

b* Basale B.lappen mind. einmal geteilt. Pf. bis 60 cm, rauh bis filzig – **V:** C im Zentrum

[| | | | C | |]
      ssp. canariense (Sch.Dip.)Humphr.

a* Primäre B.lappen bis zu 2 mm breit

c Pf. rauh bis filzig – **V:** T subalp. Region am Teide

[| | | T | | |] . . . . **ssp. dugourii** (Bolle)Humphr.

c* Pf. (fast) kahl – **V:** C im S u. NW

[| | | | C | |] . . . . **ssp. gracile** (Sch.Dip.)Humphr.

– Pf. mehr krautig, reichblühend. Zungen 12 × 3 mm, B. breiter, im Umriß rhombisch – **V:** C Lorbeerstufe bis 1500 mm [*Argyranthemum jacobaeifolium* (Sch.Bip.)Kunk.]

[| | | | C | |] . . . . **ssp. jacobaeifolium** (Sch.Bip.)Humphr.

– Äußere Achänen dunkelbraun mit schwarzer Spitze, Pf. 80–100 cm, (fast) kahl – **V:** H im N

[H | | | | | |] . . . . **ssp. erythrocarpon** (Svent.)Humphr.

– Pf. stark verzweigt, kahl, unreife Achänen häutig geflügelt – **V**: P selten

	P				

. . . . **ssp. *palmense*** Santos

11* B. mit bis 10 cm langem, gefügeltem Stiel. Dichter, kräftiger Strauch, bis 1,2 m hoch. B. weich, sehr regelm. fiederspaltig, Spreite bis 15 cm lang, Fiedern bis 5 × 2 cm, kahl od. auf der Mittelrippe zerstr. behaart. Rand der Fiedern u. Flügel des B.stiels gezähnt. Köpfch. 12–22 mm. Äußere Achänen mit od. ohne Flügel, innere meist 2flügelig. Pappus ein Krönch., Achänen gelbl.-weiß – **V**: E Can [*Ismelia b.* (Choisy)Sch.Bip.]

			T		

Argyranthemum broussonetii (Pers.)Humphr. **ssp. *broussonetii***

– Pf. kleiner – **V**: E Can

		G			

. . . . **ssp. *gomerensis*** Humphr.

– B. dickl., Stiel geöhrt. Achänen der Randblü. mit perigonähnl. Pappus Köpfch.durchm. 2 cm – **V**: F Pico de la Zarza

			F		

. . . . **Argyranthemum *winteri*** (Svent.)Humphr.

– Köpfch.durchm. 1 cm. Infl. aus wenigen Köpfch. – **V**: C im W, 200–400 m

			C		

. . . . **Argyranthemum *lidii*** Humphr.

10* Äußere Achänen geflügelt. Pappus ein Krönch.

12 Achänen der Scheibe zus.gedrückt, 2flügelig, die der Zungenblü. 3kantig bis 1–4flügelig. Pappus ± gut entwickelt (als Zähnch.). B. 4–9 × 2–4 cm, in einen ganzrandigen Stiel verschmälert, kahl, fleischig. Pf. oft niederliegend, meist nur bis 20 cm hoch, kahl. Äste 1köpfig, kopfstiel unbeblättert. Zungen weiß od. rahmweiß – **V**: E Can, T im N [*Ismelia coronopifolia* (Willd.)Sch.Bip.]

			T		

. . . . **Argyranthemum *coronopifolium*** (Willd.)Humphr.

12* Achänen der Scheibe 1flügelig, die der Zungenblü. 2–3flügelig, der Flügel der Bauchseite kürzer

13 Achänen der Zungenblü. 2flügelig. Pappus nur auf der Außenseite entwickelt. B. groß (8–10 × 3–6 cm), kahl. B. mit 3–6 Fiedern, diese 2–4 × 0,6–1 cm, gesägt-gezähnt. Pf. bis 1,5 m hoch, habituell ähnl. *A. broussonetii* (aber in allen Teilen kleiner) – **V**: E Can, P Lorbeerstufe, bes. 500–800 m, T u. C kult.

	P		T	C	

. . . **Argyranthemum *webbii*** Sch.Bip.

13* Achänen der Zungenblü. 3kantig-flügelig. Pappus nur auf der Innenseite der Achäne. B. unter 6 cm lang

14 Flügel u. Pappus mit häutigem Rand. B. rauh, bis 5 cm lang, dicht stehend, lang u. breit gestielt, jedersth mit 4–6 ganzrandigen od. gezähnten Fiedern, diese um 8 mm lang, bis 2 mm breit. Zungen ca. 13 mm lang. Achänen der Scheibe ohne od. mit 1 schmalen Flügel. Pappus nur als Randleiste. Chamaephyt, ± kugelbuschig – **V**: E Can, T subalpin, (1100–)1500–2600 m, bes. Cañadas – **G**: SPA I-1a [*Ch. anethifolium* (Webb)Masf., *Argyranthemum a.* Webb] □86

			T		

. . . . **Argyranthemum *tenerifae*** Humphr.

14* Flügel u. Pappus ohne häutigen Rand, hornartig

15 Achäne über 3 mm lang. B. ± fleischig (bes. bei ssp. *succulentum*), bis 8 cm lang, blaugrün. Fiedern gesägt, am Ende oft 3spitzig. Zungen bis 8 mm. Pappus ein unregelm. gezähntes Krönch. Pf. oft kugelbuschig bis niederliegend. Häufigste Art der Can! – **V**: E Can – **S**: Haupts. in der unteren Stufe, meist unter 100 m – **G**: KLE I-1 (s.l.), CRI I-1b (ssp.) . . . . **Argyranthemum *frutescens*** (L.)Sch.Bip.

– B. 1–4 cm, blaugrün, kahl bis rauh, Involucrum 6–12 mm im Durchm. – **V:** Im N von T u. C, 5–300 m – **S:** Küstenfelsen u. Barrancos, auch ruderal

| | | | T | C | | | |

.... **ssp. _frutescens_**

– B.lappen stumpf, 2–5 mm breit, kahl, blaugrün, Involucrum 6–8 mm im Durchm.

| H | | | T | | | |

.... **ssp. _succulentum_** Humphr.

– B.lappen fadenf. (0,5–1,2 mm), Mittelrippe steifhaarig, Involucrum 9–12 mm im Durchm. – **V:** T im S

| | | | T | | | |

.... **ssp. _gracilescens_** (Christ)Humphr.

– Zungen 4–7 mm, Involucrum 4–6 mm im Durchm., Blattrhachis schmäler als 1 mm, B. kahl, grün

| | | G | T | | | |

.... **ssp. _parviflorum_** (Pit. et Proust)Humphr.

– Zungen 4–15 mm, Involucrum 6–12 mm im Durchm., Blattrhachis 1–2 mm breit, B. kahl, blaugrün

| | | G | | | | |

.... **ssp. _foeniculaceum_** (Pit. et Proust)Humphr.

– B.lappen stumpf bis zugespitzt, sukkulent, Involucrum 12–20 mm im Durchm. – **V:** C im N

| | | | C | | | |

.... **ssp. _canariae_** (Christ)Humphr.

– B.lappen spitz, Involucrum 12–14 mm im Durchm. – **V:** C im NO, 500–600 m – **S:** Felsen in Küstennähe [_Argyranthemum pumilum_ (Humphr.)Kunk.]

| | | | C | | | |

.... **ssp. _pumilum_** Humphr.

Hierzu wohl auch:

a   B.lappen schmal (unter 3 mm breit)

b   Köpfch. klein (i.d.R. unter 1 cm) – **V:** H im S, selten

| H | | | | | | |

.... **_Argyranthemum sventenii_** Humphr. et Aldr.

b* Köpfe 1,5 cm breit, zu bis 50. B. bis 16 cm lang, doppelt fiederschnittig mit lanzettl. Abschnitten, lederig od. fleischig – **V:** P Küstenzone u. Pinar, 100–1500 m – **G:** ASP I-2d, KLE I-2g

| | P | | | | | |

.... **_Argyranthemum haouarytheum_** Humphr. et Bramw.

a* B.lappen breiter, ± flach

c   B.lappen breit spatelig, Kopfstiele oben dicht behaart – **V:** T Anaga-Süd, um 500 m

| | | | T | | | |

.... **_Argyranthemum lemsii_** Humphr.

c* Kopfstiele nicht dicht behaart. Äußere Achänen zu 2–5 verwachsen. B. mit nur 2–5 Fiedern 1. Ordnung. Köpfch. meist klein, ca. 1 cm Durchm. – **V:** H 100–650 m

| H | | | | | | |

.... **_Argyranthemum hierrense_** Humphr.

– In die Nähe von _A. frutescens_ gehört wohl auch: B. stark zerteilt (bis 3fach fiederschnittig), behaart – **V:** E Can, T Bc. del Bufadero, 150 m

| | | | T | | | |

.... **_Argyranthemum sundingii_** Borgen

15* Achäne nur ca. 2 mm lang. B. fiederschnittig, Fiedern ganzrandig, zugespitzt

16 Fiedern lang, schmal (ca. 1 mm breit). B. meist nur 3lappig (größere doppelt 3lappig), frischgrün. Zungen gerundet, nur undeutl. 3zähnig. Köpfch. klein – **V:** E Can, T S- u. W-Küste, Bandas del Sur, 10–800 m – **S:** Trockene, steinige Orte – **G:** KLE I

| | | | T | | | |

.... **_Argyranthemum gracile_** Sch.Bip.

16* Fiedern 1–3 mm breit. B. kahl, blaugrün, dicht gehäuft, 2–3fach fiederschnittig, Fiedern spitz. Zungen deutl. 3zähnig. Köpfch. bis 2 cm Durchm., einzeln od. zu wenigen – **V:** E Can, T W-Seite u. höhere Bandas del Sur, 200–1200(–1800) m – **S:** Trockene, felsige Orte

| | | | T | | | |

.... **_Argyranthemum foeniculaceum_** (Willd.)Webb

Gymnostyles [Soliva]
– Pf. niederliegend, rasenbildend, bes. an Trittstellen. B. fiederschnittig – **V:** Az, Md – SAm, in westmed eingebürg. – **G:** PLA I-2e [*Soliva s.* (Brot.) Laudan.]

| H | P | | T | C | | |

.... *G. stolonifera* (Brot.)Tut.

Artemisia
1   Köpfch.boden nackt. Köpfch. homogam (alle Blü. zwittrig). B. graufilzig od. verkahlend, unter 4 cm lang. Pf. nur bis etwa 30 cm hoch, stark duftend
2   Pf. 10–20 cm, aufrecht. B. (fast) doppelt fiederschnittig, meist über 15 mm lang (Fiedern 2–6 × 1 mm), gestielt, mit etwas fleischigen Lappen, jung grauhaarig, alt kahl. Köpfch. zylindrisch-eif., blaßgelb, sehr klein (4 mm lang) u. armbltg (3–4 Blü.), in langer Rispe. Hüllb. dicht filzig, mit breitem Hautrand – **V:** E Can (aber viell. var. von *A. herba-alba* Asso, dann spec. iber-südmed) T Los Christianos

| | | | T | C | | |

.... *A. ramosa* Chr.Sm. in Buch

2* Pf. niederliegend-kriechend, bis 30 cm hoch, grauhaarig. B. graufilzig. Köpfch. klein (3 mm), in traubiger Rispe, z.T. lang (ca. 2 cm) gestielt, kugelig, gelb. Hülle behaart, aber grünl. B. gebüschelt sitzend, nur etwa 5 mm lang, ungeteilt bis 5tlg, ohne Öhrch. – **V:** iber-südmed – **G:** KLE I-1 [*A. hispanica* Lam. non Web.]

| | | | T | C | F | |

.... *A. reptans* Chr.Sm. in Buch

1* Köpfch.boden behaart. Köpfch. heterogam (Zungenblü. ♀, Scheibenblü. zwittrig). B. silberweiß behaart, fiederschnittig. Köpfch. in großen kegelf. Ständen. Köpfch. kugelig
3   Bis meterhoher Strauch. B. (2–)3–7 cm, untere doppelt fiederschnittig. B.lappen nicht sukkulent, lineal bis lanzettl., stumpf. Köpfch. etwa 4 mm, goldgelb bis bräunl., in dichter Rispe. Hüllb. filzig, hautrandig, am Rand ausgebissen gezähnt – **V:** E Can – **S:** 50–700 m – **G:** KLE, OLR I [*A. canariensis* (Bess.)Less.]

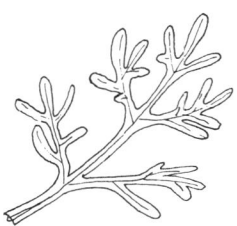

| H | P | G | T | C | | | "Incienso" .... *A. thuscula* Cav.

3* Nahe damit verwandter, kleinerer Strauch der Cv – **V:** E Cv, Fogo, São Thiago   . *A. gorgoneum* Webb
–   Köpfch. hängend – **V:** Md .... *A. argentea* L'Hér.

SENECIONEAE
Auf Can nur die Trib. *Senecioninae* (Hülle 1–2reihig).
1   Kräuter od. Sträucher, nicht stammsukkulent. Außenhüllkelch bei can. Arten meist fehlend, Kronzipfel meist mit Mittelnerv (Sect. *Pericallis*). B. oft handnervig
.... *Senecio* (incl. *Pericallis*) S. 265
–   Stiele der unteren B. scheidig, Köpfch. in längl. Trauben, Hüllb. u. Zungenblü. breit
.... *Ligularia* S. 269
1* Stammsukkulente Pf. mit weißen od. blaßgelben Blü. Griffelschenkel mit kurz kegelf. Anhängseln .... *Kleinia* S. 269

Senecio (incl. **Pericallis**)
1   Zungenblü. i.d.R. fehlend, Scheibe gelb (vgl. auch *S. massaicus*)
2   Pf. einjährig. Alle Achänen behaart. B. dickl, kahl bis etwas flockig
3   Köpfch. anfangs nickend. Alle B. gleichgestaltet, länger als breit.

4   B.lappen abstehend bis rückwärts gerichtet, im Umriß rundl., Buchten zwischen den Lappen der St.b. breiter als Lappenbasis. Ganzjährig blühend. Außenhüllb. 7–10, schwarz bespitzt. Achänen 2,2–3 mm – **V:** Az, Md – kosmop

H	P	G	T	C	L	F	

.... *S. vulgaris* L.

4*   B.lappen nach vorne gerichtet u. deutl. zugespitzt, Buchten zwischen den Lappen der St.b. schmäler als die Lappenbasis. Hauptblü.zeit Dezember–April. Achänen 3–3,5 mm. Pf. an der Basis unverzweigt – **V:** E Can

H		G	T	C	

.... *S. teneriffae* Sch.Bip. ex Bolle

3*   Köpfch. aufrecht. Untere B. herzf. gestielt, oft violett überlaufen, obere st.umfassend, spitz, grün, i.d.R. mindest. so breit wie lang. B.unterseite meist violett. Außenhüllb. 0–3. Hüllb. an der Spitze gewimpert – **V:** sah-sind – **G:** KLE I-1 [*S. decaisnei* DC.]

				L	

.... *S. flavus* (Decne.)Sch.Bip.

2*   Ausdauernde Pf.

5   Stammsukkulente Art (Vgl. *Kleinia* S. 269)

5*   Mindest. am Grund verholzte, kahle Liane, bis 6 m hoch rankend. B. gestielt, am Grund gestutzt bis herzf. (etwas efeuähnl.), (3–)5–6(–11)lappig, am Grund des langen Stiels manchmal mit Öhrch. Köpfch. zahlr., 5–7 mm breit – **V:** Can verwild. – Az, Md – Kapland – **G:** LAU II-3 [*S. scandens* DC.]

	P		T	C	

.... *S. mikanoides* Otto ex Walp.

1*   Zungenblü. vorh., gelb, weiß od. rot

6   Pf. einjährig, Zungen gelb. B. fleischig

7   Zungenblü. kurz, meist zurückgebogen. Achäne längl., deutl. 10rippig. B. fleischig, tief in fast lineale Lappen geteilt, am Grund kaum geöhrt – **V:** Grac, Lob – südmednordsah – **S:** Sandige Trockenrasen u. Weiden

H		G	T	C	L	F	

.... *S. glaucus* L. **ssp.** *coronopifolius* (Maire)Alex.

–   Zungenblü. fehlend (od. sehr kurz, < 1 mm). B. weniger tief geteilt od. ungeteilt – **V:** mak-sah – Marokko im Souss u. am Drâa

				L	F	

.... *S. massaicus* Maire

7*   Zungenblü. groß, aber oft stark eingerollt. Achäne eif., stark behaart, deshalb Rippen undeutl. B. stark sukkulent, schwach gelappt bis fiedertlg, mit breiteren Zipfeln, od. entfernt gezähnt. Pf. mit Fenchelduft – **V:** Md – westmed

		G		C	L	F	

.... *S. crassifolius* Willd.

–   B. sehr fleischig, purpurn – **V:** E Can, F Punta de Jandía

					F	

.... **var.** *falcifolius* Bolle

6*   Ausdauernde Stauden u. Sträucher

8   Kahle Klimmstaude mit eif. bis lanzettl. B. u. 4–6 gelben Zungenblü. B. handnervig, 3–5 × 3 cm – **V:** Can verwild. – SAfr

			T	C		

.... *S. angulatus* L.f.

8*   Aufrechte, nicht klimmende Stauden u. Sträucher

9   B.nervatur fiederig, Blü. gelb

10   B. kahl, blaugrün, dickl., keilf. längl., vorn gezähnt. Köpfch. klein, gelb, mit 2–3 Zungen- u. 4–6 Röhrenblü., zu vielen in Ebensträußen. Oft hängender Felsenstrauch. Einzige Art der Sect. *Bethencourtia*, die mit der himalayischen Sect. *Synotios* nächst verwandt ist – **V:** E Can, G 400–500 m, T 1500–2400 m, bes. Cañadas

	P	G	T		

"Turgayte" .... *S. palmensis* Chr.Sm.

- B.lappen lineal, fast zylindrisch. Pf. größer u. kräftiger als vor. – **V:** E Can

  ☐☐☐ G ☐☐☐ .... ***S. hermosae*** Pit.
10* St. u. B.unterseite weißfilzig, B. obersts verkahlend. Zungenblü. (9–13)3–6 mm lang
  – **V:** C verwild. – Az – westmed [*S. bicolor* ssp. *cineraria* Chat.]

  ☐☐☐☐ C ☐☐ .... ***S. cineraria*** DC.
9* B.nervatur handf.
11 Blü. gelb. Mehrjährige Kräuter
12 B. etwas fleischig, gezähnt, groß. Infl. verzweigt – **V:** E Can [*S. rhombifolius* Bolle]

  ☐☐☐☐☐ L F .... ***S. bollei*** Kunk. et Sund.
  – Dessen Strandform – **V:** E Can, F z.B. Jandía

  ☐☐☐☐☐ F .... **var. *flaccidus*** (Bolle)Sund. et Kunk.
12* B. nicht fleischig. Zungen glänzend gelb – **V:** Can z.T. eingebürg. – Az, Md –
  Mexico

  ☐☐☐ T C ☐ .... ***S. petasitis*** (Sims)DC.
11* Zungenblü. rot od. weiß
13 Köpfch. zu 1–4, groß (3–5 cm). Zungenblü. (oft um 13) rot
14 Stamm u. Äste anfangs dicht silberhaarig, später mit bräunl. Rinde. B. lang gestielt,
  nur etwa 3–4 cm breit, dick, obersts anfangs spinnwebig, untersts wie der Stiel
  weißfilzig. Köpfe zu 1(–4), purpurn (sehr selten weiß) unten ± weißl. Scheibe dunkel-
  violett. Achänen dicht behaart. Zwergstrauch, 15–30 cm hoch – **V:** E Can, T S-Seite
  ab Güimar nach W [*S. heritieri* DC.]

  ☐☐☐ T ☐☐ "Palomera" .... ***Pericallis lanata*** (L'Hér.)B.Nord.

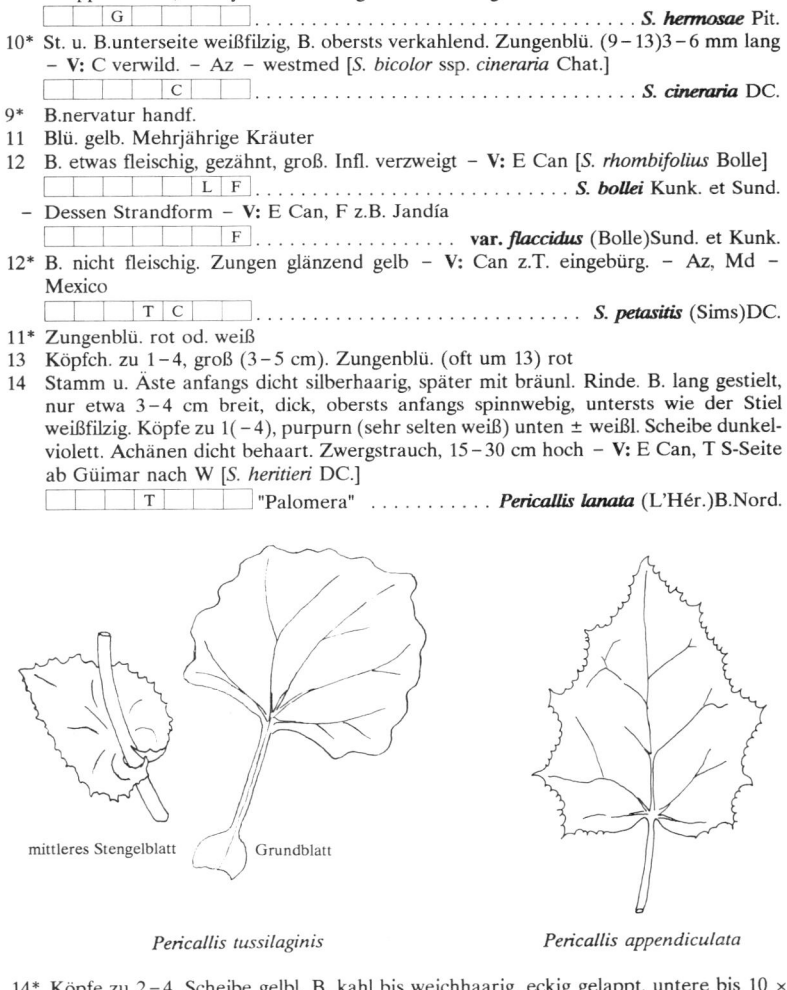

mittleres Stengelblatt   Grundblatt

Pericallis tussilaginis   *Pericallis appendiculata*

14* Köpfe zu 2–4. Scheibe gelbl. B. kahl bis weichhaarig, eckig gelappt, untere bis 10 ×
  13 cm. St.b. sitzend st.umfassend, ± lanzettl., herzf. geöhrt. St. hohl. Hüllb. i.d.R. kahl
  – **V:** E Can, T N-Seite 300–500(–800) m, sowie Güimar – **G:** ART I-1a [*Senecio t.*
  (L'Hér.)Lindl.]

  ☐☐☐ T C ☐ "Bugallón" .... ***Pericallis tussilaginis*** (L'Hér.)D.Don in Sw.
13* Köpfch. zu 5 bis vielen
15 Strauch bis 1 m. Stamm u. B.stiele dicht weißwollig. B.oberseite tiefgrün, ± kahl.

Unterseite weißfilzig. B. (denen von *Populus alba* etwas ähnl.) am Grund oft mit großen Ohren. Köpfch. etwa 15 mm breit, zu 5 – 30, Zungenblü. 8 – 13, weiß, Scheibe gelb (manchmal purpurn getönt). Hüllb. meist kahl – **V:** E Can – **S:** Schattenliebend, im Lorbeerwald der Nordhänge, 500 – 900 m – **G:** LAU I-1e [*S. appendiculatus* (L.f.)Sch.Bip., *S. populifolius* DC.]

| H | P | G | T | C? | | | "Mato blanco" . . . . . . ***Pericallis appendiculata*** (L.f.)B.Nord.

– St. schwach behaart, verwandt mit vor. – **V:** Md . . . . *Pericallis aurita* (L'Hér.)B.Nord.
Ähnl. auch:

– B. herzf., Zungen weißl. Infl. bis 90köpfig – **V:** E Can, T Agua García bis Sta. Úrsula [*S. multiflorus* (L'Hér.)Lindl.]

| | | | T | | | | . . . . ***Pericallis multiflora*** (L'Hér.)B.Nord.

– B. kahl. Pf. größer – **V:** E Can, G Monte de Megida, sehr selten – **G:** LAU

| | | G | | | | | . . . . ***Pericallis hansenii*** (Kunk.)Sund.

– Vgl. außerdem *Pericallis hadrosoma* S. 269

15* Mehr krautige Arten ohne dicht weißwolligen Stamm. Infl. dicht ebensträußig

16   B. breit herzf. bis kreisf., fast ganzrandig mit welligem Rand, bis 15 cm breit, untersts weißwollig. B.stiel zum Grund hin verbreitert-st.umfassend, mit 2 – 8 Anhängseln. Obere B. die jungen Infl. einhüllend. Köpfch. zu 10 – 20, 1 – 2,5 cm breit, weißl.-hellrosa bis karmin, Scheibe purpurn. Hüllb. ± kahl, manchmal mit einigen Knötch. Pf. bis 1,5 m hoch – **V:** E Can, C bes. im N, 100 – 600(– 1600) m – **S:** Schluchten der N-Seite [*Senecio w.* (Sch.Bip.)-Christ] □90

| | | | C | | | "Flor de Mayo" ***Pericallis webbii*** (Sch.Bip.)Bolle

16* B. meist deutl. gezähnt bis gelappt, die oberen meist nicht die Infl. umhüllend

17   Hüllkelch dicht dunkel-papillös-borstig bis fast stachelig. Köpfch. zu 5 – 15, bis 2,5 cm breit (also nur halb so groß wie bei *S. tussilaginis*). Zungenblü. ca. 13, rosa, Scheibe meist gelb. B.stiel mit kleinen Anhängseln, nicht geöhrt. Pf. bis 60 cm hoch. St. oben verkahlend. St.b. dünn, obersts kahl – **V:** E Can, T Geröll der N-Küste, bes. im NW in 50 – 500 m, im S 500 – 900 m – **S:** Lichtliebende Art trockener Standorte, bes. Lavaströme, gern mit *Cistus*-Arten [*S. echinatus* (L.f.) DC.]

| | | | T | | | | . . . . ***Pericallis echinata*** (L.f.)B.Nord.

– Nächstverwandt mit untersts graufilzigen B. u. kleineren (bis 15 mm breiten) Köpfch. – **V:** E Az
. . . . *Pericallis malvifolia* (L'Hér)B.Nord.

17* Hüllkelch höchst. mit wenigen Knötch. (Vgl. dann auch *S. steetzii*). Scheibe vorwiegend malvenfarben bis purpurn (Siehe aber *S. murrayi*)

18   Zungenblü. meist 8. Grundb. nicht geöhrt, sehr zart u. dünn, kahl bis untersts schwach spinnwebig. Köpfch. klein (ca. 1 cm breit, Zungen 4 mm), zu 5 – 15. Scheibe dunkelviolett. Zungenblü. rosa. Hüllkelch i.d.R. ± kahl. St. mindest. oben kahl. Infl. locker, stark spreizend – **V:** E Can, P 100 – 1600 m – **S:** Im tiefschattigen Lorbeerwald, auch im Pinar – **G:** ART I-1c, LAU I,II, OLR I-1a [*S. papyraceus* DC.]

| | P | | | | | | . . . . ***Pericallis papyracea*** (DC.)B.Nord.

– B. untersts dicht weißfilzig, dicker, erinnern etwas an *Petasites albus*. St. völlig kahl, Köpfch. bis 15 mm breit, Zungen 4–6 mm lang, 13 kahle Hüllkelchb., deren Spitze anfangs zurückgekrümmt ist – **V:** E Can, P Bco. Angustias; selten – **G:** ART I-1c [Basionym: *S. hillebrandii* Christ in Bot.Jb. **9**(2): 148 (1887)]

| | P | | | | |............ ssp. *hillebrandii* (Christ)comb. et stat. nov.

18* Zungenblü. meist 10–13. Grundb. geöhrt od. st.umfassend

19   Köpfch. sehr klein (ca. 7 mm breit), in dichten Ebensträußen zu 30–50. Zungenblü. oft nur um 8, weiß od. rosa. Scheibe gelb. Hüllb. kahl. B.stiel der St.b. verbreitert st.umfassend, nicht geöhrt – **V:** E Can, H 50–1100 m – **S:** Lichte Stellen im Lorbeerwald u. obere Küstenzone (Schwerpunkt 600–1000 m) [*Senecio m.* Bornm.]

| H | | | | | |"Horjal"............ *Pericallis murrayi* (Bornm.)B.Nord.

19* Köpfch.durchm. über 10 mm. St.b. am Grund geöhrt. Ebensträuße mit 7–25 Köpfch., zieml. locker

20   B.unterseite weißl.-grün bis grauwollig. Zungenblü. meist weiß od. blaßrosa. B.buchten bis 12 (mehr als bei folg. Art). Hüllb. mit einigen Knötch. Scheibe gelb – **V:** E Can, G 500–900(–1200) m – **S:** Lorbeerwald, lichte Orte [*Senecio s.* Bolle, *S. gomeraeus* O.Ktze.]

| | | G | | | |"Ercila"

Pericallis steezii (Bolle)B.Nord.

20* B.unterseite karminrot spinnwebig filzig. Zungenblü. lebhaft rosa bis dunkel malvenfarben. Zungen bis 7 mm lang. B. buchtig gezähnt, mit 6–8(–10) Buchten. Scheibe dunkelviolett – **V:** E Can, T 700–1500 m – **S:** Bes. in frischeren Ausbildungen der Fayal-Brezal der Nordhänge (Stammpf. der Cinerarien der Gärtner) [*S. cruentus* (Mass.)DC.]

| H | | G | T | C | |.................... *Pericallis cruenta* (L'Hér.)Bolle

– Pf. hochwüchsig (mit 2 m Höhe die größte der Gattung), großblättrig. Köpfch. klein (8 mm), zu bis 200 (Verwandt mit vor.?) – **V:** E Can, C Tenteniguada-Gebiet; sehr selten [*S. hadrosomus* Svent.]

| | | | C | | |................ *Pericallis hadrosoma* (Svent.)B.Nord.

Ligularia

– Horstbildende Staude, bis 60 cm hoch, mit großen nierenf. B. Blü. gelb, Hüllb. u. Zungen breit – **V:** Can kult., C verwild. – Heimat Japan

| | | | C | | |.................... *L. tussilaginea* (Burm.f.)Mak.

Kleinia

1   Pf. ± schlingend, stammsukkulent, B. eif.-lanzettl. – **V:** SMaroc *K. anteuphorbium* L.

1* Sukkulenter Kandelaberstrauch mit blaugrünem Stamm. B. blaugrünl., lineallanzettl. Köpfe längl., hellgelb – **V:** E Can, Grac, Lob - **S:** Euphorbien-Stufe, 50–600(–1000) m – **G:** KLE I-2 [*Senecio kleinia* (L.)Less.] □83

| H | P | G | T | C | L | F |"Verode".................... *K. neriifolia* Haw.

- B. 2–5 mm breit – **V:** Beim alten Flugplatz von P (ob noch?) – Az eingebürg. – SAfr – **S:** An Straßenrändern

	P					

.... *K. aizoides* DC.

CALENDULEAE
Calendula

1　Am Grund verholzter Halbstrauch, bis ca. 50 cm hoch, drüsig-klebrig. Äußere Achänen bes. lang (doppelt so lang wie die Hülle), zuletzt abstehend. Köpfch. 2–3 cm breit, Scheibe gelb – **V:** Az – med

		T				

.... *C. suffruticosa* Vahl

1*　Pf. einjährig (aber manchmal mit holzigem Grund)
- Köpfch. 4–7 cm breit – **V:** Can gelegentl. verwild. – Az, Md – Heimat unbekannt

	P		C			

.... *C. officinalis* L.

2　Köpfe klein (etwa 1 cm breit), armbltg, oft mit gelben bis orangefarbenen Zungen- u. purpurnen Scheibenblü. Zungenblü. am Grund papillös. Achänen di- bis trimorph. Zungenblü. kaum länger als der Hüllkelch. Pf. klein, papillös behaart u. drüsig. Äste niederliegend bis aufsteigend. B. lineal-lanzettl., spitz, 1 cm breit, entfernt fein gezähnt, innere am Grund verschmälert, obere abgerundet bis st.umfassend – **V:** Grac, Lob – Salv – südmed-sah-sind – **G:** KLE

		G?	T	C	L	F

.... *C. aegyptiaca* Desf.

2*　Köpfe über 1 cm breit. Zungenblü. länger als der Hüllkelch. B. breiter
3　Pf. ± drüsig-weichhaarig. Zweige ausgebreitet-aufsteigend bis aufrecht. Untere B. längl. lanzettl., am Grund zus.gezogen, obere fast herzf. st.umfassend, eilanzettl., ihre Ränder entfernt gezähnt mit spitzen Zähnen, bis fast ganzrandig. Achänen trimorph. Köpfe ein- od. zweifarbig. Zungen 10–15 mm
4　Zungenblü. weniger als doppelt so lang wie die Hüllb. Köpfe 12–22 mm breit, nach der Blü.zeit hängend. Äußere Achänen nicht geflügelt. Pf. weich behaart (oft dünn spinnwebig). B. kaum gezähnt. Sehr formenreich! – **V:** Lob – Az, Md, Cv – submed – **G:** CHE, SEC I-1

H	P	G	T	C	L	F

.... *C. arvensis* L.

4*　Zungenblü. meist doppelt so lang wie die Hüllb. Köpfe 25–45 mm breit. Äußere Achänen geflügelt, ihr Schnabel sehr lang. Pf. bis 120 cm hoch. Pf. von papillösen kurzen, gegliederten, weißen Borsten rauh. B. am Rand gewimpert u. drüsig, buchtig gezähnt. Kopfstiele u. Köpfch. dicht drüsig-klebrig. Scheibe violett-purpurn bis fast schwarz. Zungen an der Spitze violett – **V:** Can adventiv – westmed

			T	C		

.... *C. stellata* Cav.

3*　Pf. im unteren Teil grauhaarig. Obere B. kaum st.umfassend. Köpfe 2farbig (Zungen orange, Scheibe purpurn), 30–40 mm breit. Achänen reif viel stärker gekrümmt als bei *C. arvensis*, trimorph – **V:** südwestmed

			T		F	

.... *C. bicolor* Raf.

CYNAREAE

1　Fr. mit grundstdg Anheftungsstelle
2　Fr. (wenigst. die der Zwitterblü.) zottig, ungerändert. Pappus oberwts federig. Griffel mit 2 kurzen Zähnen .... Carlininae S. 271
2*　Fr. kahl, an der Spitze gerändert .... Carduinae S. 272
1*　Fr. mit schiefer, seitl. Anheftungsstelle. Hüllb. oft mit eigentüml. Anhängseln. Blü.boden dicht borstig. Pappus meist vorh. .... Centaureinae S. 274

CARLININAE

1   Innerste Hüllb. trockenhäutig, strahlig ausgebreitet. Zungenblü. fehlend. **Pappus** federig, hinfällig. Scheiben gelb(-l.) . . . . *Carlina* S. 271

1* Innerste Hüllb. aufrecht, nicht strahlend, ungeteilt, mit dunkler, stechender Spitze. Äußere Hüllb. stachelig fiederschnittig. Zungenblü vorh. (mit 5zähniger Zunge, im unteren Teil röhrig!), Pappus federig, am Grund vereint. Laubb. ungeteilt, dornig gesägt . . . *Atractylis* S. 271

Carlina

1   Bis über 1 m hoher Felsenstrauch der Küsten- u. Wolkenzone (bis ca. 1600 m). B. schmallanzettl., oberste glänzend, verkahlend, unterste dicht weiß anliegend wollig. B.rand meist flach. Köpfe bis über 3 cm breit – **V:** L Famara, F Jandía – Md – **G:** ASP I ☐84

     | H | P? | G | T | C | L | F | "Cabezote" . . . . *C. salicifolia* (L.f.)Cav.

– B. breit, bis 9 × 2,5 cm, wie die Hüllb. kaum bedornt – **V:** Md [ssp. *lancerottensis* Kunk.]

     | | | | | L | | . . . . **var. *inermis*** Lowe

– B. wehrlos, gebogen – **V:** P 600 – 1900 m – **G:** ASP I-1c

     | | P | | | | | . . . . *C. falcata* Svent.

1* Köpfe 1 – 1,5 cm breit. Infl. lang gestielt

2   Nur bis etwa 60 cm hoher, dicht beblätterter Felsenstrauch der subalp. Stufe von Tenerife. B. bis 1 cm breit, lineal, anfangs auch oberste wollig, am Rand lang dornig. Rand oft eingerollt. Köpfe ca. 1 cm breit, mit goldgelben Hüllb. – **V:** E Can, T Cañadas

     | | | T | | | | "Malpica" . . . . *C. xeranthemoides* L.f.

– B. u. Hochb. eilanzettl. – **V:** E Can, C oberhalb 1000 m

     | | | C | | | | . . . . *C. texedae* Marr.

2* Geröllstrauch von C, bis etwa 1 m hoch. B. lineallanzettl., entfernt dornig. Köpfe bis 1,5 cm breit – **V:** E Can, C im S, 200 – 1300 m – **G:** ASP I, PIN I

     | | | C | | | | . . . . *C. canariensis* Pit.

– B. fast ohne Dornen – **V:** E Can, C 600 – 800 m

     | | | C | | | | . . . . **fo. *inermis*** Kunk.

Atractylis

1   Holzpf.

2   Zwergstrauch mit (lineal-)lanzettl., silberweiß behaarten B. u. weißen, 10 – 12bltg Köpfch. Strahlblü. weiß bis rosa. Achänen silberweiß behaart. Innere Hüllb. wollhaarig. B. ungeteilt, ± rosettig, lineal- bis schmallanzettl., in eine Spitze auslaufend. Pf. bis ca. 15 cm hoch – **V:** E Can, T im S, C Südküsten; gefährdet – **S:** Trockene steinige Orte der Küstenregion, z.B. mit *Astydamia*, *Limonium* – **G:** SAL I-1b

     | | | T | C | | | "Piña del mar" . . *A. preauxiana* Sch.Bip. ex Webb et Berth.

– Pf. höher (bis 60 cm), B. breiter lanzettl. – **V**: C im N

					L	

.... ***A. arbuscula*** Svent. et Mich. **var. *arbuscula***

– Ganze Pf. dicht weiß behaart, kleiner

				C		

.... **var. *schizogynophylla*** Svent. et Kahne

2* Pf. 10–60 cm hoch. B. starr, klein. Köpfch. 5–8 mm breit – V: sah .... ***A. serratuloides*** Sieb.

1* Ein- bis zweijähriges Kraut. Blü. purpurn. Kleine Pf. (3–25 cm) mit ± spinnwebig behaarten B. Hochb. so lang od. länger als das Köpfch., sehr locker, kammf. fiedertlg mit schmaler Rhachis – **V**: Grac – med

	P	G	T	C	L	F

.... ***A. cancellata*** L.

CARDUINAE

1 Blü.boden mit Spreuborsten besetzt od. dicht behaart

2 Staubfäden frei, warzig, behaart od. federig gewimpert. Pappus aus rauhen od. federigen Borsten. B. meist weißfleckig (vgl. aber *Notobasis*!)

3 Blü.boden nicht fleischig

4 Pappusborsten nicht federig, manchmal an der Spitze keulig verdickt (*Clavena* DC.) .... ***Carduus*** S. 272

4* Pappusborsten mindest. z.T. federig. Pf. einjährig

5 B. oberts weißnervig. Achänen schief ei-kugelig, zus.gedrückt ... ***Notobasis*** S. 273

5* B. oberts nur grün. Achänen längl. Hüllb. (im Gegensatz zu *Cirsium*) mit herabgebogenem, gefiedertem Enddorn .... ***Picnomon*** S. 273

3* Blü.boden fleischig. Pappus schmutzigweiß, federig. B. oberts ± glänzend grün, unterts weißfilzig. Blü. purpurn bis blau, selten weiß. Pf. mehrjährig ***Cynara*** S. 273

2* Staubfäden verwachsen. B. weißfleckig

6 Pappusborsten nicht federig. Blü.boden fleischig. Köpfch. einzeln, groß, nickend. Kopfstiele ± kahl. Äußere Hüllb. b.artig, mit dornigen, zurückgekrümmten Anhängseln. Blü. purpurn, seltener weiß. Alle Blü. zwittrig. Köpfch. groß (4–8 cm breit). St. ungeflügelt. B. nur 2–3mal so lang wie breit .... ***Silybum*** S. 274

6* Pappusborsten federig. Köpfch. zu mehreren in armköpfigen Rispen. Kopfstiele weißfilzig. Blü. rosa, purpurn od. weiß. Randblü. mittelgroß (15–18 mm breit). St. wenig geflügelt. B. 3–5mal so lang wie breit .... ***Galactites*** S. 274

1* Blü.boden wabenf. od. grubig, ohne Spreuborsten. Gruben tief, mit häutigen, gezähnten Rändern. Achäne ± 4kantig. Köpfe meist einzeln. Hüllb. in einen einfachen Dorn endend. Blü. purpurn, violett od. weiß. Pappusborsten federig, am Grund zu einem Ring verwachsen u. zus. abfallend .... ***Onopordon*** S. 274

Carduus

1 Pf. klein (10–30 cm). Köpfe klein (6–8 mm). Pf. ein- bis zweijährig

2 Pf. unverzweigt (?). B. schmal (2–10 × 0,2–2 cm), etwas zurückgebogen, verhältnismäßig tief ausgebuchtet. Hüllb.spitzen kurz bestachelt. B. spinnwebig-wollig, ebenso die äußeren Hüllb. Blü. weiß, nach oben rötl. – **V**: E Can, C N-Küste

H				C		

.... ***C. baeocephalus*** Webb et Berth.

2* B. mehr herzf., sonst ähnl. *C. baeocephalus*, aber Blü. purpurn, Hüllb.spitzen lang bestachelt – **V**: E Can, F Jandía u. N-Küste [*C. bourgeauanus* (Bolle)Sch.Bip.]

					F	

.... ***C. bourgeaui*** Kazmi

1* Pf. meist über 30 cm hoch, Köpfe größer

3 B. groß, breit-elliptisch, ganzrandig, seltener buchtig gezähnt. Köpfe groß, kugelig, rosa od. malvenfarben. St. kaum geflügelt, bis 1 m – **V**: E Can, T untere u. Lorbeer-Zone, z.B. Taganana

H	P	G	T	C	L?	F

.... ***C. clavulatus*** Link.

3* B. nicht ganzrandig, nicht Can-endem. Arten
4 Hüllb. z.T. häutig. B. untersts spinnwebig. St. (fast) bis zur Spitze geflügelt. Köpfch. (fast) sitzend. B. mit 8–12 Paar Lappen (Iber-maur. Arten)
5 Pf. 40–60 cm hoch. B. mit 8–10 Paar Lappen. St. verkahlend. Köpfch. zu 2–8, längl., 15–20 × 8–12 mm
  – V: iber-maur . . . . *C. meonanthus* Hoff. et Link
5* St. etwa fußhoch, spinnwebig. B. oben ± kahl, freudig grün, mit 10–12 Paar Lappen. Köpfch. zu 1–3. Innere Hüllb. oben lang häutig u. schön purpurn. Köpfch. glockig, 20–25 × 15–25 mm – V: iber-maur
  . . . . *C. mariacanthus* Salzm. non Dr.
4* Hüllb. fast grün, nur am Rand häutig. Pf. 30–100 cm. B. untersts weißwollig. Köpfch. zylindrisch, 15–20 × 5–13 mm
6 Flügel unterbrochen, schmal (bis 5 mm), nicht bis ganz oben reichend. Köpfch. einzeln od. zu 2–3. Innere Hüllb. kurz gespitzt, kürzer als die Blü., spinnwebig behaart. B. mit 2–4 Paar Lappen – V: Md – med

	P		T	C		F

  . . . . *C. pycnocephalus* L.
6* Flügel breit (bis 10 mm), durchgehend. St. bis zur Spitze beblättert. Köpfch. nur 7–9 mm, sitzend, gehäuft. innere Hüllb. fein u. lang gespitzt, länger als die Blü., kahl. Blü. mit 6–10 Paar Lappen – V: Az, Md – westmed

H	P	G	T	C	L	F

  . . . . *C. tenuiflorus* Curt.

Notobasis

– Pf. einjährig, 15–100(–150) cm hoch. St. oben bläul. B. oberts kahl, hell geadert, untersts grauhaarig. Röhrenblü. purpurn, selten weiß. Achäne kahl, linsenf. zus.gedrückt, gestutzt. Pappus aus zahlr. fiederigen äußeren Borsten (ca. 15 mm) u. 1–2 mm langen inneren am Grund verwachsenen. B. oberts st.umfassend, im oberen Teil mit 3–5 langen Fiederzähnen. Hüllb. mit einfachem Dorn – V: Md – med – G: CHE I-2c [*Cnicus syriacus* Willd., *Cirsium syriacum* (L.)Gaertn.]

				C?	L	

  . . . . *N. syriaca* (L.)Cass.

Picnomon

– Hüllb. (im Gegensatz zu *Cirsium*) ungestreift, mit gefiedertem, zurückgebogenem Enddorn. Pf. spinnwebig. B. herablaufend. Köpfch. gehäuft, von B. umhüllt. Pappus bis 20 mm – V: med [*Cirsium a.* (L.)Moench]

				C		

  . . . . *P. acarna*(L.)Cass.

Cynara

– St. verkahlend. B.stiel nicht dornig u. Köpfe über 8 cm breit – V: Kult. (Artischocke) . . . . *C. scolymus* L.
1 B. einfach bis doppelt fiederspaltig, sehr groß (Rosettenb. bis 60 cm lang), oberts zuletzt kahl, untersts filzig. Rand der Fiedern flach. Achänen nicht geflügelt. Hüllb. dornig (im Gegensatz zu *C. scolymus*), mit welligem Rand. Köpfch. groß (bis 7 cm breit) – V: In Mak nur var. *ferocissima* – Md – med – G: CHE I-1e

H	P	G	T	C	L	F

  . . . . *C. cardunculus* L. var. *ferocissima* Lowe
1* B. doppelt fiederschnittig (wenigst. die unteren), Abschnitte lineallanzettl., umgerollt. Hüllb. purpurn überlaufen. Achänen 4kantig, die Kanten geflügelt. St. meist weißfilzig – V: C 375 m – iber-maur [*Bourgaea h.* (L.)Cosson]

				C		

  . . . . *C. humilis* L.

Silybum

– B. glänzend grün, st.umfassend, mit gelben, kräftigen Dornen – G: CHE I-1i,l,u – V: Az, Md – med

H	P	G	T	C	L	F

  . . . . *S. marianum* (L.)Gaertn.

Galactites
- B. obersts schwach, untersts dichter weißwollig. Dornen kurz, wenig stechend. B. beim Typus fiedertlg, bei var. *elegans* (All.)DC. ganzrandig bis buchtig gewellt – **V:** Az, Md – med – **G:** CHE I-1i,l,n; CHE I-2c

  `H` `P` `G` `T` ` ` ` ` ` ` .... *G. tomentosa* Mnch.

Onopordon
1 Gegen 2 m hohe Staude. Blü. rosa. B. kleiner, Köpfe etwas größer als bei folg. Art, zu der die sehr lokal vorkommende Art viell. als ssp. gehört – **V:** E Can, C Tenteniguada, 1200 m

  ` ` ` ` `C` ` ` ` ` .... *O. carduelinum* Bolle

1* Vielstengelige Stauden. Untere B. weißfilzig, st.umfassend, tiefbuchtig-lappig, am Rand dornig gezähnt. St. dornig geflügelt. Köpfe groß (4–8 cm breit). Hüllkelch purpurn überlaufen, mit langer Stachelspitze u. weißwolligem Rand. Blü. bläul.-purpurn. Achänen quergestreift, gelbl. – **V:** E Can, F Jandía, bes. am Südhang des Pico de la Zarza, 300 m

  ` ` ` ` ` ` `F` ` ` .... *O. nogalesii* Svent.

CENTAUREINAE
Stemmacantha [Leuzea]
- Strauch. Köpfch. groß (bis 8 cm, rot), einzeln. Hüllb.anhängsel breit, weißhäutig, gezähnt. B. breit, fiederschnittig, untersts weißwollig – **V:** E Can, T 1900–2400 m, sehr selten – **G:** SPA [*Serratula canariensis* Webb et Berth., *Leuzea cynaroides* (Chr. Sm. in Buch)F.Q. in G.Lopéz]

  ` ` ` ` `T` ` ` ` ` .... *S. cynaroides* (Chr.Sm. in Buch)Dittr.

Centaurea (incl. Cheirolophus, Volutaria)
1 Hüllb. in ± stechende Spitzen od. Dornen auslaufend. Pf. ein- bis zweijährig
- Pf. mehrjährig. Anhängsel herablaufend, mit ungeteiltem, feinem Dorn. Blü. purpurn. Untere B. eingeschnitten gezähnt, obere halbst.umfassend – **V:** Md – iber-maur

  ` ` ` ` `T` ` ` ` ` .... *C. diluta* Ait.

2 Dornen der Hüllb. flach, kaum stechend (Sonst vgl. die ssp. *tubuliflorae* (Murb.)Maire von Rio de Oro mit längeren (3,5–4 mm) Achänen). Hüllb.dornen dem Köpfch. anliegend. Köpfch. lang gestielt, innerer Pappus aus breiten Schuppen. B. herablaufend, fiedertlg. Fiedern lineallanzettl., gezähnt. Äußere Blü. rötl., innere gelbl. Pf. bes. unten drüsig-wollhaarig – **V:** südmed-sah-sind – **G:** KLE [*Centaurea l.* L.]

  `H` `P` `G` `T` `C` `L` `F` .... *Volutaria lippii* (L.)Cass.

- B. längl.-elliptisch, gebuchtet od. geteilt. Köpfch. klein, Blü. meist weißl. – **V:** E Can [*C. bolleana* (Sch.Bip.)Lind.]

  ` ` ` ` ` ` `L` `F` .... *Volutaria bollei* (Sch.Bip. ex Bolle)Hans. et Kunk.

2* Dornen der Hüllb. abstehend, stechend, mit Nebendornen, bes. am Grund
3 B. nicht herablaufend. Köpfch. rot, selten weiß, etwa 3 cm breit, am Grund von Laubb. umhüllt. Hüllb.dornen bis 2,5 cm lang, auf der Innenseite am Grund gefurcht. B. sitzend, nicht herablaufend, fiedertlg, Fiedern lineallanzettl., gezähnt. B. weich, grün, weichhaarig. Pf. 20–40 cm hoch. Achänen weißl., braun marmoriert – **V:** Md, Cv – med

  `H` ` ` `G` `T` `C` `L` `F` .... *C. calcitrapa* L.

- St. niederliegend – **V:** westmed .... *C. spaerocephala* L.
- Obere B. herablaufend – **V:** südwestmed .... *C. seridis* L.

3* Mindest. die oberen B. herablaufend

4 Köpfch. klein (1,5 × 1 cm), ± spinnwebig. B. buchtig gelappt bis leierf. fiederspaltig, obere ganzrandig. Pf. grün, kraus behaart bis papillös rauh. Dorn bis 1 cm, schwach. Krone drüsig – **V:** Grac – Az, Md, Cv – med

| H | P | G | T | C | L | F |
.... *C. melitensis* L.

– Köpfch. durch ihre Haare ganz verborgen, Dorn kräftig – **V:** iber-maur

| | | | | | F |
.... *C. eriophora* L.

– Dorn bis 2 cm lang, B. grau, etwas wollig bis kahl. Köpfch. dick eif.-konisch – **V:** iber-maur
.... *C. incana* Desf. non Lag. nec Ten.

4* Köpfch. rot. Dornen handf. geteilt – **V:** westmed

| | | | C | | |
.... *C. aspera* L.

1* Hüllb. dornenlos, mit trockenhäutigen Anhängseln. Meist ± hochwüchsige (Halb-) Sträucher (*Cheirolophus*; vgl. auch *Stemmacantha* S. 274)

5 Köpfch. rosa, rot od. purpurn

6 B. i.d.R. fiederlappig (wenn ausnahmsweise ungeteilt, dann Pf. nicht über 1 m hoch). Pf. 1–1,5 m. Blü. meist malvenfarben. Hüllb. mit gewimpertem Anhängsel – **V:** E Can [*C. canariensis* Brouss. ex Willd.]

| | | T | | | |
.... ***Cheirolophus canariensis*** (Brouss. ex Willd.)Holub

– Hüllb. an der Spitze dicht u. lang kammf. gewimpert, Anhängsel breit herablaufend. B.lappen lineal – **V:** T im N u. NW, 20–500 m

| | | T | | | |
.... **var. *canariensis***

– B. fast ganzrandig – **V:** T Teno – **S:** Mit *Limonium fruticans* ☐88

| | | T | | | |
.... **var. *subexpinnatus*** (Burch.)Hans. et Sund.

Ähnl. auch die vikariierenden Arten:

– Anhängsel groß, braun-purpurn, zerschlitzt. B. ungeteilt bis fiederschnittig, Abschnitte sichelf. – **V:** E Can, C San Nicolás de Tolentino, 600 m

| | | | C | | |

Hüllblatt

Ch. falcisectus Svent. ex Mont. et Mor.

– Anhängsel breit 2lappig, zerschlitzt. B.lappen lanzettl., stumpf – **V:** P im S, 20–400 m [*C. junoniana* Svent.]

| | P | | | | |
.... ***Cheirolophus junonianus*** (Svent.)Holub

oberes Blatt

– B. ungeteilt

| | P | | | | |
.... **var. *isoplexiphyllus*** (Svent.)Kunk.

– B. beiderts weichhaarig, Hüllb. schmal, Anhängsel klein, kammf. – **V:** G im NW, 150 m [*C. ghomerytha* Svent.]

| | | G | | | |
.... ***Cheirolophus ghomerythus*** (Svent.)Holub

– B. ungeteilt

| | | G | | | |
.... **var. *integrifolia*** (Svent.)Kunk.

6* B. ungeteilt, lanzettl., am Rand gezähnt bis gesägt. Hüllb. ± ganzrandig mit schmal herablaufendem, kleinem zerschlitzten Anhängsel. Bis 3 m hoher Strauch. B. oft klebrig. Blü. rosa bis purpurn – **V:** E Can, C im NW, 400–8000 m [*C. arbutifolia* Svent.]

| | | T? | C | | |
.... ***Cheirolophus arbutifolius*** (Svent.)Kunk.

- Pf. kleiner, B. schmäler (10–13 × 3–4 cm), am Rand etwas gesägt. Anhängsel kammf., mit zahlr. kurzen Abschnitten – **V:** P Las Nieves, 500–600 m

  | | P | | | | | |.................... *Cheirolophus santos-abreui* Santos

5* Köpfch. weiß od. gelb
7 Hüllb. ohne großes, deutl. abgesetztes Anhängsel (<2 mm). Blü. blaßgelb bis rahmweiß
8 Hüllb. häutig, ± ganzrandig, am Ende zurückgeschlagen u. dort weißl. Reichästiger Strauch (bis 2 m) mit brauner Rinde. Junge St. wollfilzig. B. (ei-)lanzettl., spitz, fein gesägt bis ganzrandig, glatt, bis 25 cm lang – **V:** E Can, T Nordküste der Inselmitte, 50–400 m [*C. webbiana* Sch.Bip.]

  | | | T | | | |.............. *Cheirolophus webbianus* (Sch.Bip.)Holub

  – B. größer, ei-lanzettl., glänzend, Anhängsel stark reduziert – **V:** E Can, P im N

  | | P | | | | |....... *Cheirolophus sventenii* (Santos)Kunk. **ssp.** *sventenii*

  – Pf. von Grund an verzweigt, B. lineal-lanzettl. – **V:** E Can, P Tijarafe, 300–500 m

  | | P | | | | |............................. **ssp.** *gracilis* Santos

8* Hüllb. mit ausgenagt zerschlitztem Rand. B. lineallanzettl. (2,5–7 × 0,5–1 cm), untere scharf gesägt bis bestachelt, obere ± ganzrandig. B. etwas klebrig. Köpfe einzeln. Pf. bis 1,5 m – **V:** E Can, P im N, T Cañadas 1800–2400 m – **G:** ASP I-2d, PIN I-1c [*Centaurea arguta* Nees]

Hüllblatt

  | | P | T | | | |.................. *Cheirolophus teydis* (Chr.Sm.)G.Lóp.

7* Hüllb. mit großem (über 3 mm), meist kammartig gefranstem Anhängsel
9 Anhängsel fast so lang wie das Hüllb. Pf. niedrig (50–100 cm). B. längl., wenig gezähnt, klebrig. Blü. cremeweiß – **V:** E Can, T um Taganana 100–300 m [*C. tagananensis* Svent.]

  | | | T | | | |.............. *Cheirolophus tagananensis* (Svent.)Holub

9* Anhängsel kürzer (Nah verwandte, für *Cheirolophus tagananensis* bzw. *Ch. webbianus* vikariierende Kleinarten)
10 B. breitelliptisch, nur spärl. gezähnt. anhängsel kammf. gewimpert – **V:** E Can, H Golfo 100–500 m, mit *Limonium brassicifolium*

  | H | | | | | |.................. *Cheirolophus duranii* (Burch.)Holub

10* B. lanzettl., am Rand fein gezähnt
11 Anhängsel lang gewimpert, kaum herablaufend. Pf. 50–100 cm hoch. Köpfe beim Typus 3–4 cm – **V:** E Can, G im SW 250–600 m

  | | | G | | | |.......... *Cheirolophus satarataensis* (Svent.)Holub

  – B. fast sitzend. Köpfe größer (4–5 cm Durchm.)

  | | | G | | | |.......... **ssp.** *dariasi* (Svent.)Kunk.

11* Anhängsel herablaufend, zurückgebogen, kammf. zerschlitzt. Gesamtinfl. von laubb.-ähnl. Hochb. umhüllt. Pf. bis 4 m hoch – **V:** E Can, P untere Stufe

  | | P | | | | |.......... *Cheirolophus arboreus* (Webb et Berth.)Holub

Carthamus (incl. **Carduncellus**)

1 Pappus fehlend od. aus Schuppen bestehend. Blü. gelb. Pf. ± drüsig(-klebrig), ein-(–zwei)jährig, bis über 70 cm hoch
2 Pappus fehlt, Blü. safrangelb. B. ± ungeteilt, stark geadert. Pf. kahl. Äste weißl. gestreift. St.b. sitzend, ei- bis elliptisch-lanzettl., dornig gesägt od. ganzrandig, obere die Köpfch. umhüllend – **V:** Md – Heimat Indien?, weltweit kult. – **G:** CHE I-1q

  | | | T | C | | F |................................. *C. tinctorius* L.

2* Pappus der inneren Blü. aus ungleich langen Schuppen. Pf. spinnwebig weichhaarig u. etwas klebrig, bes. die lederigen B. B. am Rand dornig, starknervig, fiedertlg. Köpfch. spinnwebig. Blü. goldgelb, rot geadert, selten weißl. – **V:** Md – med [*Kentrophyllum l.* (L.)DC.]

Hüllblatt

	P	G	T	C	L	F	

 .... ***C. lanatus*** L.

– Halbstrauch, bis 2,5 m hoch, stark duftend – **V:** E SSpan .... ***C. arborescens*** L.

1* Pappus aus kurzgewimperten bis federigen Borsten (*Carduncellus*). Blü. blau. Ausdauerndes Kraut. Köpfch. groß (3–4 cm lang, 3 cm breit). B. starknervig, untere gestielt, gezähnt-dornig od. leierf. fiederspaltig, obere sitzend-st.umfassend, ungeteilt. Pf. bis ca. 0,5 m – **V:** Md – med [*Carthamus c.* L.]

	P		T	C			

 .... ***Carduncellus caeruleus*** (L.)Presl

Cichorioideae

Scolymus

1 Pf. einjährig, fast kahl. B.rand weiß, verdickt. Oberste B. kammf. dornig gewimpert. Pappus fehlt – **V:** Md – med – **G:** CHE I-1v

H	P	G	T	C	L	F	

 .... ***S. maculatus*** L.

1* Pf. zwei- bis mehrjährig, behaart. Pappus aus wenigen steifen Haaren
2 Hüllb. (fast) kahl. Spreub. verschmälert. Köpfe bis 15 mm breit – **V:** Az – med-atl – **G:** CHE I-1v

H		G	T	C	L	F	

 .... ***S. hispanicus*** L.

2* Hüllb. stärker behaart, Spreub. nicht verschmälert. Köpfe bis 30 mm breit – **V:** westmed

H							

 .... ***S. grandiflorus*** Desf.

Catananche

– Blü. blau. B. schmal, wenig zerteilt – **V:** westmed .... ***C. caerulea*** L.

Cichorium

1 Pf. zweijährig (aber im 1. Jahr blühend) bis ausdauernd. Kopfstiele nur schwach keulig. St. mit größeren B. Hüllkelch meist drüsig. Pappus 8–10mal kürzer als die Achäne – **V:** Az, Cv kult – euras-med

		G?					

 .... ***C. intybus*** L.

1* Pf. einjährig, vom Grund an gespreizt gegabelt. Grundb. gezähnt bis fiedertlg. Köpfch. teils sitzend geknäuelt, teils endstdg an oben keuligen Stielen. Hüllb. drüsenlos. St.b. lineallanzettl., winzig. Pappus 2–6mal kürzer als die Achäne – **V:** MD – med – **G:** CHE [*C. pumilum* Jacq., *C. divaricatum* Schousb.]

H	P	G	T	C	L?	F	

 .... ***C. endivia*** L. **ssp. *divaricatum*** (Schousb.)Sell

Lapsana

– B. mit großem Endlappen, untere lang gestielt – **V:** Az, Md – eurassubozean

	P		T				

 .... ***L. communis*** L.

Tolpis

1   Pf. einjährig
2   Äußere Hüllb. fädl.-borstig, länger als innere u. abstehend. Äußere Achänen behaart,
    mit kurzem, fast krönch.artigem Pappus, innere kahl, mit (2 –)3 – 5 langen Pappusbor-
    sten (dazwischen kürzere). Innere Blü. meist braun. Rosettenb. 4 – 5(– 10) cm lang,
    buchtig gezähnt. St. weichhaarig – **V:** Az, Md – med
    ☐H☐ ☐P☐ ☐G☐ ☐T☐ ☐C☐ ☐L☐ ☐F☐ .... *T. barbata* (L.)Gaertn.
  – Köpfch. nur 11 – 16 mm breit, Pappusborsten i.d.R. 2, alle Blü. blaßgelb – **V:** Md –
    med – **G:** PIN, TBR [*T. barbata* (L.)Gaertn. ssp. *umbellata* (Bert.)Jah.]
    ☐H☐ ☐P☐ ☐G☐ ☐T☐ ☐C☐ ☐L☐ ☐F☐ .... *T. umbellata* Bert.
  – Zu achten ist außerdem auf: Äußere Blü. sattgelb, innere purpurfarbig. B. meist breiteif., stumpf mit
    aufgesetztem Spitzch. Lange Pappushaare meist fehlend – **V:** südwestspan-maroc [*T. nemoralis* F.Q.]
    .... **var. *grandiflora*** Ball
2* Alle Achänen kahl. Rosettenb. fiedertlg, blaugrün, kahl (unter der Lupe kurzhaarig).
    Blü. beim Trocknen kaum grünl. .... vgl. *Crepis coronopifolia* S. 290
1* Ausdauernde Arten
3   Kräuter, höchst. am Grund verholzt (hierzu alle mehrjährigen Arten der Canaren).
    Achänen schwarz
4   Rosettenb. buchtig gezähnt bis höchst. einfach gefiedert, Ränder gezähnt, i.d.R. oben
    (fast) kahl od. verkahlend
5   St. nicht vom Grund an verzweigt. B. zuletzt kahl, meist über 2 cm breit
6   B. kahl, glänzend, dickl. gezähnt od. gekerbt bis etwas fiederspaltig, mit dicker weißl.
    Rippe, in flachen Rosetten. Köpfch. zu wenigen, bis 2 cm lang. Hüllb. verkahlend.
    Felspf. – **V:** E Can, T westl. Buenavista 50 – 200 m, selten auch Bc. del Infierno
    ☐ ☐ ☐T☐ ☐ ☐ ☐ .... *T. crassiuscula* Svent.
6* B. jung spinnwebig, obersts später verkahlend, dünn, buchtig gezackt. Schaft am
    Grund weißwollig, zwiebelf. geschwollen. Köpfch. klein zu wenigen, etwa 1 cm lang.
    Hüllb. filzig – **V:** E Can – **S:** Felsige Orte in Wäldern (bes. im Pinar), aus Spalten
    oft lang herabhängend – **G:** ASP I-2a,e, PIN
    ☐ ☐P☐ ☐T☐ ☐C☐ ☐ ☐ .... *T. lagopoda* Chr.Sm.
  – B. am Grund fast völlig kahl. Infl. kurz. Köpfch. oft einzeln. Zungen blaßgelb – **V:** E
    Can, T Anaga, Felsen im Lorbeerwald
    ☐ ☐ ☐T☐ ☐ ☐ ☐ .... *T. glabrescens* Kämm.
5* St. am Grund stark verzweigt. Untere B. mehr aufrecht, lineal(lanzettl.), fast ganzran-
    dig bis fiederspaltig mit spitzen Fiedern, dicht wollfilzig bis verkahlend. Äste fast
    polsterbildend dicht. Köpfch. etwa 1 cm lang. Äußere Hüllb. klein, etwas zurückge-
    krümmt. Pf. am Grund mit Resten alter B. – **V:** E Can, T Cañadas 1800 – 2300 m, in
    Barrancos der N-Seite bis 1000 m herab – **S:** Felspf. des Hochgebirges – **G:** ASP I-2f
    ☐ ☐G?☐ ☐T☐ ☐ ☐ .... *T. webbii* Sch.Bip.
4* Rosettenb. doppelt (selten einfach) fiederspaltig bis gefiedert
7   B.stiel u. Hüllb. nicht dicht weißflockig. Äste vom verlängerten St. abspreizend. Infl.
    locker. Äußere Hüllb. kürzer als innere, behaart. B. verkahlend bis kurz graufilzig,
    3 – 8 cm lang, im Umriß eilanzettl., Lappen lineal(-lanzettl.) – **V:** E Can, T im S, bes.
    in der unteren Stufe, auf den Bandas del Sur auch im Pinar – **S:** Trockene Orte –
    G: ASP I-1c, KLE I-2i
    ☐H☐ ☐P☐ ☐G☐ ☐T☐ ☐ ☐ ☐ .... *T. laciniata* Webb.
  – Stamm verholzt, unten wollig. B. im Umriß breit eif., doppelt gefiedert, fein flaumig
    behaart – **V:** E Can, P 1000 – 2000 m – **G:** ASP I-2d
    ☐ ☐P☐ ☐ ☐ ☐ ☐ .... *T. calderae* Bolle

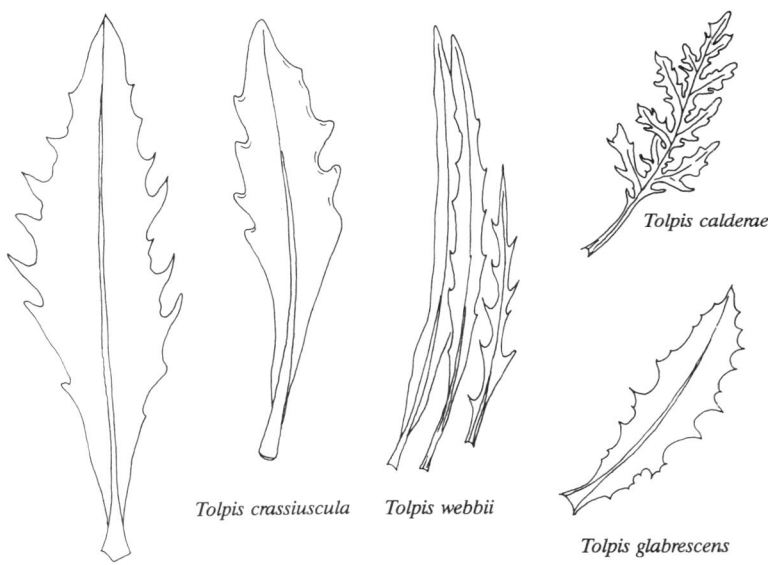

Tolpis calderae

Tolpis crassiuscula   Tolpis webbii

Tolpis glabrescens

Tolpis lagopoda

7*   B.stiele u. Hüllb. dicht weißflockig. B. im Umriß breiter. B.lappen breit lanzettl.
     Köpfch. dick, auf kurzen Seitenästen – **V:** E Can, H Golfo bis 500 m, G bis 1000 m
     – **S:** Trockene Felsstandorte

| H | | G | | | | | .... ***T. proustii*** Pit.

3*   Halbsträucher der Az u. Md
–   **V:** E Az .... ***T. azorica*** (Nutt.)P.Silva
–   **V:** E Md .... ***T. macrorhiza*** (Lowe)Lowe
–   **V:** E Az, Md .... ***T. succulenta*** (Dry.)Lowe

Hyoseris
1   Hüllkelchb. zur Fr.zeit aufrecht. Pf. einjährig. Schaft kürzer od. so lang wie die B.,
     5–12 cm. Schaft unter dem Köpfch. aufgeblasen. Hüllkelch 8–10blättrig. Köpfch.,
     8–15bltg. B. rauh behaart – **V:** med

| | | | | | | | .... ***H. scabra*** L.

1*   Hüllkelch zur Fr.zeit sternf. ausgebreitet. Pf. ausdauernd. Schaft doppelt so lang wie
     die B., 10–30 cm, mit dickem, senkrechtem Wurzelstock. Hüllkelchb. 10–20. Köpfch.
     vielbltg. B. ± kahl bis bewimpert, tief fiedertlg – **V:** med

| | | | | C | | | .... ***H. radiata*** L.

Rhagadiolus
(Vgl. auch *Hedypnois* S. 280)
1   Hüllkelchb. mit einzelnen langen Haaren. Mindest. die inneren Achänen kahl (Ausn.
     var. *leiocarpus* DC.). Untere B. ungeteilt bis leierf. Pf. kahl od. weichhaarig, ausgebrei-

tet verzweigt – **V:** Md – med

   ☐ ☐ G T C L F . . . . *Rh. stellatus* (L.)Gaertn.

1* Hüllkelch kahl. Untere B. eif. mit großem, rundem Endlappen. Innere Achänen behaart. Pf. weichhaarig, nicht od. wenig verzweigt. Köpfch. in verlängerter Infl. – **V:** med . . . . *Rh. edulis* Gaertn.

Hedypnois

1 Äußere Achänen (u. ihre Hüllb.) nicht od. schwach gekrümmt. Kopfstiele oben nur schwach verdickt. Hüllkelchb. mit sehr langen Haaren, bes. am grund. Pappus mit einer viel längeren, am Grund verbreiterten Borste, an allen Achänen aus Haaren u. Schuppen bestehend. Achäne 6–10 mm, (fast) kahl – **V:** iber-maur [*Rhagadiolus arenarius* Benth. et Hook.]

   ☐ P ☐ T ☐ L ☐ . . . . *H. arenaria* (Schousb.)DC.

1* Äußere Achänen u. die sie umschließenden Hüllb. stark gekrümmt. Kopfstiele oben aufgeblasen. Hüllb. mit Haarbüscheln an der Spitze. Pappusborsten ± gleich lang, an den äußersten Achänen als Krönch. Achänen 4–6 mm lang , behaart – **V:** Lob – Az, Md – med [*Rhagadiolus hedypnois* All., *H. rhagadioloides* (L.) Willd.]

   H P G T C L F . . . . *H. cretica* (L.)Dum.-Cours.

Urospermum

– St. lang rauh behaart u. stachelig. Stiel der unteren B. geflügelt, obere spitz, geöhrt st.umfassend. Achäne 5–7 mm, dazu ein 6–8 mm langer Schnabel – **V:** Az, Md, Cv – med

   H P G T C L F . . . . *U. picroides* (L.)Scop.

Hypochoeris

1 Pf. einjährig. Köpfch. bis 15 mm breit

2 Hüllkelch mehrreihig. B. kahl od. wenig bewimpert. Äußerer Pappus 3–6 mm, innerer bis 15 mm – **V:** Az, Md – subatl-med – **G:** TBR I

   H P G T C ☐ ☐ . . . . *H. glabra* L.

2* Hüllkelch 1reihig, dazu kleine Außenb.chen, dicht borstig behaart. Grundb. fast ganzrandig, breit eispatelig. Nur die inneren Achänen lang geschnäbelt. äußerer Pappus 0,5 mm, innerer bis 6 mm – **V:** med [*Seriola aetnensis* L.]

   ☐ ☐ ☐ T ☐ ☐ ☐ . . . . *H. achyrophorus* L.

1* Pf. ausdauernd

3 Köpfch. über 25 mm breit. B. zerstr. borstig behaart. Zungenblü. länger als die Hülle. Alle Achänen lang geschnäbelt – **V:** Az, Md – subatl-submed, weltweit verschl.

   H ☐ ☐ T ☐ ☐ ☐ . . . . *H. radicata* L.

3* Köpfch. etwa 15 mm breit, zu 1–2, Achänen 5rippig, rauh. Pappus aus 12–14 ungleichen Borsten – **V:** E Can, T nur SW-Küste, 100–200 m [*Heywoodiella o.* Svent. et Bramw.]

junges Blatt

   ☐ ☐ ☐ T ☐ ☐ ☐ . . . . *H. oligocephala* (Svent. et Bramw.)Lack

Leontodon

1 Haare der B. einfach od. fehlend. Pf. einjährig. Köpfch. zu 1–3. Zungenblü. einfarbig gelb. Alle Achänen mit einem $^1/_3$ bis $^1/_2$ so langen Schnabel, querrunzelig. Pappus 1reihig, aus etwa 10 starren, gefiederten Borsten – **V:** südmed (Eur nur Almería) [*L. creticus* Boiss.] . . . . *L. hispidulus* (Del.)Boiss.

– Pf. fast kahl, innere Achänen mit 2reihigem Pappus – **V:** T La Laguna – iber-maur

			T			

. . . . *L. salzmannii* (Sch.Bip.)Ball

1* Mindest. ein Teil der B.haare 2–3spaltig. Pappus der äußeren Achänen nicht über 5 mm lang, ± becherf. (*Thrincia*). Köpfch. einzeln. Äußere Zungenblü. untersts gestreift od. andersfarbig. Innere Achänen höchst. 3 mm geschnäbelt (wenn 5–7 mm, vgl. *L. maroccanus* – **V:** iber-maur), i.d.R. nur verschmälert, äußere meist schnabellos. Zungenblü. sattgelb, die äußeren untersts grauviolett – **V:** subatl-submed [*Thrincia nudicaulis* (L.)Dost.] . . . . *L. taraxacoides* (Vil.)Mér.

a Ausdauernd, selten nur zweijährig. Wurzelstock kurz, gestutzt. Schnabel der inneren Achänen ca. 1 mm – **V:** Für Can fragl. – subatl-submed [*L. saxatilis* Lam., *Thrincia hirta* Roth] . . . . **ssp. *taraxacoides***

a* Pf. meist einjährig. Schnabel der inneren Achänen 2–3 mm, äußere ungeschnäbelt – **V:** Hierher wohl alle Angaben für Can – Az, Md – med [*Thrincia hispida* (Schousb.)Roth]

H	P	G	T	C	L	F

. . . . **ssp. *longirostris*** Fich. et Sell

Picris

1 Äußere Hüllb. wenig zahlr. (3–5), größer, am Grund oft herzf., breiter als die inneren (Sect. *Helmintia*). B. wenig geteilt. Pf. ein- bis zweijährig. Achänen 5–7 mm, alle geschnäbelt. Pf. mit stechenden u. hakigen Haaren. St.b. herzf. st.umfassend. Pappus hinfällig – **V:** Az, Md, Cv – **G:** CHE I-1q,2c [*Helmintia e.* (L.)Grt., *Helmithotheca e.* (L.)Lack]

H	P	G	T	C	L	F

. . . . *P. echioides* L.

1* Äußere Hüllb. nicht stark verbreitert, in 1 bis mehreren Reihen. Pappus aller Achänen meist gleichf., äußere Hüllb. klein (Sect. *Eupicris*). St. von meist hakigen Haaren rauh. B. lanzettl., grob gezähnt, halbst.umfassend. Pf. zwei- bis mehrjährig – **V:** Can? – euras(kont)-submed . . . . *P. hieracioides* L.

Tragopogon (incl. Geropogon)

1 Pappus der Randblü. i.d.R. aus 3–7 ungleich langen, derben, rauhen Gra., der der inneren Blü. federig (Sect. *Geropogon*). Hüllkelch 8blättrig. Blü. rosa – **V:** Md – med [*Geropogon glaber* L.]

			G	T		

. . . . *T. hybridus* L.

1* Pappus aller Blü. gefiedert. Blü. purpurviolett. Hüllkelch 8–12-blättrig – **V:** med [*T. sinuatus* Avé-Lall.]

			G	T	C	

. . . . *T. porrifolius* L. **ssp. *australis*** (Jord.)Nym.

Scorzonera [Podospermum]

1 Blü. blaßgelb. Pf. ein- bis zweijährig. B. fiederschnittig, Lappen schmal, gezähnelt. Köpfch. am Grund weißwollig u. drüsig – **V:** med-submed-kont [*Podospermum lacinatum* (L.)DC.]

			T	C?		

. . . . *S. laciniata* L.

1* Blü. purpurn od. violett. Pf. ausdauernd. B. lineal – **V:** südmed-nordsah . . . . *S. undulata* Vahl.

Andryala

1 Hülle graufilzig, St.b. fast st.umfassend, fiederspaltig bis eingeschnitten gezähnt, Lappen od. Zähne stumpf. Einjährige bis ausdauernde Art, oft mit verholzter Basis. Infl. meist dicht (bis 20köpfig). Achänen schwarz – **V:** maur – **G:** LAU II-1, ASP [*A. canariensis* Lowe, *A. bourgeaui* Sch.Bip. in Webb et Berth., *A. coronopifolia* Link in Buch]

| H | P | G | T | C | L? | F? | "Espinera" .... *A. pinnatifida* Ait.

– Köpfch. breit, stark dunkeldrüsig – **V:** T Anaga 700–900 m, H 600–700m

| H | | | T | | | | .... var. *latifolia* (Bornm.)Kunk.

– B. lanzettl., buchtig gezähnt – **V:** E Can – **S:** Lorbeerwald

| | | | T | | | | .... var. *tolpicifolia* Kunk.

– Hochwüchsig, kaum verzweigt – **V:** T Cañadas

| | | | T | | | | .... var. *teydea* Webb.

– B. ungeteilt od. wenig geteilt, Blü. hellgelb – **V:** P Lorbeerwald – **G:** LAU II-1e [*A. webbii* Sch.Bip. ex Christ, *A. integrifolia* L. ssp. *webbii* (Sch.Bip. ex Christ)Kunk.]

| | P | G? | | | | | .... var. *webbii* Christ

– Köpfch. klein, außen cremeweiß, innen gelb. Pf. stark verzweigt

| | | | | C | | | .... ssp. *preauxiana* (Sch.Bip.)Kunk.

1* Hülle drüsig u. behaart

2 Niedriger, dichter Strauch, fast polsterartig wachsend. St. u. B. mit gelbl.-weißem Wollfilz bedeckt. Drüsenköpfch. auch auf den obersten B. B. eingeschnitten, B.rand wellig. Obere B. sitzend bis halbst.umfassend. Köpfch. über 4 cm lang gestielt – **V:** T Anaga? – Md

| | | | T? | | L | | .... *A. glandulosa* Lam.

– B. weißl., fiedertlg – **V:** Md [*A. cheiranthifolia* L'Hér.]

| | | | | | L | F | .... ssp. *varia* (Lowe)R.Fern.

2* Pf. ein- bis zweijährig

3 Untere B. längl., ganzrandig bis gezähnt-fiedertlg, obere halbst.umfassend. Köpfch. klein. Hüllb. mit langen Wollhaaren. Blü. schwefelgelb, ± blaß (manchmal rötl. gefleckt), kaum länger als die Hülle. Achänen braun, weiß gerippt (Formenreich; ssp. *webbii* s.o.) – **V:** med

| H | | | | C | | | .... *A. integrifolia* L.

– **V:** E Can

| | | | | C | | | .... var. *floccosa* Svent.

3* Blü. gelb, länger als die Hülle. B. fast ganzrandig, sitzend, zugespitzt. Köpfch. groß (bis 3 cm) – **V:** iber-maur .... *A. laxiflora* (Salzm.)DC.

Taraxacum

– Schaft hohl, unverzweigt, nackt – **V:** Az, Md – boreuras-subozean. gemäß-kosmop, verschl.

| | P | G | T | C | L? | F? | .... *T. officinale* (L.)Web. s.l.

Launaea

1 Dornige Halbsträucher (Sect. *Acanthosonchus*), verworren verzweigt (*Sonchus spinosa* auct. non (Forsk.)DC.)

2 Fast alle B. in grundstdg Rosette, B.achseln wollig. Pf. 10–30(–50) cm hoch. Köpfch. 2–3 cm breit. Achäne 4–5 mm, fast kahl – **V:** iber-maur [*L. acanthoclada* Maire]

| | | | | | | F | .... *L. lanifera* Pau

2* B. auch am St., wenigst. vor der Blü.zeit, rosettig
gehäuft. Strauch 40–120(–150) cm hoch, sehr
sparrig dornig. B.achseln kahl. B. mit schmalen
Lappen, diese nicht gezähnelt. Köpfch. kleiner
(1–2 cm breit), 8–13bltg. Sproßachsen weißl.
Achäne 3–4 mm, behaart – **V:** Grac, Lob –
Md, Cv – südostiber-westsah – **G:** AMM, KLE
I-1b [*Zollikoferia a.* Batt.] □85

| | P | G | T | C | L | F | ....*L. arborescens* (Batt.)Murb.

1* Kräuter, ein- od. mehrjährig
3 Endlappen der B. größer u. strumpf. B. in grundstdg Rosette. Köpfch. fast sitzend.
Köpfch. zu dichten Knäueln gehäuft, eilängl. Achänen kurz, schwammig, zus.gedrückt,
abgestutzt. Randnerven der Achänen breit u. dick geflügelt. Achänen elfenbeinweiß.
Pf. bis 10 cm hoch – **V:** Grac – sah-sind [*L. glomerata* (Coss.)Hook.f.]

| | | | | | L | F | ....*L. capitata* (Spreng.)Dandy

3* Köpfch. in Trauben, 2¹bltg, zylindrisch, zur Fr.zeit nickend. Achänen nicht geflügelt,
braun, äußere runzelig, innere glatt. Pf. 10–30 cm hoch – **V:** Grac, Lob – Cv –
südostiber-sah-arab – **G:** KLE

| | P | G | T | C | L | F | ....*L. nudicaulis* (L.)Hook.f.

Sonchus (incl. **Babcockia, Taeckholmia, Lactucosonchus, Sventenia**)

1 Krautige Arten
2 Pf. i.d.R. ein- od. zweijährig (Vgl. aber Formen von *S. tenerrimus* u. *S. asper*!)
3 St. deutl. 4kantig geflügelt. B. schrotsägef. bis fiederschnittig, Lappen fast dachziegelig
sich deckend. Pf. am Grund etwas verholzt. Blü. dunkelgelb. Äußere Hüllb. kahl – **V:**
E Can, C Roque del Este [*S. imbricatus* Svent.]

| | | | | C | L | | ...... *S. bourgeaui* Sch.Bip. **var.** *imbricatus* (Svent.)Boulos

3* St. rund (höchst. die B.öhrch. etwas herablaufend)
4 Köpfch. groß (8–10 mm breit), auffallend dunkel gelb bis orange, am Grund weiß-
wollig. B. schrotsägef.-fiederspaltig, glatt, glänzend. B.öhrch. herablaufend. Äußere
Hüllb. dicht drüsig behaart. Achänen breit eilängl., sehr rauh – **V:** maur (Mogador)

| | | | C? | L | F | .... *S. bourgeaui* Sch.Bip. **var.** *bourgeaui*

4* Blü. nicht auffallend dunkelgelb bis orange
5 B. bis doppelt fiederspaltig, Lappen am Grund eingezogen od. lineal. St.b. meist
gestielt. Köpfch. schmal (etwa 5 mm breit), am Grund weißwollig. Achänen rauh,
schmallanzettl. Zunge länger als die Kronröhre. Pf. manchmal mehrjährig – **V:** Az,
Md – med, verschl.

| H | | | T | C | L | F | .... *S. tenerrimus* L.

5* B. ungeteilt bis fiederschnittig. St.b. nicht gestielt. Köpfch. breiter, am Grund meist
kahl
6 B. derb, fast dornig gezähnt, glänzend dunkelgrün. Öhrch. angedrückt, herzf. rund.
Achäne zwischen den Rippen glatt (auf den Rippen oft gekrümmte Dörnch.). Zunge
kürzer als die Kronröhre. Achäne zus.gedrückt u. ± geflügelt – **V:** Az, Md, Salv –
kosmop

| | P | G | T | C | L | | .... *S. asper* (L.)Vill.

– Köpfch. größer (4–5 cm breit). Pf. zweijährig bis ausdauernd, B. lederig – **G:** CRI

| | P | | | C | | | .... **ssp.** *glaucescens* (Jord.)Ball

6* B. weicher. Öhrch. mit spitzen Zipfeln abstehend. Achänen zwischen den Rippen rauh
(körnig-runzelig). Zunge etwa so lang wie die Kronröhre – **V:** Grac, Lob – Az, Md,

Cv – kosmop – **G:** CHE, SEC I-1b

| H | P | G | T | C | L | F | .... ***S. oleraceus*** L.

2* Pf. ausdauernd (vgl. auch 5 u. 6)
7   Wurzel knollig. B. ± leierf.
8   Pf. mit dicker Wurzelknolle, 20–30 cm hoch. B. schrotsägef., blaugrün, obersts kahl, untersts fein behaart. Achäne körnig-rauh, goldbraun mit weißem Pappus. Köpfch. zu 3–4 – **V:** E Can, T im NW, 100–1000 m, z.B: um Masca

| | | | T | | | | .... ***S. tuberifer*** Svent.

–   Pf. kräftiger, B. breiter – **V:** E Can

| | | | T | | | | .... **var.** ***latisectus*** Svent.

8* Pf. groß mit langer knolliger Wurzel, kahl. Untere B. in Rosette, 10–20 cm lang, fast ungeteilt bis leierf. mit großem Endlappen (bis 5 cm), obere lineal. Köpfch. zahlr., bis 5 mm Durchm., mit ca. 13(–16) Blü. Achänen mit 3 Furchen. Pappushaare weiß, gezähnt, hinfällig – **V:** E Can, P im N, im Pinar, 400–600 m [*Taeckholmia heterophylla* Boul., *S. webbii* Sch.Bip.]

| | P | | T | | | | "Lechugilla" ...... ***Lactucosonchus webbii*** (Sch.Bip.)Svent.

7* Wurzel nicht knollig
9   Rhizompf. Untere B. lineal, ganzrandig bis gezähnt, obere ungeteilt, seltener fiederschnittig mit gezähntem Rand, untersts schwach filzig. Obere B. st.umfassend. Köpfch. zu 1–4 – **V:** Can sine loco – med, kosmop verschl. – **S:** Feuchte Orte
   .... ***S. maritimus*** L.

9* Pf. kahl, bereift. Blühende St. ± b.los. B. lanzettl., kurz gespitzt bis stumpf., 15–18 × 2–4 cm, vorw. rosettig gehäuft. Köpfch. zahlr., etwa 1 cm Durchm., auf drüsigen Stielen (Haare rötl.-braun). Pappushaare z.T. steif, z.T. weich – **V:** E Can, C im W, 600–800 m, sehr selten – **S:** Feuchte Felswände

| | | | | | C | | .... ***Sventenia bupleuroides*** F.Q.

1* Pf. mit verholztem, kürzerem od. längerem Stamm, oft ± strauchf. B. rosettig am Ende der mit B.narben versehenen Stämme (Subgen. *Dendrosonchus, Teackholmia, Babcockia*). Fast durchweg E Mak ("Cerrajón")
10 Holzpf. mit Grundrosetten auf kurzem, verholztem Stamm
11 Rosettenpf., bis 1 m breit. B. nicht bereift. Blühender Schaft bis über 1 m hoch. Köpfe wollig
12 B.lappen gerundet. Schaft mit wenigen kleinen Tragb. Köpfe bis zu 20, ca. 1,5 cm Durchm. – **V:** E Can, P bis 150 m, selten

| | P | | | | | | .... ***S. bornmuelleri*** Pit.

12* B.lappen spitz, 3eckig. B. fiederspaltig, behaart. Infl. ohne Tragb. Hüllb. breit. Köpfe um 2,5 cm Durchm. – **V:** E Can, T bes. im N, unterste Stufe, C 500–1600 m – **G:** ASP I-1b

| | | | T | C | | | .... ***S. acaulis*** Dum.-Cours.

11* Rosetten kleiner (unter 50 cm Durchm.), B. meist bereift. Blühender Schaft meist kürzer
13 Stamm sehr kurz, Rosetten flach angedrückt
14 Hüllb. nur am Köpfch. selbst. B. blaugrün bereift
15 Köpfe 1–2 cm Durchm. Boden des Köpfch. wabig, Ränder der Waben gezähnt. Achänen kahl. Pappus 1reihig, Haare etwas gekrümmt, bis 6 mm lang, hinfällig – **V:** E Can – Md?

| | | | T | | | | .... ***S. radicatus*** Ait.

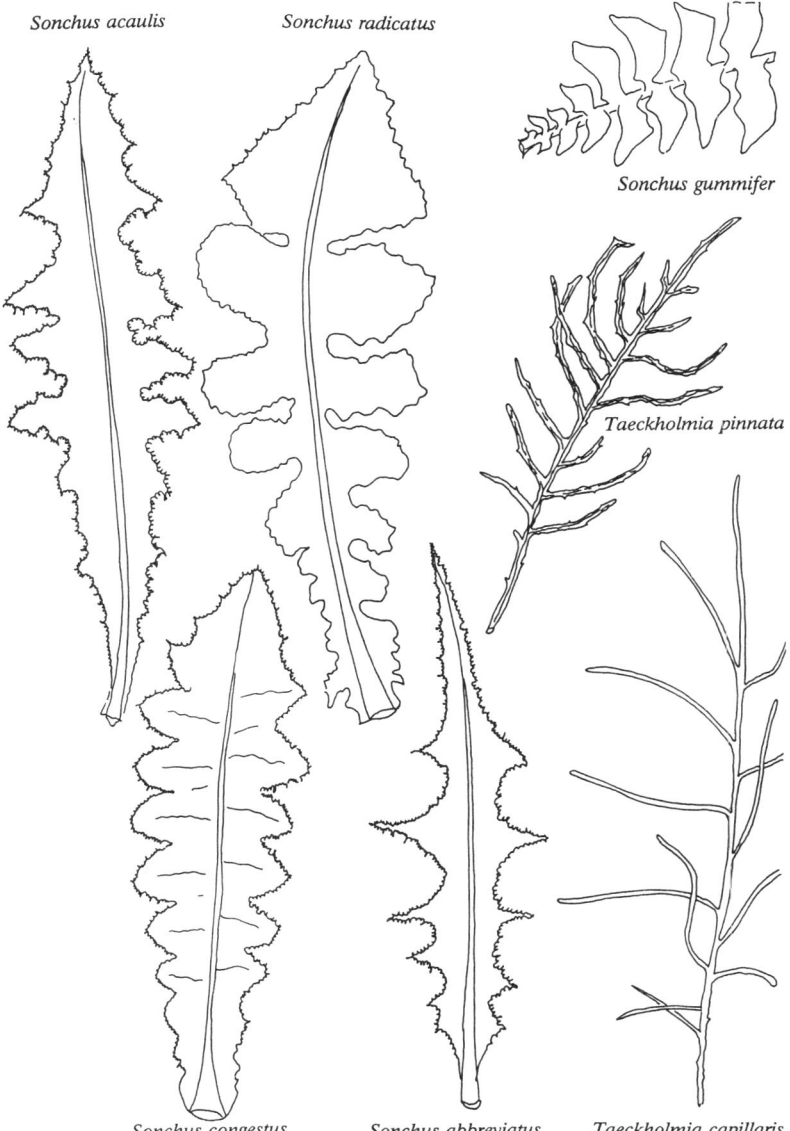

Sonchus acaulis

Sonchus radicatus

Sonchus gummifer

Taeckholmia pinnata

Sonchus congestus

Sonchus abbreviatus

Taeckholmia capillaris

15* Köpfe 3 – 5 cm Durchm., wollig. B. st.umfassend, Infl. mit sitzenden Tragb., bis 50 cm breit, vielköpfig. B. tief eingeschnitten, Fiedern jedersts 5 – 10 – **V:** E Can, G 400 – 1200 m , z.T. hfg. [*S. gonzalezpadronii* Svent.]

    | | G | | | | |.............................. ***S. gomerensis*** Boul.

14* Hüllb.ähnl. Hochb. (ca. 13), auch auf dem Köpfch.stiel. Kopfstiele oben verdickt. B. lanzettl., leierf.-fiederspaltig, mit jedersts 5 – 8 eckigen, spitzen Fiedern – **V:** E Can, T im SW, z.B. Bc. del Infierno bei Adeje, 300 – 600 m

    | | | | T | | |........................... ***S. fauces-orci*** Knoche

13* Stamm bis 15 cm lang, Rosetten nicht flach. Köpfch. < 2 cm dick

16 B.fiedern sich überdeckend, zahlr. (> 12 jedersts). B. ± hängend, dicht bereift. Köpfch. noch kleiner als bei dem ähnl. *S. gummifer* – **V:** E Can, T nur Anaga-Südseite

    | | | | T | | |............................ ***S. tectifolius*** Svent.

16* B.fiedern sich nicht überlappend. Lappen breit 3eckig, quer abgestumpft, etwas gezähnt. B. unterts blaßgrün. Infl. mit fiederspaltigen Tragb., armköpfig. Hüllb. schwärzl., fast anliegend, spitz. B. oberts bläul.-grün. Köpfch. zuletzt nickend – **V:** E Can, T SO-Küste von Anaga bis Adeje, bes. um Güimar, bis 600 m

    | | | | T | | |........................... ***S. gummifer*** Link ex Buch

10* Sträucher i.d.R. verzweigt. B.rosetten endstdg auf Ästen

17 Seitenlappen der B. nur 1 – 3(– 5) jedersts. B. kahl. Endlappen breiter als die abgerundeten Seitenlappen, Ränder fein gezähnt. Infl. armköpfig (bis ca. 6) – **V:** E Can, C N- u. NW-Küsten – **G:** ASP I-1a

    | | | | | C | | |..................... ***S. brachylobus*** Webb et Berth.

– B.lappen zugespitzt – **V:** E Can – **G:** ASP I-1a

    | | | | | C | | |........................ **var. *canariae*** (Pit.)Boul.

17* Zahl der B.lappen meist größer. Infl. i.d.R. mit mehr als 6 Köpfen

18 Köpfe sehr schmal, weniger als 5 mm Durchm. B.lappen schmal (*Taeckholmia*), bis 5 mm breit. Bis über 2 m hohe Sträucher

19 B.lappen lineal-fädl., weniger als 1 mm breit

20 Köpfe nur 1 – 2 mm Durchm. B. ± aufsteigend mit wenigen, steifen Lappen – **V:** E Can, T Güimar, 400 – 500 m [*Sonchus microcarpus* Boul.]

    | | | | T | | |............... ***Taeckholmia microcarpa*** (Boul.)Aldr.

20* Kopfdurchm. bis 3 mm. B. hängend, mindest. 3jochig, nicht starr ("Balillo")

21 B.lappen flach. B. oft fein seidig behaart. Milchsaft mit penetrantem Duft. Infl. dicht. Achänen braun. Pappus hinfällig – **V:** E Can – **S:** bes. N-Seiten, untere Stufe – **G:** ASP I-1a [*Sonchus leptocephalus* Cass.]

    | H? | P? | G? | T | C | L? | F? |.................. ***Taeckholmia pinnata*** (L.f.)Boul.

21* B.lappen nicht flach. Köpfe mit weniger als 15 Blü.

22 Köpfe sehr schmal, 8(– 10)bltg. B. meist mit nur 5 – 9 Fiedern, diese nur ca. 0,5 mm breit. Achänen zimtbraun – **V:** E Can, G im W u. SW, bis 1000 m [*Sonchus filifolius* Svent.]

    | | | G | | | | |...................... ***Taeckholmia canariensis*** Boul.

22* Köpfe breiter, zylindrisch. B.lappen um 0,2 mm breit. Achänen gelbl. Infl. locker. Pf. 1 – 2 m hoch. Blü. zu (10 –)13(– 15) – **V:** E Can, T im W u. SW bis 1200 m, C im S [*Sonchus c.* Svent.]

    | | | | T | C | | |................. ***Taeckholmia capillaris*** (Svent.)Boul.

19* B.lappen lineal, flach, über 2 mm breit

23 Kopfdurchm. weniger als 3 mm

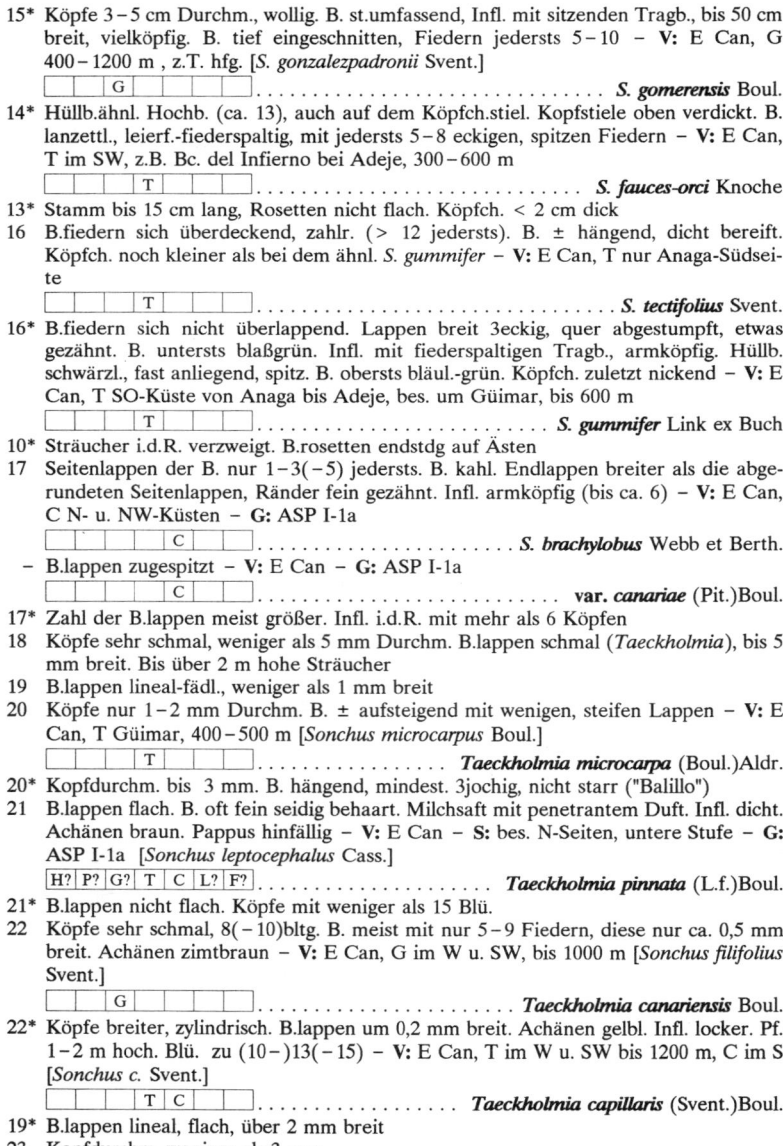

24   B.lappen bis 5 mm breit. Stamm dünn, um 1 m hoch. Infl. klein – **V:** E Can, G
     200–600 m [*Sonchus r.* Pit.]
     `P?` `G` `T` `C` .... ***Taeckholmia regis-jubae*** (Pit.)Boul.
24* B.lappen ca. 2–3(–5) mm breit. Stamm bis schenkeldick, meist über 1,5 m hoch.
     Köpfch. 15–20bltg, eizylindrisch. B. bläul.-grün, lang, reich u. dicht gefiedert. Lappen
     ganzrandig, nach vorn gerichtet. Infl. dicht. Achänen schwarz. Pappus ± bleibend –
     V: E Can, T im NW, Adeje bis La Guancha [*S. arboreus* DC.]
     `P` `G` `T` `C` .... ***Taeckholmia arborea*** (DC.)Boul.
23* Köpfe 4–5 mm Durchm., zu 20–60. B. fiederschnittig, die (zahlr.) Lappen um 5 mm
     breit. Achänen unter 3 mm lang – **V:** E Can, H Golfo
     `H` .... ***S. gandogeri*** Pit.
18* Köpfe mit mindest. 1 cm Durchm. B.lappen breiter
25   Köpfe mit mindest. 4 cm Durchm.
26   Hüllb. sehr breit eif. B. untersts blaugrün. B.lappen spitz. Hüllb. am Rand häutig, an
     der Spitze etwas zurückgebogen, äußere fast kreisrund. Pf. wenig verzweigt, Rosetten
     auf kurzem Stamm meist dicht am Felsen. B. sehr lang, scharf zugespitzt, in dichter
     Rosette, fiedertlg, Fiedern ungleich, 1–2 × 0,4–1,3 cm. Buchten rund. St.b. am
     Grund herzf. geöhrt. Köpfch. zu wenigen. Achänen zylindrisch, mindest. 5:1 (*Bab-
     cockia* Boulos) – **V:** E Can, C im Z, 800–1700 m – **G:** ASP I-1b [*Sonchus p.* Webb
     et Berth.]
     `C` .... ***Babcockia platylepis*** (Webb)Boul.
26* Hüllb. eilanzettl. B. fast kahl, grün, mit gerundet 3eckigen Lappen (zu *S. hierrensis*?,
     s.u.) – **V:** E Can, G 200–1000 m
     `G` .... ***S. ortunoi*** Svent.
25* Kopfdurchm. weniger als 4 cm
27   Köpfe dicht weißwollig. Infl. dicht. doldig
28   B. filzig behaart, weichhaarig, tief gelappt, Lappen bis 2 cm breit. Köpfe zahlr.
     Kopfstiele bis 8 cm lang. Köpfe 2–3 cm Durchm. Pf. bis über 2 m hoch – **V:** E Can
     – **G:** ASP I-1d,i
     `H` `G` `T?` `C?` .... ***S. hierrensis*** (Pit.)Boul.
 –   Bastarde mit *S. gandogeri* (*S.* × *lidii*, *S.* × *pitardii* u.a.) sind auf H hfg
 –   **V:** E Can
     `P` .... **var.** ***benehoavensis*** Svent.
28* B. zuletzt kahl, halbst.umfassend (*S. congestus* Willd. s.l.)
29   Äußere Hüllkelchb. eirund, stumpf. Infl.stiel mit B. Köpfe mindest. 2 cm im Durchm.
     Schäfte ± b.los, rund, hohl, kurz. B. fiedertlg, blaugrün, groß. Dolde 4–9zählig, die
     Stiele 2–5 cm lang, behaart, mit 1–2 großen (2–2,5 cm) Köpfen, dieser weißwollig.
     Kopfstiele mit Hochb. Pf. bis 1,5 m hoch – **V:** E Can, T N-Seite – **S:** Lorbeerwald,
     100–800 m – **G:** LAU II [*Sonchus jacquini* DC.]
     `P?` `T` `C` .... ***S. congestus*** Willd.
29* Äußere Hüllkelchb. spitz. Infl.stiel ohne B. Köpfe bis 2 cm im Durchm. Obere B.
     halbst.umfassend, aber nicht mit herzf. Grund sitzend, nur im unteren Teil gelappt,
     mit langem Endlappen, Seitenlappen schmal, frischgrün – **V:** E Can, T Anaga – **S:**
     Lorbeerwald ☐92
     `H` `P?` `T` `C` .... ***S. abbreviatus*** Link in Buch
27* Köpfe ± kahl, am Grund z.T. wollig. Infl. weniger dicht
30   B.lappen breit, spitz. Infl.stiel mit 2–5 kleinen Tragb. B.lappen einander genähert,
     breit 3eckig lanzettl., spitz. B. ähnl. *Taraxacum officinale.* Hüllb. etwas abstehend,
     stumpf, schwärzl. Köpfe bis 2 cm Durchm. Infl. armköpfig. Stiel unter dem Kopf

verdickt. Bis 2 m hoher Strauch, junge Teile wollig – **V:** Grac – SW-Maroc [*Sonchus acidus* Schousb.]

		T?		L	F

.... *S. pinnatifidus* Cav.

30* B.lappen schmal, stumpf bis gerundet. Infl.stiel ohne Tragb. Infl. ± doldig [*S. pinnatus* Ait. – **V:** Can – Md]

31 Köpfe schmal, mit bis 50 Blü. B.lappen 6–40 mm breit (?) – **V:** E Can, P bis 1000 m – **G:** OLR I-1a [*S. pinnatus* Ait. var. *palmensis* Sch.Bip.]

	P				

.... *S. palmensis* (Sch.Bip.)Boul.

31* Köpfe breit, mit meist über 100 Blü. B.lappen lineallanzettl., vorn etwas gezähnt od. ganzrandig, schmäler als der Zwischenraum zwischen ihnen. Endlappen verlängert. Hüllkelch anliegend, seine B. spitz, lineal bis schmallanzettl. B.abschnitte bogig nach rückwts gerichtet. Pf. zierl. verzweigt, bis 1,5 m hoch – **V:** E Can – **S:** Luvseiten 300–900 m – **G:** KLE I-2a [*S. pinnatus* Ait. var. *canariensis* Sch.Bip.]

H?	P?		T	C		

.... *S. canariensis* (Sch.Bip.)Boul.

Lactuca

– Pf. einjährig. St.b. ungeteilt, eif. bis kreisrund, sitzend, herzf.-st.umfassend, nicht senkrecht gestellt – **V:** Md, Cv – Heimat ostmed

	P		T		L	F

.... *L. sativa* L.

1 B. rel. breit, tief gezähnt, lebhaft grün, wenig geteilt bis fast ungeteilt, eif. Köpfe zu 5–7, etwa 5 mm Durchm. Blü. gelb. Hochb. herzf. st.umfassend, sparrig – **V:** E Can, F im N, 300 m (Sehr zweifelhafte Art!)

					F

.... *L. herbanica* Burch.

1* B. blaugrün, meist fiederspaltig bis fiederschnittig

2 Blü. hellblau. B. der Grundrosette einfach bis doppelt fiederschnittig, blaugrün, auf den Nerven steifhaarig. B.lappen zurückgebogen. Köpfch. nur 2–3 mm Durchm., zu wenigen – **V:** E Can, P höchste Bergrücken, 1200–2000 m – **G:** SPA I-1b, PIN I-2d

	P					

.... *L. palmensis* Bolle

2* Blü. blaßgelb

3 St.b. herablaufend (mit langen, angedrückten Öhrch.). Achäne u. Schnabel gleichfarbig. Köpfch. armbltg (ca. 5). Blü. untersts oft violett – **V:** med-gemäßkont

	P			C		

.... *L. viminea* J. et C.Presl.

3* St.b. nicht herablaufend, blaugrün, dornig gewimpert (am Rand u. auf dem Mittelnerv). Achäne dunkler als ihr Schnabel. B. ± senkrecht gestellt. Köpfch. mit 7–15(–35) Blü. – **V:** Az, Md – euras-submed

H	P	G	T	C	L	F

.... *L. serriola* L.

Reichardia [Picridium]

1 Ausdauernde bis verholzte Pf., in flachen, dichten Polstern wachsend

2 Pf. am Grund verholzt. Kompakte Polster

3 B. dicht mit hyalinen Papillen bedeckt, dicht gezackt bis gefiedert. Rand der Hüllb. trockenhäutig. Schaft ca. 5 cm lang, meist 1köpfig. Blü. am Grund violett – **V:** E Can – **G:** CRI I-2 [*Picridium crystallinum* Sch.Bip.]

		T	C?		

.... *R. crystallina* (Sch.Bip.)Bramw.

3* B. nicht dicht papillös, sehr verschieden (ganzrandig bis tief schrotsägef.). B. oft halbst.umfassend, etwas herablaufend, fiederschnittig. Köpfe meist 3–4. Rand der Hüllb. kaum trockenhäutig. St. oben aufgeblasen – **V:** E Can – **G:** CRI, KLE, ASP I-1c [*Picridium ligulatum* Vent.]

H	P	G	T	C	L?	F?

.... *R. ligulata* (Vent.)Kunk. et Sund.

Grundblatt

Lactuca palmensis   *Reichardia ligulata*   *Reichardia crystallina*

- Köpfe einzeln. B.± ungeteilt, eif.-spatelig – **V:** L 50–400 m

  | | | | | | L | F | .... *R. famarae* Bramw. et Kunk.

2* Pf. krautig, ausdauernd. Blü. oberts ganz gelb. Hautrand der Hüllb. schmal. Pf. kahl, glatt, kaum papillös, blaugrün, 10–50 cm hoch – **V:** med [*Picridium vulgare* Desf.]

  | | P? | | T | | | F | .... *R. picroides* (L.)Roth

1* Pf. einjährig (ausdauernd manchmal *R. tingitana*). St. wenig beblättert

4   Kopfstiele mit vielen Schuppen. Hüllschuppen spitz, mit schmalem, schmutzig-grünl. Rand. – **V:** südmed [*R. picroides* ssp. *intermedia* (Sch.Bip.)Maire]

  | | | G | T | C | | | .... *R. intermedia* (Sch.Bip.)Samp.

4* Zungenblü. gelb mit purpurnem Grund. Hautrand der Hüllb. breit, weiß. Pf. weißl., oft fast st.los. Äußere Hüllb. oft mit schwärzl. Spitzch. Pf. einjährig od. ausdauernd. Kopfstiele ohne od. mit nur wenigen Schuppen – **V:** Grac, Lob – iber-maur – **G:** KLE [*Picridium tingitanum* (L.)Desf.]

  | | P | G | T | C | L | F | .... *R. tingitana* (L.)Roth

Crepis

1   Mindest. ein Teil der Achänen ± lang geschnäbelt (*Barkhausia*)

2   Alle Achänen ± lang geschnäbelt. Hülle behaart, meist filzig. Achänen braun. Mehrjährige Kräuter (Ausn. bei *C. vesicaria*)

3   Blü. außen grünl. Schnabel bis doppelt so lang wie der Corpus der Achäne. B. leierf.-fiederspaltig, blaugrün, kahl, am Rand mit weißen, knorpeligen Zähnen. Mehrjähriges

Kraut – V: zmed, in westmed verschl.

| | | | T | | | |.. **C. bursifolia** L.

3*   Blü. beidersts gelb, Griffel schwärzl.-grün. Achänenschnabel kaum länger als der Corpus. Grundb. ähnl. *Taraxacum officinale*. Hüllb. eif.-lanzettl., mit häutigem Rand. Pf. ein- bis mehrjährig – V: Md – med-subatl [*C. taraxifolia* Thuill., *Barkhausia h.* Boiss. ex DC.]

| | | | T | C | | |................ **C. vesicaria** ssp. **haenseleri** (Boiss.)Sell.

2*   Achänen ungleich: äußere kaum geschnäbelt, von Hüllb. ± umschlossen, innere lang geschnäbelt. Pf. einjährig. Blü. goldgelb

4   Köpfch. vor dem Aufblühen nickend. Blü. außen rötl. Innere Achänen 10–17 mm lang. Untere B. gestielt. Pf. mit Bittermandel-Duft – V: med-submed

| H | P | G | T | C? | | |.................................... **C. foetida** L.

4*   Köpfch. stets aufrecht. Hüllb. mit Drüsenhaaren, äußere schmal-lineal, spitz – V: T Güimar – med?

| | | | T | | | |............................**C. juvenalis** F.W.Sch.

1*   Alle Achänen ungeschnäbelt, aber oft nach oben verschmälert ("Schnabel" höchst. $^1/_2$ des Corpus)

5   Achänen lang zugespitzt ("Schnabel" ca. $^1/_3$ des Corpus). Mehrjähriges Kraut. B. blaugrün, fast nur auf der Mittelrippe borstig rauh. St.b. breit geöhrt halbst.umfassend. Köpfch.stiele feindrüsig – V: E Can (Verwandt mit *C. lowei* Sch.Bip. – V: E Md)

| | | | C | L | F |..................... **C. canariensis** (Sch.Bip.)Babc.

5*   Pf. ein- bis zweijährig

6   Achänen gelb bis braun. Hüllb. länger als 4 mm

7   Achänen 4–8 mm lang, (10–)13–20rippig. Hüllb. 8–13 mm lang, beidersts behaart. B. rauhhaarig, drüsenlos – V: gemäßkont, verschl.

| | | | C? | | | |.................................... **C. biennis** L.

7*   Achänen 1–3 mm, 10rippig. Hüllb. 5–9 mm lang, innere kahl. B. kahl od. spärl. behaart – V: Az, Md – submed [*C. virens* L.]

| | P | | T | C | | |............................ **C. capillaris** (L.)Wallr.

6*   Achänen schwarz, klein (1–2 mm), kahl. Hüllb. ca. 4 mm lang, weißl. behaart. Zuerst aufgeblühte Köpfch. werden von späteren übergipfelt. Blü. schwefelgelb, kaum vergrünend (Gegensatz zu *Tolpis*!). B. bis doppelt fiedertlg, blaugrün, etwas fleischig, mit schmalem, weißem Knorpelrand, sehr kurz behaart (Lupe!) – V: E Can u. Md [*Tolpis c.* (Desf.)Biv.]

| | P | | T | C | | |........................ **C. coronopifolia** Desf.

Prenanthes

–   B. dunkel- bis blaugrün, jederts mit 2–3 großen Zahnlappen. 5–8 gelbe Zungenblü. Köpfe lang, aber nur ca. 2 mm Durchm. St. verholzt, Äste oft hängend. Kahle, reich verzweigte Felspf. Einjährige Zweige oft rot – V: E Can (Nächste Verwandte auf Sokotra u. im Himalaya!), C bes. im S u. W, (200–)900(–1500) m – G: ASP I-1a

| | | | | C | | |....................... **P. pendula** (Webb)Sch.Bip.

–   V: E Can, C Riscos de Goyedra

| | | | | C | | |............................ ssp. **flaccida** Svent.

–   Zweige aufrecht, Pf. bis 80 cm – V: E Can

| | | | | C | | |................................ var. **erecta** Kunk.

LILIATAE

1 Perianth fehlend od. unscheinbar, oft aus Spelzen bestehend
2 Kaum gegliederte kleine Schwimmpf. ("Wasserlinsen") . . . . *Lemnaceae* S. 309
2* B. u. Sproßachsen deutl.
3 Blü. zu einem wenigst. anfangs von 1 Hochb. umgebenen Kolben zus.gestellt
4 Hochb. (Spatha) gut ausgebildet, oft gefärbt. B. pfeil- od. fußf. . . . *Araceae* S. 308
4* Spatha hinfällig. B. lineal . . . . *Typhaceae* S. 309
3* Blü. nicht in solchen Kolben
5 Grasähnl. Land- u. Sumpfpf. Perianth nicht 6zählig (sonst vgl. *Juncaceae* S. 305)
6 Halm mit Knoten, meist rund od. ± 2schneidig, meist hohl. B. meist mit B.häutch.
  (Ligula) . . . . *Poaceae* S. 318
6* St. meist ohne Knoten, ± 3kantig, 3zeilig beblättert . . . . *Cyperaceae* S. 309
5* Pf. nicht grasartig. Tauch- od. Schwimmpf. mit 4zähligen Blü.
  . . . . *Potamogetonaceae* s.l. S. 292
1* Perianth deutl., oft gefärbt
7 Palmbäume mit (fächer- od.) fiederf. B. . . . . *Arecaceae* S. 308
7* Kräuter. Wenn baumf., dann mit ungeteilten B.
8 Fr.kn. oberstdg
9 Perianth in Kelch u. Krone gegliedert
10 G∞ (Fr.b. zahlr.). Sumpfpf. mit grundstdg B. . . . . *Alismataceae* S. 292
10* G2−3. St.b. am Grund scheidig umfassend . . . . *Commelinaceae* S. 307
9* Perianthkreise gleichartig, kelch- od. kronenartig
11 Bäume mit dickem Stamm u. sekundärem Dickenwachstum. B. sichelf.
  . . . . *Dracaenaceae* S. 302
11* Pf. anders
12 Perianth grünl. od. bräunl., unscheinbar. Pf. gras- od. binsenähnl. *Juncaceae* S. 305
12* Perianth ± gefärbt, kronenartig
13 Wasserpf. mit blasigen B.stielen. Blü. orchideenähnl. . . . . . . *Pontederiaceae* S. 303
13* Landpf. . . . . *Liliaceae* s.l. S. 294
8* Fr.kn. unterstdg
14 Kletterpf. mit netznervigen, am Grund ± herzf. B. Blü. klein, grünl., dioezisch ver-
  teilt . . . . *Dioscoreaceae* S. 303
14* Pf. nicht kletternd. Blü. größer
15 Äußerer Perianthkreis kelchartig, innerer kronenartig
16 Dioezische Wasserpf. . . . . *Hydrocharitaceae* S. 293
16* Zwitterbltg Landpf., z.T. Epiphyten . . . . *Bromeliaceae* S. 306
15* Perianth kronenartig
17 A6
18 Blü. enzeln od. in Dolden, Zwiebelgeophyten . . . . *Amaryllidaceae* S. 302
18* Blü. in Rispen, B. rosettig, fleischig od. ledrig . . . . *Agavaceae* S. 302
17* A1−5
19 A3, extrors. Blü. radiär bis mäßig zygomorph . . . . *Iridaceae* S. 303
19* A1−5. Blü. stark zygomorph bis asymmetrisch
20 B. parallelnervig. 1 Perianthb. als vergrößerte Lippe ausgebildet *Orchidaceae* S. 316
20* B. fiedernervig, groß
21 Blü. zygomorph
22 A5+1 Staminodium. Hohe, baumähnl. Krautstämme . . . . *Musaceae* S. 307
22* Nur 1 Staubb. fertil. Nicht baumf. Kräuter . . . . *Zingiberaceae* S. 308
21* Blü. asymmetrisch. Alle Staubb. kronb.ähnl., nur $^1/_2$ Staubb. fertil *Cannaceae* S. 308

Alismatales

Alismataceae

1   Fr.b. in Köpfch. (Blü.boden konvex). Blü. über 10 mm breit. Pf. bis 40 cm – **V:** Can?
    – Az – westmed-atl – **G:** PHR [*Echinodorus r.* (L.)Engelm.]
    .... *Baldiella ranunculoides* (L.)Parl.
1* Fr.b. kreis angeordnet. Blü. weniger als 10 mm breit. Pf. bis 70 cm – **V:** Az, Md –
    submed-gemäßkont – **G:** PHR I [*A. plantago-aquatica* L. var. *lanceolatum* (With.)Lej.]
    | | | | | C | | | .... *Alisma lanceolatum* With.

Potamogetonaceae s.l.

1   Marine Pf. mit in B.scheiden verborgenen Blü. Pollen ± fadenf. B. schmallineal, 1–5
    mm breit, mit gerundeter Spitze, bis 40 cm lang
2   Rhizom durch zahlr. B.narben geringelt, ± purpurn, 2 mm dick. B. in der Spitze
    gezähnelt (Lupe!), bis ca. 5 mm breit, 7–9nervig. St. gestreift – **V:** Lob – Cv – atl-
    med, afr. Küste bis südl. Dakar – **S:** Sand u. Schlamm von 0,5–40 m Wassertiefe –
    G: ZOS I-1a [*C. preauxiana* Webb et Berth., *C. aequorea* Koen.]
    | | P | G | T | C | L | F | .... *Cymodocea nodosa* (Ucria)Asch.
2* Rhizom glatt, weißl., dünn. B. 1–2 mm breit, an der Spitze nicht gezähnt, gestutzt
    bis ausgerandet. B. 1(–3)nervig. Blü. grünl., an abgeflachter Ährenachse, Fr. 2 × 1
    mm. A2, G1 – **V:** Madagaskar – SAfr, atl-med – **S:** Sand. Ufer, 0,2–1 m tief – **G:**
    ZOS [*Z. nana* Roth]
    | | | | C? | L | F? | .... *Zostera noltii* Hornem.
–   B. bis 8 mm breit, 3–5nervig – **S:** Bis 10 m tief
    | | | | T? | | | .... *Zostera marina* L.
1* Meist Süß- u. Brackwasserpf. mit freiliegenden Blü. Pollen ± kugelf.
3   Blü. zwittrig, in gestielten Ähren (manchmal nur 2bltg!). B. ganzrandig od. fein
    gezähnt
4   Ähren i.d.R. vielbltg, 4 ± breit ovale Konnektivanhängsel bilden ein falsches Perianth.
    Reife Karpelle sitzend
    | H | P | G | T | C | L | F | .... *Potamogeton* S. 293
4* Ähren 2(–4)bltg, ohne falsches Perianth. Reife Karpelle durch lange Gynophore
    gestielt. B. i.d.R. sehr schmal (unter 1 mm breit), an den Rändern fein gezähnt,
    spitz, am Grund mit aufgeblasener Scheide – **V:** Az, Md, Cv – **G:** ZOS II
    .... *Ruppia maritima* L.
a   Gynophor (meist) über 10 cm lang, spiralig. Scheide der oberen B. 1,5–4 mm breit
    – **V:** Az, Md – kosmop – **S:** Salz- u. Brackwasser
    | | | | | C | | .... **ssp. *maritima***
a* Gynophor 2–5 cm lang, nicht spiralig eingerollt. B. sehr spitz, 3nervig – **V:** Lob – **S:**
    Brackwasser – **G:** ZOS II-1a
    | | | G | | C | L? | F | .... **ssp. *rostellata*** Koch
3* Blü. eingeschlechtl., einzeln (od. zu wenigen) in B.achseln
5   B. wechselstdg, fädig od. lineal, 1nervig, ganzrandig, mit Interpetiolarstipeln (als
    st.umfassende Ligularscheide). B.scheide nicht aufgeblasen. A1, Früchtch. sehr kurz
    (bis 0,5 mm) gestielt – **V:** kosmop – **S:** Schön grüne Unterwasser-Rasen in ±
    eutrophem Süß- od. Brackwasser
    | | | | C | | F | .... *Zannichellia palustris* L.

   – Früchtch. deutlich (1–2 mm) gestielt – **S:** In brackigem Wasser

			T			

.... **ssp.** *pedicillata* (Wahl. et Ros.)Arc.

5*   B. gegenstdg od. zu 3 .... *Najas* S. 293

Potamogeton

1   Schwimmb. breit (über 5 mm), lang gestielt (kurz gestielt *P. lucens* L. – **V:** Az), oval od. lanzettl., breiter als die Wasserb. Fr. bis 5 mm

2   Schwimmb. 14 × 6 cm, am Grund verschmälert bis abgerundet, ohne Falten am Grunde. Spreite der Wasserb. zur Blü.zeit oft noch vorh. Blü.stiel oben verdickt. Reife Karpelle deutl. gekielt. Stipeln i.d.R. kürzer als der B.stiel, bis 6 cm lang – **V:** Az, Md – subatl-submed – **S:** In ± langsam fließendem, basenreichen Süßwasser, seltener in stehendem Wasser [*P. fluitans* Roth]

		G	T	C		

.... *P. nodosus* Poir. (**var.** *canariensis* Webb)

2*   Schwimmb. bis 12 × 5 cm, am Grund etwas herzf., mit 2 Falten an der Insertionsstelle am B.stiel. Blü.stiele nicht verdickt. Wasserb. zur Blü.zeit auf ein lineales, halbzylindrisches Phyllodium reduziert. Karpelle stumpf. Stipeln oft länger als der B.stiel (bis 10 cm) – **V:** T Tejina – temp kosmop – **S:** Haupts. im stehenden Wasser über humosen Schlammböden

			T			

.... *P. natans* L.

– Schwimmb. nur bis 4 cm lang, B.stiel oben flach, Wasserb. zur Blü.zeit oft vorhanden V: Az, Md – subatl-submed .... *P. oblongus* Viv.

1*   Alle B. submers, schmal-lineal, im Blü.std gegenstdg. Sproßachse fädig. Fr. ca. 2 mm

3   B. fädl., unter 1 mm breit, 3nervig, aber nur der Mittelnerv deutl. Ligula hinfällig – **V:** SAfr, subatl-submed – **S:** In stehenden bis langsam fließenden klaren Wasser, meist nährstoffarm, aber basenreich

			T			

.... *P. trichoides* Cham. et Schlecht.

3*   B. breiter (0,5–3 mm), 3(–5)nervig. Stipeln anfangs ochreaartig, erst später gespalten – **V:** Az, Md, Cv – temp kosmop – **S:** Im stehendem u. langsam fließendem Süßwasser, mäßig nährstoffreich – **G:** POT I-2a

			T	C		

.... *P. pusillus* L.

Najas

1   B. buchtig-dornig gezähnt mit (manchmal sehr kleiner) dorniger Spitze. B. zur Scheide hin verbreitert. Pf. zerbrechl. G1 – **S:** Stehendes od. sehr langsam fließendes Brack- u. Süßwasser, bis 3 m tief

			C?			

.... *N. marina* L.

1*   In allen Teilen halb so groß, B. 20 × 3 mm, jedersts mit 5–7 Zähnen (Viell. ssp. von *N. marina*?) – **V:** E Can, C mit *Chara fragilis* bei Charco de Maspalomas

H	P	G	T	C	L	F

.... *N. microcarpa* Bolle

Hydrocharitaceae

   – Pf. submers verzweigt. B. lineallanzettl., 10–20 × 1,5 mm, sitzend, dornig gezähnt mit stechender Spitze, in Wirteln. Blü. dioezisch, in B.achseln sitzend, klein (5 mm), mit 3 weißen Kronb. Habitus von *Najas*, bis 3 m lang – **V:** palaeotrop – **S:** Bewässerungsbecken – **G:** POT

			T			

.... *Hydrilla verticillata* Caspary

   – B. gegenstdg, bis 6 × 0,8 cm – **S:** Submers im Meer

			T			

.... *Halophila decipiens* Ostenf.

Liliales

Liliaceae s.l.

1   Infl. endstdg (selten b.achselstdg u. dann die Fr. eine Kapsel). Fr. Kapsel od. Beere

2   Griffel 3. Kapsel septicid. Blü. in Bodennähe in einer B.rosette sitzend. Zwiebel längl. B. lineal . . . . *Androcymbium* S. 295

2*   Griffel 1 (aber 3tlg) od. fehlend. Kapsel (loculicid) od. Beere

3   Krautige Arten mit Rhizom od. Holzpf. Blü. in Trauben od. Rispen

4   Pf. stark b.sukkulent. Perigon zu einer Röhre verwachsen. Infl. b.achselstdg . . . . *Aloe* S. 295

4*   Rhizomgeophyten

5   Staubfäden am Grund des Perigons inseriert. B. 30 mm breit bis schmal, fast grasartig. Blü. trichterig-glockig, weiß bis rosa . . . . *Asphodelus* S. 295

5*   Staubfäden im Schlund des Perigons inseriert. B. bis 2 m lang u. länger, 4–7(–12) cm breit, sehr zähfaserig, in 2 Reihen stehend, ganzrandig. Blü. aufrecht (bei *Yucca* dagegen hängend), gekrümmt, rot od. gelb . . . . *Phormium* S. 296

3*   Knollen- od. Zwiebelgeophyten (wenn ein kurzes Rhizom vorh., dann Infl. doldig)

6   Infl. doldenähnl., von 1 od. mehr Spathen umgeben. (Wenn Rhizom kurz, Blü. 4–5 cm groß, blau, in 20–30bltg Dolden u. B. 2zeilig, riemenf., vgl. *Agapanthus* S. 300)

7   Perigonb. am Grund verwachsen. Kapselfächer vielsamig. Pf. ohne Lauchgeruch.

8   Knollengeophyten. B. 5–10 mm breit . . . . *Nothoscordon* S. 300

8*   Pf. mit kurzem Rhizom. B. breiter . . . . *Agapanthus* S. 300

7*   Perigonb. u. Staubb. frei. Kapselfächer i.d.R. 2samig. Pf. fast stets mit Lauchgeruch. Meist Zwiebelgeophyten . . . . *Allium* S. 300

6*   Infl. traubig od. ebensträußig

9   Blü. auf einem b.losen Schaft

10   Samen flach, ± geflügelt

11   Perigonb. im unteren Viertel zu einer Röhre verwachsen, die äußeren ausgebreitet, die inneren aufrecht. Perigon braun, lachsrot od. olivgrün. Zwiebel bis 6 cm Durchm., ihre Tunica um den Schaft ± verlängert. Schaft bis 40 cm, mit 3–20 Blü. . . . . *Dipcadi* S. 297

11* Perigonb. frei od. am Grund kaum verwachsen, während der Blü.zeit alle ausgebreitet. Zwiebel bis über 18 cm breit, ihre Tunicab. oben gestutzt. Schaft bis 1,5 m, reichbltg . . . . *Drimia* S. 296

10* Samen nicht abgeflacht

12   Staubb. frei od. fast frei. Perigonb. höchst. im unteren Viertel verwachsen

13   Staubfäden verbreitert. Perigon weiß

14   B. gefleckt, herzf.-oval. Blü. klein . . . . *Drimiopsis* S. 297

14* B. nicht gefleckt, lineal. Blü. größer . . . . *Ornithogalum* S. 297

13* Staubfäden nicht flach verbreitert. Perigon blau od. purpurn. Blü. sternf.-trichterig . . . . *Scilla* S. 296

12* Staubb. mit dem krugf. Perigon verwachsen . . . . *Leopoldia* S. 297

9*   Blühende Sprosse beblättert, einfach od. verzweigt. Blü. einzeln od. in lockeren Trauben. Narbe 3spaltig . . . . *Lilium* S. 296

1*   Infl. in B.achseln stehend (Tragb. an Phyllokladien bei *Ruscus* u. *Semele*). Wenigsamige Beerenfr.

15   Lianen mit breiten, netznervigen, derben B. u. Nebenb.ranken (Vgl. auch *Asparagus-Myrsiphyllum*) . . . . *Smilax* S. 299

15* Sprosse aufrecht, manchmal schlingend, aber ohne spezialisierte Ranken. B. sehr unscheinbar, funktionell durch Phyllokladien ersetzt

16   Staubb. frei. Blü. in B.achseln, nicht auf Phyllokladien sitzend. Phyllokladien meist

nadelf. (Ausn. *Myrsiphyllum*) . . . . ***Asparagus*** (incl. *Myrsiphyllum*) S. 298
16* Staubb. verwachsen. Blü. auf der Fläche od. am Rande von b.ähnl. Phyllokladien
17 A3. Blü. u. Fr. auf der Fläche der Phyllokladien. Pf. aufrecht, kaum windend
. . . . ***Ruscus*** S. 297
17* A6. Blü. u. Fr. am Rand (selten auf der Fläche) der Phyllokladien. B. distich gestellt,
daher oft Fiederb. vortäuschend. 1samige Beere. Bis 12 m hoch klimmende Lianen
. . . . ***Semele*** S. 297

Androcymbium
  – B. lineal. Tragb. eilängl., allmähl. verschmälert. Perigonb. stumpfl., in der oberen
     Hälfte am breitesten, Antheren dunkelrot. Blü. zu 3–6(–7). Samen schwarz – **V:** E
     Can, Lob; gepfl.) – **S:** Küstensande [*A. fuerteventurae* Kunk. et Sund., *A. psammophilum* Svent.]

					L	F

"Cebollin de playa" . *A. gramineum* (Cav.)McBr. **ssp. *psammophilum*** (Svent.)Kunk.
  – Perigonb. spitz, ihr Nagel kürzer (Nagel:Lamina = 1:3). Antheren gelb. Samen 1,5–2
     mm, kastanienbraun – **V:** E Can, H im W, 125–250 m

H						

. . . . ***A. hierrense*** Santos
  – Samen 2–3 mm, dunkelbraun, Pf. kleiner

	G					

. . . . **ssp. *macrospermum*** Reifenberger

Asphodelus
1   B. zylindrisch bis halbzylindrisch, bis 4 mm breit
2   Schaft glatt. B. halbzylindrisch, binsenf. 1nervig, an den Rändern rauh (Lupe!), sonst
    glatt. Pf. 2–4jährig – **V:** Md, Cv – med – **S:** Trockene Sande

H	P	G	T	C	L?	F

. . . . ***A. fistulosus*** L.
2* Schaft unterwts rauh. B. zylindrisch, 0,5–2,5 mm breit, auf allen Nerven rauh (Lupe!).
    Einjährig – **V:** Grac, Lob – südmed-sah-sind – **S:** Dürre Sande, im Sukkulenten-
    busch

H	P?	G	T	C	L	F

. . . . ***A. tenuifolius*** Cav.
1* B. flach, etwas gekielt, bis 50 cm lang u. bis 3 cm breit. Infl. ausladend, verzweigt, Sei-
    tenäste fast so lang wie der Hauptast. Kapsel eilängl., 7–12 × 5–7 mm – **V:** med –
    S: Sandige u. steinige, aber frische Weiden, lichte Wälder – **G:** PIN I-1b (D), LAU
    II-2e [*A. microcarpus* Salzm. et Viv.] (Auf C auch mit Befall von *Puccinia asphodeli*
    beobachtet.)

H	P	G	T	C	L?	F?

. . . . ***A. aestivus*** Brot.

Aloe
Auf Can nur verwild., bes. in Siedlungsnähe, meist halbruderal.
1   Alle B. in grundstdg Rosette, 15–75 cm lang. Blü. gelb bis rötl. Pf. in dichten Horsten
2   B. 25–75 cm lang, 7–8 cm breit. Perigon gelb (selten orange) am Grund nicht
    ausgebaucht. B. blaugrün. Randstacheln der B. bleich – **V:** Lob – Md, Cv verwild. –
    SAfr, trop. OAfr – **G:** KLE I-2a

H	P	G	T	C	L	F

. . . . ***A. vera*** (L.)Burm.f.
2* B. 15–25(–50) cm lang, 4–6 cm breit. Perigon unten ± ausgebaucht, darüber
    zus.gezogen. Staubb. eingeschlossen od. wenig herausragend. Pf. rasenbildend. Blü.
    leuchtend (rötl.-)gelb. B. unregelm. weißfleckig. Randstacheln 3–5 mm, mit rot-
    brauner Spitze – **V:** T verwild. – SAfr

			T			

. . . . ***A. saponaria*** (Ait.)Haw.
1* B. sehr zahlr., spiralig an verlängerter Achse inseriert. Blü. lebhaft rot

3   B. entlang dem ganzen Sproß inseriert, 8–15 × 2–3 cm, grün, dünn, mit weißem, feingezähntem Rand. Sproßachse schwach (um 1 cm dick), kriechend od. (bis 10 m) kletternd – **V**: T, C verwild. – SAfr

    | | | | T? | C | | | .... ***A. ciliaris*** Haw.

3* B.spirale an der Spitze des Sprosses zus.gedrückt. Blü. schmalröhrig. Pf. bis 3(–6) m hoch. B. schmal (5 cm breit), zurückgekrümmt, bogig gezähnt. Sproßachse buschig verzweigt – **V**: Can verwild. – Md verwild. – SAfr

    | | P | | T | C | | | .... ***A. arborescens*** Mill.

Phormium

  – Blü. gelb bis rot, 5–6 cm breit, in bis 3 m hohe Infl. B. oft rötl. gerandet (buntblättrige Var. als sehr widerstandsfähige Zierpf.), 4–7 cm breit – **V**: T kult. – Az verwild.
  – Neuseeland ("Neuseeländischer Flachs"), Norfolk-Inseln

    | | | | T | | | | .... ***Ph. tenax*** Forst

Lilium

  – Blü. rein weiß, 5–8 cm. B. 12–18 × 2–3(–5) cm. Schaft bis 1,5 m, dicht beblättert – **V**: Can verwild. – Md verwild. – Libanon

    | | | | T | C | | | .... ***L. candidum*** L.

Scilla

1   Blü. in der Achsel von 1 Tragb., lila. Pf. bis 15 cm hoch, mit 2–4 B. Schaft oberwts purpurn

2   Schaft länger als die B. Infl. armbltg, locker. Pf. bis 20 cm hoch, Zwiebel bis 1 cm im Durchm. – **V**: E Can, T oberhalb Vilaflor bis 1600 m

    | H | P | G | T | C | L | F | "Almorana" .... ***S. haemorrhoidalis*** Webb et Berth.

2* Schaft kürzer als die B. Infl. dichter, Filamente behaart – **V**: E Can

    | | | | T | | | | .... ***S. berthelotii*** Webb et Berth.

  – B. breiter, Zwiebel 3–4 cm im Durchm. – **V**: E Can

    | | | | T | C | L? | F | .... ***S. dasyantha*** Webb et Berth.

1* Blü. in der Achsel von 2 Tragb., zu vielen, klein (bis 5 mm). B. zu 3–6, steif, aufrecht, bis über 5 cm breit. Pf. bis 50 cm hoch. Zwiebel 7–8 × 4–6 cm – **V**: T Teno, San Andrés, La Rambla, L Famara-Gebiet – Salv – maur, Maroc von Safi bis Agadir, hier kalkliebend – **S**: Felsen der unteren Stufe – **G**: KLE [*S. iridifolia* Webb et Berth.]

    | H | P | G | T | | L | F? | .... ***S. latifolia*** Willd.

  – Je 1 Tragb. (bis 8 cm lang), Trauben blau, breit ausladend, reichbltg (bis über 100). B. bis 4 cm breit – **V**: T gelegentl. gartenflücht. – Md – westmed

    | | | | T | | | | .... ***S. peruviana*** L.

Drimia [Urginea]

1   Blü. weißl., grünrot gestreift. Tragb. klein, am Rücken höckerig. Blü.stiele kurz, an rotem Schaft – **V**: T nur var. *hesperia*? – med [*Urginea m.* (L.)Baker]

    .... ***D. maritima*** (L.)Stearn

1* Blü. rötl.-braun. Tragb. mit borstiger Spitze. Blü.stiele fädig, an braunem Schaft – **V**: E Can – **S**: Nicht zu trockene, sandige Orte, Weiden, lichte Wälder der unteren Stufe

    | | | | T | | | | .... **var. *hesperia*** (Webb et Berth.)Hans. et Sund.

Dipcadi

- B. kürzer als der Schaft, lineal. Blü. ± einseitswendig hängend. Schaft bis 40 cm.
  Typus Frühlingsblüher. Blü. grünl. bis lachsrot – **V**: Grac, Lob – westmed

  | | | G | T | C | L | F | |
  .... *D. serotinum* (L.)Medic.
- Herbstblüher, 0,5 – 1 m, mit braunroten Blü. Zwiebel bis 6 cm Durchm. B. bis 4,5 cm
  breit – **V**: Can sine loco (Viell. beziehen sich alle Vorkommen auf diese ssp.?) –
  iber-maur-can .... **ssp.** *fulvum* (Cav.)Maire et Weill.

Ornithogalum

1 Blü.traube zur Blü.zeit eif. od. ebensträußig, zur Fr.zeit ± verlängert. Perigon groß
   (15 – 30 mm lang), rein weiß, duftend. B. dick, rinnig, 40 – 60 × 1 – 3 cm – **V**: Md –
   med – **S**: Nicht zu trockene steinige u. sandige Weiden

   | | | T | | | | |
   .... *O. arabicum* L.
1* Traube schon zur Blü.zeit verlängert. B. bis 15 mm breit
2 Perigon weiß (bis 12 mm). Tragb. bis 2,5 cm lang – **V**: med .... *O. pyramidale* L.
- Tragb. etwa so lang wie der Blü.stiel (beim Typus nur halb so lang), Griffel bis 5 mm
   lang (statt unter 1,5 mm)

   | | | T | C | | F | |
   .... **ssp.** *narbonense* (L.)Asch. et Gr.
2* Blü. außen grünl., innen gelbl. B. ohne weißen Mittelstreif, zur Blü.zeit vertrocknet.
   Tragb. nur bis 1,5 cm lang – **V**: atl-submed

   | | | | C | | | |
   .... *O. pyrenaicum* L.

Drimiopsis

- B. fleischig, 5 cm lang gestielt, herzf.-oval, gefleckt. Blü. klein, weiß, an einfachen,
  b.losen Schäften – **V**: SAfr

  | | | G | | | | |
  .... *D. maculata* Lindl.

Leopoldia [Muscari]

- Infl. im oberen Teil mit kleinen, lang gestielten, sterilen, viletten Blü. Fertile Blü.
  blau, bräunlich welkend. B. am Rand rauh, bis 1 cm breit – **V**: med-submed, verschl.
  – **S**: Nicht zu trockene, oft steinige Weiderasen [*Muscari comosum* (L.)Mill.]

  | H | P | G | T | C | | F | |
  .... *L. comosa* (L.)Parl.

Ruscus

1 Sprosse wenig verzweigt, wenig starr. Phyllokladien 6 – 10 cm lang, nicht stechend. Blü.
   zu 3 – 6
2 Infl. meist auf der Unterseite des Phyllokladiums. Blü. zu 5 – 6. Tragb. kurz (bis 5 × 2 mm), meist häutig –
   V: Md – med-westasiat .... *R. hypophyllum* L.
2* Infl. auf der Oberseite des Phyllokladiums. Blü. zu 3 – 6, Tragb. fast so lang wie
   Blü.stiele (1 – 3 cm), grün – **V**: nordmed

   | | | | | C | | | |
   .... *R. hypoglossum* L.
1* Sprosse starr, stark verzweigt. Phyllokladien nur 1 – 3 cm lang, sehr starr u. stechend.
   Blü. zu 1 – 2 – **V**: Az – med

   | | | | | | L | |
   .... *R. aculeatus* L.

Semele

1 Infl. gewöhnl. in der Mitte des Phyllokladiums. Phyllokladien ± länglich – **V**: E Can
   [*S. androgyna* var. *gayae* (Webb)Burch.]

   | H? | | | T | C | | | |
   .... *S. gayae* (Webb)Svent. et Kunk.

1*   Ausdauernde Kletterpf. mit eif. bis lanzettl. Phyllokladien, deren
    Rand die kleinen, grünl. Blü. trägt – **V:** E Can, T Anaga hfg.,
    auch Agua Mansa, Teno, Arico, Granadilla – **Md** – **S:** Lorbeer-
    wald 300 – 1000 m – **G:** LAU I □95

    | H | P | G | T | | | | "Gilbalbera" . . . *S. androgyna* (L.)Kunth

Asparagus (incl. Myrsiphyllum)

1   Triebe mehrjährig, verholzt
2   Ausgesprochene Liane (bis 2 m) mit breitovalen, b.ähnl. (2 – 4 ×
    1 – 2 cm), glänzenden Phyllokladien. Schuppenb. am Grunde nicht
    gespornt. Blü. weißgrün, zu 1 bis mehreren in der Achsel der
    Phyllokladien, duftend. Sproßachse hellgrün, kahl. Beeren purpur-
    rot – **V:** Can stellenweise eingebürg. – Az, Md – SAfr – **G:**
    LAU II-3b [*Myrsiphyllum a.* (L.)Willd.]

    | H? | P | G | T | C | | | . . . . *A. asparagoides* (L.)Druce
2*   Phyllokladien schmal, ± nadelähnl.
3   Blü. eingeschlechtl. Phyllokladien starr
4   Phyllokladien zu 4 – 12 gebüschelt, dünner u. kürzer, d.h. 4 – 7 mm
    lang. Stamm u. Äste papillös weichhaarig. Sproßachse ohne Dor-
    nen – **V:** Salv – med – **S:** Nicht zu trockene Wälder u. Gebüsche

    | | | | T | | | . . . . *A. acutifolius* L.
4*   Phyllokladien einzeln od. an den Zweigenden zu 2 – 3, sehr dick,
    starr, stechend, etwa 3 cm lang, bis 2,5 mm dick. Blü. zu 2 – 3. Beeren blauschwarz,
    mit bleibendem Perigon – **V:** Md? – med – **S:** Trockene, steinige Orte

    | | | | | L | F | . . . .*A. stipularis* Forsk.
3*   Blü. zwittrig. Phyllokladien rel. weich, nicht dornig (*Asparagopsis*). B. z.T. mit dorni-
    gem Sporn
5   Niederliegender bis klimmender, sparriger Strauch, stark dornig. Dornen bis über 5
    mm, gekrümmt. Jüngere Äste weißl. papillös (kleiig-schorfig). Epidermis abblätternd.
    Beere orangerot. Phyllokladien in dichten Büscheln – **V:** T bes. im S –
    Maroc (Nach MAIRE in der "Makaronesischen Enklave" von Safi bis
    zum Oued Drâa gemein) – **S:** Untere Stufe, trockene Orte, bis 500 m
    – **G:** KLE I-2e

    | | | G | T | C | L | F | . . . . *A. pastorianus* Webb et Berth.
–   Dornen fast gerade u. Beere schwarz – V: westmed . . . . *A. albus* L.
5*   Nicht alle vor. Merkmale zus.treffend. Pf. nicht stark dornig
6   Pf. ausgesprochen bäumch.f., aufrecht, sparrig (Wenn Zweige hängend, vgl. *A. scopari-*
    us var. *plocamoides*). Phyllokladien einzeln od. bis zu 3, dickl., sehr lang (5 – 8 cm),
    fast Coniferennadel-ähnl. Blü. zu 2 – 3 an der Spitze der Zweige, ca. 4 mm breit – **V:**
    E Can, T bes. im S u. W, Grac – **S:** Küstenzone, mit *Plocama, Euphorbia* etc., aber
    gelegentl. bis 1500 m – **G:** KLE I-1c

    | H | P | G | T | C | L? | F? | . . . . *A. arborescens* Will.
6*   Phyllokladien zu (4 –)6 – 8(– 30) gebüschelt, unter 3 cm lang
7   Phyllokladien gefurcht, etwas stechend. Blü. > 12 mm breit, zu 16 – 20 in Dolden, sel-
    tener in wirteligen Infl., duftend. Pf. oft mehrere m klimmend. Beeren gelbgrün,
    reif schwarz. zahlr. Triebe aus dem Rhizom – **V:** Grac? – Md (ssp. *lowei* (Kunth)
    Valdés) – **S:** Küsten- bis Wolkenstufe, wohl mehr im Luv – **G:** KLE I-2a, OLR I

    | H | P | G | T | C | L? | F | . . . . *A. umbellatus* Link

– Innere Perigonb. breit eif.

| | | | | C | | | . . . . **var. *flavescens*** Svent.

8   Zweige ohne Papillen, Blü. kleiner, Blü.stiele so lang od. länger als die Phyllokladien, diese sternf. gebün-
delt. Kräftige Pf. mit bis zu 4 m langen Seitenästen – V: Salv . . . .***A. nesiotes*** Svent.

8* Pf. lockerer wachsend, Seitenzweige nicht abstehend, sondern zurückgekrümmt.
Blü.stiele so lang od. kürzer als die gebündelten Phyllokladien. Blü.zeit Juni bis
September – V: E Can, L im N, Grac

| | | | | L | F | . . . . **ssp. *purpuriensis*** Marr. et Ramos

7* Phyllokladien nicht gefurcht, sehr schmal. Pf. aufrecht, Blü. bis 1 cm breit

9   Blü. i.d.R. zu (3–)5–8, 10 mm breit, länger gestielt als die Phyllokladienlänge,
duftend. B. nur etwa 1 cm lang, dichat – V: E Can, T
Vueltas de Taganana, 400–700 m – S: Im schattigen
Lorbeerwald

| | | | T | | | . . . . ***A. fallax*** Svent.

9* Blü. klein. Blü.stiele dicht gebüschelt, kürzer als die
Phyllokladien

10 Phyllokladien fein nadelf., fast 4kantig, hellgrün, bis 2
cm lang. Zweige aufrecht od. abstehend, hellgrau
glänzend – V: T bes. Bandas del Sur – Md, Salv, Cv
– Arabien?, Erythraea? – G: KLE I-2a

| H | P | G | T | C | | F? | . . . . ***A. scoparius*** Lowe

10* Phyllokladien > 2 cm lang, fädig, dünn, nadelähnl. Seitenäste der sehr hohen Triebe
bogig bis senkrecht herabhängend – V: E Can, T bes. auf den Cumbres im Pinar,
Agua Mansa, Arico, bes. Vilaflor, 1200–2400 m [*A. scoparius* var. *plocamoides*
(Webb)Bolle]

| | P | G? | T | C | | . . . . ***A. plocamoides*** Webb ex Svent.

1* Krautige Arten

– Phyllokladien 3kantig – V: Für T angegeben, aber sehr unwahrscheinl. – taur-kauk
[*A. verticillaris* Lam.]

| | | | T? | | | . . . . ***A. verticillatus*** L.

– Phyllokladien zu 3–6, dünn, 15–20 mm lang. Rhizomgeophyt – V: Kult. u. garten-
flücht. – Heimat ostmed . . . . ***A. officinalis*** L.

– Ausdauernde Kletterpf. Phyllokladien zu 6–12, sehr dünn, kurz, nadelf. – V: Garten-
flüchtig – SAfr [*A. plumosus* Bak.]

| | P | | T | C | | . . . . ***A. setaceus*** (Kunth)Jessop

Smilax

1   Schlingpf. mit hakigen Stacheln an den Sproßachsen. B. breit herzf., 5–10nervig.
Beeren rot – V: Md – iber-maur – S: Lorbeerwald um 700–800 m am häufigsten,
auch im frischen Fayal-Brezal – G: LAU II-1,3 [*S. aspera* L. var. *altissima* Moris et
De Not.]

| H | P | G | T | C | | F | "Zarzaparilla" . . . . ***S. mauritanica*** Poir.

– Stacheln auch an den Rändern, Rückennerven u. Stielen der B. – V: med, bis Indien
– G: LAU II-1e

| | | G | T | | | . . . . ***S. aspera*** L. var. *aspera*

1* Oberwts unbestachelte Schlingpf. B. schmal bis breit eif. (auch herzf.), 3–5nervig,
Beeren schwarz – V: T bes. Anaga u. Teno, Luvseiten, z.B. Vueltas de Taganana,
500–900 m, oberhalb Los Silos bis 1100 m, F 750 m – Md (var.?) (Makroform der

S. *mauritanica*?)

	P	G	T			F?

.... *S. canariensis* Willd.

Nothoscordon

– Dolde vielbltg, ihr Hülle am Grund verwachsen. Blü. weiß, oft rot gestreift, mit Vanilleduft, ca. 10 mm breit. B. 4–8 mm breit. Schaft bis 1 m hoch. Lauchgeruch fehlt (Name!) – **V:** Az, Md – Subtrop. Am, kult. u. verwild.

	P		T	C		

.... *N. inodorum* (Ait.)Asch. et Gr.

Agapanthus

– Rhizom kurz, knollig. Blü. 4–6 cm, blau od. weiß, in 20–30bltg Dolden. B. 2zeilig, riemenf. Schaft bis 1 m – **V:** Md – Heimat SAfr

		G		C		

.... *A. praecox* Willd.

Allium

1   Alle Staubfäden einfach
2   B. zylindrisch od. halbzylindrisch, nicht über 3 mm breit. Perigon glockig
3   Staubb. etwa so lang wie das Perigon. B. 2 mm breit, kaum rinnig. 2 Hochb. (Spathen). Tepalen gerundet od. fast gestutzt. Staubfadenbecher mit einfachen od. gespaltenen Zähnen. Perigon rosa od. grünl. Staubb. insert. Die 2 großen, laubigen Spathen bis über 15 cm lang – **V:** Az, Md – med – **S:** Weiden

		P		T	C		

A. paniculatum L. **ssp. obtusiflorum** Brand **var. dentiferum** (Webb)Maire et Weill.
3*   Länge der Staubb. höchst. $^2/_3$ des Perigons. Blü. mit Nelkenduft, weiß od. schwach rosa – **V:** südmed – **S:** Weiden, Gebüsche [*A. roseum* ssp. *odoratissimum* (Desf.) Murt.]

			T			

.... *A. odoratissimum* Desf.
2*   B. flach, lineal od. riemenf.
4   Samenanlagen 3–10 je Fach. Pf. kräftig u. sehr reichbltg (bis über 100 Blü.). Blü. rosa od. weiß, untersts wenigst. am Kiel grünl. Schaft i.d.R. über 60 cm hoch. B. über 1 cm breit, ohne Lauchgeruch. Spatha zuletzt 2–4spaltig – **V:** med – **S:** Felder, Weiden

			T	C		

.... *A. nigrum* L.
4*   Samenanlagen 2 je Fach. Pf. schwächer. B. 2–12(–20) mm breit
5   B.ränder gewimpert (bes. im unteren Teil, gelegentl. auch langbehaarte Formen). Blü. ± sternf., rein weiß – **V:** Az – med, Äthiopien – **S:** Sandige u. steinige Orte – **G:** LAU II

H	P	G	T	C	L	F?

.... *A. subhirsutum* L.
–   Blü. weiß mit rotem Mittelstreif – **V:** med .... *A. trifoliatum* Cyr.
5*   B.ränder kahl. Perigon anfangs glockig. B. fein gezähnt, nicht fleischig. Staubb. u. Griffel kürzer als das Perigon
6   Schaft rund, Blü. rosa. Spatha tief 3–4lappig – **V:** Az – med (ssp. *odoratissimum* s.o.)

		P	G	T	C	L	F

.... *A. roseum* L.
6*   Schaft 3kantig, Blü. weiß
7   Perigon becher- od. sternf. B. gekielt, ganzrandig od. fein gezähnt. Schaft an 2 Kanten etwas geflügelt. Dolde vielbltg. Samen ohne Elaiosom – **V:** Md – med

			T			

.... *A. neapolitanum* Cyr.
7*   Perigon glockig. Blü. weiß mit grünem Längsstreif. Dolde 3–15bltg. Samen mit Elaiosom – **V:** Can? – Az, Md – westmed .... *A. triquetrum* L.

1* Innere Staubb. mit 3spitzigem Filament, die mittlere Spitze die Anthere tragend

8 B. zylindrisch bis halbzylindrisch, hohl

9 Außenhülle aus 1 hinfälligen Hochb. mit langer Spitze (Spatha). Infl. dicht, mit Brutzwiebeln. Laubb. fast stielrund, obersts schmalrinnig (Zuerst ohne Rinne zylindrisch, zuletzt ± flach werdend) – **V:** Az, Md – subatl-submed – NAm – **S:** Äcker mit (steinigem) Lehmboden, Weiden

| | P? | | T | C | L | F | |.. ***A. vineale*** L.

9* Außenhülle aus (1 –)2(– 4) meist bleibenden, kurzspitzigen Spathen. Infl. i.d.R. ohne Brutzwiebeln

10 Laubb. stielrund. St. unten meist bauchig. Blü.stiele 6 – 8mal so lang wie die Blü. – **V:** Can kult. u. verwild. – Md, Cv – Heimat WAs

| | | | T | C | L | | |.. ***A. cepa*** L.

10* Laubb. halb stielrund, rinnig. B. mit B.häutch. Infl. kugelig. Staubb. länger als das Perigon. Blü.stiele bis 3mal so lang wie Blü. – **V:** submed-subatl

| | | | T | | | | |........................... ***A. sphaerocephalon*** L.

8* B. flach

11 Infl. i.d.R. ohne Brutzwiebeln. I.d.R. 1 Spatha

12 Antherentragende Spitze der Staubb. kürzer (etwa $^1/_3$) als die beiden seitl. Zähne. Staubb. mit purpurroten Antheren, eingeschlossen (insert), zum Grund hin gewimpert. B. 4 – 10 mm breit, am Rand glatt od. (meist) rauh. Blü. rosa od. purpurn, selten weiß, ihr Kiel glatt od. rauh – **V:** med – **S:** Felder, Weiden [*A. scorodoprasum* ssp. *rotundum* (L.)Stearn] (Wohl meist ssp. *multiflorum* Rouy)

| | | | T | C | | | |.. ***A. rotundum*** L.

12* Antherentragende Spitze der Staubb. etwa halb so lang wie die seitl. Zähne. Staubb. exsert, kahl od. kaum gewimpert

13 Antherenspitze halb so lang wie die seitl. Zähne. B.rand u. Kiele der Perigonb. rauh. Blü. rot, in großer Infl. auf bis 1 m hohem Schaft. Staubb. gelb. B. bis 3 cm breit – **V:** Az, Md – med – **S:** Äcker, Wiesen, steinige Orte (Stammpf. von *A. porrum*)

| | P | | T | C | L | | |........................... ***A. ampeloprasum*** L.

13* Antherenspitze so lang wie die Seitenzähne. B. u. Perigon glatt. Blü. weißl., mit grünem Kiel. Antheren rötl. – **V:** Can kult. – Cv – weltweit kult. (Nur kult. bekannt, aus vor. Art entstanden) .... ***A. porrum*** L.

11* Infl. mit purpurroten Brutzwiebeln u. 0 – 12 Blü. I.d.R. 2 Spathae. Mittlere Spitze der Staubb. halb so lang wie Seitenspitzen u. ungeteilter Abschnitt des Staubfadens. B. fein gezähnelt, 6 – 8(– 20) mm breit. Blü. purpurrot, Kiel der Tepalen sehr rauh – **V:** gemäßkont-submed

| | | | | C? | | | |........................... ***A. scorodoprasum*** L.

Außerdem werden kultiviert:

– Infl. mit Brutzwiebeln. Spatha lang ausgezogen, länger als Infl. – **V:** Cv?, Heimat Dsungarei (Knoblauch) .... ***A. sativum*** L.

– Staubb. alle mit einfachem Filament. B. röhrig. Schaft um die Mitte aufgeblasen – **V:** Cv, Heimat Sibirien (Schnitt- od. Röhrenzwiebel) .... ***A. fistulosum*** L.

– Staubb. einfach, aber innere am Grund gezähnt. Schaft nicht aufgeblasen – **V:** Heimat unbekannt (Schalotte) .... ***A. ascalonicum*** L.

– B. im Gegensatz zu *A. vineale* ohne schmale Rinne. Infl. ohne Brutzwiebeln (Schnittlauch) – **V:** circ-bor .... ***A. schoenoprasum*** L.

Dracaenaceae

- Gabelig verzweigter Baum. Blü. grünl., Beeren orangerot – **V:** T wild z.b. Roque de las Animas östl. Taganana (200 m), Küstenfelsen Anaga-N, Los Silos, Bc. del Infierno bei Adeje, Bajo Taborno, Valle de Masca (bis 600 m, bei Masca höher) – Az, Md, Cv (bis 1500 m, auch hier nur auf den Westinseln) – **G:** OLR I □93

| H? | P | G? | T | C | | |

"Drago" . . . . ***Dracaena draco*** L.

Amaryllidaceae

Knollen- u. Zwiebelgeophyten mit b.losem Schaft. Infl. eine Scheindolde mit Involucrum aus 2 od. mehr Hochb. (Spathen)

1 Nebenkrone fehlt. Perigonröhre sehr kurz. Blü. rot, zu 6–10, waagerecht abstehend, groß. B. erst nach der Blü. erscheinend, 2reihig, bandf. – **V:** T, C verwild. – Az, Md – Safr

| | | T | C | | |

. . . . ***Amaryllis belladonna*** L.

1* Nebenkrone vorh. Perigonröhre lang. Blü. nicht rot
2 Staubb. zwischen den 3eckigen Zähnen der Nebenkrone inseriert

. . . . ***Pancratium*** S. 302
2* Staubb. im Inneren der Nebenkrone inseriert . . . . ***Narcissus*** S. 302

Pancratium

1 Zwiebel 10–12 cm Durchm. Blü. groß (bis 10 cm). Schaft 60–80 cm hoch. B. 30–50 cm lang, über 2,5 cm breit, stumpf, bläul.-grün. Blü. zu 5–20, weiß, duftend – **V:** E Can (Neo-Endemit?), T haupts. N-Küste – **S:** Felsspalten der Küstenregion

| H | P | G | T | C | L | F |

"Lágrima de virgen" . . . . ***P. canariense*** Ker.
1* Zwiebel nur 5–7 cm Durchm. – **V:** med

| | | | | | F? |

. . . . ***P. maritimum*** L.

Narcissus

1 Nebenkrone einfarbig, viel kürzer als die Perigonb., Rand der Nebenkrone ganz. Freier Teil der Tepalen oval bis breitoval. B. flach, 5–15 mm breit. Infl. vielbltg (2–3–20) – **V:** E Can?, C verwild.? (spec.: med)

| | | T | C? | | |

. . . . ***N. tazetta*** L. var. ***canariensis*** (Herb.)Voss

– **V:** Az – med [*N. papyraceus* Ker-Gawl.] . . . . **ssp.** ***papyraceus*** (Ker-Gawl.)Baker
1* Rand der Nebenkrone rot. Schaft meist 1bltg – **V:** C verwild. – med

| | | | C? | | |

. . . . ***N. poeticus*** L.

Agavaceae

1 Staubb. kürzer als das Perigon, am Grund verdickt. B.rand ohne Stacheln. B. grün, 1,5–2,5 m lang, 10–20 cm breit. Schaft 4–13 m – **V:** Cv eingebürg. – trop. Am [*F. gigantea* Vent.]

| H | P | G | T | C | L | F |

. . . . ***Furcraea foetida*** (L.)Haw.
1* Staubb. länger als das Perigon . . . . ***Agave*** S. 302

Agave

1 B. (fast) ohne Randstacheln
2 B. blaugrün, auch am Ende zieml. weich, kapuzenf. Blü.std bis 4 m lang, bogenartig,

im oberen Teil hängend – **V:** Can kult – Mexico

| H | P | G | T | C | L | F | .... ***A. attenuata*** Salm-Dyck.

2* B. dunkelgrün, rel. dünn, sehr straff u. regelm. gestellt, am Grund bis 5 cm, über der Mitte bis 14 cm breit. Hochb. des Blü.schafts lang (untere bis 40 cm) – **V:** Can kult. – Cv – Yucatán, trop. u. subtrop. kult.

| | | | T | C | L | F | .... ***A. sisalana*** Perr.

– Habituell ähnl., aber Hochb. des Schafts 3eckig, B. mit Randstacheln – **V:** Yucatán

| | | G | | C | L | F | .... ***A. fourcroydes*** Lem.

1* B. mit kräftigen Randstacheln (Vgl. auch *A. fourcroydes*)

3 B. blaugrün (bereift), über 1,5 m lang, am Grund bis 10 cm dick, mit starken Rand- u. sehr starken Endstacheln. B. breit (am Grund bis 30 cm). Endstachel kaum herablaufend. Randstacheln bis 1 cm lang. Pf. mit Ausläufern – **V:** Az, Md – MAm

| H | P | G | T | C | L | F | .... ***A. americana*** L.

3* B. über der Mitte bis 35 cm breit, dunkelgrün. Randstacheln bis 2,5 cm lang. Endstachel herablaufend – **V:** México

| | | | | C | | | .... ***A. ferox*** C.Koch

Dioscoreaceae

– ♂ Blü.trauben kurz, kaum länger als die B.stiele. ♂ Blü. purpurn überlaufen. ♀ Blü. glockig. B. herz- bis pfeilf., 7–9nervig. Beeren fast sitzend – **V:** Neoendemit? – Md – **S:** Küstenzone 0–500(–1100) m, auch Lorbeerwald

| H | P | G | T | C | | | .... ***Tamus edulis*** Lowe

Pontederiaceae

– Wasserpf. mit am Grund blasigen B.stielen u. orchideenähnl. Blü. – **V:** Cv (Auf São Miguel eingebürg.) – trop. u. subtrop. Am .... ***Eichhornia crassipes*** (Mart.)Solms

Iridaceae

1 Die 3 Griffeläste ungeteilt (Ausn. *Freesia*), nicht corollinisch gefärbt. Infl. eine Ähre od. Traube. Blü. ± zygomorph

– Griffeläste tief geteilt, St. hin- u. hergebogen, Kapsel warzig. Blü. weiß od. gelb – **V:** Md – Heimat SAfr

| | | | | C | | | .... ***Freesia refracta*** (Jacq.)Eckl.

2 Perigonröhre schief trichterf., die Zipfel wenigst. so lang wie die Röhre. Ähre einseitswendig, 3–15bltg. Blü. violettrosa – **V:** Az, Md – med – **S:** Steinige Äcker, nährstoffarme Wiesen – **G:** SEC I-1a [*G. segetum* Ker-Gawl.]

| H | P | G | T | C | L | F | .... ***Gladiolus italicus*** Mill.

2* Perigonröhre unten dünn, zylindrisch, in der Mitte plötzl. verbreitert. Perigonzipfel kürzer als die Röhre. Spathae eilanzettl. Innere Tepalen oft gelb, kürzer als die roten äußeren. Blü. in meist 2zeiliger Ähre – **V:** Can verwild. – Md verwild. – Safr [*Antholyza a.* L.]

| | | G | T | C | | | .... ***Chasmanthe aethiopica*** (L.)N.E.Br.

1* Die 3 Griffeläste corollinisch gefärbt od. 2tlg. Blü. radiär

3 Griffeläste corollinisch, vor den Staubb. u. äußeren Tepalen stehend

1* Die 3 Griffeläste corollinisch gefärbt od. 2tlg. Blü. radiär
3 Griffeläste corollinisch, vor den Staubb. u. äußeren Tepalen stehend
4 Die beiden Perigonkreise verschiedengestaltig. Im Gebiet Rhizom-Geophyten
.... *Iris* S. 304
4* Tepalen (Perigonb.) spreizend, untereinander fast gleich, am Rand wellig-kraus, grün-
purpurn, am Schlund weißl. mit schwarzvioletten Flecken. B. schwertf., blaugrün,
obere oval, 4 – 5 cm lang, st.umfassend. Knollen-Geophyten – **V:** H zwischen Valverde
u. Mocanal eingebürg., 500 – 600 m – Md – SAfr [*F. undulata* L.]

H						

.... *Ferraria crispa* Burm.
3* Griffeläste nicht corollinisch, 2tlg, mit den Staubfäden alternierend. Zwiebelgeophyten
mit (im Gegensatz zu *Crocus*) oberirdischen Blü.stiel u. kurzer Perigonröhre. B.
schmallineal, fast binsenf. .... ***Romulea*** S. 304

Iris
1 Äußere Tepalen bärtig. B. ± blaugrün. Rhizom meist duftend
2 Pf. niedrig (45 – 60 cm hoch). Blü. fast sitzend. Pf. in großen Gruppen wachsend. Blü.
weiß od. schwach bläul., kaum duftend. Spatha mindest. teilweise krautig (Vgl. auch
I. germanica var. *florentina*) – **V:** Can eingebürg. – Md?, Cv – Heimat Arabien?

	P	G?	T	C		

.... *I. albicans* Lge.
2* Pf. kräftiger, 60 – 120 cm hoch
3 Spathen häutig, weißl.-silberig. Blü. hellblau od. zartviolett, einfarbig, mit gelbem bis
weißem Bart – **V:** Can verwild. – Heimat SOEur – **G:** LAU II-2

	P		T			

.... *I. pallida* Lam.
3* Spathen mindest. teilweise krautig, grün. Blü. beim Typus violett, untersts heller, mit
gelbem Bart (bei **var.** *florentina* Dykes beidersts hellbläul.-weiß) – **V:** Can verwild. –
Az verwild. – Heimat unbekannt – **S:** T auf frischeren Felsen eingebürg.

	P		T	C		

.... *I. germanica* L.
1* Äußere Tepalen kahl od. höchst. von einigen Haaren etwas samtig (Sect. *Apogon*).
Blü. klein, mit schmalen Tepalen, unauffällig (trübviolett-schmutziggelb) gefärbt (fast
ganz gelb bei var. *lutescens* Maire – **V:** T? – Algerien, Marokko). B. grün – **V:** T
Feuchte Orte im Lorbeerwald, z.B. Vueltas de Taganana – Az, Md – med-atl – **G:**
LAU

	P	G	T			

.... *I. foetidissima* L.

Romulea
1 Hochb. krautig. Schlund des Perigons u. Staubfäden behaart. Narbe kürzer als Staub-
fäden. Blü. 10 – 15 mm, hellviolett mit zitronengelbem Schlund. Samen schwarzbraun,
ca. 1,8 mm – **V:** "Can" (MAIRE) – west- bis zmed (Viell. wegen Verwechslung des
Synonyms *R. longiscapa* Tod. mit *R. grandiscapa* irrtüml. für Can angegeben)
.... *R. ramiflora* Ten.
1* Hochb. mindest. am Rand häutig. Schlund des Perigons kahl. Narbe länger als Staub-
fäden. Blü. 20 – 30 mm lang, purpurn mit safrangelben Schlund. Samen braunorange,
fast kugelig – **V:** T Pinar – Az, Md – *R. columnae* atl-med [*R. columnae* Seb. et
Mauri ssp. *grandiscapa* (Webb)Kunk., *R. lactea* Abraham]

H	P	G	T	C	L?	F?

.... *R. grandiscapa* (Webb)J.Gay
– **V:** L im N

				L		

.... **ssp.** *hartungii* (Parl.)Kunk.

Juncales

Juncaceae

1   B. kahl, meist zylindrisch, markgefüllt od. fädig od. auf die Scheiden reduziert. Kapsel 3fächrig. Samenanlagen zahlr., klein . . . . *Juncus* S. 305
1*   B. fast stets behaart, flach, grasähnl., Kapsel 1fächrig. Samen(-anlagen) insgesamt 3, groß . . . . *Luzula* S. 306

Juncus

1   B. auf ihre Scheiden reduziert od. vollkommen st.ähnl., zylindrisch, mit ± stechender Spitze. Pf. mehrjährig
2   Die Infl. erreicht zur Blü.zeit fast die Länge des Tragb. od. überragt sie etwas. Sterile St. mit scharf stechender Spitze
3   Tepalen stumpf, braun. Kapsel spitz, bis 6 mm. Pf. ± horstwüchsig, Rhizom kurz kriechend. Pf. blaugrün. Infl. knäuelig zus.gezogen, fast so lang wie das Tragb. Scheiden glänzend, Antheren rötl. – **V:** Az, Md, Cv – med-atl – **S:** Küsten u. andere salzreiche Orte – **G:** JUN I-1a

| H | P | G | T | C | L | F | . . . . *J. acutus* L.

3*   Äußere Perigonb. spitzl., gelbgrün. Kapsel mukronat (mit aufgesetztem Spitzch.), klein (um 3 mm lang). Rhizom lang kriechend. Pf. grün. Infl. locker, länger als das Tragb. Scheiden matt, Antheren gelb – **V:** Az – kosmop, auch in Afr – **S:** Feuchte, salzige Orte, von Kamelen verschmäht

| | P | G | | C | L | | . . . . *J. maritimus* Lam.

2*   Infl. lang vom Tragb. weit überragt, daher scheinbar seitenstdg
4   Pf. blaugrün, St. deutl. gerieft. Mark unterbrochen. Unterste B.scheiden glänzend, dunkelpurpurn. A6 – **V:** Md – euras-med – **S:** Etwas kalkliebender Verdichtungszeiger – **G:** VC Agropyro-Rumicion [*J. glaucus* Ehrh.]

| | | | T? | C | | | . . . . *J. inflexus* L.

4*   Pf. frischgrün, glatt. Mark zus.hängend. Unterste B.scheiden matt gelbbraun bis rötl. A3. B. leicht brechend – **V:** Az, Md – euras-subozean, circ, Madagaskar – **S:** Nasse Orte

| | P | G | T | C | | | . . . . *J. effusus* L.

1*   B. von den St. deutl. verschieden
5   Alle B. grundstdg
6   Pf. klein, zart (3 – 12 cm hoch), mit dichten, seitenstdg, köpfch.ähnl. Blü.std aus 4 – 12 Blü. Köpfch. vom Tragb. überragt, braun. B. oft rötl., dünn, kurz. Pf. einjährig. Perigonb. lang zugespitzt, gelbgrün-bräunl. B. rinnig. Infl. vom Tragb. um das Doppelte überragt – **V:** Az, Md – med-subatl, temp S-Hemisph. – **G:** ISN I-1b

| H | P | G | T | C | | | . . . . *J. capitatus* Weig.

6*   Höherwüchsige Pf. mit locker verzweigten Blü.std. B. stets grün. Blü. grünl.-gelb. B. fast flach. Scheidenenden mit langen Öhrch. Pf. ausdauernd – **V:** Az, Md – temp-subozean, verschl., NAm *J. tenuis* Willd.
5*   St. beblättert
7   B. nicht gegliedert-knotig, flachröhrig, grasähnl. Scheiden ohne Öhrch. Pf. einjährig. Äste der Infl. ± aufrecht, gestreckt. Perigonb. weißhäutig mit grünem Mittelstreif – **V:** Az, Md – kosmop – **G:** ISN

| H | P | G | T | C | L | F | . . . . *J. bufonius* L.

a   Unt. B.scheiden karminrot, Blü. oft zu 2 – 3 genähert – **V:** euras-med **ssp. *ranarius*** (Song. et Perr.)Hüt.
a*   Blü. büschelig gedrängt. B. zahlr. – **V:** med . . . . **ssp. *fasciculatus*** (Bert.)Koch
7*   B. quergefächert-knotig

8   Pf. klein, unter 30 cm hoch, kriechend rasig. B. fädig, weich, Infl. sparrig. Meist A3 – **V:** Az, Md – bor-
subatl – **G:** Litorelletalia-Art [*J. supinus* Moench] . . . . *J. bulbosus* L.
8*   St. bis 70 cm. A6
9   Äußere Perianthb. sehr spitz, innere stumpf u. breit hautrandig, gleich lang. Rispenä-
ste meist wenig verzweigt. B. steif aufrecht. St. glatt. Blü. zu 4 – 12 geknäuelt – **V:** Az,
Md – temp-kosmop – **G:** Scheuchzerio-Caricetea fuscae-Art [*J. lamprocarpus* Ehrh.]

| | | | C | | |

. . . . *J. articulatus* L.
9*   Äußere u. innere Perigonb. spitz, fast gleich. St. u. B. gestreift, oft rauh, bes.
Scheiden. Blü. zu 8 – 20 geknäuelt – **V:** med

| | | | C | | |

. . . . *J. striatus* Schousb.

Luzula (incl. Ebingeria)

1   Blü. zu 6 – 10 in kugeligen Köpfch.
2   Pf. mit Ausläufern, 5 – 15 cm hoch. Köpfch. bräunl. – **V:** Md, 1300 m (Wohl stets die ausläuferlose,
kleinbltg **ssp. congesta** (Thuill.)Hyl.) – euras-subozean . . . . *L. campestris* DC.
2*   Pf. ohne Ausläufer – **V:** Az, Md . . . . **L. multiflora** (Retz)Lej.
1*   Blü. einzeln od. Pf. 40 – 70 cm hoch
3   Pf. mit Ausläufern. Blü. zu 6 – 10 gehäuft, glänzend weiß. B. etwas querwellig, fein
zugespitzt, sehr breit (1 – 3 cm), fast kahl, an der Scheidenmündung stärker behaart,
unten rötl. Scheide purpurn. St. 40 – 70 cm hoch. Infl. zieml. dicht. Pf. ausdauernd –
V: E Can, T Anaga – **S:** Lorbeerwald 600 – 1000 m, in dichten Polstern – **G:** LAU

| | | G | T | C? | | |

. . . . *L. canariensis* Poir.
3*   Pf. ohne Ausläufer. Blü. einzeln, Perigon rötl.-braun bis purpurn. B. bewimpert
4   Pf. ausdauernd. Samen mit deutl. Anhängsel
5   Grundstdg B. 5 – 10 mm breit. Infl.äste nach der Blü.zeit herabgeschlagen, Kapsel
birnf., stumpf. Samen mit langem, hakigem Anhängsel. Pf. oft in dichten Horsten –
V: bor-euras-subozean, circ – **S:** Mäßig trockene bis frische Wälder

| | | | T | | |

. . . . *L. pilosa* (L.)Willd.
5*   Auch die grundstdg B. schmal (2 – 5 mm). Infl.-Äste noch zur Fr.reife aufrecht. Kapsel
konisch, spitz. Samenanhängsel kurz, gerade. Perigonb. bei Typus spitz – **V:** med-atl

| | | | T | | |

. . . . *L. forsteri* (Sm.)DC.
–   Perigonb. heller, weniger spitz als beim Typus

| | | | T | | |

. . . . **var. decolor** (Webb et Berth.)Buch
4*   Pf. einjährig. Samen ohne deutl. Anhängsel. B. sehr schmal (kaum über 2 mm breit),
an der Scheide zerstr. langwimprig. Blü. klein, purpurn (innere Perigonb. meist
weißl.). St. 10 – 30(– 40) cm hoch. Infl. sehr locker, reich verzweigt – **V:** Can (ssp.
elegans Lowe pro spec.) – Az?, Md – Port – **G:** TBR I, LAU II [*L. purpurea* Mass.
ex Link in Buch]

| H | P | G | T | C | | |

. . . . *Ebingeria elegans* (Lowe)Chrtek et Križa

Bromeliales

Bromeliaceae

1   B. ± dornig – **V:** Az, Cv kult. – trop. Am . . . . *Ananas comosus* (L.)Merr.
1*   B. dicht behaart, schmallineal. Blü. violett – **V:** SAm, kult. Epiphyt
. . . . *Tillandsia dianthoidea* Rossi

Commelinales

Commelinaceae

1   5 – 6 Staubb. fertil. Blü. radiär
2   Perianth auf ca. 5 mm röhrig verwachsen. St. wurzelnd. B. obersts mit silbrigen
    Längsstreifen, untersts rötl. u. behaart, 4,5 – 7 × 2 – 3 cm. B.scheiden an der Mündung
    lang gewimpert. Blü. purpurviolett, unten weißl – **V:** Can verwild. – Md, Cv, verwild.
    – Mexico
    | | P | | C | | |........................... ***Zebrina pendula*** Schnizl.
2* Perianthb. frei
3   B. obersts grün .... ***Tradescantia*** S. 307
3* Ganze Pf. purpurviolett, Blü. hellviolett – **V:** Can gartenflücht. – ZAm [*S. purpurea*
    B.K.Boom]
    | | | T | C | | |........................... ***Setcreasea pallida*** Rose
1* Meist A6, aber die 3 introrsen Staubb. steril. Blü. zygomorph (2 Petalen größer,
    genagelt). Blü. klein .... ***Commelina*** S. 307

Commelina

1   Blü. zahlr., blau. B.spitz, unten punktiert – **V:** Md, Cv – trop. u. subtrop. Afr u. As
    [*C. nudiflora* L.]
    | | P | G | T | C | | |............................... ***C. diffusa*** Burm.f.
1* Blü. klein, farblos, teils über, teils unter dem Boden. B. stumpf – **V:** Can (Webb) –
    südostmed, Arabien bis Libyen [*C. benghalensis* L.]
    | | | | C | | |............................... ***C. canescens*** Vahl

Tradescantia

1   B. ca. 10 × 5 cm, untersts rot. Blü.stiel u. Kelch weichzottig – **V:** C verwild. – Argen-
    tinien
    | | | C | | |........................... ***T. blossfeldiana*** Mild.
1* B. grünl., manchmal weiß panaschiert, bei ssp. *fluminensis* untersts violett. St. nieder-
    liegend, an den Knoten wurzelnd. B. eif.-elliptisch, 3 – 6 × 2 – 3 cm. Blü. weiß. Kelchb.
    behaart – **V:** Az, Md – SAm (incl. *T. albiflora* Kunth)
    | | P | G | T | C | | |............................... ***T. fluminensis*** Vell.

Musales

Musaceae

    – B. 2zeilig, 2 innere Perianthb. bilden ein pfeilf. Organ – **V:** Can kult.
    .... ***Strelitzia reginae*** Banks

Musa

1   5 – 8 m hoch. B. 2 – 3 m. Deckb. schmutzigviolett – **V:** Can kult. ***M.*** × ***paradisiaca*** L.
1* Bis 4 m hoch. B. untersts bläul.-grün, 0,7 – 1 m. Deckb. rot, lederig. Fr. 6kantig,
    besonders wohlschmeckend – **V:** Can verbreitet kult. [*M. cavendishii* Lamb. ex
    Paxt.] .... ***M. acuminata*** Colla

Zingiberales

Zingiberaceae

- Langes B.häutch. an der Mündung der Scheide - V: Can in Gärten - Heimat OAs

  ☐☐☐☐☐ C ☐ ☐☐ . . . . *Alpinia zerumbet* (Pers.)Burtt. et R.M.Sm.

Cannaceae

- Ausdauerne Pf. mit knollig verdicktem Wurzelstock, 0,5 – 2 m hoch. B. groß, oval-lanzettl., glatt, blaugrün bis rötl. Blü. in Ähren, rot bis orange - V: Can verwild. - Az, Md, Cv - trop. Am

  ☐☐☐ G T C ☐ ☐☐ . . . . *Canna indica* L.

Arecales

Arecaceae [Palmae]

- Auf Cv (meist kult.) *Borassus, Elaeis, Cocos*

Phoenix

1 B. blaugrün. Datteln längl. (über 25 mm lang), fleischig u. süß. Stamm schlank, 20 – 30 m, meist etwas geneigt. B. weniger zahlr. als bei folg., 3 – 5 m lang - V: Can kult., sich ausbreitend - Md - sah-sind

   ☐ P ☐ T C L F ☐ . . . . *Ph. dactylifera* L.

1* B. grün

2 Pf. i.d.R. 1stämmig, B. zahlr., 5 – 6 m lang. Stamm kräftig, gerade. Datteln olivengroß, 20 × 15 mm, braungelb, faserig, geschmacklos - V: E Can - Md, Cv, gepfl. - med gepfl. - S: Wild noch an Felsen u. als Pionierpf. auf rezenten Lavaströmen - G: OLR I [*Ph. jubae* (Webb)Christ]

   ☐ H P G T C L F "Palmera canaria" . . . . *Ph. canariensis* Chab.

2* Pf. vielstämmig (außer bei gepfl. Exemplaren). Datteln rundl., 16 × 12 mm, manchmal sogar breiter als lang, dünnfleischig, aber manchmal süß. B. 2 – 3 m lang - V: E Cv (wild wohl nur auf den Ostinseln)

   . . . . *Ph. atlantidis* A.Chev.

Arales

Araceae

1 Seitennerven der B. ± parallel, ohne Anastomosen. Spatha groß (10 – 25 cm lang), weiß, in der Röhre gelbl. B. pfeilf. Infl. duftend, Kolben gelb - V: Can verwild. - Az, Md, eingebürg. - SAfr

   ☐ P? G T C L F ☐ . . . . *Zantedeschia aethiopica* (L.)Spreng.

1* Seitennerven der B. anastomisierend. B. pfeilf. od. fußf.

2 B. groß (B.stiel bis 1,2 m lang), anfangs schild- später pfeilf., B.stiel daher an der Unterseite des B. inseriert. Spatha gelbl., 15 – 35 cm lang, Röhre grünl. B. grau- bis hellgrün. Wurzelstock kräftig - V: Can oft kult., an feuchten Orten eingebürg. - Az, Md, Cv (hier eingebürg.) - trop. As - G: PHR I-1b

   ☐ P G T C ☐ ☐ "Taro" . . . . *Colocasia esculenta* Schott.

2* B.stiel normal inseriert

3 Kolben (Spadix) mit rudimentären Blü. zwischen dem ♂ u. ♀ Teil (Reuse!) od. ♂ u. ♀ Teil wenigstens durch einen Zwischenraum getrennt

4 B. pfeilf., Spatha weiß. Kolben gelbl. B. im Herbst gelbl. gefleckt. Pf. 25–50(–70) cm groß – **V:** Grac – Az, Md – westmed-atl (incl. *A. canariense* Webb et Berth.)
$\boxed{\text{P} \mid \text{G} \mid \text{T} \mid \text{C} \mid \mid \text{F}}$ .... ***Arum italicum*** Mill.

4* B. fußf. Spatha außen grün, innen weiß. Kolbenanhängsel hellgelb. Pf. bis 1,5 m hoch – **V:** E Can (Auf Md *D. vulgaris* Schott.)
$\boxed{\text{H} \mid \text{P} \mid \text{G} \mid \text{T} \mid \text{C} \mid }$ "Tacorontilla" .... ***Dracunculus canariensis*** Kunth

3* Kolben ohne rudimentäre Blü. Pf. 10–30(–40) cm groß ...... *Arisarum* S. 309

Arisarum

 – ♂ Blü. A1, ♀ Blü. wenig zahlr. Spatha weißl. mit olivgrünen bis bräunl. Streifen – **V:** Az, Md – med
 .... ***A. vulgare*** Targ.-Tozz.

 – Kolbenanhängsel allmähl. in eine kurzzylindrische Keule verdickt, fast eingeschlossen – **V:** E Can? – maur?
$\boxed{ \mid \mid \text{T} \mid \text{C} \mid \text{L} \mid \text{F}}$ .... ***ssp. subexsertum*** (Webb et Berth.)Kunk.

 – Zu achten ist auch auf: Spatha mit einem 12 cm langen Schwanz – **V:** wmed .... *A. proboscideum* Savi

Lemnaceae

1 Pf. wurzellos, schwimmend. Einzelglieder 0,5–1,5 mm, beidersts gewölbt – **V:** med-gemäßkont – SAs, Afr, Austr
$\boxed{ \mid \mid \text{T} \mid \mid \mid }$ .... ***Wolffia arrhiza*** (L.)Wimm

1* Pf. mit 1 Wurzel, schwimmend. Einzelglieder > 2 mm .... *Lemna* S. 309

Lemna

1 Sprosse auf beiden Seiten fast eben, 2–3 mm – **V:** Az, Md, Cv – kosmop – **G:** LEM I-1a
$\boxed{ \mid \text{P} \mid \text{G} \mid \text{T} \mid \text{C} \mid \text{L} \mid \text{F}}$ .... ***L. minor*** L.

1* Sprosse obersts flach, auf der Unterseite stark konvex, fast halbkugelig, blaßgrün, 2–7 mm – **V:** Md – kosmop – **G:** LEM I-1
$\boxed{ \mid \mid \text{G?} \mid \text{T} \mid \text{C} \mid \mid }$ .... ***L. gibba*** L.

Pandanales

Typhaceae

 – Rhachis der ♂ Infl. teils mit gebüschelten rotbraunen Haaren, diese nach oben stark verbreitert, verzweigt (manchmal geweihähnl.). B. blaugrün – **V:** F (ob noch?) – Az, Cv – trop. u. subtrop. Afr u. As, SEur [*T. australis* Schum. et Thonn.]
$\boxed{ \mid \mid \text{G} \mid \text{T} \mid \text{C} \mid }$ "Enea" .... ***Typha domingensis*** (Pers.)Steud.

Haare

Cyperales

Cyperaceae

1 Blü. eingeschlechtig. Fr. in einen Utriculus eingeschlossen .... *Carex* S. 314

1* Blü. zwittrig, ohne Utriculus

2 Sp. deutl. 2zeilig (distich), selten sekundär schraubig gestellt (vgl. *C. michelianus, C. squarrosus*), ± gekielt zus.gedrückt. Ährch. vielbltg, kein Perigon .. *Cyperus* S. 310

2* Sp. schraubig, nicht distich, i.d.R. nicht gekielt. Narben federig

3   Ährch. terminal, einzeln. B. auf ihre Scheiden reduziert. Involucralb. auf kurze Sp.
     reduziert. Perigonborsten (3–)6(–8) . . . . *Eleocharis* S. 313
3*   Ährch. i.d.R. zu mehreren, wenn einzeln, dann scheinbar seitenstdg
4   Ährch. braun, bis 5 mm lang, u 12–30 geknäuelt, 1–3(–6)bltg. B. scharf
     gezähnt. Pf. bis 2 m hoch, bis zur Infl. beblättert. Rispen bis 0,5 m lang
     . . . . *Cladium* S. 260, 314
4*   Ährch. vielbltg
5   Unter dem Fr.kn. weder Borsten noch Schuppen. Griffel an der Basis
     aufgeblasen. B. bis 5 mm breit. Unter der Infl. 2–5 Involucralb. Ein- bis
     mehrjährig, Horstpf. . . . . *Fimbristylis* S. 313
5*   Perigonborsten vorh. od. fehlend. Griffel fädig, am Grund nicht verdickt. Pf. von
     Binsengestalt od. B. breiter als 5 mm. Ausdauernd . . . . *Scirpus* S. 313

Cyperus

1   Ausdauernde Arten mit Rhizom
2   B. i.d.R. auf die Scheiden reduziert (mit Ausn. der Hüllb. des Blü.std). A3
3   Hüllb. der Infl. zu 2–3, stark reduziert u. verhärtend
4   St. 1–2 m hoch, im Querschnitt kreisrund, trocken gegliedert. Infl. 4–12strahlig,
     Strahlen bis 10 cm lang. Narben 3 – V: Cv – pantrop
     | H | P | G | T | C | L | F | . . . . *Cyperus articulatus* L.
4*   St. 15–40 cm hoch. Infl. eine kugelige Ähre. Ährch. sehr klein (3–3,5 mm lang),
     1bltg. Narben 2 – V: Cv – trop. SAm u. Afr [*Kyllinga peruviana* Lam.]
     | H | P | G | T | C | L | F | . . . . *C. peruvianus* (Lam.)F.N.Will.
3*   Mindest. 1 Hüllb. länger als der Blü.std
5   Hüllb. 10–25, fast alle gleich lang, etwa doppelt so lang wie der Blü.std, dieser doldig,
     ca. 20strahlig. St. 45–150 cm. Narbe 3 – V: Az, Md, Cv – pantrop-subtrop (Auf Can
     nur ssp. *flabelliformis* (Rottb.)Kük. [*C. involucratus* Rottb.]?)
     | | P | G | T | C | | | . . . . *C. alternifolius* L.
5*   Infl. ± kopfig, scheinbar seitl. (das untere der beiden Hüllb. als Fortsetzung des St. erscheinend). Pf. 10–50
     cm hoch, rasig. Fr. 2kantig, Narben 2 – V: Md, Cv – pantrop . . . . *C. laevigatus* L.
a   Ährch. 5–40, kaum über 1 cm lang u. 2 mm breit. Sp. weißl. od. strohgelb – G: SAL
     I-1a
     | H? | P | G | T | C | L | F | . . . . ssp. *laevigatus*
a*   Ährch. i.d.R. 2 (weniger hfg. 1 od. 3–6), länger (bis 2 cm), Sp. schwarzpurpurn od.
     braunrot, in der Mitte grün, mit 3 vorspringenden Nerven
     | | | T? | | | . . . . ssp. *distachyos* (All.)Maire et Weill.
2*   Spreiten der St.b. voll ausgebildet
6   Rhizom bzw. Stolonen lang u. dünn (1 mm), stellenweise schwarze, runde Knollen
     tragend (Keine schuppige Verdickungen, sonst vgl. *C. capitatus*). Ährch.achse breit
     geflügelt. Wenigst. ein Tragb. länger als der Blü.std
7   Ährch. 12–24(–100)bltg, 10–30 mm lang, lineal, 1,5–2(–3) mm breit. Knollen auch
     innerhalb der Ausläufer. St. 15–60 cm. Sp. dunkelbraun od. rötl. – V: Lob – Az, Md,
     Cv – pantrop-subtrop
     | H? | P | G? | T | C | L | F | . . . . *C. rotundus* L.
7*   Ährch. 8–16bltg, 5–12 mm lang, 1,5–2 mm breit
8   Ausläufer kugelige bis eif. Knollen tragend (nur am Ende). St. 10–40 cm hoch.
     Teilinfl. aus 5–15 Ährch. Strahlen der Infl. bis 4 cm lang. Tragb. 3–6. B. 3–6(–12)
     mm breit. Sp. blaßgelb bis bräunl. – V: Az, Md, Cv – warm kosmop
     | | P | | | | | | . . . . *C. esculentus* L.

8* Ausläufer Zwiebeln tragend, diese oft ± oberirdisch. St. 6–20 cm hoch, am Grund knollig. Strahlen der Infl. kurz. Infl. armbltg (3–7 Ährch., je 8–14bltg). B. 1–2 mm breit, gekrümmt. Tragb. der Infl. 2–3, etwas voneinander abgerückt, mindest. eines viel länger als die Infl. – **V:** Cv – palaeotrop *C. bulbosus* Vahl.

6* Rhizom ohne Knollen od. Zwiebeln (vgl. aber *C. capitatus*)

9 Narben 3

10 A1. Pf. meist hochwüchsig (25–90 cm). B. 4–10 mm breit. Rhizom kurz. Tragb. der Infl. 5–7(–11), sehr lang. Pf. blaugrün. St. scharf 3kantig. Infl. eine Dolde aus dichten Köpfch. – **V:** Az, Md – SAm [*C. vegetus* Willd.]

  | | P | | T | C | | | .... *C. eragrostis* Lam.

10* A3

11 Ährch.achse nicht abgegliedert. Deckschuppen der Blü. einzeln abfallend. Tragb. der Infl. 2–6

12 Ährch.achse geflügelt. Ährch. lineal (10–25 × 1,5 mm), ± einzeln stehend u. zu Ähren geordnet. Pf. hochwüchsig (40–150 cm), mit langem, dickem Rhizom (3–10 mm dick) – **V:** Az, Md, Cv – trop. u. subtrop. Afr u. WAs .... *C. longus* L.

– Pf. 20–60 cm. Infl. dichter, 2–5-(statt 6–10)strahlig, kurze (meist unter 5 cm) Strahlenachsen. Ährch. kürzer (6–12 statt 10–25 mm), aber breiter (2 statt 1–1,6 mm) [*C. badius* Desf.]

  | | P | G | T | C | | | .... **ssp.** *badius* (Desf.)Murb.

12* Ährch.achse nicht geflügelt. St. meist weniger als 30 cm hoch. Ährch. gebüschelt u. zu ± dichten Köpfch. vereinigt. Tragb. 2–4 (Sect. *Bobartia*)

13 Rhizom lang kriechend u. verzweigt

14 Wurzeln durch ausdauernden Wurzelfilz stark behaart. Deckschuppen der Blü. breit eif., unten blutrot, oben strohgelb. Infl. dicht kugelig, terminal. Pf. blaugrün. Rhizom mit braunschuppigen Anschwellungen. St. nur am Grund beblättert, B. bis 20 × 0,3–0,6 cm, oft rinnig, meist zurückgebogen – **V:** Grac, Lob – Cv – südmed – **G:** AMM I-1a [*C. kalli* (Forsk.)Murb.]

  | | | T | C | L | F | | .... *C. capitatus* Vand.

14* Wurzeln kahl. Deckschuppen schmal eif., blaß rötl.-braun – **V:** Trop. Afr, Madagaskar

  .... *C. maritimus* Poir.

– **V:** Cv .... **var.** *crassipes* (Vahl)C.B.Clarke

13* Rhizom kurz, ± verholzt

15 Wurzeln auf der ganzen Länge durch bleibende Wurzelhaare behaart. B. blaugrün, bis 36 cm lang u. (entrollt) bis 4 mm breit. Deckschuppen im oberen Teil blaß strohgelb od. zuletzt bräunl. St. 10–330 cm. Tragb. länger als Infl., unterstes in Fortsetzung des St. gestellt. Ährch. 9–45 × 2–6 mm, 8–16(–40)bltg – **V:** sah-sind, Senegal-Sudan-Madagaskar .... *C. conglomeratus* Rottb.

15* Wurzeln nur spärl. kurzhaarig. B. blaßgrün, bis 10 cm lang u. 2(–3) mm breit. Deckschuppen rotbraun. St. 6–15 cm, dünn, aber straff. Tragb. etwa gleich lang bis wenig länger als die Infl., diese 3–4strahlig. Ährch. 8–15bltg, eilängl. – **V:** Cv – Tunesien [*C. cadamosti* Bolle, *C. olivetorum* Murb.]

  .... *C. patulus* Schmidt non Kit.

11* Ährch.achse abgegliedert, Deckschuppen mit der Ährch.achse abfallend. Tragb. des Blü.std 5–12. Ährch. armbltg, nur 2–6 mm lang, oft zurückgebogen

16 Halm papillös, 30–90 cm hoch. Rhizom sehr kurz. B. 6–12 mm breit. Ährch. 4–6 mm lang, 2–3 mm breit, 2–4bltg – **V:** Md?, Cv? – trop. Am u. WAfr, Madagaskar .... *C. ligularis* L.

16* Halm ohne Papillen. B. 1,5–6 mm breit. Ährch. mit 1–2 Nüßch.

17 Griffel zieml. lang, mit 3 dünnen Narben. St. 20–75 cm hoch. B. 3–6 mm breit. Ährch. 4 mm lang, 0,5 mm breit – **V:** Cv – palaeotrop [*Mariscus sumatrensis* Rayn.] .... *C. cyperoides* (L.)O.Ktze.

17* Griffel kurz 3spaltig. St. 20–50 cm. B. 1,5–3 mm breit. Ährch. 2–2,5 mm lang – **V:** Cv – trop. WAfr, Madagaskar

  | | | | T? | | | .... *C. subumbellatus* (Rottb.)Kük.

9* Narbe 2 (bei *C. alopecuroides* selten 3), Fr. 2kantig

18 Sp. nicht dornig geflügelt, nur gekielt. Ährch.achse nicht abgegliedert

19 St. i.d.R. über 60 cm hoch (bis 120 cm), stumpf 3kantig. Tragb. 5, sehr lang. B. 6–15
mm breit, unten gekielt, oben flach. Rispenäste ungleich. Ährch. 10–30bltg. Sp. braun,
an den Seiten heller – V: Can eingebürg. – Cv – palaeotrop-subtrop

	P		T	C			

.... *C. alopecuroides* Rottb.

19* St. 15–50 cm hoch. B. 2–5 mm breit. Tragb. 3–7
20 A3. St. oft liegend u. wurzelnd, zus.gedrückt 3kantig. Rhizom langkriechend. Tragb.
des lockeren Blü.std etwa gleich lang bis wenig länger als dieser. B. 3–5 mm breit. St.
bis auf $^1/_3$ bis $^1/_2$ der Höhe u. darüber beblättert. Ährch. 10–18bltg. Sp. gefurcht,
stumpf, mit grünl.-gelbem Rücken – V: Cv – südiber, trop-subtrop – Afr-SAfr – S:
Sümpfe, feuchte Orte [*Pycreus m.* Nees]

H	P	G	T	C	L	F	

.... *C. mundtii* (Nees)Kunth

20* A2(–1). Pf. horstwüchsig, nur am verdickten Grund beblättert. Rhizom kurz, mit
zahlr. Faserwurzeln. Tragb. viel länger als der Blü.std. Infl. dicht kugelig. Ährch.
20–40bltg. B. 2–3 mm breit. St. gefurcht 3kantig. Sp. strohgelb(-bräunl.), spitz – V:
Cv – pantrop [*Pycreus p.* (Rottb.)P.B.]

		G?				

.... *C. polystachyos* Rottb.

18* Sp. im oberen Teil breit geflügelt, Flügel dornig gewimpert. Ährch. nur 2–2,5 mm lang abfallend, 1–2bltg,
in terminalen Köpfch. – V: Cv – pantrop, haupts. As [*Kyllinga monocephala* Rottb.] . *C. kyllingia* Endl.

1* Einjährige, unter 40 (meist unter 20) cm hohe Pf., ohne kriechendes Rhizom, i.d.R.
dichthorstig. B. unter 3 mm breit (Entfaltete bei *C. fuscus* bis 4 mm). Infl. meist ein
dichtes Köpfch. (Nur bei *C. fuscus* oft ± locker)

21 Narben 3
22 A3. Köpfch. (halb)kugelig aus 3–10 Ährch. Horstwüchsige Pf. steiniger Hänge u.
Felsen – V: E Can?

		T	C?		

.... *C. teneriffae* Poir.

– Ährch. u 4–10, 12–32bltg, 8–20 × 2–5 mm. Sp. mit durchsichtigem Rand. B. kürzer als Schaft, schlaff, am
Rand gezähnelt. Tragb. 2–3. Pf. bis 15 m hoch – V: Trop. Afr .... *C. rubicundus* Vahl

22* A2–1. Pf. an mindest. zeitweise feucht-schlammigen Orten
23 A2. Ährch.achse nicht abgegliedert. Deckb. einzeln abfallend. Tragb. 2–5, länger als
Infl. Infl. dicht od. locker, dann mit ungleich langen Strahlen (bis 2 cm). Sp. stumpf
od. mit kurzem Spitzch. Faserwurzeln lebhaft purpurrot – V: Md – med-euras – G:
ISN I

		T		

.... *C. fuscus* L.

23* A1. Ährch.achse abgegliedert, die persistierenden Deckb. mit der Ährch.achse zus. abfallend. Tragb. 2–5.
Infl. ein dichtes Köpfch. (manchmal mit 2–5 verlängerten [bis 3 cm] Ästen). Sp. kurz (1 mm) begrannt, oft
schraubig gestellt. Gra. zuletzt zurückgebogen. Faserwurzeln trocken mit Sellerieduft – V: Cv – pantrop
[*C. aristatus* Rottb.] .... *C. squarrosus* L.

21* Narben 2. A2–1 (Vgl. aber *C. michelianus*)
24 Ährch. sehr klein, 1bltg
25 Kiele der Blü.deckb. nicht geflügelt-gekielt. Ährch. 1,5–2 mm lang – V: Cv – pantrop
.... *C. densicaespitosus* Mattf. et Kük.
25* Kiele der Blü.deckb. mit kammf. gefranstem Flügel. Ährch. 2,5–4 mm lang – V: Cv – palaeotrop, selten
auf Martinique .... *C. metzii* (Hochst.)Mattf. et Kük.
24* Ährch. 8–16bltg, 4 × 1–2 mm. Narben 2, selten 3. St. zahlr., gebüschelt, meist in dichten Horsten, 2–15
cm hoch, 3kantig, außer den langen Tragb. nur am Grund beblättert. B. meist länger als die St., 1–2 mm
breit. infl. ein kugeliges Köpfch. Sp. mit ± zurückgekrümmter Spitze – V: temp bis trop. Euras

.... *C. michelianus* (L.)Link

– Sp. in $^3/_8$-Divergenz .... ssp. *michelianus*
– Sp. fast distich, 4–7nervig – V: temp bis trop. Euras, Austr ...... ssp. *pygmaeus* (Rottb.)Asch. et Gr.

Fimbristylis

1   Narben 2. Fr. bikonvex. St. größtenteils kahl
2   Fr. längsgefurcht u. rauh. St. bis 25 cm. Pf. einjährig. B. 1,5 – 5 mm breit – **V:** trop-subtrop [*F. dichotoma* auct. non (L.)Vahl]

		T	C		

.... ***F. bisumbellata*** (Forsk.)Bub.

2* Fr. glatt, nicht längsgefurcht, nur fein punktiert. Pf. blaugrün, bis 80 cm hoch, kahl, nur oben ± rauh. Meist mehrjährig. B. bis 1,5 mm breit. Ligula fransig – **V:** Cv – pantrop-subtrop

			C		

.... ***F. ferruginea*** (L.)Vahl

1* Narben 3. Fr. 3kantig. St. fädig, ca. 0,25 mm Durchm., locker abstehend behaart (Haare fast so lang wie der St.durchm.). B. nur 0,5 mm breit. Einjährig. Ligula fehlt – **V:** Cv – trop. Afr u. Am [*F. exilis* (Poir)R. et Sch.] .... ***F. hispidula*** (Vahl)Kunth

Eleocharis

–   Ährch. 6 – 20 mm lang, (20 –)40 – 100bltg. Unteres Tragb. das Ährch. halb umfassend. Rhizom lang kriechend. Narbe 2. Fr. bikonvex. Halm bis 1 m lang – **V:** Az, Md – bor-euras, circ – **G:** PHR I

		T	C		

.... ***E. palustris*** (L.)R.Br.

–   Pf. mit kurzem Rhizom, Narben 3, Fr. 3kantig – **V:** Md .... ***E. multicaulis*** (Sm.)Desv.

Scirpus

1   Ährch. in terminaler kopfiger Infl., mit 2 – 4 ausgebreiteten Tragb. B. 4 – 7 mm breit. Perigonborsten 3 – 6. St. 3kantig, bis meterhoch. Ausläufer mit Knöllch. – **V:** Az, Md, Cv – euras-med, circ, kosmop [*Schoenoplectus m.* (L.)Lye]

		T		F?	

.... ***S. maritimus*** L.

–   **V:** Az .... ***S. mucronatus*** L.

1* B.spreiten meist fehlend od. reduziert, Pf. daher von Binsenhabitus. Perigonborsten fehlend
2   Ährch. zu vielen in dichten kugeligen Köpfch., die beim Typus von 1 Tragb. überragt werden, das den St. fortzusetzen scheint – **V:** med – **G:** MJU I-1a [*Holoschoenus vulgaris* Link]

	P	G	T	C	

"Junco" .... ***S. holoschoenus*** L.

–   Köpfch.std aus (bis 200) stets kleinen Köpfch. zusammengesetzt, diese kleiner als 1 cm im Durchm., das untere Tragb. kaum länger als die Infl. Pf. bis 2,5 m hoch – **V:** NAfr [*Holoschoenus globifer* (L.f.)Rchb.]

		T			

.... ***ssp. globiferus*** (L.f.)Huds.

2* Ährch. in geringer Anzahl, meist 1 – 3(– 10)
3   Ährch. i.d.R. einzeln (manchmal 2 – 3). Achäne mit sehr feinen, in Längsreihen stehenden Warzen bedeckt, manchmal aber fast glatt. B.scheiden gelbbraun, unterste rot purpurn überlaufen. Tragb. kurz, i.d.R. kaum länger als die Infl. – **V:** Az, Md, Cv? – kosmop, in Eur med-atl, St. Helena [*Isolepis cernua* (Vahl)R. et S.]

	P		C	L	

.... ***S. cernuus*** Vahl

3* Ährch. i.d.R. 1 – 3(– 10), etwa 4 mm lang. Achäne mit deutl. Längsrippen, in den Furchen fein quergestreift. B. fädig, st.ähnl. Scheiden oft purpurbräunl. Pf. 2 – 30 cm. Tragb. mit langer Pfrieme (diese etwa 2 – 3mal so lang wie die Spreite) (Bei borstigem Tragb. ohne Spreite, vgl. *S. pseudosetaceus* Dav. – **V:** Port, SSpan) – **V:** Az, Md – palaeosubtrop [*Isolepis setacea* (L.)R. et S.]

.... ***S. setaceus*** L.

Cladium
- Pf. ausdauernd. St. kräftig, bis 2 m hoch, hohl, stielrund, oben 3kantig. B. untersts u. randl. dornig gesägt mit sehr scharfen, schneidenden Rändern – **V:** Az, Cv – kosmop
  - **S:** Sümpfe, Ränder von Wasserstellen

				C		

.... *C. mariscus* (L.)R.Br.

Carex
1   Nur 1 endstdg Ährch. vorh. (Subgen. *Primocarex*). 30–40 cm hohe Pf., mit der nur 10–25 cm hohen *C. pulicaris* nächstverwandt. Ährch. zwittrig, Utriculi langgeschnäbelt (bei *C. pulicaris* kurz) – **V:** E Az, Md
.... *C. peregrina* Link

1*   Mehrere Ährch. vorh.

2   Ährch. mit ♂ u. ♀ Blü., sitzend (Subgen. *Vignea*). Narben 2, selten 3

3   Ährch. oben ♂ (*Acroarrheneae*) od. Utriculi sparrig abstehend

4   Narben 3. Rhizom kurz. Infl. ± locker, aus 2–4 Ährch. Tragb. oft länger als die Infl., B. 1–2 mm breit. Utriculus 3kantig – **V:** med

	G		C		

.... *C. distachya* Desf.

–   2–3 Ährch. aus je 3–5 ♂ Blü. u. nur 2–4 stumpfen Utriculi in lockerer Zickzack-Infl. – **V:** westmed
.... *C. oedipostyla* Duv.-J.

4*   Narbe 2, Utriculus 2kantig

5   Rhizom dick, schwärzl., lang kriechend. Die 3–7(–11) Ährch. bilden einen dichten rotbraunen, bis 2,5 cm langen Blü.std. Pf. 20–50(–75) cm. B. bei der wohl allein vorh. var. *chaetophylla* Dav. fädl. zus.gerollt. Utriculi deutl. gestielt u. lang geschnäbelt – **V:** Md – **S:** Winterfeuchte Orte, die var. an trockeneren Stellen

		T?	C?		

.... *C. divisa* Huds.

5*   Rhizom kurz, Pf. daher horstwüchsig

6   Utriculus plankonvex, kahl (auf der Fläche)

7   Äste der Ährenrispen unverzweigt (Ausn. *C. canariensis*). B. 2–5 mm breit

8   Blü.std eine ± dichte, 2–3 cm lange Ähre aus 5–9 Ährch. St. 20–60 cm hoch. B. 2–3(–4) mm breit, bis 30 cm lang. Utriculi erst zuletzt etwas sparrig abstehend, 4,5–5,5 mm lang. St. 3kantig, mit ebenen Flächen – **V:** euras-subozean .... *C. muricata* L.

–   Scheide ausgerandet, Ligula kurz. Utriculus nur 3–4 mm, fast rundl., zuletzt rotbraun, unten nicht verdickt. B. 2 mm breit – **V:** Az, Md – eurassubozean [*C. pairaei* F.W.Sch.]

		G	T	C		

.... ssp. *lamprocarpa* Čel.

8*   Blü.std verlängert, am Grund ± unterbrochen

9   Utriculi bis doppelt so lang wie ihr Tragb., sparrig abstehend, kahl. St. 30–70 cm hoch. B. 2–3 mm breit. Ligula breiter als lang, ohne deutl. Anhängsel auf der Gegenseite (sonst vgl. 8 u. 10). Ährch. zu 3–6, unten ♂ (bes. deutl. am obersten Ährch. zu sehen) – **V:** Az – bor-euras, circ, Austr., Neuseeland
.... *C. echinata* Murr.

9*   Utriculi ± aufrecht abstehend

10   Deckschuppen eif., blaß. Utriculi ± glatt. St. 30–100 cm. B. 2–3 mm breit. Ligula oval, länger als breit. Scheidenrand gestutzt bis ausgerandet – **G:** LAU

H?	P	G	T	C	L	F

.... *C. divulsa* Stok.

10* Deckschuppen eilanzettl., rot mit hyalinem Rand. Utriculus gestreift, ihre Ränder oben rauh. St. 50–160 cm, scharfkantig, am Grund mit braunen Scheiden. B. 3–5 mm breit, rauh, blaugrün. Rhizom kurz, etwas verholzt. Pf. in dichten großen Polstern wachsend – **V:** E Can – **G:** LAU II-1c,d

H		P	G?	T		

.... *C. canariensis* Kük.

7*   Untere Ährenrispen-Äste oft etwas verzweigt. B. 4–9 mm breit. Ährch. zu 5–12. Infl. dicht. St. oben rauh, 3kantig, bei *C. vulpina* s.str. etwas geflügelt – **V:** Az – euras .... *C. vulpina* L.

– St. mit ± ebenen Seiten, kaum geflügelt. Utriculi glänzend, B.häutch. länger (10 – 15 mm). B. trocken blaugrün. Tragb. der Ähre lang [*C. otrubae* Podp.]

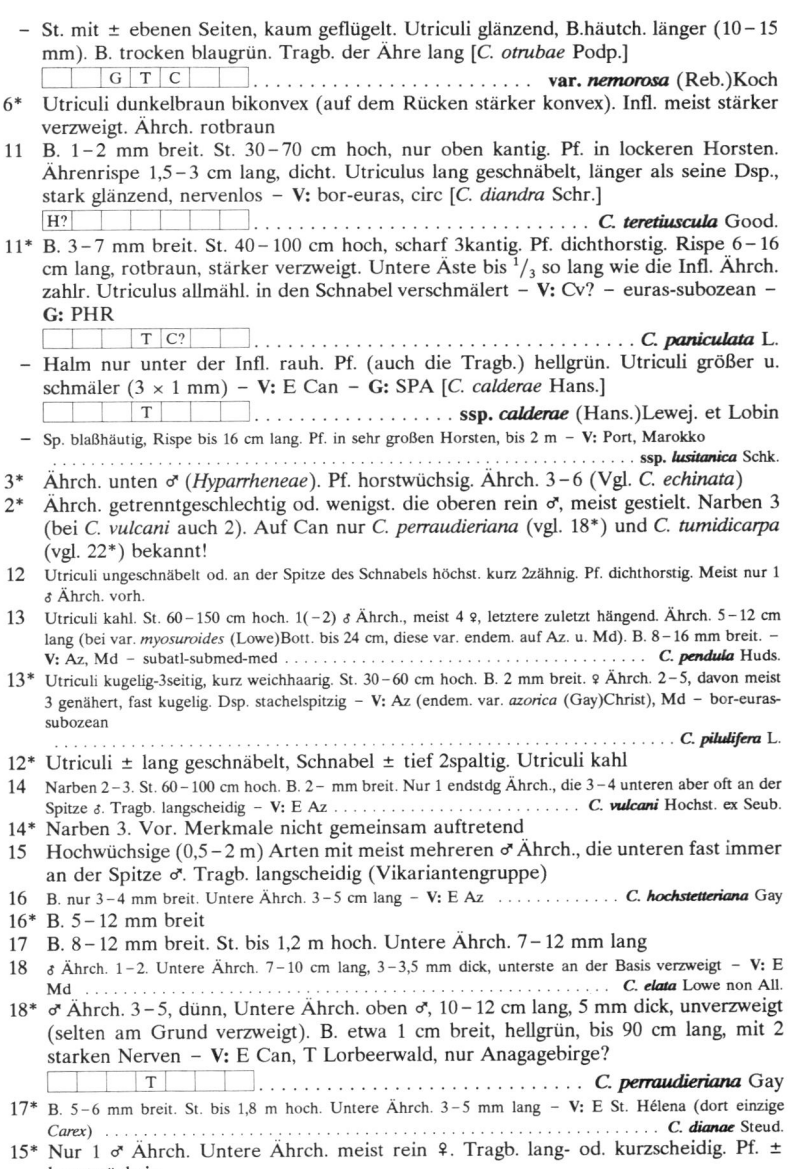

| | | G | T | C | | | |

.... **var. *nemorosa*** (Reb.)Koch

6* Utriculi dunkelbraun bikonvex (auf dem Rücken stärker konvex). Infl. meist stärker verzweigt. Ährch. rotbraun

11 B. 1 – 2 mm breit. St. 30 – 70 cm hoch, nur oben kantig. Pf. in lockeren Horsten. Ährenrispe 1,5 – 3 cm lang, dicht. Utriculus lang geschnäbelt, länger als seine Dsp., stark glänzend, nervenlos – V: bor-euras, circ [*C. diandra* Schr.]

| H? | | | | | | | |

.... *C. teretiuscula* Good.

11* B. 3 – 7 mm breit. St. 40 – 100 cm hoch, scharf 3kantig. Pf. dichthorstig. Rispe 6 – 16 cm lang, rotbraun, stärker verzweigt. Untere Äste bis $^1/_3$ so lang wie die Infl. Ährch. zahlr. Utriculus allmähl. in den Schnabel verschmälert – V: Cv? – euras-subozean – G: PHR

| | | | T | C? | | | |

.... *C. paniculata* L.

– Halm nur unter der Infl. rauh. Pf. (auch die Tragb.) hellgrün. Utriculi größer u. schmäler (3 × 1 mm) – V: E Can – G: SPA [*C. calderae* Hans.]

| | | | T | | | | |

.... **ssp. *calderae*** (Hans.)Lewej. et Lobin

– Sp. blaßhäutig, Rispe bis 16 cm lang. Pf. in sehr großen Horsten, bis 2 m – V: Port, Marokko

.... **ssp. *lusitanica*** Schk.

3* Ährch. unten ♂ (*Hyparrheneae*). Pf. horstwüchsig. Ährch. 3 – 6 (Vgl. *C. echinata*)

2* Ährch. getrenntgeschlechtig od. wenigst. die oberen rein ♂, meist gestielt. Narben 3 (bei *C. vulcani* auch 2). Auf Can nur *C. perraudieriana* (vgl. 18*) und *C. tumidicarpa* (vgl. 22*) bekannt!

12 Utriculi ungeschnäbelt od. an der Spitze des Schnabels höchst. kurz 2zähnig. Pf. dichthorstig. Meist nur 1 ♂ Ährch. vorh.

13 Utriculi kahl. St. 60 – 150 cm hoch. 1(– 2) ♂ Ährch., meist 4 ♀, letztere zuletzt hängend. Ährch. 5 – 12 cm lang (bei var. *myosuroides* (Lowe)Bott. bis 24 cm, diese var. endem. auf Az. u. Md). B. 8 – 16 mm breit. – V: Az, Md – subatl-submed-med .... *C. pendula* Huds.

13* Utriculi kugelig-3seitig, kurz weichhaarig. St. 30 – 60 cm hoch. B. 2 mm breit. ♀ Ährch. 2 – 5, davon meist 3 genähert, fast kugelig. Dsp. stachelspitzig – V: Az (endem. var. *azorica* (Gay)Christ), Md – bor-euras-subozean

.... *C. pilulifera* L.

12* Utriculi ± lang geschnäbelt, Schnabel ± tief 2spaltig. Utriculi kahl

14 Narben 2 – 3. St. 60 – 100 cm hoch. B. 2 – mm breit. Nur 1 endstdg Ährch., die 3 – 4 unteren aber oft an der Spitze ♂. Tragb. langscheidig – V: E Az .... *C. vulcani* Hochst. ex Seub.

14* Narben 3. Vor. Merkmale nicht gemeinsam auftretend

15 Hochwüchsige (0,5 – 2 m) Arten mit meist mehreren ♂ Ährch., die unteren fast immer an der Spitze ♂. Tragb. langscheidig (Vikariantengruppe)

16 B. nur 3 – 4 mm breit. Untere Ährch. 3 – 5 cm lang – V: E Az .... *C. hochstetteriana* Gay

16* B. 5 – 12 mm breit

17 B. 8 – 12 mm breit. St. bis 1,2 m hoch. Untere Ährch. 7 – 12 mm lang

18 ♂ Ährch. 1 – 2. Untere Ährch. 7 – 10 cm lang, 3 – 3,5 mm dick, unterste an der Basis verzweigt – V: E Md .... *C. elata* Lowe non All.

18* ♂ Ährch. 3 – 5, dünn, Untere Ährch. oben ♂, 10 – 12 cm lang, 5 mm dick, unverzweigt (selten am Grund verzweigt). B. etwa 1 cm breit, hellgrün, bis 90 cm lang, mit 2 starken Nerven – V: E Can, T Lorbeerwald, nur Anagagebirge?

| | | | T | | | | |

.... *C. perraudieriana* Gay

17* B. 5 – 6 mm breit. St. bis 1,8 m hoch. Untere Ährch. 3 – 5 mm lang – V: E St. Hélena (dort einzige *Carex*) .... *C. dianae* Steud.

15* Nur 1 ♂ Ährch. Untere Ährch. meist rein ♀. Tragb. lang- od. kurzscheidig. Pf. ± horstwüchsig

19   Pf. i.d.R. unter 0,5 m hoch. B. 2–5 mm breit. Untere Ährch. unter 3 cm lang
20   Tragb. langscheidig. Untere Ährch. über 1,5 cm lang, eilängl.-zylindrisch. Utriculi etwas punktiert. B. kürzer als St.
21   Deckb. der ♀ Blü. rostrot od. heller. Utriculi ca. 3,5 mm, viel länger als ihr Deckb., aufgeblasen 3kantig, ohne deutl. Nerven, blaßgrün, oft rostbraun punktiert. Kanten des Schnabels glatt. ♂ Ährch. 2–3 cm lang, lineal, blaßgelbl. B. 2–5 mm breit. Ligula lang, gelbl. Scheidenmündung mit bräunl. Anhängsel – **V:** med (var. *laevicaulis* (Hochst.)Bott. E Az u. Md) . . . . *C. punctata* Gaud.
21* Deckb. der ♀ Blü. kupferrot od. dunkler, an der Spitze gewimpert. Utriculi stumpf 3kantig, strohgelbl., mit deutl. Nerven. Kanten des Schnabels rauh. B. 3–5 mm breit. Pf. dichtrasig, 25–75 cm. ♀ Ährch. meist 3, weit voneinander entfernt, oft bis unter die St.mitte – **V:** Az, Md? – med-submed, NAfr – **S:** Feuchte, auch brackige Orte – **G:** JUN . . . . *C. distans* L.
20* Mindest. die oberen Tragb. ohne Scheide (das unterste kurzscheidig). Untere Ährch. unter 1,6 cm lang, eilängl. bis fast kugelig. Tragb. länger als die Infl.
22   Untere B.scheiden mit deutl., dem B. gegenüberstehenden Anhängsel. Utriculi zuletzt schief aufrecht abstehend, 3 mm lang, olivgrün, purpurn punktiert (dadurch etwas kupferfarben). Schnabel nur $^1/_4$ so lang wie der Schlauch. Pf. blaugrün. B. steif, dünn, ihr Rand meist eingerollt – **V:** Az, Md – med-atl, kaspisch – SAfr – **S:** Salztonböden der Küsten [*C. nervosa* Desf.] . . . . *C. extensa* Good.
22* B.scheiden i.d.R. ohne Anhängsel. Utriculi zuletzt sparrig abstehend, 5–6 mm lang, gelbgrün. Schnabel fast so lang wie der Schlauch. B. 2–5 mm breit, flach. Pf. gelbl.-grün – **V:** Az, Md? (ssp. *oederi* var. *pulchella*) – temp-nordhemisph . . . . *C. flava* L.
–   Pf. 5–35 cm, gelbl.-grün. B. so lang od. länger als St., Ligula kurz. ♀ Ährch. 2–3(–5), genähert, Utriculi gelbl.-grün, 3–4 mm, lang geschnäbelt, mit 2 seitl. Nerven deutl. gekielt – **V:** T Cañadas – Ac, Md
     ☐   ☐ ☐ ☐   ☐ . . . . *C. tumidicarpa* Ands. ssp. *cedercreutzii* Fagerstr.
19* Pf. 40–75 cm, B. 5–15 mm breit. Untere Ährch. 4–6 cm lang. I.d.R. nur das unterste Tragb. mit Scheide
23   B. 5–9 mm breit. Alle Utriculi länger als ihre Deckb. – **V:** Md – temp-kosmop (nicht SAfr?) . . . . *C. pseudocyperus* L.
23* B. 10–15 mm breit. Untere Utriculi kürzer als ihre langgrannigen Deckb. Obere ♀ Ährch. sitzend, untere oft sehr entfernt u. am Grund verzweigt – **V:** E Cv . . . . *C. antoniensis* A.Chev.

Orchidales

Orchidaceae

1   Lippe gespornt (Vgl. auch *Barlia*)
2   Blü. rötl. . . . . *Orchis* S. 317
2*   Blü. weißl.-grünl.-gelb. Schaft b.los. B. am Grund zu 2, eif. Lippe in 3 lineale Zipfel geteilt . . . . *Habenaria* S. 317
1*   Lippe ohne Sporn od. mit sehr kurzem, oft sackf. Sporn
3   B. herzf. Antherenfächer divergierend. Blü. grünl.-gelb, kleiner als der Fr.kn. Lippe kurz 3lappig. Sporn bis 2 mm, nach vorn gebogen . . . . *Gennaria* S. 317
3*   B. lanzettl. bis lineal, untere auch bis eif.
4   Äußere Perigonb. zu einem Helm verwachsen, nur an der Spitze frei. Lippe meist rot. Fr.kn. nicht gedreht . . . . *Serapias* S. 317
4*   Äußere Perigonb. frei
5   Fr.kn. gedreht
6   Untere Tragb. i.d.R. länger als die Lippe
7   Seitenlappen der Lippe schmal. Blü. unter 1 cm groß. B. gefleckt. Blü. blaßrosa bis grünl. . . . . *Neotinea* S. 317
7*   Lippe mit 4 annähernd gleichen Lappen, bis 2 cm lang gefleckt. Blü. ungefleckt . . . . *Barlia* S. 317
6*   Mittellappen der Lippe sehr verlängert u. gedreht (3–5 cm lang). Seitenlappen lineal . . . . *Himantoglossum* S. 317

5* Fr.kn. nicht gedreht. Äußere Perigonb. abstehend. Fr.kn. 13–16 mm lang
. . . . **Ophrys** S. 318

Orchis

1 Seitl. äußere Tepalen etwas zus.neigend, innen ohne purpurne Punkte, längl., Lippe
weißl. bis blaßviolett. Blü. in dichter, vielbltg Ähre. Grundb. eif., ungefleckt – **V:** E
Can, Nebelwald z.B. T Orotavatal u. Bco. del Infierno 900–1200 m – **G:** PIN I-1 [*O.
patens* Desf. ssp. *canariensis* (Lindl.)Sund. et Kunk.] □94

| H | P | G | T | C | | |
. . . . *O. canariensis* Lindl.

1* Seitl. äußere Tepalen abstehend. B. oft gefleckt. Blü. purpurn, Tragb. rotviolett – **V:**
P nur 1 Fundort – submed-subatl

| | P | | | | | |
. . . . *O. mascula* L.

Habenaria

– Sporn fädig, fast so lang wie der Fr.kn. Infl. lang. Sehr gesellige, zierl. Pf. der Küsten-
bis Wolkenstufe. Blüht meist schon im Januar – **V:** E Can (nah mit am. Arten
verwandt) – **G:** ASP I-1

| H | P | G | T | C | L | |
. . . . *H. tridactylites* Lindl.

– **V:** Cv(?) – westafr . . . . *H. petromedusa* Webb

Gennaria

– St. mit 2 B., das obere viel kleiner. Pf. mit Knöllch. am Wurzelende, die zur vegeta-
tiven Vermehrung dienen. Blü. klein, gelbl.-grün – **V:** Md – iber-maur (Algerien,
Sardinien) – **S:** Lorbeerwald u. frischer Fayal-Brezal [*Habenaria cordata* R.Br.]

| H | P | G | T | C | | |
. . . . *G. diphylla* (Link)Parl.

Serapias

1 Lippe groß (–3 cm), herzf. – **V:** Az – med . . . . *S. cordigera* L.

1* Lippe klein (–1 cm), größtenteils im Helm verborgen, ihr Mittellappen zurückgebo-
gen (Auf H eine Form mit glänzend-gelber Lippe) – **V:** med – **G:** LAU II-2 [*S.
parviflora* Parl.]

| H | P | G? | T | C | | |
. . . . *S. occultata* J.Gay

Neotinea

– B. i.d.R. am Rand gewellt, oft schwarzpurpurn gefleckt. Blü. blaßrosa bis grünl.-weiß,
mit Vanilleduft – **V:** T Wälder 800–1400 m – Md – med-atl – **G:** PIN I-1 [*N.
intacta* (Link)Rchb.f.]

| H | P | G? | T | C | | |
. . . . *N. maculata* (Desf.)Stearn

Barlia

– Pf. 40–60 cm hoch. B. am St. gleichmäßig verteilt, flach. Lippe purpurn, Blü. duftend.
Blü.zeit Dezember bis Februar – **V:** E Can, T zwischen 900 u. 1200 m [*B. longibrac-
teata* auct. can. non Schlecht.]

| | | | T | | | |
. . . . *B. metlesicsiana* Teschn.

Himantoglossum

– Pf. 20–100 cm. Zahlreiche St.b., reichbltg. Mittellappen der Lippe 3–6 cm lang,
gerollt, an der Spitze gespalten – **V:** Can (MAIRE)? – med-submed
. . . . *H. hircinum* (L.)Spreng.

Ophrys
– Lippe rundl., gewölbt, dunkelbraun, in der Mitte heller. Innere Tepalen schwach
behaart, äußere gelbgrün – **V:** med

☐ ☐ ☐ T ☐ C ☐ ☐ ☐ .... *O. bombyliflora* Link

Poales

Poaceae (Gattungsschlüssel nach MAIRE, stark verändert)
1   Verholzte Pf. mit ausdauernden Halmen. Staubb. oft 6. B.spreite gestielt (Hierher
auch *Arundinaria* S. 324). Nur gepfl.
.... *Bambusoideae* (*Sasa, Bambusa, Phylostachys* u.a.)
–   Blattspreite sitzend vgl. .... *Arundo* S. 334
1* Ein- od. mehrjährige Kräuter (Wenn verholzt, jedenfalls mit ungestielter B.spreite)
2   ♂ u. ♀ Ährch. getrennt, monoezisch
3   ♂ Ährch. in endstdg Rispe, die ♀ in achselstdg Kolben .... *Zea* S. 324
3* ♂ u. ♀ Ährch. in derselben Infl., die 1–3 ♀ von einem verhärteten Tragb. umhüllt.
Infl. in B.achseln .... *Coix* S. 324
2* Keine nach Geschlechtern getrennten Infl. od. Infl.teile vorh.
4   Ährch. gestielt (Wenn sitzend, nicht in ausgehöhlter Achse od. wenigst. von einem
gestielten Ährch. begleitet, vgl. 5*) (4* siehe S. 323)
5   Ährch. nicht gleichzeitig sitzend, aufrecht u. in einer 2reihigen, einseitswdg Ähre (5*
siehe S. 323)
6   Fr.bare Ährch. 1bltg (od. 2bltg, dann aber nur die obere Blü. zwittrig u. fertil, die
untere ♂ od. rudimentär). Ährch. bei der Reife als Ganzes abfallend. Ährch.stiel
durch eine Blü. abgeschlossen. Oft Fingergräser (Wenn keine Fingergräser, vgl. 27 ff.)
(Vgl. auch *Avena uniflora* u. *Arrhenatherum*)
7   Ährch. zu 2 od. 3, selten wirtelig gestellt, verschieden ausgebildet od. ungleich lang
gestielt. Hsp. 2 od. 3, die dritte manchmal 1 rudimentäre Blü. tragend
8   Ährch.achse mit ausgehöhlter Oberfläche, in jeder Höhlung 1 sitzendes u. 1 gestieltes
Ährch. (Stiel manchmal angewachsen!), Ligula als Haarreihe
9   Alle Ährch. fertil, annähernd zylindrische Ähren mit kahler Achse bildend. Ausdau-
ernd. B.scheiden zus.gedrückt. Halme am Grund liegend ..... *Hemarthria* S. 325
9* Nur das sitzende Ährch. fertil. Ährch.achse bis 6 cm lang, seidig behaart. Ährch. 1bltg,
am Rand behaart, sonst kahl. Untere Hsp. mit einem Sekretionskanal längs jedem
Kiel, od. mit pinselhaarigen Knoten besetzt. Einjährig .... *Elionurus* S. 325
8* Ährenchse nicht ausgehöhlt
10 Alle Ährch. gleichgestaltet, grannenlos, fertil, das eine sitzend, das andere gestielt.
Hsp. 3, die 1. u. 2. mit von langen Seidenhaaren bedecktem Kallus. Kräftige Pf.
11 Rispe breit u. verlängert (–1 cm), mit eilängl. Umriß. Ährenachse gegliedert. B.rand
rauh gezähnt .... *Saccharum* S. 324
11* Rispe sehr dicht, fast ährenf. zylindrisch, 10–20 cm lang. Ährenachsen nicht geglie-
dert. B.rand nicht gezähnt .... *Imperata* S. 324
10* Ährch. teilw. zwittrig, andere ♂ od. rudimentär
12 An der Astspitze sitzend 7 Ährch., davon 4 steril u. als Involucrum ausgebildet, das
1 sitzendes, langbegranntes, zwittriges u. 2 gestielte ♂ od. rudimentäre Ährch. um-
gibt .... *Themeda* S. 326
12* Ährch. zu 2 od. 3. Fr.bare Ährch. mit 2 krautigen od. lederigen Hsp., 1 hyalinen od.
dünnhäutigen Dsp., 1 schmalen hyalinen od. dünnen Dsp., 1 kleinen od. fehlenden
Vsp.

13 Ährch.trauben in ± zus.gesetzten Rispen, ohne Spatha. Gestielte Ährch. ♂ od. rudimentär. Dsp. 2spaltig, Gra. in der Ausbuchtung. Ährch. dorsal abgeflacht. Untere Hsp. des fertilen Ährch.s verhärtet. Ligula häutig, 2–3 mm lang . *Sorghum* S. 325
13* Ährch.trauben nicht in zus.gesetzter, spathaloser Rispe
14 Ränder der unteren Hsp. des fertilen Ährch.s so eingeknickt, daß diese Hsp. in ihrer ganzen Länge 2kielig erscheint. Gra. kahl od. kurz rauh
15 Die Gra. setzt die fast zylindrische fertile Dsp. fort. Ährch.trauben annähernd fingerig od. einzeln an der Spitze der Halme (u. ihrer Zweige)
16 Ährch.trauben fingerig od. in kurzen annähernd fingerigen Trauben
17 Sitzende Ährch. aller Paare zwittrig, begrannt. Teilähren gerade
    . . . . *Bothriochloa* S. 325
17* Sitzende Ährch. der unteren Paare ♂ od. steril, unbegrannt. Teilähren verbogen. Pf. bis 1 m hoch. Ligula bis 2 mm lang. Halmknoten bärtig . . . . . *Dichanthium* S. 325
16* Ährch.trauben einzeln. Das sitzende Ährch. zwittrig, das gestielte ♂ od. steril. Dsp. der fertilen Blü. auf eine bis 2 cm lange Gra. reduziert. Halmknoten bärtig
    . . . . *Eremopogon* S. 325
15* Gra. gekniet u. gedreht, in der Ausbuchtung der 2spaltigen od. 2zähnigen fertilen Dsp. Ährch.trauben zu (1–)2(–5) fingerig, ohne Spatha. Ährch. zu 2, davon nur 1 gestielt . . . . *Andropogon* S. 325
14* Ränder der unteren Hsp. des fertilen Ährch.s nur an der Spitze eingerollt od. eingeknickt, daher das Ährch. von etwa kreisf. Querschnitt. Gra. ± behaart, in der Ausbuchtung der fertilen Dsp. Ährch.trauben 2–3 cm lang, zu je 2 in zus.gesetzten Rispen, mit Spatha. Pf. ausdauernd . . . . *Hyparrhenia* S. 325
7* Ährch. einzeln, alle gleich
18 Hsp. (meist nur 1) auf den 5–7 Nerven mit oft hakig gekrümmten Stacheln. Dsp. häutig. Scheiden ± zus.gedrückt. Ligula kurz, gewimpert. Pf. einjährig *Tragus* S. 326
18* Hsp. i.d.R. 3, die erste sehr klein u. manchmal fehlend, in der Achsel der dritten manchmal eine ♂ Blü. Dsp. nicht gekielt, härter als die Hsp.
19 Ährch. ohne Borstenhülle
20 Ährch. nicht einseitswdg in die verbreiterte Rhachis eingesenkt. Halme zus.gedrückt. B. abstehend. Ligula eine Reihe von kurzen Haaren. Pf. kriechend
    . . . . *Stenotaphrum* S. 326
20* Ährch. nicht einseitswdg eingesenkt
21 Dsp. der Zwitterblü. deutl. 5–7nervig. Ährch. 2reihig in einseitswdg Ähren, diese zu 2(–3–7). Untere Hsp. fehlt. Ährch. oval bis fast kreisf. Pf. ausdauernd
    . . . . *Paspalum* S. 326
21* Dsp. der Zwitterblü. meist nur mit undeutl. Nerven (*Panicum* s.l.)
–   Zu den *Paniceae* gehört auch: Hsp. begrannt. Ährch. zu 2–6 gebüschelt
    . . . . *Oplismenus* S. 327
22 Ährch. einzeln (selten zu 2) in lockerer Rispe. Sp. unbegrannt . . . *Panicum* S. 327
22* Ährch. in Ähren od. Ährentrauben
23 Infl. insgesamt als einfache Ähre erscheinend, 10–15 cm lang, aber aus bis 20 dicht stehenden Teilähren bestehend, diese nur bis 3 mm dick. Achse ausgehöhlt. Ligula als Haarreihe. Sp. unbegrannt. Wasserpf. von *Glyceria*-Habitus . . . *Paspalidium* S. 327
23* Infl. fingerig, büschelig od. rispig
24 Ähren zu 4–6 fingerig od. büschelig auf kurzer Achse, bis 10 cm lang. Dsp. der Zwitterblü. die Vsp. fast ganz deckend . . . . *Digitaria* S. 326
24* Ähren rispig gestellt. Vsp. großenteils unbedeckt. Infl. ± lang behaart. Sp. ± begrannt od. stachelspitzig. Teilähren bis 8 mm dick. Pf. einjährig . . . . . *Echinochloa* S. 327
19* Ährch. mit einer Hülle von weichen od. starren Borsten. Ligula meist auf eine Haarreihe reduziert

25   Involucrum aus langen weichen, i.d.R. rötl. Borsten. 1. Hsp. sehr klein od. fehlend, 2.
     u. 3. Hsp. annähernd gleich groß u. gleichgestaltet, an der abgerundeten od. ausgeran-
     deten Spitze oft mukronat (mit aufgesetztem Spitzch.). In der 3. Hsp. oft eine ♂ Blü.,
     die auf die 3 Staubb. reduziert ist. Infl. locker. Ausdauernd . . . *Tricholaena* S. 328
25* Involucrum aus steifen Borsten
26   Involucrum 1seitig. Dsp. punktiert od. rauh. Ährenrispe. Borsten bleibend. Meist
     einjährig . . . . *Setaria* S. 327
26* Involucrum allseitig die Ährch. umgebend, innere Borsten länger, oft federig behaart.
     Borsten mit dem Ährch. abfallend. Infl. oval bis lang ährig. Ausdauernd
     . . . . *Pennisetum* (incl. *Cenchrus*) S. 328
6*   Ährch. 1–vielbltg. Ährch.achse i.d.R. nicht mit einer Blü. endend, i.d.R. über den
     Hsp. sich abgliedernd, sodaß die Hsp. stehen bleiben (Ausn. *Taeniatherum* S. 345)
27   Ährch. 1bltg (vgl. auch *Avena uniflora*), ohne zusätzl. darüber stehende ♂ Blü. od.
     leere Dsp.; Hsp. mindest. so lang wie die Dsp.
28   Die Hsp. umhüllen außer der Blü. 2 kleine od. schuppenf. basale sterile Dsp. ("Hüll-
     sp."). Ligula häutig, oft zerschlitzt. Ährenrispen- od. Ährengräser
29   Ährenrispe zylindrisch bis eif. Hsp. annähernd gleich, ihr Kiel ± geflügelt. Fertile
     Dsp. u. Vsp. glänzend, viel länger als die schuppenf. sterilen Dsp., letztere unbe-
     grannt . . . . *Phalaris* S. 329
29* 1. u. 2. Hsp. sehr ungleich. Sterile Dsp. annähernd gleich u. länger als Dsp. u. Vsp.
     der Blü., auf dem Rücken begrannt. A2 . . . . *Anthoxanthum* S. 330
28* Ährch. ohne sterile Dsp.
30   Dsp. hart, die Karyopse sehr eng umhüllend, begrannt
31   Hsp. länger als Dsp. Dsp. mit feiner, hinfälliger Gra., die höchst. 3mal so lang wie die
     Dsp. ist. Ausdauernde Horstgräser. Ligula 1–11 mm, stumpf od. gestutzt
     . . . . *Piptatherum* S. 331
31* Dsp. mit langer, kräftiger, ausdauernder Gra. Ligula kurz, gewimpert
32   Gra. einfach . . . . *Stipa* S. 330
32* Gra. 3tlg (Seitenreihe manchmal sehr kurz u. fein) . . . . *Aristida* S. 330
30* Dsp. anders
33   Ährch. zur Blü.zeit kaum geöffnet. Narben an der Ährch.spitze erscheinend. Ähren-
     rispen schmal zylindrisch . . . . *Alopecurus* S. 331
33* Narben an der Basis des Ährch.s erscheinend
34   Ligula eine Haarreihe. Fr. keine Karyopse (Samen verläßt das Perikarp!). Ährch. sehr
     klein (meist unter 2 mm lang), grannenlos. Pf. ausdauernd
     . . . . *Sporobolus* S. 333
34* Ligula häutig. Karyopsen
35   Ährenrispengräser (Wenn ausdauernd, vgl. auch *Polypogon viridis* S. 332)
36   Dsp. unbegrannt od. mit terminaler Gra. Beide Hsp. begrannt. Dsp. u. Vsp. annä-
     hernd gleich, viel kürzer als die Hsp. Ährenrispe dick, längl.-lappig
     . . . . *Ammophila* S. 333
–   Hüllsp. unbegrannt . . . . *Ammophila* S. 333
37   Ährch.stiele etwa in der Mitte gegliedert, der obere Teil mit dem Ährch. abfallend.
     Hsp. am Rand lang gewimpert, ihre Gra. viel länger als die Hsp. selbst. Einjährig
     . . . . *Polypogon* S. 332
37* Ährch.stiele an der Basis gegliedert, ganz mit abfallend. Hsp. am Rand nicht gewim-
     pert. Gra. der Hsp. kürzer bis höchst. doppelt so lang wie die Hsp. selbst. Ausdau-
     ernd . . . . × *Polypogonagrostis* S. 333
36* Dsp. auf dem Rücken od. am Grund begrannt. Einjährige Pf. mit dichten Ährenri-
     spen. Ligula bis 3,5 mm lang, ± zerschlitzt
38   Hsp. gleich, lang behaart, Dsp. begrannt, länger als Vsp. Ährenrispe dicht ± eif.,
     weichwollig . . . . *Lagurus* S. 333

38* Hsp. ungleich, kahl, länger als Dsp. Ährch. glänzend
39 Hsp. mit bauchigem Grund. Gra. der Dsp. rückenstdg bis fast endstdg. Hsp. viel länger als Dsp. . . . . *Gastridium* S. 332
39* Hsp.grund nicht bauchig. Gra. der Dsp. fast am Grund inseriert. Ährch.achse mit deutl., pinselartig behaartem Fortsatz. Dsp. 3grannig scheinend . *Triplachne* S. 332
35* Rispengräser. Rispe wenigst. zur Anthese ausgebreitet. Dsp. unbegrannt od. mit kurzer, rückenstdg Gra. Ausdauernd . . . . *Agrostis* S. 331
27* Ährch. 2 – mehrbltg (Ausn. *Avena uniflora*), manchmal nur 1 Zwitterblü., darunter (*Arrhenatherum*) od. darüber (*Holcus*) eine ♂ Blü. od. (*Melica, Lamarckia*) sterile Dsp.
40 Reife Ährch. als Ganzes abfallend, mit 1 unteren fertilen, unbegrannten u. 1 oberen ♂ begrannten Blü., die von der unteren zieml. weit entfernt ist. Hsp. länger als Dsp.
. . . . *Holcus* S. 335
40* Ährch. über den Hsp. abfallend
41 Hsp. i.d.R. viel länger als das Ährch. Dsp. unbegrannt od. am Rücken (bis fast endstdg) begrannt
42 Ährch. klein (1 – 4 mm), 2bltg, in lockere Rispe. Ährch.stiel oben keulig verdickt, mit 1 Blü. endend. Hsp. länger als Dsp., Rispe locker. Dsp. mukronat od. 2zähnig, unter der Mitte fein begrannt. Gra. etwas gekniet, im unteren Teil braun. gedreht. Pf. zart, einjährig (Wenn völlig grannenlos, vgl. *Airopsis* u. *Periballia*, beide auf den Can bisher nicht beobachtet) . . . . *Aira* S. 337
42* Ährch. meist groß, 2 – vielbltg. Rhacheola (Ährch.achse) verlängert
43 Ährch. sehr groß (1 – 4 cm), mit 1 (*A. uniflora*) bis 2 – 3 (selten mehr) fertilen Blü. u. oft 1 oberen ♂ od. sterilen Blü. Hsp. etwa so lang wie das Ährch. (ohne Gra.), Dsp. 7 – 9nervig, meist mit einer kräftigen, im unteren Teil des Rückens entspringenden Gra., diese gedreht u. gekniet. Pf. einjährig (im Gebiet) . . . . *Avena* S. 335
43* Ährch. kürzer als 1 cm
44 Untere Blü. des 2bltg Ährch.s ♂, selten zwittrig, mit langer geknieter, dorsaler Gra., obere zwittrig mit gerader, kurzer, subterminaler Gra. od. unbegrannt. Dsp. der fertilen Blü. 3 – 7nervig. Ausdauernd . . . . *Arrhenatherum* S. 336
44* Ährch. mit 2 bis mehr Zwitterblü., die alle gleich begrannt sind
45 Ährch. 2bltg. Dsp. gestutzt, an der Spitze unregelm. gezähnt. Gra. kaum gedreht (nur Az u. Md, 3 Arten) . . . . *Deschampsia*
45* Ährch. (1 –)2 – 6(– 9)bltg. Dsp. mit 2 Zähnen od. 2 feinen Spitzen endend. Alle Blü. mit ± gedrehten dorsalen Gra. Im Gebiet nur Einjährige. Ligula häutig, bis 1 mm, wimperig gefranst . . . . *Trisetaria* S. 335
41* Hsp. i.d.R. viel kürzer als das Ährch. Dsp unbegrannt od. mit subterminaler Gra. (selten Gra. dorsal, dann aber nicht gekniet: *Lophochloa*)
46 Fertile Ährch. von sterilen begleitet. Einjährige Ährenrispen- od. Rispengräser
47 Fertile Ährch. mehrbltg. Brakteen der sterilen Ährch. begrannt od. mit aufgesetztem Spitzch. Sterile Ährch. doppelkammf. Ährch. grün . . . . *Cynosurus* S. 338
47* Fertile Ährch. 1bltg, dazu oft eine auf die Dsp. reduzierte 2. Blü. Brakteen der sterilen Ährch. stumpf. Sterile Ährch. aus 2 Hsp. u. bis 12 meist grannenlosen Dsp. Ährch. zuletzt goldgrünl. . . . . *Lamarckia* S. 339
46* Alle Ährch. fertil
48 Dsp. tief in 9 Borsten geteilt. Ausdauernde Ährenrispengräser. Infl. lang von der obersten B.scheide umschlossen . . . . *Enneapogon* S. 334
48* Dsp. nicht od. kaum zerteilt
49 Einjährige kleine (1 – 25 cm) Gräser mit fast kugeliger (1,5 cm Durchm.) Infl. Hsp. stechend, hautrandig (an *Sesleria* erinnernd u. nah damit verwandt)
. . . . *Ammochloa* S. 337

49* Vor. Merkmale nicht zus.treffend
50 Rispe groß, locker. Rhacheola od. Dsp. lang behaart. Dsp. mit kurzer od. ohne Gra.
    Pf. kräftig, bis 6 m hoch. B. breit, flach
51 Hsp. ungleich, untere 3 – 6 mm, obere 6 – 12 mm. Rhacheola (Ährch.achse) unter den
    Ährch. lang behaart. Ligula als Haarreihe. B. bis 3,5 cm breit . . *Phragmites* S. 335
51* Hsp. annähernd gleich, bis 13 mm lang. Dsp. lang behaart, 5nervig. Ligula häutig. Pf.
    2 – 6 m hoch, verholzend. B. bis 8 cm breit . . . . *Arundo* S. 334
50* Kleinere Gräser
52 Dsp. 2 – 3zähnig, in der Ausbuchtung mukronat. Ährenrispengras mit auf 1 Haarreihe
    reduzierter Ligula. Ährch. 3 – 5bltg. Hsp. fast alle gleich, etwa so lang wie das Ährch.,
    3 – 9nervig . . . . *Danthonia* S. 337
52* Vor. Merkmale nicht zus.treffend
53 Ligula als Haarreihe. Ährch. 4 – 20bltg, unbegrannt. Pf. einjährig (Vgl. auch *Schis-
    mus*) . . . . *Eragrostis* S. 333
53* Ligula häutig (Vgl. aber *Schismus*)
54 Ährch. mit 1 – 2 Zwitterblü. darüber sterile Dsp., die eingerollt sind u. ein keuliges
    Gebilde darstellen. Dsp. stumpf, 5 – vielnervig (Nerven erreichen den Rand nicht). *M.
    canariensis* ist am Grund verholzt . . . . *Melica* S. 338
54* Vor. Merkmale nicht zus.treffend
55 Dsp. 3(– 5)nervig. Äußere Hsp. 0 – 1nervig, innere 0 – 3nervig
56 Rispe sehr locker, grünl. od. violett, Äste u. Ährch.stiele sehr fein u. verlängert. Dsp.
    unbegrannt. Ährch.stiele oben keulig verdickt. Ährch. klein (1,5 – 3 mm). Hsp. sehr
    ungleich. Pf. einjährig, zart. Ligula bis 4 mm lang, lanzettl. . . . . . *Sphenopus* S. 338
56* Infl. eine dicht Rispe od. Ährenrispe od. scheinbar dichotom
57 Rispenachse eigenartig zickzackf., daher Ährch. in scheinbar dichotomen Infl. Hsp.
    1nervig, ungleich, hart. Pf. gekniet aufsteigend, oft an den Knoten wurzelnd
    . . . . *Cutandia* S. 338
57* Ährenrispengräser. Hsp. häutig. Gra. nicht gekniet od. gedreht (Sonst vgl. *Trisetaria*
    S. 335)
55* Dsp. 5- bis vielnervig (im durchscheinenden Licht deutl.) (Wenn 5nervig, vgl. auch
    Lophochloa S. 337)
58 Dsp. nicht gekielt (Ausn. *B. catharticus*), nicht od. wenig seitl. zus.gedrückt, unter der
    2zähnigen Spitze begrannt. Rispe locker (selten dicht). Narben der Spitze des Fr.kn.
    inseriert . . . . *Bromus* S. 342
58* Nicht alle vor. Merkmale zus.treffend. Narben auf der Spitze des Fr.kn.
59 Ährch. fast so breit wie lang, seitl. zus.gedrückt, unbegrannt. Rispe mit feinen Ästen
    (Wenn Ährch. kurzgestielt in Trauben, vgl. *Catapodium* S. 277, 341)
    . . . . *Briza* S. 340
59* Ährch. deutl. länger als breit
60 Ährch. seitl. zus.gedrückt, Hsp. u. Dsp. ± gekielt
61 Hsp. ungleich, untere 1nervig. Dsp. begrannt. Ährenrispengräser *Lophochloa* S. 337
61* Hsp. fast gleich, untere 1 – 7nervig. Dsp. unbegrannt
62 Hsp. viel länger als die nächste Dsp., Dsp. 2lappig od. 2spaltig. Pf. einjährig.
    B.scheiden an der Mündung lang (3 mm) bärtig. Ährenrispengräser
    . . . . *Schismus* S. 338
62* Hsp. höchst. so lang wie die nächste Dsp., Spitze der Dsp. ganzrandig od. gestutzt
    (aber z.T. bespitzt)
63 Dsp. i.d.R. nur kurz mukronat. Ährch.stiele kurz. Rispe dicht bis fast ährenrispig, ±
    einseitswdg, oft gelappt. B.scheiden geschlossen . . . . *Dactylis* S. 339
63* Dsp. unbegrannt, spitz. Rispe locker. B.scheiden offen . . . . *Poa* S. 339
60* Ährch. wenig od. nicht zus.gedrückt Dsp. wenigst. in ihrer unteren Hälfte nicht gekielt

64 Vsp. mit gewimperten Kielen. Ährengräser. Ährch. mit der Breitseite der Achse zugewandt, kurz gestielt (v.a. die unteren) bis fast sitzend, schmal, vielbltg. Hsp. etwas ungleich, 3–7nervig. Dsp. 7–9nervig, i.d.R. mit terminaler Gra. Karyopse an der Spitze mit behaartem Anhängsel . . . . *Brachypodium* (incl. *Trachynia*) S. 343

64* Nicht alle vor. Merkmale zus.treffend

65 Dsp. mit ± gerundeter bis gestutzter Spitze, unbekannt, Rispe ± locker

66 Ährch. lang (15–25 mm), zuerst fast zylindrisch, dann zus.gedrückt. Dsp. häutig, mit 5–9 vorspringenden Nerven. Lodiculae verwachsen . . . . *Glyceria* S. 340

66* Ährch. kürzer (4–10 mm), zus.gedrückt. Dsp. verhärtend, mit 5± deutl. Nerven. Lodiculae frei. Rispe 8 cm lang. Dsp. 3–4 mm . . . . *Puccinellia* S. 340

65* Dsp. oben spitz od. pfrieml. (selten gestutzt, dann aber Ährenrispengräser od. Ährengräser)

67 Rispengräser

68 Ährch. begrannt. Stärkekörner zus.gesetzt

69 Pf. ausdauernd. Hsp. oft fast gleich. Ährch.stiele schwach, nicht zus.gedrückt, höchst. an der Spitze schwach verdickt. Ährch. nach der Anthese nach oben verbreitert. Narben lang, zur Anthese herausragend. Karyopse längl. od. längl.-eif. Gra. u. Narben im Gegensatz zu *Bromus* rein terminal . . . . *Festuca* S. 340

69* Pf. meist einjährig. Hsp. deutl. ungleich. Ährch.stiele verdickt, abgeflacht u. 2kielig. Ährch. nach der Anthese spreizend. Dsp. rauh. Narben kurz, zur Anthese nicht herausragend. Karyopse lineal. Ligula unter 1 mm lang . . . . *Vulpia* S. 340

68* Ährch. unbegrannt. Stärkekörner einfach . . . . *Catapodium* S. 341

67* Ährch. in einfacher od. zus.gesetzter Ähre, (fast) sitzend, i.d.R. auf 2 Seiten einer 3kantigen Achse. Dsp. stumpf, länger als Hsp. . . . . *Catapodium* S. 341

5* Ährch. sitzend, aufrecht, in 2 Reihen auf der Außenseite der Rhachis eine einseitswdg Ähre bildend. Diese Ähren wieder in Ähren od. ± fingerf. angeordnet ("Fingergräser")

70 Ährch. mit nur 1 (sehr selten 2) Zwitterblü.

71 1 bis mehrere wohlentwickelte sterile Dsp. über der Zwitterblü. Hsp. 2. Dsp. der fertilen Blü. unbegrannt od. begrannt. Ähren fingerig gebüschelt (zu 2 od. mehr). Ligula mit bis 5 mm langen Wimpern auf schmalem Hautrand . . . . *Chloris* S. 334

71* Sterile Dsp. fehlend (selten 1 rudimentäre bei *Cynodon*). Dsp. unbegrannt. Pf. mit Ausläufern. Ligula als Haarreihe

72 Ährch. als Ganzes abfallend (mit den Hsp.). Ähren in eine Ähre od. Traube geordnet. Pf. 0,3–1,5 m hoch . . . . *Spartina* S. 334

72* Ährch. über den Hsp. abfallend. Ähren bis 5 cm lang, zu 2–6 fingerig gestellt. Rhizom lang kriechend. Pf. 0,1–0,3 m hoch . . . . *Cynodon* S. 334

70* Ährch. mit 2–3(–6) Zwitterblü. od. mit nur 1 Zwitterblü., dann aber mehrere sterile, etwa 1 cm lang begrannte Blü. vorh. Pf. ohne lange Ausläufer

73 Ähren zu 2, oft ± miteinander verwachsen. Dsp. 2lappig, Gra. zwischen den beiden stumpfen Lappen stehend. Ausdauernd . . . . *Tetrapogon* S. 334

73* Ähren i.d.R. gebüschelt, frei. Dsp. unbegrannt. Hsp. scharf gekielt. Einjährig . . . . *Eleusine* S. 333

4* Alle od. fast alle Ährch. sitzend u. oft ± in Aushöhlungen der Rhachis eingesenkt, eine Ähre bildend

74 Ährch. einzeln an der Rhachis sitzend

75 Ährch. 1bltg, höchst. 7 mm lang (seltener bei *Parapholis* 2bltg), in distischer Ähre, die bei der Reife zerbricht. Pf. einjährig, mit glänzenden Halmen u. braun- bis schwarzvioletten Knoten. Haupts. auf küstennahen Sanden

76 Nur 1 Hsp. vorh. (außer beim endstdg Ährch.), welche die Aushöhlung der Rhachis wie ein Deckel schließt. Ährch. mit dem Rücken zur Ährenachse stehend
.... *Hainardia* S. 344
76* Hsp. 2, nicht so eng anliegend. Ährch. der Rhachis mit der Breitseite zugewandt
.... *Parapholis* S. 344
75* Ährch. 2 – mehrbltg
77 Dsp. mit dorsaler, geknieter Gra. Habitus von *Lolium*, aber Ährch. ähnl. *Avena*. Einjährig .... *Gaudinia* S. 337
77* Gra. terminal od. fehlend
78 Hsp. lineal, zugespitzt, 1nervig. Dsp. lanzettl., gewimpert, lang begrannt (Gra. terminal). Ährch. mit 2 fertilen Blü. .... *Secale* S. 345
78* Hsp. nicht lineal
79 Ährch. in der Rhachisebene, d.h. dieser mit der Schmalseite zugewendet. Nur 1 Hsp. vorh. (außer am obersten Ährch.). Ährch. vielbltg .... *Lolium* S. 343
79* Ährch. mit der Breitseite zur Rhachis gewendet
80 Pf. einjährig, mit dichter Ähre
81 Hsp. rundrückig, aufgeblasen, 5 – 13nervig, an der Spitze mit 2 – 5 Zähnen, Gra. od. Pfriemen. Wildpf. .... *Aegilops* S. 345
81* Hsp. gekielt, kurz zugespitzt bis begrannt. Kulturpf. .... *Triticum* S. 345
80* Pf. ausdauernd. Ähre ± locker. Hsp. lanzettl., 5nervig .... *Elymus* S. 345
74* Ährch. zu 2 – 3 an den Rhachisgliedern sitzend
81 Ährch. 1bltg, in Gruppen zu 3 (Bei Wildarten ist nur das mittlere Ährch. fertil)
.... *Hordeum* S. 345
81* Ährch. 2bltg, zu 2 zusammengestellt .... *Taeniatherum* S. 345

Arundinaria

– Pf. bis 7 m, St. 2 cm dick. B. breit, bis 35 cm lang, Borsten an der Scheidenmündung weich (bei *Sasa* rauh) – **V:** Az?, Md – Japan, Korea

| | | G | T? | C | | |
.... *A. japonica* Sieb. et Z.

Zea

– Pf. bis 3 m hoch. B. bis 6 cm breit, etwas wellig – **V:** Can kult. – Cv – Heimat Am

| | P | G | T | C | L | |
.... *Z. mays* L.

Coix

– ♀ Ährch. mit nur 1 fertilen Blü. ♂ Teilinfl. um 10 cm lang. B. um 2 cm breit – **V:** Can kult. – Md, Cv? – palaeotrop

| | | | T | C? | L? | |
.... *C. lacryma-jobi* L.

Imperata

– Pf. bis 1 m hoch. B. blaugrün, rinnig eingerollt, mit glattem Rand u. breiter weißer Mittelrippe. Ährch. silberweiß glänzend durch Haare, die länger sind als die Sp. Scheiden verbreitert. Rhizom lang kriechend – **V:** Md, Cv – Heimat trop. Am, warm-kosmop – **S:** Sandiger, felsiger Grund

| | | | | C | | |
.... *I. cylindrica* (L.)P.B. **var.** *europaea* And.

Saccharum

– Pf. bis 6 m hoch. Haare der Ährch.stiele 2 – 3mal so lang wie das Ährch. B. bis 150 × 6 cm, unterste blaugrün – **V:** Can kult. – Md, Cv – Heimat trop. As?, trop-subtrop kult.

| | P | | T | C | | |
.... *S. officinarum* L.

Hemarthria
- Pf. ausdauernd, 0,5 – 1 m hoch. B. 2 – 5 mm breit. Ährch. ohne Gra. – **V:** pantrop-subtrop [*H. compressa* (L.f.)R.Br.]

| | P | | T | | | |

.... *H. altissima* (Poir.)Stapf et Hubb.

Elionurus
- Pf. einjährig. Ährch. 1bltg, am Rand behaart, sonst kahl – **V:** Cv – sudan-aethiop . . *E. royleanus* Nees

Sorghum
1 Ausdauernd, bis 1,5 m hoch. B. bis 2 cm breit. Ligula 3 mm. Rispe groß. Fertile Ährch. behaart, reife Ährch. abfallend. Dsp. mit geknieter Gra. – **V:** Az, Md, Cv – palaeosubtrop, im trop. Am eingebürg.

| H? | P | G | T | C | L | F? |

.... *S. halepense* (L.)Pers.

1* Pf. einjährig, bis 3 m hoch. Reife Ährch. bleibend – **V:** C kult. u. gelegentl. verwild. – Md – trop. Afr

| | | | | C | | |

.... *S. bicolor* (L.)Moench

Eremopogon
- Die 2 Hsp. häutig, gleichlang. Ähren bis 5 cm lang, seidig behaart, dadurch gelbl. Pf. polsterbildend. Ligula um 1 mm lang, lang gewimpert, am Scheidenrand herablaufend. B: 30 – 80 × 1 – 2 mm, blaugrün, sehr kurz behaart. Hsp. mit Grube zwischen den Nerven ("Fovea"). Ausdauernd – **V:** Cv – sah-sind

| H | P | G | T | C | | F |

.... *E. foveolatus* (Delarb.)Stapf

Bothriochloa
1 Unter Hsp. des sitzenden Ährch. etwa in der Mitte mit einer tiefen Grube. Knoten kahl – **V:** Cv – Sizilien – (spec.: palaeotrop-subtrop)

| | | | T | C | | |

B. pertusa (L.)A.Cam. **var.** *panormitana* (Parl.)Maire et Weill.

1* Untere Hsp. ohne Grube. Ligula sehr kurz. Halm bis 40 cm lang, ohne Rinne (vgl. *Dichanthium*). Halme unter den Knoten blaugrün – **V:** pansubtrop

| | | | T? | C? | | |

.... *B. ischaemum* (L.)Mansf.

Dichanthium
- Halm auf der einen Seite mit Rinne. B. kahl. Pf. rasig – **V:** Md, Cv – sah-sind, weit verschl.

.... *D. annulatum* (Forsk.)Stapf

Andropogon
- Pf. buschig, bis 70 cm hoch. Gra. bis 6 mm lang, gekniet, gedreht. Gestieltes Ährch. 8 – 12 mm, oft violett – **V:** trop.-subtrop. Afr, med

| | | G | T | | | |

.... *A. distachyus* L.

Hyparrhenia
1 Pf. ausdauernd, bis ca. 1 m hoch, horstwüchsig. Ährch. seidig, das sitzende ♀, das gestielte ♂. Hsp. gleichlang, länger als Dsp. Dsp. der ♂ Blü. mit 2 cm langer, geknieter u. gedrehter Gra. – **V:** F, selten – Md, Cv – med, SAfr – **G:** KLE

| H | P | G | T | C | L | F |

.... *H. hirta* (L.)Stapf

1* Bis 2,5 m hohes Futtergras, ausdauernd – **V:** T verwild. – trop. Afr

| | | | T | | | |

.... *H. rufa* (Nees)Stapf

Themeda
- Ährch. 5–6 mm lang, dicht rot bärtig. Gra. der Dsp. 3–7 mm lang, gekniet – **V**: Cv – palaeotrop
.... *Th. triandra* Forsk.

Tragus
- Untere Hsp. fehlend od. sehr klein. Rispe zylindrisch, Zweige sehr kurz, je 2–5 fast gebüschelt scheinende Ährch. tragend, diese oft rötl. Pf. einjährig. B.spreiten am Rand starr gewimpert, 2–3 mm breit, 1–5 cm lang – **V**: Cv – pantrop-subtrop

H	P	G	T	C	L	F?

.... *T. racemosus* (L.)All.

Digitaria
1 Pf. mehrjährig, locker horstwüchsig. Obere Hsp. außen seidig behaart. Ährch. mit langen weichen Haaren. Knoten kahl – **V**: Cv – sah-sind, aethiop [*D. commutata* Schult. ssp. *nodosa* (Parl.)Maire]

			C		

.... *D. nodosa* Parl.

1* Pf. einjährig, meist mit mehreren (3–10) Halmen kriechend. Diese wurzeln oft am Grunde u. steigen dann knickig auf. Knoten meist etwas behaart. Innere Hsp. halb so lang wie die Dsp.

2 Obere Hsp. nur wenig (oben) u. kurz behaart. Dsp. am Rand kurz behaart, auf dem Rücken kahl – **V**: Az, Md?, Cv – pantrop-subtrop-temp – **G**: CHE, PLA I-2a (Verwechslung mit *D. ciliaris?*)

	P	G?	T?	C?	L?	

.... *D. sanguinalis* (L.)Scop. s.str.

2* Obere Hsp. lang behaart. Dsp. am Rand u. auf den Seitennerven lang behaart (weiche Haare u. starre Borsten) – **V**: Az, Md?, Cv – pantrop-subtrop(temp) [*D. sang.* var. *ciliaris* (Retz)Maire et Weill.]

	P	G	T	C		

.... *D. ciliaris* (Retz)Koel.

Paspalum
1 Ährch. zu 2, fast kahl. Ligula sehr kurz, gerundet
2 B.spreite i.d.R. eingerollt. Schlund der oberen B.scheiden kahl. Beide Ährch.trauben gestielt. Sp. unbegrannt, obere Hsp. ± kahl. Pf. feuchter Orte mit Ausläufern, 40–50 cm – **V**: Az – trop.-subtrop. Am, pantrop-subtrop eingebürg. [*P. vaginatum* Sw.]

	P		T			

.... *P. distichum* L.

2* B. flach. Schlund der B.scheiden bärtig. I.d.R. eine der Ährentrauben sitzend. Obere Hsp. behaart. Pf. feuchter Orte – **V**: Az, Md – trop.-subtrop. Am, pantrop-subtrop eingebürg. [*P. distichum* auct. non L.]

	P	G	T	C		

.... *P. paspalodes* (Mich.)Thell.

1* Ährentrauben wechselstdg am Halm
3 Ährentrauben 3–7, dicht behaart. Ligula eilanzettl., spitz – **V**: Az, Md – NAm, sonst als Futterpf. kult. u. gelegentl. subspontan

	P		C			

.... *P. dilatatum* Poir.

3* Ährentrauben zahlr. Hsp. behaart. Schlund der B.scheiden bärtig – **V**: Az – SAm, Port eingebürg.

	P					

.... *P. urvillei* Steud.

Stenotaphrum
- Ährentrauben zu 1(–5) end-(u. seiten-)stdg. Rhizom kräftig, mit langen Ausläufern. B. lederig, grün, Spreite eingerollt od. flach, 3–10 cm × 4–9 mm. Ligula als kurze Haarreihe. Scheiden gekielt zus.gedrückt. Gut zum Binden lockerer Sande geeignet

– **V:** Az, Md, Cv – pantrop, für ausdauernde Rasen kult. u. gelegentl. verwild.

			T	C	L	F	

.... *S. secundatum* (Walt.)O.Ktze.

Paspalidium
– B. ± blaugrün. Ligula als Haarreihe. Ährch. kahl, in 2 Reihen. Pf. mit *Glyceria*-Habitus, um 30 cm hoch. B.scheiden locker, kahl – **V:** Md. Cv – palaeotrop, pantrop verschl. – **S:** Wasserpf. in Bächen [*Panicum paspaloides* Pers.]

			C				

.... *P. geminatum* (Forsk.)Stapf

Echinochloa
1 Ährentrauben schmal (3–4 mm breit), ± aufrecht. Hsp. nicht bewimpert, ohne Gra. Pf. bis 60 cm hoch. B. bis 6 mm breit – **V:** Az?, Md, Cv – pantrop-subtrop

		G		C			

.... *E. colonum* (L.)Link.

1* Ährentrauben breit (4–8 mm), ± ausgebreitet. Hsp. lang gewimpert, oft mit bis 4 mm langer Gra. Pf. bis 1 m hoch, B. bis 12 mm breit – **V:** Az, Md, Cv – kosmop

	P	G?	T	C	L	F	

.... *E. crus-galli* (L.)P.B.

Oplismenus
– Hsp. begrannt, Ährch. zu 2–6 gebüschelt – **V:** Md, Cv

			T				

.... *O. hirtellus* (L.)P.B.

Panicum
1 Dsp. querrunzelig, matt (Subgen. *Megathyrsus*). Rispe stark verzweigt, bis 50 cm lang, mit großen Ährch. Halm 1–3 m hoch. Pf. horstbildend, kaum behaart – **V:** T feuchte Orte – Md, Cv – trop. Afr, als eines der besten Futtergräser der Tropen pantrop kult. ("Guineagras")

		G	T	C			

.... *P. maximum* Jacq.

1* Dsp. glatt, glänzend, selten etwas fein längsstreifig (Subgen. *Eupanicum*). Ligula kurz, bewimpert

2 1. Sp. kürzer als das halbe Ährch., breiter als lang. Pf. mit langem, z.T. knollig verdicktem Rhizom kriechend, ausdauernd. B. der sterilen Triebe dicht 2zeilig. Halme kahl, bis etwa 60 cm hoch. Rispe aufrecht ausgebreitet, stark verzweigt. Pf. küstennaher Sande (mit Flüssen auch landeinwärts) – **V:** Az, Md – palaeotrop-subtrop

			T	C	L		

.... *P. repens* L.

2* 1. Sp. länger als das halbe Ährch. Halme bes. unter den Knoten stark behaart, einjährig, 10–50 cm hoch. B. bis 35 × 1,7 cm, wie die Scheiden weich behaart. Rispe sehr locker, Ährch. klein (2 mm), reif grau – **V:** Az, Md – NAm, als Zierpf. kult.

			T				

.... *P. capillare* L.

Setaria
1 B. unter 2 cm breit
2 Dsp. querrunzelig. Hsp. wenig ungleich. Haare der Borsten nach vorn gerichtet. Involucrum aus 6–8 Borsten. Ligula als Haarreihe – **V:** Az, Md, Cv – warm-kosmop [*S. lutescens* (Weig.)Hubb.]

	P	G	T	C			

.... *S. glauca* (L.)P.B.

– Ähnl., aber mehrjährig – **V:** Az, Md – Heimat NAm, in SWEur eingebürg.

	P		T	C			

.... *S. geniculata* (Lam.)Beauv.

2* Dsp. punktiert (Lupe!). Hsp. sehr verschieden (die untere $^1/_3$, die obere fast so lang wie das Ährch.). Haare (Zähne) der Borsten außer bei ssp. *ambigua* nach hinten gerichtet. Involucrum aus 1–4 Borsten. Rispe am Grund unterbrochen, mit wirteligen Ästen. B.scheiden zus.gedrückt, gekielt. Ligula sehr kurz, gewimpert – **V:** Az, Md, Cv – kosmop – **G:** CHE I-1 (incl. *S. verticillata* (L.)P.B.)

	P	G	T	C	L?	F?	

 .... *S. adhaerens* (Forsk.)Chiov.

1* B. bis 6 cm breit. Bis 1 m hohes Ziergras – **V:** T gartenflücht.? – SAfr

			T				

 .... *S. chevalieri* Stapf

Tricholaena

– Pf. ausdauernd. Rispe locker, Rispenäste fädig, gebogen. Ährch. einzeln, seitl. zus.gedrückt. Ligula als Haarreihe. Halm 25–65 cm. Ährch. ± purpurn überlaufen, lang fein behaart (Haare bis 4 mm das Ährch. überragend) – **V:** Cv – südmed-sah-sind (Achten auf die westsah var. *sericea* Maire mit dicht kurzbehaarten B.scheiden, die hierdurch weißl. erscheinen.)

H	P	G	T	C		F	

 .... *T. teneriffae* (L.f.)Link

– Halme bis 1,2 m lang, Rispen silberweiß bis rosarot behaart, an den unteren Knoten wurzelnd – **V:** Cv – trop. u. SAfr, Arab [*Rhynchelytrum repens* (Willd.)Hubb.]

			T				

 .... *T. rosea* Nees

Pennisetum s.l. (incl. Cenchrus)

1 Pf. bis ca. 1 m hoch, einjährig

2 Involucralborsten am Grunde verwachsen u. so eine Cupula aus zieml. starren Borsten bildend. Innere Involucralborsten nur am Grund schwach gefiedert (*Cenchrus*). B.scheiden kahl od. oben etwas behaart. (Wimpern mit knotiger Basis). B. grün, rauh. Halm 10–80 cm, am Grund verzweigt. Rispe locker zylindrisch, 3–15 × 0,8–2 cm, weißl. bis violett. Eine Borste bis 16 mm, die übrigen bis 12 mm lang – **V:** Grac, Lob – Md, Cv – südmed-sah-sind, SAfr [*P. ciliare* (L.)Link]

H	P	G	T	C	L	F	

 .... *Cenchrus ciliaris* L.

2* Involucralborsten bis zum Grund frei, die inneren länger, dicht gefiedert. Pf. oft ± blaugrün

3 Ährenrispe über 2 cm dick, bis 12 cm lang, sehr dicht, eif. od. eilängl. Involucralborsten sehr lang (bis > 7 cm), Griffel auffällig, bis 2 cm lang. Pf. horstwüchsig, Scheiden ± zus.gedrückt, an der Mündung kurz bärtig. Ährenrispe schön federig, weißl. bis rosa. Pf. 50–75 cm hoch, unter der Ährenrispe behaart – **V:** Az, Md – Heimat Äthiopien, Zier- u. trockenresistentes Futtergras – **G:** CHE I-2

	P		T	C			

 .... *P. villosum* R.Br. ex Fresen.

3* Ährenrispe unter 2 cm dick, ± zylindrisch, etwas aufgelockert. Griffel u. Involucralborsten kürzer. Borsten oft rötl.

4 B.scheiden gegen den Spreitenansatz hin langhaarig, ebenso meist die Spreite im unteren Teil. Pf. nicht binsenf. Halme am Grund ohne b.lose Scheiden. Ährenrispe 15–25 cm lang. Borsten oft rötl. od. violett – **V:** ostafr-westas – **S:** Sand u. andere trockene Orte, bes. Straßenränder – **G:** KLE [*P. elatum* auct. can. non Hochst. ex Steud.] (Hierzu auch *P. teneriffae* (Steud.)Parl.?)

	P		T	C			

 .... *P. setaceum* (Forsk.)Chiov. **ssp.** *orientale* (Rich.)Maire

– Pf. 0,8–1,7 m, Ährch. strohfarben – **V:** SAfr

	P						

 .... *P. macruorum* Trin.

– **V:** Äthiopien

| | | | T | | | |................................. ***P. glabrum*** Steud.

4* **Pf.** ± binsenf. Halm am Grund mit b.losen Scheiden. B.scheiden nicht zus.gedrückt, kahl, wie die Spreiten graugrün. Ährenrispe bis 15 cm lang – **V:** südostmed-arab – **S:** Dürre Orte

| | | | C? | | |........................ ***P. elatum*** Hochst. ex Steud.

1* **Pf.** sehr groß, von Schilfrohr-Habitus (2–6 m). Horstwüchsig. Spreite 30–120 × 1–5 cm, oft etwas purpurn überlaufen, meist oberts etwas behaart. Rispe 7–30 × 1,4–3 cm. Ausdauernd – **V:** Md – trop. Afr, Futtergras ("Elefantengras")

| | P | | T | C | L? | |... ***P. purpureum*** Schum. et Thonn.

Phalaris

1 **Pf.** ausdauernd, 50–150 cm. Halme am Grund zwiebelig verdickt

2 Flügel der Hsp. ausgebissen-gezähnt. Hsp. kurz begrannt, kahl od. ± rauh. Dsp. u. Vsp. kahl. Ligula bis 1 cm lang, oft zerschlitzt. Ähre meist violett überlaufen – **V:** Az, Md – med – **S:** Feuchte Orte

| H | P | G | T | C | L | F |........................... ***Ph. coerulescens*** Desf.

2* Flügel der Hsp.fast ganzrandig, schmal (bis 0,5 mm). Hsp. wehrlos, aber spitz. Sp. schwach behaart. Ligula meist ganz. Ährenrispe meist gelbl. – **V:** Md – med – **S:** Feuchte Orte [*Ph. bulbosa* L. non Cav., *Ph. tuberosa* L., *Ph. nodosa* L.]

| | P | | T | C | | |............................... ***Ph. aquatica*** L.

1* **Pf.** einjährig, bis 50 cm. Obere B.scheiden aufgeblasen. Halme am Grund nicht zwiebelig verdickt

3 Ährch. zu 5–7 gebüschelt, nur das mittlere fertil. Hsp.-Flügel in eine lange Spitze ausgezogen. Dsp. kahl. Ligula 3–4 mm, gestutzt. Ährenrispe gelbgrün, von der obersten B.scheide etwas umhüllt. Ährenrispe oben verbreitert – **V:** Az, Md – med – **S:** Äcker, bes. auf Lehm

| | | G | T | C | L | F |................................ ***Ph. paradoxa*** L.

3* Alle Ährch. fertil. Hsp.-Flügel nicht lang zugespitzt. Dsp. angedrückt behaart. Ährenrispen ± lang gestielt, weißl.-grün

4 Hsp.-Flügel fast immer ausgebissen gezähnt, spitz. Hsp. um 5 mm lang. Ligula 6–7 mm, gestutzt, oft zerschlitzt. Ährenrispe eif.-zylindrisch – **V:** Grac – Az, Md – med-sah-arab

| | | G | | C | L | F |................................. ***Ph. minor*** Retz.

4* Hsp.-Flügel ganz, stumpf(-l.). Ligula 3–5 mm, gestutzt, ± zerschlitzt. Hsp. 7–9 mm lang. Ährenrispe rundl.-oval

5 Sterile Dsp. lang (über die Hälfte der fertilen). Halm oben meist nur kurz b.los – **V:** Grac, Lob – Az, Md – westmed – **G:** CHE I-1q

| H | P | G | T | C | L? | F |..................... ***Ph. canariensis*** L.

5* Sterile Dsp. unter 1 mm. Halm i.d.R. oben b.los, daher Ährenrispe lang gestielt – **V:** Az, Md – med – **S:** Felder, Weiden [*Ph. canariensis* ssp. *brachystachys* (Link)Posp.]

| H | | G | T | C | L | F |................................ ***Ph. brachystachys*** Link

Anthoxanthum

1   Pf. ausdauernd. Ährenrispe (ei-)zylindrisch, am Grund verschmälert. Hsp. nicht fein zugespitzt. Gra. wenig herausragend. Ährch. 6–8 mm lang. Pf. nur unten verzweigt – V: Az, Md – euras, in NAm u. Austr eingeschleppt

☐ ☐ ☐ ☐ C ☐ ☐ . . . . *A. odoratum* L.

1*   Pf. einjährig. Ährenrispe verlängert, am Grund verschmälert, meist zieml. locker. Hsp. fein zugespitzt. Gra. der oberen sterilen Dsp. lang exsert. Ährch. 5 mm lang. Pf. auch weiter oben verzweigt – V: Az – westmed-atl [*A. puelii* Lec. et Lam.]

| H | P | G | T | C | L | F | . . . . *A. aristatum* Boiss.

Aristida (incl. Stipagrostis)

1   Ungeteilter Grundabschnitt der Gra. stets vorh.

2   Dsp. etwa in der Mitte gegliedert (der obere Teil fällt mit der Gra. ab). Mittelast der Gra. bis 50 mm lang, federig behaart, die seitl. Äste nackt, sehr zart, nur bis 20 mm lang. Knoten lang gewimpert, unter den Knoten ± deutl. Klebringe. Pf. ausdauernd, mit ± zahlreichen Innovationstrieben – V: sah, SAfr [*Aristida c.* Desf.]

☐ P ☐ ☐ C ☐ F ☐ . . . . *Stipagrostis ciliata* (Desf.)De Wint.

2*   Dsp. nicht gegliedert

3   Gra.äste fast gleich, nackt, ± rauh

4   Fußteil der Gra. nur 2–3 mm lang, Rispe dicht, fast ährenf. (Rispenäste nur bis 3 cm lang). Pf. blaugrün. B. 40 × 1 mm. Knoten schwarzpurpurn – V: Cv – südsah-arab . . . . *A. meccana* Hochst.

4*   Fußteil der Gra. 12–45 mm lang, etwa so lang wie die Äste. Rispe sehr locker u. armbltg, von der obersten B.scheide umhüllt. Rispenäste 4–7 cm lang. B. bis 70 × × 1 mm – V: Cv – sah-sind . . . . *A. funiculata* Trin. et Rupr.

3*   Mittelast der Gra. etwa 30 mm lang, stets fiederig behaart, seitl. etwa 10 mm lang, kahl (sonst vgl. die sah *A. pungens* Desf.). Rispe locker, ca, 12 cm lang. Fußteil der Gra. unter der Verzweigungsstelle behaart. Pf. dichthorstig, aber mit wenigen Erneuerungstrieben, einjährig bis ausdauernd – V: Cv – südsah [*A. papposa* Trin. et Rupr.]

☐ ☐ ☐ ☐ ☐ ☐ F? . . . . *Stipagrostis uniplumis* (Licht.)De Wint.

1*   Gra. fast bis zur Spitze der Dsp. geteilt, die 3 Äste rauh

5   Pf. ausdauernd, mit zahlr. Erneuerungstrieben. Rispe lang, nicht unterbrochen (etwa so lang wie der halbe Halm). Alle Knoten im untersten Viertel des Halms. Ährch. fast stets violett. Mittelast der Gra. bis 25 mm lang – V: Md – südmed-sah-arab [*A. adscensionis* ssp. *coerulescens* (Desf.)Bourreil et Trouin]

| H | P | G | T | C | L | F | . . . . *A. coerulescens* Desf.

5*   Pf. einjährig. Rispe kurz od. - wenn lang - unterbrochen – V: Md, Cv – pansubtroparid, St. Helena, Ascensión – G: KLE (Alle Angaben zu überprüfen, da offenbar mit vor. Art verwechselt)

| H | P | G | T | C | L | F | . . . . *A. adscensionis* L.

Stipa

1   Gra. bis 1 cm, gekniet, unterhalb des Knies abstehend behaart u. gedreht, oberhalb nur rauh, nicht gedreht. Rispe dicht, fast ährenrispig, nach der Blü.zeit mit verworrenen Gra. Dsp. 4–5 mm. Pf. einjährig – V: Grac, Lob – Md – südmed, SAfr – G:

KLE [*S. retorta* Cav., *S. tortilis* Desf.]

| H | P | G | T | C | L | F | . . . . *S. capensis* Thunb.

– B. sehr zäh mit federf. Anhängseln – **V:** F vermutl. mit Aufforstungen eingeschleppt

| | | | | | | F | . . . . *S. tenacissima* L.

1* Gra. gedreht-gebogen, oben unbehaart, nur gegen die Ansatzstelle weichhaarig – **V:** T Anaga, Taganana-Tunnel Süd, seit 1964? – Md – Brasilien-Argentinien

| | | | T | C | | | . . . . *S. neesiana* Trin. et Rupr.

Piptatherum [Oryzopsis]

1 Untere Rispenäste zu (2–)4–8(–20). Ährch. klein (bis 3 mm). Dsp. kahl, bis 2,5 mm lang, Gra. 3–5 mm, hinfällig. Ligula kurz (unter 2 mm lang), gestutzt, auf dem Rücken fein behaart. B. bis 10 mm breit, zuletzt eingerollt – **V:** Az, Md – med – **S:** Frische Wegränder – **G:** CHE I-2b [*Oryzopsis miliacea* (L.)Benth. et Hook ex Asch. et Schwf.]

| | P | G | T | C | L? | F? | . . . . *P. miliaceum* (L.)Coss.

1* Untere Rispenäste zu 2–3(–4). Ährch. größer (5–9 mm)

2 Dsp. kahl. Gra. kaum länger als die Ährch. Ligula 6–9 mm, meist stumpf, oben gezähnelt. B. schmal, unter 3 mm breit. untere B.scheiden meist mit Mycel von *Neopeckia oryzopsis* Maire, daher schwarz. Ährch. grün u. bläul. gescheckt – **V:** med [*Oryzopsis coerulescens* (Desf.)Hack.]

| | P? | G | T | C | L | | . . . . *P. caerulescens* (Desf.)Beauv.

2* Dsp. kurzhaarig, Gra. etwa 3–4mal so lang wie Dsp. B. bis 1 cm breit, flach. Ligula unter 0,5 mm lang, gelbl. – **V:** Md? – westmed [*Oryzopsis paradoxa* (L.)Nutt.] . . . . *P. paradoxum* (L.)Beauv.

Alopecurus

– Pf. einjährig. Ährenrispe schmal zylindrisch, stumpf. Hsp. stumpfl., ihr Kiel nicht längs geflügelt, gewimpert. Pf. bläul.-grün, i.d.R. gekniet aufsteigend. Ligula bis 4 mm, stumpf – **V:** Az – holarkt, Austral

| | | | T | | | | . . . . *A. geniculatus* L.

Agrostis

1 Dsp. u. Vsp. sehr ungleich. Dsp. etwa $^2/_3$ der Hsp. od. ebenso lang

2 Rispe lang, schmal, nach der Blü. zus.gezogen (nicht bei *A. stolonifera* ssp. *gigantea* Maire et Weill.). Dsp. stumpf, wehrlos od. mit kurzer Gra. Ligula länger als breit, bis 6 mm lang (*A. stolonifera* s.l.)

3 Rispe nicht auffallend schneeweiß. Rhizom kurz. B. sehr schmal, oft eingerollt Ährch. mit od. ohne Gra. – **V:** P eingeschleppt – Az, Md – med [*A. stolonifera* ssp. *cast.* (Boiss. et Reut.)M.]

| | P | | | | | | . . . . *A. castellana* Boiss. et Reut.

3* Rispe auffallend schneeweiß, groß (15–20 cm lang). Sonst ähnl. vor. – **V:** E Can, P, G, T haupts. im N um 700 m, Lob – **S:** Frische bis feuchte Orte (Zu *A. castellana*?)

| | P | G | T | C | L? | F? | . . . . *A. canariensis* Parl.

2* Ligula breiter als lang (bis fast fehlend), gestutzt. Rispe nach der Blü.zeit ausgebreitet bleibend – **V:** holarkt

| | P? | | | | | | . . . . *A. tenuis* Sibth.

1* Dsp. u. Vsp. fast gleich lang. Dsp. halb so lang wie Hsp. Ausläufer meist vorhanden, Rispe dicht, gelappt mit wirteligen Ästen, die meist schon vom Grund an Ährch. tragen. Ligula kurz (1–5 mm), gestutzt od. stumpf, ± gezähnt. B. flach, bis 8 mm breit – **V:** Az, Md, Cv – med, weltweit verschl. – **S:** Feuchte Orte [*Polypogon viridis* (Gou.)Breistr.]

| H | P | G | T | C | L | F | . . . . *A. semiverticillata* (Forsk.)Christens.

Gastridium
– Ährch.bauch weißl. glänzend. Pf. etwas blaugrün. B. 1–3 mm breit. Ährenrispe blaßgrün. Dsp. meist begrannt, Gra. bis 6 mm lang (sonst vgl. fo. *muticum* (Gaudin)Maire et Weill.) – **V:** Az, Md, Salv, Cv – med-atl – **S:** Sandige Orte

| P | G | T | C | L | F | . . . . *G. ventricosum* (Gou.)Sch. et Thell.

Triplachne
– Die 2 Seitennerven der Dsp. ausgezogen in Gra. Dsp. daher "dreigrannig" (Name!). Pf. einjährig, bis 30 cm, grün. Halme glänzend, kahl, fein braun od. dunkelpurpurn punktiert, Knoten oft schwarzviolett. Gra. ca. 4 mm, braun, gedreht u. gekniet. – **V:** Md – westmed (auch Palaestina) – **S:** Felsen u. Sande der Küstenregion

| | | | | C? | L | | . . . . *T. nitens* (Guss.)Link

Polypogon (incl. Melinis)
Vgl. auch *Agrostis semiverticillata* S. 332
1 Pf. einjährig
2 Dsp. unbegrannt (vgl. auch *Agrostis semiverticillata*, die aber ausdauert). Dsp. am Rücken feindornig, 2lappig. Hsp. begrannt (Gra. bis 7 mm, viel länger als die Sp.), Hsp. tief 2spaltig, an den Rändern langhaarig, am Grund mit schuppenf. Haaren. Ährenrispe bis 6 cm lang, zylindrisch, weißl. – **V:** Az, Md – med-atl

| | | | | T | C | | | . . . . *P. maritimus* Willd.
2* Dsp. begrannt
3 B. rauhhaarig. Infl. unterbrochen, an der Spitze meist nickend. Ligula eif. – **V:** Orinoco (Verwechslung mit *P. fugax?*)

| | | | | T? | | | . . . . *P. interruptus* H.B.K.
3* B. kahl od. etwas rauh. Infl. dicht, selten unterbrochen. Ligula längl. (bis 1 cm lang), stumpf, oft zerschlitzt, etwas rauh. Gra. viel länger als die Sp. Dsp. glatt, abgerundet. Ährenrispe bis 12 cm lang, gelbl., gelappt. – **V:** Az, Md, Cv – warmkosmop – **S:** Feuchte Orte

| | P | G | T | C | L | F? | . . . . *P. monspeliensis* (L.)Desf.
1* Pf. ausdauernd (Vgl. aber Formen von *P. elongatus*)
4 Ligula stumpf. Ährenrispe schmal, an der Spitze nickend, ± unterbrochen. Gra. etwa so lang wie die Sp. – **V:** Brasilien, Chile, Peru (Die Angaben für Can beziehen sich viell. auf *P. fugax*) *P. elongatus* H.B.K.
4* Ligula verlängert, spitz. Ährenrispe fast zylindrisch – **V:** Md – NEAfr bis China

| | P | G | T | C | L | F | . . . . *P. fugax* Nees ex Steud.
– Ähnl. *Polypogon*, aber durch sehr ungleiche Hsp. (äußere sehr klein) u. charakteristischen Geruch verschieden – **V:** Md, Cv

| | | | | T | | | | . . . . *Melinis minutiflora* P.B.

× Polypogonagrostis

- *Polypogon monspeliensis* × *Agrostis semiverticillata* [*Polypogon* × *adscendens* Guss. ex Bertol.]

			T	C			

.... × *P. adscendens* (Guss.)Maire et Weill.

Ammophila

- Dsp. wie Hsp. unbegrannt. Ährch.achse über die Blü. hinaus verlängert u. an der Spitze pinself. behaart. Ligula bis 25 mm lang. Infl. dicht, weißl.-gelbl., bis 15 cm lang. B. blaugrün, meist eingerollt. – **V:** euras-med – **S:** Dünen – **G:** *Ammophilion*

						F	

.... *A. arenaria* (L.)Link **ssp. arundinacea** H.Lindb.f.

Lagurus

- Ligula bis 3 mm, wollhaarig. Dsp. mit einer rückenstdg, über die Haare hinausragenden Gra. – **V:** Med-atl – Az, Md

H		G	T	C?			

.... *L. ovatus* L.

Sporobolus

1   Pf. ausdauernd, horstig, 60–100 cm. Rispe 10–40 cm lang, 1–2 cm breit, zusammengezogen, graugrün, oft unterbrochen. B. kahl, eingerollt. Ligula als schmaler Haarkranz, Rand der B.scheiden gefranst – **V:** Az, Md – Jamaica   reifes Ährchen mit Samen

			T	C			

.... *S. indicus* (L.)R.Br.

1*   Pf. ausdauernd, mit langen kriechendem Rhizom

- Rispe bis 20 cm lang u. 3–5 cm breit, pyramidenf. Äußere Hsp. bis 0,5 mm, obere 1 mm, A2 – **V:** SOAs

			T				

.... *S. diander* (Retz)P.B.

2   Halm bis 2 m lang, Rispe bis 30 cm. B. nicht 2zeilig, nicht stechend – **V:** Cv – trop. Afr

.... *S. robustus* Kunth

2*   Halm bis 30 cm lang, Rispe bis 5 cm. B. 2zeilig, Spitze stechend – **V:** Az – trop. Küsten, atl. Küste Iberiens [*S. virginicus* (L.)Kunth var. *arenarius* (Gou.)Maire]

.... *S. pungens* (Schreb.)Kunth

Eragrostis

1   B. am Rand fein gesägt, nicht drüsig. Ährch. 4–10(–15) × 1,5–2 mm. Hsp. lanzettl. – **V:** Grac, Lob – Az, Md, Cv – südmed – **G:** PLA I-2a

H	P	G	T	C	L	F	

.... *E. barrelieri* Dav.

1*   B. am Rand ± rauh gewimpert u. entfernt drüsig. Hsp oval. Ährch. beim Typus groß (5–20 × 2–4 mm) – **V:** Az, Md, Cv – warmkosmop .... *E. cilianensis* (All.)Vign.-Lut. **ssp. cilianensis**

- Ährch. 4–8 × 2–2,5 mm. Hsp. mit 2 od. mehr Drüsen auf dem Kiel. B.scheiden bes. auf den Rändern lang behaart – **V:** Fast kosmop

	P?		T				

ssp. poaeoides (P.B.)Husn.

Eleusine

1   Büscheliges Fingergras, einjährig, mit 5–12 dünnen, bis zu 15 cm langen Ähren (ähnl. *Cynodon*). Ährch. 3–6bltg, Schlauchfr. (keine Karyopsen!). Scheiden zus.gedrückten, gekielt, Ligula auf lange Haarreihe reduziert – **V:** Az, Md, Cv – pantrop–subtrop – **G:** PLA I-2c

	P	G	T	C			

.... *E. indica* (L.)Gaertn.

1* Pf. ausdauernd, mit 2–4 dicken, höchst. 3,5 cm langen Ähren – **V:** Az, Md –Heimat SAm

| | P | | | | | | |

.... *P. tristachya* (Lam.)Lam.

Enneapogon
– Pf. ausdauernd, in dichten, kleinen Horsten, fein drüsig, 3–15 cm hoch. Halme gekniet aufsteigend. Ligula als kurze Haarreihe. B. 20–100 × 1–1,3 mm, ± eingerollt, beidersts behaart. Ährenrispe grau bis schwärzl. – **V:** Lob – Cv – sah-sind, SAfr [*E. brachystachys* (Jaub. et Spach)Stapf]

| | | | C | L | F | |

.... *E. desvauxii* J.E.Sm.

Chloris
1 Pf. ausdauernd. Dsp. der Zwitterblü. an den Rändern ± lang gewimpert, Ligula: Bis 4 mm lange, dichtstehende Wimpern auf sehr schmalem (unter 0,5 mm) Hautrand – **V:** Md, Cv – trop. Afr. – **S:** Futterpf. u. Unkraut

| | | | T | | | |

.... *Ch. gayana* Kunth

1* Dsp. stumpf, kahl od. kurz bewimpert, mit langer Gra. B.scheiden kahl, Ähren zahlr., bis 12 cm lang – **V:** T Puerto Cruz, Cañadas 2200 m – Australien

| | | | T | | | |

.... *Ch. truncata* R.Br.

Tetrapogon
– Ausdauerndes, buschiges Horstgras, 10–40 cm. Dsp. der fertilen Blü. ca. 3 mm, von fast doppelt so langen Haaren bedeckt. Alle Blü. mit ca. 1 cm langer Gra. Die beiden Ährentrauben oft verwachsen (fo. *monostachyos*), Ligula häutig, sehr kurz (unter 0,5 mm), fein kurz gewimpert – **V:** Grac, Lob? – Cv – südmed-sah-sind – **G:** KLE.

| | G | T | C | L | F | |

.... *T. villosus* Desf.

Cynodon
– Pf. ausdauernd. Ligula auf Haarreihe reduziert. B. meist deutl. 2reihig, zieml. dicht. Pf. sehr lang kriechend. Blü.std oft durch einen Brandpilz (*Ustilago cynodontis*) deformiert, auf den B. oft *Phyllachora cynodontis* – **V:** Az, Md, Cv – warm-kosmop

| H | P | G | T | C | L | F |

.... *C. dactylon* (L.)Pers.

Spartina
– Pf. ausdauernd, mit langen Ausläufern. Halme bis 1,5 m hoch. Ligula als Haarreihe (0,7–1,5 mm). Infl. mit 3–6 ± aufrechten, bis 3, obere bis 6 mm. Dsp. gekielt. B. 30–50 × cm – **V:** Can? – Az – Am, westmed [*S. patens* (Ait.)Muhl.]

.... *S. versicolor* Fabre

Arundo (incl. Cortaderia)
– Pf. ausdauernd, mit dickem, z.T. knolligem Rhizom. Halme bis 6 m hoch. Ligula kurz (1–1,25 mm), kurz gewimpert. Am B.grund große braune Öhrch. Rispe bis 60 cm lang, die Ährch. 12 mm. Dsp. 3geteilt. Haare so lang wie die Sp. – **V:** Can meist gepfl., Lob – Az, Md, Cv – Heimat ZAs?, in allen warmen Ländern kult.

| H | P | G | T | C | L | F |

.... *A. donax* L.

– Haare kürzer als Sp. Nur bis 2,5 m hoch, B. nur bis 2 cm breit, Rispe schmal, Ährch. ca. 8 mm lang – **V:** med .... *A. plinii* Turra

Die Tribus *Cortaderieae* unterscheidet sich von den *Arundineae* vor allem durch Dioecie.

- Halme bis 3 m hoch, B. blaugrün, 1–3 m lang – **V:** Az, Md – Heimat SAm
  ☐☐☐ T ☐☐☐ ...... ***Cortaderia selloana*** (Schult. et Schult.f.)Asch. et Gr.

Phragmites
- Pf. ausdauernd, 1 bis über 3 m hoch, mit langem Rhizomsystem. St. steif, glatt, kahl.
  B. untersts graugrün, 30–50 cm lang, 1,5–3 cm breit, Ligula als Haarkranz. Rispe
  groß, innere Hsp. spitz – **V:** Kosmop – **G:** PHR I [*Ph. communis* Trin.]
  ☐☐☐☐☐ L F? .... ***Ph. australis*** (Cav.)Trin. **ssp.** *australis*
- Pf. größer. Innere Hsp. oval, stumpf bis 3zähnig, unterste Dsp. mehr als doppelt so
  lang wie innere Hsp. – **V:** med, sah-sind, trop [*Ph. communis* Trin. var. *isiacus*
  (Del.)Coss. et Dur.]
  ☐☐☐ T C ☐ F? .... **ssp.** *altissimus* (Benth.)Clayton

Holcus
- Pf. ausdauernd. Dsp. mit kleiner, fast terminaler Gra. Halm unter der Rispe wie die
  B. u. Scheiden wollig. Hsp. gewimpert, 4 mm lang – **V:** Az, Md, Salv. – euras – **G:**
  MJU
  ☐ P ☐ T C ☐ ☐ .... ***H. lanatus*** L.

Trisetaria
1 Dsp. in 2 Borsten ausgezogen, diese weniger als halb so lang wie der
  ungeteilte Teil. Hsp. ungleich, die untere 1-, die obere 3nervig. Ähr-
  ch. 3–4,5 mm lang, 4–5bltg, Antheren 1–1,5 mm lang. Rispe groß,
  bis 16 cm lang, gelappt u. breit. Pf. einjährig, horstig – **V:** südwest-
  med-can

  ☐ P ☐☐☐☐

  T. panicea (Lam.)Maire **var.** *canariensis* (Parl. ex Webb et Berth.)Maire et Weill.
1* Dsp. in 2 Borsten ausgezogen, diese mehr als halb so lang wie der ungeteilte Teil.
  Hsp. ungleich, spitz, kahl. Ährch. ca 5 mm, 2bltg. Rispe 2–4 cm, zieml. dicht. Pf.
  einjährig, horstig – **V:** SWEur, SORußland [*Trisetum loeflingianum* (L.)C.Presl]
  ☐ H ☐ G T C L F .... ***T. loeflingiana*** (L.)Pau.

Avena
1 Durch 1bltg Ährch. (etwa 1,5 cm lang) sehr isolierte, endem. Art von T, bis 1 m hoch.
  B. kahl, Halm gestreift, glatt. Ligula sehr kurz (1 mm), gestutzt, gezähnt. Rispe bis 15
  cm lang, vielbltg. Hsp. etwas ungleich, Gra. doppelt so lang wie Dsp. – **V:** E Can
  ☐☐☐ T ☐☐ .... ***A. uniflora*** Parl.
1* Ährch. mindest. 2bltg
2 Kulturpf. Blü. von der Ährch.achse nicht abgegliedert, daher Karyopsen nicht aus-
  fallend. Ährch. 2–3bltg (selten 1bltg). Höchst. die unteren Blü. mit Gra. – **V:** Kul-
  turpf. wohl von *A. fatua* abstammend
  ☐☐☐ T? C L F .... ***A. sativa*** L.
2* Wildpf.
3 Hsp. sehr ungleich, die untere nur etwa halb so lang wie die obere (obere 20–25
  mm). Dsp. dicht kurzhaarig (nur im oberen Teil). Nur die untere Blü. abgegliedert u.
  nur die 2 unteren Blü. mit Gra. Ährch. 2–4bltg. Ligula 1–2 mm – **V:** ostmed [*A.
  eriantha* Dur.]
  ☐ H ☐ T ☐☐ .... ***A. pilosa*** M.B.

3* Hsp. etwa gleich lang. Dsp. i.d.R. in der unteren Hälfte langhaarig, in der oberen ± kahl

4 Rispenäste meist mit nur 1 Ährch., Rispe einseitswdg. Hsp. 25–40 mm lang, deutl. länger als die Dsp. Diese lang 2spitzig, in der unteren Hälfte sehr weich behaart. Alle Blü. abgegliedert. Ährch. 2–3bltg. Ligula 1–2 mm – V: med . . . . *A. longiglumis* Dur.

4* Rispenäste meist mit mehreren Ährch., meist allseitswdg

5 Nur die untere Blü. abgegliedert. Dsp. in der Regel kurz 2spaltig. Ährch. meist groß (30–40 mm), 2–5bltg, nur die unteren begrannt. Rispe nach der Blü.zeit einseitswdg. Ligula 4–6 mm – V: Grac – Az, Md – med

		G	T	C	L	F

. . . . *A. sterilis* L.

– Ährch. ca. 35 mm lang, nur untere Blü. abgegliedert. Dsp. mit 2 kleinen Zähnen an der Spitze – V: NAfr

			T		L	F

. . . . *A. canariensis* B., R. et S.

5* Alle Blü. abgegliedert, i.d.R. alle begrannt

6 Dsp. an der Spitze mit 2 grannenf. Pfriemen. Rispe oft etwas einseitswdg. Ährch. 2–3bltg. Hsp. fast gleich, so lang wie das Ährch. (ohne Gra.). Dsp. gelbl. behaart. Ährch. 20 mm lang. Ligula 1–3 mm – V: Can sehr hfg., T bis 2250 m – Az, Md – med [*A. alba* auct. non Vahl]

H	P	G	T	C	L	F

. . . . *A. barbata* Pot. ex Link

– Dsp. mit 6–12 mm langen Seitengra. neben der 30–60 mm langen Gra. – V: med

				C		

. . . . ssp. *atherantha* (C.Presl)Rocha Afonso

Avena sativa   A. pilosa   A. longiglumis   A. sterilis   A. barbata   A. occidentalis   A. canariensis

6* Dsp. an der Spitze kurz 2zähnig. Rispe allseitswdg. Ährch. i.d.R. 2–3(selten 1–)bltg, bis 35 mm lang, selten auch mehrbltg. Dsp. rotbraun behaart. Hsp. deutl. länger als das Ährch. (ohne Gra.). Ligula 3–5 mm – V: Grac – Az, Md, Cv – euras [*A. fatua* L. non Poir.]

H	P?	G	T	C	L	F

. . . . *A. occidentalis* Dur.

Arrhenatherum

1 Halme einzeln. Ährch.achse zwischen den Blü. 1seitig behaart (Futterpfl.) – V: Az, Md – submed-subatl, in ozean-temp Zonen heute fast weltweit

. . . . *A. elatius* (L.)J. et C.Presl.

– Untere Internodien knollig verdickt. Knoten kahl od. im Gegensatz zum Typus behaart (Der Typus scheint den Can zu fehlen) – V: Az, Md

H	P	G	T	C		

. . . . var. *bulbosum* (Willd.)Koch.

1* Dichthorstige Pf. Hsp. zieml. gleich lang. Gra. fast gerade. Antheren weißl., nicht violett – V: T Cañadas – G: SPA □96

			T			

. . . . *A. calderae* Hans.

Gaudinia

1　Pf. einjährig, 8–30(–80) cm hoch, grün. Ligula kurz (um 1 mm), kahl, gestutzt u. gezähnelt. Gra. ca. 1 cm lang, gekniet u. im unteren Teil etwas gedreht. B. locker behaart – **V:** Az, Md – med-atl

　| | | | T | | |.............................. ***G. fragilis*** (L.)P.B.

1*　Ährch. oft zu 2. Gra. kurz, nicht gedreht. Lodiculae groß (ca. 1,2 mm lang) – **V:** E Az

　.. ***G. coarctata*** (Link)Dur. et Schinz

Lophochloa

1　Untere Hsp. schmäler u. kürzer als die obere, 1nervig, die obere 3nervig, kahl od. kurz behaart. Ährch. 3–8bltg, Ährenrispe dicht (1–8 × 0,5–1,5 cm), zylindrisch od. etwas gelappt. St. 3–50 cm, B.spreite bis 8 mm breit, beiderseits schwach behaart – **V:** Grac – Az, Md, Cv – pantrop-subtrop-med – **S:** Lichte Wälder, steinige u. sandige Weiden [*Koeleria phleoides* (Vill.)Pers., *Rostraria c.* (L.)Tzv.]

　| H | P | G | T | C | L | F |.......................... ***L. cristata*** (L.)Hyl.

1　Untere Hsp. breiter u. länger als die obere, 3nervig, behaart, die obere meist 1nervig, bewimpert. Ährch. 3–5bltg, Rispe dicht (1–8 × 0,5–1,5 cm). St. 3–50 cm, kahl. B. ± behaart. Pf. einjährig – **V:** Grac, Lob – Md – med, sah-sind – SAfr [*Trisetaria p.* (Desf.)Maire, *Rostraria p.* (Desf.)Tzv.]

　| H | P | | T | C | L | F |.......................... ***L. pumila*** (Desf.)Paun.

Aira

1　Ährch. einander sehr genähert, daher fast in Ährenrispe, diese 1–3 cm lang, weißl. Pf. 5–20 cm – **V:** Az, Md – atl-subatl – **S:** Sandige Orte

　| | | | T | | |............................. ***A. praecox*** L.

1*　Infl. eine lockere Rispe

2　Ährch.stiele (2–)4–8mal so lang wie das Ährch., oben keulig. Rispe sehr locker. Ährch. sehr klein (1–1,5 mm), silberig. Ligula 2–3 mm – **V:** med [*A. capillaris* Host]

　| | | G | | | | |.......................... ***A. elegantissima*** Schur.

2*　Ährch.stiele (0,5–)2–4mal so lang wie das Ährch. Rispe dichter, Ährch. 2–4 mm lang, an den Spitzen der Zweige etwas gehäuft, beim Typus ± purpurn. Ligula bis 5 mm lang – **V:** Az, Md, Cv – subatl., weit verschleppt

　| H | P | G | T | C | L | F |.......................... ***A. caryophyllea*** L.

–　Bis zu 20 Halme gebüschelt. Pf. meist größer (bis über 30 cm). Rispenachse zickzackf. Ährch. an den ± aufrechten Rispenästen gehäuft, hellgrün – **V:** Can? – Az, Md – atl .... **ssp. *multiculmis*** (Dum.)Hegi

Danthonia [Sieglingia]

–　Pf. ausdauernd. Ährch. zu wenigen (4–15), oft violett überlaufen. Dsp. mit 3 stumpfen Zähnen, kurz, am Grund behaart – **V:** Md – subatl-submed [*Sieglingia d.* (L.)Bernh.]

　.. ***D. decumbens*** (L.)DC.

Ammochloa

–　Einjährige, kleine (1–25 cm) Horstgräser. Ligula 1–3 mm, gestutzt, oft zerschlitzt. Infl. etwa 1–1,5 cm Durchm. am Grund mit einer Art Involucrum aus den breiten Hsp. der unteren Ährch. – **V:** maur

　| | | | T | | |....................... ***A. pungens*** (Schreb.)Boiss.

Schismus

- Pf. meist klein (manchmal bis 30 cm), einjährig, meist in kleinen Horsten. B. 1–1,5 mm breit. Scheiden an der Mündung langbärtig (Haare 3 mm lang), Ligula als dicht gewimperter (Wimpern 0,5–0,7 mm) kurzer Rand. Hsp. kahl, Dsp. in der unteren Hälfte mit langen, angedrückten Haaren. Ährch. 5–10bltg, weißgrün, nur die unteren Blü. fertil. Dsp. 1,7–2,2 mm, Vsp. so lang wie Dsp. – **V:** Grac, Lob – Md – med – SWAs [*Sch. calycinus* (L.)C.Koch]

Ährchen   Deckspelzen
ssp. *calycinus*   ssp. *arabicus*

| H | P | | T | C | L | F | . . *Sch. barbatus* (L.)Thell. ssp. *calycinus* (L.)Maire et Weill.

- Dsp. 2,5–3,2 mm, Vsp. kürzer als Dsp. – **V:** med – SWAs, Ägypten [*Sch. arabicus* Nees]

| | | | T | C | | | . . . . ssp. *arabicus* (L.)Maire et Weill.

Melica

1   Dsp.rand dicht silberhaarig. Pf. blaugrün, halbstrauchartig verzweigt, 80–100(160) cm hoch. Ligula 2–3 mm lang, meist zerschlitzt. B. flach bis wenig eingerollt. Ährenrispe dicht, 20–35 cm lang. "Altertümlichste Sippe der Gattung" (HEMPEL 1967) – **V:** Md, Salv. – *M. magnolii* euras-med [*M. magnolii* G. et G. var. *gigantea* Bornm.]

| | | G | T | C | L | | . . . . *M. canariensis* Hemp.

1*   Dsp. (fast) kahl. Infl. oft einseitswdg. Pf. ausdauernd, krautig. Rispe verzweigt, locker – **V:** E Can [*M. minuta* L. var. *teneriffae* (Hackel)Lid]

| | | G | T | C | L | | . . . . *M. teneriffae* Hack. ex Christ

Sphenopus

- Pf. einjährig, 5–32 cm. Knoten schwärzl. B. fädig eingerollt (ausgebreitet ca. 1 mm breit. Ligula bis 4 mm lang, lanzettl. Ährch. 2–3 mm mit 2–5(–7) Blü. Ährch.stiele keulig verdickt. Äste der Rispe oft trichotom – **V:** Lob – med

| | | | | | | F | . . . . *S. divaricatus* (Gouan)Rchb.

Cutandia

1   Ährch. 3–4bltg, auf eigenartig gabelig-spreizenden Rispenästen, fast lineal, bis 1 cm lang. Ligula eilanzettl., 2–4 mm, gestutzt u. geschlitzt-gezähnt. Dsp. lang zugespitzt – **V:** Kaspi-Ufer – südmed-sah-arab [*C. dichotoma* (Forsk.)Trab.]

| | | | T | | L | F | . . . . *C. memphitica* (Spr.)Benth.

1*   Ährch. 3–12bltg, Dsp. stumpfl., ± mukronat. Rispenäste dick, kurz. Ährch. breitlanzettl., bis 1,5 cm lang – **V:** Lob – med

| | | | | | L | F | . . . . *C. maritima* (L.)Benth.

Cynosurus

1   B. 3–12 mm breit, obersts kahl. Pf. grün. Halm 20–100 cm. Infl. dicht, einseitswdg-oval. Gra. der fertilen Blü. 1–2mal so lang wie die Dsp. B. 3–9 mm breit – **V:** Md – med – **S:** Sandige, mehr schattige Orte.

| H | P | G | T | C | L | | . . . . *C. echinatus* L.

1* B. 1–3,5 mm breit, oberst fein behaart. Halm bis 40(–80) cm – **V:** Md –SW- u. ZAs

| | | | T | | | |

.... *C. elegans* Desf.

Lamarckia

– Pf. einjährig, bleichgrün. Scheiden ± zus.gedrückt. 3–4 sterile Ährch. umgeben ein fertiles. Infl. goldgrünl. – **V:** Grac, Lob – Md – med – **G:** PLA I-2a

| H | P | G | T | C | L | F |

.... *L. aurea* (L.)Moench

Dactylis

1 Pf. oft am Grund verholzt, Triebe mehrjährig. Obere B. büschelig gehäuft, daraus kurzgestielte Ährenrispen entspringend. Pf. häufig verzweigt. Ährenrispe oft violett überlaufen. Ährch. 8–12bltg – **V:** E Can, T Anaga, Teno, bis ca. 300 m – Md, Cv

| H | P | | T | C | L | F |

.... *D. smithii* Link ssp. *smithii*

– **V:** Md .... ssp. *marina* (Borr.)Park.

– **V:** Md, Cv

| | P | | T | C | L | F |

.... ssp. *hylodes* Park.

1* Halme zerstr. beblättert. Triebe einjährig, nicht verholzt. Ährenrispe lang gestielt, dicht, lappig, Ährch. meist 3–6bltg – **V:** T, C mit Saatgut eingeschl. – Az, Md – euras, in NAm eingebürg.

| | | | T | C | | |

.... *D. glomerata* L.

Poa

1 Pf. einjährig. Rispenäste glatt, untere einzeln od. zu 2. Untere Blü. im Ährch. zwittrig, obere oft ♀. Rispe breit, Äste abstehend, manchmal nach der Blü.zeit zurückgeschlagen. Ligula 2–3,5 mm, gerundet – **V:** Lob – Az, Md – kosmop – **G:** PLA I-1a

| H | P | G | T | C | L | F |

.... *P. annua* L.

– St. stärker zus.gedrückt. B. nur 1–2 mm breit. Zweige nach der Blü.zeit aufrecht-abstehend – **V:** med-atl [*P. infirma* Kunth]

| | | | T | | | |

.... ssp. *exilis* Tom. ex Freyn

1* Pf. ausdauernd. Rispenäste ± rauh. Alle Blü. zwittrig

2 Dsp. lanzettl.-spitz, mit 5 (beim Trocknen hervortretenden) Nerven. Pf. nicht in dichten Horsten wachsend. Halme bis 1 m hoch, am Grund nicht zwiebelig. Unter Rispenäste zu 3–7

3 Ligula kurz, gerundet, kaum länger als 1 mm. Kriechrhizom bis 10 cm lang – **V:** Az, Md – holarkt – **G:** ARR

| | | | | C | | |

.... *P. pratensis* L.

– B. borstl. gerollt (mindest. die unteren) – **V:** euras-submed

| | P | G | T | | | |

.... *P. angustifolia* L.

3* Ligula 3–5 mm lang, spitz. Pf. ohne Ausläufer – **V:** Az, Md – euras

| | | | T | | L? | |

.... *P. trivialis* L.

2* Dsp. am Grund lang wollig, mit 5 nicht hervortretenden Nerven. Pf. dichthorstig. Halm mit intravaginalen Erneuerungsknospen am Grund, die B.scheiden eine Art Zwiebel bildend (bis 1 cm dick). Ligula bis 5 mm lang. Rispenäste zu 1–2, Rispe kurz – **V:** Md – med

| H | | | T | C | | |

.... *P. bulbosa* L.

– Pf. klein, Dsp. ohne lange Haare – **V:** E Can

| | | | T | C | | |

.... *P. pitardiana* H.Scholz

Briza

1   Ährch. über 1 cm lang, silberweißl. Rispe einfach, selten der unterste Ast mit 2 Ährch. Ligula bis 5 mm lang, ± spitz, zerschlitzt. B. bis 7 mm breit – **V:** Az, Md – med, verschl. – **G:** TBR I

| H | P | G | T | C | | F |
.... ***B. maxima*** L.

1*   Ährch. unter 5 mm lang, grün, violettl., in zus.gesetzter Rispe
2   Pf. ausdauernd, kriechend-ausläufertreibend. Ligula kurz, gestutzt. Ährch. oft violett. B. 2–4 mm breit – **V:** euras

| | | | T | | |
.... ***B. media*** L.

2*   Pf. einjährig. Ligula lanzettl.-spitz, bis 9 mm. Ährch. meist blaßgrün. B. 4–6 mm breit – **V:** Az, Md – med-atl, verschl. – **G:** TBR I

| H | P | G | T | C | | |
.... ***B. minor*** L.

Glyceria

1   B.scheide glatt. Dsp. mit 2–4 Zähnch., 3–4 mm. Staubb. bis 1 mm – **V:** Az, Md – subatl – **G:** ISN

| | | | C | | |
.... ***G. declinata*** Breb.

1*   B.scheiden aufwärts rauh. Dsp. ca. 6 mm, nur schwach gekerbt. Staubb. 2–3 mm – **V:** Md – eurassubozean – **G:** PHR I-1 .... ***G. fluitans*** (L:)R.Br.

Puccinellia

–   Pf. ausdauernd. Bläul.-grünes Horstgras mit zahlr. beblätterten Kriechtrieben, die sich bes. nach der Blü.zeit entwickeln. B. binsenf. – **V:** eurasmed – **S:** Halophyt – **G:** JUB

| | | | T | | |
.... ***P. maritima*** (Huds.)Parl.

Festuca

1   Pf. am Grund verholzt, in oft großen Horsten, aus denen B. u. Halme über die Felsen herabhängen. B. gerollt. Gra. kurz – **V:** E Can, T Anaga, Masca, Cañadas, oberhalb 700 m – **G:** ASP I-2b [*F. bornmuelleri* Hack., *F. teneriffae* Hack., *F. filiformis* Sm. ex Link in Buch]

| H | P | | T | C | | |
.... ***F. agustini*** (Chr.Sm.)Ldgr.

1*   Pf. krautig (auch am Grund)
2   Obere B. ± flach, höchst. 1,2 mm breit. Ligula der Erneuerungstriebe sehr kurz, die der Halme länger, 1- od. ungleich 2öhrig – **V:** Can eingeschl. – **Md** – holarkt – **G:** ARR

| | | | T | C | | |
.... ***F. rubra*** L.

2*   B. 3–10 mm breit, B.öhrch. gewimpert. Halme bis 2 m hoch – **V:** Az – subatl(-submed) – **G:** *Agropyro-Rumicion*

| | | | T | | |
.... ***F. arundiacea*** Schreb.

Vulpia

1   Antheren groß (2–5 mm) zur Blü.zeit exsert. Ährch. meist etwa 7 mm (ohne Gra.), 3–5bltg. Ligula kurz (unter 1 mm). Dsp. spitz, lang begrannt. Gra. meist lang gewimpert. Untere Hsp. etwa halb so lang wie die obere – **V:** Md – westmed

| | | | T? | C | | |
.... ***V. geniculata*** (L.)Link

–   Ebenfalls große Antheren, Ährch. ohne Gra. 1–2 cm. Äußere Hsp. weniger als $^1/_6$ der oberen – **V:** südwestiber – **S:** Sandige Orte

| | | | T | C | | |
.... ***V. alopecuros*** (Schousb.)Dum.

1* Antheren klein (1–1,5 mm), zur Blü.zeit i.d.R. eingeschlossen (Kleistogamie). Hsp.
    sehr verschieden. Ährch. 3–bltg
2   Staubb. i.d.R. 3. Untere Hsp. an den unteren Ährch. sehr kurz bis fast fehlend. Obere
    Hsp mit 1 Gra., die so lang ist wie sie selbst. Ährch. 10–15 mm lang (ohne Gra.) –
    V: med-atl [*V. pyramidata* (Link)Rothm.]

    | | | | | C | | |

    V. membranaceae (L.)Link var. *longiseta* (Brot.)Maire et Weill.

Vulpia membranacea   *V. geniculata*   *V. ciliata*   *V. myuros*   *V. bromoides*

2* Staubb. i.d.R. 1. Untere Hsp. $^1/_6$–$^2/_3$ so lang wie die obere
3   Dsp. i.d.R. lang gewimpert. Nur die 1–2 unteren Dsp. fertil. Ligula sehr kurz (untere
    0,5 mm), braun. Ährch. etwa 6 mm (ohne Gra.), 3–7bltg – **V:** med-atl – **G:** TBR I

    | | | | T | C? | | | .... *V. ciliata* Link
3* Dsp. ± weich- bis rauhhaarig, aber nicht gewimpert. Alle Dsp. fertil. Ährch. ohne
    Gra. 8–11 mm lang, 4–8bltg. Gra. länger als die Dsp. Ligula kurz (etwa 0,5 mm).
    (*Vulpia myuros* s.l.)
4   Rispe an der Basis von der obersten B.scheide umgeben, gewöhnl. 10–20 cm lang, an
    der Spitze nickend. Untere Hsp. höchst. $^1/_3$ der oberen, obere Hsp. i.d.R. etwa die
    Mitte der benachbarten Dsp. erreichend – **V:** Az, Md, Cv – med-atl, weltweit
    verschl. – **G:** TBR I

    | H | P | G | T | C | L | F | .... *V. myuros* (L.)Gmel. s.str.
4* Rispe kaum länger als 10 cm, lang gestielt aus der obersten B.scheide ragend, auf-
    recht. Untere Hsp. etwa die Mitte der oberen erreichend, diese fast so lang wie die
    benachbarte Dsp. Gra. etwa so lang wie Dsp. – **V:** Az, Md, Salv – med-atl, weltweit
    verschl. – **G:** TBR I [*V. sciuroides* (Roth)Gmel.]

    | H | P | G | T | C | | F | .... *V. bromoides* (L.)S.F.Gray
–   Untere Hsp. 0,5–3(–6) mm, $^1/_4$ bis $^1/_2$ der oberen. Gra. meist 2–3mal so lang wie
    Dsp. – **V:** Az, Md – med [*V. sciuroides* var. *longearistata* Willk.]

    | H | | G | T? | C | | | .... *V. muralis* (Kunth)Nees

Catapodium [Castellia, Desmazeria, Scleropoa]

1   Infl. zus.gesetzt, seitl. Ähren aber nur kurz gestielt, an der Spitze einfach (erinnert an
    ein verzweigtes *Lolium*). Dsp. von hyalinen Knötch. bedeckt. B. 5–6 mm breit. Pf.
    einjährig – **V:** Grac – südmed [*Castellia tuberculosa* Tin.]

    | | | | T | C | L | F | .... *C. tuberculosum* Moris
–   Ährch. locker, fast sitzend, 5–12bltg. Ligula ca. 2 mm, gestutzt u. zerschlitzt, kahl. Pf.
    einjährig, (blau-)grün, bis 40 cm – **V:** Az, Md – med-atl – **S:** Wege, Mauern, dürre

Orte, oft salzbeeinflußt [*Scleropoa rigida* (L.)Griseb., *Desmazeria rigida* (L.)Tut.]

| H | P | G | T | C | L | F | .... *C. rigidum* (L.)Hubb.

– Halm unter der Rispe rauh – **V:** westmed [*Scleropoa h.* (Del.)Parl.] *C. hemipoa* (Del.)Lainz
1* Infl. ährenf., selten etwas verzweigt. Dsp. ohne hyaline Knötchen. Ährch.
2reihig, fast sitzend. B. sehr schmal (etwa 2,5 mm breit). St. niederliegend (im
Gegensatz zu *C. rigidum*). Pf. einjährig, bis 20 cm – **V:** Az, Md – med-atl [*C.*
loliaceum (Huds.)Link, *Desmazeria marina* (L.)Druce]

| | | | | | L | F | .... *C. marinum* (L.)Hubb.

Bromus
1 Obere Hsp. 3nervig, unter 1–3nervig. Pf. 1–2jährig. Gra. der Dsp. so lang od. länger
als diese. Ährch. zur Blü.zeit meist nach oben verbreitert
2 Ährch. ohne Gra. 3–6 cm lang, mit Gra. 5–8 cm u. länger. Untere Hsp. 12–25 mm
lang, obere 18–33 mm. Gra. der Dsp. 3–7,5 cm lang. Halm oben weichhaarig. Infl.
dicht. Scheiden u. B. am Rand u. auf der Fläche langhaarig. Ligula bis 5 mm. Rispe
schmal, viel länger als breit, aufrecht. Äste 0,5–3 cm, ± angedrückt – **V:** Az, Md, Cv
– med-atl – **S:** Bes. an Wegrändern [*B. maximus* Desf.]

| H | P | G | T | C | L | F | .... *B. rigidus* Roth

– Rispe bis breiter als lang, oft ± nickend. Äste 3–6 cm, ± ausgebreitet – **V:** Az, Md
– **G:** CHE I-1k,l, PLA I-2b [*B. rigidus* ssp. *gussonii* (Parl.)Maire]

| | | | T | C | | F | .... *B. diandrus* Roth

2* Ährch. kleiner, Gra. höchst. 3,5 cm lang
3 Rispe locker 1seitig nickend mit geschlängelten, nickenden, glatten Ästen, 1–3 fertile,
darüber einige sterile Blü. – **V:** T bis in die Cañadas verschl. – euras, in NAm
eingebürg.

| | P? | | T | C | | | .... *B. tectorum* L.

– Rispe ausgebreitet, ihre Äste rauh, fertile Blü. 5–9, sterile 2–4 – **G:** CHE I-1g

| | | | T | | | | .... *B. sterilis* L.

3* Rispe i.d.R. allseitswdg. Äste nicht geschlängelt. Infl. oft rötl. od. violett. Ligula zer-
schlitzt gewimpert, 2–5 mm lang. Ährch. mit den Gra. 3–5 cm, 4–12bltg
4 Rispe dicht, im Umriß etwa eif., 4–10 cm lang, rötl. Rispenäste kurz, verdeckt.
Ährch.stiele aufrecht. Gra. an reifen Ährch. gekniet abspreizend (vgl. auch *B. squarro-*
sus). Halm an der Spitze dicht weichhaarig. Ligula verlängert (bis 5 mm) – **V:** Grac
– Az? – med, Californien eingebürg. – **G:** CHE I-2

| H | P | G | T | C | L | F | .... *B. rubens* L.

4* Ährch.stiele verlängert (1–4 cm) u. meist nicht aufrecht, daher Rispe weniger dicht
(Rispenäste sichtbar). Gra. reifer Ährch. gerade od. nur wenig gebogen. Halm an der
Spitze kahl od. nur sehr kurz behaart. Ligula bis 3 mm lang. B. sehr kurz behaart –
V: Az, Md, Cv – med-atl – **G:** CHE I-1f

| H | P | G | T | C | L | F | .... *B. madritensis* L.

– Am Grund der Rispe behaart (Vgl. auch *B. madritensis* var. *ciliatus* Guss.) – **V:** E
Can

| | | | T | C | | | .... **ssp. *kunkelii*** H.Scholz

1* Obere Hsp. 7–9nervig, untere 3–5nervig. Ährch. auch zur Blü.zeit nicht nach oben
verbreitert
5 Gra. etwa so lang bis länger als die Dsp. Pf. einjährig

6   Gra. zur Blü.zeit stark gekniet abspreizend. Ährch. ohne Gra. über 2 cm
     lang
7   Rispenäste lang u. dünn, daher Rispe locker. Ährch. 2,5–7 cm lang.
     Ligula etwa 2 mm. B. kahl od. behaart – V: med

  | | | | | F |... ***B. squarrosus*** L.
7*   Rispenäste kurz, aufrecht, daher Rispe dicht. Ährch. 2–5 cm lang, zu 1–3,
     10–15(–20)bltg. Gra. oft zurückgekrümmt. B. zerstr. behaart bis kahl. Ligula kurz
     (unter 2 mm), gestutzt, gezähnt, auf der Außenseite behaart – V: Md – med [*B.
     macrostachys* Desf.]
       | H | P |G? | T | C | L | F |........................... ***B. lanceolatus*** Roth
6*   Gra. aufrecht od. nur wenig gekniet-abspreizend, sehr nahe der Spitze der Dsp.
     eingefügt. Dsp. häutig, mit 7–9 starken Nerven. Ährch. ohne Gra. 1–2 cm lang,
     6–10bltg. Gra. etwas gedreht, etwas abspreizend – V: Az, Md – westmed-atl – G:
     ARR I-1a (Nach MAIRE aber in Mak ssp. *mollis* (L.)Maire et Weill.)
       | H | P | G | T | C | L | ... ***B. hordeaceus*** L. **ssp. *molliformis*** (Lloyd)Maire et Weill.
–   Dsp. etwa 6 mm, Ährch. ca. 1 cm
       | | | | C | |...................... ***B. lepidus*** Holmb.
5*   Halm bis 2 m hoch. Gra. höchst. $^1/_6$ bis $^1/_3$ so lang wie die Dsp.; Dsp.
     11–15nervig, stark gekielt. Narben oft 3. Ligula 3(–6) mm lang, weiß,
     gefranst. B. bis 1 cm breit. Pf. ausdauernd – V: Lob – Az, Md, Cv –
     Peru, als Futterpf. kult. u. verwild. – S: Bes. in Gärten [*B. unioloides*
     H.B.K., *B. catharticus* Vahl]

  | | P | G | T | C | | F |........................... ***B. willdenowii*** Kunth

Brachypodium (incl. Trachynia)

1   Wurzel u. Halme am Grund meist verholzt. Halme bis 50 cm lang, im Blü.std zick-
     zackf. gekniet. Ährch. gelbl., lang. Pf. blaugrün. B. starr, flach od. gerollt. In dichten
     od. lockeren Horsten wachsende Felspf. – V: E Can, T 100–500 m – S: Obere
     Küstenstufe
       | H |P? | G | T | | | |"Pajonazzo" .... ***B. arbuscula*** Gay ex Knoche
1*   Ein- od. mehrjährige Kräuter
2   Pf. ausdauernd. Ährch. i.d.R. mehr als 6. B. 5–10 mm breit, dunkelgrün. Hsp. deutl.
     ungleich. Gra. (wenigst. an den unteren Blü.) kürzer als die Dsp. Pf. ohne Ausläufer
     – V: Az, Md, Cv – euras-subozean – G: LAU
       | H | P | G | T | C | | |..................... ***B. sylvaticum*** (L.)P.B.
2*   Pf. einjährig. Ährch. zu (1–)2–3(–6), stark seitl. zus.gedrückt. Halm rückwärts
     anhaftend rauh. Gra. über 1 cm lang, länger als die Dsp. Knoten bärtig. B. kurz (etwa
     40–50 × 2–5 mm), auf der Fläche kurz behaart, blaßgrün, mit ca. 5 gleichstarken
     durchscheinenden Nerven – V: Grac, Lob – Az, Md, Cv – med – bis SAs – G:
     CHE I-1k, TBR [*B. distachyon* (L.)P.B.]
       | H | P | G | T | C | L | F |................ ***Trachynia distachya*** (Hass. ex L.)Link

Lolium

1   Hsp. doppelt so lang wie die nächste Dsp. od. länger. Dsp. meist begrannt. Pf. einjäh-
     rig

2 Hsp. mindest. so lang wie das Ährch. (ohne Gra.). Ährch. über 10 mm lang, rel. dicht
  gestellt (Das Ährch. erreicht mindest. die Basis des nächsthöheren). Dsp. stumpf,
  kürzer als Vsp. B. 4–10 mm breit – V: Az, Md, Salv – euras, kosmop verschl.

  | H | | | T | C | L? | F? | .... ***L. temulentum*** L.

– Dsp. sehr kurz begrannt, Hsp. viel länger als das Ährch., Ährch. sehr starr – **V: Md**
  (Nah verwandt mit *L. canariense*, vgl. 5*)

  | | | | | C | | .... ***L. lowei*** Mnzs.

2* Hsp. i.d.R. kürzer als das Ährch., dieses ca. 9 mm lang, weiter voneinander entfernt.
   B. 2–6 mm breit. Pf. insgesamt schwächer. Lein-Unkraut. Dsp. 4–5 mm – **V: Az** –
   europ

   | H | P | | T | C | | | .... ***L. remotum*** Schk.

1* Hsp. kürzer als die doppelte Dsp. Dsp. begrannt od. unbegrannt

3 Pf. ausdauernd, mit zahlr. sterilen Trieben. Ährch. i.d.R. unbegrannt, zur Blü.zeit
  aufrecht. Dsp. spitz. Ligula kurz (bis 1 mm). B. gefaltet – **V: Lob** – Az, Md, Salv –
  euras, NAm eingebürg.

  | H | | G | T | C | L | F | .... ***L. perenne*** L.

3* Pf. einjährig (*L. multiflorum* auch mehrjährig), sterile Triebe fehlend od. wenig zahlr.

4 Ährch. i.d.R. unbegrannt, 3–12bltg. Hsp. so lang od. wenig kürzer als das Ährch.
  Ligula bräunl., kurz (unter 1 mm lang). Hsp. meist stumpf. Ähre beim Typus abge-
  flacht. B. gefaltet – **V: Lob** – Az, Md – eurassubozean – **G: CHE I-1**

  | H | P | G | T | C | L | F | .... ***L. rigidum*** Gaud.

– Pf. klein, Ährch. gebogen – **V: Grac**

  | | | | | | L | F | .... ***L. parabolicae*** Senn. ex Scamp.

– Halme verlängert, oft niederliegend, glatt. Ähre zylindrisch. Ährch. tief eingesenkt –
  V: Md [*L. subulatum* Vis.]

  | | | | C? | | | .... **var. *oliganthum*** (Godr.)Maire et Weill.

4* Ährch. i.d.R. begrannt. B. gerollt

5 Ährch. 10–20bltg. Hsp. nur bis etwa so lang wie das Ährch. Pf. ein–mehrjährig. Dsp.
  spitz. Ligula bräunl., kurz – **V: Az, Md** – med-subatl – **G: ARR I-1a**

  | H | P | G | T | C | L? | F? | .... ***L. multiflorum*** Lam.

5* Ährch. (3–)7–9bltg. Dsp. lang begrannt (bis 2 cm). Ährch. locker an verbogener
   Achse. Hsp. etwa so lang wie das Ährch. B. sehr schmal, gerollt. Grundstdg Scheiden
   amethystblau – **V: L** Peñitas de Chaché – Cv [*L. gracile* Parl.]

   | H | P | G | T | C | L | F | .... ***L. canariense*** Steud.

Hainardia [Lepturus]

– Ährenachse ± aufrecht, gelbgrün. Halm bis 40 cm hoch. B. 70 × 2 mm,
  kahl – **V: Az, Md** – med [*Lepturus cylindricus* (Willd.)Trin.]

  | | P | | T | C | | .... ***H. cylindrica*** (Willd.)Greuter

Parapholis [Pholiurus]

1 Ährenachse i.d.R. hin- u. hergebogen – **V: Md** – med [*Pholiurus incurvus* Schinz]

  | | | | | L | | .... ***P. incurva*** (L.)Hubb.

1* Ähre höchst. schwach gebogen. Antheren wenigst. 3 mm lang. Hsp. 6–9 mm – **V:**
   med – **S:** Salzstellen

   | | | | | F | | .... ***P. pycnatha*** (Hack.)Hubb.

Elymus [Agropyron]
- Alle Ährch. sitzend. Hsp. ± gleich. Dsp. 5nervig. Pf. mit langen Ausläufern – **V**: Can; selten – Az, Md – holarkt [*Elytrigia repens* (L.)Nevski, *Agropyron repens* (L.)P.B.]

	P		T	C?		

.... *E. repens* (L.)Gould

Secale
- B. blau bereift, Ähre 4kantig, überhängend ("Roggen") – **V**: Can kult. – Heimat WAs, weltweit (temp) kult. u. verwild.

H				C		

.... *S. cereale* L.

Triticum
- Dsp. mit od. ohne Gra., gezähnt ("Weizen") – **V**: Can kult. – Md – temp weltweit kult.

			T	C		

.... *T. vulgare* Vill.

Aegilops
1   Ähre aus 3–4 fertilen u. 1–2 sterilen Ährch., diese stark aufgeblasen. Hsp. mit 4 Borsten (2–3 cm lang). Dsp. mit 2 langen u. 1 kürzeren Borste – **V**: med

	P	G	T		L	

.... *Ae. ovata* L.

1* Ährch. weniger aufgeblasen. Hsp. mit 3 Borsten (4–6 cm lang). Dsp. mit 1 langen u. 2 kürzeren Borsten – **V**: med [*Ae. macrochaeta* Shuttl. et Huet.]

		G				

.... *Ae. lorentii* Hochst.

Hordeum
1   Seitl. Ährch. fertil, ihre Dsp. begrannt. Gra. bis 15 cm Rhachis zäh. ("Gerste") – **V**: Can kult., Lob – Az, Md – temp u. subtrop weltweit kult.

			T?	C?	L	F

.... *H. vulgare* L.

1* Seitl. Ährch. steril od. ♂, unbegrannt od. begrannt. Rhachis gegliedert u. zerbrechend. Wildpf.

2   Hsp. des mittleren Ährch.s borstig gewimpert. Ähre bis 12 cm lang. B.scheiden glatt, kahl. B. bis 8 mm breit. (*H. murinum* s.l.)

3   Seitl. Ährch. mit einer linealpfrieml. inneren Hsp., nur auf einer Seite gewimpert. Dsp. der seitl. Ährch. nicht od. kaum breiter als die fertile Dsp. B. blaugrün – **V**: Grac, Lob (Angaben für spec. s.l.) – med, SWEur – **G**: CHE I-1f,g,2

			T	C		

.... *H. murinum* Briq. **ssp.** *glaucum* (Steud.)Tzv.

3* Seitl. Ährch. mit einer lineallanzettl. inneren Hsp., beidersts gewimpert. Dsp. der seitl. Ährch. breiter als die fertile Dsp. – **V**: Az, Md, Salv – med [*H. leporinum* Link]

H	P	G	T	C	L	F

.... **ssp.** *leporinum* (Link)Arcang.

2* Alle Hsp. ungewimpert. Ähre bis 20 cm lang. B. bis 4 mm breit. Untere B.scheiden behaart – **V**: Lob – Az, Md – med-atl

			T	C	L	F

.... *H. marinum* Huds.

Taeniatherum
- Pf. mit Gersten-Habitus. Infl. eine 2zeilige Ähre. Ährch. paarweise an den Knoten, 2bltg (untere Blü. zwittrig, obere steril). Dsp. 4–12 mm, lang begrannt. Halm bis 55 cm, kahl. B. sehr schmal (1–3 mm). Ähre kurz (bis 4 cm). Gra. auffallend lang (5–12 cm) – **V**: med. – **S**: Trockene Stellen

			T			

.... *T. caput-medusae* (L.)Nevski

Verzeichnis der wissenschaftlichen Pflanzennamen

Verzeichnis der spanischen Pflanzennamen

Dieses Gefäßpflanzen-Bestimmungsbuch behandelt erstmals alle in Österreich wildwachsenden Arten von Farn- und Samenpflanzen. Die botanischen Merkmalsbeschreibungen sind ergänzt durch viele Angaben über Standortverhältnisse, Verbreitung und Häufigkeit, Gefährdungsgrad und Nutzung, zum Beispiel als Arzneipflanzen. Die eindeutige Bestimmung der Pflanzenarten wird durch etwa 600 Illustrationen im Bestimmungsteil erleichtert. Pflanzenbeschreibungen sind in die Bestimmungsschlüssel integriert. Ein ausführliches Glossar erläutert alle wichtigen Fachbegriffe. Auch interessierte Hobbybotaniker können mit diesem Werk arbeiten. Die Autoren Wolfgang Adler, Karl Oswald und Raimund Fischer sowie 32 Mitarbeiter haben dieses Werk zusammengestellt. Prof. Dr. Manfred A. Fischer übernahm die wissenschaftliche Betreuung.

Exkursionsflora von Österreich. Etwa 736 Seiten, 1100 Abbildungen. ISBN 3-8001-3461-6. Erscheint 2. Quartal 1993.

Mit der Neuauflage dieser klassischen Exkursionsflora von Oberdorfer werden über das Bewährte hinaus wichtige Ergänzungen und Verbesserungen von Arten, verbunden mit den Korrekturen einiger Bestimmungsschlüssel, sowie neue Einsichten in die Soziologie und Ökologie der Pflanzen vermittelt. Es wird dem Bedürfnis Rechnung getragen, etwas vom Standort, vom Leben und von der Nutzanwendung der Pflanze und vor allem über die Biologie der Pflanzen zu erfahren. Darüber hinaus gibt das Buch Anregungen für die Feldarbeit und hilft, Einzelpflanzen ebenso wie Pflanzengesellschaften klar zu bestimmen. Der Autor Prof. Dr. Dr. h. c. Erich Oberdorfer, ehemaliger Direktor der Landessammlungen für Naturkunde Karlsruhe.

Pflanzensoziologische Exkursionsflora. 6., überarbeitete und ergänzte Auflage, 1050 Seiten, 58 Abbildungen. ISBN 3-8001-3454-3.

**Encke/Buchheim
Seybold**

ZANDER

Handwörterbuch der
Pflanzennamen

Ulmer

DIE Dieter Heß
BLÜTE

Struktur
Funktion
Ökologie
Evolution

Ulmer

Mit Erscheinen der 14. Auflage (1993) ist der ‚Zander' wieder auf dem neuesten Stand. Das unentbehrliche Handwörterbuch für Gärtner, Botaniker, Biologen, sowie Apotheker, Drogisten, Lehrende und Lernende enthält jetzt über rund 3500 Pflanzengattungen (nebst über 250 Gattungssynonymen) mit ca. 15000 Arten, 1300 infraspecifische Taxa und 300 Sorten sowie 8000 Synonyme für die drei zuletzt genannten Gruppen – insgesamt über 28000 Namen für im Prinzip nur eine, wenn auch sehr umfangreiche Auswahl an Pflanzen: es sind alle gartenbaulich, land- oder forstwirtschaftlich genutzte Pflanzen, sonstige Nutzpflanzen, offizinelle oder als Drogen genutzte Gewächse sowie die häufigsten in botanischen Gärten gezogenen Gewächshaus- und Freilandpflanzen. Die Autoren Dr. h. c. Fritz Encke, Dr. Günther Buchheim, Prof. Dr. Siegmund Seybold.

Dieses Buch beschäftigt sich mit der Struktur und Funktion der Blüte, mit ihrer Stellung im Gefüge der unbelebten und belebten Umwelt und mit ihrer Entwicklung im Verlauf der Erdgeschichte. Die Darstellungen wurden bewußt einfach gehalten, um auch interessierte Laien anzusprechen. Dem Leser wird mit jeder Seite deutlicher, was ihm bisher entgangen ist. Deshalb sollte es auch nicht beim bloßen Lesen bleiben: immer wieder sind Anregungen zum eigenen Beobachten und Anleitungen für einfache Versuche in den Text eingearbeitet. Viele Zeichnungen und mehrfarbige Schemata helfen ebenso beim Verstehen wie die vorzüglichen Farbfotos. Der Autor Prof. Dr. Dieter Heß ist Direktor des Institutes für Pflanzenphysiologie an der Universität Hohenheim.

Zander – Handwörterbuch der Pflanzennamen. 14., erweit. u. erg. Aufl. Etwa 812 Seiten. ISBN 3-8001-5063-8. Erscheint April 1993.

Die Blüte – Struktur, Funktion, Ökologie, Evolution. 2., verbesserte und ergänzte Auflage 1990. 458 Seiten, 157 farbige Fotos, 155 Zeichnungen, 28 Tabellen. ISBN 3-8001-6434-5.